大王古莊鎮誌

天津市武清区大王古庄镇志编修委员会 编

方志出版社
Publishing House of Local Records

图书在版编目（CIP）数据

大王古庄镇志 / 天津市武清区大王古庄镇志编修委员会编 .

- 北京：方志出版社，2017.3

ISBN 978-7-5144-2371-6

Ⅰ. ①大 … Ⅱ. ①天… Ⅲ. ①乡镇 - 地方志 - 武清区

Ⅳ. ① K292.15

中国版本图书馆 CIP 数据核字（2017）第 047234 号

大王古庄镇志

编　　者： 天津市武清区大王古庄镇志编修委员会

责任编辑： 陈　菁　张　睿

出 版 人： 冀祥德

出 版 者： 方志出版社

邮址　北京市朝阳区潘家园东里 9 号（国家方志馆 4 层）

邮编　100021

网址　http://www.fzph.org

发　　行： 方志出版社发行中心

（010）67110500

经　　销： 各地新华书店

印　　刷： 北京文昌阁彩色印刷有限责任公司

开　　本： 787 × 1092　　1/16

印　　张： 40.75　　彩页：24

字　　数： 779 千字

版　　次： 2017 年 3 月第 1 版　　2017 年 3 月第 1 次印刷

印　　数： 0001 ～ 1000 册

ISBN 978-7-5144-2371-6　　定　价：296.00 元

大王古庄镇区位图

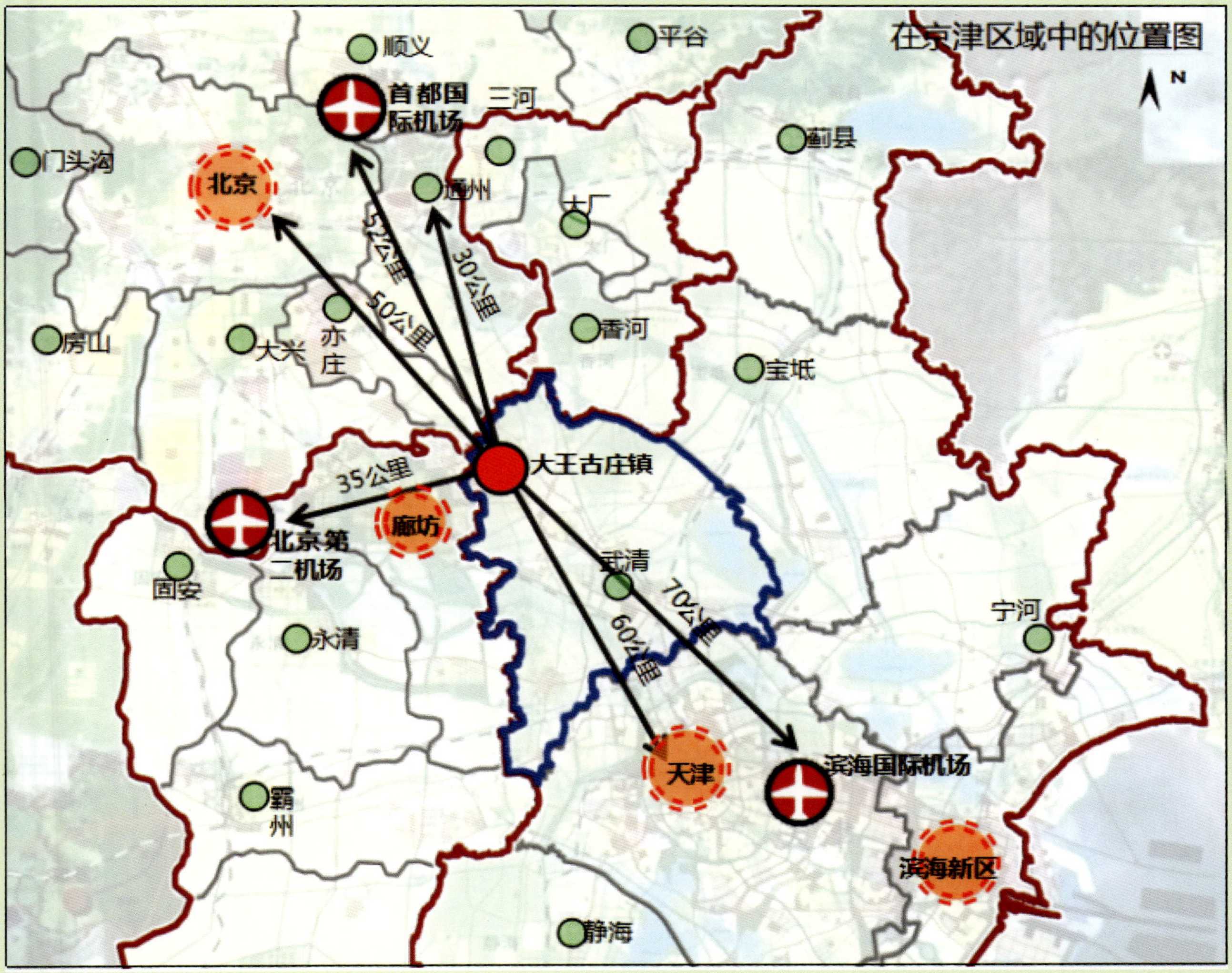

大王古庄镇位于京津冀一体化核心区。北与北京市紧邻，西与河北省廊坊市接壤。素有京津冀“金三角”之称。

社会关注

2014年11月24日上午，市委常委、常务副市长段春华，市政府副秘书长庞金华、刘剑刚和市商务委负责同志到京滨工业园实地调研电子商务产业发展情况。

2014年5月7日，市委常委、市纪委书记臧献甫到京滨工业园调研。

2012年2月2日，市委常委、市人大常委会副主任、市委教育工委书记苟利军，副市长李文喜及市有关部门负责人，到京滨工业园调研示范园区发展和区县重大项目建设情况。

2010年4月28日，区委书记袁桐利（右一）、区委副书记李宝锟、区纪检委书记韩盛军、副区长尤天成到京滨工业园调研。

2012年4月28日，区委书记张勇（左二）视察大王古庄镇党建工作。

2015年1月6日下午，区委书记王小宁（中）到京滨工业园调研。

2012 年 4 月 14 日，区长罗福来（中）到大王古庄镇调研。

2012 年 2 月 24 日，区人大主任韩胜军（左二）到大王古庄镇调研。

2010 年 3 月 24 日，区政协主席李学鹏（左二）到大王古庄镇调研。

2016 年 9 月 30 日，镇党委负责人陪同区委、区政府和有关部门领导及部分老领导，察看京滨玫瑰庄园的建设发展情况。

经济发展

天津京滨工业园管理委员会
Tianjin Jingbin Industrial Park Administrative

京滨
天津京滨工业园

2013年5月23日，京滨工业园《中关村》大厦成立仪式在北京中关村创新论坛上举行签约仪式。

2014年7月25日，京滨工业园在园区招商中心举行了与北京企业集中签约仪式。

2014年7月26日，京滨工业园、汽车零部件产业园与北京海纳川汽车部件股份有限公司举行项目合作签约仪式。

2014年8月8日，京滨工业园在园区招商中心举行了与清弘集团的签约仪式。

2014年10月15日下午，京滨工业园与江苏允通集团签约。

京滨科技创新园

文化创意产业园

五星级酒店

园区环路公交车

景观渠

城王路

百姓生活

喜获丰收

果园飘香

蔬菜生产

京滨玫瑰庄园

乡间美景，恬静自然

庄园内游人如织

休闲娱乐好去处

花开满园，魅力无限

生态文明，庄园起航

“激情京滨”足球赛决赛在大王古庄镇中学体育场留影

企业文化活动

农村花会

《大王古庄镇志》编修委员会

主　　任　张大国

副 主 任　郭金勇　夏振峰　韩志军　金志辉

委　　员　张　军　高永山　王金珠　程艳庆　刘宏明　朱建新

郭子芸　董秀国　张兴国　张季文　齐振山　张　颖

赵连奎　杨　光　崔　伟

顾　　问（以姓氏笔画为序）

丁绍山　尤天成　王　平　王景成　边德春　邢广民

杨学鹏　郭新华　唐万强　董怀忠　董炳琪

《大王古庄镇志》编修人员名单

主　　编　韩志军

副 主 编　高元勃　王　毅　杨振关

责任编辑　王凤俊　张春燕

封面题字　门玉华

封面设计　王春晶

校　　对　席炳田

参编人员　荣维刚　王付莲　丁　毅　李启宁　张立荣　张　颖
韩占生　崔　伟　赵连奎　杨　光　袁海静　姜晓昕
刘芳菲　刘　庚　杨　昊　倪熊彪　李炳华　赵明波
钟友琴　黄　伟　崔连江　周顺喜　张文旺　陆景山
于士波　刘　跃　刘　颖　梁　冬　樊　锐　崔绍柏
代　芳　张开会　韩万山　高　玮　肖永江　姚金龙
范圣博　张宝强　朱建国　李学华　刘雅清　徐顺亭
蒲万旺　李凤美　王海宝　李　媛　李东辉　李汉东
张玉剑　贾杰君　武向东　李万国　刘　震　秦万祥
张凤宇

序　言

看到《大王古庄镇志》的修编文稿，对于曾经在这里工作过四年、且与这里的人民有着深厚感情的我，感到由衷地高兴。据我所知，这是有史以来，专门记录大王古庄历史发展的首部志书，它的出版发行，意义重大，可喜可贺。

盛世修志。国家正处于繁荣富强、民族伟大复兴的新时代。新中国成立以来，特别是在改革开放更加深入、京津冀协同发展的今天，历史悠久、文化底蕴深厚的武清，经济跻身天津各区前列，城市化建设步伐加快，社会稳定，人民生活富裕，各项事业协调发展。在我的记忆中，历史上的大王古庄，由于地域偏僻，在武清发展进程中长期处于落后位置。近些年来，勤劳朴实、睿智实干的大王古庄人，在武清区委、区政府的领导下，在社会各界的广泛关注支持下，经过自身艰苦卓绝的努力，京滨工业园区迅速崛起，现代化农业不断发展，镇村面貌焕然一新，社会安定和谐，人民生活幸福安康，与武清发展同行。正是在这种大好形势下，大王古庄镇决定编写自己的首部志书，这无疑是件抓住时机、意义深远的大事。同时，用志书的形式，挖掘区域的历史文化，记录历代大王古庄人为大王古庄镇建设发展所做出的积极贡献，书写下辉煌的业绩，传承一代又一代人的优良传统和时代精神，也是我们这一代人历史性的责任。

《大王古庄镇志》中所述，坚持历史唯物主义、辩证唯物主义观点，用大量、翔实的史料，质朴、准确的文字，详细记述了大王古庄镇的自然地理、物产资源、政治经济、社会人文历史、现实发展状况，全面客观地再现了大王古庄镇历史的传承脉络、发展历程。既赋予时代精神又兼具地方特色，集思想性、科学性、资料性于一体，是一部资治、存史、教化、致用、传承的百科全书，丰富了大王古庄镇发展的信息库，

填补了区域历史文化宝库的一项空白，是一笔功在当代、惠及子孙的宝贵精神财富。

以史为鉴，推动未来，是编修志书的出发点和落脚点。相信，随着《大王古庄镇志》的出版，对于弘扬时代精神、继承发扬中华民族的传统美德，推动区域经济社会发展，必将产生极大的影响和精神推动力。今天的武清，正在朝着“建设京津卫星城、美丽新武清”的目标方向大踏步前行，相信大王古庄人一定会在这一伟大的历史进程中，继续拼搏奋进、加倍努力，为建设更加美丽富庶的新家园、为武清的发展做出新的、更加积极的贡献。祝愿大王古庄镇的明天更加美好！

是为序。

2016年12月

（作者系天津港保税区、天津空港经济区工委书记）

凡　　例

一、以马克思列宁主义、毛泽东思想、邓小平理论、“三个代表”重要思想、科学发展观为指导，贯彻落实习近平总书记系列重要讲话精神和治国理政新理念、新思想、新战略。实事求是，力求思想性、科学性和资料性的统一。

二、坚持详今略古，详近略远，详独略同的原则，反映时代特色，突出地方特点。

三、结构以篇、章、节、目框架，采用述、记、志、传、图、表、录等体裁，横分门类，竖写史实，以志为主，述而不论。

四、记述地域以现行大王古庄镇辖境为主，断限上始于事物发端，下限迄于2015年年底。

五、采用规范的语体文，各种名称首次出现用全称，再次出现简称。简化字使用均以国家语言文字工作委员会正式公布的为准。

六、统计数字以统计部门公布的数字为准，属于单位或科室提供的，以单位统计核定数字为准。

七、“大事记”以编年体为主，一事一记，辅之以纪事本末体。

八、坚持生不立传原则，以大王古庄籍为主，客籍人物在本地区有重要影响者酌情予以载入。在“人物”卷中收录处级以上干部、劳动模范、具有高级职称的各界知名人士及社会贤达、能工巧匠。

九、计量单位使用，依据国务院1984年2月发布的中华人民共和国法定计量单位执行。考虑到社会使用习惯，全书中亩不统一换算。

十、缩略语，“民国”指中华民国，“解放前（后）”指1948年12月14日武清县解放前（后）。

目 录

第三篇　居民

第四篇　农业

第五篇　水 利

第六篇　工业　交通

第七篇 天津京滨工业园

第八篇　商业　服务业

第九篇　财政　金融

第十篇　城镇建设

第十一篇　能　源

第十二篇　教育　科技

第十三篇　文 化

第十四篇　体育　卫生

第十五篇　党政　群团

第十六篇 政 务

第十七篇 政情要略

第十八篇 法 治

第十九篇 国 防

第二十篇　人 物

附　　录

概　　述

概 述

大王古庄镇隶属于天津市武清区，位于区西北部和京、津、冀交界的黄金地段。北与首都北京的通州区为邻，南与本区的城关镇搭界，东与区内高村镇、白古屯镇接壤，西连河北省廊坊市广阳区，京津塘高速公路贯穿全境。镇驻地距区驻地杨村 31 公里，镇域面积 48.08 平方公里。截至 2015 年，全镇有耕地 3.46 万亩，辖 17 个行政村。户籍人口 23713 人，其中农业人口 21138 人，少数民族有 238 人。2003 年，大王古庄镇被武清区政府定为全区 5 个经济发展战略重镇之一，同年被天津市政府定为武清区 7 个中心镇之一。至 2016 年，全镇全年实现农业地区生产总值 12 亿元，工业和服务业总产值 320.5 亿元，全镇税收 12.05 亿元；农民人均可支配收入 2.2 万元。

历史悠久 天时地利

大王古庄镇行政区位于北纬 39° 36′ ~ 39° 32′ 、东经 116° 47′ ~ 116° 52′ 之间，南北长 10 公里，东西宽 6 公里。镇驻地距北京、天津两大都市各 50 公里，距河北省廊坊市 15 公里，旧有“鸡鸣闻三省”之称。

镇域处于武清区西偏北部，地貌自西北向东南逐渐倾斜，海拔最高 12 米，最低 9.3 米，一般为 10 米左右。境内气候四季分明，属温带半湿润大陆性季风气候。无霜期年均 209 天，年均气温为 12.5℃，年均降水量为 556 毫米。境内有凤河流经。1971 年海河北系治理，有 13.8 公里河段通过改造称为凤河西支，此河段在大王古庄镇域长 5.25 公里。至 2015 年，全镇有机井 236 口，其中生活井 18 口，农用井 213 口，工业井 5 口，确保了地上、地下水资源的综合互补。

这里历史文化底蕴深厚。据典籍记载和考古发现，早在中国汉代这里即有人类聚居和繁衍生息。镇域内前侯尚、水活铺等地在考古中均发现大量汉代砖瓦和生活器具；至隋末唐初，镇域内今距城堡村当时称为霍堡。清初顾祖禹著《读史方舆纪要》记载：“霍堡……在县西。唐武德初，窦建德攻幽州不克，乃分兵掠霍堡及雍奴等县，为幽州总管罗艺所败。堡盖居人霍氏所筑，以自固也。”这证明了当年霍氏族人为避战火曾在这里筑堡自卫，留下一段大王古庄人抗暴御敌的历史。镇域内大营村传为唐时成村，因唐太宗李世民东征在此地扎营后起名为大营村。后来随着辽、金、元异族政权的统治和战乱的不断纷扰，这里的百姓受尽欺凌侵扰，苦不堪言。如元至元二年（1265），武清县北乡中卫万户阿海所部屯军“强将诸人庄子及开耕作熟桑枣地土侵夺二十余顷”；至元五年（1268）一些军人来此地“民家安下”，每天向农户要吃喝、马匹草料。农户稍不应付，这些人就“恃赖众力，辄发恶言，恐吓侵凌，无所不至。每年直至来春三月，方始起离。”大王古庄、水活铺、枣林、大营等村在夹缝中生存、毁灭、重建和新生。到了明朝之初，更是迎来了移民建村的高潮，出现了像韩指挥营、聂营、董家庄、利尚屯、聂辛庄、北刘庄等一批村落。仅有小王古庄、宋家场、张家场、丁辛庄等几个村落是清时所建，其余各村历史都可追溯到明代以前。

历史上，大王古庄镇处于县城所在地的“北乡”或附近，其文化风俗并不闭塞。近年来，随着京津冀一体化大战略的启动，镇域因占尽天时地利，其地位日益凸显。

经济发展　后来居上

一、农业发展的三大支柱——养殖、苗木、果品

大王古庄镇曾是传统的农业镇，但解放前粮食亩产不过百十斤，农民收入很低。境内解放后，大兴农田基本建设，改造低产田。1984 年，乡里陆续建成 15650 亩井灌区，生产条件不断得到保障和改善。到 1990 年，全乡粮食亩产达 716 公斤，总产 1432 万公斤，农业总产值达到 4061 万元。开始建起了天津市蔬菜基地 1000 亩，年产蔬菜 2547 万公斤。1999 年，全乡农业进行结构调整，科学种田，粮食占耕地面积减少，产量却大幅增加。2000 年，粮食每公顷产量达到 10455 公斤，总产达 124290 吨。

在满足了粮食需求的情况下，乡内开始了多种经营。2000 年，全乡蔬菜种植面积 333.3 公顷，年产 3500 吨。养殖业从 1995 年以来渐成规模。肉鸡存栏一直保持在 160 万只左右，乡肉鸡服务公司供雏、供料、防疫、收购四到户的措施得以发展和推广；生猪年出栏 2.4 万头；养殖产值 2000 年达 4000 万元，纯收入 1600 万元。2001 年年底，大王古庄镇肉鸡专业合作社成立，会员达 400 户，全镇 13 个村分别建起了不同规模的养殖小区。

2003年，大王古庄镇被天津市确定为市级无公害养殖基地。2004年，肉鸡合作社得到农业部专项资金支持，投资40万元建起农民信息与技术培训中心，极大提高了养殖专业的标准化生产水平，增强了对农户的服务功能，促进了养殖业的发展。2005年，在聂辛庄、陈各庄、枣林等村还开发了狐狸、獭兔、七彩山鸡、乌鸡等特色养殖。到2010年，养殖业种类进一步扩大，当年全镇生猪饲养量2.09万头，肉鸡42.6万只，蛋鸡3.28万只，奶牛257头，肉牛200头，肉羊3520只，肉兔3720只，鹌鹑12.82万只。

随着镇内工业化进程的加快，养殖业发展势头受到了抑制。到2015年，全镇有大牲畜存栏756头，羊存栏1600只，生猪饲养1.83万头，蛋鸡存栏2.85万只，年产蛋400吨。

林果与苗木——两个效益并重的产业。1993年到1995年，京津塘高速公路绿化，镇域内投资200万元，植树13万株。营造了一条长6.5公里，两侧各宽30米的绿化带。当时，镇内有苗林木面积390.7公顷，年出圃苗木66.7公顷，育苗工作向专业化、基地化方向发展；果园面积573.3公顷，果品多为优质红富士苹果，2000年总产1200万公斤，创产值3000万元，纯收入1500万元。2001、2002年，大王古庄镇连续两年获市政府绿化先进单位荣誉称号。此后，成立了"绿春源苗木协会"，绿化苗木面积发展到7000亩，6500亩果树也获得市无公害果品示范基地的资质。2004年，申报的"王古"牌果品渐具品牌优势和影响力。截至2013年，全镇有林地1.87万亩，育苗面积125亩；有果园1680亩，果品总产825吨。2014年，林地面积增加到2.14万亩，果园面积缩减到884亩，果品总产559吨。

总体来看，大王古庄镇农业结构的调整贯彻了市场导向，不断向高效经济作物发展。2000年全乡蔬菜种植面积达333.3公顷，年产3500吨。2006年，镇内10个村有8000亩土地进行了无公害粮食基地的申报，新建温室大棚9个，发展水培鲜花和蔬菜产业，建立了"春蕊蔬菜合作社"，不断引进新品种。2010年发展设施农业，完成日光温室大棚百亩，仍主打花卉种植和鲜食蔬菜。2015年，全镇种植棉花4000亩，种植蔬菜1650亩，种植天鹰椒2500亩。高效经济作物面积的增加和以市场为导向的经营方针，有效地提高了农民的收入。

二、工业——由一般到飞跃，由乡企到园区

20世纪70年代以来，大王古庄乡（公社）乡镇企业主要有锅炉厂、化工厂、食品厂、服装厂、地毯厂等36个。其中小有规模的锅炉厂曾被市劳动局批准为E级锅炉生产厂；酶制剂厂生产的淀粉酶为天津市科技星火计划项目。到1990年，全乡工业总产值仅为7097万元。991年，乡村两级企业27家，完成工业总产值6425万元。1990年，乡政府对乡办、村办集体企业进行产权制度改革，采取租、股、售的方式对化工、锅炉、文教用品、冷冻、酿酒、面粉加工等10余种行业的9家企业进行产权改造。2000年，完成工业总产值1.4亿元，利润1140万元。

跨入21世纪，镇党委、镇政府为了充分发挥紧临河北廊坊开发区的地缘优势，加快镇域经济、社会发展，经多方考察调研，确立了“变区位优势为发展优势、规划建设高标准工业区、加快招商引资步伐”的思路，规划了“一轴、两区、多园、群星”的战略。以横贯全镇的京津塘高速公路为主轴，把工业区合理布局于公路两侧，使这“一轴”发挥商流、物流、人流、信息流的主渠道作用，成为统领全镇经济、社会发展的中枢；在镇域依托京津塘高速公路兴建行政、生活中心区和工业区，以工业区为主体，成为外资的聚集场、全镇经济发展的主阵地和增长极；把两区建成集各种产业基地、人居休闲观光为一体的庄园式园区；同时，让17个行政村参与到园区的建设、发展与开放中去，成为服务园区、支撑镇区的卫星群落。

大王古庄镇经济区建设起步于2001年10月，工作卓有成效。仅两年的时间，到2003年，经济区即引进企业28家，出让土地1658亩，引进内资人民币4亿元、美元1000万。园区启动“七通一平”的建设，利用紧贴廊坊开发区与京津塘高速公路出口的区位优势，加大对京、冀的招商力度。2004年，引进项目29个，协议引资1.87亿元；2005年，引进项目16个，吸引注册资金1.88亿元，同比增长140%；2006年，引进项目15个，引资2.1亿元，引资额名列全区前列，被国家五部委批准为省级开发区；2007年，引入企业19家，引资额2.67亿元；2008年，引入企业7家，引资额4.13亿元。2009年，武汉清区决定将产业园命名为“天津京滨工业园”，规划面积10平方公里，其中包括建成区2.2平方公里、起步区3.6平方公里；对管委会办公环境进行提升功能形象的改造，年内引进项目15个，引资额5.89亿元，谈成大项目5个，总投资10亿元；2010年，京滨工业园通过市级验收，综合评比位居全市第三，当年引进项目59个，投资总额61.6亿元，注册资本25.1亿元，“世界500强”企业首次入驻。此后，在产业园发展十周年之际，对京滨工业园的规划又进行了调整，调整为园区控规面积20平方公里，总规面积9.65平方公里，其中5.8平方公里基础设施全部完成，并达到了“十一通一平”的高标准。

近年来园区建设坚持高起点规划、高标准建设、高效能管理，着力打造高端制造业及现代化服务业聚焦区，园区的龙头带动作用明显形成，从而成为影响一方、连接京津冀，同时带动全镇经济发展的重要支撑。园区坚持定位于电子信息、新材料、精密设备制造产业，把招商重点从传统工业型转向总部基地型、科研孵化型和产业链延伸型，从而吸引了世界500强企业、上市公司和科技型中小企业的目光。阿里巴巴、当当网、凡客诚品、聚美优品、

美国凡士通、一汽大众、世侨总部、大禹节水、蒙牛乳业等知名企业及中科院化学所、中石油大学、中建研究总部、北京化工大学等知名院所落户园区，初步形成了主导产业清晰、大项目龙头带动、小企业科技含量高的高速发展新格局。到2015年，累计引入项目294个，完成招商引资额53.9亿元。新引进科技小巨人企业7家，高新技术企业6家。未来园区以京津冀一体化为契机，以国家自创区分园建设为抓手，大力推进科技驱动，金融创新，全面融入京津冀一体化，构建产城融合、协同发展基地，把园区打造成宜业、宜居、宜游的现代化产业新城。

社会事业　发展繁荣

大王古庄镇的文教体卫等社会事业与时俱进，不断发展而走向繁荣。20世纪90年代初，全乡有中小学17所，文化站和乡医院各1所。其中，镇初级中学占地面积33333平方米，建筑面积3026平方米，教师63人，学生650人。1997年，教育调整布局，乡投资140万元修建中学，另投资100万元用于增添设备和环境整修。全镇育人环境逐年实现绿化、净化、美化，教学设施不断完善，设备不断向现代化水准迈进。镇二中心小学始建于2004年，占地面积11655平方米，建筑面积1858平方米，设有12个教学班，400余名学生。2010年，投资400万元进行主体扩建，增添电脑、投影仪等现代化教育设备。1997年，乡被县教委评为“科普示范乡”；镇中学2007、2008年连续两年被区教育局评为教学先进单位、2008年中小学德育工作先进集体；镇中心幼儿园被授予天津市农村中心幼儿园“游戏达标”和“教科研活动达标”单位，2001年，被评为区级幼教先进单位。2010年起，镇投资3亿元重新规划教育园区建设。2014年，镇内拨款开通首批24辆免费校车，解决了镇内北片学生上学路远和安全问题，大受社会和村民的赞扬。

镇（乡）内从1994年起陆续建起卫生院大楼，1997年建起信用社大楼，1999年建起电信大楼，2000年建起农电站大楼，为全镇经济与社会发展进步奠定了坚实的基础。

镇（乡）内文化站建筑面积557.7平方米，室外活动面积375平方米，初步投资54万元。站内设有创作室、图书阅览室、展厅、活动室、科普推广等部门，并有戏曲协会、书画协会、科普推广站3个业余群众组织。另有京滨艺术团1个，民间花会6道。大王古庄的高跷、小车会，张场的高跷，丁辛庄的少林，聂营的叉会都小有名气。另外，像枣林、小王古庄、陈各庄等村的评剧团，大营的京剧、河北梆子剧团等都十分活跃。21世纪前后，陆续又有多个村成立了秧歌队和中老年广场舞队，逢农闲年节，这些团队都为乡亲们进行义务演出。

2013 年，大王古庄镇被天津市文广局命名为“天津市民间文化艺术之乡”，全镇的文化建设和村民素质水平均得到不断的提升。

镇村建设 日新月异

至 20 世纪末统计，全乡有 868 户居民建新房 3719 间，面积达 6 万平方米，初步改变了农村的面貌和生活条件。乡政府于 1994 年投资 2000 万元修筑了长 3000 米的北环引路，使乡北部的东西交通得以贯通。2000 年起，乡政府投资 200 万元，对乡政府一条街进行全面改造，完成了平填渠道、铺设排水管道、拓宽硬化路面、安装路灯等系统工程，乡镇面貌大有改观。与此同时，投资 400 万元用于自来水、民房、街两侧招商建设。此后，结合全镇新农村建设、文明生态村建设和示范镇建设，将全镇 17 个村和京滨工业园建设联动展开，把硬件建设如“十一通一平”与环境生态建设，如村庄绿化、美化等结合起来，逐年投资，加强管理，由初时的环境保洁、垃圾集中存放、农户改厕、主干道硬化入手，到镇村建设全面铺开，包括对深入村庄胡同里巷的铺装平整，道路的硬化、亮化、美化，居民的集中供水，设置群众健身广场器械，有线电视村村通工程的覆盖，拆迁还建小区及周围配套服务设施的建立，集贸市场的建立，村镇公交的运行等等，使大王古庄镇居民的生产生活水平和幸福指数都出现了一个质的飞跃。2011 年，全镇 17 个村全部达到新农村建设标准；同年，市级验收通过国家生态级标准。2013 年 7 月 16 日，经天津市人民政府批准为第五批示范小城镇。其中 2014 年小王古庄、韩指挥营等 7 个村 3019 户拆迁还迁建设项目已部分入住。2015 年二期还迁房建设和配套设施，如公交站、加油站、商业街、文化公园、综合医院、加气站等，均在同时建设中。

2015 年，镇全面实施“美丽一号”工程，落实“四清一绿”各项任务。完成北一横两侧 10 公里 5000 亩林地及高速一线 1000 亩绿化工程，建成大王古庄垂钓园和农家院，营造路网沿线景观绿化、美化效果，提升村镇整体环境。深入实施清洁村庄行动，投资 1500 余万元对村镇环境进行改造提升。通过治理污染和节能减排，有效改善了群众的生产生活条件。同时，惠民工程件件落实，社会秩序安全稳定。一个美丽繁荣、蒸蒸日上的大王古庄镇正呈现在人们面前。

大 事 记

大 事 记

大王古庄地区历史悠久。先秦至汉武帝元封五年（公元前 106 年）间属泉州，之后属雍奴、泉州二县之地。北魏太平真君七年（446 年）泉州并入雍奴，大王古庄地区属雍奴县。唐天宝元年（742 年），雍奴县更名武清县后属武清县地。2000 年武清县撤县建区，大王古庄镇属天津市武清区至今。

两 汉

境内水活铺村、前侯尚等地发现大量汉代细绳纹砖、筒瓦等建筑材料，及陶釜、盆、罐等生活用具，证实了这个地区在西汉时期即有聚落出现。

初元二年（公元前 47） 五月，“渤海水大溢”。七月，天偿连雨，泉州被淹。

王莽新朝（公元 9—23） 改泉州为泉调。

东汉中期 兰城继续其繁荣，为郡内望族、雁门太守鲜于璜祖籍地，大王古庄境地与其相邻，得到相应的发展。

永康元年（167） 大水。

三国·魏

黄初二年（221） 域内战事。文帝曹丕遣张郃、乐进围破雍奴。

东晋·十六国

太元七年（382） 蝗害千里，至秋冬如故。

北　　朝

北魏·太延四年（438）　十一月，地震。

太平真君七年（446）　省泉州入雍奴，大王古庄境域属雍奴县。

北齐·武平六年（574）　八月，大水。

隋

大业八年（612）　炀帝杨广发大军征高丽，官兵经雍奴县溯潞河达涿郡。

唐

武德元年（618）　农民军窦建德攻幽州不克，分兵攻打雍奴县城（邱古庄）和霍堡（今大王古庄镇距城堡村），后为幽州总管罗艺及雍奴令郑罗汉所败。霍堡，“居人霍氏所筑”。

贞观十八年（644）　太宗李世民东征，曾在雍奴县北安营等地扎寨。故老传在今大王古庄镇大营村扎营。村北口曾发现有古灶台砖遗迹，大营村由此而得名。

天宝元年（742）　雍奴县更名武清县，大王古庄境域属武清县。

建中元年（780）　大水，高丈余，禾苗荡尽。

贞元三年（787）　大水，平地水深二丈。

元和六年（811）　大水。

开成五年（840）　螟蝗害稼。

大中十二年（858）　水害稼。

五代十国

契丹·会同元年（938）　石敬塘献燕云十六州于契丹，幽州属武清县并大王古庄地区尽入契丹。

契丹·会同九年（946）　大饥，死者数以万计。

辽·宋·金

辽·统和九年（991）　九月十三日，地震。

清宁三年（1057）　四月，地震。

大康八年（1082）　七月，大水灾。

乾统三年（1103）　二月二十一日，大水。

金·贞佑二年（1214）　农民刘永昌于大兴府起兵称王。翌年占武清。

蒙古·元

蒙古·景定四年（1263）　中卫屯田万户阿海所部，侵夺县北大王古庄地区，乡民桑枣地二十余顷。

至元四年（1267）　在武清县置中卫屯田。

元·泰定元年（1324）　二月，饥荒；十一月，淫雨水溢，坏民舍。

天历二年（1329）　六月，雨水成灾，禾稼受害。

至顺元年（1330）　六月，蝗灾。

明

洪武四年（1371）　徐达驻师北平屯田，在武清置十五屯。

永乐五年（1407）　饥荒。

正统九年（1444）　闰七月，大水。

天顺三年（1459）　四月连日烈风，麦田尽败。

成化六年（1470）　夏潦秋旱，饥荒，草根、树皮被食尽。

成化十四年（1478）　五月，骤雨连绵，河水泛滥，平陆成川，禾稼淹没，人畜漂流，庐舍淹于深渊。

正德七年（1512）　三月，刘六、刘七起事入县境，战事。黑熊伤人，半月方止。

正德十二年（1517）　七月十九日，淫雨连旬，山水泛涨，民房多有倒坍，田禾多被淹没。

正德十六年（1521）　春旱，大饥。

嘉靖二年（1523）　二月，风霾大作，黄砂蔽天，行人被埋。

三月，天降黄砂如雨。

六年（1527） 大旱，蝗虫蔽天。

十一年（1532） 九月，旱、蝗、水涝。

十二年（1533） 夏水涝；秋冬地震，声如雷。

二十五年（1546） 六月大水，禾稼不稔，远近居民漂溺甚众。

二十七年（1548） 七月，地震。

三十二年（1553） 先旱后涝，五月淫雨，各河泛涨，平地水深丈余，禾稼漂荡，庐舍倒坍。

三十三年（1554） 春、夏荒歉日甚，民以树皮为食。六月间，卢沟桥口溃，大水无涯，直至县堂。秋禾尽没，米价十倍，儿女鬻尽，兼之时疫，民亡过半。

三十七年（1558） 六月，庄稼被淹，民房多被冲毁。

隆庆六年（1572） 秋初水发，冲至县城。“人皆登树相避，数日不止，人坠水中，不可胜计，禾稼漂流殆尽”。

万历二十一年（1593） 连遭重灾，民贫如洗，草根树皮均被食尽。

三十二年（1604） 六月淫雨，冲决校场口岸，淹城砖二十四层，“民有饿死者无算”。

四十五年（1617） 大旱，飞蝗蔽天。

天启元年（1621） 二月，地震，自寅至辰，约为现代震级 5.5，烈度 7，“东南城垛震落，屋壁半颓，间有压死者”。

四年（1624） 二月末，地震，约为现代震级 6.25，烈度 8。

崇祯五年（1632） 九月，水灾，民不聊生。

十一年（1638） 七月蝗虫蔽天，食禾殆尽，民以蝗为食。

十三年（1640） 大饥，“斗米千钱，树皮、草根食之殆尽，人相食”。

清

康熙七年（1668） 芦沟水溢，从凤河至城下，平地深丈许。“三门俱塞，水瀑入城不能御，东城楼塌坠，其流始障”。

九年（1670） 春，大旱，麦绝收。

十年（1671） 大水。

十二年（1673） 九月九日卯时，地震。

十八年（1679） 七月九日，地震，“声如奔车，急如雷，昼晦如夜”。七月二十八日巳时，地震，有声如雷，约为现代震级 8，烈度 11。“公署、庙宇圮者十之八，民房倾倒，压死甚众”。

十九年（1680） 夏秋大雨，田庐淹没。

二十三年（1684） 蝗蝻为灾，田禾无获。秋大雨，田庐淹没。

二十八年（1689） 春夏无雨，大旱、蝗灾。

三十九年（1700） 九月十四日辰时，雷击死人于大王古庄镇聂家营村。

五十四年（1715） 六月大水，禾苗无存。

雍正八年（1730） 八月十九日，地震，有声自西北来。约为现代震级 6.5，烈度 8。

嘉庆六年（1801） 北运河决口，山洪暴发，加之淫雨，遍野行舟，为两百年来罕见大水灾。

道光十二年（1832） 及十四年、二十二年、二十四年、二十六年、二十九年，多旱、水、雹灾。

同治十年（1871） 秋，永定河决口，三百四十五村遭灾。

十三年（1874） 永定河决口，大水致一百九十七村被淹。

光绪十六年（1890） 三月二十四日地震，约现代震级 4.75，烈度 5，震中在武清。

十七年（1891） 六月大雨，山水暴发，河水漫溢，平地水深数尺，田禾被淹，房屋倒塌。

十九年（1893） 六、七月大雨连绵，山洪暴发，平地水深五六尺，田舍被淹，有人被淹死。

二十年（1894） 八百余村被淹。

二十一年（1895） 水、雹灾。四月大雨，一片汪洋，境为泽国。

二十六年（1900） 春，境内村镇多处建义和拳坛口。义和团、红灯照活动遍及全境。

宣统三年（1911） 二月，鼠疫流行。

中华民国

民国 3 年（1914） 蝗患、河泛相继为灾。

6 年（1917） 7 月 28 日，大雨如注，河水陡涨，境为泽国，乡民棚居堤上。

8 年（1919） 一月，暴风雪袭击全境。

19 年（1930） 县下设区公所 8 处，辖 758 村。

20 年（1931） 改编乡制为 8 个区、辖 368 乡。县成立农会。

22 年（1933） 武清县成立保卫团，大王古庄属一区，驻防城关。

23 年（1934） 将 8 个区合并为 4 个自治区，辖 368 乡。

24 年（1935） 裁撤区公所。

25 年（1936） 改编乡制，恢复原有自治乡，另编 109 乡。

27 年（1938） 8 月，八路军三纵队独立第一支队一大队，从北宁铁路从南向北进入北旺镇，转战大王古庄等地区与日伪军激战 3 天，撤回北宁铁路以南。

29 年（1940） 大旱，奇热，霍乱蔓延。

37 年（1948） 12 月，全境解放。

1948 年 12 月 4 日，大王古庄地区解放。

1948 年 12 月至 1949 年初，各村相继成立农民协会，建立村政权。

1949 年及中华人民共和国

1949 年

1949 年 5 月，武清县划 15 个区，大王古庄隶属北旺十区。

1949 年 7 月，连降大雨，洪水猛涨，7 月 23 日凤河在利尚屯至前侯尚一带全线漫溢。

38 年（1949） 7 月，台风，暴雨成灾，水淹 361 村、140 余万亩土地。

1950 年

3 月，县建立农事示范推广农场，下设韩指挥营等 3 处分场，引进新农具、新品种、新技术，进行农业示范。

7 月 28 日，县调整各区序号和地址。

9 月，全县 15 个区并为 10 个区，大王古庄地区属二区北旺。

11 月，开展"抗美援朝、保家卫国"教育。

1951 年

11 月起进行土改。

12 月，在大王古庄村中心建大王古庄卫生所。

1952 年

至 2 月，土改工作结束。

12 月，县调整行政区划，将 10 个区划分为 13 个区。大王古庄片属北旺区。

1953 年

7 月，实行区、乡两级建制，13 个区下辖 140 个乡、2 个镇，境域内建立大王古庄、丁辛庄、韩指挥营、前侯尚 4 个小乡。

9 月，县供销社建立村供销联社。

1954 年

4 月，选乡级人民代表。

8 月，凤河决口淹牛镇。连降大雨，河水涨发。水围村房倒、淹庄稼 172 万亩。

1955 年

7 月，大雨连绵，北运、龙、凤河水暴涨，后侯尚堤决口，百米堤段漫溢。

9 月，各村建立初级农业合作社。

1956 年

1 月，十区区委根据县委《关于转社结合整党建党工作的指示》，对基层党员、党组织进行整顿，为农业合作化发展奠定思想、组织基础。

1 月，各村建立高级农业合作社。全县将 140 个乡并为 64 乡。

1957 年

11 月，大王古庄村发生薛志义（人称薛二狗）刀杀大王古庄乡乡长张志诚案件。薛志义被镇压。

是年，全县改划为 37 个乡。大王古庄乡始安装电话、设分机，有 10 门交换机。

1958 年

2 月，原建立的大王古庄、丁辛庄、韩指挥营、前侯尚 4 个小乡合并，成立大王古庄乡人民委员会，辖现17个自然村。

8月，人民公社化运动中，建立大王古庄、韩指挥营管区，各村建立生产大队，隶属于武清城关红旗人民公社。

9月，县农业银行设立乡信用社，县卫生局下设乡卫生院。

10月5日，安次、武清两县合并称武清县，县址杨村。辖52个乡、1131个自然村。

1959年

4月，建立大王古庄管区，并设公安员1名，负责公安工作。

1960年

12月，全县四级干部会议，整顿共产风、命令风、特殊风、浮夸风、瞎指挥风。

1961年

6月，武清、安次复原制。建立大王古庄公社，驻地大王古庄村。30日，边德春任公社党委书记，韩永忠任副书记。公社机构设立政府办、生产办（后农经办）、武装部、团委会、妇联会等机构和公安特派员。

7月13日，大王古庄、城关两地遭雹灾，早7时许历时25分钟，玉米、高粱只剩主秆，棉花、花生93%顶尖折断，受灾0.7万亩。

7月28日，梁洁卿任代理社长，李友和、彭德瑞任代理副社长。

8月，县粮食局下设公社粮站。

10月，发生北刘庄孙洪起杀人案。

1962年

是年，公社增设财政和民政两个办公室。

是年，多数村初步解决民众生产生活用电问题。

1963年

3月12日，公社党委副书记韩永忠调出。

4月10日，王庆山任副社长。

7月9日，大王古庄等四个公社遭受冰雹灾害；13日，与城关共7个大队复受雹灾，时长25分钟，受灾面积7160亩。受灾较重。

9月27日，韩殿洪任公社党委委员。

1964年

10月23日，尹祥杰任社长。

12月20日，边德春因去霸县参加“四清”运动，梁洁卿代理公社党委书记职务。

是年，各社、队相继建立贫协组织。

是年，境内全部通电。

1965年

年初成立公社贫下中农代表大会。2月23日召开公社第二届“贫代会”。

2月19日，梁洁卿调出，唐延忠接任代理公社党委书记。社长尹祥杰调出，刘宗泽接任社长职务。

3月14日，由唐、刘和彭德瑞、李友和、张宣和5人组成临时党委会。18日，孙文桢任党委副书记，参加临时党委会。

10月5日，全公社开展“四清”运动。

是年，国家培养农村“赤脚医生”，境内各大队始办合作医疗站和卫生室。

10月，公社“四清”运动自10月开始至1966年9月宣布结束。对党员清洗处理2人，开除30人党籍，32人不予登记。对一些干部进行了经济退赔处理，另发展党员200名。

1966年

3月20日，公社党委委员、社长刘宗泽调出，卢庆文接任社长职。

5月16日，全国开始“文化大革命”。

6月，公社设立政治处（后来称党委办公室）。

7月26日，公社党委委员、副社长彭德瑞调出。

8月3—4日，公社召开第三届人代会（因前几届未开会，以1966年人代会为第三届）选举并经县批准卢庆文任社长，田益友任副社长，韩殿洪任监察委员会主任。

9月，“文化大革命”波及到全公社。多数干部靠边站，贫下中农掌权，出身“成分”

高的人被抄家。

12 月 26 日，公社党委书记边德春、代理党委书记唐延忠调出，杨学鹏接任党委书记。

1967 年

1 月 10 日，公社党委会组成：书记杨学鹏，副书记卢庆文、韩殿洪，委员王庆山、王明禹、马宝田。

2 月，公社增设农技员。

3 月 27 日 16 时地震。震级 6.3，烈度 7。

1968 年

2 月 29 日，成立大王古庄公社革命委员会，杨学鹏任革委会主任，张宜和、卢庆文任副主任。

上半年，公社在中学校举办“军训班”，整治教师队伍。

6 月，“一批三查”运动开始。公社、大队层层建立专案班子，共对 118 人进行了专案审查。公社办集训班“集训”112 人，公社干部王庆山、王殿选、陈绍文，及村党员干部方玉、刘树等参加集训。“一批三查”制造了一批冤、假、错案。

1969 年

6 月，“一批三查”运动及“集训队”结束。

7 月，公社机井队组建。

12 月，农村实行合作医疗制度。

1970 年

6 月，枣林村民王某某用杀猪刀杀母、杀子、伤妻后自杀。

8 月 9 日，公社党委委员、革委会常委王庆山调出。

11 月 8 日，县“斗批改”宣传队进驻公社及大队，搞“一打三反”、整建党、整改等运动。薛邦金到公社任总指挥。

年内，公社机关建有线广播大站。

1971 年

3 月，大王古庄人民公社成立副业管理站。

6 月间，“斗批改”等运动结束。年内全公社突击发展党员 51 人。

7 月 8 日至 9 日，公社召开第二届党代会（第一届未开）。68 名代表（应到 77 名）听取了杨学鹏代表公社整建党领导小组做的工作报告，通过了党委委员选举法，选举了中共大王古庄公社第二届委员会，由杨学鹏任党委书记，卢庆文、张宜和任副书记，韩殿洪、杜殿臣、王德宝、魏炳瑞、王淑华、艾元成任委员。通过了“继续掀起活学活用毛泽东思想群众运动新高潮的决议”和“关于把农业学大寨的群众运动推向新高潮的决议”。

7 月，公社农机站、农机修造厂建立。

10 月 9 日，调整公社革委会。杨学鹏任主任，张宜和、卢庆文、韩殿洪、杜殿臣任副主任。

公社建电影放映队，保证每月每村演一场电影。

1972 年

6 月，公社党委为解决“文化大革命”查抄物资、没收房屋问题，在韩指挥营、距城堡村进行试点。26 日，公社第三届团代会召开。

7 月 24 日，公社第三次妇代会召开。

9 月 8 日，公社党委委员王明禹调出。

1973 年

4 月 1 日，公社第三届“贫代会”召开。

6 月，公社增设知青办公室。

9 月，筹建公社砖瓦厂。

10 月 3 日，公社党委委员、革委会副主任杜殿臣调出。13 日，马宝田任党委委员、革委会副主任。

1974 年

3 月，公社磷肥厂建成。

4 月 25 日，公社党委书记、革委会主任杨学鹏调出，董怀忠接任党委书记、革委会主任。

6 月 30 日，李凤岐任公社党委委员、革委会副主任。

6月，砖瓦厂建成投产。乡办企业“天津市昌盛实业总公司”始建，从事锅炉生产。

11月21日，公社副书记、革委会副主任张宜和调出。

11月25日，高镛任公社党委委员、革委会副主任。

11月，自5月5日起，公社开展“批林批孔”运动；7月27日成立“批林批孔”领导小组；到11月底，全公社“理论队伍”扩大到239人。

12月，学习上海和大寨民兵工作经验，公社成立民兵小分队，全公社共200人，统一佩戴红袖章。

同月，公社组织农田基本建设大会战，指挥部办《战地简报》。

同月，公社卫生院迁址至村南侧公社对面新建。

1975年

1月，发生丁希前投毒杀人未遂案。

5月31日，公社成立民兵指挥部，6人组成，政委董怀忠，指挥黄清。

5月，公社成立学习无产阶级专政理论组，有辅导员7人。

7月11日，吴汉发任公社党委副书记、革委会副主任；黄清任公社党委委员。

11月，县委派学大寨工作队119人进驻公社，分成15个工作组进驻15个大队。在一年的时间里，公社把4.3万亩耕地规划为“9大方田、5个战场、4个战役”，共投入40万个劳动日，动土160万立方米。

1976年

4月15日，刘宗泽任公社党委委员、革委会副主任；孙守仁任党委副书记、革委会副主任。

7月28日，唐山大地震波及大王古庄一带，遭受一些损失，公社成立抗震救灾指挥部。

8月11日，公社党委副书记、革委会副主任卢庆文，公社党委委员、革委会副主任韩殿洪调出。

9月25日，董秉琪任公社党委副书记、革委会副主任；韩智慧任公社党委委员、革委会副主任。

10月，境内大王古庄至廊良公路区间修筑第一条柏油公路，开通由大王古庄至天津长途客运专线。

1977 年

4 月，公社增设经营管理员。

6 月 3 日，公社党委委员、革委会副主任李凤岐调出。

6 月，公社元件厂建厂。

7 月，公社养猪厂建厂，磷肥厂停办。

10 月 14 日，公社党委委员、革委会副主任马宝田调出。

1978 年

5 月 30 日，县委、县革委正式批准大王古庄公社利尚屯大队等 59 个大队为“学大寨”先进大队。

10 月，公社筹建养鸡厂。

12 月 26 日，刘宝祥任公社党委委员、革委会副主任。

12 月，公社农田基本建设指挥部《战地简报》停办。

1979 年

1 月 20 日，公社党委委员、革委会副主任高镛调出。

3 月，公社养鸡厂建厂生产。

4 月，公社养猪厂停办。公社元件厂转为童装厂。

6 月 1—2 日，召开公社第四届党代会。会议听取并讨论通过董怀忠所作《为加速实现四个现代化而努力奋斗》的报告，选举产生中共大王古庄公社第四届委员会。董怀忠任党委书记，刘宗泽、董秉琪任副书记；免去孙守仁党委副书记职务；刘宝祥、孙守仁、韩智慧、黄清任党委委员；免去刘宗泽、董秉琪、韩智慧、黄清的革委会副主任职务。

8 月，公社设司法助理人员。

12 月 16 日，公社召开第四届人代会第一次会议，审议通过刘宗泽所作的政府工作报告。会议决定把公社革命委员会改称为公社管理委员会。会议选举刘宗泽为管委会主任，刘宝祥、孙秀亭为副主任。

年内，开始实行农业生产责任制，实行小段包工、定额计酬。公社内开始推广使用沼气。

年内，开始全面“落实政策”，先后平反了“文化大革命”中的“冤、假、错”案，纠正错定的阶级成分，对历史上受过党纪处分的党员进行复查，落实台胞台属政策和国民党起义投诚人员政策等。

是年，开展“实践是检验真理的唯一标准”大讨论。

1980 年

2 月，各村生产大队开始搞作业组生产。

3 月 8 日、3 月 12 日分别召开公社第四次妇代会和第四届团代会。

7 月，前侯尚村发生马某某用土坯砸死张某某案件。

10 月，公社设立文化站。

11 月，开始清退“文化大革命”查抄财物。

12 月，“知青办”机构撤销。复查干部遗留问题。

1981 年

2 月，各村实行大田联产计酬，经济作物包干到户，个别村实行大包干。

3 月 1 日，黄清任公社党委副书记。

4 月 28 日下午，大王古庄等 6 个公社 58 村降雹，受灾面积 3.8 万亩。

9 月 10 日，公社党委副书记、管委会主任刘宗泽退休，刘宝祥接任管委会主任。

11 月 2 日，董怀忠调出，董秉琪接任党委书记。

12 月，大队合作医疗站改称大队卫生所，由获得乡村医生证书的个体医生行医。

1982 年

1 月，设立计划生育办公室。

3 月 25 日，史安祥任公社党委委员。

6 月，原公社元件厂 1979 年转童装厂后再转服装厂。

8 月 20 日，县委转发农村工作部《关于大王古庄公社聂营大队实行大包干责任制，迅速改变贫穷落后面貌的调查报告》。县委通知中指出：聂营大队实行大包干后，面貌焕然一新，显示了这种责任制的优越性。

8 月，丁辛庄发生丁某某持菜刀伤 4 人外逃案件。

10 月 20 日，公社召开第四届人代会第二次会议，审议通过刘宝祥所作的四届一次人代会以来工作总结和今后主要任务的报告，补选了公社管委会。刘宝祥任管委会主任，孙秀亭任副主任。

11 月，开展“五讲四美三热爱”和“创三优”活动。

年内，全公社 17 个大队 78 个生产队全部实行了大包干。

1983 年

2 月，地方派出所挂牌办公，同时撤销公安特派员职务。

3 月，公社养鸡厂停办。

6 月 1 日，党委副书记、管委会主任刘宝祥退休。

6 月 21 日，公社党委委员史安祥调出。

6 月 25 日，公社召开第四届人代会第三次会议和社员代表大会。大会由丁绍山做体制改革情况报告；选举乡长、副乡长，公社社长、副社长，增选人民代表；通过撤销公社管委会、建立乡人民政府的决议。会议选举丁绍山任乡长，韩智慧、贾秀礼任副乡长，孙守仁任公社社长（政企单一），孙秀亭、沙继平任副社长。

6 月，由公社水利组、机井队、海河连队合并建立水管站。建立植保服务站。

7 月 5 日，丁绍山、孙守仁任乡党委副书记，徐国良、王德平任乡党委委员。

7 月，乡政府设立多种经营办公室。

10 月 24 日，乡第五次妇代会召开。

11 月 23 日，乡第五届人民代表大会第一次会议召开。审议通过丁绍山所作的政府工作报告、沙继平所作的代表资格审查报告，选举丁绍山任乡长，韩智慧、贾秀礼任副乡长。

12 月，乡设立农校。

年内，增设农房管理助理。

是年，村级卫生所改称医疗点。

是年，沼气使用试点，建池 12 个。

1984 年

1 月，筹建乡面粉厂。

1 月 27 日，党委副书记、公社主任孙守仁调出；赵德义任党委副书记、农工商公司经理。

2 月，成立大王古庄乡“农工商联合公司”，承担原公社的经济职能，管理乡办、村办企业。

4 月 2 日，党委副书记黄清调出。

4月9日，乡第五届团代会召开。

5月，乡建企业公司。乡面粉厂建成投产。乡建起敬老院。乡服装厂转产皮件厂。

6月22日，沙万河任乡党委委员、副乡长。

7月23日，董家庄发生村民刘某某报复杀死本村陈某某案件。

8月4日，徐凌珍任乡党委委员。

8月6日，大王古庄等地遭风雹袭击，阵风9至10级，刮倒树木850棵，倒房7间，13个村2万亩农作物受灾。

9月14日，沙万河调出。县人民检察院在大王古庄等4个乡设流动信访接待站。

1985年

1月13日，徐国良任党委副书记，刘文庆任党委委员、副乡长。党委副书记、农工商公司经理赵德义调出。

1月，乡农工商联合公司改称企业经济委员会，主任为副乡级、乡党委委员。

3月20日，乡党委委员、副乡长韩智慧调出。

3月27日晚9时至次日晨，大王古庄乡等十个乡镇遭受10个小时大风袭击，经济损失严重。

3月29日，乡第五届人代会第二次会议召开。审议通过丁绍山所作的关于1984年国民经济计划执行情况和1985年国民经济计划的报告，选举刘文庆任乡长。

6月23日，崔洪田任党委委员。

7月，乡水管站建长江食品厂。

10月10日，韩指挥营村村民徐福亭用自制手枪和军用刺刀行凶杀人，杀死4人，伤1人，其中一名追捕的武警战士遭枪杀，制造了震动全市的特大案件。经6昼夜围捕，10月16日徐福亭在追捕中被击毙。

10月20日，大王古庄等6个乡实现村村通公路。

11月3日，开展全乡整党活动。

是年，自1979年进行的落实政策工作至1985年结束。

1986年

2月，全乡开展“讲理论、比贡献”活动。

4月16日—17日，召开乡第五届人代会第三次会议。审议通过丁绍山所作的乡《政府工作报告》和《第七个五年计划发展纲要》及《烈军属优待办法》、《农民负担定额限额预算》《乡规民约》三个提案。补选高福泉为副乡长。

6月12日，水活铺村发生村民葛某某因劳动纠纷将韩指挥营村村民赵某某杀害案件。

6月，乡农机修造厂所属“β 淀粉酶厂”建成。

7月2日，崔云瑞任乡党委委员。

7月，乡道班、乡农电管理站成立。

9月3日，乡第六次妇代会召开。

10月，完成本乡第一代居民身份证发放使用工作。

11月，乡建经委。8日，高福泉免副乡长职，任乡党委委员、经委主任。

12月28日，县委三届二次全委扩大会议决定：农业生产正向专业化、基地化方向发展。大王古庄等三个乡建芦笋生产基地。

是年，乡级整党工作自1985年11月3日开始，到1986年4月1日结束；企业整党于当年6月20日始至9月19日结束；村级整党于当年10月15日开始。

1987年

1月16日，全乡村级整党结束。

2月15日至16日，乡召开第六届人代会第一次会议。审议通过丁绍山所作的《政府工作报告》、刘文庆所作的《关于1986年财务收支执行情况和1987年财务收支安排情况的报告》；选举丁绍山任乡长，刘文庆、贾秀礼任副乡长；通过了乡政府《关于对户联和个体企业征收社会福利基金》的议案。

2月，全乡开展“深化改革、迈向小康”大讨论。

3月，乡里组建财政所。乡皮件厂转厂韩指挥营。13日，乡第六届团代会召开。乡多种经营服务站建立。

5月22日，小王古庄村发生村民姬某某将岳母杀害、将聂营村民施某某砍成重伤案件，后姬自杀身亡。

6月29日，7时30分至8时30分，大王古庄等10余乡镇降雹8至20分钟，雹大如栗，间有如鸡蛋和拳头大小。大王古庄村等公路积雹10厘米以上，两小时不能骑车。

7月，乡农机修造厂下属锅炉厂建厂。冷暖设备安装工程队组建。

11月6日，乡党委副书记徐国良调出；宋永旺任党委副书记。

11月20—21日，乡第五届党代会举行，审议通过董秉琪的工作报告，选举产生了中共大王古庄乡第五届委员会，董秉琪任书记，丁绍山、宋永旺任副书记，高福泉、刘文庆、崔洪田、崔云瑞、徐凌珍、王德平任党委委员。

12月，乡办“巍华有机化工厂”组建，生产硅系列织物后整理剂。

1988年

1月27—28日，乡召开第六届人代会第二次会议，审议通过了丁绍山乡长所作的《政府工作报告》和财政所长李子旭所作的《关于1987年财务收支计划执行情况和1988年财务收支安排的报告》，审查批准了乡政府的《果树管理细则》。

1月，乡经营管理站建站。

5月，乡砖瓦厂兴办“兴华”化工厂，并建木材加工厂。

6月，乡水管站搞“一主多副”，建起贸易公司、汽车装修厂和综合养殖厂。乡敬老院建煤站。乡道班建胶垫厂。

7月21日、8月12日，全乡普降暴雨达百毫米左右，农田受灾。

10月31日，天津市副市长钱其璈结束了三天的九年义务教育工作考察，其间，实地考察了大王古庄乡的工作并给予肯定。

11月15日，崔洪田任乡长助理，免党委委员。

12月5日，田益金任党委委员。

12月，乡派出所破获张振福、张洪刚2个外地盗窃团伙和距城堡村王某某等5人盗窃犯罪团伙。

1989年

3月，乡砖瓦厂建起地毯厂、松花蛋厂和综合养殖厂。

4月15—16日，乡召开第六届人代会第三次会议，审议通过了丁绍山乡长所作的《政府工作报告》，审查批准了乡政府的《关于提高敬老院老人生活标准的规定》《关于群众优待标准和方法的规定》《关于征收乡村公路养路管理费和大修费的规定》。

8月，乡农房管理站建站。

9月，投资10余万元新建乡文化站。

11月27日，乡第七次妇代会召开。

1990年

2月14—15日，乡第七届人代会第一次会议召开。审议通过乡长丁绍山所作《政府工作报告》、副乡长贾秀礼所作1989—1990年财政收支及安排的报告。会议选举丁绍山任乡长，刘文庆、贾秀礼任副乡长。

3月24日，乡第七届团代会召开。

3月，派出所破获北刘庄王某等6人拦路抢劫犯罪团伙。

4月，乡党校设立。

5月，乡林业站建站。乡派出所破获刘某某等3人盗窃北刘庄村缝纫厂变压器犯罪团伙和韩指挥营村蒙面强奸案。

7月，开展“六爱两评”活动。

8月，全乡正式开通县城、天津市区的直拨自动电话。

10月，京津塘高速公路建成通车，大王古庄境内里程7公里。

1991年

1月2－3日，乡举行第六届党代会。会议听取审议了董秉琪所作的工作报告，选举产生了9人组成的乡第六届委员会。董秉琪任书记，丁绍山、宋永旺任副书记。

3月，县委召开清理整顿农村财政工作会议，任务是“三清两建”，即清账、清款、清财产和物资，健全账目、建立制度。县委抽调干部组成社会主义思想教育工作队，并开展工作至6月。

5月，乡派出所破获大王古庄孙某某等4人盗窃乡采购站棉花团伙。

1992年

4月，丁绍山任中共大王古庄乡党委书记，王景成任副书记。

4月9日，韩指挥营村村民郭某某因强奸呆傻少妇畏罪自杀。

4月，乡办“武清皇冠美术颜料厂”组建，生产水彩、橡皮泥等。

7月11日，大营村李某某纠集同村郭宝清、杜某某携凶器到韩指挥营村将郭某某杀死，李、郭外逃。

7月29日，丁辛庄南口一农用变压器被盗。

8月，王贺福任乡党委副书记。

11月29日，大王古庄村村民魏某某伙同他人持刀抢劫被汽车撞死。

1993年

1月15—16日，乡召开第八届人代会第一次会议。会议听取并审议了王景成所作的乡《政府工作报告》，选举王景成任乡长，刘文庆、贾秀礼任副乡长。

3—5月，乡开展学习党章活动。

6月7日，水活铺村民王某某因家务与妻高某某争吵，后用砖将妻砸死。

9月11日晚，大王古庄等乡镇遭受龙卷风和冰雹袭击，晚玉米、谷子、蔬菜等受损严重。

9月，乡办“武清县华能电力线材厂”组建，产品以电线为主。

1994年

2月，王平任大王古庄乡党委书记。

3月29—30日，乡举行第七届党代会。会议听取并审议了王平所作的工作报告，选举产生了9人组成的中共大王古庄乡第七届委员会。王平任乡党委书记，王景成、宋永旺任乡党委副书记。

4月22日中午12时10分，山西省灵丘机场一架歼教六型飞机在大王古庄乡距城堡村西南坠毁。

7月12日8时至13日5时，全县普降大雨，大王古庄、城关等4个乡降雨超过332.7毫米，造成直接经济损失1.76亿元。

12月，王德新任乡党委副书记，董荣海任副乡长。

年内，建乡卫生院大楼。

1995年

2月3日，水活铺村村民张某因婚恋被安徽人李洪明刀伤致死，李被当场抓获。

10月，王久山、袁兴博任副乡长。

11月，乡企业经委改称乡经济发展总公司，总经理任乡党委委员。

12月15日，大营村李某某1992年杀人案外逃被抓获，判处死缓。

1996年

1月18—19日，乡召开第九届人代会一次会议。听取并审议王景成所作乡政府工作报告。会议选举王景成任乡长，崔洪田、董荣海、王久山任副乡长。

11月，乡经济发展总公司对内称企业管理办公室。

12月，董荣海任乡党委副书记。

年内，乡广播大站停播。

1997年

3月，设主管工业副书记，管理全乡工业。

4月9日，乡召开第八次党代会。听取并审议王平所作的工作报告，选举产生乡第八届党委会。王平任书记，王景成、沈书堂任副书记。

4月，张连惠任乡党委副书记。

8月10日，15时30分，大王古庄乡董庄、张场、前侯尚3村降雹15分钟，1180亩农作物受灾，损失30万元。

8月，肖庆东任乡党委副书记。乡团委换届。

10月，乡与港澳合资经营天津市和帮纤维有限公司，生产服装。

1998年

2月20日，乡派出所与刑侦大队14小时破获陈各庄村高某某谋害发妻案。

5月16日，国家农业综合开发办公室副主任韩连贵到大王古庄乡考察农业综合开发。

8月10日，5时30分至45分，乡域降雹，1.83万亩农田受灾，损失308万元。

1999年

4月13日，丁辛庄农用光铝线被盗割。

4月，尤天成任乡党委书记，王树庚任副书记。

9月，对法轮功顽固分子、水活铺村村民赵某某予以治安拘留。

10月，白金勇任副乡长。

年内，建电信大楼。

2000 年

3 月 27 日，乡经济发展总公司由镇党委书记任董事长。

3 月，开展“三讲”（讲学习、讲政治、讲正气）教育。

6 月 13 日，国务院批复同意撤销武清县，设立武清区。

10 月 29 日，召开庆祝武清区成立大会，大王古庄乡隶属武清区。

年内，进行“打拐”专项斗争，将被拐骗到辽宁的距城堡村妇女邵某某安全解救。发生两起强奸案。

是年，建成农电站大楼。

2001 年

2 月起，开展“三个代表”重要思想学习教育活动。

7 月 22 日，将杀人后逃回家欲服毒的张家场村村民蒋某某抓获。

10 月 14 日，区委、区政府召开乡镇行政区划调整动员大会。大王古庄等撤乡建镇。

是年，将横行乡里的负案逃犯“火神爷”魏某某抓获归案；2000 年的两起强奸案告破，5 名案犯被抓；破获拦路抢劫案一起，将利尚屯赵某某等 3 人抓获。

10 月，唐万强任镇长，张振刚任副镇长。

2002 年

1 月 13 日，镇召开第一届人代会一次会议，会议听取并审议唐万强所作的镇政府工作报告，选举产生了镇人大主席、副主席、镇长、副镇长、科技副镇长。

1 月 30 日，镇召开第一届党代会，听取审议了镇党委书记尤天成所作的工作报告，选举产生了镇党委的第一届委员会和纪检委员会。尤天成任镇党委书记，唐万强、肖斯刚任副书记。

8 月，镇建司法所，设司法助理员。

2003 年

4 月 10 日，大王古庄镇粮油供应站被区国土资源局地产公司整体收购，评估收购价为

80万元。

10月，唐万强任镇党委书记，邢广民任镇长。

年内，大王古庄镇派出所被市公安局表彰为“2003年度治安先进集体”。

2004年

4月21日，区委、区政府召开文化工作现场会，与会人员参观了大王古庄镇宣传文化站建设。

6月21日，利尚屯村民张某某被杀死在村南自家瓜铺内。

7月30日晚8点，利尚屯村任凤田经营的宏发化工厂经营部发生火灾，烧毁厂棚3间、华丽汽车1部，狄海侠等4人被烧伤。

12月21日，1992年大营村李某某杀人案外逃犯郭某某被抓获，后被判处有期徒刑5年。

2005年

1月，创刊《镇情通报》。8月起由每月一期改为每月两期。

2月，开展保持共产党员先进性教育活动。

4月25日，小王古庄村西口70余米通信电缆被盗割。

10月，邢广民任镇党委书记，胡朝阳任镇长，杨合任副镇长。

11月13日，开发区美森电子科技有限公司财会室保险柜被盗，损失6.5万元。

12月，派出所挖出以当地人为首，在北京地区发生的持刀抢劫轿车4辆及手机、现金共计30万元的犯罪团伙。

2006年

1月15日晚8点，小王古庄村南通信电缆被盗割。派出所迅速出警，将一个分别来自天津、吉林、安徽的犯罪团伙5人抓获。

2月24日，大王古庄镇“巾帼”苗木示范基地总经理、区政协委员杜茂珍，被全国妇联、中宣部、教育部、国家林业局等19个部门授予第四届“全国十大绿化女状元”称号和“全国农村妇女双学双比竞赛活动女能手”荣誉称号。

是年，全镇企业改制工作结束，村镇企业全部转为民营。镇取消工业副书记职，改称经济发展总公司总经理。

3月，杜茂珍被授予“全国三八红旗手”荣誉称号。

5月30日，在区政府召开的新型农村合作医疗试点工作会议上，大王古庄镇被确定为四个试点单位之一。全镇推行新型合作医疗制度，建社区卫生服务站14个。

6月14日，大王古庄派出所党组关系由镇党委转入公安武清分局党委直接管理。

9月24日，津武锅炉厂发生事故，职工王会明死亡。

11月28日，镇召开第二届人代会一次会议，胡朝阳作工作报告。选举了镇人大主席、副主席，镇长、副镇长。

是年，镇召开第二届党代会，听取并审议邢广民所作的工作报告，选举产生镇党的二届委员会和纪检委员会。邢广民任书记，胡朝阳、沈淑玲任副书记。

是年，在民事案件多发村建立民事调解室。

2007年

1月23日，在利尚屯村南口抓获涉嫌盗窃野外变压器的黑龙江、河北人团伙5人。

4月28日下午2—3时，在前侯尚等6个村发生系列飞车抢劫案。下午5时在东马圈界内将4名河北献县作案者抓获。

4月，杜茂珍当选为市级劳动模范。

8月14日，涉嫌多次强奸智障少女的小王古庄村民高某某被抓获。

12月20日，大王古庄镇110千伏输变电工程正式投入运营。该工程总投资8000余万元，是全区2007年度重点工程之一，也是武清“十一五”电网建设规划中首座投入运行的110千伏变电站。

年内，开展“三级联创”活动。

2008年

1月1日起，对镇内年满60周岁以上老人发放农村老年人基本生活补助费。

8月1日，开通运营的京津城际铁路跨境3.69公里。

10月，镇经济发展总公司改称企业服务中心，一名副书记主管工业。

10月，郭新华任镇党委书记，尹国华任镇长。

年内，大王古庄镇医院组建卫生社区服务中心。

年内，建成利尚屯、聂营 2 个“五个一”创建活动先进村。大王古庄镇被评为 2008 年度全国文明村镇。

2009 年

3 月，全镇开展科学发展观学习实践活动。

6 月 26 日，董家庄村民王某某酒后用水果刀将一起喝酒的陈某某扎死、李某某扎伤。王本人畏罪自杀。

7 月 23 日，大王古庄等 3 镇遭雷暴大风天气，造成经济损失 240 万元。

8 月 9 日，天津市政府第 33 次常务会议批准建立天津京滨工业园。园区以大王古庄经济开发区为依托，总体规划 9.65 平方公里，起步区规划 3.6 平方公里，远期规划 30 平方公里。从 8 月初开始，起步区征地工作全面启动，涉及聂营、大营、丁辛庄、距城堡、韩指挥营 5 个村，7568.4 亩地。整体工作 8 月底前完成，9 月初开始地上物补偿。

8 月，镇《镇情通报》停办，共编印 73 期。改出 4 开报型《京滨腾讯》，每月一期，印数 8000 份，免费发放给镇民。

9 月 7 日，副区长李伯怀、区教育局及镇领导出席镇 2009 年教师节座谈会，对镇 15 名优秀教师进行了表彰，听取教师的意见建议。镇投资十余万元，为学校解决实际问题，使教育环境质量得到提升。

9 月 23 日，丹麦风力发电机制造公司集团 CEO 到京滨工业园进行投资考察。

9 月底，镇计生办、团委、妇联联合举办庆新中国六十华诞演讲比赛。

10 月 4 日，落实惠农政策，秋粮直补和良种补贴发放到农户手中。良种补贴金额 298905.5 元，享受农户为 4201 户；秋粮补贴金额计 1940040.7 元，享受农户为 5007 户。

10 月 4 日，全镇 17 个村均成立义务护村队，负责辖区内的治安巡查。

10 月 13 日，京滨工业园起步区道路工程开始施工。工程包括 4 条道路、4 座桥梁及 1 条河道改造，总投资 2.6 亿元，2010 年 6 月 1 日完工。

10 月 16 日上午，天津京滨工业园与北京经济技术开发区合作签约仪式举行。区领导李宝锟、罗福来等出席。北京方面在招商信息、渠道、品牌等各方面具有强大优势，将为京滨工业园发展起到积极推动作用。

10 月 22 日，在深圳“天津市区县投资环境说明会”上，京滨工业园与中金现代重工有限公司达成项目建设协议并正式签约。该项目总投资 1.5 亿元，主要生产高速铁路专用设备和金属切割设备及重型模具。预计年产值3.6亿元，计划在未来3年内完成上市工作。

另与厦门合兴包装印刷股份有限公司确定在京滨工业园投资项目，总投资1.8亿元，占地100亩，年产纸箱1万平方米。

10月19日，窜入辖区入室盗窃的城关人谢东峰等3人被抓获。

10月28日上午，由工经委组织的一区四园首次工作例会在京滨工业园管委会召开。全区四个工业园的相关负责人及区计委、区环保局、区国土局、区规划局、区财政局等单位负责人参加会议。

10月29日上午，区政协副主席姚文霞及部分区政协委员一行34人视察京滨工业园，听取了镇招商引资工作及京滨工业园基础设施建设进行情况汇报，视察了园区部分在建工程。姚文霞对镇近年来经济社会发展和京滨工业园当前进展给予了高度评价。

10月29日，在大王古庄派出所召开冬季治安防范专项工作会，各村治保主任参加了会议。

11月5日，天津京滨工业园与廊坊冶金机械集团有限公司签署土地转让协议，将园区内原绿波公司52亩闲置土地和地上建筑物回收并转让给该公司。廊坊冶金机械集团有限公司是集科研、生产为一体的现代化冶金机械设备制造企业，下属单位有冶金设备研究所、北方冶金机械有限公司等多家企业，年生产冶金设备200余套，销售收入达1.5亿元。此次在京滨工业园开发建设的项目总投资5000万元人民币，预计年产值可达1000万元，年利税200万元。

11月12日上午，区人大常委会副主任李洪发一行深入镇内进行走访调研，以座谈会的形式加强与代表们的联系。镇党委书记郭新华、镇长尹国华、镇人大副主席董福明，以及全镇区级人大代表参加了座谈会。座谈会上，区人大领导从依法行政、公正执法，坚持以人为本、高度关注民计民生，组织献计献策活动、加强做好督办工作、信访工作等方面对2009年全区人大工作做了介绍。镇领导就镇目前的发展、京滨工业园建设等进行了汇报。代表们围绕京滨工业园建设以及民主政治建设、改善民生、区人大工作等方面的内容，积极建言献策，提出了具体的意见和建议。

11月13日，区爱卫会对全镇6个村的户厕改造情况进行检查验收。2009年，按照全区统一标准，前侯尚、距城堡、张家场、董家庄、陈各庄、大营6个村共改造户厕700套，区爱卫会负责人逐村逐户进行实地检查，全部验收合格。

11月17日，王某等3人盗割电缆团伙案破获。

11月18日，天津京滨工业园与天津凯融投资有限公司达成合作协议，拟在京滨工业园内投资建设新能源研发配套产业园，总占地面积470亩。首期投资开发的两个项目于11月18日上午在京滨工业园管委会正式签约。镇党委书记、京滨工业园总经理郭新华和天津凯融投资有限公司总经理汪伟代表合作双方签字。

11月19日，全区召开“扩大开发开放、推进率先发展”成果现场交流会。上午10点，全体与会领导到镇视察了京滨工业园建设进展情况，并实地参观立邦公司生产情况。镇党委书记、京滨工业园总经理郭新华就京滨工业园的总体规划、建设进展和招商引资情况进行了汇报。区主要领导对京滨工业园开发建设给予充分肯定。

11月23日，盗、收电动自行车3人犯罪团伙被破获。

11月25日，区人大常委会主任刘万明、常务副区长罗福来及区人大常委会组成人员一行30余人视察了全区“一区四园”大项目建设情况。上午10时，到全区大项目之一的立邦公司视察，立邦公司负责人和京滨工业园负责人分别就相关工作进行了汇报，观看了京滨工业园对外宣传片。与会领导对京滨工业园前期征地以及基础设施进展给予了充分肯定，并对今后发展提出了殷切希望。

12月9日，区政府研究决定成立“天津京滨工业园开发有限公司”。

12月9日，京滨工业园与广州赛邦印铁制罐有限公司在京滨工业园管委会举行投资签约仪式。该公司始建于1992年，主要从事印铁制罐，技术高端、管理成熟、机械化程度高，与雀巢、立邦等公司保持着长期合作关系。此次投资的项目占地90亩，总投资1.4亿元。

12月9日上午8时，中金现代重工有限公司在京滨工业园投资建设的项目全面进场施工。随着鞭炮声，近20辆挖掘机、推土机隆隆轰鸣，表明各项准备工作全部就绪，在一个月的时间内将完成现场清废、地面平整、施工围挡等工程。

12月10日，区落实党风廉政建设责任制检查考核组在区委副书记、区纪委书记韩胜军带领下来到大王古庄镇，检查党风廉政建设责任制落实情况，并实地视察了京滨工业园起步区道路、桥梁等工程建设进展。

12月15日，镇全体班子成员在镇党委书记郭新华的带领下，对全镇17个村的环境卫生状况、村级活动场所建设情况和农家书屋运行情况进行了全面检查。此次联查采取听取村两委汇报、实地查看、查阅档案和走访座谈的形式，了解各村下半年新农村建设情况。

12月21日，京滨工业园与盛大滴罐设备有限公司在京滨工业园管委会举行投资签约仪式。盛大滴罐设备有限公司此次开发的项目总投资5000万元，占地30亩。主要生产棉花采摘清理设备，并常年与新疆建设兵团合作，从事相关产品的开发、生产和销售。该公司研制开发的棉采设备已获国家多项发明专利，且产品生产过程符合国家环保标准。预计项目投产后年销售额可达 9000 万元，年缴税 600 万元。

12 月 23 日上午，镇召开了第二届人民代表大会第四次会议，会议由镇党委书记郭新华主持。会议听取镇长尹国华代表镇政府所作的《政府工作报告》，代表们一致认为政府工作报告对大王古庄镇一年来的工作总结是实事求是的，过去一年取得的成绩是显著的。会议对上一年政府的工作表示满意，报告提出的大王古庄镇 2010 年经济建设和社会发展目标、任务是切实可行的，会议同意这个安排并批准这个报告。大会还进行了选举，镇党委书记郭新华当选为大王古庄镇人大主席、郭子芸当选为副镇长。

12 月 31 日，市委学习实践活动办公室指导协查二组领导深入全区检查指导第二批学习实践科学发展观活动整改落实情况，并来到京滨工业园视察，区委常委、组织部部长郭宝琴陪同。镇长尹国华代表镇党委，结合全镇实际工作及京滨工业园开发建设，对全镇开展学习实践活动情况做了汇报。

2010 年

1 月 1 日起，镇内居民纳入天津市城乡居民基本医疗保险社会统筹。

1 月 7 日上午，京滨工业园与天津慧通利达集成装备有限公司在京滨工业园管委会举行投资签约仪式。该公司以制造能源集成装备为主，总投资 4500 万元，占地 30 亩，建设 3 个 3000 平方米的标准厂房。建成后的高集成 CNG 加气站项目预计年产可达 150 台。

1 月 7 日，按照区委部署，镇组织区人大代表、政协委员、企业代表、镇机关中层以上干部、村支部书记、村主任、个体工商户和群众代表等共 107 人，对服务辖区的大王古庄派出所、大王古庄卫生院、大王古庄信用社等 9 个基层站所进行了集中评议。评议内容主要包括行政执法、服务措施、服务态度、办事程序、办事效率、办公环境、政务公开 7 个方面。按照集中评议得分结果，大王古庄派出所、城关地税所、河西务国税所 3 个单位分别排在第一、二、三名。

2 月 1 日下午，全区示范园区现场推动会在京滨工业园管委会召开。区领导袁桐利、李宝锟、刘万明、韩胜军、罗福来、苗玉刚、李建成、尤天成等及部分区直部门和“四园”的负责人出席会议。与会领导视察了京滨工业园基础设施建设情况。区委书记袁桐利主持会议，并听取全区四个示范园区建设招商进展情况、存在的主要问题以及下一阶段工作安排的汇报。

2 月 24 日，全区示范园区现场办公会在京滨工业园管委会召开。区委副书记、区长李宝锟，副区长尤天成，及部分区直部门和“四园”的负责人出席会议。与会领导视察了京滨工业园基础设施建设进展情况。随后，区长李宝锟主持会议，听取各示范园区当前建设进展情况汇报，针对问题责成有关部门限期解决。镇党委书记、京滨工业园总经理郭新华做了工作汇报。

2月27日，京滨工业园与贝特尔流体控制技术有限公司签约仪式在京滨工业园管委会举行。贝特尔流体控制有限公司是京滨工业园内知名企业博思特石油天然气设备有限公司在园区增资新建的企业，主要从事石油、天然气设备制造。此次增资新建的贝特尔公司占地100亩，注册资本2亿元人民币，年内全部到位。

3月3日上午，区政协副主席钟有龙、毛兴宇及政协研究室主任马春祥一行到镇走访，并结合市委、区委部署的“解难题、促转变、上水平”活动进行了调研。

3月16日上午，区人大常委会副主任杨作莹、人大教科文卫委主任周树春一行到镇调研文化工作开展情况，并与镇人大代表座谈。镇有关领导及部分人大代表参加了座谈会。

3月18日上午，副区长尤天成及园区办负责人深入京滨工业园，认真听取了京滨工业园当前基础设施建设进展情况和下一阶段工作安排，并通过多媒体观看了带状公园改造设计方案及园区内重点道路两侧绿化方案。

3月23日，区政协主席李学鹏视察京滨工业园基地设施建设，实地察看了广阳道施工现场。

3月25日下午，区委副书记韩胜军及部分区直部门负责人深入镇调研，并召开现场办公会，听取镇村、厂发展中遇到的困难和问题，镇党委书记郭新华、镇长尹国华参加会议。韩胜军听取了世凯威包装公司、博思特公司和被列入全区2010年十个新农村建设示范村之一的利尚屯村负责人所做的情况汇报。

3月29日上午，京滨工业园与天津鼎盛机械设备有限公司在京滨工业园管委会举行投资签约仪式。该公司是国内管道焊接施工机具、管道内外防腐设备的专业制造厂商，该项目占地70亩，总投资2亿元。

4月13日上午，京滨工业园与海化集团投资合作签约仪式在天鹅湖国际会议中心举行。区委书记袁桐利，区委常委、区委办主任李建成，副区长尤天成，工经委主任陈友良，海化集团总经理宋景义，镇党委书记、京滨工业园总经理郭新华等领导出席，副区长尤天成主持签约仪式。京滨工业园总经理郭新华和海化集团总经理宋景义分别代表合作双方签字。

4月15日上午，大禹节水集团与京滨工业园投资合作签约仪式在天鹅湖国际会议中心举行。区委书记袁桐利，区委常委、常务副区长罗福来，区委常委、区委办主任李建成，副区长尤天成，大禹节水股份有限公司董事长王栋，镇党委书记郭新华及相关区直部门主要领导出席签约仪式。

4 月 19 日，河北省承德市政协学习考察团到京滨工业园参观考察，区政协副主席钟有龙、姚文霞出席。

4 月 19 日上午，举行“大王古庄镇情系青海玉树灾区捐款仪式”，开展为灾区捐款活动，以实际行动支援灾区。全体干部职工冒雨默哀一分钟，悼念玉树灾区罹难同胞。之后，镇党委书记郭新华、镇长尹国华等领导带头捐款，奉献爱心。全镇广大干部、教师共捐款 21350 元。镇团委也积极组织本镇团员青年为灾区募捐，共收到捐款 1351.4 元。4 月 21 日是全国哀悼日，京滨工业园内的博思特石油天然气设备有限公司自发组织职工为玉树灾区捐款，公司全体职工共捐款 9127.5 元。

4 月 28 日上午，全区召开示范工业园区现场推动会。区领导袁桐利、李宝锟、刘万明、韩胜军、罗福来、李建成、尤天成等深入京滨工业园检查推动园区基础设施建设，部分区直部门和“四园”的负责人陪同视察。与会人员实地察看了京滨工业园基础设施建设进展情况，并听取了园区基础设施建设、招商引资等情况的汇报。

5 月 7 日上午，区委书记袁桐利，区委常委、区委办公室主任李建成，副区长尤天成等领导深入京滨工业园现场办公。与会领导认真听取了京滨工业园当前规划建设进展以及部分在谈项目的情况汇报，对几个在谈项目非常认可，并就规划建设具体环节提出了指导性意见。

5 月 12 日上午，区政协副主席姚文霞及区政协专委办、金融财贸工作组等一行 27 人视察京滨工业园，听取了园区基础设施建设和招商引资进展情况的汇报。之后，委员们实地视察了京滨工业园。

5 月 19 日，天津市“异地商会园区行”会员实地考察了“一区四园”。下午 14 时，22 家在津商会的主要负责人在副区长尤天成的陪同下考察了京滨工业园基础设施建设情况，并听取了镇长尹国华关于镇区发展、京滨工业园基础设施建设和招商引资等方面的情况汇报。

5 月 25 日上午，天津京滨工业园与亚太文化产业促进会在京滨工业园管委会举行签约仪式。副区长尤天成，天津凯融投资有限公司董事长汪伟，中国民办博物馆学会会长、全国工商联古玩商会会长、北京古玩城集团公司总经理宋建文，中国雕塑学会秘书长吴鹤林，著名电影演员刘桦，民俗大师“叫卖大王”臧鸿先生，著名作曲家陈桐等出席签约仪式。亚太文化产业成就提名展组委会主席、中国长城实业公司总裁林朴与京滨工业园总经理郭新华分别代表合作双方签字。

亚太文化促进会此次在京滨工业园投资建设的“亚太文化产业—京滨新城”，占地1000亩，总投资20亿元。该项目是由亚太文化产业成就促进会、中国长城实业有限公司、香港全球品牌联盟有限公司在国内开发的首个国际化、规范化、专业化的新兴创意文化产业园。“亚太文化产业—京滨新城”将吸纳亚太地区各类高端文化产业机构逾千家，知名文化艺术人士和社会知名人士500名以上，还将带动3万余人就业。

5月28日，示范工业园区现场推动会召开。区领导袁桐利等到京滨工业园实地察看，帮助解决实际问题。

6月2日，由中国包装联合会主办的2010北京国际包装博览会在中国国际展览中心举行，京滨工业园受邀参加，是此次参展的唯一开发区。

6月17日，北京万有经贸有限责任公司与京滨工业园投资合作签约仪式在京滨工业园管委会举行。该项目由日本特殊电极株式会社和北京万有经贸有限责任公司共同投资，北京万有经贸有限责任公司和日本特殊电极株式会社此次共同投资的项目占地40亩，总投资1.5亿元，采用专利技术，主要从事钢材加工及金属制品生产销售。

7月1日，大王古庄派出所在市公安局、廊坊市警方的配合下，打掉一吸贩毒团伙，抓获吸贩毒人员9人。

7月2日上午，天津市中小企业局局长尉永久一行四人到京滨工业园考察调研，区长张勇、副区长尤天成陪同考察。镇党委书记、京滨工业园总经理郭新华就京滨工业园总体规划、园区建设及招商引资情况做了专题汇报。之后，考察组一行实地查看了园区基础设施建设和项目进展情况。

7月5日至6日，全区召开“创新思路、狠抓落实、跨越发展”半年工作推动会。5日上午，全体与会领导到镇视察了京滨工业园建设进展情况，并实地参观了园区主干道路及绿化设施。镇党委书记、京滨工业园总经理郭新华就园区建设进展和招商引资情况进行了汇报。区主要领导对京滨工业园开发建设情况给予了充分肯定。

7月15日上午，全市区县示范产业园区暨区县重大项目建设推动会在武清区召开。市政府有关领导、市有关部门负责人和12个区县主管区县长、31个示范园区总经理出席会议。区长张勇，区委常委、常务副区长罗福来，副区长尤天成参加会议。上午10时，与会领导到镇视察了京滨工业园建设进展情况，并实地参观了立邦公司。

7月19日，天津山东商会会长夏成文带领山东商会考察团到区考察。区政协主席李学鹏，副区长尤天成，区政协副主席姚文霞、韩万景陪同考察。上午11时，考察团一行实地参观了京滨工业园基础设施建设进展情况，镇党委书记、京滨工业园总经理郭新华就园区的基础设施建设、招商引资情况做了介绍。

7月20日上午，区长张勇，区委常委、副区长苗玉刚，副区长尤天成，区政府办公室主任王志强等领导深入京滨工业园调研。与会领导首先前往廊坊市区、廊坊开发区实地考察。之后，张勇一行在京滨工业园管委会听取了园区规划建设当前进展及部分项目的情况汇报。

当日下午，区长张勇，副区长尤天成，区政府办公室主任王志强，部分区直部门和工商银行武清支行等9家银行的负责人到京滨工业园现场办公，与蒙牛等10家企业直接对接，听取企业发展过程中遇到的问题，有关部门负责人进行了现场答复。

7月22日上午，按照天津市“解难题、促转变、上水平”工作领导小组统一要求，市第六督查组到区督导检查工作，并到大王古庄镇走访查看。区发改委主任韩松龄陪同检查。

7月27日上午，市外商投资服务中心主任王富强一行到京滨工业园参观考察。

8月5日上午，镇党委召开2010年民主生活会。区委副书记韩胜军出席会议。

8月5日下午，北京瑞琪米诺桦合成材料有限公司与京滨工业园投资合作签约仪式举行。此项目占地68亩，总投资1亿元，主要从事安全材料及施工设备制造。

8月7日，镇第二中心小学教学楼扩建主体工程开工。教学楼主体为四层框架结构，建筑面积1150平方米，总投资237万元，预计年底完工。

8月17日，市科委、市科学院等单位负责人及专家到京滨工业园考察科技孵化器项目，并对该项目申请进行初审。

8月18日上午，镇人口普查领导小组召开了专题会议，部署第六次人口普查工作。镇长尹国华、镇党委副书记王克千、主管统计工作的人大副主席董福明和包村领导、包村干部，及各村会计参加会议。

9月8日，京滨工业园与北京富华盛业路面机械有限公司在京滨工业园管委会举行合作签约仪式。该项目总投资2亿元，占地53亩，主要生产经营市政道路新型建材及水泥制品。

9月12日上午10时，利尚屯村南口集贸市场正式开市，镇领导出席。该市场占地6000平方米，有固定摊位187个，可容纳近300家商户。

9月16日，天津市中金博奥重工机械有限公司举行奠基仪式，镇党委书记、京滨工业园总经理郭新华和公司董事长赵宏忠分别致辞。

9月17日，区领导张勇、刘万明、韩胜军、罗福来、李建成、尤天成，及相关部门负责人视察“四园”。在京滨工业园实地查看了园区基础建设进展和蒙牛、世凯威等入区项目建设情况，对园区工作给予了肯定。

9 月 28 日，城王公路拓宽改造工程全面启动，公路南起廊良路，北至北一横，与北京永乐店相连，全长约 11 公里，是贯穿大王古庄镇南北、与城关联合发展的重要通道。

10 月 7 日上午，副区长李伯怀到镇调研教育基础设施建设情况。李伯怀听取了镇党委关于教育园区规划的情况汇报，并实地查看了一小、二小、大王古庄小学和镇中学。镇新教育园区正在规划中，预计占地 450 亩，建设幼儿园、小学、中学和职业培训中心。

10 月 14 日上午，天津市副市长王志平带领市有关部门负责人到武清调研推动科技型中小企业加快发展工作情况，区领导张勇、韩胜军、尤天成等陪同。视察领导一行到京滨科技孵化器公司就科技型中小企业加快发展情况进行了实地调研，京滨工业园总经理郭新华就加快科技型中小企业发展情况做了汇报。

10 月 19 日上午，区组织部领导深入大王古庄镇调研农村基层组织建设重点工作进展情况。首先听取了镇在“抓强促弱”、村级组织活动场所建设、远程教育、发展党员等方面的工作情况汇报。之后，实地查看了利尚屯村活动场所建设情况。

11 月 2 日，区政协副主席尤兰英深入京滨工业园企业走访。

11 月 4 日上午，市计生委到镇检查验收计生服务站建设。区计生委及镇主管领导陪同参加。

11 月 4 日下午，全区落实科学发展观发展成果现场交流会与会者与领导一起视察了京滨工业园建设进展情况。

11 月 9 日下午，团市委副书记白凤祥一行到京滨工业园考察。

11 月 10 日上午，区委书记袁桐利、区人大常委会主任刘万明、老同志梁文忠等 20 余名武清区市级人大代表视察了京滨工业园。区人大常委会副主任王胜林、杨作莹、陈平，及副区长王学芝等领导陪同视察。与会人员实地查看了园区基础设施建设，参观了立邦涂料（天津）有限公司。

11 月 12 日上午，区政协副主席钟有龙带领提案委 30 名政协委员视察京滨工业园。

11 月 16 至 17 日，市联合考核验收组对“四区”进行考核验收。验收组成员实地查看了京滨工业园基础设施、功能设施及落地项目建设情况。镇党委书记、京滨工业园总经理郭新华从区位优势、基础设施、招商引资、未来规划等方面做了汇报。市联合考核验收组对京滨工业园建设成果给予了高度评价，认为各方面指标完成符合规划建设要求，综合评比有望跻身全市前列。

11 月 23 日上午，天津京滨工业园与唐山泰亚铁路设备有限公司合作签约仪式在京滨工业园管委会举行。该公司此次在京滨工业园投资建设天津泰亚轨道交通设备有限公司，项目占地30亩，总投资6000万元，主要从事轨道交通设备制造。

12月2日上午，区人大常委会副主任郭宝联一行到大王古庄镇走访调研，与镇区级人大代表座谈。

12月2日上午，天津京滨工业园与北京西马力检测仪器有限公司合作签约仪式在京滨工业园管委会举行。该项目占地30亩，总投资6000万元，2011年年底前完成厂房主体建设。

12月1至15日，镇开展了妇女地位调查工作。此调查每10年开展一次，采取随机抽样方法进行。镇内前侯尚、利尚屯、大营、聂营4个村有60户村民作为样本户接受了调查。

12月6日、21日，区新农村建设办公室及区农委、财政局、林业局、农业局、妇联等部门组成联合验收组，分两批对镇新农村建设成果进行检查验收。6日，验收组先后查看了董家庄、水活铺、大王古庄、丁辛庄、距城堡等村街道硬化、亮化、美化、环境维护，及妇女活动阵地建设情况。21日，重点检查了全区10个重点村之一的利尚屯村，镇长尹国华陪同检查。验收组对大王古庄镇新农村建设成果给予充分肯定，认为覆盖面广、建设标准高、长效措施得力，生态环境明显改善，居住条件显著提高。

12月9日上午，市中小企业局副局长任鹏一行6人在副区长尤天成陪同下参观调研京滨工业园基础设施建设。

12月28日上午，全区首批科技型中小企业颁证大会在镇召开。天津市科委领导杨应敏，区领导袁桐利、张勇、韩胜军、郭宝琴、李建成、尤天成，29个乡镇街党委书记、主管经济副书记，“一区四园”总经理、主管副总经理，部分区直部门和驻区金融部门主要负责人，及区内首批颁证的科技型中小企业负责人参加会议。

年内，镇妇联获市妇联基层组织建设示范单位称号。

2011年

1月11日上午，镇组织区级人大代表、政协委员、企业代表、镇机关干部、村干部和群众代表等共106人，对服务辖区的大王古庄派出所、河西务国税所、城关地税所、东马圈交警大队等21个基层站所进行集中评议。

1月21日上午，市委创先争优活动巡回检查组第四组组长王建涛一行到区检查指导创先争优活动开展情况，实地检查了京滨工业园。区委常委、组织部部长郭宝琴陪同检查。

1月21日上午，京滨工业园2011年新春联谊会在管委会三楼会议室举行。区委副书记韩胜军、区商务委主任王宝华等领导出席联谊会。工商、税务、派出所等13个职能部门，及京滨工业园26家企业负责人参加联谊会。

1月22日上午，坐落在京滨工业园的天津青年科技小巨人成长示范园揭牌成立。该示范园是团市委支持区县发展科技型中小企业的第一个示范基地。市科委副主任齐成喜、团市委副书记白凤祥、副区长尤天成、区科委主任杨文玉，及镇党委书记郭新华等领导出席揭牌仪式。

1月23日上午，镇召开了第二届人民代表大会第五次会议，52名镇人大代表参加会议，区级人大代表、政协委员及部分村干部列席，镇党委书记郭新华主持会议。会议听取和审议了镇《政府工作报告》，审查《大王古庄镇第十二个五年规划纲要》。与会代表就镇政府工作报告和“十二五”规划纲要进行了认真讨论。会议批准了这两个报告。

2月15日上午，市科委副主任陈养发一行深入京滨科技企业孵化器调研指导工作。副区长尤天成、区科委主任杨文玉陪同调研，镇党委书记、京滨工业园总经理郭新华参加座谈。

2月22日上午，区政协主席李学鹏、秘书长张殿清到镇走访调研，并与镇区级政协委员座谈。座谈中，李学鹏详细询问了各位委员在企业发展中面临的难题及需要政府提供的指导和帮助，就企业管理、上市融资、人才培养等方面提出了指导性建议。

2月22日上午，区国土资源分局党组书记、局长刘广生，带领领导班子成员和重点科室负责人到镇调研，针对京滨工业园开展建设中遇到的实际问题提出具体解决方案。

3月4日上午，天津京滨工业园与北京航润科技有限公司合作签约仪式在京滨工业园管委会二楼举行。该公司此次在京滨工业园投资建设的天津航润科技有限公司，占地20亩，总投资1亿元，主要从事矿井避难舱和HRG-200新型隔热板制造。

3月5日上午，天津市福州商会会长林光等一行30余人考察京滨工业园。区招商局、京滨工业园相关负责人陪同考察。

3月9日上午，区委副书记韩胜军带领区“调结构、增活力、上水平”领导小组办公室有关同志，深入京滨工业园进行帮扶调研，镇党委书记、京滨工业园总经理郭新华陪同调研。

3月9日上午，镇召开违法用地行为治理工作会，镇领导尹国华、陈广安，主管城建的副镇长，及派出所、城建办、巡查中队负责人和各村党支部书记、村主任参加了会议。

3月9日上午，天津京滨工业园与河北省永清县弘森建材有限公司签约仪式在京滨工业园管委会二楼举行。该公司此次在京滨工业园投资建设天津太阳天朗投资有限公司，项目占地30亩，总投资1亿元，主要从事酒店、超市、KTV等功能设施建设，及商业、金融业经营活动。

3月9日上午，天津京滨工业园与天津静达保光汽车零部件有限公司签约仪式在京滨工业园管委会二楼举行。该公司此次在京滨工业园增资建设的天津凯格科技有限公司，占地 30 亩，总投资 1 亿元，主要生产汽车零部件及车内装饰材料。预计 6 月底完成厂房主体建设，年底正式投产。

3 月 16 日上午，区领导袁桐利、张勇、韩胜军、罗福来、李建成、杨中东、尤天成带领部分区直部门负责人，实地查看区四个示范工业园建设，协调解决相关问题，推动园区更好更快发展。

3 月 22 日上午，区委常委、副区长苗玉刚带领区交通局、供电局、103 指挥部、路政等部门负责人，检查城王路、通王路等区级重点道路建设。

3 月 22 日上午，区人大常委会副主任王胜林一行到京滨工业园调研，深入了解园区建设情况。

3 月 23 日上午，按照上级有关文件要求，镇对 13 家农资经营销售点进行了价格监督检查，工作人员对每一个销售点的农膜、化肥、农药、种子等生产资料的市场价格进行登记，向经营者发放了“价格政策提醒函”。

4 月 13 日上午，镇召开农业病虫害防治培训会，各村负责农业生产的村干部、包村干部及镇农办全体工作人员等 40 余人参加会议。会上，区农业局科技中心的 3 名农艺师系统讲解了小麦吸浆虫发生规律、识别方法、发生环境、猖獗因素，及防治意见，放映了有关防治知识的幻灯片。

4 月 13 日上午，天津京滨工业园、北京凡士通空气弹簧有限公司、天津景军投资有限公司三方合作签约仪式在京滨工业园管委会举行。凡士通公司此次在京滨工业园注册分公司，租用景军公司 8800 平方米厂房，主要生产经营汽车和工业用减震器、空气悬挂系统，及工业用组件和部件等。

4 月 16 日上午，区投资环境说明会暨与中关村部分企业合作签约仪式在天鹅湖国际会议中心举行。区领导袁桐利、张勇、尤天成等出席签约仪式活动。“一区四园”及有关乡镇委局负责人参加了签约活动。京滨工业园与北京中关村不动产商会、北京工商联光彩办、北京通州区招商局，及中关村产业转移（京滨）示范基地等 20 余家单位签约。

4 月 19 日上午，奇虎 360 公司总裁齐向东一行到京滨工业园考察，副区长尤天成、区工经委主任陈友良陪同。齐向东一行实地查看了京滨工业园建设情况，镇党委书记、京滨工业园总经理郭新华做了详细介绍。

4 月 19 日上午，区民兵组织整顿试点观摩会在镇召开。区委常委、区人武部部长朱继业出席会议，区人武部军事科负责人及大王古庄、大孟庄等 15 个乡镇的武装部长参加会议。

4月27日下午，国土资源部“农村土地整治”送画下乡活动来镇。国土资源部、市国土局有关负责人，区委常委、副区长苗玉刚及区国土局有关领导出席活动。镇长尹国华、镇党委副书记王克千及镇机关干部、部分村支部书记等60余人参加会议。此次活动旨在让更多的群众了解土地整治的重要性。

4月，张军任副镇长。

5月4日上午，京滨工业园与三通集团有限公司举行合作签约仪式。该公司总投资3.5亿元，兴建三通食品物流（天津）有限公司，占地30亩，主要从事冷链物流及食品加工。

5月10日上午，区政协副主席程焕金、政协专委办主任程士勇、副主任付振连带领区政协人口资源环境和城市建设委员会委员，视察城区环境整治及乡镇工业园区污水处理厂建设和运行情况。

5月11日上午，天津警备区民兵整组情况检查组到区调研。区委常委、武装部部长朱继业陪同来镇检查。检查组一行实地查看了镇民兵连部建设情况，听取相关介绍并询问了建设情况。

5月12日上午，全区市容环境整治中期推动暨综合执法队伍建设工作会议在镇召开。区委常委、副区长苗玉刚，区长助理郭明华，区市容委、综合执法局、国土局等区直部门负责人参加会议。

5月12日下午，北京工商联光彩事业办公室处长顿继光及下属会员企业负责人等30余人到京滨工业园考察。

5月17日上午，中国石油大学副校长徐春明率领该校考察团来区考察，副区长张宗启、区长助理邢德惠陪同。

5月17日，由科技部、商务部、教育部等部门共同主办的第十四届中国北京国际科技产业博览会在人民大会堂拉开帷幕。京滨工业园喜获中国自主创新园区先锋奖。此奖项由中国自主创新评选委员会评选，评选标准涉及园区精神、创新效率、社会责任感及公众形象、创新环境4个方面，经专家会议、网络公投、实地考评，及记名投票等流程，最终评出组织创新、服务创新、模式创新、整合创新的突出集体。京滨工业园在竞争中脱颖而出。5月18日，京滨工业园参加了展览活动，设置展台、发放宣传资料并现场讲解，全方位对外推介，积极“融入北京、走向国际”，为今后的交流合作奠定坚实基础。

5月19日上午，中国工商银行京滨支行正式开业，区人大常委会副主任杨中东、工商银行武清支行负责人，及区财政局、金融办领导参加开业仪式并揭牌。

5月27日上午，镇总工会召开第三次代表大会，来自全镇45个基层工会的48名代表出席会议。会上，选举董福明同志为镇工会主席。新一届委员会由7名人员组成。同时，还选举产生了经费审查委员会、女职工委员会和劳动争议调解委员会。本届工会任期五年。

5月31日上午，市人大常委会副主任李润兰及市人大有关部门负责人一行12人到区调研示范工业园区建设发展情况。区长张勇、区人大副主任郭宝联、副区长尤天成陪同调研。

6月10日上午，区召开“一区四园”建设推动会，区领导张勇、罗福来、李建成、尤天成出席会议，部分区直部门及“一区四园”负责人参加会议。与会同志实地查看了“四园”建设情况，对大禹节水等企业的建设情况进行了调研，并在京滨工业园召开座谈会，集中听取“一区四园”招商引资及项目建设情况汇报，现场协调解决各园区在建设发展中遇到的实际问题。

6月19日上午，世界华侨华人社团联合总会总部大厦项目在京滨工业园奠基。世界华侨华人社团联合总会秘书长任兴亮及部分国家地区的华人代表、武清区区长张勇、副区长尤天成、部分区直部门负责人，及京滨工业园总经理郭新华出席仪式。世侨会总部大厦项目首期占地220亩，总建筑面积30万平方米，计划用三年时间完成投资建设。

6月28日上午，中共大王古庄镇第三次代表大会召开。来自全镇28个党支部的105名代表参加会议。会上，郭新华代表镇党委作工作报告，王克千代表镇纪委作工作报告。两个报告回顾了过去五年的工作，提出了未来五年的发展思路和工作目标。大会听取并审议通过了这两个报告，选举产生了新一届镇党委和镇纪委。郭新华当选镇党委书记，尹国华、王克千、陈广安3人当选镇党委副书记，王维祥等7人当选镇党委委员，王克千当选镇纪委书记，董秀国当选镇纪委副书记。

6月28日下午，一汽大众与京滨工业园举行合作签约仪式。一汽大众在京滨工业园投资建设一汽——大众华北汽车备件服务产业园，项目占地239亩，总投资5.6亿元，主要从事全国一汽——大众备件服务领域的经营、管理、发展设计规划、设备投入、零部件入区检验、装配、储运等相关事宜。项目建成投产后，预计年销售额20亿元，预计年税收2亿元，提供就业岗位400个以上。

6月30日上午，华夏幸福基业股份有限公司与镇签订合作协议，进行土地一级开发整理，首期500亩，于2012年6月底完成。区领导韩胜军、罗福来、尤天成等参加签订仪式。

7月1日上午，区工程建设项目整改规范督办会在镇召开，区纪委有关领导出席会议，区国土局、建委、规划局、审批办、财政局、发改委、审计局等区直部门负责人，及大王古庄、河西务、高村、城关等乡镇相关负责人参加会议。

7月5日上午，区投资环境说明会暨武清区与北京企业第二批合作签约仪式在天鹅湖

国际会议中心举行。签约仪式上，京滨工业园与中国石油大学、天津温特佳保温材料有限公司、北京盛高企业管理咨询有限公司、北京金泰德生物科技股份有限公司、北京市多媒体行业协会等10余家单位签约，总投资约27亿元。

7月7日上午，村街集体经验发展及农村三资管理工作分片汇报会在镇召开，区委农村部有关领导出席会议，大王古庄、城关、泗村店等乡镇经管站站长参加会议。

7月7日上午，市、区环保部门对镇进行国家级生态镇技术核查，市环保局、区环保局有关负责人及专家组成员出席核查会议。

7月20日上午，大王古庄镇第二届人民代表大会第六次会议召开，来自全镇的47名代表参加会议。此次会议主要任务是补选镇人大副主席和副镇长。通过选举，杨合当选镇人大副主席，武振元、张军当选大王古庄镇副镇长。

7月21日至22日，区召开半年工作推动会，深入落实胡锦涛总书记“七一”重要讲话和市委半年经济形势分析会精神，总结上半年工作，安排部署下半年工作。会议视察阶段，全体与会领导来镇现场参观了蒙牛乳业项目基地，蒙牛公司负责人就项目建设、生产经营及销售等情况做了汇报。区长张勇做了现场点评，对京滨工业园项目建设给予高度评价。

7月29日，市环保局考核验收组对镇创建工作进行了考核验收。经考核，镇各项指标已达到国家级生态镇要求，顺利通过市级验收。

7月31日上午，武清区人民政府、京滨工业园与当当网信息技术有限公司合作签约仪式在天津喜来登大酒店举行。市委常委、副市长崔津渡，区领导张勇、罗福来、尤天成，及部分区直部门负责人参加签约仪式。

8月9日上午，区新农村建设办公室、区财政局、体育局、农委等部门组成的联合验收组对镇新农村基础设施进行中期验收，镇长尹国华及主管农业的副镇长陪同检查。

8月12日上午，市委组织部调研组一行到京滨工业园调研非公有制企业建立党支部情况，区委组织部有关领导陪同。

8月16日，天津冶金工业设计研究院有限公司与京滨工业园举行合作签约仪式。

8月21日，市政府秘书长、区委书记袁桐利，区委常委、区委办主任李建成视察京滨工业园。

8月22日下午，市、区文化局有关领导到镇检查验收文体活动中心建设情况，镇长尹国华、镇党委副书记王克千及主管文化工作的领导陪同。

8月23日上午，天津东广科技发展有限公司与京滨工业园合作签约仪式在京滨工业园管委会举行。

8月25日上午，区人力资源局和京滨工业园联合举办服务企业座谈会。

8月27日上午，创业板董事长俱乐部成员、当当网董事长俞渝等20余人到京滨工业园参观考察，副区长张宗启，区商务委主任、招商局局长王宝华，镇党委书记、京滨工业园总经理郭新华陪同考察。

9月10日，“京滨精英教育基金”成立。

9月10日上午，镇2011年教师节庆祝大会在镇政府隆重召开，副区长李伯怀、区教育局局长王玉来出席会议，镇党委书记郭新华主持会议，镇党政班子全体成员、“京滨精英教育基金”全体理事，及全镇130余名教师参加会议。

9月16日上午，坐落在京滨工业园的博思特能源装备（天津）股份有限公司举行揭牌仪式，区人大常委会副主任、金融办主任杨中东，副区长尤天成出席活动，并与京滨工业园总经理郭新华、博思特公司董事长黄健民共同为公司成立揭牌。

9月16日上午，天津中金博奥重工机械有限责任公司隆重开业，镇企业服务中心主任、京滨工业园常务副总经理王维祥代表园区管委会出席开业仪式并致贺词。

9月20日上午，市委严肃换届纪律巡视督查组深入武清调研指导换届工作，并在镇召开座谈会。市委巡视二组副组长、副局级巡视专员王余顺，市委巡视三组副处级纪律检查员、监察员司继强，区委组织部副部长廉宗海出席。大王古庄、泗村店、城关等6个乡镇的党委书记参加会议。

9月23日上午，镇党委召开2011年专题民主生活会，区委副书记韩胜军出席会议。

9月23日，富乐德科技发展（天津）有限公司正式开业，京滨工业园副总经理夏振峰出席仪式并与公司领导共同揭牌。

9月26日上午，固安县委书记薛永纯带领考察团一行60余人到武清区参观考察，区委副书记韩胜军，区委常委、区委办公室主任李建成，副区长李伯怀陪同考察。活动中，薛永纯一行实地参观了京滨工业园并认真听取相关情况介绍。

9月28日下午，镇开展了迎国庆环境大联查活动，镇党政班子全体成员、各村党支部书记和村主任参加会议。

9月29日上午，区人大常委会组成人员视察区重点组团规划建设情况，区人大常委会主任刘万明，副主任王胜林、郭宝联、陈平出席视察活动，副区长尤天成、区长助理郭明华陪同。视察过程中，区人大常委会领导实地查看了京滨工业园规划建设情况，并在京滨工业园管委会召开座谈会。

9月29日，天津市计生委到镇检查验收计生创国优工作，镇长尹国华陪同。

10 月 11 日上午，镇召开城乡居民医疗保险政策宣讲会，各村信息员参加会议。

10 月 19 日上午，镇长尹国华、镇党委副书记陈广安等镇领导带领各村党支部书记和村主任到石各庄镇参观新农村和环境卫生建设情况。

10 月 28 日上午，召开全镇安全生产工作落实大会，镇党政班子成员、各村支部书记和村主任、各企业及施工单位安全负责人等 100 余人参加会议。

10 月 29 日上午，富华海斯（天津）建筑材料有限公司正式开业，京滨工业园领导出席开业仪式。

11 月 1 日，镇区、镇两级人大代表换届选举工作自 8 月份启动以来，经过选区划分、选民登记、酝酿提名、公示等准备工作，于 11 月 1 日正式在全镇范围进行投票选举，共选出区级人大代表 7 名，镇级人大代表 54 名。

11 月 6 日至 8 日，第十三届中国国际矿业大会在天津梅江会展中心举行，京滨工业园应邀参展。

11 月 10 日上午，镇召开城乡居民医疗保险工作会，包村领导和包村干部，各村支部书记、村主任、劳动保障工作信息员等 80 余人参加会议。镇长尹国华及区人力社保局领导出席会议。

11 月 14 日上午，区新农村建设联合验收组来镇检查验收。

11 月 22 日，镇第三届人民代表大会第一次会议召开，51 名新当选的镇人大代表参加会议，区级人大代表、政协委员及部分村干部列席。会上，与会代表听取和审议了第二届人民政府工作报告和《关于 2011 年财政预算执行情况和 2012 年财政预算的报告》，选举产生了镇人大和镇政府新一届领导班子。郭新华当选镇人大主席，杨合当选镇人大副主席，尹国华当选镇长，武振元、郭宝良、郭子芸、张军当选副镇长。

11 月 25 日上午，天津京滨工业园与奥瑞斯汽车快速服务企业管理有限公司举行合作签约仪式。

11 月 25 日上午，天津京滨工业园与东莞市都市丽人实业有限公司举行合作签约仪式。

11 月 30 日上午，区物价局农村价格监督网络工作片会在镇召开，区物价局领导及大王古庄、泗村店、城关等 6 个乡镇的价格监督站站长参加会议。

12 月 1 日上午，区委常委、组织部长周惠军及区委组织部有关领导到京滨工业园调研，镇领导郭新华、尹国华、王克千、陈广安、王维祥陪同。

12 月 7 日，区政府与阿里巴巴集团合作签约仪式在天津迎宾馆举行。区领导张勇、罗福来、李建成、尤天成等出席。签约前，市领导崔津渡、袁桐利等会见了阿里巴巴董事局主席马云。阿里巴巴集团此次在京滨工业园投资建设阿里巴巴华北电子商务物流中心，总投资 30 亿元，主要从事电子商务交易配送、仓储、结算解决方案。

12 月 12 日上午，京滨工业园与泰戈特公司举行合作签约仪式。

12 月 13 日，利尚屯村被正式命名为市级“巾帼示范村”。

12 月 13 日下午，副区长李丽君深入京滨工业园调研，镇领导郭新华、尹国华、王克千、陈广安、董宝利、王维祥陪同。

12 月 20 日上午，区领导张勇、罗福来、李建成、周德友、王志强、尤天成等视察京滨工业园。区领导详细了解京滨科技创新园、阿里巴巴等项目规划建设情况，沿途检查了村庄环境卫生整治情况。

12 月 24 日上午，市级科技企业孵化器认定工作会在京滨工业园召开，市科技创业服务中心、市地税局、市科技企业孵化器发展促进会和部分区县科委的相关领导出席会议。专家一致认为京滨科技企业孵化器各项考核指标均达到市级标准，成为天津市首家通过认定的孵化基地。

年内，镇妇联获市妇联系统先进单位等称号。

2012 年

2 月 2 日上午，市委常委、市人大常委会副主任、市委教育工委书记苟利军，副市长李文喜，及市有关部门负责人，到武清调研示范园区发展和区县重大项目建设情况，区领导张勇、李建成、王志强、尤天成等陪同。

2 月 7 日上午，区政协副主席王学芝到镇调研，镇区级政协委员参加座谈。

2 月 8 日上午，武清西北片区重点项目现场推动会在京滨工业园召开，区委副书记、区长罗福来主持会议，区领导周德友、尤天成、钟学军、区政府顾问程焕金，及部分区直部门和乡镇负责人参加会议，就京滨工业园重点项目及龙沙影视城、高村片区项目进行现场办公。

2 月 10 日上午，镇 2012 年工作落实大会在镇政府召开，镇党委书记郭新华主持会议，党政班子成员、各村党支部书记和村主任、镇直单位负责人、机关干部、管委会工作人员、区级人大代表和政协委员等共 160 余人参加会议。

2 月 16 日上午，区领导张勇、周惠军、王志强、尤天成，及部分区直部门负责人深入“一区四园”督察项目建设进展情况。督察活动中，与会领导实地查看了京滨工业园的世侨联总部项目，听取了项目进展情况汇报。

2月20日下午，天津市加快区县示范工业园区发展推动会在京滨工业园召开，市政府领导出席会议，区领导张勇、罗福来、王志强、尤天成，及市、区有关部门负责人参加会议。

2月24日上午，区人大常委会主任韩胜军带领由区劳动保障部门、公安武清分局、区发改委主要负责人组成的“调结构、惠民生、上水平”工作组深入京滨工业园，就总投资10亿元的大禹节水项目进行调研。

2月26日，西青区党政考察团到京滨工业园参观考察，区委书记张勇、区长罗福来陪同。

2月29日上午，武清区投资环境恳谈会暨2012年武清区与投资企业合作签约仪式在天鹅湖国际会议中心举行。区领导张勇、罗福来、王志强、尤天成等出席签约活动并与部分企业负责人座谈。

3月2日上午，宝坻区示范工业园区考察园到京滨工业园参观考察，京滨工业园副总经理夏振峰陪同。

3月4日上午，北辰区示范工业园区考察团到京滨工业园参观考察，京滨工业园副总经理王维祥、夏振峰陪同。

3月5日上午，静海县副县长崔悦平带领静海县考察团到京滨工业园参观考察，副区长尤天成及镇领导郭新华、尹国华、王维祥、夏振峰陪同。

3月24日，镇开展“学雷锋树美德，做文明武清人”志愿实践活动，激发学生对京滨、对家乡的热爱之情，争做文明少年、阳光少年。

3月26日上午，镇召开环境综合整治工作动员大会。

3月26日至29日，新疆生产建设兵团建工师师长刘玉成带领考察团到武清学习考察。28日下午，考察团实地参观了京滨工业园，区政协主席李学鹏陪同。

3月27日上午，区领导罗福来、李建成、周惠军、王志强、尤天成、李丽君、钟学军，及有关区直部门负责人检查推动全市互看互学互比活动重点项目。

3月29日上午，区人大常委会副主任薛梅、陈平围绕“调结构、惠民生、上水平”活动深入京滨工业园调研，镇区级人大代表参加调研。

4月1日上午，镇长尹国华带队，对全镇环境卫生整治工作进行中期检查推动，对发展的不合格点位限期整改，确保按时按质完成整治任务。

4月1日上午，区领导张勇、罗福来、李建成、王志强等深入京滨工业园检查推动大项目建设。

4月6日上午，副区长李丽君及农业局相关负责人到镇查看设施农业发展情况，主管农业副镇长陪同。

4月23日上午，区人大常委会主任韩胜军陪同30余名区人大离退休老同志视察京滨工业园。

4月28日上午，京滨工业园、中国石油大学、博思特能源装备（天津）股份有限公司合作签约仪式在京滨工业园招商中心举行。区领导罗福来、尤天成及中国石油大学党委书记蒋庆哲出席仪式。

5月8日上午，区政协领导谢呈悦、韩万景、姚文霞围绕“针对当今国内经济形势探讨企业发展之路”到京滨工业园调研，镇领导郭新华、王克千陪同，武清区企业联合会部分会员及镇区级政协委员参加调研。

5月8日，大王古庄中学迁入新校区；5月9日，镇第一中心小学投入使用。

5月9日上午，中纺生物饲料（天津）有限公司举行开业庆典，武清区区长助理郭明华、镇长尹国华、京滨工业园副总经理夏振峰，及中纺集团、ETS（天津）生物科技发展有限公司负责人出席仪式。

5月20日是第22个全国助残日。在助残日前夕，区残联组织全区残疾人代表30余人到镇参观，镇残联主管领导陪同。代表们实地参观了京滨工业园招商中心、园区路网、大项目建设等，并在招商中心座谈。

5月22日上午，中共天津市第十次代表大会隆重开幕，镇党委书记郭新华作为武清区代表之一参加。全镇党员干部集中收看了开幕式。

5月22日，由科技部、商务部、教育部等部门共同主办的第十五届中国北京国际科技产业博览会开幕。会议期间，天津京滨工业园参加了中关村创新论坛暨中国科技创新发展国际论坛第六届中国自主创新评选活动，经评选委员会专家评审，京滨工业园获得“2012年中国自主创新园区创新奖”，颁奖典礼于5月23日在北京举行。

5月24日下午，京滨工业园与京兵航天生物医药工程有限公司合作签约仪式在京滨工业园招商中心举行。中国人民解放军总装备部有关领导及专家出席签约仪式。该项目总投资1亿元，占地20亩。

5月底，“六一”儿童节前夕，区委常委、副区长钟书明到镇慰问贫困学生，镇党委书记郭新华及副镇长武振元陪同。

6月1日，镇行政服务中心落成并试运行，民事全程代办制正式启动。

6月4日下午，区委常委、常务副区长李建成及区行政审批办主任黄广礼到镇视察行政服务中心建设情况，镇领导郭新华、尹国华、王克千等陪同。

6月8日下午，区委书记张勇到镇调研。镇领导郭新华、尹国华、王克千、陈广安、王维祥陪同。张勇视察了镇行政服务中心、园区在建项目和污水处理中心，听取了园区建设、招商引资、示范镇规划、基层基础工作等情况汇报。

6月13日和6月20日下午，区委党校、区人力社保局相关领导带领区2012年科级干部培训班学员参观京滨工业园，镇领导郭新华、尹国华、王克千等陪同。

6月20日上午，市、区审批办有关领导视察行政服务中心，实地参观了中心办公大厅，听取了中心建设、运行情况汇报。市审批办领导对镇行政服务中心建设给予充分肯定。

6月27日上午，阿里巴巴项目施工现场第一根桩基入地，该项目正式进场施工。阿里巴巴项目分两期建设，总占地500亩。

7月5日，京滨工业园与长兴（中国）有限公司在天津梅江会展中心举行的“第五届津台投资合作洽谈会”上签约。该公司为台湾上市公司，此次在京滨工业园投资建设长兴集团华北研究中心，占地12亩，投资总额1亿元，主要从事新型材料的研发。

7月11日上午，天津京滨科技企业孵化器发展座谈会在京滨工业园招商中心举行，副区长尤天成，区科委主任杨文玉，镇党委书记、京滨工业园总经理郭新华等出席会议。中关村不动产商会、北京多媒体协会、京滨科技企业孵化器有限公司负责人，及部分入驻企业代表参加座谈。

7月14日上午，武清区投资环境恳谈会暨2012年武清区与投资企业第二批合作签约仪式在天鹅湖国际会议中心举行，区领导罗福来、尤天成出席，京滨工业园与京兵航天生物医药、博联包装等6家企业签订合作协议，涉及生物医药、新材料研发、医疗行业信息技术等领域，投资总额2.02亿元。

7月18日下午，京滨工业园与中国工业园网举行合作签约仪式。

7月18日下午，全区2012年宣传工作半年推动会在京滨工业园招商中心召开，区委常委、宣传部部长周德友出席，29个乡镇街党委（工委）副书记、宣传委员参加会议。

7月19日上午，镇召开安全防范工作会，镇领导王克千、李爱军出席，派出所、综治办等部门负责同志及各村治保主任参加会议。

7月27日，镇自7月19日启动村级党组织换届工作，在镇换届领导小组的精心组织和全镇党员干部的积极配合下，仅用8天时间，17个村党支部全部顺利换届。

7月，王克千任镇长职务；李爱军任镇党委副书记。

8月6日下午，武清区与国家级科研院所合作签约仪式在天津迎宾馆举行。副市长王治平出席，区领导张勇、罗福来、尤天成及区科委、科企办、京滨工业园等单位负责人参加仪式。此次共有6家国家级科研院所签约，其中，中科院化学研究所落户京滨工业园，成立中科院化学所天津研究院，主要从事新材料和新技术的研发与成果转化，总投资 1.6 亿元，占地 60 亩。

8 月 8 日下午，天津工程技术中心协同创新联盟与京滨工业园对接会在园区招商中心召开，市科委、区科委相关领导出席。天津市 43 家工程技术中心负责人和京滨工业园 20 余家企业代表参加会议。

8 月 14 日上午，区长助理郭明华到镇调研，听取了园区建设、招商引资、大项目、环境建设等情况汇报。

8 月 18 日上午，镇第三届人民代表大会第二次会议胜利召开，46 名镇人大代表参加会议。经投票选举，王克千当选为大王古庄镇镇长。

8 月 23 日，武清海关有关负责人到京滨工业园调研服务。

9 月 6 日上午，京滨工业园与北京超思电子技术有限责任公司合作签约仪式在园区招商中心举行。北京超思电子技术有限责任公司是中国较大的专业医用设备制造商。该公司此次在京滨工业园投资设立研发机构及生产工厂，项目占地 84 亩，总投资 1.8 亿元，建筑面积 7 万平方米。

9 月 14 日上午，天津市原市长、市人大常委会原主任聂璧初、市人大常委会原副主任刘文藩等市级老领导视察京滨工业园，区领导张勇、周惠军、薛梅、邢德惠陪同。

9 月 21 日上午，镇劳动保障服务中心与区人力社保局有关部门共同开展了城乡居民养老保险知识宣传普及活动，工作人员深入全镇各村与群众进行座谈交流。

9 月 21 日下午，京滨工业园召开迎接十八大安全生产动员大会，管委会各部门、园区 80 家实体企业、建设施工企业安全负责人等 100 余人参加会议。

9 月 24 日，区“比学先进、创新突破、狠抓落实”现场交流会进入区内互比互看阶段。期间，区领导张勇、韩胜军、李学鹏、郭宝琴等带领区直部门、各乡镇主要领导实地视察了京滨工业园，观看规划宣传片，参观京滨睿城。

9 月 28 日上午，区人大常委会副主任薛梅、陈平带领大王古庄、城关、东马圈、泗村店、白古屯、大良等乡镇的区级人大代表视察京滨工业园，镇领导郭新华、王克千、李爱军等陪同。

9 月下旬至 10 月上旬，曹子里乡、上马台镇、下朱庄街道等单位的党政领导、机关干部、村干部先后到京滨工业园参观学习。

10 月 11 日上午，中央信访工作督导组到镇调研信访稳定工作，区领导张勇、郭宝琴等，区有关部门负责人，镇领导郭新华、王克千、王维祥、李爱军陪同调研。

10 月 18 日，镇召开 2012 年度征兵工作会。

10 月 19 日上午，全区为民办事全程代理工作现场推动会在镇举行。区委常委、常务副区长李建成出席会议，区行政审批办、监察局、信息化办、法制办负责人及各乡镇主要领导参加会议。

10 月 23 日上午，镇召开 2013 年城乡居民医疗保险工作会议。

10 月 23 日，京滨工业园与广州盛诺电子科技有限公司签约。

10 月 26 日上午，区质监局、京滨工业园管委会服务企业交流会在园区招商中心举行，区质监局局长彭涛，镇党委书记、京滨工业园总经理郭新华出席会议，质监局各科室及园区企业负责人参加会议。

10 月 30 日上午，市国土房管局规划处、资源处、利用处、开垦中心等处室负责人组成调研组到武清就“一区四园”建设用地情况进行调研，区国土分局、招商局及各园区相关负责人参加调研。

10 月 30 日上午，米诺桦（天津）有限公司举行开业仪式，京滨工业园副总经理夏振峰、赵连奎出席开业庆典。

11 月 1 日，“活力京滨，韵美武清”暨武清区首届民间艺术达人选拔复赛在京滨工业园举行，区委常委、宣传部部长周德友出席。

11 月 5 日上午，武清区投资环境恳谈会暨 2012 年武清区与投资企业第三批合作签约仪式在天鹅湖国际会议中心举行。区人大常委会主任韩胜军、副区长尤天成出席签约仪式，部分区直部门、“一区四园”、有关乡镇主要领导，及签约企业负责人参加会议。京滨工业园与超思电子、艾斯诺传媒等 8 家企业签订合作协议，涉及医疗产品研发、服装设计、广告传媒、软件开发等领域，投资总额近 3 亿元。

11 月 11 日 15 时许，大王古庄派出所民警接到报警，称在韩指挥营村内发现两名入室盗窃人员。民警立即出警，在群众的配合下，对两名嫌疑人进行围堵，当场抓获 1 人，另 1 人逃跑。经突审，该嫌疑人李某，是河北省某市人，与其伙同赵某已在镇内作案 10 余起。根据李某交代的线索，民警很快将赵某抓获归案。

11 月 13 日上午，天津京滨工业园与天津银行第六中心支行、天津津房融资担保有限公司合作签约仪式在园区招商中心举行，区委常委、常务副区长李建成，副区长尤天成及市房产总公司、天津银行相关领导出席签约仪式，区科委、房管局等单位负责人参加活动。

11 月 14 日上午，中国共产党第十八次全国代表大会在北京胜利闭幕。当天下午，13 位党的十八大代表到京滨工业园参观，副区长尤天成及镇党委书记、京滨工业园总经理郭新华出席活动。

11 月 19 日上午，镇召开 2012 年民主评议政风行风现场会，区纪委乡镇纪检监察室相关领导、镇党委副书记李爱军出席会议，镇机关干部、各村支部书记、村主任、区级人大代表等 110 余人参加会议。

11 月 20 日上午，中关村协会（企业）走进京滨活动在园区招商中心举行，副区长尤天成出席，镇党委书记、京滨工业园总经理郭新华主持会议，中关村 15 家协会及 30 余家企业参加活动。

11 月 21 日上午，区级老干部李乃彦、李树宏、张广连、冯祥生、夏俊田等 16 人到京滨工业园视察，镇党委书记、京滨工业园总经理郭新华陪同。

11 月 21 日上午，区政协乡镇联络组全年工作汇报会在镇“政协委员之家”召开。区政协党组副书记、区政府顾问程焕金出席会议，大王古庄、河西务、南蔡村、城关、大孟庄等乡镇的联络组组长参加会议。

11月23日上午，示范工业园区签约实体项目前期工作协调推动会在园区招商中心召开，区委常委、常务副区长李建成，副区长尤天成出席会议，区发改委、建委、行政审批办、规划局、国土局、供电公司、京滨工业园主要负责人，及阿里巴巴等已签约实体企业负责人参加会议。

11 月 23 日，京滨工业园与东南电梯股份有限公司举行合作签约仪式。

11 月 26 日上午，副区长李伯怀带领由区教育局、财政局、审计局等区直部门负责人组成的教育督导评估组到镇检查，镇领导王克千、武振元陪同。

12 月 12 日上午，区关工委到镇检查工作，镇党委副书记李爱军陪同。

12 月 15 日上午，天津拓鑫工程设计有限公司在京滨工业园奠基。该项目占地 20 亩，投资 1.5 亿元。

12 月 22 日下午，“友好京滨、美丽王古”庆元旦联欢会在镇中学体育馆举行。区委宣传部部长周德友，区人大常委会副主任薛梅，区政协副主席王占海，区总工会主席王宝华，及区妇联、文广局领导，本镇干部群众代表共同观看演出。

12 月 24 日，环保部发布 2012 年 75 号公告，决定授予大王古庄镇“国家级生态乡镇”称号。

12 月 24 日下午，市协调劳动关系三方会议领导到京滨工业园检查和谐园区创建工作，区总工会主席王宝华陪同。

12 月 27 日上午，京滨工业园与北京绿洁物业管理中心举行合作签约仪式。

12 月，天津京滨石油装备特色产业基地被科技部认定为国家火炬特色产业基地。

年内，镇妇联获市、区“三八红旗集体”等称号。

2013 年

1 月初，镇开展“学讲话、比贡献、创佳绩”主题实践活动和领导干部“下基层、办实事、解难题、交朋友”活动。

1 月 5 日下午，京滨工业园与凡客诚品科技有限公司合作签约仪式在天津迎宾馆举行。副市长李文喜、市政府副秘书长于忠诚、市中小企业局局长尉永久，及区领导张勇、罗福来、尤天成出席签约仪式。

1 月 14 日上午，副区长李丽君带领科技大学相关人员一行到大禹节水公司调研。

1 月 15 日上午，在武清区在北京举行的“开放、合作、互惠、共赢”投资环境说明会上，京滨工业园与北京机械工业自动化研究所签约。该项目总投资 10 亿元，建设北自高端制造产业园。

1 月 29 日，京滨工业园与北京湘鄂情集团股份有限公司签定战略合作框架协议。

同日，京滨工业园召开 2013 年恳谈会。

1 月，大王古庄镇被环保部授予“国家级生态乡镇”称号。

2 月 26 日下午，京滨工业园与艾斯特（天津）石油科技有限公司签约。该项目总投资 3000 万元。

同日上午，区领导张勇、韩胜军、郭宝琴等，及区直部门、“两区四园”负责人对京滨工业园重点项目开工情况进行专项督察。

2 月 27 日，市农委到镇调研。

3 月 2 日上午，镇召开政法综合及安全生产工作会。

3 月 9 日上午，区委书记张勇带领区有关部门负责人到京滨工业园调研。

3 月 19 日，区委组织部检查镇内村级党建工作。

3 月 22 日和 4 月 11 日，京滨工业园联合区劳动部门，分别在园区和劳动力市场举办了专场招聘会。

3 月 23 日上午，区领导李建成、尤天成带领有关部门查看京滨工业园两个项目的建设情况并现场办公。

3 月 28 日上午，京滨工业园消防中队正式揭牌成立。

3 月 29 日，镇开展“世界气象日”科普宣传活动。

4月2日上午，在区投资环境恳谈会暨合作项目签约仪式上，京滨工业园与CRV辐射能量热系统项目等6家企业签订合作协议，涉及高端装备制造、新材料、电子商务、科技研发、商贸物流等领域，投资总额近2亿元。

4月3日，区长罗福来带领有关部门负责人到京滨工业园部分科技型中小企业进行调研并现场办公。镇党委书记、总经理郭新华陪同。

4月8日上午，镇召开示范镇建设动员大会，第一批涉及小王古庄、聂营、大营、陈各庄、距城堡、丁辛庄、韩指挥营7个村。

4月10日，天津武清村镇银行股份有限公司京滨支行成立。

4月18日上午，中国石油大学专家团到京滨工业园就能源装备产业园规划进行论证，区委书记张勇出席。

4月18日上午，市政府副秘书长、办公厅主任朱军一行到镇检查政务公开和服务试点工作，视察了镇行政服务中心和村级代办站。

4月20日，京滨工业园与广东省盛诺集团签署合作协议，在园区建北方核算总部。

4月20日，镇城王路拓宽拆迁户还迁选房进行。此次涉及49户居民、60 ~ 120平方米楼房110套。

4月21日，京滨工业园与东莞市都市丽人实业有限公司签署合作协议，该公司将在工业园建北方总部，总投资5亿元，占地80亩。区领导罗福来、尤天成出席签约仪式。

4月21日，京滨工业园与香港友昌集团合作签约仪式在广州举行。友昌集团将在园区投资建北方销售总部，并逐步过渡为全国总部。项目投资3亿元，占地约30亩。

4月22日，副区长李丽君一行到镇调研。

4月28日，镇机关组织为地震灾区捐款。

4月30日上午，区长罗福来带领区有关部门负责人到京滨工业园部分科技型中小企业调研并现场办公。

5月6日上午，镇首批校车开通仪式举行。

5月20日，京滨工业园与北京北奥盛典国际文化发展有限公司签署合作协议，区领导韩胜军出席。该公司将在园区建设北奥集团文化演艺基地，投资3.5亿元，占地120亩。

5月21日上午，镇召开农业生产技术工作会。

5月23日，京滨工业园“中关村大厦”成立仪式在北京中关村创新论坛上举行。

5月23日上午，区委常委、区人武部部长朱继业带领检查组对镇2013年度民兵整组工作进行检查指导。

5月27日上午，区人大领导韩胜军等视察京滨工业园企业并召开座谈会。

5月27日，廊坊市安次区区委书记王永威一行78人到京滨工业园参观考察。区委副书记郭宝琴等陪同考察。

6月6日晚6时左右，大王古庄等5个乡镇遭受风雹袭击，最大风力7级以上，冰雹直径最大10毫米，持续30分钟。

6月7日上午，参加北京中关村企业孵化器天津行武清专场活动的管理团队一行20余人到京滨工业园参观。总经理郭新华陪同。

6月13日上午，世侨大厦首批入驻企业集中签约推介会在京滨工业园招商中心举行。区委书记张勇、区政协主席李学鹏出席。

6月14日，天津市示范工业园区团工委工作推动会暨电子商务服务青年科技型中小企业推介会在京滨工业园招商中心举行。区委副书记郭宝琴致辞，团市委副书记张炳柱，镇党委书记、京滨工业园总经理郭新华等出席。

6月19日，旅法侨领联合代表团40余人到京滨工业园考察。

6月21日上午，“华北金三角、大舞台”暨中关村电商企业走进京滨活动在京滨工业园招商中心举行。中关村协会联席会常务副秘书长戴键等出席。

6月26日上午，区委书记张勇到镇调研，镇党委书记郭新华陪同。

6月26日，调解平息距城堡村干群矛盾、集体上访事件。

7月5日下午，区长罗福来、副区长尤天成带领区建委、交通局等部门负责人到京滨工业园重点工程项目现场，进行检查督导。

7月9日上午，区投资环境恳谈会暨合作项目签约仪式举行。京滨工业园与8家企业签约，投资总额达2.6亿元。

7月9日下午，北京市科委等对京滨工业园政策环境、综合承载能力等进行考察，区长助理邢德惠陪同。

7月11日，京滨工业园投资环境推介会暨项目合作签约仪式在深圳举行。广东省6家协会领导和93家企业参加此项活动。

7月中旬，政府路改造工程完工，共投资100余万元。

7月25日上午，市农委领导就农业增收到镇调研，副区长李丽君等陪同。

7月29日，由镇主办、利尚屯村协办的“舞动激情、共筑和谐梦”消夏广场舞比赛举办。

7月30日，京滨工业园与中国通信工业协会物联网应用分会物联网产业园项目合作签约，仪式随后在上海举行。区领导罗福来、尤天成出席签约仪式。

8 月 15 日，区金融办与京滨工业园举办银企对接会。

8 月 17 日下午，京滨工业园与天津智通机器人系统有限公司举行合作签约仪式。

8 月 26 日，区水务局结对帮扶工作组到镇村进行对接。

9 月 8 日，区长罗福来、副区长尤天成带领有关部门领导查看重点项目开发建设情况，推动入区企业建设提速。

9 月 12 日，市政协主席何立峰、副主席李文喜、秘书长李金亮一行到京滨工业园调研，区长罗福来陪同。

9 月 23 日至 25 日，区开展“互看互比互学”检查。其间，区委常委扩大会领导现场查看了京滨工业园当当网项目建设情况。

9 月，郭金勇、韩志军、夏振峰任镇党委副书记。高永山、董秀国、张兴国任副镇长。

10 月 22 日，区政府、京滨工业园与北京化工大学投资合作协议签约仪式在区行政服务中心举行。区长罗福来、副区长李伯怀、北京化工大学党委书记王芳、北京化工大学校长谭天伟、北京化工大学副校长陈东生等出席签约仪式。

10 月 29 日上午，京滨工业园科技企业孵化器有限公司举行萌创业交流会暨京滨孵化器集中签约仪式。

10 月，郭金勇任镇长。

10 月 30 日上午，区领导张勇、罗福来到京滨工业园调研。

11 月 1 日下午，投资额 10 亿元的聚美优品电子商务网站落户京滨工业园。市政协副主席王治平、区委书记张勇、区长罗福来出席签约仪式。

11 月 6 日，商务部电子商务司副司长张佩东一行到京滨工业园，了解入区电子商务企业发展情况。

11 月 21 日上午，镇第三届人民代表大会第四次会议召开。46 名镇人大代表与会。经投票选举，郭金勇当选镇长，高永山、董秀国当选副镇长，张季文当选人大副主席。

11 月 25 日上午，区“五个一批”活动中期推动会在京滨工业园举行。

同日，镇召开加强基层基础工作暨“美丽京滨·一号工程”推动会。常务副区长李建成出席。

12 月 3 日上午，市科委领导到京滨工业园调研。

12 月 10 日，京滨工业园（珠三角）投资环境推介会在东莞举行。5 家协会和当地 20 余家企业参加。副区长尤天成、招商局局长萧庆东等参加。

12 月 13 日下午，区为京滨工业园等单位举行博士后科研工作站分站授牌仪式。人社

部专业技术司副司长吴建英，市人社局副局长袁家健，区委书记张勇，区领导李建成、周惠军、刘东海等出席。

12月17日下午，在由《天津日报》传媒集团、滨海新区北塘经济区管委会联合主办，《每日新报》承办的“2013北塘·‘新力量’天津经济创新榜（第四届）颁奖暨创新论坛”上，京滨工业园获“年度创新园区奖”。

是年，天津京滨工业园团工委被团市委授予青农系统2013年度“三区连建”优秀团工委称号。镇团委书记被团市委授予优秀团干部称号。镇妇联获市农村妇女岗位建功先进集体称号。

2014年

1月1日，前侯尚老年活动中心落成，该中心是由乡贤天津海川建筑工程公司董事长王宗贵投资百余万元兴建的。

1月2日下午，区水务局到镇内宋家场、北刘庄考察帮扶工作。

1月22日，区委常委、常务副区长李建成对镇困难群众、老党员、市驻村工作组进行慰问。

1月24日下午，镇举办新春文化活动比赛。

2月12日下午，商务部部长助理王炳南带领信息化司考察京滨工业园企业。区领导张勇、罗福来陪同。相关镇街、企业主要领导参加了活动。

2月13日下午，在市科技与知识产权会议上，包括京滨孵化器在内的5家单位获评国家级孵化器。

2月24日上午，镇党的群众路线教育实践活动动员大会召开。

2月24日下午，区委常委、常务副区长李建成带领相关部门到京滨工业园考察企业开工情况。

3月6日上午，副市长何树山带领市科委、财政、中小企业局有关负责人到京滨工业园企业调研，区领导张勇、罗福来陪同。

3月7日，京滨工业园获“天津共青团青农系统2013年度‘三区联建’工作优秀团工委”荣誉称号。

3月15日上午，镇机关、京滨工业园全体干部职工参加植树活动，区委常委、常务副区长李建成参加。

3月18日上午，镇践行党的群众路线教育实践活动爱心捐款仪式举行。共募集善款

160余万元。善款纳入“爱心基金”，由镇民政部门统一管理，专款专用。

3月27日上午，国家智慧城市产业技术创新战略联盟第一届理事会第六次会议在京滨工业园举行，区委常委、常务副区长李建成出席。

4月14日，区委常委、常务副区长李建成带领党的群众路线教育实践活动督导组一行8人深入5个村街及企业座谈，开展调研。

4月15日，市档案局局长杨文杰一行到京滨工业园检查非公企业档案管理工作。

4月16日上午，区长罗福来走访人大代表并座谈。

4月16日，京滨工业园内天津胜奇隆科电子有限公司等4家企业的财会室保险柜被盗，丢失现金9000元和一台笔记本电脑。

5月4日，大王古庄镇等地遭受风灾，受损树木达6000棵左右。

5月6日上午，天津警备区副政委马杏田一行到京滨工业园检查民兵整组工作。区委副书记郭宝琴、区武装部政委王宏奎等陪同。

5月7日下午，市委常委、市纪委书记臧献甫到京滨工业园调研，区领导张勇、罗福来陪同。

5月7日下午，镇“爱心基金”发放仪式举行，19.4万元基金发放到22户困难户手中。

5月8日上午，中关村外商投资企业协会等30余家协会和企业、媒体代表50余人参加“走进京滨”活动。

5月9日上午，党的群众路线教育实践活动市委督导组马连庆一行到镇调研，区委常委、常务副区长李建成等陪同。

5月20日，《人民日报》记者团到京滨工业园采访调研。

5月31日，天津静达合成材料有限公司仓库因电焊引发火灾，公司仓库被烧毁。

6月10日，在津全国人大代表到武清调研京津冀协同发展情况。市人大常委会副主任张俊斌，区领导张勇、罗福来、韩胜军、钟书明陪同参观、座谈。

6月19日，全国人大常委会副委员长铁木耳·达瓦买提诗歌书画作品巡展在京滨工业园世侨总部基地举行。

6月30日上午，镇召开纪念建党93周年暨非公企业党建工作推动会。

7月11日上午，北京市通州区区长岳鹏一行到京滨工业园调研，就建设协同发展示范区进行交流对接。区领导张勇、罗福来、李建成、钟书明等陪同。

7月13日，中共中央党校副教育长韩庆祥带领中国城市改革与发展系统活动调研组到京滨工业园考察，区领导张勇、李建成、周惠军、刘广生等陪同。

7月25日，京滨工业园与北京威猛机械制造公司等6家北京企业集中签约。区人大常委会主任韩胜军出席签约仪式。

7月22日上午，镇召开2014年度征兵工作会议。

7月26日，武清区与北汽集团海纳川北京零部件项目举行签约仪式。市委常委、政法委书记散襄军，北汽集团总经理张夕勇，区领导张勇、周惠军、尤天成、刘广生出席签约仪式。

7月30日上午，庆“八一”百名将军百龙书法展在京滨工业园世侨总部基地展览馆开展。区政协主席李学鹏，区委常委、宣传部部长周德友出席开幕式。

8月5日上午，镇召开低保年度资格审核认定会议。

8月8日，京滨工业园与南京青虹集团签约。

8月16日上午，镇召开信访联席会议。

8月26日，中科院北京国家技术转移中心主任刘庆莲一行6人到京滨工业园考察。

9月10日上午，镇召开庆祝第30个教师节暨优秀教师表彰座谈会。

9月18日，区政协主席李学鹏、河北省廊坊市政协主席郑广富一行45人到京滨工业园蒙牛厂参观指导工作。

9月21日，天津市委、市政府领导到武清调研，并到京滨工业园。区委书记张勇、区长罗福来陪同。

9月30日，区委常委、常务副区长李建成到镇调研群众路线教育实践活动整改提高、建章立制情况，区督导组、镇班子全体成员参加。

10月22日上午，市中小学现代化建设达标验收评估专家组8人到镇第二中心小学评估，认为该校达到现代化学校标准。

10月28日上午，镇党的群众路线实践活动总结大会召开。第五督导组组长、区政协副主席谢呈悦，副组长、区档案局局长葛云明，镇领导郭新华、郭金勇、韩志军出席会议。

10月29日，区委常委、组织部部长周惠军到镇调研。

11月6日，市委书记孙春兰到京滨工业园走访企业。市委常委、市委宣传部部长成其圣，副市长王宏江，区领导张勇、罗福来陪同。

11月13日下午，镇举办“以家庭和谐促社会和谐”大讲堂活动。

11月20日，市委常委、市委统战部长刘长春一行到京滨工业园就民营经济运行情况进行调研。区领导张勇、王占海、佘元唐陪同。

11月24日，市委常委、常务副市长段春华，市政府副秘书长庞金华、刘建刚等走访京滨工业园企业，区领导张勇、罗福来、尤天成等陪同。

11月25日，受市人大常委会委托，区人大常委会组织本选区市人大代表视察了京滨工业园阿里巴巴菜鸟网络项目。

12月9日上午，京滨工业园与北京北奥盛典国际文化发展有限公司举行签约仪式。区委常委、常务副区长李建成出席。项目占地80亩。

12月13日上午，镇举行还迁区二期建设启动仪式。

12月22日，镇成立“春蕾乡贤联合会”。

12月31日上午，京滨工业园召开商会第一次会员大会。

2015年

1月6日下午，区委书记王小宁到京滨工业园调研，副区长尤天成等陪同。

1月7日上午，市人力社保局副局长袁家健、副处长郑巴因、博士杨亮一行到京滨工业园调研引进人才“绿卡”工作。区委常委、组织部部长周惠军、区人力社保局局长肖同福、镇党委书记郭新华陪同。

1月8日上午，区委常委、常务副区长李建成带队到京滨工业园检查冬季安全生产工作。

1月12日，大王古庄镇群众团体联合会成立，纳入当地26个艺术团体。

1月21日，镇党委书记、工业园总经理郭新华率区消防支队、镇工商所、派出所、安监站人员组成检查组，对京滨工业园各生产经营单位、学校开展消防、安全生产大检查。园区百余家企业安全负责人参加。

1月23日下午，京滨工业园与北京北内有限公司签署合作协议，区长罗福来、副区长尤天成参加。该项目总投资10亿元，占地126亩。

1月31日下午，京津冀规划编制组走访京滨工业园企业。

2月5日上午，区委常委、常务副区长李建成走访慰问镇退伍老兵和困难群众。

2月5日至6日，镇举行迎新春文体活动比赛。

2月7日上午，镇召开2014年度计生工作表彰总结大会。

2月11日，镇开展对辖区零售网点、超市殡葬门市等的安全检查。

3月12日，镇政府与北京师范大学签约合作并举行“北京师范大学基础教育实验学校”授牌仪式。区委常委、组织部部长周惠军、副区长尤天成、教育局局长李海及镇领导郭新华、郭金勇等出席。

3月13日，京滨工业园万企转型升级推动会召开，园区42家重点企业参加会议。

同日，镇召开春季安全大检查动员会。

3 月 14 日，镇召开 2015 年机关作风建设推动会。

3 月 18 日，镇全体机关干部和京滨工业园 200 余人参加植树活动。

4 月 14 日至 28 日，镇对村级 2012 年 3 月至 2015 年 3 月的财政情况进行逐村审计。

4 月 18 日上午，柬埔寨国家副首相、奉辛比克党主席盖博拉斯美，柬埔寨国家公主、西哈努克亲王女儿阿克拉斯美一行到京滨工业园大禹节水（天津）有限公司参观考察。

4 月 22 日起，镇政府邀请天津爱尔眼科医院专家对镇内有眼疾的村民做免费检查，并为低保户、五保户、重点优抚对象、70 岁及以上患者免费做手术。

4 月 23 日，中国通信工业协会智慧能源专业委员会成立仪式在京滨工业园举行。

4 月 28 日，“天津武清儿童身心健康检测干预中心”在大王古庄镇揭牌。中国关工委、农工党、教育部等单位领导及专家参加活动。

5 月 28 日，区委常委、副区长李文运带领有关部门到京滨工业园调研企业转型升级工作。

5 月 29 日，“京津联运、资源共享”主题考察交流会在京滨工业园举行。

6 月 1 日起，镇内启动村级组织换届工作。

6 月 17 日，中华医学会、北京协和医学院天津培训基地正式落户京滨工业园的“京津冀联合医院”。国家卫计委原副主任陈啸宏、科教司教育处处长陈昕煜，中华医学会党委书记饶克勤，副会长吴明江，区委常委、常务副区长李建成，镇党委书记、京滨工业园管委会主任郭新华等出席会议。该项目由工业园与亚美（北京）国际投资有限公司共同出资 7 亿元，占地 80 亩。

6 月 22 日下午，走基层文化下乡镇活动在镇前侯尚村老年活动中心举办，由区新闻中心录制播出。

7 月 1 日上午，投资 110 余万元的前侯尚、北刘庄两所幸福大院举行挂牌仪式。

7 月 28 日，京滨工业园与上能电力集团项目签约。区委常委、副区长李文运，上能集团董事局副主席陈正强，镇党委书记、京滨工业园管委会主任郭新华等出席仪式。

7 月 28 日，“我是云朵、我创业”众创空间主题发布会在京滨工业园举行。

8 月 6 日，镇召开治理违法用地和违章建筑专题会议，建立打击“两违”工作长效机制。

8 月 14 日，京滨工业园与华昊集团签约仪式在江苏湛江举行。镇党委书记、京滨工业园管委会主任郭新华出席。

8 月 21 日和 8 月 30 日，区委常委、常务副区长李建成对京滨工业园进行安全检查和隐患整改。

8 月 31 日，市消防总队队长周天带队到镇进行消防安全检查。

9月10日，由京滨工业园、合生创展集团主办的京滨——合生京津产业发展联盟启动。

9月20日，镇张家场村农村淘宝服务站隆重开业。

10月29日上午，镇党委组织镇区人大代表、政协委员到京滨教育园区考察镇教育事业发展情况。

11月13日，区帮扶办、推动办组成督导组，对镇市级帮扶工作和“一村一策”进展情况进行督导检查。

11月16日，市政协副主席王治平，市投促办副主任尤天成、张连军到京滨工业园考察。区委书记王小宁、副区长刘东海、镇党委书记张大国等参加活动。

11月19日，天津武清首届创客论坛启动仪式暨创客空间+创客驿站合作揭牌仪式在京滨工业园举行。中国工程院院士盛志勇、北京化工大学教授王笃源、北京创客空间联席CEO尚青、天津创客驿站董事长滕景军、副区长曲海富、区科委主任翟伟、镇党委书记张大国等出席揭牌仪式。

11月20日，天津银行京滨工业园支行成立。

12月10日，区投资环境恳谈会暨重点项目签约仪式上，京滨工业园与华油惠博普科技、风电集团、缔成文化、海宽科技4家企业正式签约，建立合作关系。

年内，镇加强对党员、干部的管理，深化开展“三严三实”教育活动。

第一篇　建置　政区

大王古庄镇历史悠久，民风淳厚。据有关资料显示，这里至少在中国汉代即有人类聚居、繁衍生息。前侯尚、水活铺等村落在考古中均发现大量砖瓦和生活器具；史书对距城堡隋唐间遗迹有所记载。经历朝代更迭兴替，村落多为明初移民所建，少数村落建于清代。如今，大王古庄镇已建成津西北林果基地的一部分，建立了京滨工业园，成为武清向西开发开放的桥头堡，全镇的政治、经济、文化快速发展。境域大小几经更易，截至 2015 年，全镇下辖 17 个村。

第一章　建置沿革

第一节　位置面积

大王古庄镇行政区域位于北纬 39° 36′ ~ 39° 32′，东经 116° 47′ ~ 116° 52′。南北最长 10 公里，东西最宽 6 公里，总面积 48.08 平方公里（折合土地 72120 亩）。

大王古庄镇南与本区城关镇为邻，东与白古屯镇相依，东北与高村镇相连，北与北京市通县接壤，西临河北廊坊市安次区。

大王古庄镇政府位于大王古庄村南，临近公路。距武清区驻地杨村里程 34 公里，距天津市 60 公里，距北京市 50 公里，距廊坊市 15 公里。大王古庄镇虽地处武清区西北边缘，但却为京津廊三市的腹地，是密切地区关系的纽带和桥梁，具有优越的地理条件。

第二节　隶属关系

战国燕及秦时属上谷郡泉州县，汉武帝元封五年（前 106）后属渔阳郡泉州县。北朝魏时属幽州泉州县，至太平真君七年（446）“省泉州入雍奴”后属幽州渔阳郡雍奴县。隋开皇时属幽州，大业三年（607）后属涿郡雍奴县。唐高祖武德初改郡为州，属幽州雍奴县；太宗贞观时改为河北道雍奴县；玄宗开元间属幽州雍奴县，由节度使管辖；天宝元年（742）更名武清，改隶范阳节度使；肃宗至德二年（757）罢郡，复为幽州武清县。后晋石敬塘天福三年（938）入契丹后属幽都府武清县；辽圣宗开泰元年（1012）属南京道析津府武清县；天祚帝保大二年（1122）入金，仍属析津武清县。金太宗天会元年（1123）入宋属燕山府武清县，三年（1125）后复入金，属燕京析津府武清县；海陵王贞元元年（1153）改析津为大兴府；章宗承安二年（1197）改隶盈州，不久复隶大兴府；哀宗天兴三年（1234）蒙古灭金，属燕京路大兴府武清县；元世祖至元九年（1272）大兴府更名大都，属大都路武清县；十三年（1276）改隶漷州。明属顺天府通州武清县。清初沿至雍正三年（1725）改隶天津州武清县，八月复归通州武清县；六年（1728）改隶东路厅武清县。1914年属京兆特区武清县；1928年属河北省武清县。大王古庄地区于1948年12月4日解放。隶属于武清县。1949年4月，武清县划14个区，大王古庄隶属北旺区（十区）；1949年5月，武清县划15个区，大王古庄隶属北旺区（十区）；1949年10月，武清县划15个区，大王古庄隶属北旺区（二区）；1952年7月，武清县划13个区，大王古庄隶属北旺区（十区）；1953年7月，武清县划140个区辖乡，大王古庄建四个小乡，其中韩指挥营、前侯尚乡隶属于武清县城关区（九区），大王古庄乡、丁辛庄乡隶属于武清县北旺区（十区）。

1958年2月，武清县撤区并乡。全县划33个乡。大王古庄建乡，隶属于武清县城关工委。

1958年8月，实行人民公社化。武清县成立10个公社1个农场。原大王古庄乡分为两个管区。即韩指挥营管区和大王古庄管区，隶属于武清县城关红旗人民公社。

1959年4月，体制改革，将原韩指挥营、大王古庄两个管区合并，建大王古庄管区，隶属于武清县城关红旗人民公社。

1961年6月，体制改革。建大王古庄人民公社，称公社管理委员会。1968年2月29日，改称公社革命委员会。1983年6月25日，改称乡人民政府。2001年10月14日，改称镇人民政府。

第三节　区划变更

一、明清时代

县内行政区划自明始有记载。明以前随朝代变易，所属唯知州、郡、县，而里、社不可查。至明朝，由于定都北平后的移民，武清村落由原300余个成倍扩展。清康熙十四年（1675）前沿用明弘治十五年（1502）制，武清分为十五里屯。所编里制乃依村中富户多少而定，非依村落远近，所以显得分散。清康熙年间（1662—1722）并入屯卫里、京卫里，全县分为17里屯。大王古庄时称“大王姑庄”，划在坊一里。以现域内各村划入坊一里的还有小王姑（古）庄、水火（活）铺、（前）堠上（尚）等，另有韩指挥营、巨（距）城铺（堡）、大营划入安本屯里，黎上（利上）屯划入京卫里。其余各村多是建村较晚、村落小或改变名称等原因，至光绪七年（1881）县志上始出现小枣林（枣林）、丁新（辛）庄、聂家营、利尚屯、城后刘庄（北刘庄）、巨（距）城铺（堡）、小董（董各）庄等村名，但如张家场、陈各庄、聂辛庄、宋场等村名未见踪迹。

二、民国时期

民国初，里社制度废除，各村推行保甲制，因村大小设保、甲长若干名。保长负责地方行政事务，甲长负责户籍、征税、劳役等。

1934 年改编区乡制，全县改划 8 个区、368 个乡。1940 年，以千户为单位，全县编为 8 区 68 乡。

现大王古庄镇所辖各村在 1939 年至 1945 年间除聂辛庄只设甲（与大王古庄村合为一保）外，余各村均设保公所；大王古庄、宋家场、张家场、董家庄、前侯尚、利尚屯、水活铺、聂辛庄均属县一区（城关），归利尚屯乡公所管辖。大营、距城堡、丁辛庄、聂营、韩指挥营、枣林、小王古庄均属县一区韩指挥营乡公所管辖。北刘庄属县一区城关乡公所管辖。陈各庄属安次七区北尖塔乡公所管辖。

1946 年至 1948 年，大王古庄、宋家场、张家场、董家庄、前侯尚、利尚屯、水活铺、聂辛庄（甲）属一区（城关）桐林乡公所管辖；北刘庄、小王古庄属城关区公所管辖；大营、距城堡、丁辛庄、聂营、韩指挥营、枣林属韩指挥营乡公所管辖；陈各庄仍属安次七区管辖。

三、解放以后

大王古庄地区于 1948 年 12 月解放，1949 年春成立农民协会，冬建立村政权。17 个村中，除张家场、北刘庄属城关区公所、陈各庄属安次七区之外，其余各村均属北旺区公所（先十区后二区）管辖。

1950 年 8 月，北刘庄村隶属于城关区（一区）。陈各庄村由安次县北尖塔（七区）划归武清县，隶属于北旺区。

1953 年 7 月，韩指挥营乡辖韩指挥营、聂营、北刘庄、枣林、小王古庄 5 个村。前侯尚乡辖前侯尚、宋家场、张家场、董家庄 4 个村。大王古庄乡辖大王古庄、利尚屯、水活铺、聂辛庄 4 个村。丁辛庄乡辖丁辛庄、大营、陈各庄、距城堡、大官地 5 个村。大官地于 1958 年 2 月划归安次县。

1958 年 2 月，大王古庄乡辖现辖的 17 个自然村。

1958 年 8 月，韩指挥营管区辖大营、陈各庄、距城堡、丁辛庄、聂营、韩指挥营、北刘庄、枣林、小王古庄 9 个村。大王古庄管区辖大王古庄、宋家场、张家场、董家庄、前侯尚、利尚屯、水活铺、聂辛庄 8 个村。

1959 年 4 月，大王古庄管区辖现辖的 17 个村。

1961 年 6 月，建大王古庄公社，一直为现辖的 17 个村。即大王古庄、宋家场、张家场、董家庄、前侯尚、利尚屯、水活铺、聂辛庄、大营、陈各庄、距城堡、丁辛庄、聂营、韩指挥营、北刘庄、枣林、小王古庄。

1983 年 6 月 25 日改称大王古庄乡人民政府。2001 年 10 月大王古庄撤乡建镇，改称大王古庄镇人民政府，辖村不变。

四、部分村街名称变更

表 1

现　　名	曾　用　名
大王古庄	王固庄、王孤庄、王姑庄
宋家场	宋场
张家场	张场
董家庄	小董庄
前侯尚	堠上、堠尚、前堠上、前堠尚
利尚屯	黎上屯
水活铺	漷水铺、水火堡
聂辛庄	聂新庄
陈各庄	陈庄
距城堡	东厂屯、霍堡、锔城堡、巨成铺、钜城堡
丁辛庄	巨新庄、新庄
聂营	河西营、聂家营
韩指挥营	韩营
北刘庄	刘庄、城后刘庄
小王古庄	小王固庄、小王姑庄、小王孤庄

第二章　镇村概貌

第一节　镇址

大王古庄镇位于京、津、冀交界处，东临高村镇、白古屯镇，西与河北省廊坊开发区相连，南至城关镇，北与北京市通州区接壤；京津塘高速公路、京津高速公路贯穿全境。镇域总面积48.08平方公里，镇址大王古庄村，下辖17个行政村，总人口23407人，农业人口21196人。2015年，实现地区总产值222亿元；工业总产值120亿元；完成固定资产投资110亿元；园区税收8亿元；镇区税收7200万元；农民人均纯收入2.1万元，同比增长17%。

作为镇政府的一条街，主要于20世纪末实施了全面改造。投资30万元完成四干渠回填工程；投资34.8万元，铺设地下排水管道1000沿米；2000年3月，投资100万元对政府街实施路面硬化和拓宽工程；是年10月，投资181万元，对原四干渠两侧长300米的商业门脸房和供销社旧区部分门脸楼进行改造，总面积3384平方米；2002年对街道绿化美化，投资26万元建设花池、绿地；是年8月，投资126万元，完成政府街北段商业经营楼建设；2006年开通了至城区的公交线路，方便了群众的生产生活；2007年至2008年，投资1410万元进行环境建设改造，年内被评为全国文明村镇。2015年，公交站、加油加气站、医院、宾馆、饭店、银行、综合服务楼等设施开始建设。大王古庄从一个普通的乡村向着城市化方向迈进，面貌焕然一新。

2006—2015年大王古庄镇基本情况统计表

表2

年份（年）	户数（户）	人口（人）	农村从业人数（人）	耕地面积（亩）	粮占耕地面积（亩）	粮食总产（吨）	农民人均收入（元）
2006	6515	21331	10640	40423	16771	14740	7700
2007	6515	21259	10492	40419	13958	12654	8690

续表 2

年份(年)	户数(户)	人口(人)	农村从业人数(人)	耕地面积(亩)	粮占耕地面积(亩)	粮食总产(吨)	农民人均收入(元)
2008	6621	21538	10769	40221	22000	14203	9500
2009	6729	21445	11215	39002	25000	18676	10500
2010	7052	21926	11288	38048	22270	16291	11700
2011	7033	21930	11561	37268	23000	17074	13000
2012	7033	21930	11602	35671	23000	12187	14600
2013	7237	24757	11817	34790	20641	10317	16000
2014	7249	24794	11900	34595	19722	8263	17920
2015	7249	24621	11970	34579	18954	7909	21000

第二节 村 庄

大王古庄村

大王古庄村，镇政府所在地。东南距区驻地 37 公里，西傍大谋屯总排干渠。现全村 769 户人家、2435 口人，是镇内第二大村。村内有一条十字大街，居民居住建房由古至今始终围绕十字大街而建。元朝初年（1272 年）有王姓人家定居于此，以姓氏得名王固庄。后有说清初圈为北京某王府公主的脂粉地，所以改称王姑庄。至清末称为王古庄。据传，张、马、侯、田、李为建村后大姓。村内张姓人家早在明清时期有人在朝廷为官，多数举家进京居住，故目前村内张姓人家不多。因清初迁出部分居民，遂称原庄为大王古庄。

村聚落原呈南北向长方形，占地 48 万平方米。西、北两侧是环村渠，村南是苇塘。村内街道东西走向 2 条，南北走向 3 条，其中一条沥青路北端经京津塘高速道口通廊坊市。村内住房皆为砖木结构平房。

村中明朝建有庙宇 4 座，按照十字大街分别建为南庙、北庙、东庙、西庙。其中东庙是关公庙，西庙是土地庙，南庙是观音庙，北庙是七神庙。以北庙最大，故俗称“北大庙”。

正名应叫龙泉寺，清乾隆七年《武清县志》记：龙泉寺，在县治北王固庄，明洪武年建。当年，人们常来这里祭祀先辈、祈祷福祉，每天香烟缭绕，很是热闹。这些庙宇均在“文化大革命”时期被拆毁。

在北大庙后有一片约高 10 米、半亩地面积大的高沙丘土岗。村南六里路以外的丁辛庄早年就有“蹬着沙丘上房顶”的说法。早年村里有十几眼水井，供人们生产、生活使用。其中，以北大庙、高沙岗附近的水质最好。

清乾隆年间《武清县志》记载为“大王姑庄”，属“坊一里”。同一书中又有“王固庄”记载，应是称王固庄在前，王姑庄于后，称王古庄则是最后至今的事情。清光绪七年（1881）《武清县城乡总册》记：“大王古庄，距城十二里，地方杨玉海，当差一年，四十二岁。共一百三十二户，旗粮地四十五顷。司事侯万春、马得禄、田福金。有学堂二、庙宇三、街道三条、井十口”。

1939—1948 年，村设大王古庄保公所，属武清区第一区（城关）利尚屯乡公所管辖。1946—1948 年属一区桐林乡公所管辖。1948 年 12 月解放；1949 年 1 月成立农民协会，属北旺区区公所管辖。1953 年 7 月，全县调整区划并建区辖乡，村公所属县十区（北旺）大王古庄乡管辖。1958 年 2 月，全县撤区并乡，村公所属大王古庄乡人民委员会管辖。1958 年 8 月公社化，建大王古庄大队，属城关红旗人民公社大王古庄管区管辖。1961 年 6 月建大王古庄公社。1983 年 6 月公社管委会改称乡人民政府。2001 年 10 月改乡为镇，隶属大王古庄镇政府至今。

过去，由于这里土地均为薄碱沙洼、十年九涝，人们生活长期处于贫困状态。有耕地 4966 亩，主产小麦、玉米。到 20 世纪 70 年代，在“农业学大寨”、大搞农田基本建设中，改造了土地，使盐碱地变成良田，人们才过上了温饱日子。改革开放以来，实行了家庭联产承包责任制，农业种植结构由过去的单一粮棉生产，变开展多种经营，种菜、种水果、经营苗圃等，收入逐年增加。村里曾有化工厂。

随着京滨工业园区的崛起，村民如今大都到园区就业上班，或经商做买卖，经济收入大幅增加，生活水平日益提高。

2006—2015 年大王古庄村况统计表

表 3

年份（年）	户数（户）	人口（人）	农村从业人数（人）	耕地面积（亩）	粮占耕地面积（亩）	粮食总产（吨）	农民人均收入（元）
2006	691	2250	1170	4938	1660	1480	5040
2007	716	2276	1100	4938	1316	1211	5140
2008	700	2223	1140	4938	2200	1330	5730
2009	719	2232	1163	4938	2054	1474	6700
2010	738	2251	1165	4602	2605	1688	7800
2011	743	2272	1150	4602	2805	2077	12900
2012	743	2272	1200	4602	2805	1506	14300
2013	757	2485	1292	4602	2840	1392	15900
2014	759	2486	1315	4602	2738	1103	17760
2015	759	2555	1320	4602	2738	999	—

小王古庄村

位于镇政府所在地东南 1.5 公里，西临大谋屯总排干渠。原村聚落呈方形，占地 28.9 万平方米。原村东有制瓦盆窑，村北有苇塘，村南有乡砖瓦厂。村内东西、南北走向街道各 2 条，皆为砖木结构平房住宅。村有耕地 2457 亩，主产小麦、玉米，兼种棉花。现在全村有 369 户，1383 口人。村内孙、杜、杨姓人家为大户。2011 年开始撤村建居。014 年 4 月 10 日，在原村址南侧建成“泰丰花园”小区，村民迁入居住。小区住宅楼均为五层建筑结构，区内道路笔直宽阔，环境优美、设施配套齐备，村上人在全镇率先过上了城镇生活。

清乾隆年间，小王古庄属坊一里。清光绪七年（1881）《武清县城乡总册》记村简况：“小王古庄村，距城八里。地方高福珍，四十一岁。共十五户，旗粮地十五顷。司事李成玉、李永德、刘玉庆。有学堂二、庙宇四、街道一条、井三口。更夫一、拨更三”。1939—1948 年设村保公所，属一区（城关）韩指挥营乡公所管辖；1948 年 11 月解放；1949 年建立村政权，隶十区（北旺）区公所；1953 年 7 月隶九区（城关）韩指挥营乡；1958 年公社化后建大队，属城关红旗公社大王古庄管区；1961 年 6 月隶大王古庄公社（乡）；1983 年 6 月公社改乡政府；2001 年 10 月撤乡为镇，隶大王古庄镇政府至今。

历史上，该村有 4 座庙宇。一是北大寺，正房三间，东西耳房两间。庙内有释迦牟尼、十八罗汉塑像。过去，庙内香火兴旺，每到大年除夕，村民们吃过年夜饺子后，就争相来到庙里烧香，祈祷新的一年康福、发财。二是村中有老爷庙。供有关老爷、周仓像。三是，菩萨庙。四是，村南有一座土地庙，为村上祭祀故人的地方。村内原有十几眼砖井，其中村西北口水井水质最好，直到 20 世纪 80 年代村民还吃这眼砖井水。

2006—2015 年小王古庄村基本村况统计表

表 4

年份（年）	户数（户）	人口（人）	农村从业人数（人）	耕地面积（亩）	粮占耕地面积（亩）	粮食总产（吨）	农民人均收入（元）
2006	349	1215	577	2394	1385	1203	5070
2007	349	1214	577	2394	1291	1147	5141
2008	357	1230	584	2394	1600	1186	5761
2009	362	1239	590	2394	2245	1665	6450
2010	366	1258	604	2394	2165	1571	7600
2011	366	1278	622	2394	2365	1758	13000
2012	366	1278	668	2385	2365	1166	14860
2013	383	1595	668	2385	1932	982	15900
2014	383	1595	677	2385	1870	797	17980
2015	383	1383	687	2385	1025	336	—

宋家场

位于镇驻地东北 2.5 公里，东距小谋屯扬水站总排干渠 0.5 公里。清朝道光年间成村。刘庄宋姓大户有土地 238 亩，雇工耕种，在此地设打谷场，建有看场房屋和水井，此后成为村落。因原是宋氏的打谷场，以姓得村名宋家场。1939—1945 年间村设保公所，属县一区利尚屯乡公所管辖。1946—1948 年间改隶桐林乡公所。1948 年 11 月解放。1949 年 1 月建立农民协会，隶二区公所。1950年建村公所，隶十区（北旺）。1953年7月隶九区（城关）前侯尚乡。1958年2月隶大王古庄乡人委会。1958年8月公社化后建大队，隶城关红旗公社大王古庄管区。1961年6月隶大王古庄公社；1983年公社改乡政府，隶属乡。2001年10月乡改镇，隶大王古庄镇政府至今。现村有99户，349口人，农村从业人员175人。村中姓氏以王、朱、李、杜为大姓，除1人为满族外，皆为汉族。村内有东西走向街道6条，以前均为自然形成的土路，2010年硬化为水泥路面。村民住宅人均20平方米以上，皆为砖木结构平房住宅。2015年，国家免费提供灶具，烧煤半价供应，冬有暖气，夏开空调，生活舒适。村民80%以上信奉天主教。2012年教徒集资，兴建天主教堂，正房五间，为砖木结构平房。

村2015年有耕地501亩，其中粮占耕地384亩，主产小麦、玉米，兼种棉花、蔬菜、豆类和油料作物等。全年粮食总产241吨。历史上，村里没有任何工业企业，村内经济来源主要靠农业收入。近年来，村内青壮年在京滨工业园和廊坊开发区等企业上班或从事服务行业，成为居民收入的重要来源，2014年农民人均收入17750元。

2006—2015年宋家场村基本村况统计表

表5

年份（年）	户数（户）	人口（人）	农村从业人数（人）	耕地面积（亩）	粮占耕地面积（亩）	粮食总产（吨）	农民人均收入（元）
2006	95	35	102	501	375	326	5080
2007	95	334	102	501	252	226	5130
2008	96	332	108	501	400	312	5650
2009	98	332	158	501	645	478	6327
2010	101	329	159	501	436	343	7600
2011	101	333	162	501	436	352	12802
2012	101	333	168	501	436	306	14209
2013	100	345	168	501	552	281	5700
2014	101	340	175	501	384	198	17750
2015	101	351	175	501	384	199	—

张家场

属大王古庄镇。位于镇驻地东北3公里，北倚小谋屯扬水站总排干渠。村有182户，591口人。聚落呈方形，占地13.7万平方米，村东有水塘。原村内东西走向街道1条，沥青路面，南北走向街道2条。民居皆为砖木结构平房住宅。

清初有凤河营“堤营张”氏在“跑马占圈”政策下号称挂“双千顷牌”，“张家场”当时为其家场院，周有地8顷30亩，初有佃户黄姓，并招来韩、崔、杨等十家佃户种地，建有场屋和水井，后来定居成村，遂以主家张氏名村为张家场。

村有七神庙一间，殿中五尊为坐像，中间为关帝，另有财神、阎罗、青苗、土地等神像。

1939—1945年村设保公所，属县一区利尚屯乡公所；1946至1948年改隶一区桐林乡公所；1948年11月，建立村农会，隶九区（城关）；1949年4月建村公所，隶十区（北旺）；1953年7月隶九区（城关）前侯尚乡；1958年2月，村属大王古庄乡人委会管辖，同年8月公社化后建大队，隶城关红旗公社大王古庄管区；1961年6月隶大王古庄公社；1983年公社改乡政府，隶乡；2001年10月乡改镇，隶大王古庄镇政府至今。20世纪40年代末土改时办起高跷会。另有灯花会，每年正月十五散灯花，宣扬互助和睦等善举。

村有耕地1287亩，主产小麦、玉米，兼种棉花。村曾有制毡厂。近年，青壮劳力多到京滨工业园和廊坊开发区等企业上班，成为村民收入重要来源。

村有乡村公路，西北1.8公里通武牛路。

2006—2015年张家场村基本村况统计表

表6

年份(年)	户数(户)	人口(人)	农村从业人数(人)	耕地面积(亩)	粮占耕地面积(亩)	粮食总产(吨)	农民人均收入(元)
2006	170	560	289	1265	555	490	5060
2007	170	556	289	1265	459	411	5150
2008	175	566	317	1265	570	472	5740
2009	176	558	320	1265	1343	973	6600
2010	178	560	323	1265	328	401	7800
2011	181	573	330	1265	328	370	12600

续表 6

年份（年）	户数（户）	人口（人）	农村从业人数（人）	耕地面积（亩）	粮占耕地面积（亩）	粮食总产（吨）	农民人均收入（元）
2012	181	573	362	1265	328	301	14100
2013	189	631	362	1265	856	419	15906
2014	189	631	372	1265	851	335	17790
2015	189	597	372	1265	851	531	—

董家庄村

位于镇政府所在地东北 4 公里。东临凤河西支。明洪武年间系董姓盐商坟地，由看坟人和逃荒者援用佃主姓氏得名小董庄。据传，当年村东凤河不远处有货运码头，河道内帆船云集，河岸码头上搬运货物、商家交易频频，很是热闹。清光绪年间《武清县城乡总册》中记载："小董庄村，距城二十里，地方马得富，当差五年。共十八户，旗粮地十顷。司事马得龙、李洪□、陈起□、陈□庆。学堂无；庙宇一；铺户王得中；街道二条，井二口；更夫二，拨更二"。历史上村内没有大庙，只在村的东西两头建有不大的土地庙，供村上人祭祀故人礼仪之用。村于 1939—1945 年设村保公所，隶县一区利尚屯乡；1946—1948 年隶一区桐林乡；1948 年 11 月解放；1949 年 3 月建村农会，4 月建村公所，隶十区（北旺）；1953 年 7 月，村隶九区（城关）前侯尚乡；1958 年 2 月隶大王古庄乡人委会；1958 年 8 月公社化后建大队，隶城关红旗公社大王古庄管区；1961 年 6 月隶大王古庄公社；1983 年公社改乡，隶乡；2001 年 10 月乡改镇，隶大王古庄镇政府管辖至今。1984 年，因县内有村同名，改为董家庄至今。现在全村有 123 户人，408 口人。村内陈、马两姓为大户，董姓却无一户人家了。

村聚落呈东西向长方形，占地 8.3 万平方米。村北有坑塘，南靠一支排渠。村内有东西走向街道 3 条，南北走向街道 1 条，沥青路面。民居皆为砖木结构平房。村有耕地 902 亩，主产小麦、玉米，兼种棉花，有红小豆为其特产。乡村公路北 1 公里通武牛路。随着市场经济的发展，农业种植结构大幅调整，人们围绕城市"菜篮子"需求，大力发展无公害蔬菜、水果，加之大部分人在附近京滨工业园区就业，收入大幅增加，日子越来越富裕。

在市、区、镇有关部门的帮助支持下，村里投资大力加强基础设施建设，改善村容环境，实现了村内道路硬化、村内主干道亮化、生活水质净化，及美化、绿化的标准。2013 年，被评为文明生态村。

2006—2015 年董家庄村基本村况统计表

表 7

年份（年）	户数（户）	人口（人）	农村从业人数（人）	耕地面积（亩）	粮占耕地面积（亩）	粮食总产（吨）	农民人均收入（元）
2006	113	372	271	902	420	373	5050
2007	113	370	271	902	356	323	5130
2008	117	373	281	902	530	369	5713
2009	119	381	290	902	1366	1000	6400
2010	119	382	295	902	651	596	7600
2011	122	393	300	902	651	621	12517
2012	122	393	288	902	651	458	14200
2013	124	405	288	902	935	451	15700
2014	124	408	296	902	744	330	17750
2015	124	414	296	902	745	389	—

前侯尚

前侯尚村，属大王古庄镇，位于镇驻地东北 6 公里，村现有 652 户，2063 口人，除汉族外，有少数满族、壮族、蒙古族人口，但不足 10 人。聚落呈东西向长方形，占地 43.7 万平方米。村东、北面倚凤河故道，西临凤河西支。村内东西走向街道 1 条，沥青路面；南北走向街道 3 条。民居皆为砖木结构平房住宅。

村北曾有年代久远的古堠（戍楼土堡）遗址，后村落建其上，故名堠上。北魏时桑干河（今凤河）从村中穿过，分出前、后堠上。村西 200 米发现有大量汉砖及生活器具残片，证明汉时曾有聚落。及至明永乐年（1403—1424）前后，陆续有王姓自湖南转至河南濮阳迁来，有武姓自山西洪洞老鸹窝、宋姓自山西、刘姓自山东武定州禹城县黑牛村、张氏自河南等地移民来此定居成村，至今村中传有“南王北武、东刘西宋”之说。村东原有大庙名堠上寺，明正德三年（1508）重修时将寺改名为定祥寺。清乾隆年间村属坊一里。清光绪七年（1881）《武清县城乡总册》记载：“前侯上，距城二十里。地方李坤，年五十岁。共八十六户，旗粮地三十五顷。司事：石有旺、杜□福、刘□奎。有学堂三，庙宇大小四。铺户张文元、王□。街道三条，井十五口，更夫二名，拨更八名。”时村东口除定祥佛寺外，东大桥尚有龙王庙，村中有土地庙，村西有菩萨庙。诸庙多于1957年以“破除迷信”缘由拆除。另清初村东曾修有“落虹桥”一座，十分壮观。旧时有少林会一道。

村于1939—1945年设保公所，属县一区利尚屯乡公所；1946—1948年属一区桐林乡公所；1948年11月解放，12月建农协；1949年3月建村政权，属十区、二区（北旺）。1953年7月属九区（城关）前侯尚乡；1958年2月属大王古庄乡人委会；1958年8月公社化后建大队，属城关红旗人民公社大王古庄管区；1961年6月隶大王古庄公社；1983年公社改乡隶乡；2001年10月乡改镇，隶大王古庄镇政府管辖至今。

至2015年，村有耕地3557亩，主产小麦、玉米，兼种棉花、大豆。有武牛路横穿村中。随着近年乡镇经济的发展，有大部分年轻人在京滨工业园就业，人们收入普遍增长，生活富裕。

2006—2015年前侯尚村基本村况统计表

表8

年份(年)	户数(户)	人口(人)	农村从业人数(人)	耕地面积(亩)	粮占耕地面积(亩)	粮食总产(吨)	农民人均收入(元)
2006	593	1949	1157	3585	1460	1317	5070
2007	593	1947	1157	3585	1357	1255	5150
2008	610	1946	1182	3585	2200	1323	5780
2009	595	1947	1195	3585	3464	2482	6500
2010	638	1957	1197	3585	2803	2071	8100
2011	642	1967	1207	3557	2903	2118	12800
2012	642	1967	1284	3557	2903	1507	14500

续表 8

年份（年）	户数（户）	人口（人）	农村从业人数（人）	耕地面积（亩）	粮占耕地面积（亩）	粮食总产（吨）	农民人均收入（元）
2013	663	2112	1299	3557	2661	1316	15980
2014	665	2112	1310	3557	2323	1023	17790
2015	665	2199	1362	3557	2323	946	—

利尚屯

属大王古庄镇。位于镇驻地北 3 公里，现有 820 户、2637 口人。除汉族外，有少数民族满族、蒙古族、壮族、苗族共 10 人。村聚落呈东西向长方形，占地 55.6 万平方米。原村东侧有坑塘，四周是环村土路。村内东西主街道 1 条，沥青路面，南北走向街道 5 条。民居皆为砖木结构平房住宅。

村原名黎上屯，系明初南部各省移民来此定居所建。一说村名是纪念一个法号为“利尚”的和尚而名，村有和尚坟塔。另一说是江南移民黄姓盐商迁此定居，称“黎上”不利商人，后讹变为今名。清康熙年间仍属京卫里。村内张、王、李、赵现均为大户，乔氏、孙氏（马各庄）均系山东籍人。清光绪七年（1881）《武清县城乡总册》记：“利尚屯，距城十八里。地方田万和，当差六年，四十二岁。共一百户，旗粮地三十顷。司事王坤、张□、陈焕。有学堂二，庙宇五。铺户门□□、李海。街道二条、井五口。更夫二，拨更六。”

村西原有西大寺（不知其名）一座，为明三暗九建筑，院内外有槐，有和尚塔两座。1963 年因村盖学校需用木料被拆。大寺东南不远处有关帝庙一座，于 1952 年拆毁。再往东有土地庙两座，于 20 世纪 50 年代末拆毁。村东南口有龙王庙一座，解放前曾兼为村公所办公，解放后拆毁。

村于 1939—1945 年设保公所，属一区利尚屯乡公所；1946—1948 年属一区桐林乡公所；1948 年 11 月解放；1949 年 3 月建农协；1950 年建村政权，隶北旺区（先十后二区）；1953 年 7 月属十区（北旺）大王古庄乡管辖；1958 年 2 月属大王古庄乡人委会；1958 年 8 月公社化后建大队，属城关红旗人民公社大王古庄管区；1961 年 6 月隶大王古庄公社；1983 年公社改乡隶乡；2001 年 10 月乡改镇，隶大王古庄镇政府管辖至今。

村有耕地 5014 亩，主产小麦、玉米，兼种棉花。曾有村办砖瓦厂、地毯厂。

因该村地连京津冀，人称“鸡鸣闻三省，犬吠动九邻”之地。2011 年 4 月，于村南口建立了一个集市，每月逢五、十为集，日均人流近万人，对当地经济有拉动和影响。近年来随着京滨工业园的建立，引导人们充分就业，人民生活水平大有提升。

武牛路经村中而过。

2006—2015 年利尚屯村基本村况统计表

表 9

年份（年）	户数（户）	人口（人）	农村从业人数（人）	耕地面积（亩）	粮占耕地面积（亩）	粮食总产（吨）	农民人均收入（元）
2006	730	2423	1178	5014	1520	1385	5065
2007	730	2408	1100	5014	605	563	5160
2008	737	2420	1151	5014	2570	1261	5820
2009	749	2396	1243	5014	389	249	6800
2010	798	2479	1246	5014	2790	1594	8200
2011	800	2486	1331	5014	2790	1641	13100
2012	800	2486	1422	5014	2790	1198	14600
2013	853	2976	1422	5014	1000	476	16100
2014	854	2976	1430	5014	1097	407	17924
2015	854	2747	1442	5014	1097	437	—

水活铺

属大王古庄镇。位于镇驻地西北 2 公里，东距大谋屯总排干渠 1 公里。村有 413 户，1302 口人。除汉族外，有满族、蒙古族各 1 人。村聚落呈东西向长方形，占地 16.8 万平方米。村北侧有坑塘，村西侧有养鱼池。村内东西走向街道 1 条，沥青路面，南北走向街道 3 条。民居皆为砖木结构平房住宅。

村名水活铺，以滨临潮水而名，村南有淀和人俗称的南马河，早年村名曾称河北。汉时即有人类居住，一度兴废后传于元末明初由山西洪洞县老鸹窝移民定居再建村，称为潮水铺。清乾隆七年（1742）《武清县志》犹记称村名溺水铺。后人以“水火”相逆欠吉，于民国初年改称水活堡。西南原有小村名为大店，由带管而并入该村。

村南口称南房岗，以张氏、王氏、香氏为村中老户。清光绪七年（1881）《武清县城乡总册》记：“水火铺村，距城十八里。地方王殿奎（带管大店村），年三十八岁。共六十四户，旗粮地十四顷。司事张槐、李海、王建祥。有学堂一，庙宇三。铺户香文才。街道一条，井六口，更夫十二名。”庙有俗称“西大寺”的药王庙，正名宝胜寺，清乾隆七年（1742）县志有载。该寺正殿三间，后殿三间供奉弥勒和十八罗汉，西边有配房。庙西尚有土地庙。村有“吵子会”和少林会，历史悠久。

村于1939—1945年设保公所，属一区利尚屯乡公所；1946—1948年属一区桐林乡；1948年11月解放；1949年1月建农会，7月建政权，属北旺区；1953年7月属十区（北旺）大王古庄乡；1958年2月属大王古庄乡人委会；1958年8月公社化后属城关红旗人民公社大王古庄管区；1961年6月隶大王古庄公社；1983年公社改乡隶乡；2001年10月乡改镇，隶大王古庄镇政府管辖至今。

至2015年，村有耕地2373亩，主产小麦、玉米，兼种棉花。乡村公路东1.5公里通武牛公路。近年随着京滨工业园的兴起，人们普遍就业，生活富裕稳定。

2006—2015年水活铺村基本村况统计表

表10

年份（年）	户数（户）	人口（人）	农村从业人数（人）	耕地面积（亩）	粮占耕地面积（亩）	粮食总产（吨）	农民人均收入（元）
2006	356	1182	492	2373	1040	903	5061
2007	356	1191	492	2373	844	754	5140
2008	361	1206	494	2373	1200	813	5740
2009	363	1213	509	2373	1276	937	6500
2010	368	1223	509	2373	1415	1236	7700
2011	367	1226	497	2373	1415	1530	12700
2012	367	1226	509	2373	1415	1185	14300

续表 10

年份（年）	户数（户）	人口（人）	农村从业人数（人）	耕地面积（亩）	粮占耕地面积（亩）	粮食总产（吨）	农民人均收入（元）
2013	395	1341	509	2373	3344	1698	16000
2014	395	1349	509	2373	2887	1321	17810
2015	395	1326	509	2373	2904	1194	—

聂辛庄

位于镇驻地西北 1.5 公里，东距大谋屯总排干渠 1 公里。明永乐年间山东历城县聂姓移民来此定居，成村后得名聂新庄，后谐音演化为今名。成村后，村东口和西口各建有一座庙宇。1957 年，将庙宇扒掉，用其砖瓦木料改建小学校。村内有棵 5 人合抱大杨树，高达数十米，相传为移民时所栽，历史悠久，为当地标志性树木，十几公里远近抬头可见。1958 年“大跃进”，将大杨树刨掉用作木料。

村于 1939—1945 年设甲，属大王古庄村保公所；1946—1948 年仍属；1948 年 11 月解放；1949 年春建农会，冬建村政权；1951 年土改建村公所，属北旺区（十区改二又改为十区）公所；1953 年 7 月属十区大王古庄乡；1958 年属大王古庄乡人委会；1958 年公社化后属城关红旗人民公社大王古庄管区；1961 年 6 月隶大王古庄公社；1983 年公社改乡，属乡；2001 年 10 月乡改镇，隶大王古庄镇政府至今。

村聚落呈方形，占地 14.6 万平方米。西北略高，村西、北侧曾有坑塘，村南为果园。村现有 139 户，439 口人，农村从业人员 349 人。村中姓氏以聂姓为主，占 80% 以上，其他姓氏有赵、马、程、王、孙等，皆为汉族。村内有东西、南北走向街道各 2 条，2010 年前为自然形成的土路，2010 年硬化为砖路，后又改建为更为坚固的水泥路面。村民住宅宽敞，人均 20 平方米以上，皆为砖木结构平房住宅。2015 年，国家免费提供灶具，烧煤半价供应，冬有暖气，夏开空调，生活舒适。

农业方面，2015 年有耕地 904 亩，其中粮占耕地 630 亩，主产小麦、玉米，兼种蔬菜、豆类和油料作物等，全年粮食总产 224 吨。果园 120 亩，主要为苹果和山楂两种。工业方面，生产队时期先后建有纸箱厂、翻砂厂、橡胶厂等。近年来，村内青壮年在京滨工业园等企业上班已成为居民收入的重要来源，2015 年农民人均收入达 17910 元。

2006—2015 年聂辛庄村基本村况统计表

表 11

年份（年）	户数（户）	人口（人）	农村从业人数（人）	耕地面积（亩）	粮占耕地面积（亩）	粮食总产（吨）	农民人均收入（元）
2006	126	430	265	904	305	263	5110
2007	126	431	265	904	203	186	5219
2008	126	434	269	904	250	152	5800
2009	126	426	271	904	248	192	6900
2010	135	430	274	904	445	342	8200
2011	136	430	283	904	445	357	1500
2012	136	430	330	904	445	293	1470
2013	147	517	330	904	567	284	15700
2014	147	517	340	904	634	222	17910
2015	147	441	349	904	630	224	—

大营

属大王古庄镇。位于镇驻地西南 2 公里，东距大谋屯总排干渠 1.5 公里。村有 470 户，1682 口人。除汉族外，有满族、蒙古族、壮族各 1 人。聚落呈方形，占地 24.2 万平方米。村地势东部低洼，村北有坑塘，村西有果园。东西走向街道 1 条，沥青路面，南北走向街道 5 条，其中 1 条为沥青路面，街巷整齐。1966 年实行排房化，民居皆为砖木结构平房。

相传隋唐时成村。唐李世民东征时曾在此地扎营，村先有郭、高、程、肖、李等几户人家居此，起名“大营村”。后简化为大营。村北口曾发现有古灶台砖遗迹。村居老户为高氏、董氏、李氏（李氏来自山东大柳树）、郭氏（来自山西大槐树）、肖氏等。清乾隆七年（1742）时该村属安本屯里。清光绪七年（1881）《武清县城乡总册》记：“大营，距城二十里。地方董玉，当差五年，六十五岁。共二十五户，旗粮地十三顷。司事董位、李成。有学堂一，庙宇一大寺。铺户吴□。街道二条，井三口，更夫四”。记述中所说“一大寺”在村中称为娘娘庙，殿房五间，另有配房各三间，西为课堂，东为佛堂，内供铜佛，最后一任主持名介宝。村西南有和尚坟多座，曾经砖瓦遍地。铜佛于1953年左右被“上面”来人拉走；娘娘庙于1975年左右建猪厂时被扒。另，村东口有三官庙一间，建于20世纪40年代的民国年间。村内总有年青人早亡，时任保长的李秀咨询风水先生后建起此庙。另，村北口曾有土地庙一间。

村于1939—1948年设保公所，属一区韩指挥营乡公所；1948年11月解放，建农会，属二区（北旺）区公所；1949年建大营村公所，仍属二区；1953年7月属十区（北旺）丁辛庄乡；1958年2月属大王古庄乡人委会；1958年公社化后改为大队，属城关红旗人民公社大王古庄管区；1961年6月属大王古庄公社；1983年公社改乡，属乡；2001年10月乡改镇，隶大王古庄镇政府至今。村曾有剧团，历史有百余年，最早为河北梆子团，名为“陆登会”，后改唱京剧。教师有武清城关人孙福山（1898—1959），较有名气。剧团至今仍有活动。

村有耕地由2080亩减至现在的757亩，主产小麦、玉米，兼种棉花、红薯。村内村民在20世纪五六十年代及其后曾从事农业、林业、木业、柳编，及演戏。近年，随着京滨工业园的兴起，村民就业充分，生活富裕。乡村公路东1公里通武牛路。

2006—2015年大营村基本村况统计表

表12

年份（年）	户数（户）	人口（人）	农村从业人数（人）	耕地面积（亩）	粮占耕地面积（亩）	粮食总产（吨）	农民人均收入（元）
2006	447	1479	619	1619	672	596	5500
2007	447	1475	619	1619	551	504	5500
2008	459	1480	632	1619	960	483	6200
2009	467	1496	683	1574	205	155	7500
2010	477	1499	689	1562	—	—	8500
2011	476	1512	785	1235	—	22	13200
2012	476	1512	753	850	800	289	14900

续表 12

年份（年）	户数（户）	人口（人）	农村从业人数（人）	耕地面积（亩）	粮占耕地面积（亩）	粮食总产（吨）	农民人均收入（元）
2013	492	1800	753	776	—	—	16400
2014	492	1800	753	757	—	—	18100
2015	492	1840	733	757	—	—	—

陈各庄村

位于镇政府所在地西南 3 公里，西距廊坊市安次区界 0.5 公里，处在京滨工业园区内。地理位置优越，处于京津冀连界地，素有“鸡鸣闻三省”之称。明朝初年，有附近距城堡村陈姓人家迁此居住，成村后以姓氏得名。一说为高、安两家先从距城堡迁出，另立村名“城各庄”，陈各庄为演化讹称。现在有全村 355 户人家，1232 口人。村内以高、安、张为大户。建村以后陈姓家族已无传人，村内现有一户陈姓也是解放前投亲搬来的。村聚落呈方形，占地 20 万平方米。村西、南原有坑塘，村北有果园。村内有东西走向街道 2 条，南北走向街道 3 条，民居住宅皆为砖木结构平房。

村内曾有庙宇两座，一座是老爷庙，一座是土地庙。据说，村里之所以建庙，是针对原安次县吴堤村望门高氏家族在村南口建倒座坟，为了避邪而建。先是远在八里以外的吴堤村高氏家族选在了陈各庄村南口建墓地，按道理，建阴阳宅都是坐北朝南，而高家祖坟却是由南向北，直接与村里住宅门户相对，俗称“倒座坟”。取意高家先辈去世后可尽享陈各庄村的“白天千桌供，夜间万盏灯”的陪伴与敬奉。高家坟建成后，还在墓地内竖起高杆、挂上双灯笼斗子，告示人们高氏是有地双千顷的富族人家。据说当年包括陈各庄在内及村南至安次县辛庄村八里都是高家的土地。随着高家故人的累年增加，坟地离村子越来越近。陈各庄的村民知道高家用意后觉得不吉利，决定对着高家坟地在村中修起一座庙，以祈祷神灵保佑、镇恶驱邪。这一墓地直到 20 世纪 70 年代大搞农田水利基本建设时才被平复。早年村里有 4 口水井，分别在村的东西南北方向。

村于 1939—1948 年设保公所，属安次县第七区北尖塔乡公所；1948 年 11 月解放，成立农会；1949 年建村公所，属安次七区公所；1950 年春划归武清县，属北旺区；1953 年 7 月属十区（北旺）丁辛庄乡；1958 年 2 月属大王古庄乡人委会，8 月公社化后建大队，属城关红旗人民公社大王古庄管区；1961 年 6 月属大王古庄公社；1983 年公社改乡，属乡；2001 年 10 月乡改镇，隶大王古庄镇政府至今。

村原有耕地 1761 亩，近年来随着京滨工业园的建设，至 2015 年有耕地 278 亩。主产小麦、玉米，兼种棉花、花生、甘薯等。曾建有金钢砂厂。有乡村公路向东 2 公里通武牛路。近年，随着经济发展和京滨工业园的建立，村民多能就业，收入稳定，人民生活日渐富裕。

2006—2015 年陈各庄村基本村况统计表

表 13

年份（年）	户数（户）	人口（人）	农村从业人数（人）	耕地面积（亩）	粮占耕地面积（亩）	粮食总产（吨）	农民人均收入（元）
2006	321	1073	396	1761	836	732	5080
2007	321	1066	396	1761	1043	942	5150
2008	325	1069	404	1761	1370	1001	5770
2009	332	1093	480	1761	2250	1704	6900
2010	358	1121	483	1761	688	640	8400
2011	361	1131	489	1620	688	389	13500
2012	361	1131	373	1156	—	—	14901
2013	378	1362	373	358	—	—	16200
2014	379	1362	373	278	—	—	18150
2015	379	1299	375	278	—	—	—

距城堡

属大王古庄镇。在镇驻地西南 2.5 公里。村现有 263 户，965 口人。聚落呈南北向长方形，占地 17.8 万平方米。村西、南有坑塘。村内东西走向街道 3 条，南北走向街道 1 条。住宅整齐，皆为砖木结构平房。

村名唐初称霍堡，因霍氏居此筑城得名。《方舆纪要》和清乾隆七年（1742）版《武清县志》均有记："霍堡……在县西。唐武德初，窦建德攻幽州不克，乃分兵掠霍堡及雍奴等县，为幽州总管罗艺所败。霍堡，居人霍氏所筑。”由于战火及后来的地震，城墙开裂，霍堡聘工匠打铁锔把城墙裂缝锔上，后来得名锔城堡。据称，明时人称东厂屯，至清初演化为今名。村内有明代遗址，发现青砖砌墙200余米，另有灰陶、碗碟青白瓷片等。清乾隆年间简写称“巨城铺”，属安本屯里。光绪七年（1881）《武清县城乡总册》记：“巨城铺，距城十二里。地方马得，当差四年，三十七岁。共三十七户，旗粮地十七顷六十亩。司事刘永明、王永和。有学堂一、庙宇二、街道三条，井十口。更夫四。”村东北口有玉皇庙，前后殿各六间，有香火地30亩，庙内有碑及石羊等。20世纪50年代初因盖学校，庙被拆毁。村东南口另有土地庙一间。村内老户有李、张等姓，稍后有沈氏等。《沈氏宗谱》记其原籍为“直隶省东安县城北西尖塔村坊三里第十甲，时于明朝万历七年间迁到武清县钜城铺，时适十有三代。”

村于1939年设保公所至1948年，属县一区（城关）韩指挥营乡公所；1948年11月解放；1949年4月建农会，6月建村政权，属北旺区公所；1953年7月属十区（北旺）丁辛庄乡；1958年2月属大王古庄乡人委会，8月公社化后属城关红旗人民公社大王古庄管区；1961年6月属大王古庄公社；1983年公社改乡，属乡；2001年10月乡改镇，隶大王古庄镇政府至今。

村于解放初在旧有基础上成立评剧团。另有小车会一道。

村现有耕地1361亩，主产小麦、玉米，兼种花生。村曾有磨光、胶毯厂及柳编等。近年来随着京滨工业园的兴起，村民多在园区工作，就业和收入稳定，生活水平不断提高。

2006—2015年距城堡村基本村况统计表

表14

年份（年）	户数（户）	人口（人）	农村从业人数（人）	耕地面积（亩）	粮占耕地面积（亩）	粮食总产（吨）	农民人均收入（元）
2006	262	881	343	1403	625	534	5090
2007	262	883	343	1403	610	540	5180
2008	263	877	367	1403	660	594	5820
2009	265	875	385	1403	1679	1220	6900
2010	268	899	390	1403	660	594	8100
2011	266	891	435	1376	790	492	13100

续表 14

年份(年)	户数(户)	人口(人)	农村从业人数(人)	耕地面积(亩)	粮占耕地面积(亩)	粮食总产(吨)	农民人均收入(元)
2012	266	891	483	1376	790	378	14660
2013	255	977	483	1370	368	188	16001
2014	255	977	483	1361	375	144	17940
2015	255	1014	483	1361	375	123	—

丁辛庄

位于镇驻地西南 3 公里。村聚落呈方形，占地 36.1 万平方米，村西、北有坑塘，村南有果园。在清顺治年间有丁、方二姓人家自距城堡迁此定居，成村后称巨（新）辛庄。清乾隆年间称新庄，后因丁氏人家发展成首户，遂改称今名。清光绪七年（1881）《武清县城乡总册》记载："丁辛庄，距城十二里，地方丁仲书，四十四岁。共三十五户，旗粮地十九顷五十亩。司事方振玉、张殿臣、丁辅书。有学堂一，庙宇二，街道三条，井四口。"村西口建有关帝庙一座。1957 年，扒掉庙宇用其砖瓦木料改建中心小学，吸纳附近四村儿童来此读书。现全村有 612 户，1891 口人，农村从业人员 1042 人。村中姓氏以丁姓为多，其他姓氏有方、李、赵、王等，皆为汉族。

村于 1939 年设保公所至 1948 年，属县一区韩指挥营乡公所；1948 年 11 月解放；1949 年 3 月建农会，7 月建村政权；1950 年 2 月土改建村公所，属北旺区；1953 年 7 月属北旺区丁辛庄乡；1958 年 2 月改属大王古庄乡人委会，8 月公社化后属城关红旗人民公社大王古庄管区；1961 年 6 月属大王古庄公社；1983 年公社改乡，属乡；2001 年 10 月乡改镇，隶大王古庄镇政府至今。

村内有东西走向街道 5 条，南北走向街道 3 条，多为自然形成的土路，2007 年硬化为柏油路。村民住宅多为砖木结构平房，宽敞明亮。近年来生活水平提高，二层、三层楼房亦相继出现。依靠地处京滨工业园的便利条件，一些家庭将房屋出租或辟为门脸经商以增加收入。

农业方面，2015 年有耕地 3325 亩，其中粮占耕地 2211 亩，主产小麦、玉米，兼种蔬菜、豆类和油料作物等，全年粮食总产 835 吨。村内企业方面，先后建有砖厂、鞋厂、胶背地毯厂、珍珠岩厂、蜡厂等。蜡厂产品全部出口，销往美国和西欧。近年来，村内青壮年在京滨工业园等企业上班，这已成为居民收入的重要来源，生活水平逐年提高。2014 年农民人均收入 17910 元。

2006—2015 年丁辛庄村基本村况统计表

表 15

年份（年）	户数（户）	人口（人）	农村从业人数（人）	耕地面积（亩）	粮占耕地面积（亩）	粮食总产（吨）	农民人均收入（元）
2006	511	1697	870	3570	1505	1298	5070
2007	511	1689	870	3570	1262	1132	5150
2008	519	1698	892	3570	1710	1217	5750
2009	537	1724	921	3546	2488	1920	7100
2010	576	1770	925	3375	1870	1474	8001
2011	582	1769	912	3363	1870	1517	13100
2012	582	1769	994	3328	1870	1147	1470
2013	586	1896	1043	3328	2300	1175	15950
2014	586	1896	1042	3325	2210	962	17910
2015	586	2139	1042	3325	2211	835	—

聂 营

位于镇驻地西南 2 公里，距大谋屯总排干渠 0.7 公里。明朝洪武年间此地为军屯，因居古河道西侧，称河西营。入清后设为官田，由聂姓庄头掌管，租佃给移民或失业农民耕种，成村后以庄头姓氏称聂家营，后简称聂营。历史上，村内建有三座庙宇，分别为老爷庙、七神庙、土地庙，皆为砖木结构。其中老爷庙最大，前后两层大殿，雕梁画栋，每层正房三间，另外配有耳房，东西各两间厢房。1958 年拆除庙宇，将青砖用作打井材料。村现有 471 户，1497 口人，农村从业人员 761 人。

村于 1939 年设保公所至 1948 年，属县一区韩指挥营乡公所；1948 年 11 月解放；1949 年年初建农会及村政权，属北旺区公所；1953 年 7 月建村公所属九区（城关）韩指挥营乡；1958 年 2 月改属大王古庄乡人委会，8 月公社化后建大队，属城关红旗人民公社大王古庄管区；1961 年 6 月属大王古庄公社；1983 年公社改乡，属乡；2001 年 10 月乡改镇，隶大王古庄镇政府至今。

村聚落占地29.3万平方米，呈方形。原村周围多沙荒地，村北、西有防护林和果园，村东有坑塘。村内东西走向有街道2条，南侧1条为沥青路，南北走向街道4条。村原有土地2300多亩，主产小麦、玉米，兼种棉花、花生等。后因地处京滨工业园，绝大部分被征用，至2015年仅存262亩，主要用于蔬菜种植，另有部分果树。养殖业一度兴旺，1984年被评为武清县养猪专业村。工业方面，1971年建地毯厂，员工50余人，给天津地毯二厂做加工，1981年停办。还建有面粉厂。京滨工业园的地缘优势，带动了村里的第三产业，村内有饭店、小吃店20多个，商店、小超市10余家；建起夜市一条街，吸纳千余名外地人口来此从事服务行业，日交易额10余万元，房屋租赁费每年收入400余万元。全村95%以上劳动力在京滨工业园和廊坊开发区上班，2014年农民人均收入18300元，为大王古庄镇之首。

2006—2015年聂营村基本村况统计表

表16

年份（年）	户数（户）	人口（人）	农村从业人数（人）	耕地面积（亩）	粮占耕地面积（亩）	粮食总产（吨）	农民人均收入（元）
2006	408	1309	692	2197	893	770	5401
2007	408	1316	692	2193	778	701	5415
2008	409	1321	704	1995	1100	730	6150
2009	427	1335	721	879	1073	800	7701
2010	463	1377	725	611	—	—	8600
2011	468	1392	783	385	—	—	13300
2012	468	1392	698	262	100	41	15150
2013	472	1724	757	262	—	—	16300
2014	474	1724	757	262	—	—	18300
2015	474	1617	761	262	—	—	—

韩指挥营村

韩指挥营村位于镇政府驻地东南3公里，东临大谋屯总排干渠。2015年全村有578户，1732口人。村聚落呈方形，占地30.3万平方米。村西是原区林业局苗圃。村址南高北低，有东西走向街道3条，其中一条为沥青路面，南北走向街道4条。民居皆为砖木结构平房。

明朝洪武年间，此处为明军屯垦之地。有一韩姓指挥（军职名）带兵屯垦，后来又迁来部分移民定居，形成聚落，便以军职命名村名至今。村内荣、宋、黄、葛为大姓人家。如今，村中没有韩姓人家，但村南、村西尚有韩家坟。说明原来村内确有韩姓人家居住。

清乾隆年间《武清县志》记载该村属安本屯里。清光绪七年（1881）《武清县城乡总册》记："韩指挥营村，距城六里。地方李国庆，年四十三岁。共三十六户，旗粮地二十四顷。司事黄永禄、李俭、陶盛□。有学堂一、庙宇五、街道三条，井四口。更夫六。"新中国成立前后，村内有庙宇4座。其一，街中心路北有一座大庙。此庙正房5间，前出廊、后出厦，两侧有耳房各两间。在抗日战争时期改为村里小学校。其二，前街西端路北有一座娘娘庙，一大间正房，两侧有耳房。其三，村东有一座菩萨庙，有耳房，庙宇正门朝北，是倒座庙。据老人们讲，此庙虽然正门朝北，且大门常年敞开，无论是夏天的狂风暴雨还是冬天的风雪肆虐，庙内点燃的蜡烛、香火从未熄灭过。其四，村西北有一座五神庙。传原村内有砖井40多眼，供人们饮用，水质较好的只有前后街两口砖井。

村于1939年设保公所至1948年，属县一区韩指挥营乡公所；1948年11月解放；1949年1月成立农会，建村政权，属北旺区公所；1953年7月属九区（城关）韩指挥营乡；1958年2月属大王古庄乡人委会，8月公社化后建大队，属城关红旗人民公社大王古庄管区；1961年6月属大王古庄公社；1983年公社改乡，属乡；2001年10月乡改镇，隶大王古庄镇政府至今。

过去的韩指挥营村，由于土质沙碱，水源不足，农业生产水平低，村民生活差，与附近聂营、大营村有"穷三营"之称。村原有耕地2618亩，主产小麦、玉米，兼种棉花。村里曾建有服装厂。近年来，村内土地被京滨工业园区征用，村民们土地收入得到合理补贴，大多数村民都在园区就业或经商，收入大幅增加，生活富裕。

2006—2015年韩指挥营村基本村况统计表

表17

年份（年）	户数（户）	人口（人）	农村从业人数（人）	耕地面积（亩）	粮占耕地面积（亩）	粮食总产（吨）	农民人均收入（元）
2006	486	1553	877	2578	980	867	5045
2007	486	1548	877	2578	835	758	5140
2008	488	1548	892	2578	1200	739	5680
2009	502	1559	913	2544	1172	876	6900
2010	520	1602	918	2378	961	689	7841
2011	525	1604	916	2358	961	663	13600
2012	525	1604	705	1782	749	271	14800
2013	566	1804	705	1782	—	—	16060
2014	569	1834	705	1695	—	—	17960
2015	569	1868	710	1679	—	—	—

枣林

属大王古庄镇，位于镇驻地东南3公里，西距大谋屯总排干渠0.5公里。村有412户，1340人。村聚落呈方形，占地37.3万平方米，村东有坑塘。村内有东西走向街道2条，南北走向街道4条，其中一条为沥青路面。民居皆为砖木结构平房。

辽、金、元时官府奖励栽种枣树，枣树成林后有人居住，因称此地枣林。至明初，沈阳人蔡、马二姓迁居此地立村。后马氏衰落无人，蔡氏立祖，村西为蔡家坟地。以当地多野枣树续作村名沿用至今。清光绪七年（1881）《武清县城乡总册》记："枣林村，距城六里。地方王正元，年四十六岁。共二十一户，旗粮地十一顷。司事□新杰、艾永成。有学堂一、庙宇三。铺户徐□山。街道一条，井三口，更夫四。"村早期曾建有庙三座：一为村北口龙王庙，一大间，神像泥塑，院内有砖井2口，解放后五十年代最早拆毁；村东口有三官庙，一大间，20世纪50年代继龙王庙后被毁；村中有土地庙一间。其后清末民初于村南建有一间火神庙，村人谓神像六臂。建庙缘由村多有病人，村南桥西有侯家坟地，风水先生说猴（侯）吃枣（林）不吉，故建火神庙镇之。抗日战争中的一段时期内，枣林与距城堡曾合为一村。

村中蔡氏望族大户，其家解放前曾在城关、天津等地有“万源成”商号。村于解放初建起小车会，后改为评剧团。

村于1939年设保公所，至1948年属一区（城关）韩指挥营乡公所；1948年11月解放，成立农会；1949年建村公所，属北旺区公所；1953年7月属九区（城关）韩指挥营乡；1958年2月属大王古庄乡人委会，8月公社化后建大队，属城关红旗人民公社大王古庄管区；1961年6月属大王古庄公社；1983年公社改乡，大队改称村民委员会，属乡；2001年10月乡改镇，隶大王古庄镇政府至今。

村现有耕地2186亩，主产小麦、玉米，兼种棉花、花生等作物。近年随着经济发展和京滨工业园的建成，村民多能充分就业，收入稳定提高，生活逐渐富裕。

乡村公路西0.5公里通武牛路。

2006—2015年枣林村基本村况统计表

表18

年份（年）	户数（户）	人口（人）	农村从业人数（人）	耕地面积（亩）	粮占耕地面积（亩）	粮食总产（吨）	农民人均收入（元）
2006	419	1245	604	2191	940	815	5010
2007	419	1245	604	2191	831	759	5142
2008	425	1253	607	2191	1280	748	5659
2009	424	1262	623	2191	1237	933	6400
2010	424	1259	625	2191	1845	1240	7700
2011	423	1288	618	2191	1845	1204	12800
2012	423	1288	621	2186	1845	869	14600
2013	413	1327	621	2186	1139	568	15950
2014	413	1327	610	2186	1432	514	17830
2015	413	1340	610	2186	1432	566	—

北刘庄村

位于镇政府驻地东南4.9公里，东北距京津塘高速公路0.5公里。村聚落占地33.1万平方米，呈南北向长方形。村西原有坑塘，村东有养鱼池。村内有东西走向街道5条，南北走向街道3条。民宅皆为砖木结构平房。

明永乐年间刘姓在此定居成村，得名刘庄。由于本县内称刘庄村较多重名，又距明、清县城城关很近，后称城后刘庄，1984年改名为北刘庄。现在全村有470户，1461口人，土地3228亩。主产小麦、玉米，兼种棉花。村中曾有服装厂、镀铬厂、印花厂等。村内刘、王、庞、姚为大户人家。

清光绪七年（1881）《武清县城乡总册》曾记载："城后刘庄，距城三里。地方孙承才，当差二十年，六十九岁。共二十五户，旗粮地十七顷。司事刘文儒、王福安。有学堂二，庙宇二，街道三条，井四口。"村内两座庙宇。其中一座为大庙，有前后殿、耳房。新中国成立前，庙宇内香火兴旺，且住有师徒尼姑四人。师傅法号是"同泰、同栓"，徒弟法号为"新诚、新明"，俗称"姑子庙"，是当时县内为数不多住有尼姑从事佛事活动的庙宇之一。新中国成立不久，由于庙宇的拆除，加之破除迷信，庙内尼姑也相继还俗，离开庙宇。村内四眼砖井水质较好，分别在村的四周，是村里人吃水的饮用井。

村于1939年设保公所，至1948年属一区（城关）韩指挥营乡公所；1948年11月解放，成立农会；1949年建村公所，属北旺区公所；1953年7月属九区（城关）韩指挥营乡；1958年2月属大王古庄乡人委会，8月公社化，建大队，属城关红旗人民公社大王古庄管区；1961年6月属大王古庄公社；1983年6月公社改乡，大队改村民委员会，属乡；2001年10月乡改镇，隶大王古庄镇政府至今。

近几年，村里注重基础设施建设，主要街道修筑了柏油马路，安装了路灯，绿化、美化了环境。建起了宽敞漂亮、生活条件舒适、文化娱乐设施配套齐全的幸福院。除了村里孤寡老人生活吃住得到了妥善安置、安享晚年外，村上一些老年人也有了健身、娱乐的场地。由于村地处京滨工业园区，目前村内中青年大都在园区内就业上班，月收入在三四千元不等，再加上农业收入，人民生活富裕。

2006—2015 年北刘庄村基本村况统计表

表 19

年份（年）	户数（户）	人口（人）	农村从业人数（人）	耕地面积（亩）	粮占耕地面积（亩）	粮食总产（吨）	农民人均收入（元）
2006	413	1324	738	3228	1600	1388	5050
2007	413	1310	738	3228	1365	1242	5136
2008	428	1329	745	3228	2200	1473	5640
2009	442	1324	750	3228	1866	1542	6300
2010	469	1384	761	3228	2608	1812	7600
2011	474	1385	741	3228	2708	1963	12400
2012	474	1385	744	3228	2708	1272	14100
2013	464	1460	744	3228	2147	1087	15500
2014	464	1460	744	3228	2177	907	17786
2015	464	1489	744	3228	2239	1130	—

第二篇　自然环境

境域地处华北平原天津地区西北部海河冲积平原，为武清区高上区域。地势自西北向东南逐渐倾斜，一般海拔 10 米（最高 12 米、最低 9.3 米）。海拔 9.5 米以上的高上地区面积为 44.38 平方公里，占总面积的 91.2%；海拔 9.5 米以下的低洼地区面积为 4.7 平方公里，占总面积的 9.8%。据地质勘探资料证实，境内地层从元古界、古生界到中生界、新生界都有分布，地层分布范围、厚度及岩性等相差悬殊。由于以下降为主的下沉运动及河流冲积物的填充，形成了微度起伏的冲积平原，地面倾斜平缓。气候主要受季风环游影响，季节变化明显。降水年季间变化较大，是造成旱涝的主因。

第一章　地 质

第一节　地层

境内地层分布：

一、中上古界（18 亿年 ~ 8.5 亿年）

为距今 8.5 亿年至 14 亿年时期，在华北古海中沉积而成的海相地层，主要是白云岩、石灰岩、页岩、砂岩。

二、古生界（6 亿年 ~ 2.25 亿年）

1. 寒武系　为距今 5亿年 ~ 6 亿年时期，在华北浅海中形成的海相地层，主要是灰岩、白云岩、页岩、砂岩。基岩埋藏地表 4000 米以下，境内有小面积分布。

2. 奥陶系　为距今 4 亿年 ~ 5 亿年时期，在华北浅海中形成的海相地层，主要是灰岩、竹叶状灰岩、白云质灰岩和白云岩，基岩顶板深 4000 米左右。境内有小面积分布。

3. 石炭—二叠系　为距今 2.25 亿年至 3.5 亿年时期，在华北古海滨环境中形成的海陆交互相含煤岩层，岩性为砾岩、砂岩、页岩等。岩层埋深 2000 米至 4000 米不等。在与城关交界域有小面积分布。

三、中生界（2.25 亿年 ~ 0.7 亿年）

1. 侏罗系　为距今 1.35 至 1.8 亿年时期形成的陆相碎屑岩层，主要是砾岩、砂岩，其中含有煤层。埋深从1400米至8000米不等，境内广有分布。

2. 白垩系　为距今0.7亿年至1.3亿年时期形成的陆相碎屑岩层，主要是砂岩、砾岩，埋深1400米~8000米不等，境内广有分布。

四、新生界（0.7亿年至今）

1. 第三系　为距今300万年至7000万年时期，在冀中拗陷北部形成的河湖相沉积层，主要为砾岩、砂岩、页岩、生物灰岩、泥岩，及油页岩，为含油气岩层，埋深600米以下，岩层厚达2000米至5000米不等，凹陷中心区最厚可达6000米以上，境内分布较广。

2. 第四系　为距今300万年以来沉积的陆相松散堆积及海陆交互沉积，厚达数百米，主要是一套砂质和黏质土层，境内分布广。

第二节　地质构造

从大的角度看，武清全区均处于华北沉降带的冀中拗陷北部，是中生代（距今7000万年前）以来长期持续沉降的地区，沉降幅度大。大王古庄镇地域是一个被深厚新生代松散沉积物覆盖的平原地区，地表坦荡低平，坡度较小。地下的岩石基底断裂构造较复杂。据石油与地质部门勘探发现，大王古庄镇域处于北东向河西务断裂带的西北缘。这组断裂带约在1亿年左右的中生代侏罗纪中晚期开始形成，直到新生代第三纪末期。它的存在，控制着这一区域内地层分布、矿产形成、地震活动，及地面沉降等。

第三节　海陆变迁

据地质部门勘探，在据今8亿年前中上元古界形成的厚达数千米岩石在境内存在，这属于华北古海的一部分。距今6亿年前的早古生代寒武纪时，华北古陆遭受海侵变成浅海，直到距今4.6亿年中奥陶世后，地壳升起，海退成陆，时间大约保持了1亿年。到据今约3亿年左右的中石炭世重新下沉，时而为海、时而成陆，每次时间相对短暂。距今2.7亿年的二叠纪时，境内全部成陆。距今15万年时，渤海形成，其间发生4次海陆变迁，最后一次是约距今1万年的全新世。距今约7500年时，进入温暖期，冰川融化，海面上升，发生了全球性的海侵，淹没海拔5米以下的地区，形成滨海潟湖。约距今5000年，海退陆进；至4000年前陆地复原，此后未遭大的海侵。

第四节　矿产

境内发现的矿产主要有石油、天然气、煤、煤成气等。境内含油气地层分布广、厚度大，主要储存在第三系地层中。在石炭一二叠系含煤地层储藏有丰富的优质煤、气。

第二章　地貌

第一节　特征

镇域处于武清区西偏北部，为武清区内高上区域。地貌自西北向东南逐渐倾斜，海拔最高 12 米，最低 9.3 米，一般为 10 米左右。海拔 9.5 米以上地区占镇域面积的 91.2%，以下的低洼地区仅为 4.7 平方公里。

第二节　成因

一、地质构造

境内地貌是华北大平原的一部分，它奠基于中生代燕山运动形成的华北拗陷盆地。距今 7000 万年前中生代白垩纪以来，华北拗陷盆地一直处于强烈的下沉和堆积过程。新生代第三纪、第四纪以来，平原下降运动表现仍很显著，境内新生代松散沉积物埋没了原有的高低起伏的基底地形，填平了拗陷盆地，堆积厚达 2000 余米，在境内凹陷中心地区，松散的河湖相沉积层则厚达 6000 米以上。地质构造控制着地貌的形成和发育。

二、河流变迁

平原地貌营造力主要是河流和泥沙堆积的共同作用。流经境内的较大河流主要有凤河西支、传统称为永定河的受水，古称桑干或清泉河。河流含沙量较大，大部分泥沙在境内沉积。凤河西支开挖于 1971 年，汇入龙凤河，在境内长 4.6 公里。

三、风力及海洋动力

由于暖温带半湿润大陆性季风气候影响，降水集中在夏季，冬春稀少，干燥多风，在平原古河道地带，组成物质多为细沙，结构松散。在风力作用下，形成各种小沙丘、沙地和沙岗。这些风积再造的地貌，随着水分和植被的演变，已由活动的变为固定的、半固定的地貌类型。境内在5500年前曾是渤海的边缘部分，其形成发育受世界气候变冷、海面下降、河流泥沙，及海洋堆积等多种因素影响。海洋动力潮流、波浪以及沿岸流等，挟带的物质与河流泥沙影响共同形成冲积平原地貌。

四、人类生产活动

修筑河流堤防、整修田地、开挖沟渠、建桥修路、取土垫基等，在平原上形成各种各样的人工地貌。

综合以上成因、形态及地表组成物质，大王古庄镇域属低洼平原区。

第三章　气　候

第一节　四季特征

境内气候四季分明，属温带半湿润大陆性季风气候。春季干旱多风，冷暖多变；夏季温高湿大，降水集中；秋季天高气爽，日照渐短；冬季寒冷干燥，昼短风多。四季气候按月份划分是：3至5月为春季，6至8月为夏季，9至11月为秋季，11月至2月为冬季。

一、春季

初春：3月上中旬。气温日渐升高，大地解冻，但冷暖无常。日平均气温回升较快，由0℃升到5℃，湿度稳定增大，为3.5至5毫巴。天气以晴为主，偶有春寒年份，出现阴雨，较多表现为乍暖突寒，大风天数多。

仲春：3月下旬至5月上旬。气温迅速回升，风和日丽，万物滋生。日平均气温迅速上升，由5℃升到18℃，是全年气温上升幅度最大的季节。湿度明显增大，由5毫巴升到10毫巴。多为晴天。偏南风增强，骤冷骤暖，多大风。一年之季在于春，农民开始忙于大田作物的播种。

暮春：5月上中旬。气温上升开始变暖，日照时间最长，中午略感炎热，日平均气温为18℃至20℃，湿度缓慢增大，由10毫巴增大到12毫巴。风力明显减弱。随之绿满大地，鸟语花香。有的年份气温较高，升至25℃以上，甚至突破30℃。

本季由于温度变化剧烈，故春寒、倒春寒常见，少数年份亦出现大雨、冰雹、大雪。

二、夏季

初夏：5月下旬至6月中旬。蒙古高压北退，太平洋副高压活动继续加强并北上。气候转暖，阳光炎热，气温继续上升，年极端气温多出现在该季节，日平均气温由20℃升到25℃。湿度迅速增大，由12毫巴升到20毫巴。天气一般晴好，中午干热，有时出现干热风。此季麦浪起伏，杨柳成荫。

盛夏：6月下旬至8月中旬。阴雨日多，强冷空气南下时常引起雷雨冰雹天气，温度高湿度大，雨季开始时间一般在6月底至7月初，7月下旬降雨急剧增多，8月中下旬迅速减少，有“七下八上”之说，全年降雨量的60% ~ 70%集中在此季节。日平均气温稳定在25℃以上。湿度大，7月10日至8月10日，绝对湿度日平均近28毫巴。天气闷热，对流旺盛，雷雨日多。全年暴雨日（日降雨量≥50毫米）90%集中在这个季节。

夏末：8月下旬至9月上旬。温度湿度逐日下降，日平均气温由25℃降至20℃，天气热而不闷，暴雨日明显减少，多降雷阵雨。是溽暑渐消、五谷成熟的季节。

高温多雨是本季的主要特点，因此，常有夏涝、伏旱等灾害，同时也是小麦干热风、冰雹、暴雨、连阴雨等灾害天气比较集中的季节。

三、秋季

初秋：9月上中旬。蒙古高压逐渐加强，太平洋副高压南退，降水减少，气候干燥，空气垂直层稳定，天高云淡，冷热适中，气候宜人。日平均气温由22℃降至19℃。湿度由18毫巴降至14毫巴，下降迅速。多晴好天气，间有雷阵雨。

仲秋：9月中旬至10月下旬。月明气爽，谷物归仓季节。早晚已有凉意。冷空气开始大量南移，往往造成秋雨，形成“一场秋雨一场凉”。日平均气温迅速下降，由19℃降至13℃。湿度迅速减少，由18毫巴降至9毫巴。西北大风开始增多。秋收秋种在白露与寒露节之间。冬小麦播种有“白露早、寒露迟，秋分种麦正当时”之说。

深秋：10月下旬至11月上旬。萧瑟秋风，落叶飘零的季节。霜降大地，气温日益下降，日平均气温由13℃降至8℃。夜长昼短，易近黄昏。天气晴好，日渐寒凉。

四、冬季

初冬：11月8日至28日共21天。瑞雪初见，百草枯黄的季节。气温寒冷，地表开始冻结，日平均气温由8℃降至0℃，小雪节气前后往往会出现2 ~ 3次骤然降温。多西北大风。

隆冬：11月29日至2月4日，共68天。冰封大地的寒冷季节，低温低湿高气压。日平均气温稳定在－0.5℃度左右。“三九”初和“五九”中期日平均气温可达–6℃左右。多晴天少雨雪。冷空气一般5天左右影响一次，有时阴云密布，瑞雪纷飞，多干冷西北大风。

2月中下旬，气温逐渐转暖。境域地处武清、安次两县一条风沙线内，冬季多风沙天气。

第二节　气温

一、平均气温

多年平均气温稳定在12.5℃左右，最暖年是2005年，为13℃，最冷年是1957年为10℃（统计数字以有数据可查年份为据）。近年来，由于全球气候变暖，暑热时间延长，冬冷时间缩短，年平均气温缓慢升高。

2000年以前，最热月份为7月，多年平均气温26℃左右。进入新世纪以来，由于气温升高，最热月份有所推迟，一般在7月底和8月初，月平均气温在27℃左右。2000年以前，最冷月份为1月，多年平均值为–5℃。进入新世纪以来有所推迟，最冷月份为1月底和2月初，冷日时间缩短，月平均气温为–4℃。

月际间变化。升温辐度最大的是3至4月，相差8℃左右；降温辐度最大的是12月，相差8℃左右。12月、1月、2月三个月平均气温在0℃以下，其余平均气温在0℃以上。

二、极端气温

自1957年有气象记录以来，境内极端最高气温达到40.6℃，出现在2000年7月。历年极端最高气温多数出现在6月，主要原因是日照时间长，天空云量少。少数年份由于特殊气候及天气系统影响，出现在5月、7月、8月间。

极端最低气温为—19.9℃，出现在1986年12月28日。极端最低气温多数出现在1月份，少数出现在12月份和2月、3月，主要原因与强冷空气活动有关。一年中有5个月极端最低气温稳定在0℃以下（11、12、1、2、3月）。4月和10月在0℃左右，5至9月均在0℃以上。

三、无霜期

历年初霜期平均日期为10月25日，最早10月3日（1957年），最晚11月20日（2006年）。无霜期多年平均为209天，最长231天（1977年），最短为158天（2006年）。

四、积温

多年平均≥0℃的积温为4594℃，≥5℃的积温为4466℃，≥10℃的积温为4187℃，≥15℃的积温为3637℃，≥20℃的积温为2662℃。热量资源较为丰富，可以满足农作物一年两熟的需要。

第三节　地温与日照

一、地温

境域地表温度多年平均为 14℃，高于气温 2.5℃。全年最高为 7 月，达到 30℃，最低为 1 月，零下 5.4℃，4 月为 16.2℃，10 月为 14.1℃。地中 5 厘米深度多年平均 12.6℃。7 月最高 28℃，1 月最低为零下 3.6℃，4 月和 10 月相近，分别为 12.8℃和 13.5℃。10 厘米深度多年平均为 12.4℃。7 月最高为 27.1℃，1 月最低为零下 2.8℃，4 月为 12℃，10 月为 13.8℃。20 厘米深度多年平均为 12.4℃，7 月最高为 26.1℃，1 月最低为零下 1.9℃，4 月为 11.3℃，10 月为 14.5℃。

2014 年各月平均地温

表 20

月份 土层深度	1	2	3	4	5	6	7	8	9	10	11	12	年平均℃
0cm	–5.4	–2.0	5.8	16.2	25.6	29.9	30.3	28.6	22.8	14.1	4.2	–3.3	13.9
5cm	–3.6	–1.8	3.9	12.8	21.0	26.0	28.0	26.9	21.3	13.4	4.8	–1.6	12.6
10cm	–2.8	–1.6	3.4	12.0	19.9	24.8	27.0	26.3	21.2	13.8	5.6	–0.8	12.4
15cm	–2.3	–1.5	3.0	11.6	19.3	24.1	26.5	26.0	21.3	14.2	6.1	–0.11	12.3
20cm	–1.9	–1.3	2.7	11.3	19.0	23.7	26.1	25.8	21.4	14.5	6.6	0.4	12.4

境内土地一般从 11 月 16 日前后开始冻结，翌年 3 月 22 日前后解冻，结冻期为 127 天。最深冻土层可达 62 厘米，出现在 1968 年 2 月。近年来，由于天气转暖，结冻期后移，解冻期提前，冻土层深度也有所减少。

二、日照

晴天多于阴天。年日照数为 2400.3 小时，日照率为 65% 以上。

年平均实测太阳辐射为每平方厘米 12.5 千卡。月平均实测太阳辐射以 5 月、6 月最强，分别为每平方厘米 16.3 千卡和 15.2 千卡；冬季最弱，12 月为每平方厘米 5.7 千卡，1 月为 6.4 千卡。

第四节 降水

一、降水量

多年降水量，平均值为556毫米，年均降水日数为63.2天，最多达86天（1990年），最少为50天（1997年）；极端年最大雨量993.8毫米（1988年），极端最少雨量174.6毫米（1972年），最多最少之差为740.5毫米。降雨集中在每年7至9月，7月最多。年际间降水量变化较大，是造成干旱与洪涝的主要原因。

二、四季降水

春季：多年平均降雨量55.6毫米，是全年降水量的10%，故春季有“春雨贵如油”之说。个别年份如1966年4月份降雨量较大，为114.2毫米。

夏季：盛行暖湿东南气流，高空和地面有充足的水汽来源，形成夏季充沛的降雨。降水强度大，是出现洪涝的季节。7月降雨量迅速增大，8月后期降雨量迅速减少。6至8月降雨总量平均为434.8毫米，占全年降雨量的75%。6至9月为汛期，历年汛期降雨总量为482毫米，占全年降雨量的83%。

秋季：降雨量迅速减少，多年平均降雨量为77.6毫米，占全年降雨量的13%，略多于春季。

冬季：降雪较少，12月至2月总降雪量为10.4毫米。个别年份降雪较多，1973年1月为24.1毫米，1974年12月为18.9毫米，1979年2月为30.5毫米，是降雪较多的年份。

三、雨日与雨季

雨日：全年降雨日为63天，其中春季12天，夏季33天，秋季13天，冬季5天。雨日的季节分配和降水量的季节分配一致。其中，日降水量10毫米以上的雨日，是对农业生产有效的降水日数，也以夏季最多。

雨季：最早始于6月4日，最晚始于7月23日，平均始于7月3日前后。最早结束于7月27日，最迟结束于9月30日，平均结束于8月23日前后。持续时间约为2个月。雨季的降水量平均可达416毫米，占全年降水量的70%以上。

第五节 风向风速

境内属大陆性季风气候区，大风分布季节明显。据气象资料记载，1960年至1989年，境内有大风856天，年均28.4天，其中冬春两季大风共582天，占大风总天数的68%，

夏秋两季大风共 274 天，占大风总天数的 32%。境内大风以西北风为最多，发生频率为 20%。年平均风速为每秒 3.1 米，最大风速为每秒 28 米，共 4 次，分别出现在 1963 年的 1 月 20 日、29 日和 12 月 23 日，1964 年 10 月 14 日。风速在每秒 10 米以上的大风，最多年份为 1963 年，全年共出现 78 天；最少年份为 1961 年，全年仅出现 6 天。

1989 年各月各风向最大风速

表 21　　　　单位：米 / 每秒

月份 风向	1	2	3	4	5	6	7	8	9	10	11	12
北风	12	12	12	14	14	11	12	8	9	12	12	10
北北东	14	6	9	8	9	7	8	5	7	10	7	8
东北	7	6	8	12	9	9	13	10	6	10	5	6
东北东	8	10	10	11	12	14	7	8	7	8	8	7
东	9	12	10	14	14	10	8	8	6	7	9	10
东南东	9	9	14	14	14	9	9	8	7	8	8	8
东南	6	7	12	9	12	9	7	6	5	8	8	8
南南东	7	5	8	8	8	8	6	5	5	5	5	5
南	6	6	8	9	10	10	12	6	8	8	7	6
南南西	6	8	10	14	11	8	10	7	6	8	10	7
西南	7	10	10	12	12	12	8	7	6	9	8	7
西南西	8	10	8	10	9	9	8	5	8	8	8	8
西	8	8	10	8	10	10	16	9	8	7	7	6
西北西	18	14	12	12	10	10	7	9	7	10	10	12
西北	20	18	17	24	13	10	10	9	14	18	16	20
北北西	20	16	16	18	16	14	13	10	13	16	14	16

第六节　物候

境内物候对气候的反映十分敏感。据有关资料记载，境内冬小麦返青一般在 3 月中下旬，最早为 3 月 18 日，最迟为 3 月 25 日；马仁草发芽一般从 3 月下旬开始，最早为 3 月 16 日，最晚为 3 月 25 日；桃树盛花一般为 4 月中旬，最早为 4 月 16 日，最晚为 4 月 26 日；杏树盛花一般为 4 月中旬，最早为 4 月 4 日，最晚为 4 月 20 日；榆树结钱一般为 4 月中旬以后，最早为 3 月 24 日，最晚为 4 月 24 日；柳树发芽一般为 4 月 6 日，最早为 3 月 24 日，最晚为 4 月 11 日；蝴蝶始见日一般为 4 月 5 日，最早为 4 月 1 日，最晚为 4 月 25 日；家燕始见日一般为 4 月初，最早为 3 月 19 日，最晚为 4 月 14 日；蝉始鸣一般为 6 月 5 日，最早为 6 月 4 日，最晚为 6 月 13 日；河冰融化一般为 3 月 6 日，最早为 3 月 2 日，最晚为 3 月 12 日。每年物候反映出现的迟早，随气候或地壳的变化而有所差异。

第四章　水 文

第一节　地表水

一、河流

凤河（西支）

原为武清承担上游北京地区的排沥重要河道，自北向南纵贯全区，在历史上对早期武清影响巨大。凤河发源于北京南苑黄村门东约 3 公里的海子东泉，向东南流至凤河营，故以下河段称凤河。明代初期由堤上营村北，经南营村西，进入现大王古庄镇域内陈各庄南、丁辛庄东，然后进入今城关镇之张桐营南、大桃园西，从仓上西到二光入三角淀，经青光汇入大清河。

到清雍正四年（1726），凤河从堤上营向北另辟新凤河，绕过通县小淘屯，经三伐村西东行 10 公里入武清，由前、后侯上两村间穿过，向南经扶头、三间房、大南宫、小营、东洲、城上泉州古城西侧、艾蒲庄、东肖庄、丁平庄入刘家店、南苇店至双口入叶家淀。

民国 13 年（1924 年），由东洲村南向东经三里屯至老米店村北入北运河。

新中国成立初期，凤河连年大水，严重威胁下游和京山铁路的安全。1954 年前侯尚东凤河左堤决口，淹没牛镇大洼及村。当年在决口处以东修筑月牙堤，将月牙堤和凤河左堤间辟为前侯尚缓洪区，面积 2 平方公里，土地 0.3 万亩。

凤河流经武清境 43 公里。1971 年海河北系治理，开挖北京排污河整治凤河西支，前侯尚缓洪区废弃还耕，其上段 13.8 公里通过改造整治称凤河西支，在大王古庄镇境内长 5.25 公里，集排涝、灌溉、蓄水于一体。该河从镇内利尚屯入境域，于白古屯镇新房子村汇入龙凤河。境内地上水资源较为匮乏。

二、渠道

境内现有干渠 4 条，支渠 10 条，斗排渠 720 条。主要有：

小谋屯排水总干渠（中干渠）

于 1974 年开挖。北起凤河西支董庄子进水闸，途经白古屯、大王古庄、城关、东马圈 4 个镇，南至龙河左堤，全长 19.45 公里，开挖土方 144.9 万立方米，形成排、灌、蓄的综合功能渠道。经大王古庄镇域渠长 7.4 公里。

大谋屯排水总干渠（四干渠）

于 1978 年开挖，全长 21.05 公里，土方 84.53 万立方米，北起凤河西支右堤，向南途经大王古庄、城关、东马圈 3 个公社，直抵龙河左堤，纵贯大王古庄域中部全境 7.6 公里，是排、灌、蓄水综合性渠道。

第二节　地下水

一、水文地质条件

境内地壳自中生代以来，长期持续下降，新生代第三、第四系松散沉积物厚度大，地下水存储条件好，水位埋藏浅。历史上由于河流改道，漫滩沉积较多，浅层淡水往往呈条带状分布。地表洼地多，地下水排泄条件差，水位浅，水质较差。地下含水岩层有明显的垂直分布规律，自地表而下，可划分为五组。

第一承压含水组　潜水，微承压水、浅层淡水及浅层咸水。主要为第四系全新统地层，底板埋深 6 至 25 米，最深达 45 米。上部为潜水，地表至 10 米以上，含水层以细砂和粉细砂为主，水位埋深 1 至 3 米，为大气降水和地表水补给。下部为微承压水，埋深 10 米左右和 25 米至 45 米左右，在冲积平原区水质较好，在海积、冲积平原区，有海相层夹层，含盐量高，水质差。

第二承压含水组　主要为第四系晚更新统至中更新统地层，含水组顶板埋深为 6 至 25 米，其底板埋深为 142 至 228 米。含水层岩性以中细砂为主，主要为淡水区，局部地区有咸水体夹层。

第三承压含水组　属第四系早更新统上段地层，底板埋深 290 至 310 米左右，含水岩性为湖沼相和河流相的黏性土夹中细砂、粉细砂、中砂组成，稳定性差，为弱富水层，本组只接受少量越流补给，不易大量开采。

第四承压含水组　主要属于第四系早更新统下段地层，底界埋深 370 至 429 米左右。含水岩性为河湖相沉积物黏性土夹层细砂、粉细砂和中细砂组成。有 4 至 5 米砂层，单层厚 3 至 10 米，累积最大厚度达 40 至 60 米，单井出水量 80 至 120 立方米 / 小时。

第五承压含水组　底板埋深在 540 至 600 米以下，属第三系地层。含水岩性为河湖相沉积物。单井涌水量为 50 至 60 立方米 / 小时，初始水高，压力大。

二、地下水类型

境内地下水有两种类型：松散地层孔隙水和基岩地层的岩溶裂隙水。

松散地层孔隙水。主要储存在新生代第三系、第四系的砂层中。从北向南自西至东，砂层颗粒由粗变细，由厚到薄，层次由少变多，富水性由强变弱，地下水化学类型由简单到复杂，矿化度由小变大。

基岩地层中的岩溶裂隙水。1. 中上元古界碳酸盐类岩溶裂隙水，含水岩性为白云岩、石灰岩，其中灰岩地层岩溶裂隙较发育，富水条件较好，但埋藏较深，不便开采。2. 奥陶系碳酸盐类岩溶裂隙水，以灰岩为主，白云质灰岩和白云岩次之。灰岩质纯，岩溶裂隙发育，富水性强，水质好。埋藏在新生界松散地层之下，开采投资较大。

大王古庄镇域地下水属于全淡水区，是主要分布在河北屯 – 双树 – 河西务 – 大王古庄 – 城关小屯连线以北、以西地区全淡水区的一部分，为永定河冲积扇地貌的南缘部分，具有良好的地下水储存条件，地下水径流与排泄畅通，溶滤作用强，水质优良，水量丰富。地下水开采条件较优越，水位年变幅度不大，有较大开采潜力。

第五章　土 壤

境内土壤主要是由河流冲积物溶积而成，四季分明的气候条件(干湿冷暖的循环变化)以及人类的生产活动也都是使土壤形成的重要因素。早在几千年前，人们便年复一年地开垦土地，从事农耕，从而促进了土壤的日益熟化。特别是新中国成立以后，大规模开展农田基本建设，兴修水利，增施肥料，土壤的理化性状得到了有效改善。

第一节　土壤质地

一、砂性土

砂土和砂壤土归属于砂性土。这类土壤的粒级较粗，大于 0.01 毫米的物理性砂粒达 80% 以上。土质松散，黏性小，易耕作，适耕期长，粒间空隙大，土壤自然含水量小，降雨和灌溉后渗透严重，排水快，保水保肥性差，通气良好，土温上升快，土性发暖，有机质分解快，养分含量低而且易流失。发小苗不发老苗，适宜栽植经济作物和林果。另种植小麦、玉米、谷子、花生、棉花、蔬菜、药材等多种作物。

二、壤质土

壤质土包括轻壤土、中壤土。是境内较大的土壤类型，分布较广。其主要性状：小于 0.01 毫米物理性黏粒在 20% ~ 60% 之间，砂黏配合适当，质地适中，农业生产性状良好，兼有砂土和黏土之长处，既有适当的保水保肥性和通风透水性，又具有良好的耕性。耕后起坷垃，但耙后即碎，发老苗又发小苗，是农业生产上较为理想的土壤质地类型，适宜种植各种作物。

三、黏性土

黏性土包括重壤土和黏土。其主要性状：土壤小于 0.01 毫米的物理性黏粒占 60% 以上。其水、养、气、气热状况及农业生产性状与砂性土相反。土壤质地黏重，黏结性、湿涨性大。湿时泥泞，干时坚硬，耕作困难，适耕期短，耕后易起坷垃，粒间孔隙小，降雨或灌溉后，土壤吸水、保水性强，土壤通气性不良，土温上升慢，土性冷，有机质分解慢，保肥能力强。对农作物发老苗不发小苗。适种小麦和玉米等大田作物。

第二节 土壤类型

境内土壤为潮土类型。根据其发育程度的不同和发育过程的变化，又分为普通潮土、湿潮土、盐化潮土和盐化湿潮土等。

一、普通潮土

本亚类有砂质潮土、壤质潮土、黏质潮土3个土属。这部分土壤较为肥沃，水、肥、气、热较为协调，土层一般较厚，成土年龄长，颜色较浅，多为黄色或棕黄色，地下水埋深一般在2米左右。砂质潮土主要分布在大营、聂营、陈各庄、距城堡等村一带，砂壤质潮土主要分布在水活铺、聂辛庄、大王古庄、韩指挥营、丁辛庄等村一带，中壤质潮土主要分布在前侯尚、董家庄、北刘庄东部一带，轻壤质潮土主要分布在利尚屯、水活铺、宋家场、张家场等村一带。

二、湿潮土

本亚类是由湿土向潮土过渡的一种类型，包括砂质湿潮土、黏质湿潮土、壤质湿潮土3个土属。这种土壤成土母质多为净水淤积物，质地黏重，地下水位较高，一般在一米左右，土色灰暗，结构不好，通透性不良，易板结，宜耕期短。适宜种植水稻、高粱、大豆等作物。

三、盐化潮土

本亚类主要有硫酸盐盐化潮土、重碳酸盐盐化潮土、硫酸盐氯化物盐化潮土、氯化物硫酸盐盐化潮土、氯化物盐化潮土5个土属。这种土壤保肥保水力强，但通透性不好，耕作费力，易出坷垃，对作物有选择性。镇域内主要分布在小王古庄、枣林、北刘庄、韩指挥营一带。

四、盐化湿潮土

本亚类有硫酸盐氯化物盐化湿潮土、氯化物硫酸盐盐化湿潮土、硫酸盐盐化湿潮土、氯化物盐化湿潮土4个土属。这种土壤中主要含有硫酸盐氯化物，宜耕期短，保苗困难，宜种植一些抗盐碱、抗潮湿的作物。

第三节 土壤养分

境内土壤都具有一定的养分和肥力基础，但因各地土质、种植形式、施肥水平不同，各类养分的含量也不尽一样。一般熟化程度好、质地适中的地块，养分含量较高。据有关部门调查，境内土壤碱解氮含量一般在60 ~ 90ppm之间，平均含量为78.96ppm，属于国家标准的三至五级。速效磷含量平均为12.9ppm，属于国家标准的四至六级，以六级为最多；

钾肥含量普遍丰实，速效钾平均含量为187ppm，属于国家标准的一至二级；有机质含量较高的在2%～3%之间，较低的仅占0.6%，平均含量为1.6%，属于国家标准的三至四级，多在四级；全氮含量一般在0.5%～0.1%之间，平均含量为0.0868%。微量元素铜、锰、硼、锌、铁等，在境内土壤中均有分布。20世纪80年代以后，由于重视增施磷肥，土壤贫磷得到缓解。

第六章　生物

第一节　植物

境内自然植被原为暖温带落叶阔叶林，草原类型。孢粉分析也表明，早在一万年以前的全新世时期，境内便可见以落叶阔叶林和草原为主的树木、草类生长。随着农业开发，自然植被逐渐被人工栽培的植被所替代，仅在农田隙地、河流、洼淀、沼泽、水塘、古河道、沙地和盐碱地等处尚能见到一些野生植物，并发育着洼地、沼泽植被、水生植被、沙土植被和盐生植被等类型。

一、野生植被

境内气候温和，适宜生长多种野生植物，据调查，境内野生植物以一年生和多年生草木植物为主，主要有：

在平原土壤排水较好的地区主要植物有节节草、画眉草、虎尾草、马唐、刺蓟、苦荬菜、紫苑、狗尾草等。

在地势较平坦较洼处，主要植物有马唐、苔草、苍耳、蒿、马齿苋、报春、委陵菜、茶棵子、稗草等。

在浅平洼地中，有季节性积水现象、粘质土质区，主要植物有芦苇、稗草、三棱草、野西瓜苗、白茅、梅朵朵等。

在河槽或河漫滩地上地下水位较高、沙质土壤区，主要植物有白茅、节节草、芦草、蕉草、萹蓄、蒿、苍耳、鬼针草、河柳、垂柳等。

在固定或半固定的沙丘、沙地上，分布的主要植物有沙引草、刺穗藜、猪毛菜、沙紫苑、达乌里胡枝子、虎尾草、狼尾草、狗尾草、春黄芪、细叶米口袋、草茼茹、云芒草、棘豆、糙隐子草、茅草、沙蓬、鸡眼草、委陵菜、蒺藜、茵陈、蒿、地肤、牤牛儿苗、大戟、白茅、苍耳、马跘等。

在有积水的洼地及淀泊地区，分布的湿生、水生植物主要有金鱼藻、狐尾藻、黑藻、眼子菜、菹草、水葱、扁秆藨草、芦苇、香蒲、两栖蓼等。湿生植物主要有打碗花、马蓼、稗草、草木樨、芦草、苦荬菜、刺蓟、车前草、老鸦爪等。

二、人工植被

分布于村落、河堤、路旁等地。乔木主要有小叶杨、毛白杨、大青杨、榆、槐、洋槐、河柳、侧柏、香椿、臭椿、泡桐、小叶桴、桑等；灌木主要有：紫穗槐、簸箕柳、酸枣、荆条等；果木主要有梨、苹果、桃、杏、李、枣、红果、葡萄等；农作物主要有小麦、玉米、水稻、棉花、花生、红小豆、绿豆、黄豆、芝麻、向日葵、山芋、西瓜、菜瓜、甜瓜、南瓜、西葫芦、黄瓜、豆角、西红柿、萝卜、白菜、茄子、韭菜、芹菜、大葱、大蒜、芦笋、油菜、土豆等；花卉主要有月季、黄杨、菊花、串红、鸡冠花、扶桑、美人蕉、绣球、玉树、仙人掌、丁香、君子兰、吊兰、紫罗兰、旱荷、蟹爪兰、倒挂金钟、大丽花、夜来香、金银花、一品红、秋海棠、茉莉花等。

第二节　动 物

由于受自然环境影响，境内已无野生大型哺乳类动物，但小型哺乳类动物、鸟类、鱼类、昆虫类动物尚较为丰富。

一、哺乳类

鼠：包括家鼠（仓鼠）、田鼠、鼹鼠（地里爬子）、豆鼠子（黄鼠的一种，比田鼠体大、毛黄色、尾巴似扫帚），均以盗食粮食为主，兼食各种蔬菜瓜果。除家鼠多居于房屋、宅院外，其他鼠类均穴居于田间或堤埝。

野兔：又称“山猫儿”，多食草、菜、豆类植物等。为冬季主要狩猎对象，其肉可食，皮毛加工后可成为防寒裘皮。

黄鼬：学名黄鼠狼，又称黄狼子。为食肉动物，是鼠类、蛙类的天敌。夏秋季多活动于田间，冬春季多活动于村落，以鸡、兔为食。其毛皮经济价值很高，可供出口，其尾是上好的毛笔原料。

狸子：学名“豹猫”。大如猫，体浅棕色，有许多褐色斑点，生活习性酷似黄鼬。毛皮是上乘的御寒原料。20 世纪 50 年代以来，由于过度狩猎和误食被毒饵毒死的动物造成第二次中毒死亡，其数量亦呈下降趋势。

刺猬：属杂食性动物，粮食、瓜果、小动物等均为其食用对象。刺猬多散居于农村木垛、柴草垛之中。二十世纪六七十年代期间，因农村少柴垛，数量一度减少，后又呈上升趋势。

蝙蝠：俗称“檐皮虎”。栖居于房檐、门窗缝隙内。夜间活动，以飞行的小昆虫为食。二十世纪七八十年代以来，因农村老房屋逐渐减少，故蝙蝠的数量亦呈减少趋势。

獾：其貌似狗，亦称“狗獾”。多穴居于荒草野洼及较大的坟茔地带。其肉可食，皮可制成裘皮，獾油是上好的医治烫伤药物。20世纪70年代以来，因荒地多被开垦，坟茔平毁，獾已不多见。

狐狸：多活动于河堤、荒草野洼地带。灰黄色，体长约70厘米，尾长约45厘米，食各种较小的动物，其皮是上等御寒衣料。自二十世纪五六十年代以后境内已基本绝迹。

二、爬行类

蛇：俗称“长虫”，冬眠类动物。春夏秋季多活动于河堤渠埝草泊农田及农村宅院中。一般为无毒蛇，肤色各异，绿斑、黑褐、黄褐色的为多，白色的较少见。体长一般在一米左右，粗2厘米左右；体长在2米以上、粗3厘米以上的不多见。蛇多以鼠类、蛙类、虫类、鸟类为食，其所脱外壳名“蛇蜕”，可入药，其肉虽然鲜美，多年来却无人食用，近年来亦少有食者。

壁虎：俗称“蝎了虎子”。灰褐色，体长6～12厘米，多活动于房屋墙壁上，以蚊、蝇及各种小昆虫为食。是居室益虫，亦是一种中药资源。

蜥蜴：俗称“马蛇子”。形似壁虎。穴居于河堤、渠埝中，多活动于河堤草坡、树林和干旱沙壤土区，以小昆虫为食。蜥蜴亦是一种中药资源。

三、两栖类

青蛙：亦称“田鸡”，俗称“蛤蟆”。其肤色多为黄绿、暗绿、黑白相间诸色，多活动于低洼草丛和水中。以昆虫为食，是农田除虫能手，有“庄稼卫士”之美誉。其腿肉可食。二十世纪七八十年代以来，因外贸部门大量收购“田鸡腿”加工出口，故青蛙遭到大量捕杀，数量明显减少。近年来人们环保意识增强，青蛙得到爱护，数量有所增加。

蟾蜍：俗称“癞蛤蟆”“疥蛤蟆”。境内各地均有，多以昆虫和蝇蛆为食。系中药“蟾酥”的产源。

气鼓蛤蟆：体型略圆，受触动后体内充气，使腹部鼓胀，多栖息于栅栏和土质潮湿松软之角落。大雨过后从栖息处钻出鸣叫。因其以蚊蝇等有害昆虫为食，故亦对人类有益。

四、鸟类

境内一年四季皆有的留鸟主要有麻雀，俗称“家雀”“老家贼”。以粮食和各种昆虫为食。

1958年曾作为“四害之一”而遭大量捕杀，数量随之减少，后又繁殖复苏；乌鸦，俗称“老鸹”，全身黑色，以捕食虫类为主，也危害庄稼；喜鹊，其色黑白相间，旧时以此鸟为吉祥鸟，有“大喜鹊喳喳叫，喜事就来到”之说；啄木鸟，俗称“鸽儿凿”，以树虫为食，有“森林卫士”之美誉；猫头鹰，俗称“夜猫子”，多活动于夜间，以捕捉鼠类为食，有迷信思想的人视其为不祥之物，有“夜猫子进宅，无事不来”之说，实乃对猫头鹰的偏见；野鸽子（俗称），灰色，比家鸽小，筑巢于树上，以昆虫、粮食为食；老鹰，灰褐色，性凶，可捕食小鸡和野兔。

春来秋去的候鸟主要有燕子，有拙燕、巧燕之分，筑巢于民宅堂屋梁上；大雁，多栖息于草泊洼淀，是新中国成立初期境内主要狩猎对象，20世纪60年代后，由于地区很少积水，草洼变成良田，影响其生存，数量越来越少；野鸭，有多种，较为常见的有“大红腿”“大红嘴”“小秋鸭”“铅嘴”等，多栖息于坑塘、苇滩、洼淀、水库等地，过去也是境内一种狩猎资源，20世纪60年代后，由于境内少水，其数量锐减。此外还有布谷（学名大红鹃）、喳喳鸡（俗名），伯劳（俗名拉巴）、百灵、柳叶、乌拉、鹌鹑、斑鸠、黄雀、蓝靛颏、翠鸟等，多栖息于林间或田间，主要以害虫为食，有的可驯养为观赏鸟。由于自然林片的减少和施用农药治虫，一些鸟类误食后引起二次中毒而亡，数量和种类均有所减少。

五、鱼虾类

境内有鲤鱼、鲫鱼、黑鱼、鲶鱼、鳗鱼、黄鳝、泥鳅、麦穗、草鱼、鲢鱼、草虾、河蟹、蚌、螺等。

六、虫豸类

境内各种虫豸繁多，有的具有利用价值或部分利用价值，有的虽有利用价值，但未被发现，有的则对人、牲畜有害，需设法予以消灭。较常见的有蝎子（其干制品可入药）、蜈蚣（其干制品可入药）、蜗牛（其干制品可入药）、钱串子、蜘蛛、蚂蚁、会会（又称“姜拉子”“八角子”）、黏虫、钻心虫、菜青虫、蝗虫、蚜虫、瓢虫、金花虫、金针虫、地老虎、蝼蛄、蛴螬、羌螂（俗称“屎克螂”）、金龟子（俗称“油克螂”）、蚯蚓（俗称“蛐虫”或“蛐尺”，其全身晒干名地龙，可入药）、蜜蜂、蝴蝶（俗称“花花蝶”）、飞蛾、马蜂（其巢称蜂房，可入药）、赤眼蜂（玉米螟的天敌）、蜻蜓（俗称“蚂蛉”，有多种）、螳螂（俗称刀螂，其卵块名“桑螵蛸”，可入药）、蝉（分“知了”“马吉子”“伏蝶”其脱下的外壳名“蝉蜕”，可入药）、蝈蝈、蚂蚱、蟋蟀（俗称蛐蛐儿），还有苍蝇（俗称蝇子）、蚊子、白蛉子、牛虻（俗称“瞎蠓”）、跳蚤（俗称“狗蹦子”）、虱子、臭虫、土鳖、斑蝥（有大毒，干燥虫体可入药）、潮虫等。另外，水中则有蚂蟥（又称“水蛭”，其干制品可入药）、水蜈蚣、水蝎子、鱼虫、拨拉龟、水上跑（俗称“卖香油的”“瞎游”）等。

第七章 自然灾害

历史上，境内发生的自然灾害主要有水灾、旱灾、风灾、雹灾、虫灾等。

第一节 水旱灾害

武清地区冬、春雨雪稀少，十年八旱，夏、秋降雨较频，且雨量集中，造成旱、涝灾害时有发生。大王古庄镇域虽号称高上地区，水旱灾害仍不能避免。据历史资料记载，发生或影响到本地区的主要事件如西汉初元二年（前 47）五月，“渤海水大溢”；七月，天偿连雨，泉州被淹；北朝齐武平六年（575）八月大水；唐贞元三年（787）大水，平地水深二丈；唐大中十二年（858）水害稼；辽大康八年（1082）七月大水灾；元天历二年（1329）六月，雨水成灾，禾稼受害等。明、清以来有记载更多，择对大王古庄境域为害其要者录如下：

表 22

年代	年号（公元）	类别	资料来源	灾情简况
明朝	成化十五年（1479）	旱	《顺天府志》	京畿大旱
	成化二十年（1484）	旱	《明史》	京畿大旱
	弘治十年（1497）	旱	《明史》	顺天旱
	正德十六年（1521）	旱	《旱涝史料》	武清春旱大饥
	嘉靖六年（1527）	旱	《旱涝史料》	武清大旱
	嘉靖八年（1529）	旱	《旱涝史料》	顺天府旱
	嘉靖十一年（1532）	旱	《旱涝史料》	武清旱
	嘉靖二十九年（1550）	旱	《旱涝史料》	顺天府旱灾

续表 22

年代	年号（公元）	类别	资料来源	灾情简况
明朝	嘉靖三十三年（1554）	水	《旱涝史料》	六月京师大雨，平地水数尺，芦沟桥口溃海子墙，大水无涯，直至武清县堂，文卷尽为浸没。粮价高过去十倍。农民卖儿卖女，死亡人数达半数以上。
	嘉靖三十九年（1560）	旱	《旱涝史料》	顺天府旱、蝗。
	隆庆六年（1572）	水	《旱涝史料》	武清秋季大水，淹县城，百姓上树避难。水持续时间长，农田全冲毁。
	万历八—十年（1580—1582）	旱	《旱涝史料》	顺天府等久旱，禾苗尽槁，豆麦无收。
	万历十四年（1586）	水	《武清县志》	连朝霪雨，山水大至，决河西棉花市及河东丁家圈等口。水抵城外，遂通舟楫，直至河西杨村各处地区略无阻碍。禾尽淹，月余方退。
	万历十五年（1587）	旱、水	《武清县志》	四月先旱后虫害……七月，天降霪雨，边山水发，一时骤至，平地丈余，浸至城墙三尺。禾稼尽空。
	万历二十七至二十九年（1599—1601）	旱	《旱涝史料》	华北平原，连三年大旱。其中万历二十九年更为严重，当时畿辅等地野无青草，民不聊生。

续表 22

年代	年号（公元）	类别	资料来源	灾情简况
明朝	万历三十二年（1604）	水	《旱涝史料》	武清洪水入城，浸城砖数级，房宇尽颓，人栖树上。
	万历四十三年（1615）	旱	《旱涝史料》	武清春大旱。
	万历四十五年（1617）	旱	《旱涝史料》	武清飞蝗满天，旱异常。
	天启六年（1626）	水	《旱涝史料》	武清大水。
	崇祯七年（1634）	旱	《旱涝史料》	武清县境旱、虫害。
清朝	顺治九年（1652）	水	《旱涝史料》	武清县夏伏连雨，无禾无秋。
	康熙七年（1668）	水	《武清县志》	芦沟水溢，凤河至城平地水深丈许……东城楼坍坠。减免田租十分之四。
	康熙九年（1670）	旱	《旱涝史料》	武清县春旱成灾，麦子绝收。
	康熙二十八年（1689）	旱	《灾害史料》	武清县春夏无雨、大旱，蝗虫成灾。
	康熙三十六年（1697）	旱	《旱涝史料》	武清大旱。
	康熙三十九年（1700）	水	《武清县志》	夏大雷雨，麦已熟未收悉淹没，秋禾无获。
	康熙五十四年（1715）	水	《旱涝史料》	武清县六日大水，禾苗无存。
	嘉庆六年（1801）	水	《旱涝史料》	武清县全县被水，八成无收。
	道光二十二至二十三年（1842—1843）	水、旱	《旱涝史料》	武清县水、旱、雹。
	同治五年（1866）	旱、水	《旱涝史料》	武清县先旱后涝、秋季被水成灾。

续表 22

年代	年号（公元）	类别	资料来源	灾情简况
清朝	光绪九年（1883）	水	《旱涝史料》	武清县大雨后山水暴发，全境被水，一片汪洋，灾情严重。
	光绪十九年（1893）	水	《旱涝史料》	武清县六月初昼夜连雨，加之上游山水过大，永定、北运、凤河纷纷漫溢决口，平地水深五、六尺。北运、子牙、大清、凤河连成一片，天津上下数百里一片汪洋。
	光绪二十二年（1896）	水	《旱涝史料》	武清六月大雨连朝，上游诸水奔腾下注，各河狂涨，永定河决口，凤河两岸及筐儿港北堤漫溢，县境内皆灾，平地水深四、五尺。
	光绪二十八年（1902）	旱	《旱涝史料》	武清县旱灾。
	宣统二年（1910）	旱、水	《旱涝史料》	武清春奇旱，夏麦被淹。
中华民国	民国 11 年（1922）	旱	《河北大事记》	武清春旱。
	民国 28 年（1939）	水	《旱涝史料》	罕见大水。北运、永定二河决口 15 处，凤河全线漫堤，全县被淹。
	民国 29 年（1940）	旱	《旱涝史料》	武清县干旱奇热。

续表 22

年代	年号（公元）	类别	资料来源	灾情简况
中华人民共和国	1949 年	水	县统计科、水利局	凤河前侯尚以西全线漫溢。
	1950 年	水	县统计科、水利局	8 月连降数日大雨。9 月 20 日凤河利尚屯、前侯尚决口。
	1954 年	水	县统计科、水利局	7—9 月降雨量大，大王古庄镇及高村一带等均受淹。
	1955 年	水	县统计科、水利局	汛期降雨量大，河水暴涨，后侯尚等多处决口。
	1956 年	水	《武清县志》	8 月大雨。6 日，台头小埝决口，前侯尚、小韩村一带大堤坍裂 1100 米。
	1973 年	水	县统计科、水利局	汛期雨量大，降水 721 毫米，大王古庄镇域等地积水成灾。秋旱。
	1977 年	水	《武清县志》	7 月，全县连降暴雨 450 毫米，为解放以来最高纪录。二级河道漫溢，民房等塌毁数万间。
	1978 年	水	县统计科、水利局	7 月下旬，8 月上旬全县普降暴雨，河道出现洪峰，城关及附近地区秋水成灾。

续表 22

年代	年号（公元）	类别	资料来源	灾情简况
中华人民共和国	1988 年	水	《武清县志》	7 月 21 日，武清大暴雨，局部特大暴雨，29 个乡镇日降雨量超过 100 毫米，个别地区达 200 毫米。80 万亩农田积水达 20 ~ 30 厘米，局部达 70 ~ 80 厘米。 8 月 4 日，34 个乡镇普降大到暴雨。 8 月 12 日，34 个乡镇普降暴雨，日降雨量 160 毫米。积水面积 110 万亩，一般水深 40 ~ 50 厘米，个别地块达 80 ~ 90 厘米。
	1992 年	旱	《武清县志》	春旱严重。
	1994 年	水	《武清县志》	7 月 12 日 8 时至 13 日 5 时，全县普降大雨，大王古庄及城关、高村等 4 个乡镇降雨超 332.7 毫米，直接经济损失 1.76 亿元。
	2012 年	雨	《武清年鉴》	7 月 21 日突发暴雨，降雨量达 226.8 毫米，全镇积水面积达 1.5 万亩。

续表 22

年代	年号（公元）	类别	资料来源	灾情简况
中华人民共和国	2013 年	水	《武清年鉴》	7 月 21 至 22 日，全区发生强降雨，平均降雨量 196 毫米，城区最大降雨量 264 毫米，为 1949 年来最大。强降雨同时覆盖北京、河北等上游地区。
	2015 年	旱	《武清年鉴》	夏季持续高温少雨，境域大部村达中旱水平，南部村为重度干旱。玉米减产 3 ~ 8 成，经济损失较重。
	2015 年	雨	《武清年鉴》	7 月 29 日晚 8 时，镇域降雨 32 毫米，降雨过程中伴有暴风。

第二节　雹灾

根据区内自解放后 1959 年至 1990 年 31 年间的资料分析，境内雹灾约两年一遇。冰雹一般发生在 4 至 10 月份，以 5 至 7 月最为常见。降雹路径有两条：一条是东北部的下伍旗、河北屯、大良一带；另一条是西南部的陈嘴、石各庄一带。如 1961 年 7 月 4 日，全县绝大部分地区遭受风雹袭击，历时 30 分钟，冰雹大似核桃，小如蚕豆。7 月 13 日，大王古庄等地区再遭雹灾，从早 7 时始历时 25 分钟，大田作物玉米、高粱只剩主秆，棉花、花生 93% 顶尖折断，受灾数千亩。1981 年 4 月 28 日下午，大王古庄等 6 乡 58 村降雹，受灾农田 3.8 万亩。1987 年 5 月 22 日，全县遭风雹袭击。1987 年 6 月 29 日 7 时 30 分至

8时30分期间，大王古庄等十余个乡镇降雹8至20分钟不等。冰雹如栗，间有如鸡蛋与拳头大小者，密度每平方米600 ~ 700个，最多达1000 ~ 2000个。大王古庄等村积雹厚度达10厘米以上，一至两小时公路不能骑车。1993年9月11日晚，境域遭受龙卷风和冰雹袭击。1997年8月10日15时30分，大王古庄乡董庄、张场、前侯尚3个村降雹15分钟，密度900 ~ 1000粒/平方米，直径0.5 ~ 1.5厘米，1180亩农作物受灾，损失30万元。

近年，冰雹等强对流性天气发生次数有所增加。2013年6月6日晚，镇域及周边几个乡镇遭受风雹袭击，最大风力7级以上，冰雹直径1厘米，持续30分钟，造成作物等损失。2014年6月26日突发雹灾，冰雹大如乒乓球。该次过程致使镇北部5个村农作物不同程度受灾，受灾作物包括玉米、棉花、瓜菜、果树等。

第三节　风灾

境域受海洋气候的影响，大风期年均在一个月左右。常见的强冷风为偏北大风，较大的可达9级以上，可持续三至五天。春、夏季节一般偏南风较多，有干热风对农作物造成影响；另大风常伴恶劣天气出现（如冰雹天气等）。秋、冬季节则偏北风较多。据解放后1956年至1990年30余年资料记载，全区遭严重风灾有十余次。大王古庄地区在1984年8月6日曾受到阵风达9 ~ 10级的大风侵袭，域内刮倒树木850棵，房屋倒塌7间，13个村有2万亩农作物严重受灾。1993年9月11日晨，大王古庄等3个乡遭飓风袭击，2009年7月23日，大王古庄镇遭受风雨，造成损失240万元。

近十年来境域大风次数和风速略呈上升趋势。2015年7月29日晚8时，镇域突降雨过程伴随大风，镇域水活铺、利尚屯、前侯尚、董家庄村遭遇暴风袭击，树木倒折千余株，玉米倒伏3000余亩。

第四节　虫灾

虫灾为害在解放前历朝历代中主要关注的是蝗虫之灾。随着农业科技研究的深入，危害农作物的其他虫害增加了蝼、蚜、钻心虫、黏虫、火蜘蛛、地蚕、土象虫、棉蛉虫、谷子红线虫、白发虫等。

据《旱涝史料》《顺天府志》《武清县志》等典籍记载的有关虫害情况以蝗灾为甚。如明嘉靖六年（1527），武清“蝗虫遮天”；万历年间至少有三次“先旱后蝗”“飞蝗蔽天”；崇祯七年（1634）和十一年（1638）七月，“蝗飞遍天，禾苗吃尽，饥民捕食之”；清康熙自二十三年（1684）至二十九年（1690）就有四次重大蝗灾发生，“禾苗吃尽”，“人民饥饿逃散”；清乾隆、道光、咸丰、光绪年间都有蝗灾严重的记载；光绪七年（1881）六月，武清发生大面积蝗灾，知县蔡寿臻求得白米2400石，号召县民以所扑杀的蝗蝻来换，结果坑埋蝗蝻30余万斤，才使蝗灾得以平复；民国17年（1928）和23年（1934）均有两次较重的蝗灾。

1952年，大王古庄部分地域发生蝗灾。1964年，有钻心虫、粘虫、火蜘蛛成灾。

1965年，有钻心虫、黏虫、地蚕成灾。1968年，蚜虫灾害普遍发生。1969年，黏虫、蚜虫，主要火蜘蛛、地蚕、土象虫灾遍及全县。1970年，全县普遍发生玉米钻心虫、棉蛉虫、黏虫灾害。1975年，大量黏虫、地蚕、蚜虫、玉米钻心虫、谷子白发虫、土象虫等灾害暴发，分布全县。1976年，地蚕、蚜虫、黏虫成灾，分布全县。

进入80年代，由于推广广谱、低毒、高效、低残留的菊酯类农药，使庄稼病虫害大为减轻。90年代以来，病虫害全县联合监测，建立监测站，对病虫害进行抗药性检定，指导合理治虫。

进入21世纪后，由于全面加强了对庄稼病虫害的监测网络建设和统防统治等多项措施，病虫害的危害水平大幅降低。

第三篇　居　民

镇域内除汉族外，有满族、蒙古族、回族、壮族、苗族等人口。全镇 2015 年总人口为 24140 人，其中少数民族 271 人（少数民族人口多以婚姻迁入）。这里民风朴厚，人民吃苦耐劳，富于创造。解放后，随着人民生活条件的改善，人们的衣食住行水平有很大的提升，发生了翻天覆地的变化。

第一章　人口

第一节　户数人口

一、户数人口数量

1953 年至 2010 年，共进行六次全国人口普查。其中第一次人口普查未查人口构成，1964 年第二次人口普查未详载乡镇情况。

1949 年，全镇总户数 2655 户（农业户，无非农业户），12200 人（农业人口，无非农业人口）。

1960 年，全镇总户数 3183 户（农业户，无非农业户），14281 人（农业人口，无非农业人口）。

1970 年，全镇总户数 3710 户，其中农业户 3693 户，非农业户 17 户。总人口 17803 人，其中农业人口 17697 人，非农业人口 106 人。

1980 年，全镇总户数 4427 户，其中农业户 4306 户，非农业户 121 户。总人口 19268 人，其中农业人口 18922 人，非农业人口 346 人。

1990 年，全镇总户数 5054 户，其中农业户 4963 户，非农业户 91 户。总人口 21223 人，其中农业人口 20620 人，非农业人口 603 人。

2000 年，全镇总户数 5733 户，其中农业户 5570 户，非农业户 163 户。总人口 21035 人，其中农业人口 20199 人，非农业 836 人。

2010 年，全镇总户数 7074 户，其中农业户 6276 户，非农业户 798 户。总人口 22012 人，其中农业人口 20250 人非农业人口 1762 人。

2015 年，全镇总户数 7197 户，总人口 24140 人。其中男 12022 人，女 12118 人。

1949年至1964年，16年自然增长人口3846人，平均每年增长240人。1965年至1985年全镇出生7512人，死亡2801人，21年自然增长人口4165人，平均每年增长人口198人。1986年至2014年，全镇出生7789人，死亡4898人，29年自然增长人口3502人，平均每年增长人口121人。

1949年至1958年，自然增长人口2388人，与解放前相比，人口发展进入高出生、低死亡、高增长阶段。1959年至1968年，自然增长人口2996人。这10年中“三年困难”时期人口发展受到制约，1959年人口自然增长率为—21.9‰。1962年后人口发展快速提升，1963年自然增长人口率最高达到39.8‰，1965年后自然增长率开始下降，1967年为13.7‰。1969年至1978年，自然增长人口1743人，人口自然增长率年均为12.1‰。1979年至1988年，自然增长人口1577人，因执行计划生育政策，人口自然增长率呈下降趋势年均为9.8‰。1989年至1998年，自然增长人口172人。1999年至2008年自然增长人口248人。这20年人口发展基本呈零增长状态，其中1991年至1997年连续9年人口增长为负数。这主要是国家计划生育政策得到较好的落实和人口高龄化。2009年至2014年，自然增长人口1965人，自然增长人口率达到年均17.2‰，这主要是蓝印转常住户口迁入、高校学生毕业落户而考学不迁户口，迁入、移入大大高出迁出、移出，出生多于死亡一倍左右。2015年人口自然增长82人，增长率3.4‰。

大王古庄镇1949年—2015年人口情况表

表23

年份（年）	总户数（户）	总人口（人）	其中		自然增长人口（人）	人口自然增长率‰	出生人口（人）	人口出生率‰	死亡人口（人）	人口死亡率‰
			男（人）	女（人）						
1949	2655	12200	6073	6127	—	—	—	—	—	—
1950	2727	12605	6329	6276	405	32.1	—	—	—	—
1951	2791	12956	6535	6421	351	27.1	—	—	—	—
1952	2834	13221	6685	6536	265	20.0	—	—	—	—
1953	2860	13355	6638	6717	134	10.0	—	—	—	—

续表 23

年份（年）	总户数（户）	总人口（人）	其中		自然增长人口（人）	人口自然增长率‰	出生人口（人）	人口出生率‰	死亡人口（人）	人口死亡率‰
			男（人）	女（人）						
1954	2885	13698	6822	6876	343	25.0	—	—	—	—
1955	2938	14062	7033	7029	364	25.9	—	—	—	—
1956	2990	14177	7052	7122	115	8.1	—	—	—	—
1957	3080	14411	7319	7092	234	16.0	—	—	—	
1958	3123	14588	7328	7260	177	12.1	—	—	—	—
1959	3163	14276	7289	6981	–312	–21.9	—	—	—	—
1960	3183	14281	7149	7132	5	—	—	—	—	—
1961	3300	14609	7269	7340	328	35.0	—	—	—	—
1962	3439	15214	7395	7819	605	22.5	—	—	—	—
1963	3455	15592	7615	7977	378	39.8	—	—	—	—
1964	3454	16046	8127	7919	454	24.2	—	—	—	—
1965	3472	16389	8433	7956	343	28.3	477	29.1	134	8.2
1966	3502	16734	8484	8250	290	20.9	419	25	129	7.7
1967	3518	16905	8637	8268	232	17.3	393	23.3	161	9.5
1968	3552	17272	8964	8308	326	13.7	448	25.9	122	7.1
1969	3616	17526	9082	8444	203	15.1	339	19.3	136	7.8
1970	3710	17803	9252	8551	293	11.6	414	23.3	121	6.8
1971	3744	18070	9440	8630	259	16.5	419	23.2	160	8.9
1972	3767	18222	9507	8715	266	14.3	394	21.6	128	7
1973	3828	18485	9687	8798	215	14.3	351	19	136	7.4
1974	3977	18721	9721	8994	198	10.6	315	16.9	117	6.3

续表 23

年份（年）	总户数（户）	总人口（人）	其中		自然增长人口（人）	人口自然增长率‰	出生人口（人）	人口出生率‰	死亡人口（人）	人口死亡率‰
			男（人）	女（人）						
1975	4118	18894	9750	9144	183	9.7	318	16.8	135	7.1
1976	4233	19017	9864	9153	135	7.1	305	16.6	170	8.9
1977	4281	19217	10036	9181	200	10.4	306	15.9	129	6.8
1978	4320	19269	10077	9192	295	15.3	432	22.4	137	7.1
1979	4368	19199	9992	9207	287	15	398	20.7	111	5.8
1980	4427	19268	10033	9235	199	10.3	324	16.8	125	6.5
1981	4611	19504	10149	9355	110	5.6	340	19.1	130	6.7
1982	4454	19682	10248	9434	194	9.9	299	15.3	105	5.4
1983	4476	19674	10257	9417	80	4.1	232	11.8	152	7.7
1984	4539	19807	10260	9547	119	6.1	244	12.3	125	6.3
1985	4555	20211	10410	9801	404	20	345	17.1	138	6.8
1986	4562	20221	10384	9837	10	0.5	303	15	148	7.3
1987	4562	20685	10587	10098	464	22.4	241	11.7	121	5.8
1988	4692	20776	10662	10114	91	4.4	343	16.5	187	9.0
1989	4866	20920	10751	10169	144	6.9	411	19.6	144	6.9
1990	5054	21223	10921	10302	303	14.3	498	23.5	158	7.4
1991	5057	21207	10912	10295	−16	−7.5	204	9.6	136	6.4
1992	5143	21203	10894	10309	−4	−1.9	245	11.6	180	8.5
1993	5994	21190	10870	10320	−13	−6.1	278	13.1	184	8.7
1994	5941	21147	10871	10276	−43	−2.0	230	10.9	154	7.3
1995	5948	21144	10833	10261	−3	−1.4	231	10.9	160	7.6

续表 23

年份（年）	总户数（户）	总人口（人）	其中		自然增长人口（人）	人口自然增长率‰	出生人口（人）	人口出生率‰	死亡人口（人）	人口死亡率‰
			男（人）	女（人）						
1996	6007	21092	10832	10260	−52	−2.5	233	11	177	8.4
1997	5893	21071	10816	10255	−21	−1	249	11.8	165	7.8
1998	5737	21092	10826	10266	21	1	251	11.9	169	8.0
1999	5742	21120	10827	10293	28	1.3	233	11	165	7.8
2000	5733	21035	10772	10263	−85	−4	240	11.4	190	9.0
2001	5741	21052	10779	10273	17	0.8	223	10.6	157	7.5
2002	5739	21007	10753	10254	−45	−2.1	217	10.3	179	8.5
2003	5750	21101	10776	10325	94	4.5	228	10.8	147	7.0
2004	5737	21138	10765	10373	37	1.8	222	10.5	206	9.7
2005	6356	21253	10812	10441	115	5.4	244	11.5	182	8.6
2006	6515	21334	10855	10479	81	3.8	199	9.3	136	6.4
2007	6574	21314	10859	10455	−20	−0.9	181	8.5	187	8.8
2008	6652	21368	10863	10505	54	2.5	243	11.4	186	8.7
2009	6834	21748	11040	10708	379	17.4	271	12.5	100	4.6
2010	7074	22012	11116	10896	265	12.0	299	13.6	279	12.7
2011	7092	22093	11147	10946	81	3.7	285	12.9	167	7.6
2012	7077	22692	11391	11301	599	26.4	339	14.9	206	9.1
2013	7140	23177	11577	11600	485	20.9	293	12.6	163	7.0
2014	7288	23713	11812	11901	536	22.6	355	15	165	7.0
2015	7197	24140	12022	12118	82	3.4	272	11.3	190	7.9

二、人口分布

1949年人口密度为每平方公里254人。1982年第三次人口普查，人口密度为每平方公里401人。1990年第四次人口普查，人口密度为每平方公里441人。2000年第五次人口普查，人口密度为438人。2010年第六次人口普查，每平方公里为458人。2014年人口密度为每平方公里493人。

人口主要分布在17个自然村。1949年按人口划分，500人以下的村有宋家场、董家庄、张家场、聂辛庄、距城堡5个。500至1000人的村有陈各庄、枣林、大营、韩指挥营、水活铺、北刘庄、聂营、小王古庄、丁辛庄9个村。1000至1500人的村有前侯尚、大王古庄2个。1500人以上的村有利尚屯1个。人口最多的村为利尚屯，345户，1545人；人口最少的村为宋家场，28户，137人。

2014年按人口划分，500人以下的村有宋家场、董家庄、聂辛庄3个。500至1000人的村有张家场、距城堡2个村。1000至1500人的村有陈各庄、水活铺、枣林、小王古庄、北刘庄、聂营6个。1500至2000人的村有大营、韩指挥营、丁辛庄3个。2000至2500人的村有前侯尚、大王古庄2个。2500人以上的村有利尚屯1个。香榭郦舍、英伦花园居住419人。人口最多的村为利尚屯，813户，2615人；人口最少的村为宋家场，98户，346人。

辖区各村、镇直户数、人口增减对比表

表24

单位	1949年		2014年		2014年与1949年相比	
	总户数（户）	总人口(人)	总户数(户)	总人口(人)	户数增加(户)	人口增加(人)
大王古庄	340	1420	766	2410	426	990
宋家场	28	137	98	346	70	209
张家场	81	376	180	585	99	209
董家庄	42	188	122	407	80	219
前侯尚	306	1326	649	2059	343	733
利尚屯	345	1545	813	2615	468	1070
水活铺	145	705	403	1286	258	581

续表 24

单位	1949 年		2014 年		2014 年与 1949 年相比	
	总户数（户）	总人口（人）	总户数（户）	总人口（人）	户数增加（户）	人口增加（人）
聂辛庄	52	270	139	442	87	172
大营	136	659	469	1670	333	1011
陈各庄	104	532	354	1221	250	689
距城堡	101	495	263	963	162	468
聂营	155	790	467	1491	312	701
丁辛庄	160	850	602	1883	442	1033
韩指挥营	170	720	563	1727	393	1007
北刘庄	163	735	467	1457	304	722
枣林	134	640	414	1338	280	698
小王古庄	193	812	369	1381	176	569
镇直	—	—	150	432	150	419
合计	2655	12200	7288	23713	4633	11513

三、人口构成

1953 年第一次人口普查未调查人口构成。

1965 年境内人口为 16389 人，其中男性 8433 人，女性 7956 人。总人口中非农业人口 111 人。

1973 年境内人口为 18894 人，其中男性 9750 人，女性 9144 人。总人口中非农业人口 172 人。

1982 年境内人口为 19682 人，其中男性 10248 人，女性 9434 人。总人口中非农业人口 63 人。

1990 年境内人口为 21223 人，其中男性 10921 人，女性 10302 人。总人口中非农业人口 603 人。

2000年境内人口为21035人，其中男性10772人，女性10263人。总人口中非农业人口836人。

2010年境内人口为22012人，其中男性11116人，女性10896人。总人口中非农业人口1762人。

2015年境内户籍人口为23407人，常住人口为24621人，其中男性12959人，女性12262人。

第二节　计划生育

一、队伍和机构

1963年建立大王古庄公社计划生育委员会分会，公社妇联主任兼任主任。1979年成立公社计生办，下属各大队普遍建立计生工作领导小组。

大王古庄乡（镇）计生办建立于1985年，副乡（镇）长兼主管，设主任、副主任各一名，工作人员3名，小分队人员7名，办公室主要工作有统计、宣传、三结合、协会、审批二胎、孕检、流动人口管理、独生子女证发放等。全乡有17个村，村妇联主任兼村计生专干。1992年建立乡计划生育服务站，站址设在乡政府院内，设站长1名、技术工作人员3名，从事计划生育“四术”、孕检、环情、孕情监测等服务工作。

进入21世纪以来，镇党委政府坚持将人口和计划生育工作列入重要议事日程，纳入全镇经济社会发展总体规划。先后下发了《大王古庄镇加强计划生育工作的若干意见》《关于加强流动人口生育管理服务的意见》《计划生育家庭特别扶助制度实施方案》《大王古庄镇计划生育考核细则》等一系列文件。层层签订目标管理责任书，确保责任到人，措施到位。完善党政“一把手”亲自抓、负总责制度，实行“一票否决”，将人口与计划生育工作纳入镇、村领导干部的目标责任制考核。

2007年迁址政府路西侧，镇政府拿出专项资金25万余元，改造装修原230平方米二层楼房用于服务站房屋建设，经装修后验收合格。2007年年底市计生委拨款18万元设备投入镇服务站使用。自2008年以来该服务站的药具管理与发放工作连续获市级先进集体荣誉。2010年11月、2011年9月，服务站分别经市计生委验收达到“市优、国优”标准。

至2015年，该服务站按照上级政策与办公室合并，主要从事B超环情、孕情监测、流动人口免费查体、免费药具发放等服务工作。

近年通过发挥计划生育服务网络优势，每年为近4500名育龄妇女提供生殖健康查体服务，并全部建立生殖健康档案。实施健康查体后的跟踪服务，形成“咨询、预防、检查、治疗、随访”一条龙服务，以“四优一满意”开创优质服务。

二、政策措施

根据国家宪法，除在人口稀少的少数民族地区外，提倡晚婚和节制生育，采用科学方法，有计划地安排生育，以利于控制人口过快增长和保护妇女、儿童的健康及教育，以利于国民经济的发展。1964 年开始提出实行晚婚晚育号召；1972 年普遍开展晚婚晚育教育，人口出生率逐渐下降；1978 年以后，各公社普遍建立计划生育服务站。进入 80 年代，提倡一对夫妻只生一个孩子，办理领取独生子女证手续，对工作先进村街给予一定的精神和物质奖励。进入 21 世纪以后，乡（镇）政府把计划生育工作纳入乡（镇）经济、社会发展总体规划，进入重要议事日程。

自 2012 年起，计生委开始组织新婚和对已审批二胎人员进行免费孕前优生健康检查，先是以住址辖区就近卫生院为检查点，2013 年正式转入区医院进行正规检查，2013 年任务数 190 对，完成检查数 193 对，查出病症 17 例。2014 年任务数 133 对，完成检查数 160 对，查出病症 21 例。2015 年任务数 121 对，截至 7 月已完成 124 对，查出病症 13 对。此项工作自开展以来一直居全区前列。

对查出的病例，区医院专设大夫电话优生指导，镇有关负责人回访，有效提高了人口素质，遏制了出生缺陷发生。

三、统计情况

自计生办建立以来，镇村普遍建立新婚账、现孕账、出生账、手术账、及育龄妇女卡片“四账一卡”。

2006 年开始增加奖扶特扶工作，2014 年享受计划生育家庭奖励扶助 308 人，享受金额 369600 元。享受独生子女意外伤残死亡特别扶助 19 人，金额 11.4 万元。奖励独生子女父母户 657 人，金额 69105 元。

2014 年全镇计划生育率达到 98%，综合节育率 91%，计划生育群众自治率 98%，避孕节育知情选择率 100%，已婚育龄妇女建档率 100%。

2015 年年末，全镇计划生育工作出现政策性新变化，国家准备出台允许二孩生育的新政。

2014 年大王古庄镇人口与出生情况表

表 25　　　　　　　　　　　　　　　　　　　　　　　　单位：人

地 区	人口总数（人）			期末已婚育龄人数	期末领取独生子女证数	一孩出生				二孩出生			
	总人口	本市人口	流动人口			男	女	男	女	男	女	男	女
总 计	22887	22887	288	4671	1032	109	81	109	81	46	72	44	68
大王古庄	2341	2341	6	585	109	12	9	12	9	3	6	3	6
宋场	342	342	—	65	22	—	—	—	—	—	—	—	—
张场	579	579	—	97	17	3	—	3		3		3	—
董庄	401	401	—	77	25	1	—	1	—	—	—	—	—
前侯尚	2050	2050	3	409	82	11	10	11	10	2	4	2	3
利尚屯	2587	2587	4	488	93	9	9	9	9	4	2	3	2
水活铺	1260	1260	2	265	42	7	2	7	2	5	10	5	10
聂辛庄	435	435	—	77	14	3	1	3	1	—	1	—	1
大营	1635	1635	11	357	81	10	9	10	9	4	5	3	5
陈各庄	1199	1199	2	274	63	4	3	4	3	5	6	5	6
距城堡	952	952	3	196	40	8	4	8	4	3	3	3	2
丁辛庄	1843	1843	3	367	86	13	4	13	4	4	11	4	11
聂营	1444	1444	17	281	76	5	9	5	9	3	10	3	8
韩营	1711	1711	8	336	77	7	5	7	5	2	5	2	5
枣林	1320	1320	—	266	44	5	4	5	4	2	6	2	6

续表 25

地　区	人口总数			期末已婚育龄人数	期末领取独生子女证数	一孩出生				二孩出生			
	总人口	本市人口	流动人口			男	女	男	女	男	女	男	女
刘庄	1445	1445	2	238	65	4	5	4	5		2		2
小王古庄	1343	1343	1	293	74	7	7	7	7	6	1	6	1
镇直单位	—	—	—	—	22	—	—	—	—	—	—	—	—
京滨工业园	—	—	226	—	—	—	—	—	—	—	—	—	—

2014 年大王古庄镇育龄妇女年龄分别出生情况表

表 26　　　　　　　　　　　　　　　　　　　　　　　　单位：人

年龄	妇女人数（人）	出生人数（人）			年龄	妇女人数（人）	出生人数（人）		
		一孩	二孩	三孩			一孩	二孩	三孩
15	102	—	—	—	33	136	—	2	—
16	106	—	—	—	34	138	—	1	—
17	107	—	—	—	35	135	—	2	—
18	118	3	—	—	36	141	—	28	—
19	129	11	—	—	37	124	—	14	—
20	137	40	—	—	38	140	—	7	—
21	133	33	—	—	39	169	—	3	—
22	160	17	—	—	40	173	—	1	—
23	173	10	—	—	41	150	—	—	—

续表 26

年龄	妇女人数（人）	出生人数（人）			年龄	妇女人数（人）	出生人数（人）		
		一孩	二孩	三孩			一孩	二孩	三孩
24	152	13	—	—	42	208	—	—	—
25	168	8	—	—	43	198	—	—	—
26	112	7	—	—	44	232	—	—	—
27	103	5	4	—	45	246	—	—	—
28	123	3	7	—	46	270	—	—	—
29	136	—	8	—	47	329	—	—	—
30	133	—	10	—	48	242	—	—	—
31	179	—	7	—	49	130	—	—	—
32	138	—	2	—	合计	—	150	96	—

第二章　民情风俗

第一节　人民生活

一、家庭收支

（一）农民

解放前，统治阶级剥削残酷，赋税繁重，加之河道失修，水旱灾害交替，农业生产力水平低下，千百年来，农民生活境遇困窘悲惨。据 1937 年统计，自耕农兼地主平均每年开除资本约收实益 140 元，佃农平均每年开除资本约收实益 14 元。

新中国成立后，在中国共产党领导下，国民经济很快得到恢复和发展。1958 年至 1960

年连续三年自然灾害，但在党的“自力更生、艰苦奋斗”方针指导下，通过生产自救，节衣缩食渡过难关。

1978年中共十一届三中全会以后，实行各种形式的生产责任制，群众的生产热情空前高涨，商品生产迅速发展，农、林、牧、副、渔各业兴旺，农民收入逐年增加。据农民家庭抽样调查，1989年全乡人均纯收入898元，比1978年增加9.6倍，至2000年人均所得增长至4200元。

进入21世纪以来，思想进一步解放，改革步伐加快，国民经济逐年增长，农民人均收入大幅度递增。到2015年，全镇农民人均所得迅猛增长到2.1万元。

（二）职工

解放前，职工劳动时间长，强度大，工资收入低且不固定，生活无保障。店员学徒期间，不发薪资，三年期满后正式聘用，用工一般二三元，渐增至七八元，大商号年终分红，为数很少。1945年至1947年物价不稳定，货币贬值，实行实物工资。小学教员和有技术的店员每月玉米2石，无技术的每月玉米1石，瓦木工和搬运工按日计算，每日0.2 ~ 0.3石。

解放后，职工工资从1965年到1985年先后进行了13次调整，1985年职工人均收入增至1056元，是1949年的4.4倍。1986年以后，企业实行工资总额同经济效益挂钩，部分企业实行“工资总额包干”制，职工工资收入进一步提高。1994年企业改制之后，镇办企业变为股份制或私有制企业，企业职工（不含农民工）大部分下岗或转岗。实行国家公务员制度以后，全民所有制和集体所有制职工统一实行“三定”，按各单位编制编入本单位成为全额事业单位、自收自支事业单位职工。在编职工实行养老保险、医疗保险、失业保险、工伤保险、生育保险、住房公积金“五险一金”生活保障制度。工资福利亦逐年提高。

二、衣食住行

服饰 旧时以粗细棉布制的裤、袄、长袍、短衫等为主。民国时期，男子始穿对襟布衫、背心、绒衣、毛衣等。20世纪50年代末至60年代，人们以朴素为荣，样式单一，色彩单调，“新三年，旧三年，缝缝补补又三年”观念流行。后出现化纤衣料为大宗，毛呢、丝麻、涤纶织物等高、中档产品也逐渐取代了低档面料。70年代末至80年代初，随着改革开放的形势，人们开始着西装，款式趋于多样化。

随着改革开放的深入，西服、裙、袍等逐渐走入寻常百姓的日常生活，每年都有新款式的服装在民间流行。在服饰颜色上，浓淡多彩取代了传统的黑蓝绿色；在服装质材上，涤棉、丝绸、毛涤、毛呢、麻、皮革等面料成为主流；在服装样式规格上，大多追求随身合体，彰显个性和具有文化品位。在日常生活中，中青年男性大多喜欢穿西服套装或休闲装束等。女性服装多姿多样，传统的严包严裹型服装被“短、绷、瘦、薄、透、露”型的服装所取代。春秋时节，中青年女性多穿贴身紧瘦的衣裤，夏季往往选择薄轻短露的服装。女性穿裙普遍，有筒裙、连衣裙、西式套裙等多种款式，面料有棉、化纤、毛绦、毛呢、皮革等。二十一世纪以来，人们开始转向穿各种休闲装，其中以棉制品最受欢迎。职业、行业标志的服装逐渐增多，形成不拘一格的服饰特色。

饮食 旧时一日三餐，部分农家亦有一日两餐的。食粮以玉米、高粱为大宗，小麦面粉很少食用，一般人家除待客、过节或患病时食用外，仅在麦收时吃几顿，平时全部食用粗粮和糠菜。蔬菜以白菜、咸菜为主，饮用井水或河水，燃料以柴禾为主。

解放后，在20世纪六七十年代吃粮不足。到了1972年，全公社年人均占粮为209公斤，小麦仅为44.6公斤。后来随着形势好转和生产力不断发展，人民生活水平日益提高，特别是1978年中共十一届三中全会以后，主食、菜肴由粗变细，由劣变精，不断改善其营养价值，逐步趋向低脂肪高蛋白。1989年人均消费食用油6.5公斤，蛋类4公斤，酒类4公斤。饮水趋向机井、深井、过滤、除氟饮用。

进入二十一世纪以来，随着生活水平的逐年提高，人们的生活习惯也发生了较大变化，农民家庭米食增多，食用反季节蔬菜普遍。大鱼大肉已成为家常便饭而不再被认为奢侈，粗粮、野菜受到青睐。饮食中尽量减少高脂肪、高糖分的摄入量，向营养型、无害化转变。饮用水由深井水向自来水转变。

居住 旧时穷苦人民住土坯房或简易的茅草屋，少数人家住砖房或称为“里生外熟”的、里面是坯、外面包砖的瓦房。由于房屋紧缺，一家人多同居，甚至几世同堂。室内装饰以条几、方桌、衣箱、方凳、长凳为常见，个别人家还有皮箱、顶箱、立柜、被阁子、太师椅等。

新中国成立以来，随着农民生活水平的提高，居住条件也得到改善。尤其是进入70年代以后，许多村庄按照“建设社会主义新农村”的要求，调整街道，制定建房规划，绝大多数农户建造了新房。房屋的内部结构虽然保留了旧时的传统形式，但建造结构却有很大变化，砖房取代了土坯房，茅屋草舍更是一去不返。从1980年到1989年十年间，全乡共有2052户新建房屋9820间，共计18万平方米。到1989年，农民户均住房6.4间，人均住房1.5间，人均住房面积达22.5平方米，建房质量也较前有很大的提高。

进入二十一世纪以来，城镇居民小区相继建成，由平房迁入楼房的居民逐年增加，一些先富裕起来的农民有的选择在城镇购买商品楼，有的在所在地建造两层、三层的楼房居住。2014年，结合新农村建设和京滨工业园的开发，小王古庄等村完成拆迁，泰丰花园小区一期280套楼房入住，农民过上了城市人的生活。

出行 旧时，代步工具很少，农民赶集上店，走亲访友，多为步行，也有骑毛驴、坐牛车的，只有少数富裕人家骑马或坐马车、轿子。遇水则用小木船，冬季结冰时多用冰橇。

新中国成立初期，代步工具仍以毛驴、铁轴车为主，而后又出现了胶轮大车。到20世纪60年代中后期，自行车逐渐普及，成为最常用的交通工具，一般短途均以自行车代步。进入80年代，摩托车逐渐增多，城乡屡见不鲜。

进入二十一世纪以来，随着生活水平的逐年提高，各种款式的小汽车开始走入家庭，轻便快捷的电动自行车更是随处可见，成为在校学生和企业职工的主要交通工具。发展路网建设，村村通公路，交通便捷，公交车、出租车随处可见，使出行更为方便快捷。近年提倡绿色出行，骑自行车又成为一种时尚。

三、生活用具

餐具 旧时餐具以瓷盘、瓷碗、瓷盆、瓦罐为主，筷子为竹制或木制，使用铁铲、铁勺、铁锅。到了20世纪80年代，餐具才发生变化，发展为搪瓷、铝合金、烧瓷、塑料制品。进入二十一世纪，不锈钢餐具进入家庭，泥瓦盆、碗、罐等粗制餐具逐渐稀少，成为古董。

茶具 旧时茶具以瓷壶、瓷碗为主，讲究的家有盖碗，为保温，根据瓷壶的大小制做棉套。直到解放后，铁皮外套的暖瓶才进入百姓家。随着时代的前进，保温瓶不断更新换代。1990年以后，境内又流行保温杯，家庭待客使用的茶壶、茶碗更趋高档化。进入2000年后，家庭普遍用上了饮水机，待客也有人用一次性纸杯。

酒具 昔时盛酒的器具称酒壶、酒嗉子，喝酒用的器皿叫酒盅、酒杯、酒碗。境内喝酒习俗源远流长。解放前，酒具多种多样，最常见的是锡制、铜制的酒壶、酒嗉子。常见的酒杯是陶瓷的二钱盅、三钱盅、四钱盅、八钱盅。近代多用玻璃制造的高脚杯，造型美观、大方，喝白酒与红酒、啤酒通用。

灶具 旧时灶具一般为大锅灶，设在外屋（三五间房中间的屋子，是农家的厨房和柴房）的主灶，由锅台、大锅、风箱组成。为了综合利用，在锅台的靠烟囱部位留一直径约三寸多的圆孔，为放汆子（一种烧水用的铁制容器）位置，做饭时能用汆子把水一同烧开。大锅分七印锅、八印锅两种，大家庭有用十一印锅的（印，指的是锅的口径，一印相当于10厘米）。燃料以干野草、麦秸、玉米秸、树枝、树叶、玉米骨为主。到了夏天，为了免受做饭加高温之苦，家家户户都在院里筑一临时锅灶，称为“冷灶子”。到20世纪80年代，农村建房都安排专用厨房，安装抽油烟设施。煤气炉、高压锅、电打火煤气灶相继出现，进入二十一世纪，电饭锅、微波炉、电磁炉等已被群众广泛使用。

炊具 有饭勺、锅铲、水瓢、水舀子、水壶、笼屉、菜刀、案板、擀面杖、笊篱、漏勺等。容器有粮瓮、水缸、面缸、坛罐等，可放米、面。有的专用来腌制咸菜或酸菜。

提水工具 旧时人们大都饮用砖井水，部分人饮用河水。砖井为人工开凿，民国以前，各村都有两到三口水井，分别在村中间或两头，以便村民汲水。水井上盖有石井盘，表面光滑，中间有洞，可保证水井不变形。村民汲水用井绳或辘辘，也有用井杆子（一根长木棍，上头栓个铁钩）的。辘辘常年立在井上，各户轮流保养，井杆子立于井边，随取随用，井绳为各户私有，用完拿回家中。20 世纪 60 年代以后，镇内各村始出现机井、锅锥井，随之也出现了压机子（一种手动提水工具），家家户户纷纷打插管井，全村共用的水井渐渐废止、干涸，农民告别挑水的扁担和水桶。20 世纪 80 年代以后，各村陆续出现深机井，建水塔，村内统一供水，村民饮水实现自来水化。2008 年，镇政府建水厂，实现全镇统一供水，提高了居民饮水质量。

家具 旧时贫民之家多无像样家具，只有简单的衣箱、方凳、小板凳、八仙桌、小饭桌等。富足之家家具较多，有几、案、躺柜、立柜、书桌、太师椅、衣柜、首饰盒、衣架、供桌等。旧时农家没有床，一般都是土炕，炕上铺的是苇席。编苇席之前，先用“创子”（一种织席工具）将苇子劈成“席篾儿”，然后将苇子皮剥掉，再用席篾儿纵横交错织出席面。20 世纪 70 年代后期，各家各户盖好新房后，多不再盘土坯炕，购置席梦思床，也就不再铺炕席。室内家具也渐增多，有高低柜、组合家具、大衣柜、弹簧床等。旧时，一般家中家具多为普通木料，富足之家有红木、杉木、檀木等家具。

旧时，农村没有食物防馊和蔬菜保鲜的器具，平时一般家庭只在通风处的房梁上悬挂柳条筐，用于存放剩饭剩菜。20 世纪 70 年代以后，农家陆续制作饭橱，购买了电冰箱，才甩掉柳条筐。旧时，农户洗衣靠人工用搓板和棍棒辅助，洗衣机进家庭后，使广大妇女从繁重的家务中解放出来。旧时，人们穿衣盖被全靠妇女一针一线缝制。做衣之前先用纺车把棉花纺成线，然后用土织布机织布。在农家都有针线笸箩，里面装有针、线、顶针、针锥和鞋样，妇女们用它缝衣服，纳鞋底。解放后，缝纫机逐渐代替了针线活儿，20 世纪 80 年代前，缝纫机、手表、自行车被称为“三大件”。而进入二十一世纪，家庭用缝纫机也几乎停用，穿着衣物等大都从市场、超市、专卖店购买。

灯具 解放前，农家夜晚照明有一个使用油灯碗、煤油灯的漫长时期，逢年过节才点蜡烛，富有人家有点汽灯的。每逢春节，小孩儿打的灯笼和成年人做的“走马灯”都是纸糊的，灯里装的是蜡烛，直到 1964 年境内通电，才结束油灯照明的历史。随之而来，家家用上了电灯。

音像用具 解放前，富足之家有留声机。20 世纪 50 年代，农村始有矿石耳机子，60

年代出现了收音机，初为电子管，后为晶体管，俗称“半导体”。80 年代农村始有录音机和电子管黑白电视机，80 年代末出现彩色电视机，90 年代出现等离子电视、家庭影院、组合音响系列。进入 21 世纪出现了液晶电视、数码电视。

空调用具 旧时农村对春夏秋冬的气温没有调节能力。夏天来临，人们摇起蒲扇，即使桑拿天也只能忍受。最难熬的是冬季，各家各户只能烧火炕、生火盆御寒，夜晚室内温度常在摄氏零度以下。解放后，农村的防暑和供暖条件逐渐改善。三伏天由使用电风扇到安空调机。进入冬季，农户先是用砖垒的炉子或水桶做成的煤球炉，20 世纪 80 年代后，土暖气被广泛应用，进入二十一世纪以后，“小太阳”电暖器和家庭空调逐渐被广泛采用，住楼房的居民享受到集体供暖或地热供暖。

储粮用具 旧时，夏季小麦收获后，将麦粒晒干扬净。为防止发霉或生虫，用缸把麦粒封存起来，上面盖一层沙土。秋季玉米上场后先用秫秸搭个装玉米轴的过渡粮仓，待玉米轴被风吹干后，再把粒儿搓下来。有的用口袋或麻袋装起来，有的用缸或篓子（秫秸篾编织物）储存，还有的用茓子（约宽 1 米、长 10 多米的苇篾编织物）旋转成的粮囤储存。进入 20 世纪 90 年代，农家很少储粮，即便储粮，或用铁皮粮囤，或用药物。大部分粮食交国家储备库。

加工粮食工具 旧时，镇内居民加工粮食多用石磨或小磨。清朝以前，每个村子都有石磨或碾子，置于村中或村头。碾子由两部分组成，底部的大石盘为碾盘，上部的碌碡是碾磙子。推碾子初为人力，后为畜力，碾子主要用于粮食脱壳或碾米。石磨由两扇磨盘组成，上扇磨有洞，下扇磨磨底中心有磨脐，磨扇上凿有拳头大的两个圆孔俗称“磨眼”，一大一小，上置磨斗，将粮食倒入磨斗用人或畜力拉磨扇转动，研碎的米面从磨缝中流出，后用麻箩子或细箩子将面或渣筛出。用驴拉磨要戴上“箍眼”或“捂眼”，以防驴偷吃东西。加工油料也用石磨，加工油料一般先将油料炒熟，然后用石磨磨，磨下有沟槽，油从沟槽流出，流入水桶，经过兑水、打杠、礅油等工序，油便加工好了。20 世纪 60 年代以后，各村出现了脱粒机、鼓风机、打麦机和电磨，粮食加工更为精细，也省去了人力畜力，碾子和石磨逐渐被淘汰。电磨有麻箩和细箩之分，麻箩一般用来磨玉米面，细箩用来磨白面。后来，还有了加工谷类的电碾子。

加工柴草工具 柴草加工自古有之，元朝出现铡刀，用于喂牲畜，铡刀由刀片和刀座组成。20 世纪 60 年代，出现了铡草机、粉碎机，柴草加工实现了机械化。

交通运输工具 解放前，行人过河要坐船，称过“摆渡”。行路出远门一般骑驴、骑马，或坐牛车、乘马车。民国后出现了洋车（自行车）、三轮车。直到 20 世纪 70 年代末，境内一些村庄娶新媳妇仍用牛车或马车。80年代以后，摩托车是继自行车之后青年人的代步工具。90年代，私营企业纷纷购买桑塔纳等中档轿车，用于联系业务。各村微型出租车，用于短途客运，方便了群众出行，也成了婚丧嫁娶、迎来送往等事宜的交通工具。进入二十一世纪，私营企业汽车呈上档次的趋势，家庭用小轿车朝着普及的势头发展。

第二节　风俗习惯

一、节日习俗

（一）旧历节日

春节　农历正月初一日，俗称过年。为一年中规模最大、最为隆重的节日。旧时每年进入腊月（即农历十二月）后，中等以上人家开始筹备“年货”，并进行其他准备。尤其到了腊月下旬，更是进入火热阶段，故流传有如下民谣“二十三，祭灶天（一说‘糖瓜粘’）；二十四，写大字；二十五，扫房土；二十六，割年肉；二十七，宰公鸡；二十八，把面发；二十九，装香斗（一说贴道酉）；三十晚上坐一宿”。还有“初一饺子初二面，初三合子往家转”等。除夕前一天，家家换桃符、贴春联、挂年画。除夕最为热闹，家家院内挂天灯，有的并在墙上挂“爬山虎灯”，室内悬“走马灯”。同时燃放鞭炮，小孩打灯笼上街游玩，室内烧香供纸（神）点蜡烛等。院中撒铺芝麻秸，出入行人踏于脚下，谓之踏岁（碎）。除夕晚上，合家欢聚，家长给未成年的孩子发钱钞，谓之“压岁钱”。不少家庭终夜不寝，谓之“守岁”，有“一夜连双岁，五更分二年”之说。给神和祖先焚香、续香，谓之“接香火”，取香火不断（子嗣不断）之意。时至五更，化天地纸，合家吃除夕饺子，创一年安饱之兆。还有的家庭在除夕饺子里放一二个糖饺，传说谁吃了谁有福。初一黎明，家家放鞭炮，男女老少身着盛装，先拜神佛，后拜祖先，再拜尊长，谓之“拜年”。是日上午，男子和已婚妇女向家族长辈拜年，中青年男子还挨门逐户互拜新年好，说“见面发财”等吉利话。初二开始，人们携带礼物，走亲看友，直至正月下旬方止。旧社会过年，对富裕人家是合家欢乐的日子，对穷人却倍感辛酸。富人逼租索债上门，害得穷人东躲西藏。所谓“朱门酒肉臭，路有冻死骨”，正是这种境况的真实写照。

新中国成立后，提倡破除迷信，移风易俗，旧式贺词被问候取代。镇政府和村街干部在这一天组织群众进行拥军优属和慰问五保户活动。民间贴春联、放鞭炮、吃水饺和相互拜年等传统习俗一直流传至今。

破五　农历正月初五日称“破五”。旧时认为这天不吉利，如无必要，一般不串亲，不出行。中午吃水饺，俗称捏“破五”，另有“剁小人”之说。直到如今，境内一些人家仍保留在此日吃饺子习俗。

元宵节 农历正月十五日称元宵节，又称灯节、上元节。旧时此日起祀祖先、祭神灵，午饭吃饺子，晚饭吃汤圆（亦称元宵）。从十四日起，连续三四日晚上挂花灯、放鞭炮，进行花会表演，俗称闹元宵。新中国成立后，不少迷信色彩被革除，但传统的花会表演被保留，一些村街还参加镇里、区里的会演，吃元宵的习俗沿袭至今。

添仓 正月二十五日。寅时在室内、院内以土灰划圆圈，谓之“打囤”。内置钱币或五谷杂粮，用砖石压盖，籴米积薪谓之“添仓”。或以饱食美肴，象征添仓。有“添仓二十五，小米干饭熬豆腐”之俗。

龙头节 农历二月初二日，俗称“龙抬头”。意味龙王经过一冬的休息，从该日开始抬头，准备下雨，故农户以当日挑水为忌，谓之“挑懒龙”。中午吃水饺或蒸“懒龙”（以白面为皮，肉菜为馅的圆筒状熟食）。均有盼望龙王勤奋，早降甘霖，保当年风调雨顺，粮食丰收之意。早起以灰撒至水滨，谓之“引龙”；食煎饼，谓之食“龙鳞”；食水饺，谓之食“龙耳”；理发，谓之剃“龙头”。沿袭至今。

寒食节 在清明节前一天，家家插柳枝，吃寒食，不点火做饭。相传此举为纪念介子推而设。春秋时期，晋国公子重耳被迫流亡国外，途中历尽艰辛，又累又饿。跟随重耳的臣子介子推割自己肉做羹为其充饥。重耳食后始知真情，对介子推感恩不尽。但回国得到君位（是为晋文公）后，在赏赐随从臣属时，却没有赏到他。介子推背母隐于绵山。后文公忆及旧事，意欲补偿，但遍寻介子推不得，知介是一孝子，便令人放火烧山（这天是清明节的前一天），以为他为保护老母必然出山。但山上荆棘烧成灰烬，也未见其母子走出，经搜寻，却发现手抱树干、背负老母的两具尸骨。文公仰天长叹，追悔莫及。为表示对介的怀念，乃下令每年这天举国不动烟火，吃寒食。以后遂定此日为寒食节。从 20 世纪 30 年代起，这一节日禁火寒食的习俗已被人们逐渐淡漠。

清明节 时值每年 4 月 5 日左右。旧时，清明节日，家家户户拜扫先人坟墓，上供烧香，填土压挂纸，俗称“上坟”，有的并插柳栽松。然后，全族男丁会聚一堂吃伙饭，族产收入大的同吃酒席，称作“吃祖饭”。这一习俗至解放初期土地改革时被革除。但群众仍有添坟纳土、烧香化纸、祭祀祖先的习俗。

端午节 亦称端阳节，时值农历五月初五日。是日，小孩多于上衣胸前、腋下或下衣腰际缀红葫芦（用红布剪成或用红绸扎成），有的挂香袋（也叫香荷包），传说能驱邪避疫、消灾免祸。家家门口插艾蒿、挂新拔全株大蒜，研朱砂、雄黄入酒，晒而饮之，传说能保安全，驱邪消毒。又以苇叶、黏米、大枣为原料，裹制角黍（粽子）既以自食，又以馈赠亲友。传说这是为纪念我国最早的大诗人屈原，谓把粽子投汨罗江喂鱼，可免屈原的躯体被鱼吞食。端午节的各种习俗，除裹粽、吃粽被保留外，余者多被淡忘。

乞巧节 时值农历七月初七日。是旧时妇女向神话传说中的天上织女乞求智巧的日子，神话色彩浓烈。是日晨，人们走出户外，若未见喜鹊，则说是去天上给牛郎织女搭桥；如有雨，则说是牛郎织女见面后哭出来的泪水。是日午，未婚少女注清水于盆，置日光下，投以绣花细针，若针浮于水面，且映于盆底之影细而长，则说该女“巧”；影短而粗，则说该女“笨”；若针沉于盆底，则说该女“笨极”。是日晚，未婚少女设瓜果祀织女，向其“乞巧”。解放后此俗少见。

麻姑节 农历七月十五日，亦称“中元节”。旧时设祭祖考，谓之“麻颗”。以占穑事之将成。佛教寺院设坛，吹鼓、诵经斋鬼，谓之“盂兰盆会”。入夜以大西瓜削成莲瓣形，插蜡烛燃放河灯、烧纸船、放焰火救饿鬼、超渡亡灵。解放后，此类迷信活动已全部破除。民间有撒灯花的习俗，在门口、窗台撒放灯花，保全家平安。

中秋节 农历八月十五日，因值秋季正中，故名。它是全年之内除春节以外最大的传统节日。此日，离家在外者多赶回家中团聚，故又称“团圆节”。是日，绝大多数人家饭菜丰盛，并吃糖饼、月饼、瓜果。月亮东升后，于院内月光下设几案，将月饼、瓜果陈列其上，烧香拜月。合家亦于此时赏月欢饮，有庆祝丰收之意。次日（八月十六日），“接闺女（已婚者）、叫女婿”，设宴款待。解放后，拜月之风已少，余者持续至今。

重阳节 农历九月初九日。旧时士绅大户多于是日制菊糕，其长者相约登高野宴；农家老人也有当日野游的习惯，谓可防治脚病。到民国年间，此风渐绝。1989 年经国务院批准，定是日为“老年节”。各村街组织老年人开展有意义的文体活动，表彰尊老敬老行为。

寒衣节 农历十月初一日。亦称“鬼节”。民间焚烧纸衣祭祖先，谓之“送寒衣。”

腊八节 农历十二月初八日。相传是佛祖释迦牟尼的成道日。旧时此日早晨家家吃“腊八粥”，因贫富不等，有精粗之分。精者用五色米豆和枣、栗、莲子等干果煮成，象征五谷丰登；粗者投料不全。人们以“腊八粥”在当天吃得越早越吉利。是日，人们还习惯腌“腊八蒜”，即将蒜瓣浸泡于醋液内，有的并加入白糖，入罐密封 20 天后，蒜瓣呈绿色即可，多配饺子食用，此习俗流传至今。

小年儿 农历十二月二十三日，亦称“送灶日”。旧时农家供灶王爷（又称灶君），尊为“一家之主”。送灶日蒸年糕，买灶糖（又称“糖瓜儿”）作祭品，用意是把灶君的嘴黏住，以免见玉帝时说坏话。同时以秫秸为原料，插编成马匹、鸡犬等形状，并将草节、大豆、高粱等盛于碗内，同置灶前，表示为君喂马，并代饲鸡犬。晚饭后焚香叩首，经一个时辰（两小时左右），将灶君图像揭下，与“马匹、鸡犬”等一起焚化，谓之送“灶王爷”上天，并口念祝词，如“上天言好事，下界保吉祥”之类。五六天之后（除夕前），则又贴新的灶君图像，谓其已从上天归来。解放后破除迷信，供灶、祭灶、送灶等基本绝迹，届时吃黏糕，吃糖瓜儿的习惯还有。

除夕　旧历十二月三十日，寓旧岁至此而除之意。是日，午饭均食肉，晚祭祖、祭神，全家团聚，终夜不眠，俗称“守岁”。烧炭避瘟，院内撒芝麻秸，出入用脚去踩，称“踩岁”。门限贴黄纸，门上贴门神、春联、吊钱。秽土污水，亦不可随意倾倒。至夜半祭神，各家燃放鞭炮，辞旧迎新。解放后，此俗除其迷信色彩被破除外，其他传统民间习俗延习至今。

（二）公历节日、纪念日

新年　1月1日，又称元旦。始于辛亥革命后，是日，机关、工厂、驻军、学校和各企事业单位放假，张灯结彩庆贺。

国际劳动妇女节　3月8日，亦称“三八妇女节”。解放后，境内每逢3月8日，各村街妇联组织纪念活动，开展妇女儿童体育竞赛，表彰先进妇女工作者和“五好家庭”等。

植树节　3月12日，始于1989年。每逢此节，各级党委、政府组织各村街干部群众开展义务植树活动。

国际劳动节　5月1日。解放后每逢此节，各单位张灯结彩，职工放假，参加庆祝活动。

中国青年节　5月4日。由各级共青团组织青年参加各种纪念活动。

国际儿童节　6月1日。少年儿童身穿节日盛装，参加各种文艺表演、联欢活动。

中国共产党诞生纪念日　7月1日。是日，各级党委和各村街党组织召开报告会、座谈会，表彰先进党支部和优秀共产党员。

八一建军节　8月1日。是中国人民解放军建军纪念日，军地双方组织拥军爱民活动，互相慰问。

教师节　9月10日。组织庆祝活动，表彰模范教师和优秀教育工作者。各级领导和村街干部到学校慰问教师。

国庆节　10月1日。中华人民共和国成立纪念日。各机关、学校、工厂、商店张灯结彩，举行各种庆祝联欢活动。

二、婚嫁习俗

境内旧时男婚女嫁，遵从“父母之命，媒妁之言”。由提亲到结婚期间，礼仪、习俗程序纷繁，主要过程有纳采、问名、过小帖、过大帖、请期、迎娶等。

纳采，亦称提亲、下定。即男方父母托媒向女家通礼求婚，并由媒人向女家介绍男家情况、男方长相、年龄等。女方父母同意后留下礼物，再由媒人向男方报信。

问名。指男家通过媒人问女方为谁氏（含查问姑娘是亲生还是抱养之意）闺名、生辰八字等，女家将上述内容写成帖子，由媒人送达男方。

过小帖，亦称纳吉。问名后，男家请算命先生合婚占卜。旧时在男女属相上俗传有“白马犯青牛，羊鼠一旦休，蛇虎如刀锉，龙兔泪交流，金鸡怕玉犬，猪猴不到头”之说，意谓男女双方在属相上相克，不能结亲。反之，占卜得吉兆后，往告女方，婚约初步确定。

过大帖，男家合婚问卜后，将婚约及礼物送至女家，也谓之“催妆”，此时算正式订婚。

请期，男家选择吉日为娶期，用书柬通告女家，也谓之“送日子”。

迎娶，有两种规格。娶亲之日，男家请“娶亲人”到女家去娶新娘，谓“迎娶”；新郎在仪仗队引导下亲到女家迎娶，谓“大娶”。

婚期前，男方家中请4名父母健在、儿女双全的中年妇女为新郎、新娘做被褥，并在被褥的四角放置枣、花生、栗子，取早生贵子之意。婚期前一天，男家搭宴棚，接亲友，贴喜联、喜字，并将娶亲花轿摆放房前，谓之“亮轿”，请厨师准备酒席，谓之“造厨”，请吹鼓手吹吹打打，谓之“响门”。同时新郎、新娘要理发、洗澡，并于当日晚选择新郎的弟、侄辈男童一至数名，与新郎一起，同寝于新房中，谓之“压炕头”，其意为婚后多生男孩。

迎娶日，男家先派两人抬着食盒（内装肉、米、面、鱼等物）到女家，女家收留部分食物后，连同女家陪送嫁妆，再抬回男家（也有在迎娶前两天，先由女家派人送往男家者），此时女家要给抬食盒的人发喜钱。喜钱用红纸包装，喜钱的多少不等，视经济条件而定，但均为双数。迎娶时，男方请一对儿女双全的夫妇（伯父母、叔婶、兄嫂）为娶亲人。娶亲多用花轿，也有用骡马木轴小轿车的；富庶人家用花轿，前后骑马，旗锣伞盖，鼓乐相随，谓之大娶大接。新郎亲迎时，用两匹马或两顶花轿。娶亲花轿或马车至女家门前，鞭炮鼓乐齐鸣，女家要给抬轿人或车把式喜钱。新娘上车（轿）前，要用线绞去脸上汗毛，谓之“开脸”。并要换衣，红布盖头，告别时，新娘嚎啕大哭，表示舍不得爹娘。而后，新娘由女方家人背进娶亲的车（轿），并带一红布包袱皮或帽盒，里边放一面镜子，名为“照妖镜”，相传能避邪。一路之上，新娘不下车（轿），不回头。车（轿）到男家，鞭炮、鼓乐齐鸣。新娘下车（轿），脚踩红毡，由人搀扶到院中与新郎拜堂，亦称拜天地。拜堂时，张灯结彩，鼓乐相随，摆设酒果、香烛，新婚夫妇行三跪九叩礼。拜讫，新郎新娘各执红绳（布）一头，新郎在前，新娘在后，导入新房，而后新郎挑去新娘头上红布盖头，夫妻始相见。当日夜，多有未成年男女前去耍逗，称之为“闹洞房”。婚后三日新人双至女家，谓之“回门”。

当日，女家盛宴款待女婿。

旧时，婚姻绝大多数讲门当户对，以早订早娶为荣，有的刚刚三五岁便订婚，称“娃娃亲”，甚至双方父母“指腹为婚”。由于双方年幼，互不相识，加上媒人从中欺瞒，造成各类怨偶极多。另外，旧时男尊女卑，男可三妻四妾，男丧妇可续娶，女丧夫却被要求“从一而终”，因而年轻寡妇一生守寡者甚多。同时还处处被人歧视，迎亲嫁娶等吉庆场合均需回避，终身抬不起头来。倘有因生活艰难或公婆虐待而要求改嫁者，往往婆家会提出非常苛刻的条件，有的还要向其新丈夫家索要大量彩礼归己。寡妇改嫁时，要向原公婆叩头告别，向故夫烧“离别纸”，而后转归娘家，待新夫来娶。迎娶日，新夫家中放一铡刀，以“防其故夫勾魂”。

解放后，人民政府颁布了《中华人民共和国婚姻法》，婚姻嫁娶中的各种陈规陋习多已绝迹。境内男女青年的婚姻主要有经人介绍和自主恋爱两种。一般青年在20岁左右由媒人介绍相识，男女双方中意后确定恋爱关系。有的还需“相家”，即女方到男方家中相看家庭情况，如男女双方都同意，即择日在男方家中举行订婚仪式，名为“吃订婚饭”，或曰“吃合子”。当日男方家要大排宴席，并要送给女方订婚礼（四色、八色不等，进入新世纪后多为现金），尔后，再择吉日于女家摆宴席，男方和媒人同赴女家，谓之“吃回合”，女方亦要给男方礼物。婚姻关系就算确定下来。经过一个时期的交往，双方情意相投，到法定婚龄后，即到男方或女方户口所在地政府登记结婚。自由恋爱者除少数仍走托媒说亲的过场外，多数已将各种程序从简。

进入70年代后，寡妇改嫁已成为常事，寡妇有权支配应得财产的法令得到执行，有的寡妇在征得公婆同意后，带老人改嫁，或在本家招婿，与新夫共同奉养老人，哺育孩子。

进入二十一世纪以来，结婚讲排场、闹阔气、大操大办等风气又有所抬头。

三、丧葬习俗

旧社会实行土葬，葬期不定，礼仪繁缛。人死后即请僧道念倒头经，设葬榜、魂幡，履行报丧、送纸（由晚辈步行送灵牌及纸钱至庙宇）、入殓、守灵、接三（为死者招魂）、送殡、路祭、辞客、入墓、三天开门、逢七念经、“五七”和周年复祭等例行程序。

婴幼夭折，多于当日用席卷埋于乱葬岗。已婚男子亡故，若妻子不愿守节者不得埋于祖茔，未婚女子死亡亦然，谓之不葬孤魂。

近现代殡葬礼仪有所变化。亡故前的弥留之际，家人为其穿寿衣（单、棉衣、鞋、袜俱全）、戴寿帽、枕寿枕，置于灵床（多为单扇门板）上，体仰卧。亡故后，头前摆灵桌、放香炉、设祭品、置油灯一盏，谓之“长明灯”，并摆放一瓦盆，谓之“丧盆”。先由女晚辈烧三遍纸，合家穿孝服，家中举哀守灵。家族亲友闻讯前来哭丧。死者子女晚辈披麻戴孝陪之恸哭。翌日院中搭设灵棚，给亲友送讣信。下午装棺入殓。入殓前，将棺木内糊纸，铺撒白灰和纸灰，孝子孝女们向棺底扔铜钱，谓之“垫背钱”。入殓时，用苇席遮天以防光照，由长子捧头，众亲友帮手将尸体抬入棺内。尸体脸朝天平躺，四周用棉花、稻草捆戗稳，并用香油擦口眼鼻，谓之“开眼窝”，同时，口喊“合眼”，并不得恸哭，防止泪滴尸身。后扣钉棺盖，全家举哀，吹鼓手奏哀乐。晚上由死者女儿或孙子出钱请吹打乐曲，谓之“坐晚”，亦称“辞夜”，并磕“岁头”。第三天（也有第五天或第七天）出殡，有送路、垫补、路祭、下葬、成坟等程序。丧期内富家有搭棚、立碑宴请僧道诵经等举，并纸糊金山银山、童男童女、香幡、香伞，及各类走兽于坟前焚化。出殡亦称“出堂”，时间一般在午饭后。出殡时由长子（长子亡故者多由长孙）摔碎丧盆后，执引魂幡率导举哀。妇女坐车跟在灵柩后面送孝，长儿媳怀抱“遗饭罐”坐在第一辆车内。死者的长女婿抱斗。斗内装有用白纸砸制的纸钱，边送殡边撒纸钱。抬灵柩、灵轿根据贫富情况用十六、二十四、三十二、四十八等杠，官宦人家有的用独龙杠。吹鼓手奏哀乐送入坟茔安葬。安葬时，先将死者晚辈身上披戴的麻绳和撒剩的纸钱扔于土穴中，待灵柩入穴后，将“遗饭罐”置于棺木前，孝子（长子）先在棺木四角各填一锨土，后由抬棺者掩埋。坟成形后，将引魂幡插于坟堆上，安葬完毕。此后则于三日、七日、五七、周年、三周年等日进行祭祀活动。

新中国成立后，境内殡葬大致仍沿袭旧时程序，但迷信内容逐渐减少。20世纪60年代，“破四旧，立四新”，有的将旧时孝子执“引魂幡”改为举花圈，将披麻戴孝改为臂戴黑纱，胸前戴白花，将跪拜恸哭改为鞠躬默哀。

70年代后，实行火化，但也出现火化后将骨灰盒放入棺木安葬的现象。机关干部、社会上较有名望的人士去世后一律实行火化，开追悼会，存放或安葬骨灰盒。90年代以来，丧事大操大办之风有所抬头。

四、喜庆习俗

送月子 妇女分娩，俗称“坐月子”。小儿降生之后，至亲好友，尤其产妇娘家近人，都来看望祝贺，并送白面、红糖、鸡蛋等物。有的也为婴儿送花布、童衣以示祝贺，称送月子。此俗至今犹存。

贺十儿 小儿降生十二天，俗称“十儿”。是小儿出生后最为隆重的祝贺日期，亲朋多送贺礼。有“喜钱”以及糕点、童衣、布料、手镯、脚镯、项锁等物。主家设酒宴款待，特为隆重。今多为送衣帽、糖面、鸡蛋和喜钱等。

贺生日 旧时乡民每到诞生之日，一般要换新衣、吃面条、吃鸡蛋以示庆贺。如属老年诞辰，子侄晚辈要设宴拜寿，有的亲朋也来登门祝贺。如今贺生日多限于为儿童和老年人举办，主要是饮宴。

庆大寿　旧时，家族长辈年逾60岁以后，每到一个十年岁数，一般要庆大寿。仪式为请亲朋、宴宾客。贺寿者则献寿帐、献寿联、送酒肉果品等。饮宴前举行祝寿礼，晚辈拜贺，亲友送祝语。另有出嫁女儿，给每当66岁的父母买一刀猪肉，表示祝愿父母长寿，现如今多改为用糕点做成的寿桃，亲友祝贺也多为以钱代物，主家设宴则一般选在饭店进行，以示排场。

贺新居　旧时乡民以起建新屋为大事。起新房时贴红联、放鞭炮，谓之能趋吉避凶，兼示祝贺。迁入新居，称“乔迁之喜”。届时，主家多于黎明从原来的老灶中移火种到新灶，谓之“接火种”。亲朋邻里送喜联、赠贺词表示祝贺。主家设宴请酒致谢。

开张　旧时，乡民私人店铺，第一天开业称“开张”。一般均要贴喜联、放鞭炮，有的还雇请吹鼓手吹吹打打，也有的宴请好友亲朋，以示庆贺。新中国成立后，境内国营或集体企业第一天开业，多举办开业典礼、剪彩等。进入二十一世纪后，一些民营企业开业，不但放鞭炮、贴喜联、挂条幅、请音乐会表演节目，还要设酒宴、请宾朋，以示隆重。

五、礼仪禁忌

（一）礼仪

旧时乡俗礼仪纷繁，尊卑长幼分明，大事小情、待人接物、日常生活均十分讲究礼节。如今旧礼多被淘汰。尚存的以及新中国成立后新兴的礼仪、礼节主要有：

脱帽礼　作为客人，入室后先行脱帽，以表示对主人的尊敬。

鞠躬礼　婚丧时晚辈向长辈或平辈之间，以及日常拜见师长、感谢他人行鞠躬礼。其方式是，免冠面对受礼之人立正站好后，将腰慢慢弯下，使上体与下体呈45度至90度角。

抱拳礼　遇有喜庆之事，亲友向主家行抱拳礼，口称恭贺语，主家亦抱拳还礼。其方式是，面对受礼之人站好后，将双手握成拳头，拳心相对，将两拳贴紧举至肩平，上下略有抖动，上半身亦随之略有弯曲。此礼只适用于男性。

叩头礼　丧葬时晚辈向灵柩、本家向宾客施叩头礼。旧时逢年过节，后辈拜祖先、晚辈向长辈拜年、祝寿，以及结婚等均行叩头礼。其方式有二：一是双手作揖后，双腿跪于地下，上半身向下弯曲，同时双手撑地，尔后抬起上半身，完成一个叩首礼，称一叩首，续之称二叩首、三叩首；二是单腿跪于地下，另一腿向前弯曲，尔后上半身向下弯曲，同时双手撑地。女子叩首与此略有不同。

握手礼　现行礼节，以握手礼最为多见。通常用于同志、朋友间和社会交往中。握手时，口称寒暄语。如戴有手套时，应先将手套摘下，再行握手，以表示对对方的尊敬。男女、长幼相见，待女性、尊长出手后方行握手。

举手礼 亦称军礼，戴帽时方用。多用于部队干部、战士、警察和民兵。少先队员行队礼，举手过头顶。

此外，日常生活中的其他礼仪还有很多。比如，有客来访，主人应远迎，并请客人先行，主人随后伴行；将进主人居室（或客室）时，主人赶至前面高挑门帘，让客人先入；入室后请客人上座，敬烟茶，陪客人酒饭，主人先于客人举筷，后于客人停筷；向客人奉茶、敬酒、送饭应用双手，酒须满，茶要半，送客应远等。又如出家门问路时，应先下车，后问路；如戴墨镜、风镜、口罩等，还须先行摘掉后开口，以示对他人尊重。在家里如见客人或长辈突然入室，须马上起立让座。早晨见到族中长辈，须先行问候等等。

（二）禁忌

禁忌亦称忌讳，即日常生活中的清规戒律，境内俗称“老例儿”，信者为信“老例儿”。旧时乡民禁忌很多，归纳起来有如下几方面。

1. 婚娶禁忌

禁同族通婚。

议婚，忌男女属相相犯，忌女方属羊。

忌非“全可人”做新婚被褥。

忌与新娘属相相犯之人迎亲送亲。

迎亲送亲有“姑不迎姨不送姥姥舅妈全不用”之说。

忌孕妇迎亲。

禁迎亲于同一条路去归。

忌于喜日说“死了”“完了”之类词语。

忌孕妇进洞房。

忌新娘子三日内过道。

禁新娘子独自回娘家后留宿。

忌寡妇进新房。

2. 生育禁忌

孕妇之间忌用同盆洗脚。

忌孕妇进产房。

妻子临盆，禁丈夫进产房。

初生婴儿，十二天内忌谈“风”字。

忌未过满月之产妇串门。

禁属虎之人进产房。

3. 丧葬

忌戴孝者进非亲族家。

忌外姓人吃辞灵饺子。

忌与死者同属相人进灵棚。

死者“咽气”时忌兄弟姐妹在场。

忌死者之伴侣随灵车进墓地。

忌身死异地者之尸首或灵柩进村。

禁丧事后年内办婚事。

4. 节日禁忌

忌于除夕至来年正月初五期间说“穷”“没”之类词语。

忌于除夕至来年正月初五期间朝外扫地、倒土、泼水。

禁已婚妇女看到娘家除夕之灯。

忌妇女到他人家梳头。

禁除夕睡通宿。

忌正对着人磕头拜年。

忌于正月初二向外人借水。

忌于正月初五动刀剪。

忌于正月里剃头、推磨、做鞋。

5. 礼仪禁忌

忌于下午或晚上看望病人。

忌就餐时用筷子指指点点。

忌壶嘴对人。

忌男女衣裤混穿。

6. 饮食禁忌

忌烙饼只烙一个。忌包饺子、蒸馒头 25 个。

忌待客上 5 个菜。

忌接新女婿第一天吃饺子。

忌主动归还药锅。

忌携带药品到别人家停歇、存放。

忌两个人合吃一个梨。

7. 建造禁忌

建房，忌单柁、双檩、单椽子。

忌宅院开西南门。

忌新房正南正北。

忌新房低于两邻。

忌堂门、院门对着墙角。

忌厕所、猪圈建于宅院之东侧。

此外，旧时乡民禁忌还有很多。如，正月初一做针线活，谓之一年不得闲；正月理发，谓之妨舅；二月初二龙抬头日动刀剪，谓之招蛇引蝎；建房时房基或墙内伏有铁物，谓之埋下镇物；前房比后房高，谓之欺祖；房屋窗口对别人家门口，谓之窗户对门，不打官司即死人；房院门对过道，谓之人和鬼走一条道；守孝期（一般为“五七”内和人死后第一年正月初一至十五）忌访亲友、结婚、穿彩服；坐车、船忌说“翻”字；正月和九月忌迁居；单月单日忌结婚；正月初五忌买卖开张和远出等等。

解放后，随着人们科学文化水平的提高，年轻一代对诸多禁忌视为笑料而不屑一顾，唯有少数老年人尚有“信例儿”的习俗。

六、称谓

境内较常见的称谓

表 27

称呼对象	称 谓	附 注
较普遍地称一般人	同志、师傅	尊称，前者在旧时无此称谓
称比自已稍大的男子	大哥、老兄、老哥哥	后两者限于男子称男子
称比自已稍大的女子	大姐、大嫂、老嫂子	后二者对已婚女子
年少者称陌生年高男子	大爷、老人家、老头儿	最后者为蔑称

续表 27

称呼对象	称 谓	附 注
年少者称陌生年高女子	大娘、大妈、老奶子	最后者为蔑称
称比自己小的男子	大兄弟、老弟	男对男居多
男子称比自己小的女子	大妹子	
称与母辈相若的女子	大姨、大妈、大婶	
成年人称小男孩	小伙子、小子、崽子	最后者为蔑称
成年人称小女孩	小姑娘、小闺女、丫头、丫头片子	最后者为蔑称
称熟悉的同事或朋友	老张、老王、小张、小王	
称比父亲稍小的男长辈	大叔、大伯	
称比父亲稍小的女长辈	大婶、大姑	
对外人称妻（夫）	我们对象、我们那位、我们那口子	
年老夫妻互称	老头子、老太婆、老婆子、老伴儿	多用于对外，在称谓前加“我”或“我们”
子女称父亲	爸爸、父亲、老爹、老爷子	后二者多用于对外
子女称母亲	妈、母亲、老娘、老妈	后二者多用于对外
父母称儿子、女儿	小子、闺女、丫头	或称其名，多称乳名
兄弟相称	哥哥、弟弟、兄弟	多加行次，如大哥、老兄弟
称伯父	大伯、大爷	
姊妹相称	姐姐、妹子	
称祖父母	爷爷、奶奶、祖父、祖母	后者二者为文语

续表 27

称呼对象	称 谓	附 注
称女儿的丈夫	他（她）姐夫（或直呼其名）、姑爷、女婿	后二者对外
称妻之父母	岳父、岳母、老丈人、丈母娘	后二者对外，有儿女后多用代称。近年来亦有称爸、称妈者。
称妻之兄	大哥、二哥……大舅子、二舅子……舅爷	后三者对外，有儿女后多用代称
称妻之嫂	嫂子、大妗子儿	后者对外
称妻之弟	直呼其名、小舅子	后者对外
称妻之姐	姐、大姨子	后者对外，有儿女后多用代称
称妻之妹	妹子、小姨子	后者对外，有儿女后多用代称
称妻之伯父母	大爷、大妈、大爷丈母娘、大妈丈母娘	后二者对外，有儿女后多用代称
称妻之叔婶	叔、婶、叔丈人、婶丈母娘	后二者对外，有儿女后多用代称
称妻之弟媳	弟妹、小妗子	后者对外，有儿女后多用代称
称夫之祖父母	爷、奶奶、爷公、奶婆婆	后二者对外
称夫之父母	爸爸、妈、公公、婆婆	后二者对外
称夫之伯、叔	大爷、叔、大爷公、叔公	后二者对外
称夫之伯母、婶母	大妈、婶、大娘婆、婶婆	后二者对外

续表 27

称呼对象	称 谓	附 注
称夫之兄弟	哥、弟、大伯子、小叔子	后二者对外
称夫之嫂、弟媳	大嫂儿、小婶儿	均为对外，有子女后多用代称
称夫之姐妹	姐、妹、大姑子、小姑子	后二者对外，有子女后多用代称
连襟互称	小者称大者为姐夫，反之称妹夫，互称一般沉、一担挑	后二者对外
兄嫂称弟媳	弟妹	有子女后多用代称
称母亲的兄、弟和嫂、弟媳	舅、妗子、舅妈	
姑、舅、姨子女互称	表兄弟姐妹、姨兄弟姐妹	有的概用“表”字，不用“姨”字
称母亲的父母	姥爷、姥姥、外祖父、外祖母	后者为文语
称父亲的姐妹及其配偶	姑、姑夫	
称妻的侄儿、侄女	内侄、内侄女	多用于对外，直呼则与妻同
姐妹及连襟对方子女	外甥、外甥女儿	
公婆称儿媳	媳妇、儿媳妇	限于对外，于今直呼时多称其名
夫称妻	他（她）妈、我们家的、我们孩妈	此多为农村对外用的代称，直呼则多为“喂”“我说”，今多称其名，或“老”字加其姓。
妻称夫	我们当家的、我们孩儿他爹、他爸爸	此多为农村用的代称，直呼时与上同
称姐妹的丈夫	姐夫、妹夫	

第三节　宗教信仰

佛教、道教、天主教

旧时，境内群众的信仰实为佛道混杂的多神崇拜，民间几乎家家户户皆供神龛. 随着村落和人口的增多，活动亦逐渐兴盛。到了明清时期，各村皆建庙宇，仅镇内各村兴建庙宇就多达 46 座。人民的生产生活，亦常与佛教、道教活动相关，如婚丧嫁娶，求雨祈福，都到庙中去行法事，此习俗一直沿袭至中华人民共和国成立。

解放后，破除封建迷信，庙宇多被拆除和改建学校。

镇域所属宋家场村 80% 以上民众信奉天主教。2012 年建有天主教堂，规模不大。

第三章　方言俗语

第一节　方言

一、普通话与方言

普通话	方言
（一）人体类	
头	脑瓜儿、脑瓜子、脑袋、脑袋瓜儿、脑壳儿
额	脑门儿、脑门子、椰拉盖儿
驼背	马蜂腰儿、罗锅儿
乳房	奶头儿、咂咂儿、个个儿、妈妈儿
臀	屁股、屁股蛋子、屁股蛋儿
膝盖	勃膝盖儿、勃了盖儿
脚	脚丫子
（二）动物类	
青蛙	蛤蟆

蚂蟥	马鳖、蚂皮
猫头鹰	夜猫子、鸹鸟子
麻雀	老家贼、老家仓、家巴子、家雀儿、家照儿
蝙蝠	檐皮虎、圆屁虎
蜻蜓	蚂螂儿
牛虻	瞎蠓
蜘蛛	蛛蛛
蝴蝶	花蜂儿
蝗虫	蚂蚱
螳螂	刀螂
蜣螂	屎克螂、大将军、屎壳郎
老鼠	耗子
蚯蚓	蛐蟮、地龙
蝼蛄	拉拉蛄
蛇	长虫
跳蚤	虼子、狗蹦子
壁虎	蝎了虎子
蟾蜍	疥蛤子、癞蛤蟆、疥癞蛤蟆
黄鼠狼	黄狼子、黄鼬

（三）植物类

向日葵	转莲、转色莲、转日儿莲
玉米	棒子
棉花	苗儿花、鸟（niáo）儿花
蓖麻	大麻籽
红果	酸了红

（四）时间类

去年	头年、头一年
明年	来年、过年、转年
昨天	昨儿、夜个儿、头天儿
今天	今儿、今儿个

明天	明儿、明儿个、赶明儿
后天	后儿个、后儿、赶后儿
早晨	大早儿、大起早儿、大清早儿、清早儿
上午	早半晌、头半晌、前半晌
下午	后半晌儿、过半晌儿、过晌儿
傍晚	后晌儿、黑后晌儿

二、方言释意

方言词语条目	**普通话释义**
（一）称谓类	
老家局儿	家里主事的老人
外秧儿	本家或本族之外的人
白眼儿	外孙子或外孙女
黑眼儿	孙子或孙女
二青头	痞子或冒失的年青人
二等	用自行车驮人
棱子	刺头
料货、狗食	不成器的人
杠头	好抬杠的人
肉头	软硬不吃的人
水鸡子	失败的人
甩子骨	无才无德并不求上进的人
狗地癞	不干好事的人
赖痞	不承认自己所为的人
垫背	替罪羊
（二）食物类	
猫尿	酒
下膪	猪的乳部松软的肥肉
高鞠鞋	高筒靴
靴约子	放在靴子里的钱包
兜肚子	系在腰带上的钱包

磬子	水深的坑
乌突水	不开的温水
割挠	碎的豆秸豆叶
稔（rèn）头	高粱在孕穗时变成的黑色菌包，亦指长在玉米秆上的黑色菌包
河了	水印连片
飞花	棉衣棉裤破了而露出的棉花
麻花	衣服极破碎

（三）言语类

干啥（shà）	干什么
咋（zǎ）	怎么样
闲白	闲话；与所从事者无关的话
食火	无根据的话
驴话	声音大而无用的话
贫话	烦人而内容空洞的话
散盘子话	涣散人心的话
捯小肠	重提旧事；追根问底
扒扯	背地讲人的短处；向上攀附权势
嚼情	强词夺理、善辩
摔咧子	说闲话
胡吐噜	无根据地乱说
穿小鞋	在上级讲同事的短处；上级借机整下级
白呼	能说会道（含讽刺之意）
捯磨	常自语某事，有反复、忆念之意
叽咕	小声说话；背后议论
戗嘣	争辩、议论
胡吣	说不文明的话
没流儿	不分场合与长辈或晚辈开玩笑

（四）行动类

寻休儿	找地方借宿
拉饥荒	借债

掂量	权衡
打眼了	未辨清而买了假货
砸锅了	把事情办糟了
抹（mā）根	打听
受叠累	受折磨
瞜瞜	看看
作瘪子	遇上难处
腰歇儿	中间休息
规着	收拾杂物；用行动教训他人
捣腾	拾掇东西；做买卖
鼓捣	摆弄、制作
薅草	拔草
熥饭	把饭回锅蒸热
借在	在衣食住行方面多注意身体
秃噜	把准备的饭食吃尽；吃面条等食物狼吞虎咽
熬口	馋
埋汰	不干净
炖落了	食物被煮过了火
嚎丧	哭（用于骂人）
糟践	浪费或不爱惜；侮辱人
灭贴了	人败气了
颠儿了	跑了
日蹦了	跑了
支棱	竖起、翘起
激灵	受外界刺激而身体一颤

（五）社交类

骑驴	中间渔利
秋(qiù)喝	唆使人或动物双方相斗
苦害	让他人吃亏
掐鸟食罐	停供口粮

铁了	关系特别密切；事情定而不移
掰了	双方断绝关系
帮乱	助人而不得法，瞎掺和事
龇猫	挑衅
涮愣	耍笑
离戏	开玩笑
撒泼	耍脾气、胡闹
腻歪	不受欢迎；整天无所事事而精神无所依托
露怯	失礼，言行有悖于乡俗
闹猴	不老实、起哄
挣崴	挣扎、抵抗
支蹦	抵抗
炸刺	闹事
炸窝	内讧
炸锅	内幕败露；事情失败
哈抹了	杀了
草鸡了	斗败了，失败者

（六）性情类

愣了呱叽	行动愣头愣脑，冒失；办事不讲究方式
拉呼	做事丢三拉四不认真
嘀咕	遇事拿不定主意
炸塔	大发雷霆
洋蹦	趾高气扬
欢势	有精神
扯子	言行活泼得过分（亦称半疯）
蔫嘟	人没有精神
执拗	固执任性；不愿做某事
粘缀	不爽快
拧筋	死硬
烟不出火不进	不开通；认死理

者厉	秉性厉害
辣（lá）吃	不讲情面；言语厉害让人不易接受
呵碜	寒碜
抠索	吝啬小气

（七）工作类

招乎	干或做（工作或事）
踢蹬	干工作能打开局面
靠勺	干工作认真踏实
攮业	事情办糟了；累赘之物
黄了	事情没办成功，事情彻底失败
冷哏楞	不正经干工作
勺了光唧	干工作随随便便不认真
二乎	没把握；事情要干不成
妥滑	偷懒
二五眼	瞎干工作；干工作不精细
落(là o)套了	累垮了
料理了	干完了
炒粘（ni á n）子	干不了
捧酱了	事情干坏了
砸锅了	把工作干糟了
崴粘子了	遇上麻烦了（亦称崴泥了）
挠头	遇上困难而不好处理
褶子了	坏了，遇上麻烦了

（八）其它

皮实	身体健康不得病
妙性	体型瘦长者穿着合体；事办得漂亮
爽(shu à)利	穿着入时；办事利索
锯罗	手脚被冻得麻木僵硬
干巴儿	瘦
寒碜	丑陋难看；丢脸不体面

刺挠	痒
翻秧	瓜豆等茎蔓植物重新生长起来；人重新得势
噜突	物件顺孔中的杆、线滑下
一讨	成人两臂伸开的长度
秃天寡地	家贫穷无所摆设
肘别	物体歪斜而不协调
走基	物体移位变形
格局	结构和格式；规矩
好末眼儿的	突然的；无根据的
游磨	到处转游；消磨时光
忒大	特别大；太大
海去了	太多了
有……的	真行
多咱	什么时候（亦称多乾儿）
愣会儿	等一会儿
压根儿	从来、根本
打斉子	一阵子一阵子的，一股一股子的
敢自	太；很；原来
归了包堆	全部
落（lào）嗒	不正经

第二节　俗 语

大王古庄镇地区历史悠久，劳动人民语言丰富，人们在生产生活中总结了很多简明生动、带有方言性、地域性的通俗语句。俗语又分为谚语和歇后语。谚语从形式上，句式有长有短，多为前后两句组成一个完整的意思，用词朴实流畅。境内流传的许多谚语，是人民大众在长期的劳动生产和社会生活实践中总结出来的经验之谈。境内流传的歇后语很多，语言干练、诙谐幽默，地方特点鲜明，其中不乏辛辣讽刺意味，为广大群众所喜闻乐见。

一、谚语

（一）气候、物侯谚语

八月十五（农历，下同）云遮月，正月十五雪打灯。

旱刮东风不下雨，涝刮东风不晴天。

东风不过晌，过晌呼呼响。

先下牛毛（小雨）没大雨，后下牛毛不晴天。

东虹日头西虹雨。

早看东南，晚看西北（如果有云就预示着下雨）

夜晚东风起，明日好天气。

“夏至”东南摇，麦子水里涝。

八月初一下一阵，旱到明年五月尽。

鱼鳞天，不雨风也颠。

云往东，一场空；云往南，水满潭；云往西，披蓑衣；云往北，发大水。

云碰云，雨淋淋。

火烧云，晒死人。

日晕三更雨，月晕午时风。

早霞不出门，晚霞行千里。

老云接，把工歇。

隔道不下雨，百里不通风。

大旱小旱，旱不过五月十三。

头伏有雨，伏伏有雨。

雨后的日头，晒破罐子。

不怕初一下雨，就怕初二阴天。

天上起了鲤鱼斑，明天晒谷不用翻。

早上浮云走，午间晒死狗。

云吃雾，雨不住；雾吃云，晒死人。

风吹一大片，雹打一条线。

乌鸦成群飞又叫，寒潮眼看就来到。

蜜蜂迟归，雨来风催。

盐罐返潮，大雨难逃。

水缸穿裙山戴帽，蚂蚁搬家蛇过道。（雨前征兆）

水缸出汗，有雨可见。

青蛙集中叫，大雨将来到。

天河（银河）顺街，要穿棉靴。

天河调角，要穿棉袄。

“霜降”不见凌，冷了不放松。

“春分”、“秋分”，日月平分。（指昼夜时间相等）

腊七、腊八，冻死鸡鸭。

冷在“三九”，热在“中伏”。

八月暖，九月温，十月有个小阳春。

长五月，短十月，不长不短二、八月。（指日照时间）

“七九”河开，“八九”雁来。

“七九”河开河不开，“八九”雁来雁准来。

“九九”无凌丝，反冻十八天。

一场秋雨一场凉，十场秋雨要衣裳。

（二）农事谚语

“七九”不种麦（指春小麦），“八九”没土盖。

春天粪堆小，秋天粮食少。

人误地一时，地误人一季。

没有功夫别种菜，没有粪土别种麦。

二月“清明”满地青，三月“清明”满地空。

“谷雨”前后，种瓜点豆。

麦怕胎里旱，麦收隔年墒。

寸麦不怕丈水。

麦是火里秀，还得水来救。

麦收三月雨，单怕二月寒。

小麦秀穗怕阴天，连阴天气爱长疸

春旱不算旱，伏旱减一半。

春争时，夏争日，早种一天，早收十天。

枣芽发，种棉花。

要想麦苗好，防止坷垃咬。

要想害虫少，除尽田边草。

五月不种地，六月干生气。（晚了）

旱耪田，涝浇园。

过了“芒种”，不可强种。

头伏萝卜二伏菜，三伏有雨种荞麦。

暑伏夜间冷，一粒豆子打一捧。

六月六，见谷秀；七月七，吃新米。

要收花（棉花），早五、八（月）

八成开镰十成收，十成开镰两成丢（指割麦宜早不宜迟）

宁收青稍，不收花腰（同上）

夜间下雨白天晴，打的粮食没处盛。

“白露”早，“寒露”迟，“秋分”种麦正当时。

要想收得多，种麦泥窝窝。

高粱死在“白露”头，麦子“夏至”忙收秋。

花（开花）到花（摘棉花），四十八（天）。

七月十五定旱涝，八月十五定收成。

七月十五枣红圈，八月十五要动竿。

夜冻日消（小麦），浇水（封冻水）正好。

冬前小麦粪盖被，明年枕着馒头睡。（小麦产量高）

养儿读书，种地养猪。

要发财，种三白（棉花、芝麻、花生）。

要想发，芝麻、棉花、瓜。

人勤地生宝，人懒地生草。

肥多苗壮，奶多儿胖。

早谷晚麦，十年九败。

油见油，十年愁（指重茬）

好种出好苗，好葫芦出好瓢。

百菜不如白菜。

（三）养殖、种植谚语

头遍草，二遍料，最后再饮到（耕畜饲养常规）

寸草铡三刀，没料也上膘。

猪吃百样草，就看找不找。

鸡孵鸡，二十一（天）。

鸭孵鸭，二十八（天）。

鱼过千层网，网网都有鱼。

燕子不吃落地的，鸽子不吃喘气的。

家养一只长白兔，不愁酱油醋。

家养十只长白兔，赛过小金库。

要想富，多植树。

家有千棵树，不愁吃穿住。

桃三杏四梨五年，枣树当年就还钱（指结果）

（四）社会生活谚语

人不可貌相，海水不可斗量。

远亲不如近邻，街坊不如对门。

天时不如地利，地利不如人和。

磨刀不误砍柴工。

孩子不能惯，娇惯生祸患。

莫在人前自夸口，强中还有强中手。

有理走遍天下，没理寸步难行。

百闻不如一见，百说不如一干。

耳听为虚，眼见为实。

前人栽树，后人乘凉。

杀人偿命，欠债还钱。

无云不下雨，无水难行舟。

明枪好躲，暗箭难防。

单丝不成线，独树不成林。

铁杵磨成针，功到自然成。

上梁不正下梁歪。

功夫出于苦练，真理出于实践。

行家看门道，力巴看热闹。

好借好还，再借不难。

好事不出门，坏事传千里。

好花绿叶配，好汉众人扶。

金钱如粪土，道德值千金。

没有弯弯肚，别吃镰刀头。

窍门满地跑，看你找不找。

言而有信真君子，反复无常是小人。

与人方便，自己方便。

浇树浇根，交人交心。

宁走十步远，不走一步险。

骑驴不知赶脚的苦，饱汉不知饿汉子饥。

善有善报，恶有恶报，不是不报，时辰没到。

无风不起浪，没病不死人。

画龙画虎难画骨，知人知面不知心。

人多捣瞎乱，鸡多不下蛋。

喊破嗓子，不如干出样子。

天下无难事，只怕有心人。

不受苦中苦，难得甜上甜。

年轻吃苦不算苦，老了享福才算福。

病从口入，祸从口出。

为人不做亏心事，不怕半夜鬼叫门。

良言一句三冬暖，恶语伤人六月寒。

人同心，土变金。

灯不点不亮，话不说不明。

人无头不走，鸟无头不飞。

吃了人家的嘴软，拿了人家的理短。

独生子女一枝花，多子多女穷苦家。

宁与明白人打场架，不跟糊涂人说句话。

要想人不知，除非己莫为。

儿不嫌母丑，狗不嫌家贫。

临阵磨枪，不快也光。

勤是摇钱树，俭是聚宝盆。

秋天猫猫腰，胜过冬天走一遭。

人勤地不懒，手勤骡马肥。

饱时莫忘饥时苦，有衣莫忘无衣寒。

饭后百步走，能活九十九。

饱带干粮暖带衣。

丰年要当歉年过，遇到歉年不挨饿。

吃不穷，穿不穷，不会算计光受穷。

粮食打进仓，莫忘灾和荒。

春捂秋冻，不害杂病。

少吃一口，舒坦一宿。

教儿光说好，后患少不了。

人在少年不努力，到了老年空叹息。

刀不磨要生锈，人不学习要落后。

师傅领进门，修行在个人。

学会数理化，走遍天下全不怕。

一日夫妻百日恩，百日夫妻似海深。

二、歇后语

（一）比喻类

王二奶奶吃柿子——嘬瘪子。

老太太不认识下象棋——走字儿（运气好）。

王二奶奶买柿子——专捡软的捏。

懒婆娘的裹脚布——又臭又长。

小老妈坐飞机——抖起来了。

二奶奶带钥匙——当家主不了事儿。

老妈儿抱孩子——人家的。

王二奶哭孙子——没指望了。

王婆卖瓜——自卖自夸。

王母娘娘坐月子——养神儿。

城隍奶奶害喜病——怀的鬼胎。

武大郎攀杠子——上下够不着。

武大郎放风筝——出手不高。

赵老二扛房檩——顶这儿了。

里手赶车——不是外人。

脚上的泡——自己走的（指行为不正，自食其恶果）。

土地老儿掏耳朵——崴泥。

卖烧饼果子不带干粮——吃货。

锔锅戴眼镜——找茬儿。

张飞捉耗子——大眼瞪小眼儿。

徐庶进曹营——一言不发。

隔门缝瞧人——把人看扁了。

龙王爷的帽子——尽是花道道（指人鬼点子多）。

孔夫子挂腰刀——文武双全。

寿星佬儿插草标——倚老卖老。

骑驴看唱本——走着瞧。

灶王爷打跟头——离板了。

卤水点豆腐——一物降一物。

铁公鸡——一毛不拔。

脑瓜顶长疮，脚底下流脓——坏透了。

看《三国》掉眼泪——替古人担忧。

电梯运行——能上能下。

个体户盘点——自己说了算。

千里送鹅毛——礼轻情意重。

打肿脸充胖子——装体面。

巡警打他爹——公事公办。

买来的鞋——没样儿。

水地拾茬子——连磕带涮。

拿菜刀哄孩子——不是玩儿的。

剃头挑子——一头儿热。

佛爷眼珠——动不得。

抱着元宝跳井——舍命不舍财。

韩信点兵——多多益善。

大水冲了龙王庙——一家人不认识一家人。

州官到县衙——直出直入。

死人身上贴膏药——没用。

泥菩萨过河——自身难保。

阎王爷贴告示——鬼话连篇。

猪八戒照镜子——里外不是人。

狗掀门帘子——全凭一张嘴。

狗拿耗子——多管闲事。

狗赶鸭子——呱呱叫。

狗咬吕洞宾——不识好心人。

挂羊头卖狗肉——打的是假幌子。

肉包子打狗——一去不回。

王八吃秤砣——铁心了。

老鼠拉木锨——大头在后面。

黄鼠狼下耗子——一辈儿不如一辈儿。

黄鼠狼给鸡拜年——没安好心。

屎克螂钻炕洞——昏天黑地。

屎克螂钻灶膛——拱火儿。

黑瞎子叫门——熊到家了。（软得厉害）

狗熊掰棒子——前掰后丢。

牛犊子拉车——乱套了。

牛蹄子——两半儿。

胡同里逮驴——两头堵。

驴粪球——外面光。

马尾拴豆腐——提不起来。

噘嘴骡子卖驴价——坏在嘴上。

兔子尾巴——长不了。

老鸹落在猪身上——只见别人黑，不见自己黑。

鸡蛋里挑骨头——没事找事。

麻杆打狼——两头怕。

老虎戴念珠——假充善人。

一条线拴俩蚂蚱——谁也跑不了。

秋后的蚂蚱——没几天蹦跶了。

荷叶包钉子——个个出头。

一张纸画个鼻子——好大的脸。

杏熬窝瓜——对色了。

擀面杖吹火——一窍不通。

送殡车——走后头了。

桑木扁担——宁折不弯。

芝麻开花——节节高。

小葱拌豆腐——一青二白。

禾叉改挠钩——弯回去了。

砂锅捣蒜——一锤子买卖。

十五个吊桶打水——七上八下。

长袍改马褂——大材小用。

凉锅贴饼子——溜了。

枣木楔子——硬挤。

没星的秤——定不准砣。

电线杆上挂灯笼——高明。

擀面杖灌米汤——滴水不进。

火车上马路——没辙了。

麦莛根吹火——小气。

天津的包子——狗不理。

偷来的锣鼓——打不得。

竹篮打水——一场空。

车胎放炮——没气儿了。

去年的黄历——用不得了。

（二）谐音类

豆鼠子打嗝——惯（灌）出来的毛病。

老太太不认识海蜇——白肺（费）。

老太太不认识石灰——白碱（捡）。

老姨的妹子——多姨（疑）。

刘备的夫人——糜氏（没事）。

外甥打灯笼——照舅（旧）。

县长的兜子——盛（成）问题。

老西儿拉胡琴——吱咕吱（自顾自）。

和尚打伞——无发（法）无天。

胳肢窝里夹柿子——没有那么娄（懒）的。

卖盐的掌柜——咸（闲）人。

蝎子拉屎——毒（独）一份儿。

秏子啃皮球——嗑（客）气。

显天神吃西瓜——小丸（玩）儿。

屎克螂跳远——过粪（分）。

茅坑里扔炸弹——激起公愤（粪）

老虎拉车——没人敢（赶）。

狗啃盘子——满口是瓷（词）。

鼻子眼儿里插大葱——装相（象）。

嗑瓜子嗑出臭虫——什么仁（人）儿都有。

旗杆上绑鸡毛——好大的掸（胆）子。

旗杆上放炮——响（想）的高。

第四篇　农 业

旧社会，境内农业生产由于受土地私有、生产力低下及连年自然灾害的严重影响，发展极为缓慢。

新中国成立后，在中国共产党领导下，先后经历了土地改革、农业生产合作化、实行农业联产承包责任制等农村经济体制改革的巨大变革，确立了社会主义生产关系，极大地解放了生产力，农业生产迅猛地发展起来。

2011 年，在粮食生产上，先后引进试种了优质小麦和高产玉米新品种，为全镇粮食品种的更新换代奠定了基础。天鹰椒在 1978 年由中国土产畜产进出口公司天津土产分公司从日本引进到镇内，在利尚屯、董家庄、宋家场等村大面积种植三十余年。养殖业发展稳定，全镇年内水产养殖面积达到 237 亩，蛋鸡存栏 2.9 万只，肉鸡年出栏 66.3 万只，肉牛年出栏 300 头，生猪年出栏 1.3 万头，奶牛存栏 388 头。全镇每年对畜牧业的投入还在逐步增加。

按照“排蓄结合，注重实效”的治理思路，每年确定一些农田基本建设重点项目，使全镇进一步完善了主体渠系网络化，完成了水站、闸涵等水利设施的更新改造，进行了一批节水工程建设，节水控制面积显著增长。在粮食生产上，针对农业生产中的各种灾情和不同环节，千方百计协调排涝或调水，狠抓关键环节和关键措施的落实，让自然灾害减少到最低限度，保证了粮食生产的稳定增长。

2015 年，全镇夏粮直补，秋粮直补，小麦、玉米良种补贴，农机购置补贴，能繁母猪补贴，本着应补尽补的原则，全部落实到位。

境内由于水利、交通和园区建设占地增多，耕地面积逐渐减少。现有耕地面积为 34595 亩。

第一章　农业生产关系变革

第一节　土地改革

一、土地改革前的土地占有状况和土地制度

土地改革前，农村各阶层土地占有情况极不合理。地主阶层的土地不但占有量多，而

且土壤肥沃。其他劳动阶层，土地数量既少，土质又差。有些人更是地无一垄，成了农村中的无产阶级。

明、清、民国时期的土地制度，有买卖、典当、租赁、抵押等。

（一）土地买卖

封建私有制合法的有偿地权转让。出卖土地者多为生活所迫的农民。据 1933 年武清县公署调查，上等地每亩 80 元（旧币），中等地每亩 60 元，下等地每亩 40 元。

（二）土地典当

即土地活卖。农民因受经济压迫，将个人田地典出而失去耕种权，只保留收赎权。但粮不过户，仍由出典人向官府纳粮，赎期为三至五年，非期满不得赎回。

（三）土地租赁

农民无地或少地，不敷耕种，多向地主富农租借地亩耕种。种类有二。一为包租，按一年或一季收取租银或租粮。1939 年每亩年租额上等地 5.5 斗，中等地 3 至 4 斗，下等地 1 至 2 斗（种什么交什么），当时上等地的产量，每亩地不过一石上下，而地租竟占一半以上。二为分租，于收获后，按原定成数（如地主四成，佃农六成）分取谷物。

（四）土地抵押

农民经济拮据，借债时将田单交付给债权人作为抵押。1939 年价值百元（旧币）的土地，通常只可抵借二三十元的债款。债期内，土地仍由自己耕种，按期付息；期满，付清债款，收回田单。无力偿还时，以土地相抵。

解放前，剥削方式还有中间剥削、放粮放款、雇工等。

中间剥削。形式有两种：一是佃富农（地贩子）从地主手中租出土地后，再转手出租，采取虚放亩数，提高租金，从中渔利；二是农民向地主租地时，要经其管事，每租田一亩要给管事一二斤酬粮。

放粮放款。农民向地主借粮借款，多受高利贷盘剥。百元以上要中人介绍、书立契约，并以房屋田亩抵押月息一至三分，逾期利滚利，甚者倾家荡产。

雇工剥削。无地或少地农民，为生计所迫，经劳动力市场或他人介绍，受雇于地富，俗称扛活的。按工期长短分为长工（年工）、短工（月工、日工）两种。他们劳动繁重，工时长，雇佣金低。一个长工一年要包 30 多亩地的农活及各种杂务，但一年只挣 8 至 12 石粮食。

二、减租减息和土地改革

1945 年 12 月，中共中央发出《关于 1946 年解放区工作方针》的指示，号召“各地务必在 1946 年，在一切新解放区，发动大规模的、群众性的、但是有领导的减租减息运动，使广大群众在运动中翻过身来，并组织起来，成为解放区自觉的主人翁。”武清县工委按照中央及上级党委的指示并结合本县具体情况，于 1946 年 1 月作出了全县开展反奸清算、减租增资运动的决定。驻进境内各村的县工作组通过摸底组织雇工，对其进行谁养活谁的教育，还将地主、富农集中起来进行政策教育，算剥削账。在村会、农会的组织下，迫使各村的地主、富农接受了二五减租和给雇工增加工资的要求。

1946 年 7 月 20 日，中共武清县委在草地村召开有县、区干部和地委土改工作组成员参加的会议。作出了“在部分地区进行土改”的决定。7 月底，县委向各区印发了中共中央的《五四指示》。各区、村以黑板报、广播台、张贴标语的形式进行宣传。县委书记李尚武、县长王田、组织部部长杨国庆和地委工作团在各村搞试点。试点工作一般都是先召开工农全会，宣传《五四指示》，讲明土地改革的意义和政策。然后召开村干部会，打开干部的思想，在调查研究的基础上划定阶级成份。工作队在村干部的协助下，分头入户做贫苦群众的思想工作，找出积极分子。工作队还把村里的地主召集在一起开会，讲形势讲政策，动员其献田拿粮。为打开土改局面，县区干部组织周围群众打着红旗和写有“耕者有其田”等口号的小纸旗，敲锣打鼓沿村游行。群众游行过后，各村地主、富农纷纷献出了土地。土地改革运动一个月就在境内取得了初步成果。

解放后，全县进行土地粗分。1951 年 10 月，中共武清县委决定在全县进行土地改革，1952 年年底土地改革结束。

第二节　农业社会主义改造

新中国的成立，使广大农民在政治上获得了解放，土地改革的胜利进行，又结束了农民千百年来无地少地的状况，获得了生产生活的基本资料。但由于一家一户的小生产，有的缺少劳力，有的缺少耕畜和家具，既无力搞好生产，又无力抵御严重的自然灾害。为了引导农民由穷变富，中共中央提出开展合作互助的伟大号召。从 1949 年到 1958 年 8 月，农村先后经过成立互助组、初级农业生产合作社和高级农业生产合作社、人民公社，从而进入了农业社会主义改造阶段。

一、互助组

互助组开始于 1949 年，持续到 1955 年年底。最初的几年里，它是境内农民合作互助的主要形式。在计工计酬上，互助组采取评工记工、人畜换工、家具换人工等方法，以达到互助组内收益公平。1951 年 1 月 1 日，县委在《关于冬季生产工作的再次补充指示》中指出："必须了解，合作互助组织是逐步发展、健全、提高的。初期必须根据群众生产的需要与习惯，在自愿两利的原则下，发展建立多种多样的，规模大小不同的，临时或长期的，劳动互助与劳资结合的各种生产组织。并发动一切党员、团员、民兵队员参加与领导的各种互助，广泛开展互助合作运动。"从此以后，互助组开始在境内发展起来。

二、农业生产合作社

在互助组广泛发展的基础上，武清县委根据中央的指示精神，于1951年年初不失时机地向全县广大农民发出了组织农业合作社的号召。经过反复酝酿和思想发动，于1952年建立了第一批初级农业生产合作社。

1956年9月，武清县委传达贯彻了毛泽东主席《关于农业合作化问题》的报告后，批判了"小脚女人"，使合作化运动蓬勃发展，大批互助组纷纷转为初级社，大批单干户也直接建社或入社。1956年1月，在大量初级社立脚未稳的情况下，又匆忙转为高级社，在不到一个月的时间里，境内便全部实现农业合作化。到1957年，境内初级社全部合并为高级社。

三、人民公社

人民公社是在"大跃进"的形势下形成的，从1958年8月30日到9月5日，前后仅用6天时间，全县农村便在高级社的基础上建立起来。大王古庄境域属城关红旗人民公社管辖。人民公社的组织形式是人民公社设党委会、管委会、社员代表大会。管委会设办公室、计划委员会、科普委员会、农田水利部、工业交通部、武装保卫部、文教卫生部、生活福利部、多种经营部、代销部、财会部、金融部、粮库。管委会下设管理区，管理各生产大队，生产大队设党总支、队委会、监委会。生产大队下设生产队，生产队设党支部、党小组、生产组、监委会。人民公社实行"共产主义大协作"，财务管理实行公社、大队、生产队"三级财务"制度，公社和大队为会计核算单位的"两级核算制"，并建立有财务账目和核算手续。分配上采取半供给制、半工资制加奖励的办法。各生产大队办公共食堂，口粮免费供应。开始时，社员吃饭不要钱，也不定量，公社印统一饭票，可在本公社使用，以后又发展到全县各个食堂通用。社员持饭票走到哪村吃到哪村。但"共产主义"的大锅饭只维持两三个月就坚持不下去了，吃粮标准一降再降。到1959年下半年，有的生产大队人均日定量只能维持到0.3公斤。粮食不够吃，用瓜菜、玉米骨、山芋秧代食，不少人因饥饿得了浮肿病。

1961年4月，人民公社进行调整，全县由初建时的11个调整为16个。6月，进行体制改革，镇域建大王古庄人民公社，称公社管理委员会。1968年2月，改称公社革命委员会。

第三节 农业生产责任制

一、农业生产责任制的形式

（一）定额管理小包工

是按不同作物、季节、工具、地块远近等差别，分别定出作业质量、数量、工分，限期完成，不达到质量不计工、多劳多得的计酬方式。由于管理复杂，质量难掌握，后逐渐改为其他形式责任制。

（二）专业承包联产计酬

坚持生产队统一经营和统一分配，实行“五定（劳力、地块、工分、产量、投资），一奖惩（超产奖，亏产罚）”和多种经营（棉花、林果、农机等），搞“四专（队、组、户、人）”的联产计酬形式。虽打破了大锅饭，又吃二锅饭，仍有平均主义现象。

（三）家庭联产承包制

分四种形式：

1. 口粮田。按人固定一定数量的土地，由农户自营，产粮做口粮，其余土地仍由集体统一经营，统一按劳分配，多劳多得。

2. 双田制。土地分为两种。一为口粮田（办法同上）。二为责任田，又分三种情况：一是联产到劳或到组，二是定额管理小包工（不联产），三是包干（按规定上交征购和提留，余下归己）。

3. 包产到户。土地全部固定到户，分散经营，定产量、定工分、定上交、余者归已，生产队再按劳统一分配。

4. 包干到户。土地固定到户分散经营，集体提供“几统一”（耕、种、浇水、收割、脱粒等）服务，产品交够国家的，留足集体的，剩下全是自己的。农户有了自主权，工效和产量均大幅提高。其弊端为土地零散，不便机械作业，务工经商户粗放经营，土地效益低，集体积累少，农田水利设施老化。

二、农业生产责任制的完善

1983 年，政企分开，大队改为村委会公社改乡，1984 年进行地块调整，延长土地承包期，由原来的 3 ~ 5 年延长至 10 ~ 15 年。制定土地投资补偿制度，承包后土地升级奖、降级罚，撂荒者除罚款外收回土地另包他人。鼓励农户开发荒地、坑塘，减免数年税收和提留，承包期或长达30年。境内各村街根据各自情况，对农户实行耕种、浇水、收割、脱粒等“几统一”，且服务项目和质量不断提高，逐步扩大到产前（种子、化肥）、产中（治虫）、产后（信息、流通）的系列化全程服务。根据自然条件划分作物区，统一品种，统一机械作业，实行区域化种植，其他田间管理也统一定出标准，限期完成。推广先进增产技术，实行集约经营。1984年，首先从小麦、玉米开始，后发展到瓜、菜等经济作物。

1985年，境内的农业承包合同管理走上正轨，改变了责任制初期承包双方的“口头协议”“单方保证书”。是年，各村街与承包户普遍签订农、林等承包合同，把双方的责权利纳入法制轨道。

1986年，进行撤队清财，清理了债权债务，把原生产队财务资金转交村集体或做股到户。1988年，开始提取农业发展基金，用于农机水利设备更新改造。1989年，建立合作基金会，管理新老股金，1990年，制定有偿承包、有偿服务、足额收费、限项定额等制度，受益者负担，分期付款。数额控制在土地效益的10%以内，统筹费乡提乡管乡用，公积金村有乡管村用。公益金、管理费、服务费村有村管村用，建立使用审批制度，防止干部“乱花钱”。每个劳力年投义务工15个，用于农田基本建设。

1994年以后，义务工和劳动积累工可以“以资代劳”，与乡统筹和村提留一并收取。

1995年开始，打破原人均包地的“均田制”，推行土地“双田制”，即口粮地和承包田。口粮田以稳产、高产、地力较好、能满足群众基本口粮为标准进行确定，人均在一亩左右，承包期一般在5年以上。承包田实行个人申报、村民代表大会讨论决定制度，坚持以自身劳动为原则，承包田不超过30亩，承包期一般在3年左右。

1996年开始第二轮土地延包，30年不变。乡统筹和村提留控制在上年人均收入的4%以内。

2004年以后，国家取消农业税，农民种粮实行“直补”，每亩粮田补贴40元，大大减轻了农民负担。

2015年，全镇夏粮直补，秋粮直补，小麦、玉米良种补贴，农机购置补贴，能繁母猪补贴，本着应补尽补的原则，全部落实到位，确保村街稳定发展。

第二章　种植业

第一节　耕 地

一、面积

大王古庄境域 17 个村耕地解放前无完整统计数字。清光绪七年（1881）《武清县城乡总册》中不完全记载（差 4 个村）耕地数为 26170 亩，总数应在 3 万亩左右。解放后政府鼓励开荒种地，土地面积有所增加。至 2006 年时统计，全镇耕地面积为 40423 亩。后因水利、交通、基本建设、开发、土地流转等原因，耕地面积有所减少。至 2014 年年底统计全镇耕地面积为 34595 亩，较 2006 年减少 5828 亩。

1989 年，农业已利用土地 46216.5 亩，占总土地面积的 64.11%（其中耕地 41354 亩，林地 2437 亩，果园 2042 亩，淡水养殖 310 亩，苇地 73.5 亩）。国家建设、乡村建设、公路、渠道等占地 25290.5 亩，占总土地面积的 35.06%（其中乡村建设占地 14525 亩，渠道占地 3328.6 亩，交通占地 4004 亩，其他占地 3432.9 亩）。待利用土地 601 亩，占总土地面积的 0.83%（其中沙荒、盐碱荒地 471 亩，季节性有水坑塘 130 亩）。

1989 年，耕地面积为 41354 亩，曾是 1949 年以来最低值。和耕地面积最多的 1955 年相比，耕地减少 16897 亩；和 1949 年相比，耕地减少 14463 亩。1957 — 1964 年耕地锐减，8 年间减少耕地 11515 亩。

截至 2015 年，全镇共有耕地 34579 亩，其中粮占耕地面积 18954 亩，菜占耕地面积 898 亩，林业、水产养殖等占耕地面积 14727 亩。

二、土壤类别

土壤属燕山南麓盐化潮土区。土壤类别为潮土。其中砂质潮土、沙壤质潮土占土地总面积的 60% 左右，当地称为“夹黏潮土”或“蒙金地”；轻壤质潮土、中壤质潮土占总面积的 30% 左右; 盐化潮土占土地总面积的 10% 左右。境域内砂质潮土主要分布在大营、聂营、陈各庄、距城堡等村一带；砂壤质潮土主要分布在水活铺、聂辛庄、大王古庄、韩指挥营、丁辛庄等村一带；中壤质潮土主要分布在前侯尚、董家庄、北刘庄东部一带；轻壤质潮土主要分布在利尚屯、水活铺、宋家场、张家场等村一带；盐化潮土主要分布在小王古庄、枣林、北刘庄、韩指挥营一带。

随着农村农田基本建设和科学种田水平的提高，大部分耕种土地的等级均获得提升。

第二节　作物品种

一、粮食品种

冬小麦：主要有农大146、农大142、津农2、丰抗8、丰抗10、京冬8、京冬6、京冬10、京411等。进入新世纪以来，引进部分黑小麦品种试种。

玉米：春播有沈单7、农大60、丹玉16、掖单13、屯玉1、农大108、沈试29、中单123，夏播有黄417、冀单15、冀单17、掖单4、掖单2、莱玉2、掖单20、掖单22、掖单18、掖单52、西玉3、唐抗5、新唐抗5、唐玉9、唐玉10、鲁单50，特用玉米有津鲜1、冀承单3、甜玉6、美甜9、中单9409、高油115、万粘3、垦粘1、中糯1、紫香糯、黑霸、黑珍珠及爆裂玉米等。

水稻：春稻有中作321、中作93，麦茬稻主栽金珠1。近年没有播种。

高粱：主要是抗4。

谷子：主要有青到老、豫谷1、日本大粒等。

大豆：农家品种有大金元、小金元、小白眉、白合豆、海里站黑豆、吉林3、向阳1、铁丰18、丰收10、科系170、科丰6等。

红小豆：农家品种有朱砂红、大红袍、H 14、H 1、H 22等。

绿豆：主要是中绿1。

二、经济作物

芝麻：农家品种有霸王鞭、大八杈、小八杈、八筒白、冀芝1、北芝3等。

花生：海花1、冀油4、鲁花14、冀花2等。

向日葵：三道眉、食葵2、上马台90–12–8。

蓖麻：日本塔穗、哲蓖3、淄蓖2。

棉花：冀棉12、中棉12、中棉19、中棉16、冀合2031、冀无3703、辽无2152、鲁棉12、中棉30、国抗97–1、美国新棉33B。

甘薯：原为本地农家种，后引进胜利百号、农林4、河北531、河北553、北京红、徐

薯18等。

三、蔬菜

萝卜：水萝卜有大红袍、粉皮、五缨水萝卜，青萝卜有卫青、板叶青、沙窝，旱萝卜有大灯笼红，白萝卜有象牙白、长春大根。

胡萝卜：红胡萝卜、黄胡萝卜、日本黑田5寸人参。

白菜：秋绿55、秋绿60、秋绿75、秋绿80。

甘蓝：叶用（洋白菜）有中甘8；花序用（菜花）有日本雪山、雪白2、绿岭、绿带子等。

菠菜：有圆叶、尖叶、日本大叶。

芹菜：美国西芹、加州王、文图拉、津南实心。

芫荽：农家种香菜和山东大叶。

莴苣：茎用（莴笋）有鞭杆、棒锤，叶用（生菜）有八斤棒、大湖659。

长豇豆（菜豆角）：有十八豆、浙豇28、浙豇30。

菜豆（芸豆）：双丰1、双丰2、双丰3、绿丰9017、绿丰9018。

扁豆：青扁豆、红扁豆、白扁豆、荷兰豆。

茄子：大民、二民、快圆、紫皮快。

辣椒：大牛角椒、甜椒、柿子椒、中椒4、津椒3、山西854、茄门以及天鹰椒（朝天椒）。其中天鹰椒作为当地土特名优产品除内销京津宾馆饭店、市场外，还远销国外，享有盛誉。

西红柿：强丰、毛粉802、L402、佳粉15、佳粉17、中杂9。

黄瓜：农家种春黄瓜、秋黄瓜、津优2、津优3、津春2、津春4、津春5。

冬瓜：青皮、一串铃。

西葫芦：山西汉青一代。

苦瓜：长白苦瓜、滨城苦瓜。

菜瓜：花皮脆、羊角脆、绿皮脆、花条、一窝猴。

甜瓜：香瓜、面瓜、伊丽莎白、小甜瓜、广州蜜。

西瓜：中育6、丰收2、丰收3、金钟冠龙、京秋1、京欣2、无籽西瓜。

葱：鸡腿葱、高脚白、大菜葱、章丘大葱、五叶齐。

韭菜：马蔺韭、大青苗、平韭2、雪韭791。

洋葱（葱头）：红皮、黄皮、大水桃。

四、产量

见表28 ~ 34

2009 年全年农作物实际产量统计表

表 28

名称	麻类				青饲料		芦笋				天鹰椒			
	播种面积	收获面积	播种亩产	总产量	播种面积	收获面积	播种面积	收获面积	播种亩产	总产量	播种面积	收获面积	播种亩产	总产量
合计	—	—	—	—	—	—	—	—	—	—	3000	3000	200	600000
大王古庄	—	—	—	—	—	—	—	—	—	—	130	130	210	27300
宋场	—	—	—	—	—	—	—	—	—	—	—	—	—	0
张场	—	—	—	—	—	—	—	—	—	—	100	100	210	21000
董庄	—	—	—	—	—	—	—	—	—	—	—	—	—	0
前侯尚	—	—	—	—	—	—	—	—	—	—	150	150	200	30000
利尚屯	—	—	—	—	—	—	—	—	—	—	2000	2000	195	390000
水活铺	—	—	—	—	—	—	—	—	—	—	120	120	190	22800
聂辛庄	—	—	—	—	—	—	—	—	—	—	—	—	—	0
大营	—	—	—	—	—	—	—	—	—	—	120	120	205	24600
陈各庄	—	—	—	—	—	—	—	—	—	—	—	—	—	0
距城堡	—	—	—	—	—	—	—	—	—	—	100	100	190	19000
丁辛庄	—	—	—	—	—	—	—	—	—	—	150	150	205	30750
聂营	—	—	—	—	—	—	—	—	—	—	60	60	200	12000
韩指挥营	—	—	—	—	—	—	—	—	—	—	40	40	195	7800
枣林	—	—	—	—	—	—	—	—	—	—	—	—	—	0
北刘庄	—	—	—	—	—	—	—	—	—	—	30	30	200	6000
小王古庄	—	—	—	—	—	—	—	—	—	—	—	—	—	0

2010 年全社会全年农作物实际产量统计表

表 29

乡镇名称	粮食作物											
	玉米				高粱				山芋			
大王古庄镇	播种面积	收获面积	播种亩产	总产量	播种面积	收获面积	播种亩产	总产量	播种面积	收获面积	播种亩产	总产量
合计	22270	22270	497	11065	—	—	—	—	—	—	—	—
大王古庄	2605	2605	500	1303	—	—	—	—	—	—	—	—
宋场	436	436	502	219	—	—	—	—	—	—	—	—
张场	328	328	504	165	—	—	—	—	—	—	—	—
董庄	651	651	501	326	—	—	—	—	—	—	—	—
前侯尚	2803	2803	495	1387	—	—	—	—	—	—	—	—
利尚屯	2790	2790	497	1387	—	—	—	—	—	—	—	—
水活铺	1415	1415	496	702	—	—	—	—	—	—	—	—
聂辛庄	445	445	497	221	—	—	—	—	—	—	—	—
大营	—	—	—	0	—	—	—	—	—	—	—	—
陈各庄	688	688	490	337	—	—	—	—	—	—	—	—
距城堡	660	660	501	331	—	—	—	—	—	—	—	—
丁辛庄	1870	1870	493	922	—	—	—	—	—	—	—	—
聂营	—	—	—	0	—	—	—	—	—	—	—	—
韩指挥营	961	961	501	481	—	—	—	—	—	—	—	—
枣林	1845	1845	496	915	—	—	—	—	—	—	—	—
北刘庄	2608	2608	495	1291	—	—	—	—	—	—	—	—
小王古庄	2165	2165	498	1078	—	—	—	—	—	—	—	—

2011 年全社会全年农作物实际产量统计表

表 30

大王古庄镇	合计		蔬菜					其中：大白菜				果用瓜类			
	播种面积	收获面积	播种面积	收获面积	占地面积	播种亩产	总产量（吨）	播种面积	收获面积	播种亩产	总产量（吨）	播种面积	收获面积	播种亩产	总产量（吨）
合计	1500	1500	1400	1400	815	4507	6310	400	400	5075	2030	100	100	5000	500
大王古庄	200	200	200	200	120	5000	1000	40	40	5200	208	—	—	—	—
宋场	—	—	—	—	—	—	—	—	—	—	—	—	—	—	—
张场	110	110	100	100	50	4500	450	15	15	5100	77	10	10	5000	50
董庄	115	115	100	100	50	5000	500	10	10	4950	50	15	15	5000	75
前侯尚	225	225	150	150	110	3500	525	20	20	5000	100	75	75	5000	375
利尚屯	280	280	280	280	140	4900	1372	80	80	4900	392	—	—	—	—
水活铺	125	125	125	125	70	4500	563	15	15	5100	77	—	—	—	—
聂辛庄	13	13	13	13	13	4900	64	13	13	4900	64	—	—	—	—
大营	—	—	—	—	—	—	—	—	—	—	—	—	—	—	—
陈各庄	170	170	170	170	70	3500	595	50	50	5120	256	—	—	—	—
距城堡	30	30	30	30	30	5100	153	30	30	5100	153	—	—	—	—
丁辛庄	160	160	160	160	90	4500	720	55	55	5200	286	—	—	—	—
聂营	—	—	—	—	—	—	—	—	—	—	—	—	—	—	—
韩指挥营	20	20	20	20	20	5150	103	20	20	5150	103	—	—	—	—
枣林	13	13	13	13	13	5100	66	13	13	5100	66	—	—	—	—
北刘庄	21	21	21	21	21	5130	108	21	21	5130	108	—	—	—	—
小王古庄	18	18	18	18	18	5100	92	18	18	5100	92	—	—	—	—

2012 全社会全年农作物实际产量统计表

表 31

乡镇名称	经济作物					
	天鹰椒			药材		
大王古庄镇	收获面积	播种亩产	总产量	播种面积	收获面积	亩产
合计	—	—	—	3300	2610	155
大王古庄	—	—	—	150	100	147
宋场	—	—	—	50	40	158
张场	—	—	—	150	100	150
董庄	—	—	—	150	100	153
前侯尚	—	—	—	250	160	154
利尚屯	—	—	—	2400	2000	156
水活铺	—	—	—	150	110	152
聂辛庄	—	—	—	—	—	—
大营	—	—	—	—	—	—
陈各庄	—	—	—	—	—	—
距城堡	—	—	—	—	—	—
丁辛庄	—	—	—	—	—	—
聂营	—	—	—	—	—	—
韩指挥营	—	—	—	—	—	—
枣林	—	—	—	—	—	—
北刘庄	—	—	—	—	—	—
小王古庄	—	—	—	—	—	—

2013 年全社会全年农作物实际产量统计表

表 32

大王古庄镇	播种面积	收获面积	播种面积	收获面积	占地面积	播种亩产	总产量(吨)	播种面积	收获面积	播种亩产	总产量(吨)
合计	1700	1700	1600	1600	835	4006	6410	400	400	4941	1977
大王古庄	200	200	200	200	120	3850	770	60	60	4800	288
宋场	—	—	—	—	—	—	—	—	—	—	—
张场	110	110	100	100	50	3800	380	15	15	5000	75
董庄	115	115	100	100	50	4150	415	10	10	4950	50
前侯尚	335	335	260	260	130	3975	1034	50	50	4950	248
利尚屯	380	380	380	380	170	3950	1501	80	80	4800	384
水活铺	125	125	125	125	70	4100	513	15	15	4900	74
聂辛庄	13	13	13	13	13	4850	63	13	13	4850	63
大营	—	—	—	—	—	—	—	—	—	—	—
陈各庄	—	—	—	—	—	—	—	—	—	—	—
距城堡	30	30	30	30	30	5000	150	30	30	5000	150
丁辛庄	160	160	160	160	90	3825	612	65	65	5100	332
聂营	—	—	—	—	—	—	—	—	—	—	—
韩指挥营	—	—	—	—	—	—	—	—	—	—	—
枣林	103	103	103	103	43	4050	417	23	23	5000	115
北刘庄	21	21	21	21	21	5130	108	21	21	5130	108
小王古庄	108	108	108	108	48	4150	448	18	18	5100	92

2014 年全社会全年农作物实际产量统计表

表 33

大王古庄镇	总计	粮食作物						
		合计					粮食	粮占耕地亩产
大王古庄镇	播种面积	收获面积	播种面积	收获面积	播种亩产	总产量	占用耕地	
合计	36572	36572	27222	27222	445	12116	19722	614
大王古庄	4646	4646	3757	3757	432	1624	2737	593
宋场	749	749	589	589	483	284	384	740
张场	1605	1605	1157	1157	421	487	851	573
董庄	1464	1464	1084	1084	439	476	744	640
前侯尚	4588	4588	3213	3213	470	1509	2323	650
利尚屯	4909	4909	1525	1525	387	591	1097	538
水活铺	4895	4895	4107	4107	469	1926	2887	667
聂辛庄	1076	1076	839	839	384	322	634	508
大营	40	40	—	—	—	—	—	—
陈各庄	50	50	—	—	—	—	—	—
距城堡	661	661	512	512	418	214	375	570
丁辛庄	3595	3595	3060	3060	457	1400	2210	633
聂营	—	—	—	—	—	—	—	—
韩指挥营	30	30	—	—	—	—	—	—
枣林	2293	2293	1837	1837	422	775	1432	541
北刘庄	3226	3226	2957	2957	451	1333	2177	612
小王古庄	2744	2744	2584	2584	455	1175	1870	628

2015年全社会全年农作物实际产量统计表

表34

武清区大王古庄镇	总计							
			合计					
	播种面积	收获面积	播种面积	收获面积	播种亩产	总产量（吨）	粮食占用耕地	粮占耕地亩产
合计	31965	31965	24215	24215	412	9965	19715	505
大王古庄	3766	3766	3037	3037	396	1203	2737	477
宋场	684	684	534	534	451	241	384	674
张场	1888	1888	1500	1500	411	617	850	758
董庄	1520	1520	1100	1100	413	460	744	659
前侯尚	3868	3868	2673	2673	434	1159	2323	546
利尚屯	3781	3781	1397	1397	364	508	1097	490
水活铺	4084	4084	3386	3386	430	1457	2886	555
聂辛庄	947	947	740	740	353	261	630	440
大营	40	40	—	—	—	—	—	—
陈各庄	50	50	—	—	—	—	—	—
距城堡	545	545	395	375	148	161	375	429
丁辛庄	2926	2926	2440	2440	420	1024	2210	519
聂营	—	0	—	—	—	—	—	—
韩指挥营	30	30	—	—	—	—	—	—
枣林	2178	2178	1732	1732	389	674	1432	508
北刘庄	3457	3457	3197	3197	420	1342	2177	661
小王古庄	2201	2201	2084	2084	418	871	1870	506

第三节 农技农艺

解放前，大王古庄的农业生产十分落后。新中国成立后，党和政府领导大王古庄人民兴修水利。大搞农田基本建设，实行科学种田，发展了生产。

大王古庄是一个传统的农业乡。主要农作物有玉米、小麦、谷子、高粱、黄豆、绿豆、红豆、山芋、棉花、花生、芝麻、向日葵，还有从20世纪80年代发展起来的芦笋、天鹰椒、西瓜、蔬菜等。

农业合作化以前，水利建设不能保障旱能浇、涝能排，只能靠天吃饭。在旱涝灾害面前无能为力，农业生产落后。实现农业合作化后，土地归集体所有，为群众性兴修水利大搞农田基本建设创造了有利条件。20世纪50年代末至90年代，全乡修建扬水站6座，桥31座，闸25座，涵35座。开挖了3条干渠，10条支渠，总长度近40公里，灌溉面积2.62万亩。近20年来大搞地下水的开发，全乡共打中深井300眼，在70年代末已经形成网系。进入80年代，搞纯井灌区，连接323眼机井，铺设地下塑料输水管道78公里，水利现代化水平提高又一步，水利投资达8000万元，水利设施配了套，基本上做到旱能浇、涝能排，旱涝保丰收。麦田有机井232眼，保浇面积1.6万亩，小麦全生育期能保浇4水以上。全乡水利事业的发展促进了农业持续稳定高速地发展。

几十年来，全乡（镇）大搞农田基本建设，平整土地，改土治碱。仅1976年就投工40万个劳动日，动土160万立方米。现在全镇4万余亩土地基本上达到了好地园田化、碱地台田化。1984年搞开发性生产，土地被充分利用，土质水源条件好的地块种植小麦，既提高了复种指数，又提高了单位面积产量，开始向吨粮田方向进军。在保证人民吃粮和畜禽用粮的基础上发展经济作物和瓜菜生产。80年代末期，全乡粮占耕地48.3%，棉花油料、瓜果等作物占耕地51.7%。农业种植结构几经调整，作物布局更趋于合理。既促进了农业生产的发展，又提高了农业经济效益。

随着农业技术的宣传、普及、推广，全乡科学种田的水平也大为提高。二十世纪五六十年代，农业技术还不普及，广大农民的科学种田的意识还很淡薄。进入80年代，乡里成立了农民技术学校，常年举办农技培训班，乡农科站还及时举办广播讲座，农业科技知识得到普及，新的科学种田技术得到推广，广大农民科学种田的意识逐年增强，旧的耕作观念发生了历史性的转变。种植作物实现了区域化，籽种实现了优种化，小麦品种由中产的丰抗系列转移到高产的八三七、津麦二号，玉米品种已大部分采用了亩产超千斤的沈单号、掖单，棉花籽种采用优质、高产的鲁棉系列、无毒棉、冀棉号。虫情测报有了一定的发展，农作物病虫害防治工作已上升到群防群治，更为及时。农业投入大为增加，其中化肥投入，仅小麦一项，1990 年比 1985 年就增施氮肥 500 吨（亩增 62 斤）、磷肥增施 800 吨（亩增 100 斤）。到 2007 年，全镇化肥施用量达 1710 吨，农用塑料薄膜达 12 吨，地膜覆盖面积达 3200 亩，农药使用量达 3260 公斤。

在农业生产中，乡镇注重搞好农业服务，做好事办实事。在耕旋播收运脱等方面，基本上实现了机械化，机耕面积达到了 95%，小麦机收面积达到了 80%，小麦、玉米机播面积达到了 80% 以上。2007 年年末统计，全镇有动力机械 609 台，基本排灌用 357 台，有农用水泵 370 台。土地深松面积逐年扩大，秸秆机械还田技术已被广泛应用。镇村为群众适季调进各种作物优良籽种，调进各类化肥、农药等农用生产资料。前侯尚村 1600 亩小麦，播种实行一条龙作业，统一指挥收秋，统一调度车辆，统一耕旋，统一打埂，统一播种，保证农户年年种上适时麦。

从 1949 年到 1989 年的 40 年间，农业有很大发展。1989 年，粮食亩产达到 664 公斤，比 1949 年的 58 公斤提高了 10.4 倍；粮食总产 1329.6 万公斤，和 1949 年相比，粮占耕地减少 17147 亩，总产却增加了 1114 万公斤，增长了 5.2 倍。棉花亩产 73 公斤，比 1949 年的 10.5 公斤，增加了近 6 倍。棉花总产 74.4 万公斤，比 1949 年的 12.6 万公斤增加了 4.9 倍。油料亩产 132 公斤，比 1949 年的 37.5 公斤增加了 2.5 倍。油料总产 35.6 万公斤，比 1949 年的 14.5 万公斤增加了 1.5 倍。种植业产值 1688.6 万元，比 1985 年的 684.6 万元增加了 1.5 倍。从 1990 年到 2015 年这 25 年间，农技农艺的提高更助推了农业的发展。2014 年，全镇粮占耕地仅为 1.97 万亩，粮食总产量却达到了 1.21 万吨。另种植棉花 4000 亩、蔬菜 1650 亩、天鹰椒 2500 亩，林地 2.14 万亩，果园 884 亩，果品总产 559 吨，新植树 27 万株。农民收入有了大幅度提高。

第四节　农具农机

解放前，农业生产沿用人畜力传统工具。畜力家具主要有犁、耠、耘锄、碌碡、铁木轴大车等。人力农具有锄、镐、镰、锨、三齿、禾叉、钉耙、挠钩、瓜铲等。

解放后，农业生产始出现机械动力。1966年，公社成立农机队，购置55、75马力拖拉机，负责各生产队耕种。1978年后，农业机械出现国营、社营、队营、户营4种形式并存的局面。随着生产力的发展，农业机械亦呈快速发展态势。到1989年，全镇已有75马力拖拉机21台，55马力拖拉机26台，四轮拖拉机122台，手扶拖拉机100台，大中小型播种机76台，大中小型旋耕机79台，收割机50台，脱粒机257台，农用水泵623台。

进入二十一世纪以来，农业机械化步伐加快，机电动力在家庭中得到普及。截至2011年，全镇有各种用于农业的机电动力机械5600台（套）。其中，耕整机械58台，播种机械165台，水利、植保机械120台，收获脱粒40台，农田基本建设机械35台，运输机械5000余台。

一、生产用具

（一）耕地、翻地农具

铁锨　一般用铁钢板制成，下端或方或圆，薄且有钢刃，上端方正，较厚，呈小簸箕形。上端中间有锨裤儿，安装锨把儿，约长四尺。铁锨用于掘地、翻土、开沟、做畦、叠埂、拌肥、扬粪等，是农业生产最基本的工具之一。

镐　铁制，镐头宽约五六寸，长约一尺，下端薄且有钢刃，上方有裤儿，安木把儿，用于刨沟、刨埯点种、刨土豆、刨白薯、刨萝卜等，有时也用镐头砸坷垃。

犁　耕地的主要农具。我国春秋时代，就已出现用牛拉犁耕田。近代犁由犁头、犁铧（犁侧板）、犁托、犁扶把儿构成。犁头位于犁的下端，略呈三角形，主要功能是钻进地里犁土起垄。犁铧俗称翻土板，在犁头上方，表面光滑，主要功能是翻土和碎土。过去均为木制，俗称木犁。近代改进后的犁，多为铁制部件，称新式犁。犁的安装非常关键，“一分犁，三分安”“犁底三分弯，不扶自个钻”。反之，“犁要摆头，累死老牛”。拉犁的牲畜一般为牛、马、驴、骡，有套绳、缰绳、撇绳、鞭子。这些都约定俗成有一定的尺寸：“七尺套，八尺鞭，两丈二的撇绳不用添”。旧时穷人没有牛驴等牲畜，就用人拉犁耕田，十分辛苦。至2015年，普遍使用大型农机具，基本实现机械化，用拖拉机牵引四铧五铧犁，耕地效率大大提高。

中耕犁 类似秋耕犁杖，但犁头较小，需把犁铧换成分土板，有耠子的功能，但比播种的耠子略小，适合一头牲畜拉引在垄背上开引沟，后再用锄头耪地，起到中耕除草、为庄稼根部培土保墒的作用。

（二）平整土地农具

铁耙 俗称铁耙子，木制长方型形框架（后多改为铁制）。在横梁着地的一面，安装成排的铁齿，人站在耙面上，或把耙面压上石块，驱赶牲畜牵引，将翻过的土块耙碎，使田平整。有的耙齿的长短可以调节，俗话说“春三、夏四、秋五指”。

木盖 也称盖擦子，木制。长方形，用较粗的荆条编成。通常在田地经铁耙耙后，还有小的坷垃，再用木盖擦一遍，土壤更细更平了，适宜保墒和播种。

碌碡大石磙 用大石块打制成圆柱形，约三四尺长，直径一尺半左右。两端安轴碗儿，套上木框，类似碾子。用牲畜拉动，用以轧地保墒，轧后的田地上暄下实，还可防寒。冬前或早春轧麦苗一般在晴天午后，不能在早晨霜冻时轧，避免伤苗过重。

钉耙 用于人工平整小块土地或菜畦的农具。钉耙的耙头有数根铁齿，有九齿钉耙，七齿钉耙。安装的木把儿较长，一般四五尺。

三齿 头部三根铁齿，每个齿上粗下尖，与三齿连接的部分是铁裤儿，安装约四尺长的木把儿。可翻地，可砸坷垃，还可倒粪、刨地、和泥等。

（三）播种农具

耧 秦汉时期，耕作方法为漫撒法，播种方式多为撒播，后出现了耧，才开沟播。耧由耧斗、籽粒槽、耧腿、耧犁等部件组成。操作时用牲畜牵引，犁头入地，边前进边摇动，种子从耧斗、耧腿落入犁开的浅沟里，将开沟与下种合二为一。境内低洼的胶土区域多用耧播种小麦、谷子、高粱等，耧多为两条腿，也有三条腿的，俗称三腿耧。摇耧播种技术要求严格，讲究“进地紧三摇，出地慢三摆”“上坡慢摇，下坡快摆”“马摇快，牛摇慢”，目的是保持下种稀密适度，垄直行均。

耠子 境内两合土（胶土和沙土）区域，播种大田作物普遍用耠子。耠子与犁杖相似，只是把犁铧卸掉，换上分土板，将耠开的土向两边分，就形成了垄沟，后面有老农撒种，再用石磙子轧实。

（四）中耕农具

大锄 铁制，由三部分组成：锄板、锄钩、锄杆。锄板宽一尺余，长一尺半左右，搂土的刃部锋利。锄钩弯曲如鹰嘴，锄杆木制圆柱形，长约四尺，光滑应手。大锄主要是耪大田作物玉米、高粱等，目的是松土、除草、往庄稼根部培土，保持土壤水分。民谚云：“锄地锄透，肥水不漏”。不同季节，不同庄稼，锄地方法有区别。如“谷锄寸，豆锄花，高粱、玉米锄喇叭(秀穗)”。

小锄　又称小扒锄，比大锄小，锄板长宽半尺余，锄钩短而直，锄杆儿较大锄细，适宜锄垄小、根部浅的谷类、豆类、蔬菜等，使用灵巧方便。

耘锄　类似耠子，但比耠子轻巧，适宜中耕除草。由一头牛、一头驴拉引，一人扶犁即可，最宜在两合土的大田作物地耕作，俗称耥地。

（五）收割及脱粒农具

镰刀　分长把儿镰刀、短把镰刀。长把镰刀用于收割庄稼，刀呈月牙形，长七八寸，宽二三寸，刃锋利。短把镰刀适宜割矮秆庄稼，豆类或割草等。

扇镰　比长把镰刀要长要宽。刀呈月牙形，刀长二尺余，宽半尺左右，木柄，七八尺长。适宜割苇子、打柴草。挥镰一搂，苇子、柴草倒成一个扇子面儿，故名。

爪镰　也叫手镰、把镰。长三寸，宽一寸半，背上有布套，套在手指上。用来掐高粱穗、谷穗、糜黍穗等。

木杈　木制，一般三个齿，齿长一尺半至二尺。用来翻晒麦秸、高粱秸、豆秸等，也可用来拍打豆荚脱粒。多取桑木粗细适宜者自然刮成，后杈头三杈多改为空心铁管焊制。

扇车　木制，由车架、外壳、风扇、入斗、调节门等构成。用于清洁谷物中的穗壳、灰糠及瘪粒。扇车有大小之分，大扇车一人摇动摇把儿，使风轮转动排风。一人站在风车上用簸箕往入斗里倒谷物，干净饱满的粮食顺舌板溜下，穗壳等被吹往远处。另一人在风车前用木锨、扫帚将粮食与杂物分清。小扇车由一个人即可操作，常放在碾棚里，用于扇米，将碾的米与谷糠分离出来。

（六）运输农具

口袋　用粗布制成，用于装米面搬运，一口袋又称一石（dan），一石十斗，一斗十升。一石粮食一般 120 ~ 150 斤。

麻袋　用麻绳织成，装运粗粮及棉花等，相当于口袋容量的一倍半。近代出现了塑料编织袋，又轻便又结实。

筐　用竹篾、柳条或荆条编成的容器，分单肩背的背筐、双肩背的大笆篓筐。还有单系筐，大白蓝子；单系筐一般用于担土，担肥；大白蓝子用于运打瓜，盛玉米轴等。

扁担　木或竹制成，扁平，宽三四寸，长四五尺，放在肩上，两头可担水桶、箩筐、粮米或柴草等。昔时的小贩多用扁担挑货沿街叫卖。

独轮车 又称手推车，出现于汉代，硬木（槐木、枣木）制作，车轮安放于车架中间。

车架前端窄，后端宽。车把向后延伸供人两手驾驶推着前行。车架后部设两条支腿，行进途中，可支撑车身休息。如装载重，路途远，车把上栓有绳带，可搭在推车人的肩上，承担负荷。

千斤车　又称双轮车，车体比花轱辘车小，有车板车厢，多木制。车轱辘木制齿状，但比花轱辘小。20 世纪 60 年代后，多用铁制。载重在千斤左右，故称。可用牲畜拉，也可用人拉。

花轱辘车　木结构，上有丈余长、四五尺宽的车厢。下有两个车轮，车轮呈齿扇形，轱辘周边包上铁瓦。车轮分木制、铁制两种，均可添加润滑油，牲口拉着轻快，也能增加车轮和轴的寿命。一般农户用于运粪、运柴、拉运庄稼、运粮等。

四枋车　比花轱辘车大，车厢宽，车身长，轱辘中间非齿扇形，而是网状，俗称四网车。一般大户人家，用骡或马驾辕，还要有拉长套的大牲畜。可长途运输，比花轱辘车装得多，跑得快。

胶轮车　车厢木制，车轴和车轱辘铁制，轱辘装有里外轮胎，充足气后用大牲畜拉粮、拉粪、拉柴等，比四网大车装得多，跑得快，行驶轻便，尤其在公路上更能发挥优势。

二、农用机械

拖拉机　现代运输工具。前有发动机，后有拖车，驾驶员坐在中间。一般载重十几吨，时速 40 ~ 60 公里左右。

手扶拖拉机　出现在 20 世纪 70 年代，是当时用于农业生产的运输工具。以柴油机为动力，两轮，需挂车斗运行，具有体积小、重量轻、结构简单、转动灵活、综合利用性好等特点。

农用三轮车　分汽油三轮车和柴油三轮车两种，最早出现在 20 世纪 70 年代末，80 年代成为农村运输的主要工具。

汽车改装农用翻斗车　以报废的汽车机身为骨架，以柴油机做动力，后置自卸斗，可自动卸车。是农家运肥、拉土较为实用的运输工具。但因这种翻斗车为自行改装，安全性能不高。

汽车　汽车出现在 20 世纪 70 年代，有解放、130、加长 130 等多种机车，主要用于工农业运输。一些型号汽车一直沿用至今。

第三章　养殖业

第一节　畜 牧

解放前，境内大牲畜很少，且多为地主富农所拥有，贫困人家有几户合养一驴一骡的。新中国成立初期，全乡牧业生产水平很低。1949 年，大牲畜存栏只有 1529 头，猪只存栏 816 头。几十年以来，畜牧业受历史条件的限制，发展不快。1956 年农业合作化后，大牲畜作价入社，为集体所有，小畜禽以户养为主，集体给予支持，发展较快，部分村达到户均 1 头猪。1958 年公社化后，强调“一大二公”，取消农户养猪，生猪饲养量大幅下降。1965 年发展养猪，提倡队繁户养，并从政策上对养猪农户给予奖励。“文化大革命”期间受“割资本主义尾巴”的影响，一度发展起来的养殖业又放缓了脚步。1978 年以后，落实农业生产责任制，大牲畜逐步变为户养，猪、羊、鸡等小禽畜也出现大批养殖专业户、重点户，使养殖业突破家庭副业小圈子，向专业化商品生产发展。中共十一届三中全会以后，实行了生产责任制，农民要满足畜力、肥力的要求，各级政府对畜牧业的支持、扶助及农业的连年丰收，为发展畜牧业创造了条件，畜牧业才开始有了较大的发展。1989 年，全乡大牲畜存栏 2201 头，猪只存栏 6680 头，全年饲养量 15693 头；肉牛年出售、自宰 143 头；羊存栏 4352 只，出栏 5686 只；鸡存栏 6.8 万只，全年产蛋 76.15 万公斤；鸭存栏 9980 只，全年产蛋 40.66 万公斤；鹅存栏 3440 只，全年产蛋 4.5 万公斤；兔年存栏 2500 只；鹌鹑蛋 2.25 万公斤。80 年代末期，全乡规模饲养也有发展：乡办有养猪场，乡砖瓦厂等办起了综合养殖场，发展猪、鸡、鸭等生产，全乡从事牧业的劳动力有 1294 人，占劳动力总数的 12.8%，1989 年畜牧业产值为 383.32 万元，占农业总产值的 22.7%。

乡政府设多种经营办公室，配设畜牧助理一人。乡建立多种经营服务站，对畜牧业提供饲料、帮销产品等服务。乡农校举办科学养殖培训班，提高农户和养殖专业户的科学饲养水平，为畜禽防疫做了大量工作，有效地防治和控制了猪、鸡四大传染病和马属三号病等传染病的发生和蔓延。

进入 90 年代，全乡养殖业发展稳定。建立了乡肉鸡服务公司，从选雏、供料、防疫、收购四到户的措施推动了肉鸡的发展。到 1995 年，全乡肉鸡出栏一直保持在 160 万只左右，生猪年出栏 2.4 万头，养殖产值到 2000 年达 4000 万元，纯收入 1600 万元。全区以大王古庄肉鸡服务站为典型，推广肉鸡规模化生产。进入二十一世纪以来，肉牛、奶牛、生猪、鸡、鸭饲养等以专业户为主。到 2005 年，全镇的养殖规模不断扩大。全年肉鸡养殖量达到 250 万只，同比增长 2.3%，出栏 240 万只，同比增长 9%；生猪饲养量 7.7 万头，同比增长 4.8%，出栏 5.5 万头，同比增长 5.8%；蛋鸡存栏量 6.5 万只，同比减少 11%，产蛋 85 万公斤；鹌鹑存栏量 15 万只，产蛋 35 万公斤。同时还在聂辛庄、陈各庄、枣林等村开发了狐狸、獭兔、七彩山鸡、乌鸡等特色养殖。

随着新农村建设和园区工业化步伐的加快，养殖业出现了衰减势头。进入二十一世纪以来，肉牛、奶牛、生猪、鸡鸭饲养以专业户为主，2011 年出栏肉牛 1030 头，出栏生猪 40622 头，羊 5390 只，肉鸡 170.8 万只，年产鲜牛奶 1899 吨，产蛋 5278 吨。到 2015 年年末，全镇大牲畜存栏 756 头，其中乳牛存栏 257 头，牛出栏 245 头；羊存栏 1600 只；生猪饲养 18136 头，其中出栏 12684 头；蛋鸡存栏 1.2 万只，年产蛋 17 吨。

一、品种

境内牧业资源主要有马、驴、骡、牛等大牲畜，另有猪、羊、鸡、鸭、鹅、兔等。

马 以本地马（蒙古马后裔）为主。1957 年至 1978 年间，先后引进伊犁马、顿河马。1965 年后，从四川等地引入西南马（本地称川马），因体小似驴，又比驴难养，故数量很少。2001 年全镇有马 54 匹。随着运输工具的更新和农业机械化的普及，马的数量逐年减少。2004 年仅剩下 46 匹，到 2014 年马的数量为 22 匹。

驴 以本地灰驴为主。1966 年引入渤海种驴，与本地灰驴杂交，体型变大。2001 年全镇有驴 80 头，分布在各村街。农村养驴主要用于农业生产，随着农业机械化和现代化，驴的饲养量逐年减少，到 2014 年仅剩下 37 头。

骡 分为驴骡、马骡 2 种，2001 年全镇有骡 75 头，分布在 17 个村街，2003 年减少到 36 头，2014 年为 24 头。

牛 过去多为本地黄牛，用于农业生产。20 世纪 80 年代，一些集体和农户引入黑白花奶牛，用于乳业生产。2001 年，全镇牛存栏 500 头，其中黄牛 80 头，肉用牛 300 头，乳牛 120 头。到 2003 年，黄牛减少为零，肉用牛增至 360 头，乳牛增加至 140 头。

猪 原为本地民猪，1954 年后，引进内江、巴克夏、约克夏等品种，1967 年引进芦台白种猪，属瘦肉型猪，1985 年引入少量杜洛克种猪，1988 年引入大约克夏种猪。

羊 分绵羊和山羊两大类。绵羊主要品种是小尾寒羊（蒙古羊种），山羊多为本地种。

1956 年至 1982 年，县里先后分三次引进新疆细毛种公羊改良本地小尾寒羊。1977 年至 1980 年，又分三次从山东菏泽、天津南郊区引进青山羊。1983 年从唐山引入奶山羊。2014 年，全镇羊饲养量为 4600 只，其中绵羊 1500 只，山羊 100 只；年末存栏 1600 只，全年出栏 3000 只。

鸡 分为蛋鸡和肉鸡两种。过去多为本地柴鸡散养。20 世纪 50 年代引入九斤黄、澳洲黑、芦花等，80 年代出现养鸡专业户。1990 年后养鸡专业户增多，引入品种有白来航、星杂、海赛克斯、星波罗等，大部分集中在个体饲养场，占总饲养量的 90% 以上。

二、饲养

旧时，境内只有部分河堤、荒地、沟渠、坑塘，以及收获后的农田可供入牧。大牲畜均为棚圈饲养，猪羊以圈养为主，结合季节人工放牧或拴桩放牧。鸡、鸭、鹅、兔为家庭散养。饲草以杂草、谷草、高粱叶、玉米秸、豆、麦、花生秸秆、薯秧为主，杂以农副产品糠皮、麦麸等，精料以豆类、高粱、玉米、为主。夏季以青鲜杂草为主，冬季利用糟渣喂猪。20 世纪 70 年代推广糖化、盐化、碱化发酵饲料喂猪，80 年代后鸡、猪等开始按种类、性别、年龄（或日龄）饲喂全部配合饲料。大牲畜推广青贮饲料、氨化麦秸喂牛、鸡粪喂猪等新技术。1987 年以来，改脂肪型猪为瘦肉型猪，改喂稀食为干料，改玉米加粗料为配合饲料，改深坑大圈为封闭暖圈，育肥期缩短到 3.5 至 4 个月，料肉比为 3.5：1，瘦肉率为 52.6% 至 55%。

三、繁殖

旧时，境内有饲养大牲畜种畜户，从事以马、牛、驴为主的配种业务。解放后，配种业务由县畜牧部门统一管理。1962 年后，各大队接受县下放种畜，开始自繁自养。1981 年以后，农村土地承包，集体牲畜承包给农户，为户有户饲，大牲畜繁殖多以人工授精为主。1985 年以来，养猪场、养牛场多采用人工授精繁殖法，家庭养猪采取种公猪配种法。

四、疫病防治

（一）疫病

历史上，境内流行的猪疫病主要是猪瘟、猪丹毒、猪肺疫、猪传染性肠炎、猪口蹄疫和猪流感，称“六大疫病”；鸡疫病则流行鸡新城疫和鸡霍乱；大牲畜病主要流行骡马三号病。

1. 猪疫病

猪疫病在境内流行既久且频，呈散发性特点，一年四季均有发生，因病死亡现象常见。20 世纪 50 年代发病死亡率为 4%，1958 年死亡近百头。1985 年开始，发现猪细小病毒病，主要是从北京引入的猪种传入的。此病对母猪有害，造成第一胎流产、死胎，第二胎后转入正常但带毒，对成年猪无影响。此外，猪囊虫、弓形虫、猪白痢、血痢等均零星发生。

2. 鸡疫病

境内鸡新城疫和鸡霍乱两病由来已久，多在春秋两季流行，同样具有散发性特点。鸡新城疫 20 世纪 60 年代发病死亡率为 20% ～ 40%，1978 年以后降至 8.7%。进入二十一世纪以来又有所下降。鸡霍乱病 20 世纪 80 年代发病死亡率较高，进入二十一世纪以来得到控制，2011 年没有发生。

3. 骡马三号病

本病多为个别发病到散发性流行，少数是在蚊蝇季节呈区域性流行。20 世纪 70 年代发病较多，疫情时有扩散。1985 年以后得到控制。由于防治及时有效，四号病、五号病从未发生。

（二）防治

各种传染病对境内畜禽危害甚大，但在旧中国却得不到防治，因而时有蔓延，给农民造成很大经济损失。新中国成立后，党和政府十分重视畜禽疫病防治工作，贯彻“预防为主，防治结合”的方针，实施检疫、防疫，并从 20 世纪 60 年代起，每年春秋两季，由公社（乡镇）兽医站和村防疫员配合，进行高密度、高质量预防注射。进入 80 年代以后，适应农村联产承包责任制的新形势，又由畜牧兽医人员深入到专业户、重点户，传授防疫灭病知识，进而宣传普及到全社会，使畜禽疫病防治工作更扎实、更实效。进入二十一世纪以来，坚持常年开展疫病普查和注射疫苗工作，畜禽的发病率和死亡率均有大幅下降，免疫率达到 100%。

第二节 水产

大王古庄镇渔业发展一直受河流来水与常年坑塘存水少等条件制约。20世纪80年代末，人工淡水养鱼才有初步发展。1989 年全乡养殖面积 310 亩，其中坑塘养殖 280 亩，总产量 82 吨，平均亩产 264.5 公斤。乡办养殖厂养鱼 68 亩，各村有养鱼户 20 户，渔业劳动力 45 人（其中专业 23 人，兼业 22 人），渔业产值 10 万元。鱼的种类主要有草鱼、鲤鱼、鲫鱼、白鲢等。

第四章　林 业

解放前树木栽植实行“官种官收，民栽民得”，此法一直延用到1952年。解放初，境内林业、林果资源极为贫乏。几十年来，在各级政府领导下，认真贯彻落实党的林业政策，发动群众，大规模植树造林，使大王古庄镇的林业事业有了较大发展。

林业的发展，主要是贯彻《中华人民共和国森林法》和执行市县关于发展林业若干规定的结果，而果品树的发展则受“发展果品生产，为城市服务”政策的影响以及20世纪80年代以来果品价格好、果园效益高的吸引。1983年至1989年统计，全乡发展果园1796亩。到1989年，全乡林地面积有2437亩，四旁零星植树70.7万株，果园面积2042亩，林木育苗面积46.5亩，常年从事林业的劳动力163人。与1979年相比，林地面积增长2.4倍，四旁植树增长了29%，果园面积增长4.2倍，林木覆盖率由1979年的10.5%提高到19.5%。

用材林资源主要有杨树（小美杨、沙兰杨、毛白杨）、榆、柳、槐、椿等。20世纪80年代末的树木73万株中，幼树（5厘米以下）占13.3%，小径（6 ~ 16厘米）占69.7%，中径（17 ~ 22厘米）占12%，大径（23厘米以上）占5%。

经济林资源主要有紫穗槐、小柳条、桑条、红荆等，供大小编织业用材。

果木资源主要有苹果、梨、桃、杏、枣、红果等。果品产量由1979年的1.6万公斤，提高到1989年的27.4万公斤，提高了16.1倍，提供市场销售的约23万公斤。2000年，果园面积为573.3公顷，果品（多为红富士苹果）总产1200万公斤，商品率达90%，纯收入1500万元。到2015年，全镇林地面积21391亩，育苗面积570亩。

1989年林木采伐量254立方米，高于其前十年林木年均采伐量173.5立方米的46.4%。林业产值由1985年的11.2万元增加到1989年的38.6万元，平均年递增5.5万元。林业产值在农业产值中占的比重，由1985年的0.88%，提高到1989年的3.3%，大营、丁辛庄林果较为发展的村，人均年产值已达30多元。到2015年，有林地（不含村庄）近2.2万亩。当年新植树18.5万株。

第一节　树种

境内林木按林种分有用材林（乔木片林）和防护林的乔木，有经济林（包括：灌木、观赏花灌木、果树等）。

各时期重点发展树种情况是：20 世纪 50 年代以小叶杨、加拿大杨为主栽树种；60 — 70 年代因镇域内盐碱地较多，又发展了榆树、洋槐树、椿树；随着农业经济的发展，经过土壤的改造，1980 年以后引进栽植了沙兰杨、小美 12 号杨、柳树、毛白杨，因树种特性与地域关系淘汰了病虫害较重的小美 12 号杨，保留了优势树种毛白杨和部分沙兰杨、柳树，用于机关、学校、企业、主要通道及庭院的环境美化。

截至 2015 年，境内林木资源主要有杨树（其中有毛白杨）、国槐、柳树、椿树、洋槐、法桐、白腊。观赏花灌木有西府海棠、太阳李、紫叶李、金枝槐、金叶槐、金叶榆等品种。其中杨树最多，占 65%，槐树占 10%，柳树占 8%，法桐占 8%，观赏花灌木及其他树种占 9%。

第二节　育苗

育苗是植树造林的基础，是最基本的条件之一，品种的选择、产前的选种、产中的管理、产后的销售，都紧密相关。造林的条件是适地适树，首先适合当地的水土生长，适应当地的物候期，即气候条件。普通育苗方法有播种育苗、插条和压条育苗、嫁接育苗等方法，播种育苗树种如国槐、洋槐、椿树等，杨树就是采用插条直接扦插的方法，比较简单，毛白杨可采取压条、插条、后改为嫁接的方法，成活率较高。本镇域内一般都是采取播种、插条、嫁接的方法育苗，方便简单，成活率高。2000 年育苗面积 3000 亩，2001 年镇域内育苗面积为 5000 亩，2002 年育苗面积增至 7000 亩，2003 年还是保持 7000 亩的育苗面积，周边市场销售较快，较比种植其他作物价格收入较高。后来因周边地区育苗较多，市场销售逐年下滑，苗木价格重迭，至 2004 年全前镇域内苗木保存面积只有 260 亩。至 2007 年有所回升，面积达 900 亩。

第三节　造林

一、四旁植树

1984 年武清县政府专题召开三年绿化武清植树造林大会，本乡政府响应“三年绿化武清”号召，发动全乡人民大搞义务植树，3 年境内累计完成植树 21.5 万株，村庄绿化是以村庄环村林绿化为主，总的要求是白天远看不见房，夜看不见光。

二、农田林网

1984年—1986年三年绿化武清期间，本乡境内要求排、灌、斗、支渠网格化，无空渠、空路、乔灌结合，实现农田林网网格化，找准经济发展目标，农林网、经济林（含果树）、用材林（片林）同步进行。1993年至1995年，京津塘高速公路绿化，投资200万元，植树13万株，营造长6.5公里两侧各宽30米的绿化带。2014年，仅崔大路、城王路两侧新植树4300亩，栽植树木24.8万株（含观赏花灌木）。截至2015年年底，全镇实有林地面积23125亩，育苗570亩。

三、沙荒改造

镇域内有沙荒面积7000余亩，主要集中在西南片，有大营、陈各庄、距城堡、丁辛庄、聂营等村。1984年前在西南片村建立林业队，用播种和植苗造林相结合的方法营造沙荒用材林进行防风固沙，几个村庄与河北省廊坊交界，有的沙荒带白天刮大风，只见风沙不见人，有支、斗渠一夜间基本能被刮平。经几次沙荒改造，营造片林，栽植灌木林，发展果园，已基本得到改造。“三北”四期防护林建设、津西北森林生态屏障、防风固沙工程均涉及到境内沙荒改造，完成造林1万余亩。目前被改造沙荒村已成为京滨工业园示范园区，2014年全镇被环保部评为生态乡镇和天津市政府授予的绿化先进单位。

第四节　果树

一、栽植

境内栽植果树品种有苹果、梨、桃、杏等。发展面积较大的年份在1984年至1997年之间，全乡有果树面积近万亩，果品年产量达800万公斤。

二、管理

在1986年发展果树栽植高峰期后，乡政府先后两次外请当地和外地有名的果树管理专家对果农进行培训，去外地实际考查参观学习。乡林业站负责组织召开现场会，发放栽培管理书本和印发产中管理小册子。去各村放电视录像，购进生产中实用的生产工具，如环剥刀、果品套袋等。经过几年的培训，果农基本掌握了果树各品种栽培、生产管理技术，随着市场经济的发展、果品价格的波动等多种因素，果树面积在2005年后逐年递减。2013年，全镇尚有果园1680亩，果品总产量825吨；到2015年，全镇果园减为884亩。

第五节　植保

一、病虫害

主要病害有溃疡病、干腐病、腐烂病、早期落叶病、花叶病、白粉病、根腐病等。

主要虫害有天蛾、透翅蛾、蚜虫、潜叶蛾、金龟子、杨树春尺蠖、美国白蛾外来有害虫害。

二、防治

防治方法：自防和集体统一防两种方法。除美国白蛾和杨树春尺蠖、槐尺蠖三种虫害由镇集体专业队防治外，其他都属自防范围。特别是美国白蛾害虫是全镇统防统治专业队防治，本着以防为主、防治结合、治早、治小的原则，有效地保护了生态环境，控制了病虫害的蔓延和发生。

第六节　林政

1973 年公社设林业协助员一人，1980 年增设林业助理 1 人。后乡有林业站，设 2 名林业员，县林业局与乡林业站为业务指导关系。乡建有林果技术协会，有会员 33 人，有林果服务队一个，队员 24 人，乡农民技术学校为林业、林果培训，技术人员在八十年代末已达 242 人。

县林业局在本乡苪指挥营村经营苗圃一处，占地 326 亩，年出苗木 20 ~ 30 万株。

1979 年 4 月，全国人大常委会制定了《中华人民共和国森林法》。1981 年，县政府在《关于林木确权发证中若干问题的处理意见》中规定：凡私自砍伐或滥伐属于国家、集体或他人所有的林木都应严肃处理。情节较重的除追回原树木或原树价款外，还应酌情罚款。情节严重，应从严惩处，直到追究其刑事责任。1984 年，境内乡设专职护林员 2 名，各村设兼职护林员共 17 人。1990 年后，乡林业站担负起护林监管工作，林木采伐审批手续按照区林业局主管部门审批程序。采伐者需先申请办理林木砍树手续，经上级林业部门现场查看后在所在单位公示，公示满 30 天后可向镇林业站提出采伐申请，填报采伐申请手续，经镇政府同意后向上级主管部门申报。经上级主管部门再次核实同意，办理采伐许可证才能采伐。这就有效地控制了乱砍乱伐现象的发生。

第五章　京滨玫瑰庄园

京滨玫瑰庄园，是大王古庄镇党委、政府带领全镇干部群众进一步解放思想、加大开放开发步伐、加快现代化农业建设、推动区域经济发展的新项目，也是在国家京津冀协调发展中，建设“京津卫星城、美丽新武清”的新成果。庄园地处大王古庄镇南，毗邻闻名国内外的京滨工业园区。

第一节　项目介绍

京滨玫瑰庄园项目占地总面积 1535 亩，是集休闲度假养生、农耕文化体验、玫瑰花海游览、果木林下休闲、室内植物观赏等为一体的现代化农业旅游观光园。以“浪漫、欢乐”都市田园风情为主题，将农林生产、休闲体验结合，努力建成以玫瑰花海为特色的休闲农业园区、生态旅游观光目的地和京津都市圈一流的度假庄园，并成为大王古庄镇万亩现代都市农业园区规划建设的核心区。

京滨玫瑰庄园于 2016 年 3 月开始建设。共建成入口景观区、花田乐活观赏区、农耕文化体验区、有机蔬菜采摘区、花果苗木休闲区、外部停车场共 5 个功能区。建生产及服务设施总面积 101675.8 平方米。绿化苗木 479 亩，月季花 70 亩，采摘果树 100 亩，温室蔬菜种植 51.8 亩，合计种植面积 700.8 亩。

五个功能区分别是：

（1）入口景观区。占地面积 70 亩，主要建设接待服务厅、产品展销厅、汽车影院、存车处等，这里是京滨玫瑰庄园的综合管理中心、接待服务中心、管理培训中心和餐饮服务中心。除必要的配套设施外，空地均种植绿化苗木，约 49 亩。

（2）花田乐活观赏区。占地面积 117 亩，主要建设花海、魔法拍客空间、玫瑰廊、花海观景台、树篱迷宫、阳光月季屋、休闲廊、阳光帐篷区、婚庆草坪、花海栈道、阳光草坪等，将生态旅游、休闲度假、影视拍摄、婚礼庆典、婚纱摄影、户外运动等相结合，提供以花海为特色的文化创意体验服务。其中月季花、玫瑰花种植约 70 亩。

（3）农耕文化体验区。占地面积 163 亩，主要建设创意手工坊、农耕文化休闲廊、欢乐厨房、水上游乐园、智力开发馆、亲水平台、亲子农产、动漫景观长廊、童话树屋、亲子体验场、淘气城堡等；推广农耕文明，倡导绿色生活，提供智慧创造、快乐体验的场所。

（4）有机蔬菜采摘区。占地面积 120 亩，主要建设温室大棚，引进水肥一体化设备制肥设备、物联网控制系统等；开展番茄温室及露地种植示范，温室蔬菜种植面积约 51.8 亩。

（5）花果苗木休闲区。占地面积 530 亩，其中采摘果树 100 亩，绿化苗木 430 亩。主要建设果园，包括梨、苹果、樱桃、桃等品种，营造春华秋实、赏花品果的田园风景，为游人提供亲近自然的场所；引进珍稀植物苗木，种植经济林，为玫瑰庄园打造绿色环境奠定基础。

2016 年，共建设完成并投放使用基本项目有 19 项：儿童娱乐场嘉年华、列车淘气堡、舌尖上的美食、火车旅馆、自行车出租、萌宠乐园（紧邻萌宠散养观赏区，打造萌宠乐园，增加喂投、拍照的功能和区域）、戏水有鱼、真人 CS、京滨文化车厢、欧式教堂、风车景观台、农耕体验展、汽车影院、风味小吃区、列车咖啡厅、鹦鹉馆、园区自拍、自助餐饮、玫瑰商品特卖。

第二节　重大活动

在 2016 年里京滨玫瑰庄园共举办了三大活动：8 月 9 日试营业、中秋节活动和“十一国庆黄金周”开园活动。

8 月 9 日庄园试营业活动当天，多家媒体对园区进行了报道和采访，园区在当天共开放了 14 个项目， 七夕节日抽奖活动、儿童娱乐项目、亲子摸鱼、汽车影院、留影快速打印、蔬菜采摘、萌宠合影、卡通玩偶、动物表演、科技恐龙展、真人 CS 表演、农耕表演、狂欢美食嘉年华、婚礼草坪文艺演出等。

中秋节，庄园对外开放了 18 个项目，赏月、北京丑小鸭剧团演出木偶剧 --- 海的女儿、老年艺术团、儿童娱乐项目、亲子摸鱼、汽车影院、采摘体验、真人 CS、留影快速打印、蔬菜采摘、萌宠合影、卡通玩偶、动物表演、科技恐龙展、真人 CS 表演、农耕文化、狂欢美食嘉年华、手工制作月饼等 。

“十一黄金周园”期间，庄园对外开放了 35 项活动。包括：开园仪式、舞台综合演艺、丑小鸭儿童剧、737 剧场、马戏团、抢蟹大战、儿童娱乐嘉年华、列车淘气堡、萌宠乐园、摸鱼、钓蟹、果蔬采摘、玫瑰摄影大赛、真人 CS、文明号展厅、欧式教堂、风车观景台、基质培植物展馆、鹦鹉馆、农耕体验展、玫瑰研究院、聚美优品体验馆、当当书吧体验馆、

Cosplay 花仙子大巡游、玫瑰花海自拍秀、汽车影院、列车旅馆、天下无双长龙烤蟹、舌尖上的美食、自助餐饮、风味小吃区、列车咖啡厅、现场制作鲜花饼、赛百味、乐器表演 。

与此同时，庄园还在网络上举办了一元抢票、摄影比赛、各类小游戏 ：（1、砸金蛋，2、吃月饼 ），都取得了较好的的成绩，获得了较高的人气，扩大了庄园的知名度、影响力。

第三节　获得效益

京滨玫瑰庄园项目给大王古庄镇带来了良好的社会和经济效益。

庄园在打造良好的生产环境的同时，也将为区域生态环境改善起到较好的促进作用。通过农业生态景观的打造、花卉苗木等林地景观的建设有效提高当地的植被覆盖率；同时推行生态种植、循环经济发展理念，推广使用绿色清洁能源和可再生能源，保护农田生态系统，净化美化环境，促进当地生态环境的改善和区域农业可持续发展。

庄园项目兼顾生产和休闲的双重需求，发挥资源优势和农业产业优势，走出了一条发展高科技农业、设施农业、生态农业和休闲农业之路。通过与天津市农科院建立科技合作关系，实现科技创新驱动现代都市农业发展，引进推广新品种、新技术，进行花卉苗木、绿色蔬果等优质农产品生产；充分利用农业设施，挖掘农耕文化和地域文化资源，拓展农业多种功能，不断完善参与体验、餐饮娱乐、休闲观光等服务功能，并带动周边农业观光、餐饮、培训、物流运输等相关产业的发展。

庄园项目建成后，调整优化产业结构，构建高效生态体系，加快转变农业发展方式，为农户提供更多的就业岗位。通过创新产业化龙头组织与利益联结机制，形成“龙头企业 + 合作社 + 农民”的产业化经营格局，实现本地农民转移就业和持续增收。本项目将直接安置 170 个劳动力就业，按照人均纯收入 3.5 万元计，可提供工资性收入 595 万元，同时带动周边果树、蔬菜种植及休闲观光旅游业的发展，有效促进农民就业增收。

庄园项目充分利用农业设施与露地生产条件，建设休闲空间、亲子农场、创意工坊等不同类型的服务设施，将现代农业生产、特色休闲服务与文化传播互动有机结合，打造亲近自然、农艺参与、农耕体验、科普教育等各类活动空间，进一步丰富农业休闲观光内涵。本项目在满足城乡居民优质农产品需求的同时，为市民提供休闲、体验、观光、度假的场所，提升农业的创新服务能力，展现农业的休闲观光价值，从而促进区域经济协调健康发展。

2016 年，京滨玫瑰庄园共计接待游客 50 万人次，营业收入达 2636 万元。

第四节 媒体报道

京滨玫瑰庄园建成后，引起了社会的广泛关注。国内外报刊、杂志、电台、电视台、网络等多家新闻媒体，纷纷派出记者走进庄园进行了深入细致地采访，做了大量的宣传报道。这些宣传报道，对于扩大大王古庄镇、京滨工业园区的知名度和影响力，对于招商引资、推动区域经济发展，都发挥了重要作用。

附：

京滨玫瑰庄园发稿统计表

序号	日期	媒体名称	版面栏目	标题
1	9月29日	“今日头条”客户端	—	“十一”黄金周畅游武清 体验欢乐多彩假期
2	9月30日	天津旅游政务网	—	武清区京滨玫瑰庄园盛大开园
3	10月1日	人民网	—	天津武清探挖特色旅游潜力 产城融合力促“玫瑰”盛开
4	10月1日	中国新闻网	—	火车飞机开进京滨玫瑰庄园 京津冀5万游客度“旅行”假
5	10月1日	北京广播电台	整点快报	天津武清京滨玫瑰庄园今天开园
6	10月1日	河北新闻网	—	京津冀周边短途游火爆“十一”
7	10月1日	长城网	—	京滨玫瑰庄园正式开园 吸引京津冀游客5.2万
8	10月1日	新浪网	—	大王庄京滨玫瑰庄园亲子嘉年华隆重开幕
9	10月1日	凤凰网	—	武清玫瑰庄园正式开园 “十一”当日吸引游客达5.2万人次

10	10月1日	千龙网	—	京津冀“大花园”迎万名游客欢度黄金周
11	10月1日	国家旅游局官网	—	京滨玫瑰庄园盛大开园 打造京津冀地区又一休闲旅游胜地
12	10月1日	中企天津报道	—	天津武清区京滨玫瑰庄园正式开园 国庆节首日迎客5.2万余人
13	10月1日	今晚报问津客户端	—	京滨玫瑰庄园正式开园
14	10月1日	“今日头条”客户端	—	让亲情温馨让爱情甜蜜 武清玫瑰庄园开启升华情感之旅
15	10月1日	北方网	—	飞机上听相声火车里吃午餐 假期来京滨玫瑰庄园
16	10月2日	新华网	—	京津冀游客青睐休闲游 京滨玫瑰庄园假期首日纳客5.2万
17	10月2日	央视网	—	京津冀“金三角”千亩玫瑰开园 国庆首日迎客5.2万
18	10月2日	央视网	—	京津冀“金三角”千亩玫瑰迎客
19	10月2日	中青在线	—	京津冀再添旅游胜地 玫瑰庄园正式开园纳客
20	10月2日	今晚报	1版	京滨玫瑰庄园正式开园
21	10月2日	中老年时报	1版	京滨玫瑰庄园 昨正式开园
22	10月2日	渤海早报	5版	京滨玫瑰庄园开园 “十一”迎客5.2万人
23	10月2日	中国经济网	—	京滨玫瑰庄园正式开园 国庆假期首日吸引5万余游客
24	10月3日	央广网	—	京滨玫瑰庄园开园迎客 国庆迎客流小高峰

25	10月4日	天津日报	1版	“家门口”的大花园 武清玫瑰庄园喜迎京津冀游客
26	10月5日	香港商报网	—	京濱玫瑰莊園與京津冀遊客浪漫相約
27	10月6日	廊坊广播电视台	—	国庆黄金周短线游、乡村游吸引八方游客
28	10月8日	城市快报	3版	京滨玫瑰庄园火爆
29	10月8日	北方网	—	武清区：京滨玫瑰庄园火爆 国庆节迎客24.5万人
30	10月8日	天津网	—	武清区：京滨玫瑰庄园火爆 国庆节迎客24.5万人
31	10月8日	中国发展网	—	京滨玫瑰庄园正式开园 10月1日吸引京津冀游客5.2万余名
32	10月9日	滨海时报	3版	京津冀旅游休闲好去处 京滨玫瑰庄园十一开园
33	10月9日	天津旅游资讯网	—	武清区国庆节假期旅游市场大放异彩
34	10月9日	新浪网	—	“十一”黄金周期间游客火爆 “四个三”构想书写大美文章
35	10月10日	每日新报	8版	武清玫瑰庄园开门纳客 单日游客超5万
36	10月10日	天津旅游政务网	—	京滨玫瑰庄园火爆开园 “四三”构想书写大美文章
37	10月10日	365淘房网	——	“十一”黄金周 京滨玫瑰庄园累计接待游客24.6万人次
38	10月10日	央广网	—	京滨玫瑰庄园“十一”期间接待游客近25万人次
39	10月10日	新浪网	—	“十一”黄金周期间游客火爆 “四个三”构想书写大美文章

40	10 月 10 日	中国经济导报网	—	京滨玫瑰庄园：“十一”黄金周期间游客火爆“四个三”构想书写大美文章
41	10 月 10 日	新华网	—	京滨玫瑰庄园“四个三”构想书写大美文章
42	10 月 10 日	中国经济新闻网	—	天津：旅游目的地城市建设初尝甜头
43	10 月 10 日	中国改革信息网	—	京滨玫瑰庄园正式开园
44	10 月 11 日	凤凰网	—	京滨玫瑰庄园：“十一”黄金周期间游客火爆
45	10 月 14 日	农民日报	3 版	京滨玫瑰庄园迎来爆棚游客
46	10 月 14 日	央广网	—	京滨玫瑰庄园迎来爆棚游客

第五篇　水 利

史上境内水旱灾害频繁交替，常常大水之后大旱，尤其是境内凤河决口漫溢，常给百姓带来灭顶之灾。

新中国成立后，党和政府带领群众艰苦奋斗，长期、大规模进行农田水利建设，为发展农业生产、改造自然奠定了坚实的基础，有效地避免和减少了屡年发生的旱涝灾害，为全面改善民生提供了先决条件。

镇有水利服务站，其前身为大王古庄人民公社水利组。1982年由公社机井队、海河连队、水利组的三个社直单位三水合一组建大王古庄公社水利管理站。1983年更名为大王古庄乡水利管理站。1988年初划归县水利局为派出机构，机构名称为武清县水利局大王古庄水利管理站，机构性质为自收自支全民事业单位，1997年事业单位机构改革后又回归大王古庄乡人民政府，更名为大王古庄乡水利管理站。乡属科级单位，机构性质不变。2001年乡改镇，乡水利管理站也随之改为镇水利管理站，2013年由镇政府举办、申报，区编委审核、批准、发生、挂牌更名为大王古庄镇水务服务站，机构性质、归属仍不变，定员、定责正规化管理，开办资金200万元，业务范围和宗旨是为辖区内水利建设服务，提供技术支持与管理保障，开展水利技术推广，培训和相关服务工作，承担辖区内供排水工作。

第一章　水利工程

第一节　排灌设施

原大王古庄乡管扬水站共6座，总流量为5.5立方米/秒，灌溉面积为1.95万亩，排灌面积为0.8/0.6万亩。

一、四干渠水站

建于1973年，机电设施有900立式水泵1台，160千瓦电机1台，240千伏安变压器1台，总流量为2立方米/秒，坐落在凤河西支南侧。同年在此水站东400米处修建12孔节制闸1座，拦截凤河西支上游水源，由该水站将水提入四干渠，纯灌面积1.5万亩。汛期节制闸提起，上游下泄沥水沿河畅输。1993年凤河西支上游该水站西1公里处河北乃自房界修建节制闸1座，除汛期外常年关闭，拦挡水源下泄，造成镇域内凤河西支西段常年干枯，致使四干渠水站失去作用，已废除20余年。

二、前侯尚水站

建于1973年，机电设备有500立式水泵1台，55千瓦电机3台，180千伏安变压器1台，总流量1.5立方米/秒，坐落凤河西支南侧。因凤河西支常年干枯，已废除多年。

三、前侯尚村水站

建于1977年，机电设备有500立式水泵1台，55千瓦电机1台，100千伏安变压器1台，总流量0.5立方米/秒，坐落在前侯尚西南凤河西支东侧，受益面积为排1000亩，灌3000亩，是排灌两用站。因建设历史已久，设施设备老化，故此水站于2013年拆除重建，装机容量80千瓦。

四、镇原中学前水站、韩营北口水站

此二水站均建于1980年，坐落在四干渠西侧。镇中学前水站在西四支渠首部，韩营北口水站在西五支渠首部，二水站机电设备相同，均有500铁龙水泵1台，55千瓦电机1台，100千伏安变压器1台，流量各为0.5立方米/秒，供大营、聂营、韩营、丁辛庄部分耕地灌溉，效益面积各3000亩。近年来由于京滨工业园区的建设，此二水站所负担的灌溉面积逐年被园区征用，故现均已废除。

第二节　机井、桥闸涵洞

一、机井

解放前没有机井。农村遇到干旱年景，土壤严重失墒时，主要靠挖土井，担水点种。在无力挖井情况下，何时下雨何时播种只有依靠老天。遇有特大干旱之年长期无雨，部分地块虽可坐水点种，但多干枯死掉。解放后，国家提出“长期抗旱，爱国增产”的口号，镇内随之掀起了打井高潮，给抗旱创造了有力条件。

当时打砖井仍沿袭老传统，大面积开槽搞沉箱，并利用两个三角架立于井口两侧，上面横一根较为坚固的横木，在横木对井眼挂一滑车，用人工往上提水拉泥。下座井盘，砖井深度大都在5～6米，但一遇有流砂，其井多报废。后来开始发展人工钻井工具，其形式是高塔架空吊人蹬大轮，钻杆利用竹片相接，提锥缠绕大轮，井台上立4人打杠加力，打井深度在80～100米左右，其砖井配套有大五轮、小五轮、解放牌人畜力两用小车，另外还有马拉泼斗水车，转盘水车等。

1965 年全国水利会议提出第三个五年计划的水利方针，即小型为主，全面配套，狠抓管理，更好地为农业生产服务。1966 年，县里制定三年建成大寨县的规划，为解决境内地上水源不足，开始大搞机井建设，采取了土洋并举，深、中、浅结合，两条腿走路的方针。深井机、冲击钻、大锅锥、人工打砖井同时发动，开发深、中、浅水源，实现地上、地下双保险，向稳产、高产田进军。

1977 年开始，机井建设转为巩固、提高和相应发展阶段。这一时期的指导思想是打、配、修并举，以管为主，着重抓好设备更新改造，抓好挖潜配套和“四有”“五有”建设。1984 年，按照“加强经营管理，讲究经济效益”的水利方针，坚持以抗旱为中心，搞好配套挖潜和节水、蓄水工程。当年，大王古庄及北部地区的 8 个乡镇正式列入井灌区，并开始全面建设。到 2014 年，全镇共有机井 236 眼，其中生活井 18 眼，农用井 213 眼，工业井 5 眼。

2014 年大王古庄镇机井情况统计表

表 35　　单位：眼

坐落地点	生活井		农用井				工业井			合计
	小计	深	小计	深	中	浅	小计	深	中	
大王古庄	1	1	36	—	36	—	—	—	—	37
宋家场	—	—	9	—	9	—	—	—	—	9
张家场	1	1	7	—	7	—	—	—	—	8
董家庄	1	1	10	—	10	—	—	—	—	11
前侯尚	1	1	23	—	23	—	—	—	—	24
利尚屯	1	1	48	—	48	—	—	—	—	49
水活铺	1	1	27	—	27	—	—	—	—	28
聂辛庄	1	1	12	—	12	—	—	—	—	13
大　营	1	1	3	—	3	—	—	—	—	4
陈各庄	1	1	—	—	—	—	—	—	—	1
距城堡	1	1	8	—	8	—	—	—	—	9

续表 35

坐落地点	生活井		农用井				工业井			合计
	小计	深	小计	深	中	浅	小计	深	中	
丁辛庄	1	1	20		17	3	—	—	—	21
聂　营	1	1	—	—	—	—	—	—	—	1
韩　营	1	1	—	—	—	—	—	—	—	1
枣　林	1	1	2	—	2	—	—	—	—	3
刘　庄	1	1	—	—	—	—	—	—	—	1
小王古庄	1	1	6	—	6	—	—	—	—	7
镇　直	2	2	2	—	—	—	—	—	—	4
京滨园区	—	—	—	—	—	—	5	4	1	5
总计	18	18	213		208	3	5	4	1	236

二、桥闸涵洞

境内较大型桥梁应自清雍正四年（1726）新凤河改线后，朝廷兴建了前侯尚村东等级别处多座大型条石桥梁工程。1971 年，国家投资 2.64 万元，在利尚屯修建 1 座井柱板梁结构的桥梁，规格为 9 孔，每孔 6.5 米。1972 年，国家投资 3.7 万元，在前侯尚修建 1 座 T 梁结构超洪桥，规格为 13 孔、每孔 6.5 米。

桥闸涵洞大多建于“学大寨”的 20 世纪 70 年代。1972 年，国家补助 15 万元，在利尚屯村北修建 1 座砌石开敞结构的节制闸。该闸 12 孔、孔宽 2.5 米，闸门结构为钢筋混凝土，直升手、电型启闭，流量为 98.5 立方米 / 秒。1976 年在本乡董庄子村东、凤河西支右堤上建一座进水闸，称为董家庄进水闸（又称城关中干渠首闸），砌石钢筋混凝土拱涵，2 孔，每孔净宽 3.2 米，设计流量 15 立方米 / 秒，木门，手摇直升启闭机。其作用一是引水灌溉，二是待机排水。

新时期随着国家交通网的延伸扩展，乡村公路的普及扩建，新建了一些桥涵。2006 年以来武清区进行农桥改造工程建设，镇内借此逐年将区域内大部分老、损、病残的农桥更新改造。同时在 2013 年按照京滨园区总体规划在四干渠上原中学前西四支渠首部和韩营北西五支渠首部建橡胶坝 2 座。镇辖区内截至 2014 年共有桥 64 座、闸 20 座、涵 19 座、橡胶坝2座。

2014年大王古庄镇桥闸涵情况统计表

表36　　　　　　　　　　　　　　　　　　　　　　单位：座

坐落地点	桥	闸	涵	橡胶坝
大王古庄	6	1	2	—
宋家场	1	—	—	—
张家场	2	1	1	—
董家庄	2	1	1	—
前侯尚	6	4	3	—
利尚屯	8	4	3	—
水活铺	3	—	2	—
聂辛庄	2	—	1	—
大　营	3	—	—	—
陈各庄	3	—	—	—
距城堡	2	—	—	—
丁辛庄	5	1	2	—
聂　营	4	—	—	—
韩　营	4	1	1	1
枣　林	4	2	1	1
刘　庄	5	2	1	—
小王古庄	4	3	1	—
合　计	64	20	19	2

第二章　农田水利建设

第一节　防洪除涝

一、防洪

解放前，境内洪水为害，主要来自凤河西支上游洪水下泄，因堤薄弱，遇雨频年景，堤防多处决口，虽历年汛前局部有所加固，逢大洪水暴至仍难以抗衡，致使境内数年遭洪水侵袭，水情严重，大片土地成灾，损失难以数计。

新中国成立，国家下大力根治水患，响应毛主席“一定要根治海河”和“水利是农业的命脉”的口号，大搞水利工程。1971 年，北京排污河开挖后，在新房子以北凤河段，经河北省指挥部批准进行河道调整，开宽加深，从此更名凤河西支。该河由利尚屯村北四干扬水站西县界起，至新房子东与北京排污河交会。河长 13.83 公里，河床平均宽 55 米，左堤长 8 公里，右堤长 13.6 公里，10 年一遇设计，设计流量 100 立方米 / 秒，校核流量 152 立方米 / 秒。利尚屯到前侯尚村西通过裁弯取直，走原河道北侧，在凉水河入口处，甩开旧道，从前侯尚村西改流南下，经小韩村北口、桐林东口、新房子东口汇入北京排污河。这种走向甩开了历史上多处险工，把桐林以东大面积盐碱不毛之地改造为肥沃的河滩地。大王古庄公社有 1.1 万亩盐碱地得到改良。当时由县组织 22 个公社海河连队施工。从 1971 年 3 月中旬动工到 6 月底竣工，完成土方 112.8 万立方米，达到设计要求。此后，对凤河西支护岸固滩加固，修建扬水站进水涵、分洪闸等排洪泄水工程，使境内防洪抗洪能力显著提升。2015 年国家投入重资对凤河西支整体清淤，堤防加固。随河两堤上修建公路，栽树绿化，水清树绿，景观优美。

二、除涝

解放前，境内涝灾频仍，一般水灾和局部水灾，除去特殊干旱年景，几乎逐年出现。

新中国成立，从 20 世纪 50 年代开始，整治加固残破堤防河道，堤防决口次数大为减少，地面工程大搞畦田土埂，沟渠畦田沥水分存，以免地面产生径流，开挖渠道，疏通排水渠系，采取上泄、中疏、下排，逐步缩小积水面积。开挖骨干排干渠道，相应配套干、支、斗排渠，配套闸涵桥建筑物工程，既有利于农业生产，又可有计划地排除积水，同时大搞土地平整，治理小型洼淀的排水出路，在主要堤防上建立相应的泄水闸涵，达到机排与自流排水并举。进入70年代以来，逐步提高境内的除涝标准，修建相应除涝扬水站，域内建起了前侯尚、小谋屯、前侯尚、大谋屯4座扬水站，总流量达37立方米/秒，除涝标准达到20年一遇。深渠河网，配套骨干渠道及渠道配套工程，境内干、支、排、斗渠呈网格状。如城关地区中干渠（即小谋屯扬水站排水总干渠），于1974年开挖，北起凤河西支董庄子进水闸，在大王古庄境内长4.2公里，上口27米，下口6米，完成土方量13.7万立方米。城关地区四干渠（即大谋屯扬水站总排干渠），于1978年开挖，北起凤河西支右堤，向南途经大王古庄，境内9.3公里，渠上口25米，下口8.5米，完成土方18.72万立方米。两渠在当时即已形成排、灌、蓄的综合功用。境内于1976年建成乡中排干，长7.3公里，上口16米，下口4米，完成土方量12.05万立方米。截至2015年底，镇域现有干渠4条，长25.4公里；支渠10条，长22.84公里；斗排渠720条，长310公里（支渠、干渠统计表见表37、38）。

大王古庄镇干渠统计表

表37

渠系名称	技术标准						长度（km）	效益面积（亩）		建成日期
	上口（m）	下口（m）	边坡	纵坡	渠底高程	地面高程		排	灌	
三干渠	8	4	1:2	1/10000	8.0	12	4.6	3800	—	1960年
四干渠	7.5	4	1:2	1/10000	7.0	10.5	9.3	35000	13000	1976年
乡中排干渠	7	4	1:2	1/10000	7.0	10	7.3	21000	18000	1976年
城关中排干渠	9.5	5	1:2	1/10000	5.0	9.5	4.2	32000	2000	1974年
合计	—	—	—	—	—	—	25.4	91800	33000	—

大王古庄镇支渠统计表

表 38

渠系名称	技术标准					长度（km）	效益面积（亩）		建成日期
	上口（m）	下口（m）	边坡	渠底高程	地面高程		排	灌	
西一支渠	6	3	1:2	8.0	11.0	1.1	1000	—	1977 年
西二支渠	6	3	1:2	8.0	11.0	1.2	1800	—	1978 年
西三支渠	6	3	1:2	8.0	11.0	1.5	2600	—	1978 年
西四支渠	7	3	1:2	7.0	11.0	2.5	4800	—	1976 年
西五支渠	7.5	3	1:2	7.0	11.5	2.2	10000	—	1976 年
东一支渠	6.5	3	1:2	7.0	10.5	3.4	13600	1000	1977 年
东二支渠	6.5	3	1:2	7.0	10.5	2.2	7700	2500	1977 年
东三支渠	8	4	1:2	5.5	9.5	3.4	8500	2300	1975 年
东四支渠	5	3	1:2	7.0	9.0	2.7	1800	—	1977 年
东五支渠	6	3	1:2	7.0	10.0	2.6	4900	800	1976 年
合计	—	—	—	—	—	—	56700	6600	—

第二节　抗旱浇灌

一、地上水灌溉

大王古庄乡地处凤河西支南侧，1973 年修建利尚屯拦河节制闸一座，靠汛后拦蓄进行灌溉。利尚屯节制闸上游有四干扬水站提水灌溉。另有前侯尚、董庄子等小型扬水点，浇地面积可达 3 万亩。

但凤河西支上游由于河北乃自房处节制闸常年节闭，后来镇域常无水源进入。1993 年镇在前侯尚西凤河西支西侧修建进水闸 1 座，引北京凉水河水源由里老途经高村全境，从台头尾闸进入凤河西支，韩村北橡胶坝充起，水源自流进入中排干渠，沿途经前侯尚、董家庄、张家场、大王古庄、枣林界，直至汇入北刘庄北东五支渠，全线总长 7300 米，灌溉面积 18000 亩。此渠以蓄代排，遇涝存储积水，遇旱提水灌溉。

二、开发地下水，修建防渗渠道

在地上水源日渐不足的情况下，千方百计开发地下水源成为发展生产、保证民生的重要举措。依生产条件的发展，开发地下水历经了砖井、锅锥井、水泥管井、钢管深井的探索，由盲目打井到有计划打井，由重打轻管到打、配、管并重，电测选点，合理布局，分层取水，建立井灌区。

1982 年，当时的大王古庄公社建立了水利管理站，各村设有管井员，加强了对现有机井的管理，使井灌效益得到提高。由于连年干旱，为应对地下水位下降，狠抓机井机泵下坐，井口封闭，提高单井效益，到 2000 年境内机井灌溉面积已达 35000 亩。

为了使有限的水量发挥更大的效益，进入二十一世纪以来，在重点开发地下水源的同时，修建防渗渠道，为境内的节约用水提供了新思路。1984 年，市水利局组织各基层水利站去蓟县白涧参观，研讨地下输水管道灌溉现场会后，在全乡率先安装试验，此取得到了国家水电部水科院和市水科所的肯定。1985—1987 年，这两个单位随即共同在镇内搞了大口径六、八寸管道输水灌溉试验和 4000 亩试区管道输水灌溉试验。这两个项目都通过了国家科委的技术鉴定，并被认定达到国内先进水平，可以在国内特别是北方缺水地区推广应用。同时被列为国家“七五”期间的重点攻关课题。

地下输水管道项目的试验成功，开辟了农业稳产、高产的新途径，体现了显著的节水、节电、节地及科学用水的突出效果。自此，全镇对节水管道工程建设的投入逐年增加。截至 2014 年年底，境内防渗渠道总长达到 146.91 公里，控制面积 28362 亩，其中喷灌 3 公里，控制面积 600 亩，低压管道 143.91 公里，控制面积 27762 亩。

大王古庄镇节水灌溉面积统计表

表 39

单位	低压管道		喷灌		合计	
	长度（公里）	控制面积（亩）	长度（公里）	控制面积（亩）	长度（公里）	控制面积（亩）
大王古庄	19.687	3737	—	—	19.687	3737
宋家场	1.9	243	—	—	1.9	243
张家场	7.7	1136	—	—	7.7	1136
董家庄	6.3	870	—	—	6.3	870
前侯尚	15.923	3185	—	—	15.923	3185
利尚屯	24.172	4838	1.5	300	25.672	5138
水活铺	8.329	1666	—	—	8.329	1666
聂辛庄	3.805	761	—	—	3.805	761
大　营	3.138	703	—	—	3.138	703
陈各庄	—	—	—	—	—	—
距城堡	5.808	1191	—	—	5.808	1191
丁辛庄	15.546	3112	—	—	15.546	3112
聂　营	—	—	—	—	—	—
韩　营	—	—	—	—	—	—
枣　林	9.972	1994	—	—	9.972	1994

续表 39

单位	低压管道		喷灌		合计	
	长度（公里）	控制面积（亩）	长度（公里）	控制面积（亩）	长度（公里）	控制面积（亩）
刘 庄	10.085	2017	—	—	10.085	2017
小王古庄	11.545	2309	1.5	300	13.045	26.9
合 计	243.91	27762	3	600	246.91	28362

第三节 农村饮水

解放前及解放初期，受多种条件限制，农村饮水主要靠坑水、河水和部分砖、土井解决。1970 年以前，境内农村饮用水多为土砖井。早晨、傍晚村民要排队提水担入家中，洗衣做饭用水紧张，取水费时费力。1970 年后，村民取水改在各自家里用压把插管井随时取，与砖井相比省时省力，但水质仍然浑浊、苦咸。1976 年利尚屯在村中打了 1 眼饮水深井，每户都安装上自来水，设置水塔，定时给水。随后聂辛庄村用村东农用机井，韩指挥营村借用农业局苗圃机井给村民安装了自来水，镇域内其他 14 个村仍以压把井为主，个别富裕户用小套管井配自吸泵、小型单项潜水泵取水。1990 年，大王古庄乡有深井 1 眼，年人畜饮水量为 56.52 万立方米。2010 年后国家为改善农村饮水条件，投资以村为单位打了饮水深井，达到一村一井，从此农村告别了以往的饮用水模式。

饮水条件改善了，饮水质量提高了，但一村一井各村分管方法模式不一，没有一个好的管理制度，维护、维修管理跟不上。为了强化管理，制度统一，规范供水，责利分明，镇里从 2006 年开始规划建设集中供水厂。2008 年 8 月 8 日建成，正式供水运行，集中供水厂配套设施有 200 千伏安变压器 1 台，深机井 2 眼，水泵 4 台套，容量 200 立方米清水池 2 座，恒压变频供水设备 2 套，给水泵 6 台，消毒设备 2 台套。日产水 2000 立方米，全镇全天候昼夜不间断供水，至此，境内群众饮水才得到全面改善。

第六篇　工 业　交通

第一章　工 业

大王古庄镇工业始于辽元时期，以酿酒、织布、粮油加工为主。解放前，镇内工业发展缓慢，始终以手工业和畜力化生产为主。解放以后渐渐由副业发展起来，由原来单一的手工业和畜力生产转化为半机械化、机械化生产，规模逐步扩大。20 世纪 80 年代以后，乡镇企业如雨后春笋般蓬勃兴起，机加工、锅炉制造、化工、制砖、服装等行业得以长足发展。20 世纪 90 年代末期，乡镇企业实行产权制度改革，产业结构得到调整，企业管理进一步深化，细化，产品质量管理进一步加强。

20 世纪 70 年代末，开始出现个体户和私营企业。90 年代以后，私营企业有了较快发展。乡镇企业改制以后，产权形式变更，以私营经济为主的非公经济逐步发展壮大，在促进经济发展、增加税收、安排就业、服务社会，以及推动各项事业进步中的贡献和作用越来越大，成为全镇经济发展的重要组成部分，是社会主义市场经济条件下经济持续快速发展的新增长点。

2000 年，镇属经济区建立。2001 年，经区政府第八次会议研究，批准成立“天津武清大王古庄经济区”。2006 年 4 月，经国家发改委 2006（37）号文件批准，成立“天津大王古庄经济开发区”，成为省级开发区。2009 年 8 月，定名为京滨工业园区。随着园区的逐步升级发展，招商引资势头强劲，工业发展从此彻底从传统的产业范围、管理模式，向现代化、高新技术、密集型、外向型转变，工业生产出现前所未有的发展势态。到 2015 年年底，固定资产投资 112.49 亿元，工业服务业产值 220 亿元，完成税收 8 亿元。在全市工业园区考核中，连续五年居前三名。“十二五”末，工业产值达到 600 亿元，科技型中小企业突破 1000 家，实现税收 40 亿元，提供就业岗位 3 万余人。

第一节　机 构

解放前，境内规模较大的作坊一般纳入县商会，由县商会管理，规模较小的手工作坊不纳入商会，由县税官以征代管。

解放初期，境内私营工商业由县政府工商科统一管理。1952年县供销社设生产合作科，对手工业进行摸底，编制发展计划。1955年7月，成立县手工业合作社，由社员代表大会选举产生理事会和监事会。1956年完成对手工业的社会主义改造，作坊主、手工业者、工商业者参加公私合营，所成立的企业由县手工业局管理。1958年全民大办工业，建立县地方工业局，境内较大规模工商企业受地方工业局管理。1961年6月，县政府在手工业较集中的城关镇设试点性手工业办事处。

1971年3月，大王古庄人民公社成立副业管理站，管理各生产大队、生产队的副业生产。1981年1月，改副业管理站为企业公司，职能未变。1983年6月，人民公社政社合一管理体制撤销，大王古庄公社改称大王古庄乡，1984年2月成立大王古庄乡“农工商联合公司”，承担原人民公社的经济职能，管理乡办、村办企业。

1985年1月，乡农工商联合公司改称企业经济委员会，主任相当于副乡级，任乡党委委员。这个组织是全乡劳动群众集体所有的合作经济组织，工作任务是：发展新企业，并通过引进技术、设备提高老企业的装备技术水平；通过落实企业经营承包责任制，加强对所属企业的领导；完成乡政府下达的各项经济指标；采取多种形式培训业务、财务、技术人员，提高职工队伍素质；协助企业对外洽谈业务，签定经济合同；选聘任命各企业厂长；和村办企业开展经济联合；平衡使用各企业自有资金，并完成乡政府委托的工作任务。乡企业经委在乡党委和政府领导下独立开展生产经营活动，不是乡政府下设的职能部门。

1995年乡企业经委改称经济发展总公司，总经理任乡党委委员。1996年，按照“武党发〔91〕《武清县党政机构改革》文件精神，各乡镇成立企业管理办公室，主任仍任乡党委委员。1997年，设主管工业副书记，管理全乡工业。2000年3月27日，大王古庄乡经济发展总公司由乡党委书记任董事长，乡长、工业副书记任副董事长。企管办由工业副书记任主任，同时任命资产公司经理。2006年取消工业副书记一职，改称经济发展总公司总经理，参加党委会，管理职能未变。2008年10月镇企管办改称企业服务中心，镇党委确定一位副书记主管工业工作。

第二节　管理

一、管理体制

1983年以前，乡镇企业由公社、大队统一管理，厂长以上干部由公社、大队委派或由大队干部兼任，工人由大队或生产队摊派。企业的人权、财权和经营权都由公社、大队统管。

由于加工企业较多，管理简单，一般是按劳动力分级定额计分。“文化大革命”期间，乡镇企业被称为“资本主义尾巴”，受到很大冲击和影响，经营管理混乱，工人吃着“大锅饭”。1979 年以后，随着党的各项经济政策的落实，企业内部逐步恢复了定额管理。

1982 年，农业实行大包干后，乡镇企业结合实际也进行了改革。大体经历了三个阶段。第一阶段，1981 年前后，一些企业实行“三定一奖”的专业专项承包。第二阶段，1983 年下半年，乡镇企业按照国家的统一部署，进行了三年的全面整顿。在企业整顿中，逐步推行和落实以经营承包为中心的“四制”：改大队（村）统一管理为厂长经营管理承包制、改干部任命制为选聘制、改固定工制为合同工制、改固定工资制为浮动工资制。承包的形式有集体承包、个人承包和合伙承包。承包的办法有上交利润包干、定额上交、超额分成和利润分成等。由于落实“四制”，企业开始有了自主权。第三阶段，1985 年，在继续推行“四制”的基础上，企业开始推行集体承包、厂长负责制，并给企业下放了“六权”，即有权选择经营方式和经营决策、有权抵制对企业资产的平调和不合理摊派、有权任免和聘任管理人员、有权录用和辞退职工、有权决定企业内部责任制形式、有权在国家政策允许范围内确定产品价格。这些办法，初步理顺了乡村行政领导与企业的关系，提高了企业素质，促进了企业发展。

二、管理制度

解放以前，境内工业无规范的典章制度，纳入商会的大型作坊执行行规，商会协调作坊之间不合理竞争、企业纠纷等事宜。县衙税科负责征税，县衙捕房管理治安、户籍。小作坊由税官以征代管。

解放后，境内工业得到发展，到人民公社时期，各生产大队、生产队在抓好农业生产的同时，发展工副业生产，成立地毯、木业、柳编、油坊、豆腐坊等生产组织，从事工副业生产。公社副业管理站负责管理，管理方式以统计数据、指导生产、联系销路为主，后按副业利润征收一定比例的管理费。

1983 年以后，队办企业逐渐萧条，规模较小者归为村办企业，规模较大者清产核资转归乡办企业，由乡企业公司管理。管理制度分为财务管理、物流管理、生产管理、营销管理、安全管理等。企业公司设财务科、生产科、安保科、经营科，负责企业管理、业务指导及安全生产检查。1985 年成立企业经委后，企业管理逐渐规范，各项管理制度逐步建立和健全。1990 年以后，企业生产执行 ISO 9000 质量认证体系，定期检查安全生产，发现隐患及时整改，严重者责令停产整顿。严格执行财务管理制度，企业按时上报产值、利润等各项经济指标。

1995年以后，企业管理纳入镇党委考核目标，以镇办企业为主，村办企业为辅，“抓大放小”，由劳动密集型向生产集约型转化。镇办企业按年度下达工业指标，超额完成的给予奖励，完不成指标的扣罚。企业每年按比例足额向镇政府上缴利润和各种费用。

1996年，对镇、村企业进行清产核资，制作台账。1998年，乡镇企业实行体制改革，“租、包、卖”并举，村办企业实行股份制，使企业管理逐渐向民营转化。2006年镇办企业全部完成改制，村办企业均改为股份制或承包制。原镇、村办企业全部转为民营企业。镇企管办主要职责是在企业发展环境、土地、税费等方面全力支持，搞好服务，不再干预企业的具体事务。

三、劳动报酬

（一）工分制

1982年以前，大队（村）办企业普遍实行的是“队记工分，厂付报酬”“回队分配，厂方补贴”办法。即企业人员一般由生产队按劳力平均摊派，按生产队劳力工分等级记分。工人的工资以企业利润多少而定，标准不一，按人数（依工分或等级）转给生产队，年终由生产队统一分配。此外，在厂工人有的另给少量补贴。公社（乡）办企业多由厂方付工资，回队交款记分，标准由生产队确定。

（二）工资制

1983年，农村经济体制改革后，取消了生产队，农业普遍实行联产计酬责任制，乡办企业也随之改工分制为工资制。开始，多是固定工资加奖励，随着企业的改革，逐步实行工资浮动制，即计件工资制、部分工资浮动制和低工资高奖励。使企业经济效益和个人贡献大小挂起钩来，体现“多劳多得，按劳分配”的原则。

（三）按股分红

此办法只限于规模较小的户联办企业，平时不发工资，生产经营一个阶段或年终，根据获利多少，按股份分红。股份的内容有资金股、技术股、劳力股等。

四、产、供、销

20世纪50、60年代，农村社队加工企业的原料供应和产品销售均由加工单位负责，自营企业靠市场调剂解决。1979年以后，公社（乡）办企业的产供销出现三种情况。一是加工企业，由加工单位安排生产、供应原料、销售产品。二是砖瓦、农具修配企业，由市建材公司和计委订购部分产品，供应部分废旧钢材、木材和调拨给部分煤炭。三是大量自营企业靠市场调节，一部分通过供销公司、建筑建材服务公司解决原料，其余靠企业自采原料、自销产品。

五、管理费

乡镇企业行政管理费由乡经委按企业销售收入比例提取。除直接为农业服务的中小农具修理企业不收费外，其余均按 1% 提取。其中 60% 留给乡镇，30% 上缴县企业局，10% 上缴市企业局。管理费留乡部分主要用于乡镇企业经委人员工资、差旅费、办公用品购置、会议费、招待费、展销费、培训费等各项开支。

第三节　发展过程

清末至解放前，境内无规模工业企业，只有手工作坊、家庭手工业及农副产品加工。

解放初期，工业生产处于小作坊的生产模式，只有一些以手工业劳动为主的铁业社、木器厂等工副业，且规模小、季节性强、效益低，办办停停。

到 20 世纪六、七十年代，一些村虽然办起了电镀厂、服装厂、地毯编织厂等队办企业，仍因经验不足、管理不善、收益差，经常处于半停顿状态。

1971 年，乡办农机具修理厂建立，成为全公社首个公社办企业。1974 年 6 月，建起了公社办砖瓦厂。1977 年 6 月，与天津元件八厂合作办起了公社办元件厂。

1978 年，中共十一届三中全会召开后，乡办企业有了较大发展。全公社企业达到 15 个。其中乡办 3 个，村办 12 个。从业人员 967 人，产值 131.8 万元，仍处于全县后进位置。

1987 年后，逐步建成了较大规模的兴华化工厂、巍华有机化工厂、汽车修理厂、地毯厂、锅炉厂等，年产值均在百万元以上。1987 年年工业总产值达 556 万元，1989 年增至 6700 万元。

1990 年，全乡有企业 36 个。其中乡办企业 13 个，村办企业 23 个。工业企业 27 个。自营企业 18 个，附属加工企业 9 个。主要产业有锅炉、五金、化工、食品、地毯、服装等。乡办企业有：锅炉厂、元钉厂、砖瓦厂、汽车修理厂、兴华化工厂、长江食品厂、地毯厂、胶垫厂、酶制剂厂。村办企业有大王古庄巍华化工厂、利尚屯砖瓦厂、化工厂、胶背地毯厂、饲料添加剂厂、北刘庄服装厂。企业占地面积：70.43 万平方米，其中乡办企业 47.4 万平方米、村办企业 23.03 万平方米。建筑面积 12.64 万平方米，其中乡办企业 8.7 万平方米、村办企业 3.94 万平方米。固定资产原值 792 万元，其中乡办企业 418.8 万元。从业人员达 1597 人。年产值 7200 万元，销售收入 4320 万元，工业利润 570 万元，纯利润 280 万元。

1993 年，邓小平视察南方谈话后，改革开放步伐加快，乡办工业得以迅速发展，经济效益显著增加。是年，乡工业产值完成 15220 万元，销售收入 7620 万元，工业利润 1090 万元。各项经济指标比 1990 年翻了近一番。

2000 年，镇属经济区既京滨工业园前身开始创建，工业生产步入了大发展阶段。

2003 年，乡镇企业改制工作开始。至 2006 年，全镇乡镇企业改制工作结束，所有镇、村办企业全部转制为民营企业。乡镇企业的历史结束。

2015 年年底，全镇工业生产稳定。京滨工业园区形成规模，年完成税收 8 亿元，安置就业 3 万余人。

第四节　企业改制

乡镇企业起步于人民公社时期，20 世纪 80 年代为大发展时期，繁荣于 1985 年到 1995 年，是乡镇财政的重要支撑。1992 年，开始以股份合作制为主要形式的产权制度改革。1995 年以后，由于市场竞争日益激烈，一些企业因失去竞争力转产或停产，乡镇企业逐渐走下坡路。1996 年，大王古庄乡实行机构改革，政企分开。1998 年，根据县委部署，开始乡镇企业改制工作。

改制中始终抓住产权制度改革这条主线，实现产权主体多元化，投资主体多元化，经济成分多元化。总体把握上坚持三项原则：在改制形式上，坚持实事求是，因企制宜，不搞一刀切；在具体操作上，坚持公开、公平、公正，不搞私下交易，不搞少数人说了算；在运作过程中，坚持按照《中华人民共和国公司法》《经济合同法》《中华人民共和国拍卖法》及其他法律法规办事，防止主观随意性。

在改制过程中，始终坚持积极、稳妥、扎实、有效的思路，实事求是，充分考虑到职工的承受能力，尊重职工意愿。在解决具体问题上，按照有关政策，区别对待。经过 3 年的企业改制，乡镇企业形成了多种形式的改革，初步形成了公有制的多种实现形式。

改制进行前，全镇共有乡办企业 9 家，分别采取了不同的改制形式：

一、租赁。租赁即将企业部分资产或全部资产租赁出去，企业产权仍属镇有，租赁者每年上缴一定数额的租赁费。租赁只是管理上与政府脱钩，资产所有权形式并未改变。

二、承包。承包即由企业管理者承包企业厂房、设备，每年上缴一定数额的承包费，企业产权仍属镇有。承包与租赁类似，企业产权形式并未改变。

三、拍卖。拍卖即对企业进行清产核资，做出底价，然后通过招标的形式由买家竞标，企业债权债务一并转让，企业产权由集体所有变更为私人所有。

四、股份制。股份制是企业清产核资后，由两个以上管理者入股，买断企业产权，自主经营，企业债权债务一并转让，企业产权由集体所有制变更为股份制。

乡镇企业改制从1998年开始，到2000年基本结束，三年中完成改制的企业占企业总数的80%。1998年至1999，兴华福利化工厂改制为有限责任公司，海源文教用品厂改制为私营企业，乡砖瓦厂改制为股份合作制企业，乡金谷加油站改制为股份合作制企业，张家场制毡厂改制为股份合作制企业。2002年至2006年扫尾，全镇13家镇办企业、23家村办企业全部实现改制。分别实行租赁、承包、拍卖、股份制等多种形式，以拍卖和承包为主。2006年以后镇办企业产权形式全部变更为民营或股份制。

第五节　重点乡镇企业

一、天津市昌盛实业总公司

始建于1974年6月。位于大王古庄镇南外环线以外，占地3万平方米，建筑面积5000平方米，为镇办集体所有制企业，隶属镇管。1991年，固定资产41万元，流动资金174万元，员工121人。生产产品为10万～120万卡的水暖锅炉，年产量79台。产品质量上乘、经济实用，行销全国各地。年产值700万元，销售收入500万元，利润40万元。到2003年，年生产能力300台，年营业（销售）收入3600万元。企业法定代表人：李仕山任公司总经理。

二、天津市武清县巍华有机化工厂

建于1987年，占地面积3400平方米，固定资产97万元，从业人员60人，为村办集体企业。主要生产硅系列织物后整理剂，产品销往国外。1991年产年值1000万元，销售收入600万元，利润90万元。

三、天津市武清县大王古庄乡兴华福利化工厂

位于大王古庄东部外环线以外。1988年6月建厂，占地2300平方米，建筑面积800平方米，固定资产40.6万元，有员工60人，为镇办集体所有制企业。主要生产化工染料，产品销往全国各地。1990年，年产值90万元，销售收入163万元，利润27万元。2003年企业年营业（销售）收入4000万元。企业法定代表人：张继任厂长。

四、武清县大王古庄乡砖瓦厂

位于大王古庄镇东南小王古庄村。1973年9月筹建，1974年6月投产，是全镇首家镇办集体企业。占地面积33万平方米，建筑面积3万平方米，固定资产145万元，从业人员200人。1991年，年产值350万元，销售收入200万元，利润12万元，为镇办集体所有制企业。主要产品为红砖，年产能力4500万块，产品主要在本地区销售。2003年企

业全年营业（销售）收入450万元。企业法定代表人：王立海任厂长。

五、大王古庄乡地毯厂

1989年建厂，占地2500平方米，建筑面积720平方米，固定资产20万元，从业人员140人，为镇办集体企业。1990年，年生产胶背地毯厂50万平方尺，产值75万元，销售收入11万元，利润1万元。

六、大王古庄乡五金厂

建于1985年，占地1200平方米，建筑面积1200平方米，从业人员24人，主导产业是机加工，为镇办集体企业。1990年，年产值450万元，销售收入300万元，利润20万元。

七、武清县皇冠美术颜料厂

位于小王古庄村。1992年4月建厂。为镇办集体所有制企业。主要产品：水彩、橡皮泥，年生产能力300箱，产品销往全国各地。2003年，企业全年营业（销售）收入1300万元。企业法定代表人：呼志清任厂长。

八、武清县大王古庄乡利尚屯兴旺砖瓦厂

位于大王古庄镇利尚屯村。1984年6月建厂，为村办集体所有制企业。年生产能力4500万块。2003年，企业年营业（销售）收入450万元。企业法定代表人：商振旺任厂长。

九、利尚屯羽毛粉厂

建于1985年，占地面积1500平方米，建筑面积780平方米，从业人员11人，主要产品羽毛粉，年产量200吨，产值20万元。

十、陈各庄金钢砂厂

建于1978年，占地面积2500平方米，建筑面积600平方米，从业人员18人，主导产品为金钢砂微粉，为村办集体企业。1990年，生产量34吨，销售收入3万元，利润1万元。

十一、天津市西格玛锅炉有限公司

位于大王古庄镇利尚屯村。2001年建厂，为个体私营企业。主要产品为热水锅炉，年生产能力100蒸吨，产品销往全国各地。2003年企业全年营业（销售）收入700万元。企业法定代表人：张印任厂长。

十二、天津市和帮纤维有限公司

位于大王古庄镇。始建于1997年10月。与港澳台合资经营。主要产品为服装、服饰，产品销往国内外市场。2003年企业营业（销售）收入4400万元。企业法定代表人：胡如韬任总经理。

十三、天津市时耐得照明电器有限公司

位于大王古庄镇。2002 年 10 月建厂，为私营企业。主要产品为电光源、路灯、灯杆等。2003 年，企业营业（销售）收入 1100 万元。企业法定代表人：朱庆贺任总经理。

十四、天津市盛得卡芙涂料有限公司

位于大王古庄镇。2002 年 8 月建厂。私营企业。主要产品：涂料，年产能力 16000 桶。2003 年，企业营业（销售）收入 500 万元。企业法定代表人：王世勋任总经理。

第二章　交 通

第一节　发展过程

清末至解放前，大王古庄交通闭塞。解放初期，交通仍不发达，境内各村之间只有土路相通，供人们出行、运输。每逢雨季，道路泥泞，给人们生产、生活带来诸多不便。20 世纪 60 年代末，乡村之间修了土公路，交通状况有了初步好转。

1976 年，在境内大王古庄至廊良公路区间，修了第一条柏油马路。同时，天津市长途汽车公司开辟了由大王古庄至天津的区间客运专线，交通状况有了较大改观。

1985 年，交通事业得以较快发展。在人们形成“要致富先修路”广泛共识的基础上，以群众集资、各级政府扶持的形式修建乡村公路，达到了村村通公路。全乡共有公路里程 36 公里。其中，县级公路 12 公里，乡村公路 24 公里。京津、廊坊等地的长途公共汽车相继途经乡里，各地往来货运车辆增多，方便了人们的生产、生活，促进了区域经济的发展。

1990 年 10 月，京津塘高速公路建成通车，过境里程达 7 公里，附近廊坊、泗村店、白古屯等设立了出入口。

2003 年至 2007 年，全区进行了以“九横九纵”为骨架的路网工程建设。境内对原有乡村公路普遍进行了拓宽改造，修建、延伸了通往附近乡镇、廊坊等地的公路，交通更加便捷。其中，崔大路、大王路相继建成通车。有着武清第一横之称的“崔大路”，西起大王古庄镇西廊坊界、东至崔黄口津围路，横跨全镇北部东西，全长 40 公里。“大王路”则贯穿镇域南北，从大王古庄镇北的北京界起至王庆坨津同路止，全长 50.5 公里。

2008 年 8 月 1 日开通运营的京津城际铁路跨境而过，境内长度为 3.69 公里。

随着京滨工业园区的崛起，园区公路建设得以迅速发展。到 2015 年年底，园区公路

17 条，里程达 29 公里。

第二节　公路养护

1990 年，在大王古庄乡京津塘高速公路高架桥南侧设有道班，有养护人员 10 人，其中县道班和乡道班各 5 人。隶属于县交通局养路工程公司，负责界内的公路养护。

随着公路建设的快速发展、里程的增加，公路养护人员也随之逐年增加，并实行了养护管理责任制。到 2015 年，全镇公路养护责任人已达 56 人。

公路养护费用，除国道、市区级公路由国家及市有关部门负责外，镇内乡村公路二十世纪八九十年代由乡村负责分担。2015 年，随着镇经济的发展，逐步由镇里全部负担，镇里每年都根据路况拨付足够的资金，及时进行公路的拓宽改造、设施配套、绿化美化、维护保养等，使公路养护工作步入了规范化管理轨道，管理水平、道路质量不断提高，路况始终保持了路面平整、环境优美的良好状态，增强了镇域的载体功能，为对外开发、招商引资创造了方便快捷的交通环境，方便了人们的生产、生活。

第三节　境内公路

大王古庄镇内公路，国道、市路、区路、乡村公路并存，纵横交错、四通八达、交通便捷。到 2015 年年底，全镇境内共有公路 74 条，总里程 83.105 公里。其中，京津塘高速公路过境 7 公里，市级以下镇域公路 46.969 公里，园区公路 29.136 公里。

一、镇域公路

大王古庄镇乡村公路一览表（一）

表 40

道路名称	起点名称	终点名称	道路里程(公里)	乡道 村道
古盛路延长线	大陈路	聂营路	0.8	村道
广阳道	城王路	廊坊	4.001	乡道
韩陈路	韩指挥营东	韩指挥营出点	0.555	乡道

续表 40

道路名称	起点名称	终点名称	道路里程(公里)	乡道 村道
韩陈路	韩指挥营出点	大营	3.948	乡道
老五河路	河王路	利尚屯入点	0.354	乡道
老五河路	利尚屯村入点	利尚屯出点	0.576	乡道
老五河路	利尚屯出点	董张路	0.984	乡道
老五河路	董张路	王城路	1.146	乡道
利尚屯路	利尚屯村西	利尚屯村	0.638	村道
刘庄路	刘庄村北	刘庄村	0.847	村道
聂距路	小王古庄村西	韩陈路	1.848	村道
聂距路	韩陈路	距城堡村入点	0.358	村道
聂距路	距城堡村入点	距城堡村	0.431	村道
聂距路	距城堡村	距城堡村	0.74	村道
聂辛路	聂辛庄东	聂辛庄	0.458	村道
聂辛路	聂辛庄	聂辛庄	0.692	村道
聂营路	聂营村南	聂营	0.959	村道
前侯尚环村路	河王支路	河王路	0.513	村道
前侯尚路	前侯尚北	前侯尚	0.229	村道
前侯尚支路	老五河路	前侯尚	0.693	村道
水活铺村路	水活铺路	水活铺村	0．6	村道
水南路	水活铺村东	大营	0.253	村道

大王古庄镇乡村公路一览表（二）

表 41

道路名称	起点名称	终点名称	道路里程(公里)	乡道 村道
王水路	大王古庄	大王古庄	0.545	村道
王水路	大东路	水活铺	0.852	村道
王水路	村内	水活铺	0.417	村道
王水路	村内	水活铺	0.196	村道
王水路	大王古庄东	大王古庄村出点	0.735	乡道
王水路	大王古庄村出点	水活铺村入点	1.71	乡道
王水路	水活铺村入点	水活铺村出点	0.759	乡道
王水路	水活铺村出点	水活铺村北	0.396	乡道
五开路	利尚屯村西	开发区东	0.693	村道
小王古村路	王城路	村东	1.779	村道
小王古路	小王古村西	小王古	0.491	村道
小王古支路	王河路	小王古	0.201	村道
枣林路	富枣路	枣林庄	0.369	村道
枣林路	枣林庄南	枣林庄	0.326	村道
白张路	张场	白古屯镇出点	0.326	乡道
陈各庄路	小王古北	—	1.331	村道
陈各庄路	—	陈各庄村入点	1.028	村道
陈各庄路	陈各庄村入点	陈各庄	0.157	村道
陈各庄路延长线	陈各庄	廊坊	1.4	乡道
大营 625 路	大营	大营经济区	2.064	乡道
大营路	大营南	大营	0.497	村道
丁辛庄路	丁辛庄东	丁辛庄	0.482	村道

大王古庄镇乡村公路一览表（三）

表 42

道路名称	起点名称	终点名称	道路里程(公里)	乡道 村道
董张路	宋场西	老五河路	0.233	乡道
董张路	老五河路	宋场村入点	0.1547	乡道
董张路	宋场村入点	宋场村出点	0.157	乡道
董张路	宋场村出点	张场村入点	0.242	乡道
董张路	张场村出点	张场村出点	0.549	乡道
董张路	张场村入点	董家庄入点	0.995	乡道
董张路	董家庄村入点	董家庄村出点	0.323	乡道
董张路	董家庄村出点	—	0.294	乡道
董张路	—	河王路	0.151	乡道
董张路	河王路	前侯尚西	0.297	乡道
丰元道	排干渠	厂区	0.651	村道
富枣路	白古屯镇出点	枣林西	2.793	乡道
里程合计	—	—	46.969（公里）	—

二、园区公路

京滨工业园现有道路 29136 延米（四至范围：东至城王路、南至韩指挥营村、西至廊坊创业路、北至京沪高速），共计 17 条，其中：

乾元道总长 679 延米，路由宽 20 米，路面铺设面积 6545 平方米；

坤元道总长 643 延米，路由宽 13 米，路面铺设面积 4996 平方米；

恒元道总长 766 延米，路由宽 13 米，路面铺设面积 5980 平方米；

泰源道总长 754 延米，路由宽 17 米，路面铺设面积 8880 平方米；

复原道总长 1700 延米，路由宽 14 米，路面铺设面积 20700 平方米；

晋元道总长 1300 延米，路由宽 21 米，路面铺设面积 20352 平方米；

京滨大道总长 3989 延米，路由宽 29 米，路面铺设面积 94560 平方米；

纬二路总长 300 延米，路由宽 17 米，路面铺设面积 3600 平方米；

纬三路总长 1700 延米，路由宽 17 米，路面铺设面积 19938 平方米；

纬四路总长 1697 延米，路由宽 17 米，路面铺设面积 19902 平方米；

纬五路总长 1180 延米，路由宽 17 米，路面铺设面积 13866 平方米；

纬六路总长 1722 延米，路由宽 17 米，路面铺设面积 20202 平方米；

古达路总长 3565 延米，路由宽 26 米，路面铺设面积 74865 平方米；

古旺路总长 2950 延米，路由宽 21 米，路面铺设面积 47200 平方米；

古盛路总长 2523 延米，路由宽 17 米，路面铺设面积 30276 平方米；

古兴路总长 2110 延米，路由宽 26 米，路面铺设面积 44310 平方米；

渠改路总长 3056 延米，路由宽 13 米，路面铺设面积 4264 平方米。京滨工业园雨污管网 58272 延米。

第四节　客货运输

一、交通运输工具

（一）人力车、轿

明清及民国年间，交通运输工具主要有独轮木车、充气胶胎独轮车、脚踏三轮车、自行车和轿子。解放后除轿子外，其他仍沿用。其中自行车普及较快。

（二）畜力车

清初及民国年间，主要有花轱辘轴车、轿车（畜力车上装配小屋式车棚）。1938 年始见胶轮马车。到 1958 年，各村均有胶轮马车，少数村 2001 年后仍沿用。

（三）机动车

1937 年，中国始见机动运输车。新中国成立初期，由于受经济发展水平较低、道路交通条件差等因素影响，大王古庄内的运输车辆很少。1974 年以后，机动车辆逐渐增多，到 1990 年，公路运输基本实现机动化。进入二十一世纪以后，机动车辆逐渐进入家庭。私营业主、个体老板一家拥有几部或十几部车已不足为奇。寻常百姓家因生产经营需要或因上下班往返需要，也有不少购置各种档次的机动车。据武清公安交管部门提供的数字显示，到 2015 年年底，全镇有各种机动车 1657 辆。另据介绍，在全镇区域内，特别是京滨工业园区内使用的机动车属于外地牌照的车辆，不在统计范围之内。如果加上这些车辆，全镇实有机动车超过两千辆。

二、货运

清代至解放初期，车辆牲畜私有，运输分散。各村各户多数用于农田间操作或拉脚，少数从事专业运输。

二十世纪六十年代初，有了拖拉机耕种、运输。七十年代，随着乡镇企业的发展，货运汽车增加，全公社汽车、拖拉机等货运车总量达数十辆之多。到 2015 年年底，全镇货运汽车总量达 1657 辆。

三、客运

（一）长途客运

设施齐备、舒适整洁的京滨工业园通勤班车

大王古庄镇长途客运始于二十世纪七十年代。1976 年，天津市长途汽车运输公司开辟了首条大王古庄至天津市区的区间长途客运专线。专线每天往返两趟，早上发车中午返程，下午发车晚上返程。晚上客运司机和车辆就停留在乡内。2000 年后，武清城区 17 路公交开通了杨村至大王古庄的专线，每天往返多次，方便了人们的出行。目前，镇里积极与廊坊市长途客运部门沟通，拟开通大王古庄镇与廊坊市的区间客运专线。

鉴于京滨工业园区一些企业往返武清城区出差办事及其员工在武清城区居住较多、交通不便的状况，2015 年 4 月 15 日，为解决入驻企业通勤问题，更好的服务于企业，京滨工业园区开通杨村至京滨的通勤班车。开通的班车有两辆，共计 100 个座位，月票价格为 270 元。京滨—杨村专线每天的发车时间为：京滨 1 线：早晨 6:40—7:12，下午 17:30—17:40；京滨 2 线：早晨 6:40—7:05，下午 17:50—18:00。发车班次为每车每周 6 次往返，其中正常工作日 5 次，周六或周日 1 次。全年行驶 310 天，共发班车 620 次。该班车运营管理由天津市通悦旅行社有限公司安排人员负责。

（二）京滨工业园园区内客运

随着京滨工业园园区面积的扩大、企业的增加，区域内道路设施配套齐全，笔直开阔，四通八达。为了方便区域内外人们的工作往来、参观游览，镇党委、政府决定在园区内开通客运专线，共有车17辆，总里程达29公里。每天从早到晚，专线车辆定时在园区绕行，招手即停，任何乘客全部免费乘坐。

（三）校车

进入21世纪以来，教育部门为提高办学质量、规范校园管理，改变了多年来村村办学的状况，撤销了部分村的小学校，建起了中心校，致使一些村的中小学生到邻村学校上学。年龄偏小、加之多数为独生子女的缘故，孩子出村上学的往返徒劳。安全，成了镇内家长们的后顾之忧。多数家长每天不惜腾出时间开车或骑车往返两次出村接送学生，直接影响了人们的生产、生活。

2013年，镇党委、镇政府为了改变这一状况，确保中小学生上下学的快捷、安全，解决家长们接送学生的后顾之忧，决定把解决中小学生上下学的交通问题，作为一项“民心工程”，由镇里投资，建立专门客运接送的校车机构，学生免费乘坐，让全镇百姓享受改革、经济发展的红利。于当年3月，与天津百乐运业有限公司签订了为期五年的汽车租赁合同。至2015年，整个校车车队共有31辆全新的大型轿车，专车内设施齐备，座位安全、舒适，伴有冷暖空调，环境干净整洁。服务范围包括一所中学、两所中心小学900名学生的每天上学往返两次的专程接送。

校车运营后，有关部门以校车安全零事故为工作目标，按照“一车一本档案、一车一份责任书、一车一名安全员、一车一张运行图、一车一个候车点”的要求，进一步完善健全了校车管理台账、车内学生照管制度、学生上下车点名交接制度等，构建起了一整套“运作规范、运营有序、控管有力、监管到位”的校车安全管理工作的长效机制。还组织各校建立建全了校车安全工作一系列的管理制度，如《校车接送制度》《干部教师接送学生制度》《校车安全员制度》《校车安全事故防范紧急预案》等。形成了“校长－分管领导－班主任－安全员－司机－家长”为责任主体的“无缝责任链”，为学生安全乘车提供了完善的制度保障。校车运营的3年多来，不仅解决了学生家长的频繁接送之苦，而且保证了学生准时、安全的上下学往返，从未发生过任何延误时间的情况、安全事故，赢得了人们的赞誉。同时，这一举措，也成为天津城乡首创，得到了有关部门的高度赞扬。

2015年5月10日《天津市校车安全管理细则》出台以后，武清区委、区政府非常重视，

责成主管教育的副区长主抓有校车的相关乡镇，补足相关手续。大王古庄镇党委、镇政府积极响应，并责成有关部门按照天津市有关规定，进一步完善管理制度，主动办理各种手续。2016 年 4 月 27 日，经市有关部门批准，已取得正式挂牌运营资格。

第七篇　天津京滨工业园

天津京滨工业园是天津市政府2009年8月批准建立的市级示范工业园区。其前身是天津市大王古经济开发区，始建于2000年。2006年由国家五部委认定为省级开发区，并更名为京滨工业园。

园区地处北京通州、天津武清和河北廊坊交界处，与廊坊国家经济技术开发区相连接，园区凭借连接京津冀三地的独特区位优势，拥有良好的自然地理环境、结构合理的工业基础和雄厚的科技创新资源，是天津市“十二五”期间大力发展的特色产业基地之一。园区通过科学规划，围绕战略性新兴产业引进和扶持了一批龙头企业，并在完善产业链、培育特色产业集群、打造产业创新联盟等方面做了积极探索。目前园区已经形成了以智能制造和以科技、金融、总部为主的现代服务业，并通过进一步吸引和整合京津冀三地的创新资源，力争打造区域特色鲜明的产业集群。

天津京滨工业园区位图

天津京滨工业园总体规划9.65平方公里，控制规划20平方公里。已建成区面积为8平方公里，共引进国内外企业1500余家，其中实体企业180余家，包括阿里巴巴、当当网、世侨总部、大禹节水、蒙牛乳业、一汽大众等25家上市企业，美国AMB公司等4家世界500强企业和多家行业龙头企业，累计引资400亿元。

创新发展思路、提升园区品位、寻求更快更好发展。2010年后，园区坚持科技引领发展，规划建设了占地750亩、建筑面积60万平方米的科技创新园，包括总部经济区、科研孵化区、自主研发区、产业加速区。为搞好城市功能建设，坚持环境优先，不惜重金打造环境洼地，按照建筑风格别致、资源集约利用、环境布局精美的城市化建设标准，投资50亿元建设两座星级宾馆、蓝领公寓、特勤级消防队、总部基地、公交车站、综合教育园区、行政服务中心等一批功能性项目，发挥了工业园区“城镇化发动机引擎”的作用。

随着建设发展速度的不断加快，园区效益逐年增长。到“十二五”末，工业产值达到600亿元，科技型中小企业突破600家，实现税收30亿元，提供就业岗位2万余人。园区发展带动了镇域社会经济发展。农村居住社区建设方面，坚持城镇化发展方向，引入市场机制，推进示范镇建设，用五年时间实现全域城镇化，实现居民身份、生活方式和管理体制的根本转变，让全镇人民安居乐业有保障，共享发展成果。2015年，总体规划两平方公里，总建筑面积150万平方米的居住社区建设已经启动。在农业产业方面，控制规划20平方公里，一期2.5平方公里的“农业产业园区”，以城乡统筹规划农用地为依托，通过大项目带动，面向首都及科技研发、休闲体验、绿色生态为特色的现代农业方向发展，业已建设招商。

园区未来发展的目标定位：“十三五”期间，园区以科学发展观为指导，坚持京津产业新城规划的总体思路，保持环境、生态优先发展、经济跨越发展的可持续发展道路，以大项目招商为抓手，大力推动科技驱动、金融创新，完善配套环境，提升服务水平，启动拓区工作，全面融入京津产业新城，到2020年，地区生产总值五年累计达到2500亿元，财政收入五年累计实现80亿元，招商引资五年累计达到300亿元，固定资产投资五年累计达800亿元。在招商引资方面，力争引入超10亿元实体项目20个以上，首都项目500个以上，建成中国区企业总部30个以上。形成1 ~ 2个有特色、有竞争力的完整产业链。在创新驱动方面以建设国家级高新区为重点，打造京滨硅谷，推动技术创新、专利创新。充分发挥物联网产业园、化工大学研发楼、能源装备产业园优势，以京滨生产力促进中心和国家孵化器为依托，吸引国内外中小企业科技创新总部入驻京滨睿城，建设京滨国家高新区。力争到“十三五”末，高新技术企业达到100家以上，企业工程技术中心达到10家以上，专利总数突破1000项，技术成果转化、科技创新带动区域产值达到50亿元以上。在园区配套方面，完成本特勤、海拉车灯，路桥华祥、瑞士DGS真空铸铝等重大项目建设，通过大项目带动，打造交通完备、环境优美、经济繁荣、服务配套齐全的“精品园区”。在体系建设方面，着力引进银行、保险、医院、高等教育等城市功能配套建设，通过完善的功能设施吸引高端企业和高层次人才居住，形成区域热点。完善引才体系建设、搭建人才平台。争取用五年时间，打造产业创新重地，构建产城融合高地，共建协同发展基地，将京滨工业园建成宜业、宜居、宜游的现代化新城。

第一章　机构 发展过程

第一节　园区行政领导机构

根据《武清区党政机构改革实施意见》，设置天津京滨工业园管理委员会，同时成立实体公司——天津京滨工业园开发有限公司

张大国　党委书记、管委会主任，统筹大王古庄镇和京滨工业园全面工作。

夏振峰　总经理，负责京滨工业园开发有限公司全面工作，统筹园区招商引资工作。主抓财务、审计、规划、建设。分管财务部、规划部、建设部。

张　军　镇经济副书记，管委会副主任，做好资本运营工作。协助总经理做好融资、审计工作。

王洪亮　副总经理，负责招商引资引税、行政服务中心管理、重点项目审批手续推进、园区主导产业推进、综治、环境治理。分管招商一部、项目服务部、行政服务大厅、引税办、城市管理部。

杨　光　副总经理，负责招商引资引税、科技创新、人才引进、科技人才平台的建设管理，京滨睿城运营管理。分管北京招商办、招商二部、杨村招商办、高新人才部。

崔　伟　副总经理，负责党建、机关管理、党群团工作、工业统计、安全，及企业的维稳工作，分管综合部、安监部、企管部、绿洁物业、餐饮公司、公交公司。

第二节　园区的党组织领导机构

2014 年 11 月，成立天津京滨工业园党总支委员会，由五名委员组成，夏振峰任书记。隶属中共大王古庄镇委员会领导。

第三节　园区职能部门

一、管委会主要职责

（一）贯彻执行国家和天津市、武清区关于开发区工作的法律、法规、政策和规定；

（二）负责园区内企业的协调、管理和服务；

（三）负责园区内的招商引资工作；

（四）负责园区内环境的综合治理；

（五）负责园区内公用设施的配套、建设和管理；

（六）负责实施园区内的规划、建设、开发和管理。

二、内设机构

根据上述职责，管理委员会设 11 个职能部门：

（一）综合部

1. 负责公司各类文件、文字材料的起草、印发、制定完善公司各项规章管理制度，同时负责档案的收集、管理以及印章管理；

2. 负责组织主任办公会、中层业务会及其他内部会议，做好会前准备、会议记录、会议纪要等工作；

3. 负责人事管理，员工工作纪律督察；

4. 负责各种对外接待活动的组织协调，处理对外公共关系的有关事务及后勤管理工作；

5. 负责网站、微信、微博等宣传平台的管理及各类宣传活动的策划和组织实施；

6. 负责重点工程督察及统计工作；

7. 负责党建及工青妇工作；

8. 负责出口对外工作。

（二）资本运营部

1. 负责制定和落实财务管理的各项制度，接受上级部门审计监督；

2. 负责内部财务管理、对外往来经济、财务收支日常结算、融资业务、报送资金管理中心资金监管需要的手续；

3. 负责报送国资部门要求申报的各类报表。

（三）工程建设部

1. 园区功能性项目建设和维修保养园区基础设施建设；

2. 负责对自建工程施工单位提供的竣工结算价格款项、报告文件审查确认工作，编制自建工程年度工程计划、投资概算、决算、增减项审定洽商；

3. 为入区企业提供供水、供热、通讯、电力、燃气等市政管网位置、高程及附近道路开口工程。

（四）规划设计部

1. 负责京滨工业园总体规划的制定、控制管理和各专项规划的编制和实施；

2. 负责园区土地开发、管理和园区土地征转及出让；

3. 负责总公司自建工程的规划设计工作，自建工程的前期规划、建设审批手续、立项、环评、能评、消防、人防等备案，及房产确权；

4. 对入区施工单位进行统一管理，为入区企业提供用地红线图和规划设计条件，对施工单位提供前期咨询、技术、文件审查确认，及建设项目的初步设计审批；

5. 对入区企业建设项目的施工过程进行监督检查，协助企业办理土地、规划、建设、立项、环评、能评、消防、人防等备案手续，及房产确权。

（五）企业管理部

1. 负责京滨工业园日常经济统计工作、经济考核统筹工作、国家经济普查和人口普查；

2. 负责税务管理；

3. 负责企业服务、第三方外包企业管理；

4. 负责示范基地管理和园区项目申报。

（六）招商部

1. 负责制定园区招商引资相关政策及办法和招商相关宣传工作；

2. 负责园区招商推介活动的组织策划和实施；

3. 联系对接各类商会、协会、会计师、律师事务所等组织，及中介服务机构，参加各类展会、洽谈会，搜集项目信息；

4. 负责项目出访、接待、洽谈、考察、追踪等工作；

5. 负责起草和与投资者签订入驻合同、土地预留协议、房屋租赁合同等合作文件。

（七）项目服务部

1. 负责内资项目的手续办理，包括营业执照的设立，经营范围、注册地址、投资人、股权等变更，及注销手续；

2. 负责外资的手续办理包括发改委立项，商务委批复，环评、能评等，工商核名及报卷及营业执照的设立、变更及注销；

3. 影像采集：住所证明、营业执照、法定代表人身份证的采集；

4. 重点项目的后续服务：包括财务服务、银行开卡服务、一般人审批、开票服务。

（八）高新人才部职责

1. 负责国家级高新区、国家自主创新示范区工作的全面推进；

2. 负责园区和区内企业科技项目申报；

3. 负责园区高新科技工作，包括推动高新技术企业、企业工程中心、重点实验室、专利试点、企业上级创新资金申报等；

4. 负责众创空间、孵化器等科技创新平台的管理及提升工作；

5. 负责高校院所、科研机构等资源及国际科技合作项目的对接工作；

6. 负责京滨科技企业孵化器、京滨睿城整体统计、管理及运营工作；

7. 负责园区内企业搭建招聘平台，拓宽用工渠道，协调企业用工平衡，降低用工成本，并协助企业员工进行职称评定；

8. 负责区内企业人才管理工作，帮助企业做好人才引进、培养、奖励、落户及博士后工作分站相关工作，并协助大、专院校、科研院所在园区建立人才实践基地。

（九）引税办

1. 负责招商引税工作；

2. 协助两税部门传达相关的政策、法规，督促企业报税。协助企业办理一般纳税人，协助服务型企业（运输业、广告业、建筑业）办理税务手续；

3. 协助注册企业办理工商登记、组织机构代码证、税务登记证等相关手续。

（十）安监站

1. 负责园区企业安全生产，对企业进行定期安全监督检查相关工作；

2. 负责为企业办理特种从业人员上岗资格证培训考核及安全知识培训工作，并发放培训资格证书；

3. 负责园区企业在建工地食堂的食品卫生和食品安全工作。

（十一）城市管理部

1. 负责城市管理综合行政执法；

2. 负责市容环卫、园林绿化、公共场所管理、违法建设查处。

第四节　发展过程

建设乡镇经济园区，是大王古庄镇党委、政府及干部群众多年的梦想。早在20世纪九十年代中期，就提出了建设本乡的经济开发区的构想，由于种种原因未能得到批准。直到2000年，才抓住机遇得以实现，建起了乡镇经济园区。其发展过程，艰难起步于21世纪初，2009年后逐步驶入发展的快车道。下面记述的是市政府批准建立京滨工业园区以来的主要发展经历。

一、发展纪事

2009年

8月9日，天津市政府第33次常务会议，批准建立京滨工业园。京滨工业园总体规划9.65平方公里，控制规划20平方公里。

10月16日，天津京滨工业园与北京经济技术开发区合作签约仪式在京滨工业园管委会举行。武清区区长李宝锟，区委常委、副区长罗福来，区外经贸委主任王宝华出席签约仪式。

10月13日，天津京滨工业园起步区道路工程开始进场施工。工程包括四条道路、四座桥梁的建造，以及一条河道的改造，总投资8000余万元。

10月29日，区政协副主席姚文霞及部分区政协委员一行34人视察京滨工业园，听取了镇招商引资工作及京滨工业园基础设施建设进展情况汇报，视察了园区部分在建工程。

12月9日，京滨工业园与广州赛邦印铁制罐有限公司在京滨工业园管委会举行签约仪式。

12月21日，京滨工业园与盛大滴灌有限公司在京滨工业园管委会举行投资签约仪式。

2010年

1月7日，京滨工业园与会通利达集成装备有限公司在京滨工业园管委会举行投资签约仪式。

3月18日，副区长尤天成与园区办负责人深入京滨工业园，听取了京滨工业园当前基础设施建设进展情况和下一阶段工作安排汇报。

3月23日，区政协主席李学鹏视察京滨工业园基础设施建设情况，实地查看了广阳道施工现场。

3月29日，京滨工业园与天津鼎盛机械设备有限公司在京滨工业园管委会举行投资签约仪式。

4月13日，京滨工业园与海化集团投资签约仪式在天鹅湖国际会议中心举行。区委书记袁桐利，区委常委、区委办主任李建成，副区长尤天成，工经委主任陈友良，海化集团总经理宋景义，京滨工业园总经理郭新华出席活动。

4月15日，大禹节水集团与京滨工业园签约投资仪式在天鹅湖国际会议中心举行。区委书记袁桐利，区委常委、常务副区长罗福来，区委常委、区委办主任李建成，副区长尤天成，大禹节水股份有限公司董事长王栋，镇党委书记郭新华出席签约仪式。

4月19日，河北省承德市政协学习考察团到京滨工业园参考考察，区政协副主席钟有龙、姚文霞出席。

5月7日，区委书记袁桐利，区委常委、区委办主任李建成，副区长尤天成等领导深入京滨工业园现场办公。

5月25日，天津京滨工业园与亚太文化产业促进会在京滨工业园举行投资签约仪式。

6月17日，北京万有经贸有限责任公司在京滨工业园管委会举行投资签约仪式。

7月2日，天津市中小企业局局长尉永久一行到京滨工业园考察调研，武清区区长张勇、副区长尤天成陪同考察。

7月19日，天津山东商会会长夏成文带领山东商会考察团到京滨工业园考察。

7月20日，区长张勇，区委常委、副区长苗玉刚，副区长尤天成，区政府办主任王志强等领导深入京滨工业园调研。

7月22日，区委常委、组织部部长、区关工委名誉主任郭宝琴带领区关工委和区老干部局有关领导视察京滨工业园建设情况。

7月27日，天津市外商投资服务中心主任王富强一行到京滨工业园参观考察。

8月5日，北京瑞琪米诺桦合成材料有限公司与京滨工业园投资合作仪式在京滨工业园管委会举行。

8月17日，市科委创新体系处负责人及市科学院、泰达国际创业中心、市科技创业中心的专家到京滨工业园考察科技孵化器项目，并对该项目申请工作进行初审。

8月，全市首家科技孵化平台——京滨科技孵化器成立。

9月8日，京滨工业园与北京富华盛业路面机械有限公司在京滨工业园管委会举行合作签约仪式。该公司此次在京滨工业园投资建设的富华海斯（天津）建筑材料有限公司总投资2亿元。

9月16日，天津中金博奥重工机械有限公司举行奠基仪式，大王古庄镇党委书记、京滨工业园总经理郭新华及中金博奥重工机械有限公司董事长赵宏忠出席仪式，并分别代表合作双方致辞。

10月14日，副市长王志平带领市有关部门负责人视察京滨科技孵化器公司，就科技型中小企业发展情况进行了实地调研。

11月9日，团市委副书记白凤祥一行到京滨工业园考察，副区长尤天成、区科委主任杨文玉及团区委领导陪同考察。

11月12日，区政协提案委组织部分政协委员到京滨工业园视察。

11月23日，天津京滨工业园与唐山泰亚铁路设备有限公司合作签约仪式在京滨工业园管委会举行。该公司项目占地30亩，总投资6000万元，主要从事轨道交通设备制造。

12月2日，天津京滨工业园与北京西马力公司签约。

2011年

1月13日，天津京滨工业园与厦门汇信公司合作签约仪式在京滨工业园管委会举行。该公司主要从事电子、供应链管理、贸易，及其他制造项目。

1月21日，区委副书记韩胜军、区商务委主任王宝华出席京滨工业园2011年新春联谊会。

1月22日，坐落于京滨工业园的天津青年科技小巨人成长示范园举行揭牌仪式。

2月15日，市科委副主任陈养发一行深入京滨科技企业孵化器调研指导工作，武清区副区长尤天成、区科委主任杨文玉陪同调研。

3月4日，天津京滨工业园与北京航润科技有限公司合作签约仪式在京滨工业园管理委员会举行。该公司投资建设的天津航润科技有限公司占地20亩，总投资1亿元，主要从事矿井避难舱和HRG-200新型隔热板制造。

3月5日，天津市福州商会会长林光等一行30余人考察京滨工业园，区招商局、京滨工业园相关负责人陪同考察。

3月9日，天津京滨工业园与河北省永清县弘森建材有限公司签约仪式在京滨工业园管委会举行。该公司此次投资建设天津太阳天朗投资有限公司，项目占地30亩，总投资1亿元，主要从事酒店、超市、KTV等功能设施建设及商业、金融业经营活动。

3月9日，武清区委副书记韩胜军一行深入京滨工业园调研。

3月22日，武清区人大常委会副主任王胜林一行到京滨工业园调研。

4月13日，天津京滨工业园、北京凡士通空气弹簧有限公司、天津景军投资有限公司三方合作签约仪式在京滨工业园管理委员会举行。凡士通公司此次在京滨工业园注册分公司租用景军公司8800平方米厂房，主要生产经营汽车和工业用减震器、空气悬挂系统及工业用组件和部件等。

5月4日，京滨工业园与三通集团有限公司举行合作签约仪式。该公司在京滨工业园投资建设三通食品物流（天津）有限公司，项目占地30亩，总投资3.5亿元，主要从事冷链物流及食品加工。

5月10日，区政协副主席程焕金、政协专委办主任程士勇、副主任付振连一行视察京滨工业园污水处理中心。

5月17日，中国石油大学副校长徐春明率领该校团队到京滨工业园考察。

5月17日，由科技部、商务委、教育部等部门共同主办的第十四届中国北京国际科技产业博览会在人民大会堂拉开帷幕，京滨工业园获得中国自主创新园区先锋奖。

5月19日，中国工商银行京滨支行正式开业，首家商业银行入住京滨工业园。

5月31日，市人大常委会副主任李润兰及市人大有关部门负责人到京滨工业园调研。

6月19日，世界华侨华人社团联合会总部大厦在京滨工业园奠基。

6月28日，一汽大众与京滨工业园举行合作签约仪式。一汽大众在京滨工业园投资建设一汽大众华北汽车备件服务产业园，项目占地239亩，总投资5.6亿元，主要从事全国一汽大众备件服务领域的经营管理、发展设计规划、设备投入、零部件入区检验、装配等相关事宜。

7月5日，武清区投资环境说明会暨武清区与北京企业第二批合作签约仪式在天鹅湖国际会议中心举行。此次签约仪式上，京滨工业园与中国石油大学、天津温特佳保温材料有限公司等10余家单位签约，总投资约27亿元。

7月31日，武清区人民政府、京滨工业园与当当网信息技术有限公司合作签约仪式在天津喜来登大酒店举行。

8月16日，天津冶金工业设计研究院有限公司于京滨工业园举行合作签约仪式。该项目主要从事冶金、矿山、工业与民用建筑等行业的工程设计、新工艺及设备研究、制造、经销、工程总承包等。

8月21日，市政府秘书长、区委书记袁桐利，区委常委、区委办公室主任李建成视察京滨工业园。

8月23日，天津东广科技发展有限公司与京滨工业园合作签约仪式在京滨工业园管理委员举行。

9月26日，固安县考察团参观京滨工业园。

9月29日，区人大常委会组成人员视察区重点组团规划建设情况，区人大常委会主任刘万明，副主任王胜林、郭宝联、陈平出席视察活动，副区长尤天成、区长助理郭明华陪同。视察过程中，区人大常委会领导实地查看了京滨工业园建设情况，并在京滨工业园管委会召开座谈会。

11月25日，天津京滨工业园与奥瑞斯汽车快速服务企业管理有限公司举行合作签约仪式。该公司此次在京滨工业园投资建设天津奥瑞斯汽车技术服务有限公司，总投资3.8亿元。

11月25日，天津京滨工业园与东莞市都市丽人实业有限公司举行合作签约仪式。该公司在京滨工业园投资建设天津都市丽人实业有限公司。注册资金8000万元，主要从事都市丽人现有品牌在北方区域销售、物流和研发设计工作。

12月7日，武清区政府与阿里巴巴集团合作签约仪式在天津迎宾馆举行。阿里巴巴集团此次在京滨工业园投资建设阿里巴巴华北电子商务物流中心，总投资30亿元，主要从事电子商务交易配送、仓储、结算解决方案。

12月12日，京滨工业园与泰戈特公司举行合作签约仪式。总投资1.6亿元，主要从事高端、核心矿山及洗选设备、煤化工设备制造。

2012年

2月2日，市委常委、市人大常委会副主任、市委教育工委书记苟利军，副市长李文喜及市有关部门负责人参观京滨工业园规划展览馆。

2月26日，西青区党政考察团一行到京滨工业园参观考察，武清区区委书记张勇、区长罗福来陪同。

3月26日，新疆生产建设兵团建工师师长刘玉成带领考察团到京滨工业园参观考察。

3月29日，武清区人大常委会副主任薛梅、陈平围绕“调结构、惠民生、上水平”活动深入京滨工业园调研。

4月28日，京滨工业园、中国石油大学、博斯特能源装备（天津）股份有限公司合作签约仪式在京滨工业园招商中心举行。

5月8日，武清区政协领导谢呈悦、韩万景、姚文霞围绕“针对当今国内经济形势讨论企业发展之路”到京滨工业园调研。

5月9日，中纺生物饲料（天津）有限公司举行开业庆典。

5月22日，由科技部、商务委、教育部等部门共同主办的第十五届中国北京科技产业博览会开幕。会议期间，天津京滨工业园参加了中关村创新论坛暨中国科技创新发展国际论坛第六届中国自主创新评选活动，京滨工业园获得“2012年中国自主创新园区创新奖”。

5月24日，京滨工业园与京兵航天生物医药工程有限公司合作签约仪式在京滨工业园招商中心举行。

5月31日，凡士通空气弹簧有限公司天津分公司举行开业庆典。

7月5日，京滨工业园与长兴（中国）有限公司在天津梅江会展中心举行的“第五届津台投资合作洽谈会”上签约。

7月14日，武清区投资环境恳谈会暨2012年武清区与投资企业第二批合作签约仪式在天鹅湖国际会议中心举行。活动期间，京滨工业园与京兵航天生物医药、博联包装等六家企业签订合作协议。

7月18日，京滨工业园与中国工业园网举行合作签约仪式。

8月6日，武清区与国家级科研院所合作签约仪式在天津迎宾馆举行，中科院化学研究所落户京滨工业园，成立中科院化学研究所天津研究院。主要从事新材料和科技技术研发和成果转化，总投资1.6亿元，占地60亩。

9月6日，京滨工业园与北京超思电子技术有限责任公司合作签约仪式在园区招商中心举行。

10月23日，京滨工业园与广州盛诺电子科技有限公司签约。

10月30日，米诺桦（天津）有限公司举行开业仪式，京滨工业园副总经理夏振峰、赵连奎出席开业庆典。

是月，镇党委书记、园区管委会主任郭新华在前往香港考察、招商引资途中，为对外展示大王古庄人广阔的胸怀，激励人们进一步扩大开放、开发的热情和力量，满怀深情地写下了一首藏头诗：“大家风范礼天下，王者胸怀纳百川。古今要冲京畿地，庄公诚邀翘楚行。”被人们广为传诵。

11月5日，武清区投资环境恳谈会暨2012年武清区投资企业第三批合作签约仪式在天鹅湖国际会议中心举行。京滨工业园与超思电子等8家企业签订合作协议。

11月13日，天津京滨工业园与天津银行第六中心支行、天津津房融资担保有限公司合作签约仪式在园区招商中心举行，区委常委、常务副区长李建成，副区长尤天成及市房产总公司、房管局等单位负责人参加活动。

11月14日，中国共产党第十八次全国代表大会在北京胜利闭幕。当天，出席会议的天津13位代表到京滨工业园参观。

11月20日，中关村协会（企业）走进京滨活动在园区招商中心举行，副区长尤天成出席活动，镇党委书记、京滨工业园总经理郭新华主持会议，中关村15家协会及30余家企业参加活动。

12月27日，京滨工业园与北京绿洁物业管理中心举行合作签约仪式。

12月，天津京滨石油装备特色产业基地被科技部认定为国家火炬特色产业基地。

2013年

1月5日，京滨工业园与凡客诚品科技有限公司合作签约仪式在天津市迎宾馆举行。该项目在天津京滨工业园建设凡客诚品天津总部项目，将建成研发中心、展示中心、核算中心、客服中心、物流中心和仓储中心。项目总投资10亿元以上。

1月15日，武清区在北京举行"开放、合作、互惠、共赢"投资环境说明会。会上，京滨工业园与北京机械工业自动化研究所签约。

1月29日，京滨工业园与北京湘鄂情集团股份有限公司签订战略合作框架协议。

2月26日，京滨工业园与艾斯特（天津）石油科技有限公司签约。

3月9日，武清区区委书记张勇带领有关部门负责人到京滨工业园调研。

3月9日，区委书记张勇带领有关部门负责人到京滨工业园调研，镇党委书记、京滨工业园总经理郭新华陪同。

3月28日，京滨工业园消防中队正式揭牌成立。副区长尤天成，公安、消防等部门领导，及镇领导郭新华、王克千、王维祥、董宝利等出席活动。

4月2日，武清区投资环境恳谈会暨合作项目签约仪式在天鹅湖国际会议中心举行。区领导罗福来、尤天成等出席。此次签约活动中，京滨工业园与CRV辐射能量热系统项目等6家企业签订合作协议。

4月3日，武清区区长罗福来带领区有关部门负责人深入京滨工业园部分科技型中小企业调研并现场办公，镇党委书记、京滨工业园总经理郭新华陪同。

4月20日，京滨工业园与广东省盛诺集团签署合作协议，此次合作，盛诺集团将在京滨工业园建立北方核算总部。

4月21日，京滨工业园与香港友昌集团合作签约仪式在广州举行，武清区区长罗福来、副区长尤天成出席。此次合作，友昌集团将在京滨工业园投资建设北方销售总部。

4月21日，京滨工业园与东莞市都市丽人实业有限公司签署合作协议在广州举行，武清区区长罗福来、副区长尤天成出席。

5月20日，京滨工业园与北京北奥盛典国际文化发展有限公司签署合作协议。此次合作，北奥盛典将在京滨工业园投资建设北奥集团文化演艺基地。项目总投资3.5亿元，占地120亩。

5月27日，廊坊市安次区区委书记王永威一行78人到京滨工业园参观考察，武清区区委副书记郭宝琴陪同。

6月7日，北京中关村企业孵化器天津行武清专场活动的中关村孵化器管理团队一行20余人到京滨工业园参观。

6月13日，世侨大厦首批入驻企业集中签约推介会在京滨工业园招商中心举行。区委书记张勇，区政协主席李学鹏等领导出席会议。

6月14日，天津市示范工业园区团工委工作推动会暨电子商务服务青年科技型中小企业推介会在京滨工业园招商中心举行。

6月21日，“华北金三角”电商大舞台暨中关村电商企业走进京滨活动在京滨工业园招商中心举行。

7月9日，武清区投资环境恳谈会合作项目签约仪式在天狮奥蓝际德国际酒店举行。此次签约活动中，京滨工业园与8家企业签约，项目内容涉及技术研发、演艺策划、机械设备制造和销售、餐饮管理等行业。

7月30日，京滨工业园与中国通信工业协会物联网应用分会物联网产业园项目合作签约。

9月12日，市政协主席何立峰、副主席李文喜、秘书长李金亮一行到武清区调研，区长罗福来陪同。何立峰到京滨工业园阿里巴巴现场参观考察。

9月，京滨工业园迎来了一批外国客人，与西班牙 la Nucia（拉努西亚）市缔结友好城市合作签约仪式在京滨工业园招商中心举行。

10月22日，武清区政府、京滨工业园与北京化工大学投资合作协议签约仪式在区政府服务中心举行。

10月29日，京滨工业园科技企业孵化器有限公司举行萌创业交流会暨京滨孵化器集中签约仪式。

11月1日，京滨工业园与聚美优品举行签约仪式。该项目将建设聚美优品总部、国际化妆品交易平台、仓储中心、物流中心、运营中心、展示中心、客服中心。投资总额10亿元以上。

10月30日，武清区区委书记张勇，区长罗福来到京滨工业园调研。实地查看世侨总部基地、瑞雅国际酒店及阿里巴巴项目。

11月6日，商务部电子商务司张佩东副司长一行到武清区调研电子商务示范企业发展情况。在京滨工业园听取了园区负责人对京滨工业园电子商务企业的介绍，详细了解了当当网、阿里巴巴、凡客诚品和聚美优品落户京滨工业园的情况。

12 月 3 日，天津市科委领导到京滨工业园调研，区科委主任杨文玉，镇党委副书记、京滨工业园副总经理夏振峰陪同。

12 月 10 日，天津京滨工业园（珠江三角）投资环境推介会在东莞举行。

12 月 13 日，武清区举行博士后科研工作站授牌仪式，分别为新获批武清开发区博士后科研工作站、区中医院分站、京滨工业园分站和红日药业分站授牌。

12 月 17 日，由天津日报传媒集团和天津滨海新区北塘经济区管委会联合主办《每日新报》承办的“2013 北塘·新力量天津经济创新榜《第四届》颁奖暨创新论坛”活动在滨海新区开幕。市发改委、经信委、科委、规划局、国土房管局，南开、红桥区、市工商联相关负责人及经济学家、著名企业家等 200 余人出席活动，共同揭晓创新大奖和组委会特别奖。京滨工业园获“年度创新园区奖”。

2014 年

2 月 12 日，商务部部长助理王炳南带领信息化司到武清开展电子商务工作调研，区委书记张勇，区长罗福来等区领导陪同调研。王炳南一行现场考察了京滨工业园阿里巴巴、当当网两家企业，并在京滨工业园招商中心召开电子商务座谈会。

2 月 13 日，在天津市科技与知识产权会议上，京滨工业园孵化器获评国家级孵化器。

3 月 6 日，副市长何树山带领市科委、市财政局、市中小企业局负责人到武清区调研科技型中小企业发展情况。活动中，何树山一行先后来到京滨科技企业孵化器和博思特能源装备公司听取了科技型中小企业发展情况介绍。

3 月 7 日，天津京滨工业园获得“天津共青团青农系统 2013 年度‘三区联建’工作优秀团工委”荣誉称号。

3 月 27 日，武清区举办投资环境恳谈会暨合作项目签约仪式，武清区区委书记张勇，区长罗福来等出席签约仪式。签约仪式上，京滨工业园与天津利元贝尔医疗器械股份有限公司、华夏智农（天津）有限公司、天津坤瑞通科技有限公司等 10 家企业签约。

3 月 27 日，国家智慧城市产业技术创新战略联盟第一届理事会第六次会议在京滨工业园举行。

5 月 7 日，市委常委、市纪委书记臧献甫到京滨工业园调研，武清区区委书记张勇、区长罗福来等陪同。臧献甫一行视察了阿里巴巴、中科院天津化学研究所项目。

5 月 8 日，中关村协会、企业走进京滨活动在京滨工业园报告厅举行。此次活动主题为：京津冀协同发展、京滨园战略聚焦。

5 月 20 日，《人民日报》记者团到京滨工业园采访调研。

6月10日，在津全国人大代表到武清调研京津冀协同发展情况，市人大常委会副主任张俊斌，区委书记张勇，区长罗福来，区人大常委会主任韩胜军，区委常委、副区长钟书明等陪同调研并参加座谈。调研活动中，在津全国人大代表实地参观了京滨工业园世侨总部基地和阿里巴巴项目，并听取了相关情况介绍。

6月19日，全国人大副委员长铁木耳·达瓦买提爱国主义诗歌书画作品巡展在京滨工业园世侨总部基地举行。

7月11日，北京通州区区长岳鹏带领通州区党政代表团一行到武清区调研，双方就建设京津冀协同发展示范区进行深入交流和对接。岳鹏一行首先深入京滨工业园招商中心进行实地调研，并听取了相关情况介绍。

7月13日，中共中央党校副教育长韩庆祥带领中国城市改革与发展系列活动调研组到园区考察，区委书记张勇，区领导李建成、周惠军、刘广生等陪同考察。

7月25日，京滨工业园与北京威猛机械制造有限公司等6家来自北京的企业进行集中签约，区人大常委会主任韩胜军出席仪式。本次签约的6家企业有北京威猛机械制造有限公司、中澳环球快建房科技有限公司、北京重点拓方科技有限公司、北京钱袋包职能技术有限公司、天音通信有限公司和北京华财会计股份有限公司。

7月26日，武清区与北汽集团海纳川北京零部件项目举行签约仪式，市委常委、政法委书记散襄军，区委书记张勇，区长罗福来，北汽集团总经理张夕勇，区领导周惠军、尤天成、刘广生出席签约仪式。按照项目总体规划，北汽集团将以北京海纳川公司为投资主体，总投资50亿元，落户于京滨工业园和汽车零部件产业园。

8月8日，京滨工业园与清弘集团签约。签约仪式上，区委常委、常务副区长李建成从人口、资源、区位优势等方面介绍了武清的基本情况。

9月18日，廊坊市政协主席郑广富一行到武清区参观考察，武清区政协主席李学鹏带领规划局、京津冀协同发展办公室领导陪同考察。郑广富一行来到京滨工业园，实地参观了园区招商中心及蒙牛公司，并听取了相关负责人介绍。

9月21日，副市长王宏江等市领导到武清调研，区委书记张勇、区长罗福来等陪同调研。市领导一行先后来到紫兆垃圾处理厂、太平洋电信项目、阿里巴巴项目和京滨工业园招商中心，详细了解了企业的发展状况、经营范围。在阿里巴巴华北物流中心，市领导查看了该企业货物配送、数据分析系统，并就经营情况和长远发展规划与企业负责人深入交谈。

8月29日，位于京滨工业园的博思特能源装备（天津）股份有限公司新三版挂牌仪式在全国中小企业股份转让系统有限责任公司举行。

8 月 26 日，中科院北京国家技术转移中心主任刘庆莲一行 6 人到京滨工业园进行考察。

9 月 17 日，区规划局主要领导带领相关业务处室人员到京滨工业园现场办公。

10 月 15 日，京滨工业园与江苏允通集团签约，区长罗福来、副区长尤天成、区招商局局长萧庆东、区商务委副主任张绍峰等出席签约仪式。

11 月 6 日，市委书记孙春兰深入武清区的装备制造、工程技术、电商物流、生物科技等企业调研。市委常委、市委宣传部部长成其圣，副市长王宏江、我区区委书记张勇，区长罗福来陪同。调研过程中，孙春兰走访了京滨工业园阿里巴巴菜鸟网络项目。

11 月 13 日，京滨工业园为提高综合效率，提高企业清洁生产意识，专门组织园区生产性企业做清洁生产专题培训。

11 月 11 日，京滨工业园特勤级消防中队举行执勤仪式。区长助理余元堂出席并致辞，天津消防总队、区安监局、质监局等单位负责人参加。

11 月 20 日，市委常委、市委统战部部长刘长喜一行到武清区就民营经济运行情况进行调研，区领导张勇、王占海、余元堂陪同。在天津京滨工业园当当网听取了相关情况的汇报，详细了解目前企业发展情况。

11 月 24 日，市委常委、常务副市长段春华，市政府副秘书长庞金华、刘建刚和市商务委负责人到武清区实地调研电子商务产业发展情况。武清区区委书记张勇、区长罗福来、副区长尤天成陪同。段春华、一行到京滨工业园的菜鸟网络公司听取企业负责人介绍菜鸟网络发展情况。

12 月 9 日，京滨工业园与目前国内领先的策划、组织、承办各类大型文化体育活动的专业公司——北京北奥盛典国际文化发展有限公司举行签约仪式。

12 月 23 日，京滨工业园召开商会第一次全体大会，选举出了京滨工业园商会领导班子，选举产生商会理事 31 人、商会常务理事 15 人、秘书长 1 人、副会长 8 人、会长 1 人。

2015 年

1 月 6 日，武清区区委书记王小宁到京滨工业园调研。区委常委、区委办公室主任王志强，副区长尤天成，区委办公室副主任薛长江陪同调研。

1 月 7 日上午，天津市人力资源和社会保障局人才流动开发处副处长郑巴因、杨亮博士到京滨工业园进行调研。区人力社保局相关科室负责人参加。

1 月 8 日，区委常委、常务副区长李建成带队到京滨工业园检查冬季安全生产工作，区安监局局长刘振明、镇党委书记郭新华、镇长郭金勇、园区副总经理赵连奎等陪同检查。

1 月 21 日，镇党委书记郭新华率领区消防支队、镇工商所、派出所、安监站等部门人员联合组成检查组，对园区各生产经营单位、学校开展消防、安全生产大检查。园区 100 余家企业安全负责人参加。

1 月 21 日，京滨工业园组织召开落实中小微企业贷款风险补偿机制动员会。入驻园区的 6 家银行代表和园区近 120 家实体企业负责人和财务负责人参加此次会议。

1 月 31 日，京津冀规划编制组到武清调研，区委常委、常务副区长李建成、副区长刘广生等区领导陪同调研。项目组实地走访了京滨工业园阿里巴巴项目等。

3 月 12 日上午，大王古庄镇与北京师范大学签约仪式在京滨工业园综合教育园区举行。北京师范大学党委副书记刘利、教育培训中心主任郭庆、武清区委常委、组织部部长周惠军、副区长尤天成、区教育局局长李海、大王古庄镇党委书记郭新华、镇长郭金勇等出席。北京师范大学教育培训中心是北京师范大学为适应国家教育改革及社会发展的需要，整合北京师范大学百年积淀的丰厚教育资源，促进大学的教学、科研成果有效的在中国的基础教育领域得到实践和发扬，成立的专门面向中国基础教育服务机构。大王古庄镇人民政府和北京师范大学教育培训中心进行合作，通过引进北京师范大学的先进教育理念、方法和经验，将济华园综合教育园区打造成一流的教育品牌。合作范畴涵盖幼儿园、小学、初中，双方一期合作 6 年。双方签署合作协议书后，举行了“北京师范大学基础教育实验学校”揭牌仪式。

3 月 12 日，京滨工业园组织召开 2014 年度企业所得税汇算清缴培训会。河西务国税人员和园区近 100 家企业会计人员参加了此次会议。

3 月 13 日，在京滨工业园招商中心一楼会议室召开了 2015 年京滨工业园万企转型升级推动会。园区 42 家重点企业参加本次会议。会议由企管部部长黄伟主持，园区副总经理崔伟参加。

3 月 14 日，镇召开春季安全大检查动员会。会议对全镇春季大检查工作进行部署动员。发放防范电信诈骗宣传单 200 份、企业防火安全宣传单 150 份、劳动密集型企业消防检查通告 98 份。园区企业、在建工地安全负责人和安全管理员 140 余人参加会议。

3 月 26 日，京滨工业园组织召开了在建项目中期总结汇报会，12 家在建项目的建设方和施工方参加此次会议。

3 月 27 日上午，天津京滨工业园 2015 春季招聘会在园区招商中心广场举行。当当网、蒙牛乳业、都市丽人、大禹节水等 39 家企业进场招聘，提供就业岗位 1500 多个，涉及管理人员、工程师、技工等。招聘会吸引了来自全区各镇街及北京、天津、河北等地的求职者 3000 余名参加。

4月1日上午，京滨工业园及大王古庄镇相关领导组织安监站、企管部、规划部、综治办、派出所、工商所、消防中队等部门开展了春季安全生产大检查活动。

4月15日上午，2015年度京滨工业园劳动保障工作会在园区招商中心二楼会议室举行。区人力社保局监察科科长周士民、人才科科长李志刚、武清社险分中心征缴科科长李强、工伤科科长周利勇，及园区83家企业相关责任人参加会议。

4月15日，区审批局局长李长春同国土、规划、消防等审批窗口负责人到京滨工业园，就推进项目审批进程召开现场办公会。园区管委会主任郭新华、园区副总经理赵连奎、规划部部长崔绍柏，及中国石油大学、聚美优品、都市丽人等企业代表参加会议。

4月15日，京滨工业园联合民生银行、瀚华担保公司举办银企对接会，旨在进一步破解企业融资难题，更好服务中小企业和重点项目发展。园区绿清管道、正易物通、海川建筑工程等10家企业参加会议。天津正易物通网络科技有限公司现场与民生银行达成2000万元贷款意向，其他企业会后将进一步磋商。

4月16日上午，副区长尤天成带领区安监局、质监局、消防支队等部门到京滨工业园检查春季安全生产工作。并对园区安全工作提出了要求具体。一要高度重视。春季是各类安全生产事故易发期。各单位必须要强化“安全重于泰山”意识，时刻绷紧安全生产这根弦，切实把安全生产工作抓紧抓实。二要加强重点防范。特别是电商物流企业一定要做好易燃易爆等危险品的流程安全监管，确保重点点位和关键环节不出问题。三要加强宣传教育。要坚持警钟长鸣，要多渠道多途径开展新安全法法规和安全知识的教育和培训，提升全员安全意识。四要加强应急管理。进一步完善突发事件应急预案，及时妥善处置各类突发事件。五要严格落实企业主体责任。各企业负责人一定要高度重视安全生产管理工作，严格落实生产责任体系“五落实五到位”相关要求，确保安全生产“零事故”目标。

4月23日，中国通信工业协会智慧能源专业委员会成立仪式在天津京滨工业园举行。中国通信工业协会会长王秉科、中国通信工业协会物联网应用分会会长韩举科，天津京滨工业园管委会副主任夏振峰、韩国爱德林智慧能源研究院、仁川大学、京尚大学、崇实科技大学，及13家韩国高新企业代表参加成立仪式。

5月13日—16日，天津京滨工业园管委会副主任夏振峰同志率园区高新工作部负责人、园区孵化器总经理一行5人，深入湖北武汉、江苏苏州考察国家自主创新示范区建设的先进经验和做法。

5月21日，“新环保法”政策宣讲会在京滨工业园举行。天津市环保局法制处科长闫文涛、武清区环保局法制处科长庞全虹、京滨工业园副总经理崔伟，及园区80家实体企业环保负责人参加。

5月27日，园区“保税仓库”筹建座谈会在京滨工业园招商中心会议室召开。天津港一国际货运代理有限公司总经理李贵彦及聚美优品、菜鸟网络、美森电子等园区有进出口业务的企业负责人参加。

5月28日，区委常委、副区长李文运带领区转型办、区财政局等单位负责人一行5人到京滨工业园，就推进园区企业转型升级进行专题调研，园区管委会主任郭新华陪同。

5月29日，由京滨工业园管委会主办，同方科技园有限公司、中关村核心区战略性新兴产业促进联席会及其联盟成员协办的“京津联动资源共享”主题考察交流会在京滨工业园举行。包括天津京滨工业园、北京同方科技园、中关村战略性新兴产业促进联席会及其联盟成员企业负责人共30余位嘉宾出席交流会。

6月2日，市人力社保局副局长袁家健一行，到京滨工业园实地调研引进人才“绿卡”工作。区委常委、组织部部长周惠军，区人力社保局局长肖同福，园区管委会主任郭新华，副总经理崔伟等领导陪同调研。

6月17日，新型医疗服务模式研讨会暨全科医学规范化师资培训会在北京协和医学院百年礼堂举行。此次会议中，中华医学会、北京协和医学院天津培训基地正式落户坐落在京滨工业园的“京津冀联合医院”。国家卫计委原副主任陈啸宏、国家卫计委科教司教育处处长陈昕煜、中华医学会党委书记饶克勤、中华医学会副会长吴明江、武清区委常委、常务副区长李建成、镇党委书记、京滨工业园管委会主任郭新华、区卫计委副主任王亚东、京滨工业园管委会副主任张颖、蓝海联盟医学研究院院长李明义等领导出席会议。

6月18日，京滨工业园管委会高新工作部组织园区企业进行高新技术企业资格认定培训。园区12家企业负责人参加。

6月24日下午，京滨工业园安监站在园区招商中心会议室举办了《中华人民共和国安全生产法》知识竞赛。园区20家企业代表共计80余人参加。京东商城代表队胜出获得第一名，华气厚普和都市丽人分获第二、三名，蒙牛、立邦、赛邦等5支代表队夺得优胜单位奖。

7月3日下午，京滨工业园征信体系建设座谈会在园区招商中心会议室召开。绿盾征信（北京）有限公司、中国银行、农商银行等四家银行行长及园区十五家企业负责人参加。

7月7日，由大王古庄镇政府、京滨工业园管委会主办，区安监局、消防支队协办，蒙牛公司承办的2015年度液氨泄漏事故应急处置演练在蒙牛公司举行。镇派出所、消防、安监、医疗等部门参加演练。区安监局局长曹嘉旺，消防支队参谋曹悦，大王古庄镇镇长郭金勇、副镇长董秀国，园区副总经理赵连奎，及园区规模以上企业负责人共计 50 余人进行现场观摩。

7 月 28 日，京滨工业园与上能电力集团项目签约仪式在园区招商中心举行。区委常委、副区长李文运，上能集团董事局副主席陈正强，投资与服务事业部总经理敖萌梓，镇党委书记、园区管委会主任郭新华，副镇长张军，园区管委会副主任张颖出席签约仪式。上能电力是集能源投资、售电综合服务、电力金融服务三大业务于一体的集团公司，是国家能源战略及能源改革的实施主体之一。目前，集团已在北京、天津、深圳、香港建立了四大交易中心，在北京、天津、山东、江苏、深圳等 12 省市建立了营销网络，覆盖了全国百余个重点城市。此次集团落户京滨主要涉及两大业务板块。一是在园区投资 5 亿元进行相关配网建设，对现有供电配网进行补充；实现供电管理部门、园区企业以及上能的三方互利共赢。二是在京滨成立上能集团华北电力综合服务中心及企业贷款金融平台，帮助企业解决短期融资需求，建成后将在大幅降低园区企业生产成本的基础上为企业提供高效便捷的金融服务。可在京滨开展的配、售电业务，年贡献税收 8500 万以上。

8 月 13 日下午，镇紧急召开全镇安全生产工作会议，通报天津滨海新区“8・12”特大火灾爆炸事故，安排部署本镇、京滨工业园区安全生产工作。镇直单位及园区 120 余家企业安全生产负责人、17 个行政村村干部，共计 200 余人参加此次会议。

8 月 14 日，京滨工业园与华昊集团签约仪式在江苏湛江华昊总部举行。镇党委书记、京滨工业园管委会主任郭新华，区招商局副局长白振辉等出席签约仪式。华昊集团是一家多元投资、跨业经营、全面发展的综合性企业集团，拥有江苏华昊建设集团有限公司、江苏华昊新能源科技有限公司、江苏华昊进出口有限公司、江苏华昊劳务有限公司 4 家子公司。此次签约在京滨工业园设立集团华北区域总部，从事外墙保温产品配套技术服务、大型中央空调设备安装技术服务。项目注册资金 5000 万元，成熟运营后税收 3000 万元以上。

9 月 9 日，“我是云朵，我创业”众创空间主题发布会在京滨工业园招商中心举行。天津市创业孵化协会副秘书长张伟、武清区科委副主任王学铮、中国系统集成在线总经理杨育会、京滨工业园管委会副主任夏振峰、天津微米孵化器总经理蔡泽平、武清区人力社保局办公室主任张书燕，以及来自天津各个区域的孵化器同行共 70 余人参加。

9 月 10 日，由天津京滨工业园、合生创展集团主办，中国写字楼网协办的“京津冀协同发展践行，京津产业发展联盟战略发布会”在北京朝林广场举办。园区管委会副主任夏振峰、张颖，中国写字楼网总经理毕明东，合生创展集团华北区公司总经理朱思昊，合生集团商业投资事业部副总经理刘铭，以及行业专家、政府机构代表、产业园运营商代表、企业代表、代理行代表共200余人参加。

10月21日，京滨工业园2015年秋季专场招聘会在武清区人才市场举行。蒙牛乳业、当当网、聚美优品等二十余家企业参加此次活动。招聘会共提供就业岗位100余个，涉及管理、技术等众多岗位，吸引来自全区各镇街应聘人员500余人，达成就业意向200余人。

11月3日，由京滨工业园与国网天津武清供电公司合办的2015年社会责任开放日暨首届“金梧桐”合作论坛在园区招商中心举行。蒙牛乳业、当当网等20余家园区企业负责人参加。

11月14日，园区班子成员对园区企业工地、自建工地、危化企业、锅炉企业、仓储物流企业5个方面重点企业进行安全大检查。本次检查共涉及企业、工地24家，发现各类安全问题隐患27处，下发整改指令书13份。

11月16日下午，市政协副主席王治平、市投促办副主任尤天成、张连军来到京滨工业园当当网进行考察指导。区委书记王小宁、副区长刘东海、镇党委书记张大国、京滨工业园总经理夏振峰、当当网总裁李国庆等参加。

11月19日，天津武清首届创客论坛启动仪式暨创客空间+创客驿站合作揭牌仪式在京滨工业园举行。武清区副区长曲海富、区科委主任翟伟、镇党委书记张大国、天津京滨工业园总经理夏振峰、园区管委会副主任张颖、北京创客空间联席CEO尚青、天津创客驿站董事长滕景军、中国工程院院士盛志勇、北京化工大学教授王笃源等出席启动仪式。

11月20日，位于京滨工业园科技园区内的天津银行京滨工业园支行隆重开业。该支行是天津银行确定的第一家以工业园区名称命名的支行，能提供集融资、结算、理财、电子银行和个人金融等在内的一站式综合金融服务。天津银行京滨工业园支行成立后，将为园区企业及周边群众提供更加方便、快捷、的服务。至此，园区已有工商银行、浦发银行、农商银行等5家银行入驻。

11月21日，武清区普降大雪，京滨工业园立即启动雨雪天气应急预案，迅速清除园区积雪。园区管委会各部门、镇直单位、驻区企业、物业公司等共出动200余人、清运车辆10余台。确保了园区道路畅通、环境整洁、安全生产。

日前，京滨工业园与中国银行武清支行签署合作协议，推出“银园贷”信贷新产品。此后，京滨工业园投入1000万元作为信用抵押，中国银行武清支行对园区内合规企业的融资贷款将提高至2亿元。

11月30日下午，京滨工业园举办了2015年“安康杯”知识竞赛。心怡科技、都市丽人、博思特等20支企业代表队共计60余名选手参加了此次活动。华安盛翔代表队获得第一名，立邦涂料代表队和聚美优品代表队分获二、三名，当当网、蒙牛、默泰克、大禹节水和世凯威代表队获得优胜单位奖。

12月10日，武清区投资环境恳谈会暨重点项目签约仪式在天狮健康产业园奥蓝际德国际酒店隆重举行。武清区区委书记王小宁，区委常委、常务副区长李建成，副区长刘东海，及区招商局、发改委、工经委、国税局、地税局、科委等相关领导出席此次仪式。镇党委书记、京滨工业园区管委会主任张大国、京滨工业园开发有限公司总经理夏振峰、管委会副主任张颖及园区签约企业代表参加此次仪式。签约仪式上，京滨工业园与华油惠博普科技、风电集团、缔成文化、海宽科技4家企业正式签约。华油惠博普科技集团负责人作为签约企业代表发言。

12月，园区内天津赛邦投资有限公司总公司广州赛邦金属包装股份有限公司、天津华富印铁制罐有限公司总公司苏州华源包装股份有限公司、天津华气厚普燃气成套设备有限责任公司总公司成都华气厚普机电设备股份有限公司3家企业上市。至此，连同博思特能源装备（天津）股份有限公司和天津绿清管道科技股份有限公司母体新三板、天津都市风尚服装销售有限公司广东总公司都市丽人(中国)控股有限公司，园区内已有5家上市公司。

二、园区获奖

京滨工业园区在建设发展过程中，引起了社会的广泛关注，得到了各级党委、政府及有关部门的大力支持和帮助，给予了各种命名表彰鼓励，奖励总数达79项之多。这些荣誉和表彰，既是对园区工作的肯定，又给园区发展注入了强劲的精神推动力。

京滨工业园区获奖一览表（先进集体）

表43

序号	奖牌名称	发牌单位	发牌日期
1	天津市五一劳动奖状	天津市总工会	无标注
2	天津青年科技小巨人成长示范园	共青团天津市武清区委员会	无标注
3	中关村科技产业转移（京滨）孵化基地	共青团武清区委员会	无标注

续表 43

序号	奖牌名称	发牌单位	发牌日期
4	国家级科技企业孵化器	中华人民共和国科学技术部颁发	无标注
5	党员服务站	无标注	无标注
6	京滨工业园联合党支部	无标注	无标注
7	京滨融资担保服务中心	无标注	无标注
8	2005 年度招商引资先进奖一等奖	天津市武清区人民政府	无标注
9	2006 年度招商引资先进奖一等奖	天津市武清区人民政府	无标注
10	2005-2006 年度文明单位	天津市精神文明建设委员会	无标注
11	2007 年度招商引资先进奖二等奖	天津市武清区人民政府	无标注
12	二〇〇七年度天津市节能先进集体	天津市人民政府	2008 年 8 月
13	2008 年度劳动保障工作先进单位	天津市武清区发展计划委员会 天津市武清区劳动和社会保障局	2009 年 2 月
14	先进地区	中共天津市武清区委员会 天津市武清区人民政府	2009 年
15	二〇〇九年度劳动保障工作先进单位	天津市武清区发展计划委员会 天津市武清区劳动和社会保障局	2010 年 2 月
16	先进党组织	中共天津市武清区委员会	2010 年 7 月

续表 43

序号	奖牌名称	发牌单位	发牌日期
17	天津市示范工业园区	天津市人民政府	2010 年 12 月
18	2010 年度社会治安综合治理先进地区	中共天津市武清区委员会 天津市武清区人民政府	无标注
19	二〇一〇年度职业培训工作先进单位	天津市武清区发展计划委员会 天津市武清区劳动和社会保障局	2011 年 2 月
20	2009—2010 年度“三八”红旗集体	天津市武清区妇女联合会	2011 年 3 月
21	中国自主创新园区先锋奖	中国自主创新评选委员会	2011 年 5 月
22	天津市先进基层党组织	中共天津市武清区委员会	2011 年 6 月
23	二〇一一年先进单位	天津市武清区安全生产委员会	2011 年 12 月
24	2011 年度社会治安综合治理先进地区	中共天津市武清区委员会 天津市武清区人民政府	无标注
25	2011 年度文明单位	天津市武清区文明建设委员会	2012 年 1 月
26	2011 年度文明服务窗口	天津市武清区精神文明建设委员会	2012 年 1 月
27	天津市社会管理综合治理先进集体 2011—2012	天津市社会管理综合治理委员会	无标注
28	天津市示范工业园区优秀园区	无标注	2012 年 2 月
29	就业工作先进单位	武清区发展和改革委员会	2012 年 2 月

续表 43

序号	奖牌名称	发牌单位	发牌日期
30	2012 中国自主创新园区创新奖	中国自主创新评选委员会	2012 年 5 月
31	关心下一代殷殷献爱心	武清区关心下一代工作委员会	2012 年 7 月
32	先进党组织	中共天津市武清区委员会	2012 年 7 月
33	创先争优活动先进基层党组织标兵	中共天津市武清区委员会	2012 年 7 月
34	国家火炬天津京滨石油装备特色产业基地	科学技术部火炬高技术产业开发中心	2012 年 12 月
35	天津市循环经济示范试点单位	天津市发展和改革委员会	2012 年 12 月
36	天津市著名商标	天津市工商行政管理局	2012 年 12 月
37	2012 年度行风建设优秀基层站所	中共天津市武清区委员会 天津市武清区人民政府	2013 年 1 月
38	2012 年度社会管理综合治理先进地区	中共天津市武清区委员会 天津市武清区人民政府	2013 年 2 月
39	2012 年度天津市投入产出调查先进集体	天津市投入产出办公室	2013 年 12 月
40	青年文明号	共青团天津市武清区委员会	2013 年 1 月
41	天津市示范工业园优秀园区	无标注	2013 年 2 月
42	天津市青年科技创业示范基地	共青团天津市委员会 天津市科学技术委员会	2013 年 4 月

续表 43

序号	奖牌名称	发牌单位	发牌日期
43	2013 年中国自主创新园区卓越服务奖	中国自主创新评选委员会	2013 年 5 月
44	天津武清经济技术开发区 博士后科研工作站 天津京滨工业园分站	人力资源和社会保障部 全国博士后管委会	2013 年 10 月
45	第六届东亚运动会先进集体	中共天津市委办公厅 天津市人民政府办公厅	2013 年 12 月
46	年度创新园区	天津日报传媒集团 天津滨海新区北塘经济区管委会	2013 年 12 月
47	武清区大王古庄镇 国家级生态镇	环境保护部命名	2013 年
48	天津市新型工业化产业示范基地（石油石化装备）	天津市经济和信息化委员会	2014 年 1 月
49	2013 年度特色服务品牌 友好京滨	天津市武清区精神文明建设委员会	2014 年 1 月
50	2013 年度宣传思想工作先进单位	中共天津市武清区委宣传部	2014 年 1 月
51	2013 年度武清区平安示范园区	武清区社会管理综合治理委员会	2014 年 1 月
52	2013 年度行风建设优秀基层站所	中共天津市武清区委员会 天津市武清区人民政府	2014 年 1 月
53	武清区基层团组织建设工作先进单位	共青团天津市武清区委员会	2014 年 2 月
54	武清区 2013 年度“五个一批”活动先进单位	中共天津市武清区委员会	2014 年 3 月

续表 43

序号	奖牌名称	发牌单位	发牌日期
55	天津共青团青农系统 2013 年度“三区联建”工作优秀团工委	共青团天津市委员会	2014 年 3 月
56	武清区优秀团支部——京滨工业园机关团支部	武清区团区委	2014 年 5 月
57	2013 年度示范工业园区	天津市中小企业发展促进局	2014 年 6 月
58	2012—2014 年度天津市文明单位	天津市精神文明建设委员会	2014 年 12 月
59	天津市小企业创业基地	天津市中小企业发展促进局	2014 年 12 月
60	2014 年度社会管理综合治理先进集体	中共天津市武清区委员会 天津市武清区人民政府	2015 年 2 月
61	2013—2014 年度巾帼建功先进集体	天津市武清区“双学双比”和“巾帼建功”活动领导小组	2015 年 3 月
62	2014 年度武清区平安示范园区	武清区社会治安综合治理委员会	2015 年 3 月
63	“一区四园”2014 年度安全生产专项劳动竞赛活动先进单位（一等奖）	天津市武清区总工会 天津市武清区安全生产监督管理局	2015 年 3 月
64	2014 年度区县示范工业园区（第二名）	天津市中小企业发展促进局	2015 年 6 月
65	第三次全国经济普查先进集体	天津市第三次全国经济普查领导小组	2015 年 1 月
66	武清区新长征突击队——京滨工业园企管部	共青团天津市武清区委员会	2015 年 5 月

续表 43

序号	奖牌名称	发牌单位	发牌日期
67	京津冀医疗协作中心	全医科学协作平台	2015 年 6 月
68	中华医学院 北京协和医院（天津培训基地）	全医科学协作平台	2015 年 6 月
69	全科联盟示范诊所	全医科学协作平台	2015 年 6 月
70	2015 中国产业园区成长力百强	中国－阿拉伯国家博览会秘书处 中国企业十大新闻评选委员会 《中国企业报》集团	2015 年 7 月
71	2015 年度精神文明建设工作先进单位	天津市武清区精神文明建设委员会	2015 年 12 月
72	2015 年度武清区平安示范园区	武清区社会治安综合治理委员会	2016 年 2 月
73	2015 年度社会治安综合治理先进集体	武清区社会治安综合治理委员会	2016 年 2 月
74	二〇一五年度安全生产工作先进基层单位	武清区安全生产委员会	2016 年 3 月
75	天津市武清区巾帼文明岗	天津市武清区“双学双比”和“巾帼建功”活动领导小组	2016 年 3 月
76	2016 中国产业园区营商环境百佳	《中国企业报》集团 中国企业发展论坛组委会 中国企业十大新闻评委会 联合国工业发展组织南南工业发展中心 中国企业园区国际合作联盟	2016 年 6 月

续表 43

序号	奖牌名称	发牌单位	发牌日期
77	纪念建党 95 周年庆“七一”歌咏比赛 三等奖	大王古庄镇人民政府	2016 年 6 月
78	“激情京滨”保光杯	京滨工业园管委会 保光汽车零部件有限公司	2016 年 6 月
79	“安全在我心中”演讲大赛优秀组织单位	武清区安全生产委员会	2016 年 7 月

京滨工业园区获奖一览表（先进个人）

表 44

序号	奖牌名称	发牌单位	发牌日期
1	2010 年外国和港澳台地区在华直接投资企业统计先进工作者——董春颖	天津市人民政府外商投资办公室	2010 年 11 月
2	2012 年度天津市投入产出调查先进个人——董春颖	天津市投入产出办公室	2013 年 12 月
3	天津市企业“一套表”联网直报先进个人——董春颖	天津市统计局	2013 年 2 月
4	第三次全国经济普查市级先进个人——夏振峰	天津市第三次全国经济普查领导小组	2015 年 1 月
5	第三次全国经济普查区级先进个人——黄伟	天津市武清区第三次全国经济普查领导小组	2015 年 1 月
6	第三次全国经济普查区级先进个人——董春颖	天津市武清区第三次全国经济普查领导小组	2015 年 1 月

续表 44

序号	奖牌名称	发牌单位	发牌日期
7	第三次全国经济普查区级先进个人——刘秋菊	天津市武清区第三次全国经济普查领导小组	2015 年 1 月
8	2014 年度优秀招商工作者——刘庚、杨昊、马雪	天津市武清区招商局	2015 年 5 月
9	二〇一五年度安全生产工作先进个人——王强	武清区安全生产委员会	2016 年 3 月
10	2015 年度武清区新长征突击手（队）——崔绍柏	共青团天津市武清区委员会	2016 年 5 月

第二章　规　划

第一节　五大功能区

按照“建筑风格别致、资源集约利用、环境布局精美”的城市化建设标准，以建设“生态城市”为发展目标，在“一轴两带三区”的市域空间布局结构基础上，把 9.65 平方公里园区划分为科研办公区、配套生活区、商业服务区、高新工业区、物流产业区 5 大功能区。结合高科技产业的特点，科研办公区又分为总部经济区、自主研发区、科研孵化区、产业加速区 4 部分。着重创造低密度、高效率、环境优的综合高科技产业园区。

综合起步区

依托建成区的产业结构及优越的地理区位优势，3.65 平方公里的综合起步区规划为 4 个功能区，分别为工业区、科研区、办公商贸区、配套生活区。其中蓝领公寓位于配套生活区内，科研区与办公商贸区位于京滨大道两侧。

3.5 平方公里的拓展区分为 01 单元拓展区和 02 单元拓展区，是京滨工业园重要的产业功能、配套功能的组成部分，重点发展现代物流产业、现代制造业，同时完善园区商业服务及居住配套功能。着重加强京滨工业园拓展区整体景观特色塑造，注重建筑景观、绿化景观与人文景观的融合，使之成为京滨工业园的标志性区域。到“十二五”末期，园区工业产值将达到600亿元，实现税收40亿元，提供就业3万人。至2020年可提供12.34万个就业岗位，规划常住人口规模约为17.6万人。

厂区建设

2009年竣工投产的企业6家，分别是立邦涂料（天津）有限公司、天津华度科技发展有限公司、天津智信仁包装有限公司、天津静达合成材料有限公司、天津凯隆管道阀门有限公司、天津市仁立天成建材有限公司。

2010年竣工投产的企业6家，分别是天津安腾滤材有限公司、天津长远科技发展有限公司、天津市百环工贸有限公司、天津格雷斯工艺制品有限公司、天津盛得卡芙涂料有限公司、天津鑫金亨立塑粉有限公司。

2011年竣工投产的企业12家，分别是天津伊比沙投影屏幕有限公司、天津长城富乐阀门有限公司、天津沧田科技发展有限公司、天津海阳福蒲木业有限公司、速必雅（天津）包装有限公司、贝特尔流体控制技术有限公司、三惠食品物流（天津）公司、天津世凯威包装有限公司、天津安全金属网有限公司、天津大明环保技术有限公司、天津格林环保机械有限公司、天津格物家具有限公司。

2012年竣工投产的企业10家，分别是天津时耐得照明电器有限公司、天津恒圣迦南建筑材料公司、天津春源龙润微灌技术公司、天津先锋西姆科技有限公司、天津可润兰管材制造有限公司、天津金业嘉峰建材有限公司、天津智源工贸有限公司、天津盛大机械有限公司、天津风格传送家具有限公司、天津存明木业有限公司。

2013年竣工投产的企业15家，分别是富华海斯（天津）建筑材料有限公司、天津市立伟工贸有限公司、ETS（天津）生物科技发展公司、天津绿清管道科技有限公司、天津泉惠工贸有限公司、天津普润电气有限公司、天津昌盛隆节能制品有限公司、天津盛大机械制造有限公司、天津盛达幕墙工程有限公司、蒙牛乳业（天津）有限公司、天津景军投资有限公司、米诺桦（天津）有限公司、西马力（天津）有限公司、泰戈特工业技术（天津）公司、天津奥瑞斯汽车技术公司。

2014年竣工投产的企业6家，分别是传云（天津）物联网技术有限公司一期、天津华安盛翔汽车零部件有限公司、天津中金博奥重工机械有限责任公司、默泰克（天津）石油装备有限公司、天津泰亚轨道交通设备有限公司一期、天津汇通达成投资有限公司。

2015年新竣工的企业15家，分别是天津京滨工业园开发有限公司高新公寓一期、天津京滨工业园开发有限公司科技园一期、当当网（天津）信息技术有限公司一期、世侨威尔德（天津）投资有限公司、天津凡库诚品商贸有限公司、天津凡滨仓储服务有限公司、大禹节水（天津）有限公司、天津旭东鼎盛管道装备制造有限公司、安博京滨（天津）仓储有限公司、天津市企隆伟创机械有限公司、廊坊盛德实业有限公司、天津中油现代石油设备有限公司、天津俊京实业有限公司、天津华富印铁制罐有限公司、天津市兴汇聚有限公司。

2015 年新开工的企业 7 家，分别是天津京滨工业园开发有限公司总部大楼、天津京滨工业园开发有限公司高新公寓二期、天津晟泰瑞祥投资有限公司、天津都市风尚服装销售有限公司、天津友昌贸易有限公司、天津太阳天朗投资有限公司、世侨融通（天津）投资有限公司。

2015年建设的企业12家，分别是天津京滨工业园开发有限公司自建厂房、当当网（天津）技术有限公司二期、天津博专检测技术有限公司、传云（天津）物联网信息技术有限公司二期、天津戴瑞科技有限责任公司、天津东方神力重工机械有限公司、海纳川天津汽车部件有限公司、天津天通泰环保科技有限公司、太阳天朗投资有限公司居住项目、京津冀联合医院有限公司、天津思拜尔工程设计有限公司、天津太奇涂料有限公司鱼塘地块。

第二节　道路 设施

至 2015 年，京滨工业园有道路 29136 延米（四至范围：东至城王路、南至韩指挥营村、西至廊坊创业路、北至京沪高速），共计 17 条，其中：

乾元道总长 679 延米，路由宽 20 米，路面铺设面积 6545 平方米；

坤元道总长 643 延米，路由宽 13 米，路面铺设面积 4996 平方米；

恒元道总长 766 延米，路由宽 13 米，路面铺设面积 5980 平方米；

泰源道总长 754 延米，路由宽 17 米，路面铺设面积 8880 平方米；

复原道总长 1700 延米，路由宽 14 米，路面铺设面积 20700 平方米；

晋元道总长 1300 延米，路由宽 21 米，路面铺设面积 20352 平方米；

京滨大道总长 3989 延米，路由宽 29 米，路面铺设面积 94560 平方米；

纬二路总长 300 延米，路由宽 17 米，路面铺设面积 3600 平方米；

纬三路总长 1700 延米，路由宽 17 米，路面铺设面积 19938 平方米；

纬四路总长 1697 延米，路由宽 17 米，路面铺设面积 19902 平方米；

纬五路总长 1180 延米，路由宽 17 米，路面铺设面积 13866 平方米；

纬六路总长1722延米，路由宽17米，路面铺设面积20202平方米；

古达路总长3565延米，路由宽26米，路面铺设面积74865平方米；

古旺路总长2950延米，路由宽21米，路面铺设面积47200平方米；

古盛路总长2523延米，路由宽17米，路面铺设面积30276平方米；

古兴路总长2110延米，路由宽26米，路面铺设面积44310平方米；

渠改路总长3056延米，路由宽13米，路面铺设面积4264平方米。京滨工业园雨污管网58272延米。

第三章　优惠政策与劳动用工

第一节　优惠政策

一、土地出让政策

（一）园区出让的土地具有50年国有土地使用权的工业用地，40年国有土地使用权的商业用地和70年国有土地使用权的居住用地；

（二）出让土地全部为净地，不含区内道路及绿化等公摊面积；

（三）对规模、效益好、科技含量高的入区企业给予优惠地价；

二、入园条件

（一）无污染；

（二）投资强度最低达到200万元/亩；

（三）税收强度最低达到20万元/亩。

三、对入驻京滨工业园的企业奖励政策

（一）支持创业方面

1. 加强对初创期、成长期科技型中小企业的支持。以科技项目的方式，对提出资助申请并经专家委员会评审通过的初创期和成长期科技型中小企业予以无偿支持，支持额度为10～60万元。(摘自《武科企办发〔2010〕1号》)

2. 对在武清注册创办股权投资、风险投资、担保公司及会计、律师事务所等中介服务机构，并为区内科技型中小企业提供业务支持且服务高效的，经专家委员会评选后，给予

一定资金奖励，最高不超过 10 万元。(摘自《武科企办发〔2010〕1 号》)

3. 新创小微企业 5 年期内，按企业缴纳税收区留成部分 50% 的比例给予奖励扶持。(摘自《武清区财政局关于民营经济发展资金扶持政策实施细则》武财字〔2014〕33 号)

4. 个体工商户转化升级为企业，转化企业 5 年期内，按企业新增税收区留成部分全部比例给予奖励扶持。（摘自《武清区财政局关于民营经济发展资金扶持政策实施细则》武财字〔2014〕33 号）

（二）支持建立创新创业平台方面

5. 对企业引进的国家级科研院所及共建研发转化基地、企业重点实验室、工程中心、境外研发机构等，给予平均 200 万元补助。（摘自津武党发〔2015〕27 号，详见附件 1）

6. 加强对创新平台建设的支持。对各镇街、各园区孵化器、生产力促进中心、加速器建设，经专家评审通过后给予 100 万元～ 400 万元资金支持。(摘自武科企办发〔2010〕1 号)

7. 利用各园区、镇街科技孵化器、加速器等载体，设立民营企业创业基地，对符合产业发展规划的入驻企业给予为期两年的租金减半优惠。对民营企业投资创建的小微企业创业基地，经认定后给予资金支持。（摘自《关于进一步加快民营经济发展的实施意见》武清政办〔2014〕8 号）

（三）支持科技创新方面

8. 对首次获批的国家级高新技术企业按照规模大小分别给予 15 万元～ 25 万元奖励。(摘自津武党发〔2015〕27 号，详见附件 2)

9. 对新引进的高新技术企业或高新技术企业的子公司，注册一年后通过高新技术企业认定的，对 1 年过渡期，该企业按高新技术企业政策给予支持。对经认定的市级高新技术企业给予不超过 10 万元的资金支持。(摘自武清政办〔2015〕19 号)

10. 对以第一完成单位获得国家科技进步奖励一、二、三等奖的企业给予 100 万元、70 万元、50 万元支持；对以第一完成单位获得天津市科技进步奖励一、二、三等奖的企业给予 60 万元、40 万元、20 万元支持；对登记市级科技成果的企业给予每项 5000 元资金奖励，同一企业当年资助金额不超过 3 万元。(摘自武清政办〔2015〕19 号)

11. 对列为区级专利试点并完成年度计划任务目标的科技型中小企业给予 10 万元资金支持。(摘自武科企办发〔2013〕2 号)

12. 设立科技型中小企业专利资助资金。对正常申请并经专家审定后的企业发明专利申请给予每项 3000 元资助，实用新型专利申请给予每项 1500 元资助，对企业当年授权的发明专利给予 1 万元的奖励。每家企业年资助总额最高不超过 5 万元。(摘自武科企办发

〔2010〕1 号)

13. 对企业已授权专利的年费予以资助，专利授权后第四年、第五年的年费，给予每件发明专利 1500 元的年费资助，每件实用新型专利 500 元的年费资助，每家企业每年不超过 5 万元。(摘自武清政办〔2015〕19 号)

14. 鼓励企业技术创新，加强产学研合作，对企业购买高校、院所发明专利的，给予购买费用 50% 的补贴资金，最高不超过 5 万元。(摘自武清政办〔2015〕19 号)

15. 对实施京津冀协同创新项目、开展商业模式创新试点、购买海外先进技术、创建品牌、开展大型科研仪器共享等，给予一定资金支持。(摘自津武党发〔2015〕27 号，详见附件 1)

16. 鼓励和支持企业与大专院校、科研院所合作，对企业经备案后引进成果进行成功转化并上市销售或企业根据生产需求经备案后委托院校进行技术开发，依照技术开发、转让合同经专家评审通过后给予一定的资金补助，总计不超过20万元。(摘自武科企办发〔2010〕1号)

17. 鼓励建设企业实验室、企业技术中心、节能中心等各类科技创新平台，加强与高校院所产学研合作，对经认定的市级、国家级企业重点实验室、工程实验室给予 50 万元 ~ 100 万元资金支持，对经认定的市级、国家级工程技术中心给予 100 万元 ~ 300 万元资金支持；对企业实施符合产业调整方向的技改项目，按照 50% 的比例给予贷款贴息，最高贴息额不超过 50 万元。（摘自《关于进一步加快民营经济发展的实施意见》武清政办〔2014〕8 号）

（四）支持工业技术改造方面

18. 对企业组织实施重大创新项目及开发“杀手锏”产品等，给予50万元 ~ 150万元资助。(摘自津武党发〔2015〕27 号，详见附件 1)

（五）支持人才引进方面

19. 人才引进。重点引进适合武清经济社会发展需要的各类高层次创新创业人才、急需紧缺人才和优秀青年人才。引进人才共划分六个层次。（摘自《武清区人才引进认定标准（试行）》）

与武清用人单位签订正式劳动合同，且在武清正常缴纳社会保险和个人所得税的，经相关职能部门综合评估，并报区人才工作领导小组办公室审核后，按不同层级享受以下资助或奖励（其中财政拨款的党政机关、企事业单位奖励政策减半，且不享受购房补贴政策。）

（1）购房补贴。第 1 至第 4 层次人才可按等级分别享受 100 万、50 万、20 万、10 万的购房补贴或免租三年入住人才公寓。购房补贴分三年发放，第一年发放 40%，第二年发放 30%，第三年发放 30%。

（2）工作津贴。第1至第6层次人才可按等级分别享受每月10000元、8000元、4000元、2000元、600元、300元工作津贴。津贴每半年发放一次，发放期限三年。

（3）个税资助。第1至第6层次人才个人年收入超过20万的，其缴纳的个人所得税地方留成部分给予不同比例资助。第1至第4层次人才5年内全额给予资助；5年后，50%给予资助。第5至第6层次人才3年内全额给予资助；3年后，50%给予资助。

（4）人才落户。引进的各层次人才及其配偶、子女落户，按天津市有关户籍政策可直接或优先办理天津市户口。

（5）配偶就业。引进的各层次人才配偶需要随迁调动工作的，由区组织、人力社保部门按照市、区有关政策规定协调解决就业问题。

（6）子女入学。引进的各层次人才随迁子女按照就近入学、优先安置的原则，由区教育部门统筹协调优质公办学校就读。其中第1至第4层次人才子女允许自由择校择园，免收择校费或借读费。

（7）医疗保健。为引进的第1至第4层次人才建立医疗档案，每年免费提供一次三级医院健康检查服务。每年定期组织一定数量突出贡献人才外出疗养。

（8）职称评定。引进的第1至第4层次人才，可不受学历或任职年限等条件限制，根据业绩成果优先或破格推荐申报专业技术职称；可突破单位岗位设置结构比例限制，聘任相应的专业技术职务。

（9）社会保障。引进的各层次人才及其随迁配偶、子女可按有关规定参加天津市各类社会保险，享受与天津市民同等权利和待遇。鼓励用人单位为各层次人才办理企业年金和补充医疗保险。

（10）参政议政。积极推荐各类优秀人才参选区级党代表、人大代表和政协委员，每年组织部分优秀人才列席区人大和政协工作会议。

（11）其他政策。引进的各层次人才，符合国家、天津市人才引进、项目扶持等政策规定的，由分管职能部门优先申报，享受相应优惠政策；引进的各层次人才所在企业和项目，优先推荐申请创业资金、贷款担保和风险投资基金支持。

（12）鼓励支持国内外人才以各种方式参与我区现代化建设，各类人才可以采取调入、兼职、技术入股、合作开发、成果转让（化）、承担课题研究和担任咨询顾问等形式来我区长期工作或短期服务。以柔性流动方式引进的各类高层次人才，按照一事一议原则，由区人才工作领导小组审核确定享受政策范围和标准。

（摘自《武清区人才引进、培养和奖励暂行办法》（津武人才〔2013〕1号））

20. 支持高层次人才引进。加大区级财政资金投入力度，每年按照上一年度区级财政一般预算收入的5‰作为“武清区人才发展专项资金”，用于支持和鼓励各类人才的引进、培养和奖励。对引进的高层次人才，分别给予10万元～100万元住房补贴和每月0.2万元～1万元工作津贴，并享受人才落户、配偶就业、子女入学、医疗保健、职称评定、社会保障、参政议政等待遇。对在站博士后研究人员给予每人每年5万元经费资助；对承担市级、国家级课题研究的给予2万元～5万元经费资助。对由本区推荐获得国家或省部级各类人才称号和表彰的，给予1万元～10万元资金奖励。定期分析周边和区内人才政策，不断完善已有政策体系，保持在区域内的比较优势。（摘自《关于实施“慧聚武清”高层次人才引进工程的意见》）

21. 鼓励高层次人才创新创业。大力支持高层次创新创业领军人才带项目、带资金、带技术创办、领办科技型中小企业。对经区科技型中小企业发展工作领导小组批准引进的创新创业领军人才，一次性资助20万元～100万元项目启动费。(摘自武科企办发〔2010〕1号)

22. 每年设立5000万元的高校院所扶持资金，用于支持高校院所到武清设立各类科研机构、平台和产业化项目，促进创新要素聚集。(摘自武清政办〔2015〕19号)

23. 支持民营企业引进高层次人才，对民营企业建立院士专家工作站、博士工作站和技能大师工作室的，分别给予50万元、30万元、30万元的建站资助。（摘自《关于进一步加快民营经济发展的实施意见》武清政办〔2014〕8号）

（六）关于人才奖励方面

24. 奖励人才评优表彰。对由本区推荐获得国家或省部级各类人才称号和表彰的，经区人才工作领导小组审定后，给予个人1万元～10万元资金奖励。

25. 奖励本区突出贡献人才。设立“武清区杰出人才”“武清区人才工作先进单位”等奖项，重奖为本区经济社会发展做出重大贡献的人才和单位。

26. 鼓励博士后工作站和博士后创新实践基地在站博士后承担符合武清重点产业方向或研究成果落地武清的国家级、市级研究课题。根据承担课题情况，分别给予每人每年2万元～5万元、1万元～3万元科研经费资助。

（以上3条摘自《武清区人才引进、培养和奖励暂行办法》（津武人才〔2013〕1号））

27. 区内人才获得区级杰出人才和区属局级系统内优秀人才荣誉称号的，经评审给予一定资金奖励；获得各类国家或省部级表彰和奖项的，经综合评审后可享受以下奖励：

①对经区科委推荐获得国家级、市级专利金奖的第一发明人，分别给予10万元、5万

元资金奖励。

②对经区科委推荐的实体科技型中小企业获得国家技术创新基金项目支持的主持人，按项目获得支持资金3%给予奖励，最高不超过2万元。对获得其他国家级各类科技计划项目立项的项目负责人，按项目获得支持资金5%给予奖励，最高不超过5万元。

③对经认定的“杀手锏”产品项目第一负责人给予一定资金奖励。

④对由本区推荐，获得其他国家级、省部级荣誉称号或表彰的人才，经区人才工作领导小组审定后，给予每人1万元～10万元资金奖励。

28. 对由本区推荐，获得国家级、省部级荣誉称号或表彰的人才，经区人才工作领导小组审定后，给予每人1万元～10万元资金奖励；对获得区级杰出人才和区属局级系统内优秀人才荣誉称号的，经评审给予一定资金奖励。

（以上2条摘自《武清区高层次创新创业人才评审奖励实施细则（试行）(津武人才〔2013〕8号))

29. 支持高层次人才载体建设。对建立院士专家工作站的单位，给予一次性30万元经费资助。对建立博士后工作站的单位，给予一次性10万元～30万元经费资助。对经认定的市级、国家级企业重点实验室、工程实验室给予50万元～100万元资金支持。对经认定的市级、国家级工程技术中心给予100万元～300万元资金支持。对现代医药医疗、高端新材料、新能源汽车、云计算、现代农业等重点领域的龙头科技型企业筹建重点实验室、工程实验室、工程技术中心等创新平台可优先给予资金支持，支持额度不低于200万元。对于借助高校科研成果创建市级、国家级企业技术中心经认定后给予10万元～100万元资金支持。对与高校、科研机构合作，租用实验室开展技术研究、新产品开发的企业，由企业提出申请，经专家审定通过给予适当资金补贴。进一步完善支持高校、科研院所来武清发展的相关政策。研究出台众创空间等新型孵化载体支持政策。（摘自《关于实施“慧聚武清”高层次人才引进工程的意见》(津武人才〔2015〕2号))

30. 强化资金支持。在每个集中培养周期结束后，经区人才办验收合格，由区人才发展专项资金分别给予拔尖人才人选和骨干人才人选每人1万元和5000元的培养经费资助，统一拨付至各领域主管单位。（摘自《关于实施本土人才培养“鲲鹏工程”的意见》(摘自津武人才〔2015〕3号))

31. 特聘顾问待遇

（1）区人民政府授予“武清区人民政府特聘顾问”称号，并颁发证书。特聘顾问任期一般为5年；任期届满的，区人民政府视情可继续授予其“武清区人民政府特聘顾问”称号。

（2）对“武清区人民政府特聘顾问”给予一次性 1 万元聘请费。

（3）特聘顾问来武清期间，安排有关区领导会见。

（4）区人民政府定期邀请特聘顾问来武清休假。

（5）每年春节以区人民政府名义对特聘顾问进行慰问。

（6）特聘顾问为我区作出突出贡献的，区人民政府视情给予奖励。

（摘自《武清区人民政府关于印发特聘顾问制度的通知》（武清政办〔2014〕22 号））

32. 符合柔性引进条件的高层次人才，经主管部门综合评审、区人才工作领导小组审核后，可享受相应奖励。奖励标准为柔性引进的第一、二、三、四层次人才分别一次性奖励 10 万元、5 万元、2 万元、1 万元。（摘自《天津市武清区人才工作领导小组 2015 年第一次会议纪要》（摘自津武人才〔2015〕5 号））

（七）支持企业融资方面

33. 加强对区内科技型中小企业的金融支持，对获得贷款的企业，经企业提出申请并经专家评审通过后，一次性给予利息总额 50% 的贴息支持，最高不超过 20 万元。(摘自武科企办发〔2010〕1 号)

34. 对产业研究院及经认定的市级以上孵化器、企业重点实验室、工程技术中心等科技服务平台因购置设备产生的银行贷款，一次性给予利息总额 50% 的贴息支持，最高不超过 200 万元。对经认定的市级以上高新技术企业、杀手锏产品企业、小巨人企业因科研投入而新增的银行贷款，一次性给予利息总额 50% 的贴息支持，最高不超过 100 万元。(摘自武清政办〔2015〕19 号)

35. 支持企业专利权质押贷款，企业以发明专利权、实用新型专利权出质所获的贷款在按期正常还贷后给予贷款利息总额 50% 的补贴，最高不超过 50 万元。(摘自武清政办〔2015〕19 号)

36. 对新创微型企业或个体工商户转为微型企业的，提供 5 万元 ~ 50 万元信用担保额度，对成长性好的中小民营企业提供 50 万元 ~ 100 万元信用担保额度，对科技小巨人、高新技术企业给予更高额度担保支持，并执行下限担保费率。

（摘自《武清区财政局关于民营经济发展资金扶持政策实施细则》武财字〔2014〕33 号）

（八）支持企业上市和挂牌方面

37. 对依法设立并以上市挂牌为目的完成股份制改造的企业，市财政补助 20 万元，区财政补助 20 万元。支持条件为：企业完成改制时存续一个完整会计年度以上，实缴注册资本达到 500 万元。

38. 对在全国中小企业股份转让系统完成挂牌的企业，市财政补助 100 万元，区财政补助 100 万元。

39. 对在天津股权交易所 A 板主板、A 板成长板、天津滨海柜台交易市场成长板完成挂牌的股份有限公司，市财政补助 100 万元，区财政补助 100 万元。支持条件为：企业挂牌时存续两个完整会计年度以上，实缴注册资本达到 500 万元，最近两个会计年度主营业务收入累计不少于 1000 万元且净利润累计不少于 100 万元，最近一期末不存在未弥补亏损。

40. 对拟在上海、深圳证券交易所和境外证券交易所首次公开发行股票并上市，经中国证监会和境外证券交易所管理机构正式受理申请材料的企业，市财政一次性补助 200 万元，区财政补助 200 万元。

41. 对在上海、深圳证券交易所市场和境外证券交易所首次公开发行股票并上市的企业，市财政一次性补助 300 万元，区财政一次性补助 500 万元。

42. 对重组我区上市公司，或重组外地上市公司并将上市公司迁入我区的本地重组企业，完成重组后市财政一次性补助 500 万元，区财政补助 500 万元。本地重组企业指通过借壳上市方式实现上市目标的本地企业。

（以上 6 条摘自《关于支持我区企业上市融资加快发展的政策措施》（金融办公室））

（九）支持企业品牌建设和做强做大方面

43. 设立 6000 万元政府引导资金，用于加速武清区主导产业及战略新兴产业引进聚集，经评估后给予单个项目不超过 1000 万元的引导资金，使用期限 3 年。(摘自武清政办〔2015〕19 号)

44. 鼓励企业实施品牌战略，对获评中国驰名商标、名牌产品等国家品牌的企业，给予 25—50 万元奖励 (津武党发〔2015〕27 号，详见附件 1)；对获得天津市工商局著名商标的企业奖励 10 万元 (武科企办发〔2010〕1 号)；对获得市级名牌产品的科技型中小企业给予 10 万元资金支持 (武科企办发〔2013〕2 号)。

45. 实施民营企业转型升级行动，对新纳入的规模以上工业企业，给予一次性 10 万元奖励。

46. 实施民营大企业大集团培育计划，对营业收入首次达到 10 亿元、50 亿元、100 亿元的民营企业比照科技小巨人领军企业给予奖励。

47. 首次被评为中国企业 500 强的，给予一次性 500 万元奖励；首次被评为中国民营企业 500 强的，给予一次性 200 万元奖励。

（以上 3 条摘自《关于扶持民营企业做大做强的实施细则》津武工经〔2014〕13 号）

48. 对新增年销售收入 2000 万元以上的服务业企业，给予一次性 5 万元奖励。

49. 鼓励民营企业注册商标，培育知名品牌。民营企业新注册一件普通商标给予补贴500元，新完成一件商标国际注册补贴2000元，新注册一件集体商标奖励5万元，新注册一件地理标志证明商标奖励10万元。对新获得中国名牌产品、中国驰名商标的各奖励50万元；新获得天津市名牌产品、天津市著名商标的各奖励10万元；对民营企业并购国外高端品牌的，按核定后并购金额给予一定额度的奖励。

50. 对民营企业参加各类重要展会、交易会发生的摊位费、布展费给予资金补贴。

（以上3条摘自《关于进一步加快民营经济发展的实施意见》武清政办〔2014〕8号）

（十）支持企业“走出去”、开拓市场方面

51. 对主导参与制定国家技术标准的单位给予40万元支持，对参与制定国家技术标准的单位给予20万元支持。对主导参与制定行业技术标准的单位给予20万元支持，对参与制定行业技术标准的单位给予10万元支持。(摘自武清政办〔2015〕19号)

52. 围绕主导产业，以企业、科研机构为主体，成立的市级以上产业技术联盟，开展全国性的产业技术联盟峰会，给予50万元～200万元资金支持。对经认定举办全国性创新创业大赛的，给予大赛筹备费用50%补贴，最高不超过50万元。(摘自武清政办〔2015〕19号)

（十一）支持企业转型升级方面

53. 鼓励企业加大技改投入。对列入全区“千企转型升级”计划，设备技术水平在天津市或同行业中处于领先水平，能耗、污染物排放等低于同行业平均水平，且设备投资额在300万元以上的技术改造项目，按照设备投资额的5%给予补助，最高不超过100万元。

54. 支持企业节能改造。对工业企业实施的节能改造项目，节能量在100吨标准煤以上的，按每吨标准煤给予240元资金补贴，同一企业补贴金额不超过100万元；对通过市级清洁生产审核验收的企业补贴10万元。

55. 支持融资创新服务。鼓励银行为转型升级企业开展股权、商标权、专利权、应收账款、仓单等质押和信用贷款业务。企业通过融资租赁方式购置设备，给予适当的租赁资金补贴。支持为转型升级企业提供融资担保，适当增加对融资担保机构的资金补贴。对投资区内转型升级企业1年以上的风险投资机构，给予不超过投资额3%、不超过50万元的资金奖励。创业投资企业采取股权投资方式，投资于区内未上市的中小高新技术企业2年以上的，可以按照其投资额的70%，在股权持有满2年的当年，抵扣该创业投资企业的应纳税所得额。

56. 鼓励转型企业发展电子商务。对首次加入区政府认定的区内电子商务平台开展交易活动的工业转型企业，按平台收取服务年费的50%给予补助，最高不超过5万元。

57. 鼓励企业制订技术标准。对企业参与制订国际（国家、行业）技术标准，给予10万元资助。

58. 支持企业高效节约集约用地。鼓励园区内企业对原有闲置土地和低效厂房进行改造，在符合规划的条件下，按程序允许提高土地利用率和适当增加建设规模，补办、审批、规划等相关费用不再增加；对改造后投资强度达到200万元/亩以上，产生税收在10万元/亩以上的，经审定给予10万元～50万元的奖励。

（以上6条摘自《武清区人民政府关于印发千企转型升级扶持政策的通知》武清政〔2015〕28号）

附件1：市财政每年安排资金5亿元，五年合计25亿元。主要用于市级产业技术研究院建设；对企业组织实施重大创新项目及开发“杀手锏”产品等，给予100万元～300万元资助，市和区县财政各负担50%；对企业引进的国家级科研院所及共建研发转化基地、企业重点实验室、工程中心、境外研发机构等，给予平均200万元补助，区县财政给予1∶1的配套资金支持；对实施京津冀协同创新项目、开展商业模式创新试点、购买海外先进技术、创建品牌等，给予一定资金支持。引用于《中共天津市委、天津市人民政府关于打造科技小巨人升级版的若干意见》(津党发〔2015〕27号)。

附件2：落实财税优惠政策。对首次获批的国家级高新技术企业，按照规模大小给予30至50万元奖励，其中：区县财政对申请认定国家级高新技术企业的，认定前按奖励金额的50%给予补助；认定后，市财政再按奖励金额的50%给予奖励。引用于《天津市人民政府办公厅关于印发打造科技小巨人升级版配套文件的通知》（津政办发〔2015〕94号）中《天津市打造科技小巨人升级版“小升高”实施方案（2016—2020年）》。

第二节　投资程序

一、项目申办程序

入园企业投资项目申办程序包括：立项；报批合同章程；领取批准证书；领取工商营业执照；刻章、银行开户、税务登记、财务登记、开业。

二、用地申办程序

入园企业用地申办程序按照招拍挂程序申报，包括：征地；预申请出让方案；规划建设用地许可证；签订《国有建设用地使用权出让合同》；领取土地证；领取房产证。

三、基建申办程序

基建项目的申办程序分为内资项目和外资项目。

内资项目的申办程序包括：办理工商营业执照；刻章；立项批文；环评、能评；审定规划方案；人防备案；批复门牌号；办理规划工程证；领取规划验收合格证；领取房产证。

外资项目的申办程序包括：环评、立项；办理工商营业执照；刻章；审定规划方案；人防备案；批复门牌号；办理规划工程证；领取规划验收合格证；领取房产证。

第三节　劳动用工

2014 年，组织了两场京滨工业园招聘会，包括当当网、蒙牛、都市丽人、大禹节水等 39 家企业参加。为广大劳动者提供 1500 多个工作岗位，累计在企业登记人数 3000 多人，涉及 30 多个工种。通过园区微信平台，每周不定期发布企业用工需求信息，平均每期浏览量 2000 人，仅上半年就新增就业 2000 人。园区就业人数已达到 12000 多人，4 月份组织了大王古庄镇及京滨工业园内 86 家企业参加的劳动保障工作会，会议中为企业讲解了劳动用工过程中需要注意的方面，并发放了相关材料；园区成功承办了劳动仲裁开庭下乡镇，做到了就在家门口也能享受同样的劳动保护；2014 年上半年，解决劳动纠纷 16 件，涉及赔偿金额 526190 元，在满足员工要求的同时最大限度地降低企业损失。正积极组织居民进行免费专业技能培训，报名叉车 190 人、电工 50 人、电焊 10 人。

园区高度注重职业培训工作，将其作为提升就业质量、促进经济转型的重要保障，主要从企业技能岗位的中、青年职工，职业院校学生，失业人员，农村适龄劳动力 4 个方面作为培训目标，围绕城乡一体化发展的需要，促进就业和向非农产业、城镇有序转移，争取在几年的时间里让持有国家职业资格证书的人员占技能劳动者的比例达到 70% 以上。

组织园区企业召开人才落户政策宣讲会，就人才引进、落户及随迁子女入学等政策进行详细讲解；智通、保光等 3 名博士正在办理博士后工作站进站手续，领取发放上一年度人才奖励资金，其中第一层次 2 人，第三层次 1 人，第四层次 2 人，第五层次 4 人；组织保光、孵化器、大禹等企业参加津洽会，为企业人才、项目引进和技术难题公关提供更高，更广阔的对接平台。

组织全镇 17 个村信息员进行人力资源社会保障系统推广运行培训会，下村督促各信息员完成全镇 20000 余居民及流动人口信息统计工作。

截至 2016 年 9 月，园区现有就业人数 12000 人，其中外来人口约占总人数的 60%，本科及以上学历约占 20%，实体企业研究生以上学历 75 人，其中千人计划专家 5 人、院士 3 人、博士 11 人。

获批科技型中小企业 683 家，高新技术企业 27 家，科技小巨人 33 家。组织区内外招聘会 10 余场，参会企业 70 余家，提供就业岗位 1500 余个，达成就业意向 800 人。解决劳动纠纷 28 件，涉及工伤、离职纠纷、工时工资等 90 人，解决金额 52.29 万元。1–6 层次人才 17 人，入选“鲲鹏工程”14 人，“131”创新型人才 6 人，博士后工作站在站 3 人，院士工作站 3 人。

第四章　基础设施建设

第一节　起步区设施和厂区建设

园区起步区位于京滨大道以南至纬八路，起步区规划 3.6 平方公里，达到十一通一平。

根据园区总体规划要求，进行了高标准、高质量的基础设施建设。区内骨干路网、供水、供热、排水、通讯、电力、燃气管线已全部贯通。建有京滨污水处理厂、京滨供热有限公司、京滨供水有限公司，及 110 千伏变电站，满足企业用水、用热、用电需求。区内绿化面积达 60 余万平方米。

京滨工业园现有道路 28100 延米（四至范围：东至城王路、南至韩指挥营村、西至廊坊创业路、北至京沪高速），共计 17 条。

2014 年 9 月，古达路东侧绿化带内新建一座 100 平方米左右的高服务标准公共卫生间，服务于京滨睿城、招商中心、高新公寓及餐饮楼等。该项目于 2015 年 5 月竣工并投入使用。同时，正在规划迎宾线路上适当位置继续修建高服务标准公共卫生间。

2015 年底，园区已经建成 23 个公交站点，引入 5 辆公交车，并已投入运营。根据需求，还将陆续增加公交站点及公交车辆。

本着高水平规划、高起点建设的原则，园区规划建设公共自行车服务系统，现正进行招投标手续办理，建成后能够完全实现 24 小时无人值守借车还车，所有站点全自动通借通还。拟设 7 个站点。该项目的实施能够进一步完善园区公共交通系统建设，综合解决园区职工私家车集中停车后短驳交通的问题，意在服务于园区职工，引导园区职工绿色出行、低碳生活，减少城市污染，提升园区整体形象。

2009年竣工投产的企业6家，分别是立邦涂料（天津）有限公司、天津华度科技发展有限公司、天津智信仁包装有限公司、天津静达合成材料有限公司、天津凯隆管道阀门有限公司、天津市仁立天成建材有限公司。

2010年竣工投产的企业6家，分别是天津安腾滤材有限公司、天津长远科技发展有限公司、天津市百环工贸有限公司、天津格雷斯工艺制品有限公司、天津盛得卡芙涂料有限公司、天津鑫金亨立塑粉有限公司。

2011年竣工投产的企业12家，分别是天津伊比沙投影屏幕有限公司、天津长城富乐阀门有限公司、天津沧田科技发展有限公司、天津海阳福蒲木业有限公司、速必雅（天津）包装有限公司、贝特尔流体控制技术有限公司、三惠食品物流（天津）公司、天津世凯威包装有限公司、天津安全金属网有限公司、天津大明环保技术有限公司、天津格林环保机械有限公司、天津格物家具有限公司。

2012年竣工投产的企业10家，分别是天津时耐得照明电器有限公司、天津恒圣迦南建筑材料公司、天津春源龙润微灌技术公司、天津先锋西姆科技有限公司、天津可润兰管材制造有限公司、天津金业嘉峰建材有限公司、天津智源工贸有限公司、天津盛大机械有限公司、天津风格传送家具有限公司、天津存明木业有限公司。

2013年竣工投产的企业15家，分别是富华海斯（天津）建筑材料有限公司、天津市立伟工贸有限公司、ETS（天津）生物科技发展公司、天津绿清管道科技有限公司、天津泉惠工贸有限公司、天津普润电气有限公司、天津昌盛隆节能制品有限公司、天津盛大机械制造有限公司、天津盛达幕墙工程有限公司、蒙牛乳业（天津）有限公司、天津景军投资有限公司、米诺桦（天津）有限公司、西马力（天津）有限公司、泰戈特工业技术（天津）公司、天津奥瑞斯汽车技术公司。

2014年竣工投产的企业6家，分别是传云（天津）物联网技术有限公司一期、天津华安盛翔汽车零部件有限公司、天津中金博奥重工机械有限责任公司、默泰克（天津）石油装备有限公司、天津泰亚轨道交通设备有限公司一期、天津汇通达成投资有限公司。

2015年新竣工的企业15家，分别是天津京滨工业园开发有限公司高新公寓一期、天津京滨工业园开发有限公司科技园一期、当当网（天津）信息技术有限公司一期、世侨威尔德（天津）投资有限公司、天津凡库诚品商贸有限公司、天津凡滨仓储服务有限公司、大禹节水（天津）有限公司、天津旭东鼎盛管道装备制造有限公司、安博京滨（天津）仓储有限公司、天津市企隆伟创机械有限公司、廊坊盛德实业有限公司、天津中油现代石油设备有限公司、天津俊京实业有限公司、天津华富印铁制罐有限公司、天津市兴汇聚有限公司。

2015年新开工的企业7家，分别是天津京滨工业园开发有限公司总部大楼、天津京滨工业园开发有限公司高新公寓二期、天津晟泰瑞祥投资有限公司、天津都市风尚服装销售有限公司、天津友昌贸易有限公司、天津太阳天朗投资有限公司、世侨融通（天津）投资有限公司。

2015年准备建设的企业12家，分别是天津京滨工业园开发有限公司自建厂房、当当网（天津）技术有限公司二期、天津博专检测技术有限公司、传云（天津）物联网信息技术有限公司二期、天津戴瑞科技有限责任公司、天津东方神力重工机械有限公司、海纳川天津汽车部件有限公司、天津天通泰环保科技有限公司、太阳天朗投资有限公司居住项目、京津冀联合医院有限公司、天津思拜尔工程设计有限公司、天津太奇涂料有限公司鱼塘地块。

第二节　载体建设

一、新建厂房及附属设施项目2–23#厂房工程

2011年初，科技园规划总占地750亩，建筑面积60.5万平方米，进行分期建设。

2011年5月，科技园一期（2–6#、9–12#、15#、16#、20#、21#）13栋占地70亩，建筑面积55864.66平方米，投资1.5亿元（含基础配套设施）。其中2#厂房即京滨工业园招商中心已于2012年初装修完成并投入使用；4栋（3–6#）6层双拼单元式厂房，已于2012年8月底竣工并投入使用；栋（9–12#）8层单元式厂房和4栋（15#、16#、20#、21#）3层庭院式厂房，已于2012年7月底竣工并投入使用。

2013年4月，科技园二期（7#、8#、13#、14#、17–19#、22#、23#）9栋占地面积7.5亩，建筑面积12649.4平方米，投资4000万元（含基础配套设施）。均为3层庭院式厂房，已于2014年9月竣工并投入使用。

二、消防站工程

2011年5月，园区投资建设特勤级消防站，建筑面积4225.66平方米。预计总投资1500万元。天津京滨工业园消防中队现已入驻。

三、建设标准厂房及附属设施项目1–6#标准厂房工程

2011年9月，高新公寓一期1–6#工程，项目占地7333.81平方米，建筑面积63749.4平方米。总投资2亿元。已于2014年底竣工并具备入住条件。其中2#、3#为白领公寓、专家公寓，分为一室一厅、两室一厅、三室一厅三种户型，1#、4#、5#为蓝领公寓（单身宿舍），每间面积30平方米，能容纳6个人，各房间均有独立的卫生间。6#为配套综合楼，

内含餐厅、超市、洗衣房等物业用房。本项目能容纳 4000 余人同时入住。

四、新建教育研发基地项目科研楼

2014 年 12 月，新建教育研发基地项目科研楼 1–5# 楼工程（高新公寓二期），工程建设投资 2 亿元，工期 2014 年 12 月 25 日至 2016 年 9 月 25 日。2015 年年底前建筑主体工程封顶。总建筑面积：69528.44 平方米，其中地上：65228.44 平方米，地下：4300 平方米。地上 18 层，地下 1 层。本项目能容纳 5000 人同时入住，加上一期 4000 人，共计能容纳 9000 余人，基本能满足园区企业 5 年内住宿需求。

五、天津京滨工业园总部大厦项目

2014 年 9 月天津京滨工业园总部大厦，工程建设投资 2.5 亿元，工期 2014 年 9 月 18 日至 2016 年 6 月 18 日。预计 2015 年年底前建筑主体工程封顶。总建筑面积：52590.54 平方米，其中地上: 42995.31 平方米，地下: 9595.23 平方米。地上 22 层，地下 1 层，地下 1 层为机械车库及设备用房。车库设计车位 289 辆。建筑总高度 99.6 米。 该项目将吸引科技、金融、研发类企业全国及区域总部入驻。

六、天津世侨威尔德酒店管理有限公司

威尔德世侨五星酒店占地 40 亩，总投资 3.1 亿元，以超五星级酒店标准进行设计建设，由生态人居、高端会议、餐饮康体中心三大部分组成。该项目将聘请高度专业化的希尔顿酒店管理有限公司进行经营管理，以保障其提供国际一流水准的五星级酒店服务质量。

七、天津太阳天朗投资有限公司

天津太阳天朗投资有限公司占地 30 亩，总投资 4 亿元，主要建设四星酒店、超市、KTV 等服务功能并从事商业金融业经营，建筑面积 50000 平方米，其中超市 5000 平方米以上。

八、能源装备产业园

占地 760 亩，包括专业生产平台、培训区、成果转化产品实验区、研发办公区、能源装备展示交易中心、保税物流区、产业项目区。以此为依托 2012 年 12 月园区被评为国家火炬石油装备特色产业基地。

九、自行车自助系统

自行车自助系统特设置 6 个服务站点，分布在人流量较大的重要节点，包括阿里巴巴站、管委会站、蒙牛站、大禹站、景军站、晋元道站。同时，采用智能 IC 卡刷卡租车的方式，通借通还，提高公共自行车的使用效率。自行车借还时间为春夏 6:00—22:30、秋冬 6:30—22:00。

十、环城公交通勤车

园区环线服务车，覆盖园区各主干道路，将企业和各职能部门有效连接。服务车总站坐落于京滨工业园高新公寓，每天32班，南北向对开，时间为早7：00至晚5：30，乘客可免费乘车。

十一、京滨—杨村通勤班车

为解决入驻企业通勤问题，更好的服务于企业，园区已于4月15日为大家开通杨村至京滨的通勤班车。园区本次开通两辆班车，共计100个座位，月票价格为270元。

第五章　园区招商

第一节　招商

园区利用得天独厚的区位交通优势，以“开放、友好、诚信、共赢”为宗旨，致力于打造高端制造业及现代服务业聚集区，大力开展招商引资。到2015年，引进国内外企业2000余家，累计投资总额1000亿元，在全市示范工业园区综合评比中一直处于前三名。

2009年8月，园区由市级开发区升级成为市级重点示范工业园区后，进一步加大投资力度，规划面积3.6平方公里的起步区，土地平整、基础设施建设、招商引资同时增速，当年引进项目15个，总投资20亿元。

2010年园区进一步发展，基础配套设施已完善，达到“十一通一平”。围绕“电子信息、智能制造、现代服务”三大主导产业进行紧锣密鼓的招商，并与亦庄开发区建立了战略合作关系。

为全力完成全年招商任务，园区积极探索思路，制定竞争机制。通过对任务的分解、定期的汇报会、奖励机制的制定，使招商人员的工作时刻充满激情与挑战，以“24小时保姆式”的服务体系确保企业安心落户。针对当前大力发展中小型科技企业的形势，园区扩大招商队伍，吸纳大批社交能力强、业务水平高的人才，成立了创业拓展部，制定科技型企业政策，筹划孵化器。招商方法方面，首先，扩大园区知名度，加强宣传推介力度，利用户外广告、网络、电视等平台进行宣传；再次，利用“以商招商”的形势，发动建成区企业，介绍其上下游企业在园区落户，形成产业链；其次，加强与大型企业的对接，对符合园区主导产业的国内外500强企业、上市公司和龙头企业进行深入对接，获取信息后第一时间针对企业制定政策、进行走访，确保大项目、好项目落户。很快引入企业43家，其中包括蒙牛、大禹节水、海化集团、世凯威包装等知名企业，总投资76.64亿元。

2011年，园区继续加大宣传力度，在以往的宣传渠道上加大对北京的宣传推介，与北京卫视合作，在黄金时段插播园区广告，为日后的“深耕北京”打下了良好的基础。主干道路“京滨大道”的畅通使园区的交通优势更加凸显。全年引入企业88家，包括一汽大众、当当网、世界华人华侨联合会、太阳天朗等，总投资92.98亿元。并与阿里巴巴、凡客诚品、中科院化学研究所、超思电子进入深入洽谈阶段。

针对土地资源日益紧缺的形势，园区积极转换招商思路，规划建设用地750亩的科技创新园——京滨睿城，包括招商中心、科研办公楼宇和独栋研发楼宇，主要吸引总部核算型、科研孵化型企业。为节约用地资源，园区不惜斥重金同期建设高新公寓和员工食堂，使配套设施更加完善。

2012年，是转型的头一年，起步区3.6平方公里已基本摆满项目，面临土地资源紧缺的形势。园区通过对招商任务的细化，按照“深耕北京”的思路，制定吸引注册型企业优惠政策。根据地区和行业分为4个招商部门，并在北京核心区域设立办事处，主要对接各行业商协会、投资咨询公司和各类事务所。在发展科技型企业方面，以睿城楼宇为载体，与中关村不动产商会合作成立了中关村产业转移孵化基地。当年引入企业176家，总投资112.9亿元，大项目有阿里巴巴、凡客诚品、超思电子等。

2013年，随着园区大部分实体项目的竣工投产，各方面配套也日趋完善，加之京滨睿城楼宇的投入使用，京滨工业园成为北京周边环境最优、交通最便利、运营成本最低的园区。通过宣传推介和不断走访，当年引入企业283家，总投资142.8亿元。其中与中石油大学合作的石油装备特色产业基地被评为国家级特色产业基地。在引入工业项目的同时，园区在商业项目上引入华夏房地产，建设高档小区孔雀城和晟泰瑞祥。

2014年，面临京津冀协同发展的大形势，是园区发展千载难逢的机会。园区利用得天独厚的区位优势、完善的配套和成熟的服务体系，尤其是国家级自主创新示范园的牌子，将园区升级成为国家级高新区，为园区建设发展增添了强大的吸引力。针对当前形势，园区整合资源，利用好园区现有的土地、厂房、楼宇和文化创意产业园等资源，充分发挥区位、配套、环境、服务优势和园区的宣传力度，以此来吸引企业落户。当年引入企业438家，总投资162.3亿元，大项目有海纳川汽车零部件产业园。

2015年，园区不断提升各项配套功能，在医疗、教育方面取得了进展，已与知名医院和师范学校达成了合作。年初，根据任务，制定全年招商计划，重点发展楼宇经济，对接渠道主要为北京各行业商协会、知名咨询公司和楼宇运营平台。目前已与中国写字楼网、房讯网、投联网等平台建立了合作，并通过该平台与第一太平戴维斯、世邦魏理仕、世联行等知名运营商达成了合作意向。继续加大在北京的宣传，当年在北京举办10次推介活动，上半年已完成全年任务的55%，引入企业146家，注册资本27.6亿元，其中投资10亿元项目有北内总部。

第二节　入区重点企业

一、天津奥瑞斯汽车技术有限公司

天津奥瑞斯汽车技术有限公司由烟台麦特集团投资建设，占地50亩，建筑面积30000平方米，总投资3.8亿元，产后税收达5000万元以上。该项目从事汽车技术服务、ARS远程终端研发，包括ARS远程服务中心、车联网研发中心、中国汽车事故预防与修复技术研究中心、ARS快速服务网络培训管理中心和ARS汽车新能源研发中心及威力狮汽车用品销售总部。

二、北京北内有限公司

北京北内有限公司是世界500强企业北汽集团旗下企业，公司注册资金1.6亿元，现有在册职工2000多人，拥有一支生产、研发经验丰富的管理技术团队。公司前身华北农业机械总厂于1949年4月11日创建，从生产农机具逐步发展成为面向全国汽车、农机、工程机械及军工等行业配套的发动机专业生产企业。是全国最大的内燃机生产基地，最早引进推行全面质量管理，在汽车行业中第一个荣获国家质量管理奖，先后引进美国通用、德国道依茨及日本五十铃等车用发动机技术、产品和设备，拥有北京市级研发中心。发动机研发实力雄厚，累计生产多个系列、100多个品种的发动机，产品300多万台，为北京市经济社会发展做出了积极贡献。

天津京滨工业园项目由北京北内有限公司投资建设，成立全资子公司，用地126亩，总投资10亿元，建设发动机和零部件生产基地，从事柴汽两机生产、机床卡具设计制造和机械零部件加工制造。秉承“零起步挑战可能，信至上创造价值”的价值理念，以产品为支撑，以新体制、新机制、新公司为依托，形成以发动机及其零部件、设备工具制造加工为主业、相关产业同步发展的格局。项目达产后产值10亿元以上，税收1亿元，带动就业人员500人以上。

三、广东都市丽人实业有限公司

广东都市丽人实业有限公司是一家集研发、生产、仓储物流、销售和营运于一体的现代化大型内衣品牌运营集团，致力于成为世界级悦时尚内衣领导品牌。2014 年 6 月 26 日，集团成功登陆香港资本市场（股票代码：02298），成为“内地内衣品牌上市第一股”。集团总部位于东莞，在北京、上海、深圳、重庆设有分公司，并在全国 31 个省市设有办事处。集团在全国拥有广泛的销售网络，零售网点遍布中国一线、二线及三线 330 多个地级城市。截至目前，都市丽人在全国拥有 7000 多家零售门店，并已逐步向海外拓展。都市丽人旗下拥有“都市缤纷派”“都市丝语”“都市俪人”“都市锋尚”“都市丽人的秘密”“Freeday”“欧迪芬”七个知名品牌，产品涵盖文胸、内衣、家居服、塑身衣、保暖衣、袜子、内衣配饰等多种品类，其款式已逾万种。经过近几年的快速发展，都市丽人已成为中国最大品牌贴身衣物企业，市场占有率多年来稳居行业第一。

近年来，集团管理精益求精，先后获得了“2013 中国纺织服装行业‘最佳雇主’”“2013 年广东省信息化和工业化融合 4 个 100 示范工作”“全国工商业联合会直属会员”“2012 最佳商业模式奖”“2012 年度广东连锁 50 强”“2011 年度民营企业纳税大户（制造业排名第二）”等一系列特殊荣誉。集团董事长兼总裁郑耀南先生先后获得了“2014 中国十大经济潮流人物奖”“2013 中华儿女年度人物”“2012 年度十大经济人物”“中国十大最具成长性 CEO”等荣誉称号。同时，集团积极履行“公民企业”社会责任，先后在扶贫、助学、救助等方面捐款捐物逾千万。

四、景军工业园

景军工业园位于京津塘高速廊坊出口处，地处京津走廊天津武清区最北边，毗邻北京，西与廊坊开发区接壤，属京滨发展轴中心环渤海经济圈地带，地理位置优越，交通便利，公司正伴随中国经济的腾飞迈步成为全球一流专业的工业产业地运营品牌。

园区距北京市区 30 公里，距天津市区 40 公里，地区沟通触手可及；距首都机场 50 公里，距天津机场 65 公里，距天津新港也仅 80 公里，地域距离大大缩短；长期以来，天津港与 170 多个国家和地区的 300 多个港口保持贸易往来，是连接亚欧大陆桥距离最近的东部起点。此外，京津城际高铁、京津塘高速、京津高速、京沪高速 4 个高速出入口在这里开启，形成了便捷发达的立体交通网络。

五、天津绿清管道科技股份有限公司

天津绿清管道科技股份有限公司是一家以生产石油天然气管道清管、检测及维护抢修设备为主，集研发、生产、贸易和工程技术服务为一体的国家级高新技术企业。公司专业

生产管道清管器、检测器、带压封堵设备、油罐自动清洗设备，及相应备件。同时可承揽管道安装、改线、清管、试压、干燥，管道内外检测，带压不停输开孔、封堵、维抢修及油罐清洗等技术服务和工程。

绿清管道有限公司成立于2002年，坐落于中国天津武清京滨工业园。公司于2004年通过ISO 9001质量管理体系认证，2010年取得压力管道元件制造许可证并通过HSE管理体系认证，同时被认定为国家级高新技术企业，2011年取得压力容器制造许可证并被中国石油天然气集团公司评定为一级供应商，2013年取得压力管道安装资质（GB1、GC2）和长输油气管道带压封堵资质，同年取得美国机械工程师学会ASME U证书。

六、泰戈特（天津）工业技术有限公司

泰戈特（天津）工业技术有限公司是泰戈特（北京）工程技术有限公司在国内成立的一个大型的选煤设备制造基地。公司坐落于天津京滨工业园，占地80亩，总投资1.6亿元，建筑面积4.3万平方米。

公司定位于高端、核心洗选设备的生产制造商和一流的售后服务提供商。

公司拥有各类机床、测量仪器、焊接设备、等离子切割机等设备百余套，并拥有高素质技术人员和资深售后服务人员近两百名，年生产各种型号振动筛、重介质分选槽、磁选机、煤泥分选机、浮选机、矿浆处理器等设备1000余台套，主要业务遍及国内各大选煤厂并在山西、陕西、内蒙等地设有售后服务中心，服务遍及全国各大煤炭重点产区。

七、天津中金博奥重工机械有限责任公司

公司占地54212平方米，规划总建筑面积53747平方米，现已建有办公和厂房面积30000平方米。2015年，公司有职工120余人，其中拥有20余名资深技术人员组成的产品研发团队。公司现自有资产总值8000余万元，各类机械设备如八米数控龙门铣、数控龙门铣加工中心、数控等离子切割机、进口焊机等50余台套，具有较强的机械加工及各类结构件生产能力。

公司业务集中在高速铁路、城际轨道、客运专线及地铁、高速公路等砼成型成套生产线设备，及模具制造、金属切割设备制造及建筑机械、矿山机械、航天系统设备等其他各类精密结构件和非标设备加工制造，是一家可为客户提供专业的工程技术解决方案的高新技术企业。

八、天津泰亚轨道交通设备有限公司

唐山泰亚铁路设备有限公司在京滨工业园投资建设天津泰亚轨道交通设备有限公司，项目占地30亩，总投资6000万元，主要从事轨道交通设备制造。

唐山泰亚铁路设备有限公司成立于 2006 年 11 月，主要从事铁路车辆、电动车辆、城市轨道车辆等轨道交通设备及零部件的设计开发、生产制造、销售及技术咨询等。该公司拥有先进的加工检测设备，具有丰富的设计、开发、生产制造、销售及技术咨询等经验。该公司拥有先进的加工及检测设备，具有丰富的设计、开发和管理经验，现已成为中国轨道交通装备定点生产企业，曾为北京地铁复八线、房山线、9 号线、15 号线和天津地铁 2 号线、3 号线等工程提供相关设备。

九、北京凡士通空气弹簧有限公司（天津）分公司

由世界 500 强企业凡士通旗下的北京凡士通空气弹簧有限公司投资，主要进行汽车或工业用减震器、空气悬挂系统及工业用组件和部件等的生产经营。该项目租用园区加速器厂房，面积 8800 平方米，总投资 1000 万美元，预计年产值 1 亿元以上。

十、中国科学院化学研究所天津研究院

中国科学院化学研究所成立于 1956 年，是以基础研究为主，有重点地开展国家急需的、有重大战略目标的高新技术创新研究，并与高新技术应用和转化工作相协调发展的多学科、综合性研究所。

化学所现有职工 645 人。其中中国科学院院士 12 人、发展中国家科学院院士 5 人、国家杰出青年基金获得者 57 人、国家基金委创新研究群体 9 个，“千人计划”“百人计划”入选者 59 人。在学研究生 931 人。

化学所与北京大学共建“北京分子科学国家实验室”。有 3 个国家重点实验室，8 个中科院重点实验室，1 个中科院工程中心。重点发展领域包括分子与纳米科学前沿、有机高分子材料、化学生物学、能源与绿色化学，及面向国家重大战略需求的先进高分子材料。

化学所科学论文发表和被引用数连续十多年名列全国科研机构前列，专利申请和授权数在中国科学院名列前茅，科技成果获得国家及省部级奖励 300 余项。2013 年中科院组织的国际评估认为“化学所是中国国内最有影响力的化学研究机构，在分子纳米结构、纳米材料、分子材料与器件方面的工作达到或接近国际先进水平。”

十一、蒙牛乳业（天 津）有限公司

蒙牛乳业（天津）有限公司为内蒙古蒙牛乳业（集团）股份有限公司投资兴建的子公司，坐落于京滨工业园内溢元道 1 号，与河北廊坊、北京零距离交界，区位优势明显，交通十分便利。2010 年 7 月开工建设，注册资本 1.34 亿元，占地面积 212.76 亩，总投资额 4.5 亿元。

公司建有冰淇淋、低温酸奶两个工厂。其中冰淇淋工厂于 2011 年 5 月 27 日正式生产，低温酸奶工厂于 2011 年 10 月 17 日正式生产。2013 年 9 月，蒙牛集团与达能公司达成战略合作，注册低温酸奶蒙牛乳制品（天津）有限责任公司。

天津事业部冰淇淋工厂共有生产线 12 条，其中隧道线 1 条、罗洛线 2 条、切片线 3 条、花色线 6 条。生产品种 41 个，日产能约 260 吨。低温工厂生产线 12 条，其中冠益乳 2 条、优益 C 3 条、袋酸 4 条、自立袋 1 条、真果汇 1 条、预制杯 1 条。生产品种 22 个，日产能约 300 吨。

公司内部建有员工公寓、员工餐厅、开心农场、员工健身娱乐活动场所等。截至 2014 年年底在岗员工 1274 人，至 2014 年年底累计实现产值 24.81 亿元，累计纳税 9650 万元。2014 年产值 10.5 亿元，纳税 6450 万元。

蒙牛使命：与客户、员工、股东及所有利益相关方共成长，共赢生态圈。

蒙牛的愿景：以消费者为中心，成为创新领域的营养健康食品公司。

蒙牛核心价值观：高尚、阳光、责任、创新。

十二、北京化工大学天津研究院

北京化工大学天津研究院地址在京滨工业园京滨睿城 9 号楼，于 2014 年 3 月初正式入驻。该项目由北京化工大学投资，建设集科研、办公、培训、生产一体的国家级研发机构，总投资 3000 万元，建筑面积 6000 平方米，主要从事化工新材料和新技术的研究，并将相关科技成果优先在京滨工业园进行转化、产业化。

研究院建设 5 个工程研究中心、1 个公共分析检测中心，分别是化学反应催化工程研究中心、生物质资源综合利用工程研究中心、高模量碳纤维工程研究中心、高性能塑胶改性工程研究中心、化工资源循环利用工程中心及公共分析检测中心；并建设 2 个省部（或以上）级重点实验室及教育实习实训基地。

计划引进 2~3 名教授团队组建高端装备研发中心。中心主要研发内容为微纳制造、高效传质分离、电石氧热化生产炉等。计划引进 2~3 名教授团队组建化学反应催化工程研究中心，中心主要研发新型高效催化剂等。计划引进 2~3 名教授团队组建水处理研究中心，中心主要研发直饮水成套装备、城市和化工污水处理新工艺和成套设备等。

项目建成后，将具有每年孵化 1 ~ 2 个高新技术企业的能力。部分项目将实现年产值 5000 万元以上。

十三、大禹节水（天津）有限公司

大禹节水（天津）有限公司是甘肃大禹节水集团股份有限公司在天津投资建设的全资子公司，坐落于天津市武清区京滨工业园内，厂区占地总面积 344.2 亩，总建筑面积 247411 平方米，主要建筑物为生产车间（包括 PE、PVC、滴灌等车间）、库房、宿舍楼、办公楼等。实现年经营收入 10 亿元，就业人员 500 余人。拥有 12 条内镶式滴灌生产线，41 条迷宫式滴灌生产线，17 条 PVC、PE 生产线，18 台套注塑机。每年可生产内镶式滴灌（带）5 亿米，万吨 PVC、PE 管材，滴头 500 多吨。大禹节水集团公司充分利用大禹节水(天津)有限公司地处京津冀三省市交界处的区位优势，其经营区域包括京津冀、山东、山西、河南，及东北地区。

公司主营业务有节水材料及其循环利用技术研发，节水工程设计，施工，维护相关设备的安装，水利工程施工，滴灌管带，排灌机械，塑料管材管件的制造、销售。

公司生产的优质产品主要有内镶式滴灌管、内镶扁平式滴头滴灌管、内镶扁平滴头地埋式滴灌管、压力补偿式滴灌管、U-PVC 管材、给水用 U-PVC 管材、低压输水用 U-PVC 管材、给水用 PE 管材、灌溉用 PE 管材、PE 软管等。

十四、天津盛诺电子科技有限公司

天津盛诺电子科技有限公司，主要经营电子产品技术开发、咨询、转让；电子产品制造、销售；货物进出口（国家法律法规禁止的除外）。（以上经营范围涉及行业许可的凭许可证件在有效期限内经营，国家有专项专营规定的按规定办理）公司于 2012 年 11 月 7 日在天津工商局登记注册，业务经理是蔡宋伟，公司注册资本 1000 万元，公司的办公地址位于环渤海地区经济中心天津，具体地址为天津市武清区京滨工业园民惠道 18 号。公司为客户提供良好的产品和技术支持以及健全的售后服务，是天津电子行业知名企业。

十五、当当网信息技术（天津）有限公司

当当网（www.dangdang.com）是全球知名的综合性网上购物商城，由国内著名出版机构科文公司、美国老虎基金、美国 IDG 集团、卢森堡剑桥集团、亚洲创业投资基金（原名软银中国创业基金）共同投资成立。当当网信息技术（天津）有限公司于 2014 年 5 月 30 日入住园区。坐落在园区民旺道 7 号。占地面积 95749.03 平方米。主营业务包括计算机软硬件技术开发与生产，互联网及电子出版技术开发，网络技术开发与咨询服务，电子商务开发，网上零售百货、电子产品、珠宝首饰、花卉、家具、家用电器、汽车配件、通讯器材、五金工具、灯具、办公用品、体育用品、建筑材料、装饰材料、计算机软件及辅助设备、图书报纸、期刊、电子出版物、音像，广告业务等。注册资本 2 亿元。2015 年有员工 864 人。法定代表人为李国庆。

当当网华北总部于 2011 年 9 月注册成立，注册资金 2 亿元人民币，一、二期总占地面积 365 亩，一期 255 亩已经竣工并投入运营。当当网华北运营中心集采购、仓储、办公、物流配送为一体。待项目全部运营后，将成为华北地区最大的综合性电子商务公司，具备以下几项主要功能：1）华北地区销售功能；2）采销、结算功能；3）招商物流服务开放平台；4）售后客服服务功能；5）订单处理功能；6）当当网云计算功能。2015年年销售收入50亿元，税收8000万元。

十六、传云（天津）物联网技术有限公司

由阿里巴巴集团投资建设，项目目前更名为菜鸟网络。由菜鸟网络搭建的“中国智能骨干网”，将通过自建、共建、合作、改造等多种模式，在全中国范围内形成一套开放共享的社会化仓储设施网络。同时，利用先进的互联网技术，建立开放、透明、共享的数据应用平台，在未来中国任何一个地区可实现24小时内送货必达，为电子商务企业、物流公司、仓储企业、第三方物流服务商、供应链服务商等各类企业和消费者提供优质服务。最终促使建立社会化资源高效协同机制，提升中国社会化物流服务品质，打造中国未来商业基础设施。

项目总占地1500亩，总投资30亿元，一期占地500亩，规划总建筑面积100万平方米。将建成阿里巴巴华北物流中心及仓储网络平台，从事电子商务交易配送、仓储、结算解决方案。目前办公楼以及1、2、3号仓库（仓储面积9万，办公1万））已经竣工，并已吸引多家企业入驻，如天猫商超、法国铱力、香港立丰和众诚一家。一期4、5号库已经投入使用，6～8号库于2014年11月底投入使用。待一、二期全部建成投入运营后，预计年贡献GDP200亿元，税收10亿元。

十七、凡客诚品天津总部

项目由凡客诚品（北京）科技有限公司投资，将建设凡客诚品研发中心、展示中心、核算中心、客服中心，物流中心和仓储中心，将致力于互联网信息服务、计算机网络技术开发、仓储设施的经营、管理及相关的咨询服务等。

十八、聚美优品天津总部

项目投资总额10亿元以上，注册资本金3亿元。一期土地173亩、二期土地243亩均在2014年年底竣工。待项目全部运营后，年销售收入40亿元，税收2亿元。

聚美优品天津总部项目，将建设聚美优品总部、国际化妆品交易平台、仓储中心、物流中心、运营中心、展示中心和客服中心，从事化妆品、家居用品、食品及保健品、服装、饰品等研发、生产与销售。

项目用地273亩，目前正在办理土地征转手续。项目投资总额10亿元以上，待一、二期全部运营达产后，税收可达1亿元。

十九、天津京滨工业园开发有限公司科技园总部

规划建设750亩、建筑面积60万平方米的科技创新园，包括总部经济区、科研孵化区、产业加速区、标准化厂房。该项目建设高科技产业单元式厂房、高科技产业庭院式厂房、总部基地、自主研发区及配套服务设施，创造一个低密度、高效率、环境优的综合高科技产业园区。

睿城入驻企业达到52家。拥有京滨科技企业孵化器和微米孵化器，京滨科技企业孵化器是国家级科技企业孵化器。截至现在，两家孵化器孵化及在孵企业100余家。

二十、天津威猛机械制造有限公司

天津威猛机械制造有限公司是美国威猛制造公司投资建立。主要从事设计、生产地下管线铺设设备，开沟移树设备，环保机械设备及其零配件；销售自产的产品，自产产品的技术开发，服务等。公司投资2000万元，租赁天津贝特尔流体控制阀门有限公司1号厂房、博思特能源装备（天津）股份有限公司1号办公楼、宿舍楼、2号、3号厂房，及其2、3厂房之间的库房，建设年产300台套水平定向钻机项目。项目租赁面积12115.456平方米，其中办公楼及宿舍楼1063.456平方米。项目实施后，可实现年产V200水平定向钻机，V250水平定向钻机，V400水平定向钻机，V500水平定向钻机，V750水平定向钻机，V1400水平定向钻机，C230水平定向钻机，C320水平定向钻机共计300台套。

二十一、博思特能源装备（天津）股份有限公司

公司成立于2002年，是国家级高新技术企业、天津市认定企业技术中心、优秀科技小巨人企业、天津市油气储运过程控制装备技术工程中心。2014年7月登陆新三板，股票代码830904，2014全年税收约1800万元。

公司主要致力于长输油气管道站场设备、城市燃气输配设备、LNG液化及加注成套设备及油气田开发储运设备的开发、设计、制造和服务，致力于为用户提供油气储运装备、LNG液化及加注成套装备一站式的解决方案。公司是国内首家将压力控制系统、超声涡轮计量系统、站内自用气计量调压系统进行国内集成并成功应用于西气东输等重大项目的厂家，是中石油重大科技专项“油气管道关键设备国产化—天然气调压装置关键阀门”的联合研制单位，是长输天然气管道调压计量橇装设备技术和市场的领导者。

二十二、京滨能源装备产业园

能源装备产业园由京滨工业园开发有限公司、博思特能源装备股份（天津）有限公司、中国石油大学三方合作成立，2012年12月被认定为国家火炬石油装备特色产业基地。

园区规划用地760亩，建设7个功能区，包括专业生产平台、培训区、成果转化产品

试验区、研发办公区（研发机构、实验室、设计院、金融机构）、能源装备展示交易中心、保税物流区、产业项目区。功能区拥有 20 余项生产、设计、制造、维修等相关资质，主要为入园企业提供服务。

截至目前，能源装备产业园以博思特能源装备（天津）股份有限公司为基础，依托京滨工业园已引入的天津绿清管道科技发展有限公司、天津盛大电热设备有限公司、天津智源工贸有限公司、默泰克（天津）石油装备有限公司、天津中油现代石油设备有限公司、天津天盛石油管材制造有限公司、天津贝特尔流体控制阀门有限公司、天津德瑞克石油工具有限公司、必拓电子商务有限公司天津机械制造分公司等企业，涵盖了油田石油钻采专用工具、设备、输送管道、储油罐及配件、油田钻采设备等的设计、制造、销售及相关技术开发、服务及咨询等行业，初步形成了上、中、下游较为完备的产业链雏形。

二十三、海拉车灯

德资企业，项目购地 50 亩，成立北京奔驰 MFA2 车型的供货基地，预计年产值 7 亿元。主要从事大灯、尾灯、位置灯、雾灯等全系列产品研发、制造。

二十四、地平线机器人

租用睿城 300 平方米办公，从事人工智能领域的芯片研发、大数据处理，为家居、汽车、无人机和服务机器人提供智能解决方案，该项目创始人为国家千人计划引进的高端人才。

二十五、本特勒汽车底盘生产基地项目

本特勒总部位于德国帕德博恩市，是本特勒公司集团内营业额最大的分公司。随着业务的发展扩大，现已成为全球范围内拥有 512 家生产工厂、13 个工程中心、1.6 万多名员工、2005 年年销售额三十九亿欧元的国际化集团公司。德国本特勒汽车工业两和公司是全球汽车零部件主要供应商之一，为世界上几乎所有汽车制造商生产配套产品。 本特勒汽车系统（上海）有限公司是由德国本特勒汽车工业有限公司投资建立的外商独资企业，公司引进德国本特勒公司先进的制造技术，生产加工汽车相关零部件，包括驱动桥、发动机排放控制装置，将与上海大众、上海通用及一汽大众等国内主要主机厂配套。面对日益激烈的竞争，公司的目标是不断地向客户提供高质量的产品，通过优质服务赢得客户的尊重和信任，用先进的技术和管理成为一流的汽车零部件供应商。

该企业总投资 3 亿元，租用厂房 20000 平方米，一期 8800 平方米。建设汽车底盘生产基地，主要配套商为奔驰、大众、奥迪、宝马等知名汽车品牌，达产后产值 20 亿元以上。

二十六、保光（天津）汽车零部件有限公司

保光（天津）汽车零部件有限公司是韩国保光株式会社在天津市武清区建立的中外合

资企业。公司以韩国保光株式会社提供的技术支持为基础，致力于汽车用密封材料、吸音材料、阻尼材料的研究。现有 PVC 涂料、点焊胶、焊缝胶等 12 个产品，并已先后应用于北京现代、天津丰田、保定长城、北汽集团等汽车厂商 30 余种车型上，供应的汽车多为目前市场主流车型和知名品牌，如奔驰、皇冠、卡罗拉、悦动、索纳塔、腾翼等等。公司现拥有国内最先进的密封胶检测设备，对于密封材料、吸音材料、阻尼材料的全性能检测都可以完成。现已获得“新型喷涂式钢板加强材料”“汽车用补强降噪材料”“加强车辆钢板和提高面层品质的钢板加固新方法”等多项专利，提高了产品的技术含量，使产品更具有竞争力。

二十七、天津正易物通网络科技有限公司

天津正易物通网络科技有限公司成立于 2014 年 2 月 11 日，注册资金 2000 万。天津正易物通网络科技有限公司是中国领先的 P2P 物流解决方案及大宗商品在线交易信息化平台的科技型公司。公司坐落于天津市武清区京滨工业园。公司在全国 23 个省市建立了以办事处为主题的营销网络，营销人员达到数百人。并于 2014 年 11 月在天津华苑产业园区海泰信息广场成立天津研发中心。主要研发自主平台产品城市货运、智慧物流和维修联盟等项目。

一、该公司是中国首家 P2P 车货撮合交易公共信息平台运营网站。通过对信息资源和市场资源的整合，增加信息的透明度，减少信息的不对称，优化配置社会物流资源，实现资源共享、信息互通，实现了车与货的无缝对接，摒弃了中间环节，规范了运输市场管理，提高了运输质量和效率。

二、该公司通过智能匹配，最大限度地提高物流效率。运用先进的网络科技，科学高效的车货匹配流程，通过平台自动匹配，解决了当今空载高的难题，提高了车辆运输效益，为货主降低了流通成本，而且节省了社会资源、能源，减少了污染，为国家大大地减少了因物流空载造成的浪费。

三、该公司是自主知识产权的大数据运营挖掘整合平台。正易物通拥有 6 大技术优势，开辟了针对现代物流行业全新的商业模式。1. 车货撮合交易信用评价机制。2. 运输合同的在线签署。3. 以全球定位系统为支撑的车货跟踪服务。4. 快捷方便的交易支付系统。5. 健全的运输风险保障支持。6. 完善的车货撮合交易服务标准体系。

二十八、天津华富印铁制罐有限公司

天津华富印铁制罐有限公司是生产各种化工罐、工艺罐、食品罐等金属包装物，并对外承揽金属印刷业务的公司。公司在金属制罐、金属印刷等领域拥有行业内领先的技术、设备能力。公司致力于为国际知名企业提供质量可靠的金属包装物。

公司引进具有行业领先水平的印刷线和多条进口、国产自动化制罐生产线，有实力制造各种高品质的精美金属包装产品，可为多种行业的液体、固体、半流体、粉状、水性、油性等产品，提供美观耐用的外包装。公司长期为行业知名企业提供金属包装制品。

公司于 2008 年通过中国质量认证中心 ISO 9001 质量管理体系认证，并取得国家质监总局颁发的“危险化学品包装物”全国工业产品生产许可证书。

公司秉承“品质为本，和谐发展”的企业经营理念，致力于打造“国内领先，跻身世界”的印铁制罐公司。

二十九、华德起重机

华德起重机是欧式起重机部件专业生产制造商，产品包括欧式单梁电动葫芦、欧式双梁电动葫芦、欧式卷扬、端梁、大小车三合一驱动、电控箱、智能控制系统等。

凭借几十万台起重机应用专业技术积累，为世界一流水平起重机解决方案的设计师和专业服务提供商。自重轻、高度矮、轮压小、节能省电、智能、数字化检修、免维护等优异性能，以及工艺品级起重机的匠心精神，是其产品杰出底蕴所在。

三十、天津新奥燃气有限公司

天津新奥燃气有限公司始建于 2009 年 4 月 29 日，注册资金 2000 万元，是武清区政府授予的管道燃气 30 年 “特许经营权”的能源服务企业，从事城市燃气的开发、利用和能源服务。

公司在政府各级领导的关怀下，按照京滨工业园经济发展战略，以新奥燃气“361°”服务理念，遵循客户为尊的行为准则，建立健全客户服务体系和服务监督体系。公司视安全为生命线，先后引进指挥调度中心系统、SCADA（遥测遥讯）系统、GIS（地理信息）系统、CCS（客户关怀）系统、ERP（企业资源计划）系统、HSE（健康、安全、环境）管理体系，维修、抢修人员 24 小时值守，建立了一套安全运营的燃气安全保障体系。

新世纪，新起点，天津新奥燃气致力于创新清洁能源、改善生存环境、提高生活品质的能源服务事业。按照京滨工业园管理委员会对园区的整体部署，公司全体员工将以主动服务的姿态聚焦“京、津、冀金三角产业新城”的发展定位，为推进“科学发展、进位争先、和谐安定、富民强市”的发展任务而不懈努力。

第六章　科技型企业和楼宇经济

第一节　科技型中小企业

围绕园区产业定位，树立园区品牌形象，推动园区经济长足发展。京滨工业园把加快科技型中小企业发展作为一项重要战略任务，采取措施，积极引导，热情服务，收到了显现效果。

2012 年，园区共认定科技型中小企业 214 家、小巨人企业 5 家、高新技术企业 2 家。

2013 年，新增科技型中小企业 111 家、小巨人企业 6 家、高新技术企业 5 家。

2014 年，新增科技型中小企业 150 家、小巨人企业 8 家、高新技术企业 5 家。园区企业专利数量达 125 件。

2015 年，新增科技型中小企业 115 家、小巨人企业 8 家、高新技术企业 8 家。

截至 2016 年 8 月，新增科技型中小企业 93 家、小巨人企业 6 家、高新技术企业 8 家。

2016 年，园区共引进科技型中小企业 630 家。企业专利数量达到 364 件。

第二节　楼宇经济

建设设施配套完善、环境优美、服务体系健全的楼宇经济平台，是京滨工业园加快园区经济发展、提高经济效益的重要举措。京滨睿城的崛起，使园区楼宇经济得以迅速发展，给园区经济注入了新的活力。

京滨睿城结合高科技产业特点，规划建设了占地 750 亩、建筑面积 60 万平方米的科技创新园，包括总部经济区、科研孵化器区、自主研发区、产业加速区。一期 5.6 万平方米的区域已入驻企业 52 家，二期 9 栋 1.3 万平方米厂房已投入使用。内外部环境具备浓郁文化氛围的文化创意产业园着力吸引文化创意、动漫游戏、影视制作类企业入住。京滨 1 号研发楼正在施工建设之中，2016 年 10 月建成并投入使用。

第三节　孵化器

企业“孵化器”是时代经济发展的产物、创业者起步发展的平台。它旨在对高新技术成果、科技型企业和创业企业在创办初期，通过提供设施、资金、管理、指导等服务，进行合作交流，从而搭建成帮助创业者将理想变为现实的平台。如同小鸡孕育出壳孵化的过程，在孵化器的呵护下，终于破壳而出，逐渐健康发展并壮大，不断走向成功之路。

一、京滨工业园国家级科技企业孵化器

京滨工业园国家级科技企业孵化器，诞生于 2010 年 7 月。位于园区“京滨睿城”，占地面积 3.28 万平方米。这里环境优美，呈现给人们的是花草相间、绿树成荫的低密生态商务花园。加之舒适优质的办公环境、功能齐全的办公设备、贴心保姆式服务团队、便捷的投融资计划，为创业者铺路搭桥。

京滨孵化器建成后，立足园区，服务园区，不仅可以为创业者提供办公室、研发室、产品车间、专家公寓等完善的硬件设施，还能提供最新的行业趋势信息、国内政策信息，并且积极与北京中关村不动产商会合作，对接国内优秀院校，携手 20 多家大型中介机构，为在孵企业提供各类专业技术指导。建立了以“3M+1T”（即融资服务 Money, 市场营销服务 Marketing, 创业辅导服务 Mentor, 技术成果转移服务 Technology Transfer）为核心、创业企业全生命周期服务为主要内容的孵化服务体系。倡导打造联合创业孵化模式，即“公共服务平台 + 私人董事会 + 联合运营”，实现了基础服务功能共享，增值服务全面覆盖，不断为创新创业企业提供更优质的服务。逐步形成了电子信息、新材料、精密设备制造三大主导产业。依托园区主导产业优势，京滨孵化器主要承接北京中关村科技产业转移，业务涵盖智能安防、电子信息与物联网、新材料、新型农业装备等多个领域。通过整合科技服务资源，完善服务体系，夯实服务平台，京滨孵化器聚合创业企业形成“鱼群效应”，不断提高创业成功率和存活率。凭借行业领先、独具特色的服务品牌，京滨孵化器成为天津市 31 家示范工业园区中首家成立的孵化器。

2013 年 12 月，京滨孵化器被科技部认定为国家级科技企业孵化器。2015 年年底，在孵企业 200 余家，毕业企业 27 家，提供就业岗位 3 千余个，一批中小型科技企业孕育而生，发展良好。其中有三四家企业已发展成为相关产业领域的新生力量。与此同时，京滨孵化器还被共青团天津市委批准成为天津青年创业基地。

京滨工业园孵化器在“大众创业、万众创新”的新形势下，为小微企业筑巢穴、孵梦想，用专注和执著为构筑京滨科技新城贡献着自己的力量。

二、WEME 孵化器

WEME 孵化器成立于 2014 年 4 月 9 日，是一家新型孵化器，是位于京津冀金三角的特色孵化器。孵化器容纳有众创空间、孵化器和类加速器三种孵化形态，致力于互联网 + 主题，通过互联网 + 三部曲服务，孵化一批科技型中小企业，使其快速成长。

孵化器倡导萌创业模式，按照每年 20 家企业入孵速度，扩大孵化网络，主要面向追求三先进的高成长企业。

下属众创空间 WEME 云彩开辟有 550 平方米的空间，分成 3 个级别，借助线上、线下 2 个途径，帮助京津冀区域各个创业者完善创业计划，实施创业梦想，形成创新模式、众创标杆以及众创雄鹰计划三位一体的众创格局。

WEME 孵化器按照绿色通道和橙色通道，完善孵化服务体系，帮助入驻企业提高创业效率，步入快速成长通道。在服务资源建设上，现有创业导师 21 名、专业服务机构 16 家，能高效地对接专业服务。

三、创客驿站

创客驿站管理团队成员（共 58 人）均为国内外知名高校本科及以上学历毕业生；大学本科学历及以上的人员比例为 100%，研究生以上学历的人员比例为 21%，博士生及以上学历的人员比例为 10%。

为了构建良好、先进的“众创空间”，我们已经落实了“众创空间”包含的所有内容——“创客空间”“创业咖啡”和“创新工厂”。具体包括创意办公室、头脑风暴室、就餐及休息区、自助型开放厨房、古风及现代主题生活区、基础工具工作台、云端系统、云咖啡，以及创新工场。致力于为创客提供自由、舒适、多元的办公环境、生活环境、交流环境和实践环境。为“创客”的“点子”产生提供优良条件，更为“创客”的项目投资落实、提供与企业家交流的实际和虚拟平台，以及为产品生产提供设备及空间环境。

驿站的众创工场提供一个 8000 平方米的厂地。创客工厂中提供了从小到电钻、角磨机，大到激光切割机，车铣刨磨等等的设备，涵盖了超过上百种行业的工具及车床。“众创空间”建立在景军工业园的强大资金支持上，京津冀交汇中心的地理优势上，专家团队的保障上，致力于为各位“创客”提供所需的各种支持。

第八篇 商业 服务业

第一章　商 业

第一节　供销社

解放前，全乡只有几家小卖部、几个货郎挑。村民们买卖都要到附近的城关镇、廊坊等地赶集上店。

供销社是解放以来农村建起的最早商业，直到改革开放的20世纪80年代，始终在大王古庄地区发挥着商品流通的主渠道作用，为当地群众生产、生活提供服务。

1953年，由农民集资5000元办起了供销社。至此，供销社成为这里乡村商品流通的主渠道。先在前侯尚、利尚屯、丁辛庄、大王古庄、韩指挥营村建起了营业网点。有从业人员10人。隶属于城关供销社。主要业务是供应村民生活的必需品和部分生产资料，收购农副产品。

1957年，发展了12个代销点。至此，全乡17个村都有了供销社的分店或代销点。资金发展到1.5万元，业务经营人员39名，其中公职人员15名，代销员24名。

1972年，由城关供销社分店建成独立核算的大王古庄供销社。供销社办公地址设在政府北侧，人员增至50人。正式成立了供销社采购站，负责棉花、生猪、鲜蛋、废品的收购。1980年，大王古庄供销社固定资产与流动资金达60万元。

1990年，大王古庄乡供销社（连同知青店），占地面积达16500平方米，建筑面积（包括库房、商店、办公室、职工宿舍）4300平方米。管理经营人员56人，固定资产和流动资金68万元。年供应化肥1000余吨，农药10余吨，各类中小型农具4500件（套）。收购棉花40万公斤。

供销社还利用本地资源，从永清县请来技师负责技术指导、购买原料、收购产品，组织各村百余人搞起了柳编生产。产品主要有各种造型的工艺品、产品包装篮、筐等，年编织量22万套，产值30万元，产品完全由供销社采购站收购后交外贸部门出口。为农民增收致富开辟了一条新的门路。

1989年，供销社还通过外贸部门，在利尚屯、前侯尚、张场、董庄、水活铺、大王古庄等村，搞起了天鹰椒生产，总种植面积达4000余亩。供销社负责籽种的购进、技术指导、产品收购。收购的产品交给外贸部门后出口国外，也为当地农民增收开辟了一条新的渠道。

第二节　知青商店

1980年，为了安置知识青年，供销社建起了知青店，吸纳知青20余人。知青店属于集体所有制商业，隶属大王古庄供销社管理。

大王古庄知青店主要有韩营、前侯尚、利尚屯3个知青店。其中，韩营知青店有店铺、库房、宿舍10间；前屯知青店有店铺、库房、宿舍9间；利尚屯有店铺、库房、宿舍5间。每个店3 ~ 5名职工。知青店业务由供销社指导，进货渠道、经营管理由供销社扶持帮助，经济独立核算、自负盈亏。知青店的建立，不仅安置了部分未能返城的知识青年，而且在为服务当地群众生产、生活中发挥了一定的作用。

20世纪90年代末、21世纪初，随着供销社体制的改革，部分职工提前办理退休手续，买断工龄，或得到重新安置。知青店也从大王古庄镇淡出。

第三节　体制改革

1991年，为了适应改革开放、市场经济的发展，以及市场个体商业对国营集体商业的冲击，供销社内部进行了一系列改革。首先在副食、百货、五金等行业实行了租壳卖瓤、交风险抵押金、责任制承包等，关乎群众生产、占用资金较大的采购站、生产部则仍实行进账管理。到1998年，供销社内全部实行了承包制，经营状况良好。1995年，供销社还拓展了业务，在乡内建起了大王古庄的首个煤站，到北京的门头沟、斋堂等地购买、制作了蜂窝煤、煤球等。煤站的建立，既方便了当地群众生活，改变了当地群众长期以来到外地购煤奔波之苦，又增加了供销社的收入。

1998年至2000年，县供销社进行了三年改制。2001年上半年，区供销社的33个乡镇基层供销社按照经济区划为9个中心基层社及24个被托管社。大王古庄供销社则成为城关中心基层社托管社。随着供销社体制的改变，部分职工办理了退休手续，部分职工买断工龄，资产出租。

全区供销社改制后，仍保持了主体框架不动，且在改变管理经营方式的前提下保持运营。固定资产没有流失，原大王古庄供销社占地面积仍保持在 1.4 万平方米，建筑物仍在出租经营，由托管社收取租金，保持收支基本平衡。成为全国农村供销系统体系不变、管理最好的地区。

供销社改制后，托管社还在大王古庄镇内临街的原供销社地址建起了建筑面积 2000 平方米的二层商业楼，销售给原供销社职工做经营场地，办起了商店、超市，既安置了部分下岗职工，解决了他们下岗后生活上的后顾之忧，又方便了当地群众的生产、生活。

第四节　集贸市场

集市是城乡居民进行商业贸易的主要场所。

自古“日中为市，定期交易”“赶集上店做买卖”。人们到集市上买卖货物俗称“赶集”。赶集是名副其实的买卖交易，一般时间较短，多则一天，少则半个时辰，到集上进行交易的时机很重要，所以前面加了一个“赶”字。由于大王古庄地区偏僻，新中国成立以前乃至新中国成立后很长时间都没有集市贸易，当地群众赶集要到附近的城关、河西务，或者去廊坊等地去买卖交易，生产生活多有不便。

2006 年，地处镇北部的利尚屯村村民自发组织、村干部支持帮助，在村十字路口建起了大王古庄镇有史以来第一个集市，供当地商户、村民进行买卖交易。集日定在农历的五、十。每到集日，这里商户云集、买卖兴旺，方便了群众的生产、生活。

但是，由于利尚屯集市建在村中，每到集日也出现了村内道路交通堵塞、集市过后丢下许多垃圾影响村容村貌等问题。2011 年，镇里开展新农村建设后，发现村内集市是造成村里脏乱差的主要原因，直接影响了新农村建设。为此，镇政府把解决集市脏乱差作为关注民生、加强新农村建设的一项重点工程摆上议程。决定由镇政府出资，将集市移至村南口开阔地建设。经过规划设计，在利尚屯村南口一块长 2 公里宽 50 米的地段，硬化了路面，两侧建起了水泥板搭建的交易台，交易台上面搭建了遮阳防雨的顶棚。新的集市建成并投入使用后，吸引了北京、廊坊、城关、白古屯、高村、河西务等地的 300 余户商户入场经营，经营的商品有农副产品、五金、百货、服装鞋帽、农用机具、生产资料等。每到逢五、逢十的集日，周边十里八村的群众蜂拥而至，来这里购买所需商品，重大节日期间的集市客流量达上万人，受到了群众的称颂，市场交易量也较原来集市大增。为了保证集市贸易的正常有序进行，市场由利尚屯村代管，安排了集市卫生保洁、安全保卫人员。

第五节 市场监管所

大王古庄镇市场监管所的前身是城关镇市场监管所。过去，大王古庄镇的工商管理一直隶属于城关所。随着工商业的发展，特别是京滨工业园区的建设与发展，2015年2月28日，城关所迁入大王古庄镇京滨工业园区内办公。该所下辖城关镇、大王古庄镇、东马圈镇和白古屯镇4个镇，及武清区两区四园之一的“京滨工业园”。辖区面积192.86平方公里，有80个行政村（街），常住人口5.7万人。辖区划分为4个监管网格，各类市场主体6700户，其中企业4354户，个体工商户2346户。全所干部10名，其中所长1名，副所长2名，科员7名。党员9人，本科学历5人，大专学历5人，平均年龄44.6岁。

所内按照规范化标准统一设置了16个功能用房，实现了办公现代化，在办公区和楼道墙壁上设立了内涵丰富的廉政文化。工作中，该所紧紧围绕市监管委“六大体系”建设的总体部署和安排，坚持“服务发展第一要务，监管维权第一责任”的目标要求，在区工商行政管理局、食品药品监督管理局、质量监督管理局整合业务职能的基础上，从抓规范化建设入手，全面提升监管所的服务保障能力。全所干部的综合素质和履职能力不断提高，基层规范化建设水平全面跃升，服务、监管、执法、维权效能大幅提升。自2010年以来曾获得武清区委、区政府颁发的“行风建设优秀基层站所”，区精神文明委颁发的“武清区未成年人思想道德建设先进单位”，2010、2011连续两年获得区委授予的“先进党组织”等荣誉称号。

第二章 粮油

解放前的粮油市场交易主要是自由交易，大王古庄没有粮油店。解放后，粮油购销站成为粮油供应、市场交易的主渠道。2003年，国家粮食统购统销政策的彻底放开，区粮食系统进行改制，所属粮油购销站撤销，镇内粮油市场也因此转为自由交易。

第一节　机构

武清区粮食局大王古庄乡粮油购销站，坐落于大王古庄乡公路东侧，乡政府南。建立于 1954 年，撤销于 2003 年。

1954 年，建立武清县九区（城关）粮库，大王古庄设粮食购销点，为供销合作社代营的粮食机构。1955 年，粮食部门收回，划为十区（城关）粮库大王古庄粮食购销点。1957 年 2 月，全县撤区并乡，撤销 13 个区 2 个镇，建乡 37 个，原乡粮食购销站一律改称乡粮食管理站，大王古庄乡粮食管理站正式成立。1958 年 8 月，随着人民公社的建立，以公社建粮库，管区设粮食购销站，城关为公社（管区）粮库，大王古庄为管区粮食购销站。1961 年 6 月，全县设中心粮站，大王古庄购销站为城关中心粮站管辖。1965 年，取消管理区提为公社编制，大王古庄粮食购销站从行政上独立，业务领导仍隶属于城关中心粮站。1978 年，实行独立核算，大王古庄粮食购销站业务不再受中心粮站领导。1983 年，公社更名为乡，大王古庄乡粮油购销站正式定名。

大王古庄粮站有 5 种仓房类型：1. 民房祀庙仓：建新中国成立初期利用没收地主住房和庙宇改造的。2. 平顶仓：主要是仓顶为钢筋水泥层面板，珍珠岩盖顶，仓顶并非平型，稍有坡度。3. 房式仓：砖木结构，仓顶人字形，跨度大，仓内无柱，盛粮多。4. 简易仓：投资少，墙身不高，只能包存粮，不宜散装。5. 土圆仓：草泥结构的圆筒仓。

1985 年年底，有干部 2 人，职工 17 人，其中全民 17 人，集体 2 人，党员 2 人。中专 1 人，高中 4 人。男 12 人，女 7 人。25 岁以下 2 人，26—35 岁 11 人，36—50 岁 6 人。1994 年，有干部职工 20 人，其中在岗 10 人，三产 4 人，停薪 6 人，离退 6 人。1999 年企业改制。自 1999 年 6 月起至 2003 年 7 月止，先后有 7 人与单位解除关系，买断工龄；13 人由区粮食购销公司进行下岗分流再就业。

1977 年前，由城关中心粮站派人任主任。1978 年后由县粮食局任命。历任主任为黄伯光、刘全发、王景海、刘万柱、王绍远。

第二节　非农业人口粮油供应

解放前行政干部实行供给制，以小米计算，由县政府财粮科按月拨付。城镇居民及行业用粮，在集市或私营粮店购买。

1950 年，国营粮食部门负责为县、区（县以下行政单位）机关供应小麦、小米、大豆等。城镇居民及行业用粮逐步转向由区供销社供应。1952 年镇域内非农业人口所需粮油，由区供销社供应。1953 年 11 月，粮食实行统购统销后，对城市非农业人口实行计划供应，凡是集体伙食单位，每人每月供应 40 斤，市民和小商贩 30 斤。1955 年 10 月，根据劳动差别和年龄大小，口粮标准划分为 6 类 3 等，按人定量，分户统计，凭证供应。1959 年 4 月后，对城镇居民口粮标准进行调整，每人每月平均 30.87 斤，较调整前的定量下降了 5.83 斤。1960 年 10 月，再次压缩定量标准，非农业人口定量标准调整到 27.5 斤。1980 年 1 月起，执行新的定量标准。特重体力 40 ~ 52 斤，重体力 40 ~ 46 斤，轻体力 31 ~ 39 斤，其余一般居民 28.5 ~ 31 斤。1993 年 4 月，粮食市场放开，这一执行 40 年的计划供应政策结束。

食油供应。1954 年开始，城镇居民每月供应食油半斤，干部、职工每月 1 斤。1959 年至 1963 年，食油供应紧张，先后 4 次调整供应标准 . 其中 1962 年标准最低，干部、职工、大中专学生每人每月 1.5 两，居民 1 两。1964 年至 1980 年 6 月，又对食油标准先后做了 5 次调整，调至凡非农业人口每人每月 4 两。1980 年 7 月，食油供应标准一律改为 1 斤。1993 年，粮食市场放开后，食用油市场同时放开，非农业人口与农业人口一样，食用油供应由市场调节。

第三节　粮油经营

1990 年前是计划经济时期，粮站主要任务是粮食统购统销以及粮食议购。县政府安排大王古庄乡政府粮食统购，后为定购任务。一直是每年 19.25 万公斤，其中夏粮 5 万公斤，秋粮 14.25 万公斤，此项任务每年必须完成。直到 2001 年，区政府取消粮食收购和保护价收购，粮食经营完全进入市场。还有非农业粮油供应和灾年救济粮发放等。粮食供应按县粮食局安排进行。1953 年，集体伙食单位每人每月按 40 斤原粮供应，居民每人每月按 30 斤原粮供应。1959 年，实行定量供应，基本稳定在每人每月 30 斤口粮，成品粮比例逐年增加。1979 年，由粮食部门发证，按月供应成品粮油，粮食年供应量 1.4 万公斤。1991 年，居民定量内供应面粉 55%，每人调供富强粉 3 公斤，每人调供站米 3 公斤，其余供应玉米面。每人供应食油 500 克，其中每人调供香油 50 克，粮食年供应量 11 万公斤。

集体食堂在核定月供粮指标内，凭面票供应标准粉，凭粮票供应玉米面，按当月购粮总数调供粳米 20%。以上供应工作粮站按上级政策落实。

1993 年 4 月 1 日，天津市取消了城镇居民（粮本）粮油定量供应，非农业居民的粮油消费完全走向市场。

在财务管理上，实现政策性亏损和经营性利润盈亏两条线。

1991 年后，随着市场经济形势的发展，粮站经营逐步进入市场化，发展第三产业，大王古庄粮站建立了小面粉厂。1994 年，开展了“两代一换”业务（即代农加工，代农储粮，粮食品种兑换），完成 5 万公斤。到 1995 年年底，固定资产 61 万元，生产经营范围为粮食购销、面粉加工。自 1991 年起至 1999 年年底，县粮食局每年给大王古庄粮站下达利润指标 3 万 ~ 5 万元，大王古庄粮站均能完成任务。

第四节 改制

1999 年，按照国务院和天津市人民政府、县人民政府安排，县粮食局对国有粮食部门进行改革。2003 年 3 月 10 日，区委、区人民政府批准天津武清粮油集团有限公司《关于南蔡村等粮站改制的实施方案》。2003 年 4 月 10 日，大王古庄粮油供应站被天津市武清区国土资源局地产公司整体收购，收购时有 13.22 亩土地，其中土地证上面积 9.79 亩，证外 3.43 亩，有手续，没上土地证。房产证上建筑面积 1082 平方米，固定资产 69 万元，区政府整体评估后，收购价格为 80 万元。

第五节 票证

1953 年，粮食统购统销后开始使用粮食供应证。1955 年 8 月，实行粮食定量供应后，取消粮食供应证，按供应对象，发放市镇居民粮油供应证、农村统销供应证、集体单位购粮证、行业用粮供应证。1960 年向先把粮食卖给国家，事后又需购回的农民，发放周转粮证。1964 年，生产队交给国家代储的粮食，发给代队储粮证。1967 年，收购生猪、鲜蛋等，给予粮食奖励，发给奖售凭单。1974 年使用兑粮证，以解决地方粮票流动量过大的问题。1993 年，粮食市场放开后，不再使用非农业居民使用的购粮本。

境内流通使用过的各种票类，有全国通用粮票、河北省地方粮票、天津市地方粮票和油票、天津市面票。1993 年，粮食市场放开后，各种粮票逐渐失去作用，不再流通。

第三章　邮政电信

第一节　机构

大王古庄邮政电信一直在城关服务区内。民国初年，城关设邮政代办所。新中国成立后的1951年，县邮局在城关镇设支局。

1953年1月1日，县邮政局与电话站合并；6月1日又与电信营业处合并，组成武清县邮电局，城关镇为支局。1957年，支局增办电信业务。1959年，邮政体制变更，财务收支、人事调动由县局下放到当地政府管理。1961年恢复原制，体制上收。1969年12月，邮政、电信分设，电信划归武装部领导。1973年8月，武清县划归天津市。邮政、电信合并，由天津市邮电管理局领导。城关镇设武清县邮电局城关镇支局，服务区涵盖大王古庄。

1997年，移动、联通公司相继在乡内设电信营业厅，办理通信业务。

2001年以后，大王古庄镇服务区内的城关邮政支局除开展包裹投递、汇兑、报刊订阅等业务外，还出台了邮政储蓄、农资经销、礼品快递等多项服务举措。实行邮政、储蓄、快递三位一体专业化经营。

大王古庄镇的政编码是301712。

第二节　邮政

解放前夕，武清县治所在地城关镇通往全国各地的邮路有一条。1950年10月，县治所在地由武清城关迁往杨村镇。1952年至1959年，县城所在地杨村镇建立武清县邮政局，城关设有支局，负责包括大王古庄在内的乡村投递服务，邮递员投送交通工具靠自行车。

一、信函业务

解放前，为大王古庄提供邮政服务的城关邮政代办所，主要办理平信及单双挂号业务。解放后，国家恢复和发展邮电事业，大王古庄没有建立邮政分支机构，始终在城关邮政服务区内。1952年，城关邮政支局办理国内平信、国际平信、国内挂号和保价业务。1953年，取消快件函件业务。1958年，开办保价印刷品业务。1960年，开办特种挂号信函业务，翌年停办装钞保价业务。1966年，停办双挂号函件业务。1979年，恢复回执业务和增办代收货价及代发广告业务。1986年，恢复过节挂号、平信业务。1988年，邮政业务增加快件传递。1990年，取消回执和代收货价业务。1990年，以后民间信函减少，商业类的广告信息增加，支局投递的信函并未减少。

二、汇兑业务

解放前，不办理汇兑业务。

1953年后，始办理国内汇兑业务。初时规定，邮政汇兑为个人汇款性质，每笔以300元为限。1959年由标汇改为信汇，把普通汇款额提高到每笔1000元以内。1962年起，汇款每笔又改为300元，超出300元的可分张开发。1981年增办高额汇款业务，最高限额为5000元，邮电公事汇款不限，最低限额1元。

三、报刊发行订阅

解放初，主要发行《人民日报》《中国青年报》《河北日报》《中国青年》《河北教育》《渤海日报》等报刊，以机关学校订阅为主。《渤海日报》为中共河北省天津地委机关报，以农村订阅为主，各村一般订阅《河北日报》《渤海日报》，根据经济条件多数村订一份，少数村订2份。由于邮政设点稀，投递区域大，投递到村需3–5天。随着各级党和政府宣传工作的加强，自20世纪六七十年代，企事业单位订阅报刊的数量和种类逐年增加，全公社各大队一般订《河北日报》《河北农民报》《天津农民报》。1973年以后，武清县划归天津市管辖，订阅天津地方报刊增多，《天津日报》《天津日报》（农村版）《今晚报》《支部生活》，是主要投递的报刊。1986年开始，报刊实行多渠道发行，除邮局负责订阅发行外，还有自办发行的报站、点等。20世纪八九十年代，订阅报纸杂志种类较多。2005年以后电脑普及，报刊订阅量有所减少。私人订阅报刊以45岁以上年龄段居多。到2011年，发行量较大的报刊主要有《人民日报》《农民日报》《法制日报》《天津日报》《天津日报·武清资讯》《今晚报》《中老年时报》《渤海早报》《每日新报》《参考消息》《环球时报》《求是》《党建》《支部生活》《农民文摘》《半月谈》等。

第三节 电信

大王古庄从1957年开始安装电话。电话总机设在县邮局，乡设分机。大王古庄乡分机设有10门交换机，从此沟通了与县城和本乡内几个重点村的通信联系。

1964年，公社分机交换机增至20门，全公社17个村实现了村村通电话。部分村实现了简易通话，即几个村同用一条线路，使用串铃的方式通话联系。

1972年，结合办广播，全公社集资万元，自制了一批方形水泥线杆，更换了大营村等西南方向的5个村的电话线路。1974年，安装了50门新型交换机。1982年，公社投资2万元购置水泥杆及铁线，更新了由利尚屯至韩指挥营村的电话线路。1987年、1988年，全乡集资6.9万元，用于电话、广播线路的更新改造。1990年，全乡电话线路达到58公里，电话交换机达到100门，安装电话50部。当年8月，全乡正式开通了县城、天津市区的直拨自动电话。

乡分机有工作人员3名。其中1名线务员、两名话务员。县邮局与乡分机为业务指导关系。

1994年，网通在乡政府对面建起300平方米二层楼的营业厅，1997年投入运营，有员工4人。不久，电信武清分公司也在京滨工业园区管委会租房建起了营业厅，有员工3人。为全乡和工业园区提供电话、手机等电信服务业务。至此，乡内电话分机业务终止。

随着京滨工业园区的迅速发展，电信部门投入一亿多元，相继建起了具有现代化的数字交换机、光纤宽带系统、100兆大型交换机、39座手机传输接收塔台。镇政府的政务网、公安的技防网交换系统也建在网通营业厅楼内。2015年年底，全镇固定电话达6000余部，其中京滨工业园区1000余部。手机拥有量超过1万部。营业厅年营业收入210万元。

第九篇　财政　金融

财政、税收、金融是经济监督和经济调节的重要手段。

元时设课程（税收），即工商税课。包括岁课、盐课、茶课、酒醋课、商税、市舶抽分、额外课等名目，最低由县一级管理，下无管理机构。

岁课包括山林川泽之产，如金银、珠玉、铸铁、水银、朱砂、碧甸子、铅、锡、矾、硝、碱、竹木之类。岁课钞数不等，如无为矾课，初岁课钞一百六锭多，续增至二千四百锭。

盐课即盐利。盐为官府专卖，贩私盐者徒二年，杖七十，并籍没其财产半数。盐利甚高，窝阔台时每盐一引（重400斤）价银一十两，忽必烈时减为七两，又改为中统钞九贯，至元二十六年增为五十贯，成宗元贞二年增至六十五贯，以后又累累增腾，至仁宗延佑二年达一百五十贯。天历初，每岁盐利为七百六十万一千余锭，国家经费，盐利居十之八。茶课为茶专卖。商课为商税，元初定三十分取一。

民国以前，财政收入主要为田赋、契税及契税附加等。解放后，财政收入主要为农业税、工商税和企业上缴的利润，支出用于经济建设、文教、卫生、抚恤、社会救济，以及行政管理等。

金融始于清代的典当、银楼，通货以金银为主辅以制钱。一些大的集镇有典当铺。1935年，使用法币、纸币代替金属币。其后，联银券、关金、金圆券等陆续充斥市场，币制混乱，物价飞涨，币值不稳定。1947年，晋察冀边区银行设立货币兑换所，边币广为流行。1948年，中央人民政府设立中国人民银行，开始使用人民币，此后一直流通。

第一章 财政

第一节 机构

明清及民国时期财政收入主要为田赋、契税及各税附加等。1929年依照颁布的《县组织法》，县政府下设财政局。

1946年3月，路北武清县设财政科、税务局。1949年2月，路北武清县与津武县合并为武清县，至此，武清县北宁铁路南北自1941年以来长期分隔的状况结束。5月，县税政科从工商局分出，单独建立武清县税务局，在附近城关镇设立税务所。解放初期，乡村设有财粮助理员，负责公粮的征收工作，乡财政经费一直由秘书掌管。财政收入主要为农业税、工商税和企业上缴的利润，支出用于经济建设、文教、卫生、抚恤、社会救济，及行政管理等。

1958年10月，根据县委《关于人民公社财务管理意见》中"统一经营、分散管理"的原则，在社务管理委员会下设财务部，负责全公社的财务和全面核算。财务部部长由管理委员会副主任兼任，并设副部长一人主管业务，配备人员负责审计、会计、出纳、保管等业务。生产队设会计一人，保管一人，负责本队的财务领报及物资财产的保管，但不搞单独核算。

是年10月，武清县、安次县合并为武清县，两县财政局合并，称武清县财政局，城关税务所是县财政局派出机构，负责大王古庄的税收征管工作。翌年5月，税务所人员下放到人民公社管理。1961年6月，安、武分设，税务所由县税务局管理。1994年7月1日，国税、地税分家，大王古庄所属的城关分设国税所和地税所。

1980年，县财政局下派财政助理员，负责管理公社的财政经费和农业税、契税的征管。1986年，设立大王古庄乡财政所，由县财政局任命所长。财政所设：总预算会计、单位预算会计、出纳员、农业税征管员和监察审计员。1990年乡政府各办公室的财务统一归入财政所管理。2001年，财政所由区财政局下放到乡政府管理，为乡政府职能部门之一。

第二节　财政体制

1934年以前，财政实行统收统支，各款项由县财政收取。

解放初，财政实行报账制，支出凭单据报销。1952年，实行预决算制度，日常按财政收入的70%上缴县财政，30%用于区（县以下行政区）、乡开支，结余留用，不足向县财政借款，年终多退少补。年终财政结算时，另按全年任务数的3%的固定比例分成。超收部分按7.5%的比例，两项均作为区、乡机动财力留用。

1958年10月至1960年6月，建立人民公社一级财政，负责对国家的预算上缴任务。1961年5月，调整后的人民公社下设生产大队，生产大队下设生产队（也叫生产小队）。核算单位由原来的公社和大队两级改为实行三级所有、队为基础，以生产队为基本核算单位。

1973年，武清县划归天津市后，日常收入的80%留公社自用，20%上缴县财政，年末结算，多退少补。年终财政结算，另按全年财政收入任务数3%的固定比例分成，超收部分另定（10% 至 20%）比例，两项留作公社机动财力。

1977 年，针对以往农村人民公社在财务管理上无章可循的问题，根据县委安排，大王古庄公社及时整顿财务。建立、健全财务制度，包括财务计划制度、开支审批制度、会计制度、现金管理制度和物资保障制度。

1983 年 10 月，大王古庄乡针对村级财务管理混乱状况，结合清理偷税漏税，开始整顿农村财务。由乡机关、税务所、市场管理所、派出所组成清查小组，对全乡各村生产队进行清查。实行边清理、边整顿、边改进，存在严重问题的，清查后进行严肃处理。

1985 年，改革财政体制，由“定收定支，总额分成，超收另定比例”改为“核定基数，总额分成，收支包干，一定三年不变”，实行三级财政体制。把建筑税、奖金税划归地方财政收入，总额分成按全年财政收入的 57% 留乡包干使用。

1988 年，财政收入分成按 43.6%。屠宰税、牲畜交易税、农林特产税、个人所得税的税收全部留乡财政，其他各税按全部收入高于上年部分的 70% 留乡。1989 年后，乡财政收入分成恢复 57%。

1995 年，县财政局在乡镇推行“定收定支，超收分成，超支不补，结余留用”试点，把增值税、耕地占用税、教育费附加、教育事业发展费作为县级收入；把乡、村两级兴办的集体企业、联营企业、私营企业，以及个体工商户缴纳的营业税、城建税、屠宰税、房地产税、车船使用税、个人所得税、滞补罚款收入、企业所得税和农业税、农林特产税作为乡镇级收入。以 1995 年预算收支作为基数，实行“定额上解（或补助），超收部分三七分成，一定两年不变。”

1996 年，乡财政实行“划分收支范围，分级分税结算，核定收支基数，定额上缴（补助），超收分成，欠收自负，超支不补，节支归己”的财政管理体制，这一体制使镇财政真正成为自我约束、自我发展的财政实体。

1999 年 1 月 1 日，乡镇财政管理体制实行“划分收支范围，分级分税结算，核定收支基数，定额上缴（补助），超收节支归己，欠收超支不补”的管理体制。

2000 年 4 月 2 日，乡政府制定预算外资金管理办法。规定各部门、各单位对预算外资金的使用，坚持先收后用、量入为出的原则。取得收入时，必须及时足额缴存镇财政专户，支出由镇财政按镇政府批准的预算外资金收支计划和单位财务收支计划统筹安排，从财政专户中核拨，实行收支两条线管理。

各部门和单位要向镇财政编报年度预算外资金收支计划和按季分月计划，专项支出要提出申请，由财政审核，政府批准后，由财政专户划拨。严格预算外资金管理，严格控制支出。

专款专用，不准白条下账、不准巧立名目截留挪用、隐瞒收入、挥霍浪费、公款私存。

2002 年，镇政府制定加强村街财务管理的实施办法。各村街成立民主理财小组，组长由村委会主任担任，下设 4 ～ 6 名成员。村街制定切实可行的财务管理制度。认真搞好“两公开一监督”，每季度按镇里规定的时间，将村财务状况张榜公布，接受群众监督，接受镇经管站财务专项审计。村会计做到日清月结，针对经管站提出的财务问题，及时处理，不合理的支出限期改正。

2004 年，完善村务公开制度，把财务公开作为重点。内容包括：村社会发展建设规划、计划和方案；土地、村办企业、集体资产等出租转让和承包情况；集体经济所得效益使用和税费改革转移支付资金使用情况；种粮直补和资金落实情况；优抚、救济等款物及最低生活保障金发放情况；村干部报酬及其他人员享受固定补贴情况。各村均设立村务公开栏，及时公开村重大事项，每季首月 10 日为全镇村务公开日。

2006 年，创新机制，深化收支预算编制改革，将过去由区财政代编代列乡镇街道收支预算，改革为由镇政府根据实际情况自行编制收支预算，使“分灶吃饭”的财政体制落到实处。

2008 年 1 月 1 日起，对镇内农村年满 60 周岁以上的老年人发放农村老年人基本生活费补助。具体标准为：年满 60 周岁不满 80 周岁的，每人每月补助 50 元；年满 80 周岁以上的，每人每月补助 100 元。

2009 年，推进完善全镇会计集中核算工作，由镇财政所会同经管站等有关职能站所代理村级财务会计核算，规范村级单位的会计行为，为杜绝不合理支出、节约财政资金打下坚实基础。

第三节　税 收

一、民国时期

税收分省款和县款，省款为正税，包括田赋、契税、牙税、屠宰税、牲畜税等。县款为各税附加，及绅商捐、井捐、汽车捐、状纸价、违警罚金等杂捐税。以上各项均由县里派人下乡来收，乡公所协助。

（一）田赋

分地粮和租课两种。征税按亩计算，最低为银币 1 分 2 厘，最高的有 8 分 2 厘。分为 13 等，每年只能收至 4 ～ 5 成。

（二）契税

买契税率 12.6%（包括正税 6%、地方附加 6%，学费 0.6%），典契减半。

（三）牙税及屠宰秩序税

征收办法实行招商承包制，征收对象有秩序、屠宰、烟酒牌照、各类牙行营业税。牙行营业税中又分粮食、棉花、麻、席、牲畜、果、皮、木、花生等 10 种。

（四）附加税及捐杂税

计有田赋附加、契税附加、屠宰附加、各行留拨附加、绅商捐、汽车捐、井捐等。

解放区对运往敌占区的花生、葵花籽、香油等的税率为 5%，对敌占区运进的小百货进行征税。农业税实行加级累进税，计征前，每人减两个标准亩，再按剩余土地计征。

二、中华人民共和国成立后

解放后，税法、税种增减、确定税率、税收开征停征时间等由中央政府统一制定，实行以率计征，依法减免。财政部门征收农业税，税务部门征收工商税。

（一）征粮

解放初期，农业税征收实行以粮抵金的办法。农业税计算以小米价格为基础。农民按户土地数量向国家交粮，人们俗称交公粮。1952 年，进行土地评等定级发证，并根据地级确定平均产量作为计税依据。每户人均所需口粮折合地亩列为减税亩，减税亩 1955 年取消。1982 年，农业税以生产队为单位缴纳，此期间粮食有订购任务，交粮款抵交农业税后，余款退现金，缺款缴现金。1983 年后，农村实行联产承包责任制，生产队建制撤销，农业税仍以户为单位缴纳。

（二）农业税

解放初，农业税按加级累进税开征。1951 年开始实行“依律计征、依法减免，合理负担”的农业税收政策。翌年，对土地评等、定级发照，按地级确定标准平均产量计征农业税，对每一农户人均所需口粮折合地亩列为免税亩。1955 年，取消免税亩。1979 年，实行起征点减免。1984 年开征农林特产税，主要有林果、芦苇两个税目。翌年，农业税改按粮食“倒三七”比例折征代金。1990 年，农林特产税增加了淡水养殖、果用瓜等税目。2003 年 1 月 1 日，停止向农民征收农业税和农林特产税。2006 年，农村税费改革进一步推进，全面取消了农业税。同时，财政对种粮农民给予补贴，实行粮食直补政策，每亩粮田（玉米、小麦）每年国家补助 40 元。广大农民减负增收，生产、生活水平双提高。

（三）工商税

民国时期，工商税目纷杂，税收分省款和县款，省款为正税，县款为各税附加及杂捐。

解放后，税法、税种增减、确定税率、开征时间由中央政府统一制定。1950 年全国统一税制，征收工商税。凡在境内从事工商业的单位（集体与个人）按不同行业缴纳 1.5% ~ 15% 的商业税和 1% ~ 3% 的所得税。1953 年，改工商税为商品流通税、货物税、营业税。商品流通税以生产单位或收购单位为纳税义务人，税率按不同产品分别为 5% ~ 66%，完税商品可行销全国，不再缴纳营业税；货物税完税后，在零售单位售后缴营业税。1958 年，税制改革，把商品流通税、货物税、营业税、印花税改为工商统一税，把工商税中包括的所得税改为单独的税种，称工商所得税，以企业利润为依据，多利多征，少利少征，没利不征。税率按 1 级全额累进计算，对供销社按 39% 税率征收。

1973 年，全面试行工商税。以工商统一税为基础将车船使用牌照税、屠宰税、房屋地产税中有关对国营、集体征收部分合并组成工商税，对国营企业只征收工商税，对集体所有制企业征收工商税和工商所得税。工商所得税税率按经济类型划分。个体经济实行 14 级全额累进税率，税率最低一级为 7%，最高一级为 60%；供销社仍按 39% 税率征收。手工业生产合作社和交通运输合作社实行 8 级超额累进税率，税率最低一级为 7%，最高一级为 55%。农村社队所属企业所得税实行超起征点的比例税率，税率为 20%。

1983 年，实行第一步利改税，将单一税制改为多税制。税种包括产品税，15 类 45 种产品，最低税率为 5%，最高税率为 50%（粮食酒）；营业税，税率分别为 3%、5%、10%；增值税，以从事生产经营和进口条例规定的应税产品的单位和个人为纳税义务人，以增值税为计税依据；国营企业所得税，实行 8 级超额累进税率，按所得额级距划分，最低税率 10%，最高税率 55%；集体企业所得税，实行 8 级超额累进税率，多得多征，少得少征，亏损不征；建筑税，以基建的全部投资额为征税依据，纳税率为 10%；奖金税，以企业为纳税人，税率实行超额累进办法计征；屠宰税，限于猪牛羊，1950 年 1 月开始，以重量和价格计征，后改为按头计征税款；牲畜交易税，对从事骡马牛驴等牲畜交易中按价格的 5% 计征；城市维护建设税，是对缴纳产品税、增值税、营业税的单位和个人，以实交的产品税、增值税、营业税为计税依据，分别与产品税、增值税、营业税同时缴纳的一种税，税率为城镇 5%、乡村 1%；车船使用税，是对行驶在境内的车船，按其种类大小、使用性质，实行定额征收。

1984 年下半年，税制再次实行改革，由原来的工商统一税，分解为产品税、增值税、营业税、盐税、所得税、房产税、土地使用税、车船牌照税等 9 个税种。是年，所得税由原来的比例税率，改为 8 级超额累进税率，最高税率 55%。对个体工商户实行 10 级超额累进。

1990 年，征收的税种有产品税、营业税、企业所得税、个人收入调节税、建筑税、城市维护建设税、个人所得税、奖金税、屠宰税、牲畜交易税、车船使用税、印花税。另征集能源交通基金、预算调节基金、以工建农基金，以及公用事业费。

1993年，所得税又改为比例税率，税率为33%。1994年1月1日，增值税由原来的扣额法，改为扣税法，并使用增值税专用税票。

2001年，对镇域内进行拉网式排查，清理漏征漏管个体户17户。规范管理，建立完善代征代扣管理制度，提高摊群集贸市场税收征管水平。经过治理，个体税收收入大幅增长。

2005年，个人所得税征收税率调整，起征点为1600元。

2006年，地方税务所严格按业户申报、典型调查、行业评议、定额核定、下达定额的程序进行定税，并张榜公布定税情况，接受纳税人监督。督促已办理营业执照而未办税务登记的企业及时办理税务登记证。加强对饮食行业使用定额有奖发票工作，增强消费者索要发票意识，促进税收增长。

2008年，统一内外资企业所得税，内资企业所得税税率由原来的33%降至25%，负担明显减轻，也为各类企业公平竞争创造了良好的税收环境。

2009年，增值税转型全面推开。实行增值税转型改革，明显减轻了企业税收负担。是年，结合区域和行业实际，对镇域内房地产开发企业、餐饮企业、集贸市场和特种行业进行治理整顿。进行了为期四个月的治理，维护税法威严。

2010年，在组织征收工作中，地税所所内对年纳税额在10万元以上的企业，进行了分户定责、跟踪管理，做到对重点税源心中有数。同时，加强了对集贸市场、零散个体商户的综合治理，合理调整了个体税负，调整面不低于90%，税负调整率不低于20%；加大了对房地产、大项目、建筑等行业的专项检查，有效地防止了税源的流失。

2011年9月1日起，新的个人所得税法实施。个税工薪所得减除费用标准由每月2000元提高到3500元，最低档税率由5%降至3%，并扩大了低档税率的适用范围。调整后，工薪阶层纳税人数大幅减少，工薪所得纳税人占全部工薪收入人群的比重，由原来的约28%下降到约7.7%。

2011年10月，提高增值税和营业税起征点，增值税由按销售货物月销售额2000元至5000元起征调整为按销售货物月销售额5000元至1万元起征；营业税由按月营业额1000元至5000元起征调整为按月营业额5000元至2万元起征。63%以上工商户将无需缴纳增值税和营业税。

加快信息化建设，鼓励镇内企业办理网上申报。同时在外网设立网站邮箱，方便纳税人从网上传递各种电子表格，从而减少上门报送时间，提高办事效率，为270户企业办理了网上申报。

大王古庄镇的税收始终属于城关地税所管辖。2013 年 4 月 25 日，该所迁入大王古庄镇京滨工业园内古盛路，所管辖区域包括城关镇、大王古镇、白古屯镇，及京滨工业园，辖区内共有 2000 余户企业。负责所属辖区内的主要业务包括：税款征收、税务登记、税法宣传、纳税咨询工作；税收减免退的受理、审核及送达工作；各类税务档案、减免类档案的归集整理工作；纳税人纳税信息的采集工作，开展纳税评估；查找漏征漏管户，催报催缴等工作；监控税源户变化情况；负责企业办税人员的日常咨询辅导；负责对非正常纳税户的函告、约谈工作；具体办理纳税清算工作；受理纳税人的各项涉税等。

第四节　财政收入

1986 年以前，财政实行报账制，财政收入由县掌握。1987 年，建立乡镇财政体制以后，财政所正式掌管镇财政收入。镇财政收入主要来源为工商税收、农业税、农林特产税、房地产税，镇办企业上缴利润也纳入镇财政收入。镇内财政税收基本保持稳定。2004 年以后，镇政府加大了征收征管力度，扶持培养大税源，对纳税大户给予奖励政策，使财政税收逐年递增。

2008 年三级财政收入为 2922 万元，完成年初计划的 83%。

2010 年三级财政收入为 10016 万元，完成年初计划的 158%。

2011 年三级财政收入为 17055 万元，完成年初计划的 131%，比上年增加 70%。

2012 年三级财政收入为 25927 万元，其中包括镇区 3264 万元，京滨工业园 22663 万元。

2013 年三级财政收入为 55038 万元，其中包括镇区 4585 万元，京滨工业园 50453 万元。

2014 年三级财政收入为 86363 万元，其中包括镇区 5960 万元，京滨工业园 80403 万元。

2015 年三级财政收入 86928 万元，其中包括镇区 7255 万元，京滨工业园 79673 万元。

第五节　财政支出

解放后至 1979 年，乡财政支出只限于脱产干部的人头经费，由秘书掌管，实行向县财政局报账制。

1980 年，由财政助理员管理，经费实行预拨制。

1987 年，财政所建立后，公安、教育、水利等部门的财政经费，统一纳入乡财政支出预算之内。财政支出项目有在编人员的经费包括行政、公安、教育、财政、统计、民政、计划生育、农林、水利等，还有教育、农水、林业等专项拨款。

2010 年，财政支出重点集中在教育支出、社会保障就业、农林水三方面，总投入 2256 万元。全力支持了镇教育教学跨越式发展，全面推进了新农村建设。就业形势、农村生态环境得到显著改善和提高，为创建国家级生态镇打下了坚实基础。

2012 年，全年教育经费支出 7175 万元，其中投资 5314 万元，进行中、小学和幼儿园教学楼、基础设施的建设改造，改善教学条件，提升教学质量。累计投资 2000 万元，完成了城王路扩宽改造和园区路网建设提升。

2014 年，全镇实现一般预算支出 9420 万元。其中教育支出 7079 万元，包括教育园区基础设施投入 4630 万元。

2015 年，全镇一般预算支出 7547 万元，其中教育支出 5590 万元，包括教育园区基础设施投入 2427 万元。

第二章　金融

第一节　机构及业务

一、信用社

新中国成立以后，大王古庄乡内首先建立的金融机构是信用社。乡信用社成立于 1958 年，为武清县农业银行下属单位。信用社主要经营业务是，组织农村集体和个人储蓄存款，发放农村集体贷款及村民的生产、生活贷款，代理代收工副业资金往来业务，办理银行委托的转账结算，现金管理等。

信用社下设 17 个信用站。工作人员最初有 3 人，到 1990 年增至 10 人。1964 年，仅有的经营场地为一间 17.5 平方米的营业室。1990 年，营业室增至 21 间，面积 477 平方米。1964 年固定资产为 0.17 万元，1990 年增至 12.57 万元。

1972年，农村存款11.43万元，其中集体存款5.26万元。1990年，各项农村存款66.63万元，发放各种贷款358.5万元。

二、乡农村合作基金会

农村合作基金会是在坚持资金所有权及其相应的收益不变的前提下，由乡村集体经济组织和农户按照自愿互利、有偿使用的原则而建立的社区型资金互助合作组织，其基本任务是：管好用好集体资金，维护乡村集体经济组织和农户的合法权益，增加集体积累，壮大集体经济实力，促进家庭联产承包责任制和双层经济体制的稳定与完善；挖掘农村资金潜力，增加农业资金投入，促进农村经济发展，增加农民收入。根据天津市的有关政策，由县农经委组建，乡自负盈亏。大王古庄乡合作基金会始建于1994年，设经理一名，工作人员两名。主要吸收农村闲散资金，储蓄存款利率略优于农行和信用社，贷款利率略高于农行和信用社。由于管理不规范，1999年10月，基金会撤销并入信用社。群众入股存款转为信用社的储蓄存款，并在12月15日实现了首期兑付。

三、银行

中国工商银行天津京滨支行

中国工商银行股份有限公司天津京滨支行成立于2011年5月19日，现有员工7人。主营业务包括办理人民币存款、贷款、结算业务；办理票据贴现；外币储蓄、外币兑换；外币存款、贷款、汇款，国际结算；代理发行金融债券；代理发行、代理兑付、销售政府债券；办理代客外汇买卖，个人实盘外汇买卖；代理国外信用卡付款，代收及兑付外币旅行支票等。2015年年末，中国工商银行天津京滨支行已为京滨工业园内500余家企业开立了单位结算账户。

天津银行京滨工业园支行

天津银行京滨工业园支行成立于2015年11月20日，位于京滨工业园管委会南200米，是天津银行在武清区成立的第四家营业机构，也是天津银行确定的第一家以工业园区名称命名的支行。天津银行秉承“服务地方经济、服务中小企业、服务市民百姓”的经营理念，为武清两区五园基础设施建设及武清区委、区政府的重点工程做好服务。天津银行京滨工业园支行的正式开业，为大王古庄镇机关、企事业单位及周边百姓提供包括融资、结算、理财、电子银行和个人金融等一系列金融服务。

天津武清村镇银行股份有限公司京滨支行

天津武清村镇银行股份有限公司是由莱商银行股份有限公司作为主发起行，联合武清区13家优质法人共同设立的股份制金融机构，是武清区唯一一家法人金融机构。公司自2013年4月10日成立以来，在武清区区委、区政府、各级监管部门及社会各界的广泛关注支持下，各项业务持续快速健康发展，经营管理指标居天津市各村镇银行前列。截至2015年年末，存贷款规模突破70亿元，员工总数达200余人，已设立15家营业网点，覆盖武清区的主要产业园区和乡镇。公司以“大战略”为指导思想，以“创精品银行，铸百年武行”为发展愿景，真正打造“武清人民自己的银行”。

天津武清村镇银行股份有限公司京滨支行是天津武清村镇银行股份有限公司在京滨工业园区内成立的一家支行。成立于2014年10月7日，2015年有员工11人。2015年存贷规模突破4.4亿元。

中国银行天津京滨支行

图为中国银行天津京滨支行

中国银行天津京滨支行于2016年3月8日在园区正式开业。支行地处天津市武清区大王古庄镇京滨工业园内睿城A4—104，有员工7人。辐射大王古庄、高村、城关、河西务、白古屯等乡镇，致力于用优质的金融服务，助力京津冀一体化发展，实现与企业的共同成长。主营业务包括银行贷款、企业发债、信托融资，多种渠道解决企业的资金需求；个人理财、消费贷款、出国金融，种种产品提高个人的生活品质；国际结算、跨境人民币；电子银行、中银易商。可办理各类公司结算、公司贷款、中小微企业贷款、票据贴现、代发工资、现金管理、个人结算、个人理财、个人贷款、外币兑换、国际结算等。

天津农商银行武清京滨支行

天津农商银行武清京滨支行成立于2011年5月，有19名员工。主要业务有存款业务、贷款业务、结算业务、代发工资业务、自助服务业务等。并于2015年开展了示范园区、示范镇资金集中支付业务，为园区集中管控资金、合理使用资金提供必要的支持。

支行成立初，其存款余额为3亿元，贷款余额为1.5亿元。2015年，存款余额为11亿元，贷款余额7亿元，为园区内280多家企业提供金融相关业务的服务，为园区内50多家企业提供了贷款资金支持。

武清京滨小微支行情况简介

上海浦东发展银行股份有限公司天津武清京滨工业园小微支行于2014年10月16日开业。经营地点在天津市武清区大王古庄镇京滨大道北侧景鑫中心1–3号楼一层底商。现有人员6人，其中业务人员3人。京滨小微支行主要从事除人工现金业务外，经中国银行业监督管理委员会批准并经其上级行授权的其他业务。2015年年底，支行网点个人客户3650余人，个人金融资产3000余万元，客户248户，客户存款新增4300余万元。

四、保险

中国人民保险集团公司，以网点最多、覆盖面最大、险种最多成为亚洲最大的保险公司、世界500强企业。武清财险保险公司也是在武清开办业务最早、网点最多、业务量最大的公司。全区12个中心镇设有营销部，各镇、街道设有三农服务站，开办的保险业务有财险、责任险、保证险、低保额保障险四大类、200余个险种，公司在册的400多名保险协理员遍布全区各乡镇街道。年收缴保费1.5亿元，承保风险额2000亿元左右。

人民保险公司是在大王古庄开办业务最早的公司。大王古庄乡保险代办所建于二十世纪八十年代初，隶属于武清县保险公司。有代办员1人，办公地点设在信用社内，最初年投保业务额3万元左右。

1998年，县保险公司与县民政局在大王古庄乡开办农业保险业务试点。投保项目为小麦、玉米及麦场、房屋等农业设施。当年投保2万元，获赔偿损失11万元。其中，1990年小麦受灾一次性赔偿经济损失7万元。

2000年后，大王古庄镇人保财险组织健全，镇内有一人，各村有协保员一人，隶属城关营销部管理。与此同时，平安、太平洋等多家保险公司也相继介入。各家保险公司均以保险代办员的形式，为镇内企事业单位、学校、居民提供人身财产保险服务。

第二节　货币

一、货币

（一）银元

俗称“洋钱”“现大洋”。境内流通的多是“光绪元宝”“袁大头”和“孙中山”头像的银元。1935 年，国民政府发行法币，禁止银元流通，但民间仍在秘密使用银元。1949 年后银元停止流通，人民银行开展收兑银元。六十年代，1 枚银元可兑换人民币 1 元。八十年代，1 枚银元可兑换 8 元，以后民间仍有收藏。

（二）铜元

俗称“铜子”“大子”“大枚”。清光绪 26 年（1900）作为银元的辅币流通，主要有“光绪元宝”“大清铜币”。初期流通每百枚可兑换银元 1 元。民国北洋政府时期，铜元贬值，数百枚方可兑换银元 1 元。1935 年，铜币停止流通。

（三）制钱

俗称老钱，每千枚为 1 吊。1919 年，停止使用。

二、 民国货币

（一）铜元票

1929 年，由县商会发行，曾有流通。1939 年，停止流通使用。

（二）法币

1935 年 1 月，由国民政府的中国银行、中央银行、交通银行发行。以 1：1 的比例兑换民间银元。1937 年后，法币由于发行量大，急剧贬值，1948 年，因金圆券收兑而崩溃。

（三）关金

即“海关金单位兑换券”。1942 年流通，与法币的比价为 1：20，1948 年停止流通。

（四）金圆券

1948 年 8 月后，在国民党占领区流通，并收兑法币。流通后，国占区物价飞速上涨。解放后，人民政府以人民币陆续收兑。

（五）银联券

1938 年 3 月，伪中国联合准备银行发行。1940 年后，由于日伪强制，联银券曾一度独占市场。1945 年日本投降后，国民政府用法币以 1：5 的比率收兑。

三、中华人民共和国货币

（一）边币

新中国成立前解放区流通的货币，又称边币。解放后，在镇域流通的边币有 1948 年晋察冀边区发行的晋察冀边币，与法币的比值为 1：1.15。翌年 1 月，政府以人民币 1：5000 的比率收兑。

（二）人民币

1948 年 12 月由中国人民银行发行的纸币。初发行面额为 100 元、200 元、500 元、1000 元、

10000元和50000元6种。1955年1月，国家以新版人民币1：10000的比率兑换旧版人民币。1957年12月1日，国家增发1分、2分、5分镍币（钢板）。1964年4月，苏版3元、5元、10元三种人民币在境内兑换完毕。1980年4月，境内流通1角、2角、5角和1元四种金属币。1990年后，境内始流通50元、100元大面额人民币。1999年10月1日，中国人民银行陆续发行第五套人民币，共有1角、5角、1元、5元、10元、20元、50元、100元8种面额，其中1元有纸币、硬币2种。第五套人民币根据市场流通需要，增加了20元面额，取消了2元面额，使面额结构更加合理。

四、外汇

改革开放前，境内市场不流通外币。1979年以后，进出口贸易放开，境内始有外币流通。1990年以后，出境旅游者逐渐增多，因而货币汇兑已成必然。

第三节　债券

1950年，为支援抗美援朝，境内首次出现胜利折公债，面额有1分、5分、10分、50分、100分5种，并按面额分别随有0.05分、0.25分、0.5分、2.5分、5分5种息票，在5年内5次兑付。1959年全部兑清。

1954年至1958年，县人民银行根据河北省分行核定的数额，连续5年发行经济建设公债，面额有1元、2元、5元、10元、50元、100元6种，除1958年外，其余各年度发行的公债按面额分别附有4分、8分、2角、4角、2元、4元6种息票。1968年本息基本兑清。1982年年初，县农业银行代理发行国库券，面额有1元、2元、5元、10元、50元、100元6种。1987年发行天津市外环线债券、金融债券、重点建设债券、邮政枢纽债券等。翌年，又发行京津塘高速公路债券、银行债券。1989年，发行基本建设债券、金融证券、保值公债。1990年，发行金融债券。1991年后，每年都有国库券发行。最初有些群众不认可，后因有利可图，纷纷抢购，当地所分配数额甚至呈供不应求之势。

第十篇　城镇建设

城镇建设是现代化建设的必然趋势，在城镇建设中，大王古庄镇把实施城镇发展战略作为结构调整的重要内容和推进农业产业化、农民非农化、农村城市化的重要举措，按照“建管并举、完善功能、扩大规模、提高品位”的总体思路，强化推动，实现大的突破。

以城王公路主轴带建设为重点，探索经营城镇思路，同步推进建设工程，实现建设、功能、形象的明显变化。

2010 年，城王公路拓宽改造工程启动。2012 年，8 项惠民工程顺利实施。2015 年，新型城镇化建设全面开展。

在建设和发展小城镇的同时，注重城镇管理，抓好环卫长效机制的完善和落实，提升人的素质和城镇形象。

第一章　村庄建设

第一节　村落布局

镇域处武清区西北部，北与北京市通州区接壤，西与河北省廊坊市为邻。地势总体由西北向东南倾斜，排水顺畅，土地肥沃。

村落分布，镇域村落在空间分布上呈现出明显的规律性：沿大王公路和王河公路两侧附近两条村落聚集带。境辖 17 个行政村。解放前，有“无庙不成村”之说，因而将已立庙者定为一村。境内各村自建村始就有庙，故全部定名成村。时村内为土街道，坑洼不平，宅落参差不齐，胡同弯曲狭窄。解放后初期，各村聚落布局无大变化。1976 年，唐山地震波及当地，民房多有破坏。此后复建中部分村规划建排房。每户 3 ~ 5 间，院前有 3 ~ 8 米宽街道，每隔 2 ~ 5 户设有南北间道与各排房相通。

1984 年以后，房屋建设又有变化，一般从台子起至房檐高 3 米，进深（跨度）6 ~ 7 米，显得高大、宽敞、豁亮，建房标准提高到一个新水平。

2001 年，大王古庄撤乡建镇，开始城市化建设的新时期。

2006年，开展建设社会主义新农村活动，各村调整布局，实行人畜分离、生活区与生产区分离，垃圾集中处理。

2007年，各村普遍进行大规模环境整治，清理街道，拆除不规范广告牌、临建等，使村庄整洁，村落布局更加合理。

2015年，镇区规划获准实施。城市化建设进入一个新的阶段。

第二节　房屋

解放前仅富户和乡绅有少数砖瓦房，一般农户多为土坯房，院墙多为板打土墙。20世纪50至60年代，开始出现房屋上下用砖中间土坯，称“穿靴戴帽”或“腰撞坯”房。70年代起，外砖内坯的夹坯房较流行，称“里生外熟房”。80年代前期，居民新建或翻建房屋为砖木结构，泥砌砖，水泥砂浆溜缝。80年代后期，多为砖混结构，建筑规格分为三档。高档院落200平方米，房高3米，宽7米，长10米，建筑投入约计6万元左右；中档院落200平方米，房高2.8米，宽6.5米，长10米，建筑投资约计5万元左右；低档院落200平方米，房高2.5米，宽5米，长10米，建筑投资约计3万元左右。房屋设计新颖高大，功能齐全，人均住房面积近30平方米。

1980—1984年大王古庄镇农户建房情况表

表45

年份（年）	年末实有房（间）	其中当年新建（间）	新建户数（户）
1980	22761	1662	
1981	24945	2184	
1982	25743	840	155
1983	27034	1317	248
1984	27364	986	212

过去，农村住宅习惯留有后门。进入二十一世纪以后留后门现象逐渐减少。

第三节　乡村饮水

解放前，境内村庄饮水为浅井水，井水苦涩。此种饮水方式一直延续到20世纪70年代。

70年代后期，境内各村自打小型套管井和插管井、压把井，各村每5到10户即拥有一眼院中压把井。但因水层深浅不一，地下水开采过度，导致饮水质量不高。

1982年，深层淡水机井供水已普及各村，全公社村民饮水状况得到根本改善。在发展机井供水的同时，逐步实施自来水入户。

1990年，除个别村庄极少数户外，全乡基本实现自来水入户。

2002年始，全面实施农村安全饮水工程。

至2015年，各村由镇区集中水厂联村供水。镇水厂位于大王古庄村、镇政府南侧，日供水量约600 ~ 700立方米，水源井两眼，总计日供水能力2000立方米。全镇17个村，村庄自来水普及率为100%，聂营村、丁辛庄、韩指挥营村供水管网自水厂已敷设至村内，其余各村均已联村集中供水。

第四节　乡村照明

清朝以前，村民照明用油灯，燃油多为动物油或植物油，以猪油或蓖麻籽油居多。贫困之家甚至常年不点灯，妇女做针线活，只在家中点一根香头，借香头之光做针线。

民国时期，开始出现煤油灯，燃油为煤油，灯具一般为玻璃制品，有灯罩，俗称“老婆灯”或“泡子灯”。以后又出现汽灯，俗称电石灯或嘎斯灯。汽灯耗油量大，多是在公共场所使用，戏班子唱戏时戏台上要挂好几盏汽灯，增强灯光效果。这些照明方式一直沿用到通电前。

1962年，境内农村通电，开始出现电灯。初期多为白炽灯，有15瓦、25瓦、40瓦、60瓦、100瓦、200瓦等不同规格。但一般人家，为了节省电量，降低费用，以使用15瓦、25瓦、40瓦灯泡的居多，60瓦以上的少有使用者。后又出现日光灯、节能灯、吸顶灯、壁灯等多个品种，不仅照明，而且可以装饰、点缀房间。

农村通电后始有路灯，各村在村内主街道安装路灯，每50米一盏。路灯杆开始为木杆，后为节约能源，用水泥杆。1995年以后，改为空心铁制长臂灯杆。

第五节　小康村建设　新农村建设　创建国家生态镇

一、小康村建设

1993 年，根据邓小平提出的到二十世纪末人均收入达到小康水平的构想，中共天津市委、市政府提出，提前三年到 1997 年实现这个目标。武清县委、县政府提出，力争“八五”末期（1996 年）全县 80% 以上的村建成小康村，并提出建一批明星小康村。县委确定了小康村和明星小康村标准，当年定的经济指标是：按 1990 年不变价，年人均收入 1000 元；明星小康村人均收入 4000 元。其他条件有：党建工作、计划生育、村街路面硬化、绿化覆盖面积、文化室、卫生室、村委会办公室、小学校、电话入户率等；用党建、基层组织建设统揽小康村建设全局。计划生育不达标的，一票否决。为加强对创建工作的领导，大王古庄乡党委专门成立创建工作领导小组。农村各项工作，各个部门围绕小康这个目标，坚持以经济建设为中心，以社会进步为标志，以建设社会主义现代化新农村为重点，统筹规划，密切配合，整体推动。到 1996 年年底，全乡分期分批建成的小康村达到 95%。未达标的相对后进村，从 1997 年开始作为重点帮扶对象，由县委派出工作组，驻村一年具体帮扶。工作组千方百计为后进村筹措资金，抓硬件建设，解决街道硬化、修公路、建学校、自来水入户等多年解决不了的问题。尽管当时标准不高，但是小康村建设活动帮助村街和农民群众解决了许许多多经济发展、基础设施建设等民生问题。到 2000 年，全乡所有村街进入小康村行列。

二、新农村建设

中共十六届五中全会作出建设社会主义新农村的重大战略决策，明确了农村发展的新目标。根据区委《关于推进社会主义新农村建设的意见》，2006 年，镇党委确定了新农村建设的指导思想：以科学发展观为指导，以落实城市化为主导的率先发展战略为主线，按照“生产发展、生活宽裕、乡风文明、村容整洁、管理民主”的总要求，大力推进农业产业化、农民非农化、农村城市化，形成城乡经济、政治、文化和社会建设协调发展的新格局。2010 年前，各村最低建设标准为生产水电配齐、居住人畜分离、村庄街巷硬化、12 年免费教育、生活能源气化、垃圾集中处理。

2006 年，镇党委组建工作班子，把新农村建设纳入全镇经济和社会发展总体规划。

2009 年，距城堡、前侯尚、张家场等 5 个村完成了新农村建设任务，小王古庄村完成新农村提高村建设任务。建设的重点工程包括：一、主干道路硬化，总规划任务8.1公里，年底前全部完成；二、胡同里巷硬化。总规划面积98210平方米，年底前完成90000平方米以上；三、村庄绿化工程，总任务植树8568株，年内全部完成；四、村庄美化工程，主要是挡土墙建筑，总任务10600延米，年内全部完成；五、健身广场建设，丁辛庄、前侯尚、张家场、水活铺等4个村的健身广场已建成并投入使用，安装健身器材41部，健身广场的建成，使村民们茶余饭后有了活动的场所，既满足了人们身体健康的需要，提高了生活质量，又促进了精神文明建设。

2010年，启动利尚屯、大王古庄、董家庄等村新农村建设。其中，利尚屯是全区十个重点村之一。建设项目主要包括主干街道硬化、胡同里巷硬化、村庄绿化、环境美化等。在利尚屯村修建健身广场，建环村挡土墙2000米。村东大渠完成清淤，植树1000株，安装路灯59盏，完成村内主干街道、胡同里巷硬化1.8万平方米。

2011年，镇党委、镇政府统筹安排，将新农村建设列为全镇重点工程，紧紧围绕新农村建设具体要求，着力整治村容村貌，硬化园区外10个村胡同里巷30万平方米。全镇粉刷围墙立面6万平方米，同时修建主干道挡土墙和健身广场，安装路灯、配备垃圾箱、修排水渠等，建立文化活动室、社区服务站，让群众切身感受到新农村建设带来的便利。

2011年9月，由区新农村建设办公室、区财政局、体育局、农委等部门组成的联合验收组对大王古庄镇新农村基础设施进行了中期验收。验收组实地察看了聂辛庄、水活铺、宋家场、北刘庄4个村的街道硬化、美化、绿化、亮化、环境维护、环村路，及健身广场建设情况。2011年，全镇按照新农村建设具体要求，着力整治村容村貌，倡导文明村街。已完成主干街道硬化18.4公里，胡里巷硬化8.9万平方米，主干道挡土墙7公里。同时进行了环境美化，修排水渠、粉刷围墙立面，拆除违建等。验收组对大王古庄镇新农村建设工作给予充分肯定，认为进度快、标准高、长效措施得力，整体水平显著提升。

年内，全镇17个村全部达到新农村建设标准。

三、创建国家生态镇

2009年以来，大王古庄镇深入开展了国家级生态乡镇创建活动。创建过程中，镇党委以促进区域发展为目标，科学规划，统筹兼顾，健全机制，逐步改善镇村环境，完善公共设施，治理各类污染和脏、乱、差等现象，取得了阶段性成果。一是实施了集中供水工程，对全镇17个村进行自来水改造，建成了高标准水厂。二是实施户厕改造工程，已建成无害化卫生厕所1458个。三是大力发展清洁能源，建成沼气池近400个，有效提高了畜禽粪便利用率。四是实施大绿工程，倡导庭院绿化，80%的村建成环村林，全镇植树21万株。

五是实施镇区改造工程，更换广告牌匾、整修街景立面、建设公共绿地、硬化便道、安装路灯、更换保洁箱等。六是提高环卫水平，加大城管执法力度，建立镇村环境长效保洁机制，成立保洁队，实施检查、督察和通报考核机制。成立巡查中队，每天对环卫、违章建筑等进行检查，发现问题及时解决。

2011 年 7 月，市、区环保部门对大王古庄镇进行国家级生态镇技术核查，市环保局、区环保局有关负责人及专家组成员出席核查会议。同时，市环保局就该镇创建工作进行了民意调查，发放问卷 200 份，群众满意率达 98% 以上。

是年 7 月 29 日，市环保局考核验收组对大王古庄镇创建工作进行了考核验收。经考，大王古庄镇各项指标已达到国家级生态镇要求，顺利通过市级验收。

大王古庄镇于 2013 年 7 月 16 日经天津市政府批准为第五批示范小城镇，示范镇还迁区建设项目规划用地 79.27 公顷，涉及小王古庄、韩指挥营等 7 个村，共 3019 户。总建筑面积 63.5 万平方米。其中住宅面积 61 万平方米，各类配套建筑面积 2.5 万平方米。到 2014 年，一期还迁小区已投入使用。二期启动建设还迁房 10 万平方米，32 栋。相关配套基础设施，如公交站、加油站、加气站、商业街、文化公园、综合医院等项目及新镇区道路，等于 2015 年始陆续施工建设。

第二章　市容环境

第一节　环境卫生

过去，由于受传统习惯和落后观念的影响，村民公共卫生意识和环保意识普遍比较差，农村广大群众是垃圾的产生者，也是垃圾污染环境的受害者，更是环境治理的受益者。

中共十一届三中全会后，尤其是近年来，农村经济快速增长，社会各项事业全面进步，人民生活水平不断提高，环境卫生越来越受到人们的普遍关注，已成为镇党委、镇政府一项长抓不懈的工作。

2001 年，结合开展“告别不良行动，争做文明市民”活动，进行大规模清整，组织学校师生、机关干部、各村党员共 300 多人集中清理。出动车辆 5 台，共清除垃圾杂物 300 立方米。

2003年，在“非典”期间，注重改善环境。一方面，结合“非典”防治，集中开展三次大规模的环境卫生综合整治，并制定有效措施，组织15人的卫生保洁队，各村还配备3～5名保洁人员，坚持经常性地卫生清扫。制定《环境卫生监督检查制度》《村规民约》等卫生管理制度。投资150万元，购置清洁车54辆，新建垃圾池800个。清理垃圾0.8万立方米，柴草1300堆，工程渣土2060立方米。整体环境水平有了新的提高。

2005年，把环境建设作为一项长期工作来抓，集中开展三次环境卫生综合整治，重点整治卫生死角。

2007年，突出抓好三项环卫工作。一是抓好主干道路沿线的环境整治。以路网沿线为整治重点，集中一周时间组织所在村街开展专项整治，对卫生死角彻底清除，共清除垃圾58处3400立方米。此外，成立保洁队伍，划分责任区，每天进行2次清扫，使镇域内主干道路达到整治要求。二是推进各村垃圾收集及处理，抓好卫生设施建设。落实保洁人员，并签定保洁协议，各村生活垃圾基本实现户集、村处理。三是加强环境管理办公室及二级指挥平台建设。成立环境管理办公室，具体负责全镇的环卫工作。办公室及二级指挥平台做到“三有”，即有办公室、有办公设施、有工作制度。

2008年，以深入开展“同在一方热土，共建美好家园”活动为载体，对全镇重要脏、乱、差点位，进行了集中整治。镇村共投入1400万元，栽植树木22.5万株，动土10余万立方米，硬化路面8万平方米，建垃圾掩埋点21处，清除垃圾柴草近150处，拆除违章建筑10余处。投资800万元，建设12万平方米高标准带状花园，包括人工湖、健身广场、休闲长亭等，城镇环境面貌焕然一新。

2009年，召开全镇环境建设推动会，出台了《大王古庄镇环境建设管理办法》及《环境建设标准》，要求各村严格执行，各村、各单位一把手为第一责任人。会上，党委书记讲了三点意见。一是要求镇村干部要从思想上重视环卫工作。二是要求领导带头，率先垂范，影响和带动全镇实现环境大改观。三是要求全社会动员，形成环境建设的强大合力。会后，现场发放保洁车68辆，分发到17个村，并配备保洁工具。镇政府投入150万元，对全镇重要点位及镇政府、经济区内，按照更高标准重新进行了硬化、绿化和美化。组建镇卫生队，负责镇区段及路网沿线无村庄段的保洁。增配镇环卫保洁巡查车，每天巡查两次。进一步建立完善了定期检查、考核奖惩、宣传引导等机制，对各项工作进行了细化和量化，确保各项工作落实到位。

镇党政班子成员及镇环卫办工作人员，定期对全镇17个村环卫建设情况进行联查，通过联查，督促各村严格执行党委、政府的决定，狠抓工作落实力度。全镇广大人民群众自觉维护环境的意识有了进一步提高，村容村貌有了明显改观。

2010年，镇党委把镇区环境改造作为全年14项重点工程之一。自4月13日起，出动10辆垃圾清运车，集中一周时间，对京滨工业园内的垃圾进行全面清理，并召开由京滨工业园内六村支部书记、村主任参加的环境整治工作会，重点解决园区内生活垃圾乱丢、乱倒等问题，确保园区内各村环境卫生状况与京滨工业园发展相适应，提升对外形象，优化招商环境。

同时，为巩固环境建设成果，结合园区实际，制定了京滨工业园内村庄生活垃圾管理制度。主要内容：

一是清运管理程序。垃圾清运采取户聚、村收、镇运的方式进行。原则上每村设4处垃圾中转站，用于村内垃圾集中存放。1. 户聚。每天上午9点前，下午3点前各户将产生的生活垃圾聚集到各村配置的垃圾箱内，并自觉保持垃圾箱周围环境卫生的整洁。各户产生的建筑垃圾，必须自行运到村内垃圾中转站或直接运到垃圾掩埋场。2. 村收。各村保洁队每天上午10点前、下午5点前分两次逐户收集垃圾箱内的垃圾，并运送至村内设置的垃圾中转站，运送过程中要采取防撒漏措施。3. 镇运。各村收集到中转站的垃圾，由镇清运队负责清运。垃圾中转站的垃圾原则上每天循环清理一次，必要时可缩短循环清理的周期，做到及时清理。镇清理队要确保中转站周围卫生整洁。垃圾在运送途中应加以遮挡，防止垃圾掉落或飞扬引起二次污染。清运队每周要对垃圾中转站进行一次消杀工作，防止发生虫害及污染。4. 垃圾掩埋场的管理。垃圾运送到掩埋场后，由镇垃圾清运队对垃圾及时进行掩埋。避免造成二次污染和垃圾袋满天飞。镇垃圾清运队要加强对垃圾场的管理，指挥协调自主运送垃圾车辆定点倾倒。对没按规定倾倒的垃圾，垃圾清运队要及时进行清理，确保垃圾掩埋场规范运行。

二是工作考核机制。1. 镇巡查中队为此项工作的主管部门，总体负责制度的落实，确保各村的环境卫生工作达到镇里要求。巡查中队直接负责对镇垃圾清运队和各村监督巡视员的管理，做好日常工作安排、监督、考核、工资测算等各项工作。根据工作完成情况，将工资待遇与业绩挂钩，确保各村卫生及垃圾有人管，管得住。2. 各村书记、主任为本村环境卫生工作的第一责任人，要主动抓好制度落实，确保村内外没有垃圾乱堆乱倒现象，创建整洁、亮丽的村容环境。3. 镇垃圾清运队要按时、按质、按量完成垃圾清运工作，并保证车辆和人员安全。对于不能正确履行职责或不服从管理的，视情况辞退或调整人员。4. 各村垃圾监督巡视员要有一定的协调管理能力。要负责本村村庄外围随意倾倒垃圾行为的监督和加强对村内保洁人员的管理。对于在村庄外围倾倒的垃圾，发现后要在第一时间责成村保洁人员及时清理。

于3月中旬启动了广告牌匾更新、绿化景观提升、明线入地等8项工程。年内，各项整治任务全部完成：更新广告牌匾140块，整修街景立面7000平方米，粉刷墙壁17000平方米，更换路灯70盏，新建绿地面积15000平方米，主干道路两侧硬化面积25000平方米，更换保洁箱26个。

为使环境整治达到应有的效果，在抓好硬件建设的同时，镇党委、镇政府以环境改造人的工作思路，配套出台了镇区卫生长效保洁机制，严格落实经营户门前“三包”责任制，同时加大舆论宣传引导，努力形成以环境改造人、以环境促发展的社会氛围。

2011年，镇党委、镇政府结合区域大开发、大开放的实际，投资近千万元，启动镇区亮化提升、明线入地、政府路西侧门脸平房改楼房等工程，同时制定有利于商户的优惠政策，引领商户正规化经营，培养镇区商机人气，促进地区经济发展。此次镇区改造，以提升经营环境为目标，拆、建并举。主要工程有：一是镇区亮化提升，镇区两侧主体建筑全部亮化，主色调为金黄色，为七色滚动变色或瞬间变色，沿路两侧行道树间隔用绿色地灯照射，横跨公路设置3块双面LED显示屏，用于发布信息，镇区北口新老路交汇处设置高杆灯及变色伞灯，绿地内间隔设置变色灯及草坪灯进行装点，部分组团树木用地灯和彩灯进行装点；二是镇区明线全部入地，以上两项工程三月中旬启动，六月中旬竣工；三是路西侧门脸平房改楼房，根据镇区总体规划，风格由镇城建部门统一设计，业主可参考选择，五月初启动建设，国庆节前全部完成。

为使此项工作真正惠及于民，大王古庄镇还制定了多项有利于经营户的优惠政策：对沿街经营户，由镇里出资免费安装广告牌匾；免收保洁费、工商管理费、理治安联防费，税收实行优惠政策；利用LED显示屏，每年为沿街经营户免费发布商业信息一个月，其余时间全天候有偿滚动播放；公安机关加强对沿街经营户安全意识教育，加大夜间巡查力度，确保其生命财产安全；巡查中队加强对镇区经营秩序和门前三包责任制的监督管理，营造良好经营环境；镇劳动保障服务中心为从事特种行业的从业人员提供培训；镇工商、税务等部门主动为商户办理相关手续，并提供方便。

年内，集中开展了环境综合治理专项整治活动。投资近100万元，购买垃圾运输车2辆，成立镇垃圾清运队，负责全镇17个村垃圾集中清运，真正做到日产日清。更新各村小翻斗车、人力三轮车、铁锨、扫帚等保洁设备。统一全镇卫生管理经费标准。同时，完善村级环境卫生考核办法，采取巡查中队打分和村干部互查打分相结合的方式，每月考核情况在“京滨腾讯”上公示，根据考核得分情况按比例下拨各村卫生专项经费。

2012年，全区村街集中整治动员会后，大王古庄镇召开党委会，专题研究部署，以一刻也不耽误的精神扎实推进村街环境卫生集中整治工作。一是高度重视，加强领导。成立党委督察室，由镇纪委书记任主任，负责此项工作的全程督察，并落实处级领导干部包村责任制，纳入全年包村考核。二是狠抓重点，强化推动。集中两天时间，由包村领导带队，逐村实地查看，疏理问题点位，有的放矢地进行整治。在此基础上，制订了《大王古庄镇村街环境整治实施方案》，明确工作目标、完成时限和工作要求。整治期间，镇城管巡查中队每天汇总各村进度，上报镇主要领导。三是完善长效机制，压实责任。建立村街环境卫生考核奖惩制度，镇政府每月对各村环境卫生管理情况进行汇总，纳入村干部年度业绩考核，并以此作为拨付保洁经费的主要依据。

活动过程中，12月3日，召开了全镇环境综合整治动员大会。镇主要领导、包村领导、包村干部、村党支部书记、村主任及巡查中队、城建等部门负责人参加会议。12月20日起，利用一周时间，全镇集中进行卫生清整，镇机关带头清理城王路两侧撒漏，包村领导、包村干部每天到村督导，清理卫生死角。12月22日和30日，镇领导先后两次带领包村领导和村支部书记，对各村整治情况进行检查。此次清整，全镇共清理问题点位200余处，卫生状况明显好转，环境整治工作取得了阶段性成果。

第二节　综合整治

2004年，组建城市管理监察中队。城管中队职责：按照《武清区道路管理实施办法》和《武清区道路环境秩序考核办法》，履行路网及镇区市容环境和经营秩序管理任务，负责处理区城管委办公室、镇政府派遣、群众举报的路网及镇区环境管理问题；完成区城管委、镇政府指派的其他工作；负责巡查发现环境污染问题，发现案情后，及时上报区城管办公室（指挥中心），并配合环境保护部门做好环境污染案件的查处。

2008年，组织镇环卫巡查中队对镇区内环境卫生、不规范广告牌及占街占道经营摊位进行集中整治，共清理占道摊位18处，清除违章棚亭9个56平方米，清理私搭乱建2处60平方米，清理有碍观瞻的广告牌匾46个。与镇区个体、单位经营户签订《门前卫生责任书》180份，发放《违法违章行为限期整改通知书》560张。

2010年，城市管理监察中队改称城市管理巡查中队，环卫执法主要内容为：负责辖区日常巡查、监督管理，杜绝违法违章建设和违章私搭乱建现象；负责辖区内道路两侧环境卫生日常巡查，监督管理，实现无乱泼乱倒、乱堆杂物；负责过镇道路两侧牌匾规范和占道经营违法违章行为的治理；负责镇区道路两侧建设工地和运输车辆撒漏管理；规范工地管理，保证围挡施工，及时处置车辆撒漏和带泥上路问题；负责镇区内主干道两侧的流动车辆的有序停放，保证镇区内主干道路和办公机关通行畅通；负责查处镇区内主干道路两侧门店的里空外卖、乱摆乱放问题；及时清理流动餐饮；负责城管办所指定村街的环卫日常巡查及垃圾掩埋点的规范使用；配合城管办进行联合执法，搞好综合性整治。

2010 年，城管办协调相关单位对镇区内店铺前环境卫生、不规范广告牌匾及占道经营摊位进行集中整治，共清理占道摊位 26 处，清除违章棚亭 14 个 68 平方米，清理私搭乱建 1 处 46 平方米，清理乱堆杂物及垃圾 58 处，清理有碍观瞻的广告牌匾 540 个，与镇区个体、单位经商户签订《门前卫生责任书》260 份。

2015 年，镇城管巡查中队定期对各村卫生状况进行督察，对于达到管理标准的，全额兑现经费；对未达到标准的，由巡查中队直接通知卫生负责人限时整改，在规定时间内完成整改并经巡查中队验收合格的，兑现经费；未按时整改的，从当月经费中按 10% 至 30% 给予扣除；每月三次以上有问题的，中止卫生管理合同，停发经费。是年，城管中队协调相关部门综合执法 6 次，清理违章占道摊点 50 余处。

第三章　规 划

第一节　总则

一、规划编制背景

（一）完善规划体系的要求

建制、编制镇总体规划，是中国城乡规划法的基本要求，也是正确指导城镇建设、完善呈现规划建设管理的必要环节。但是由于种种原因，大王古庄镇很长一段时期内未编制过镇总体规划，致使城镇规划建设法规体系存在着明显的缺失，无法对城镇建设提供科学有效的指导。因此，尽快编制大王古庄镇总体规划，是大王古庄镇城镇建设和规划管理的迫切需要。

（二）大力促进京滨工业园区建设的要求

京滨工业园的开发建设，使大王古庄镇的城镇结构面临重构，并必将对城镇建设带来深远的影响。在这种形势下，对大王古庄镇镇域村镇体系和镇区建设进行重新定位，确定大王古庄镇新的发展定位和发展模式，落实城镇建设用地，是镇总体规划所担当的首要任务。

（三）城乡一体化形式下，指导城镇建设的要求

城乡一体化进程的不断加快，对城镇规划建设提出了更高的要求。城镇作为加快中国城市化进程的重要载体，面临着快速发展的新机遇，新的形势对城镇建设提出了更高的要求。在这种前提下，高水平的规划建设需要一个与其发展相适应的镇总体规划来指导。

二、上位规划分析

（一）武清区总体规划相关内容

1. 城乡空间布局结构

武清区城乡空间布局结构是“一轴、两带、八大组团”。大王古庄镇位于京津发展主轴上，属于西部组团——大高白河组团。

该组团功能定位为：

以京津高速高村出口为核心，借足北京之势，建设以软件、新材料为主的高新技术产业聚集区、科技创意文化为主的现代服务业聚集区、生态宜居地。

2. 城镇体系

规划武清辖区形成 1 个新城、3 个中心镇、5 个一般建制镇、58 个中心村和 245 个基层村的 5 级城镇体系。

大王古庄镇属于 5 个一般建制镇之一，镇内小王古庄村是 58 个中心村之一。

（二）武清区一区四园规划相关内容

根据武清区一区四园规划，确定在大王古庄镇设立京滨工业园。

规划面积约 10 平方公里。

规划定位：立足天津，依托北京，以新材料和石油机械设备的研发和制造为主导，瞄准国际高端市场，发挥靠近北京和毗邻廊坊开发区的优势，建成京津高新技术产业带上的重要节点，成为国内一流的高新技术吸收转化承接基地。

（三）京滨工业园规划相关内容

根据京滨工业园规划，天津京滨工业园为是天津省级工业园区，定位为武清区产业发展的副发动机。

规划用地：位于京津塘高速路以南，西部紧邻廊坊开发区 。近期规划到 2015 年建设规模为 9.6 平方公里，远期规划到 2030 年建设规模为 30 平方公里。

规划定位：立足天津，依托北京，以新材料和石油机械设备的研发和制造为主导，瞄准国际高端市场，发挥靠近北京和毗邻廊坊开发区的优势，建成京津高新技术产业带上的

重要节点，成为国内一流的高新技术吸收转化承接基地。

三、规划指导思想和规划原则

（一）区域协调原则——与武清城区、河北廊坊开发区协调发展。

与上一层规划有机衔接，从大王古庄镇所处的区位出发，以武清区城市总体规划为指导和依据，协调好与武清城区、周边产业区和河北廊坊的关系。合理产业定位，确定城镇职能分工和城镇布局，同时为武清区域远景发展控制好发展备用地。保障区域基础设施建设，特别是高压走廊、天然气长输管线、市级道路等区域大型市政基础设施的畅通。

（二）城乡一体化原则——综合协调城镇与京滨工业园建设

突出规划的综合协调作用：统筹考虑镇域内城镇与工业园区的均衡发展；经济、社会和环境的均衡发展；一、二、三产业协调发展，实现镇域内土地和各项资源的优化配置。

（三）社会经济统筹发展原则——产业发展与社会事业协调统一

在保障产业经济快速发展的同时，注重社会公共事业的建设。通过公共服务设施高标准配置，完善城镇功能，优化建设布局，建设与大王古庄镇作为武清大高白河组团重要组成部分和武清北部产业新区相适应的、功能完善的综合公共服务体系。

（四）资源集约原则——以节地为核心，保护基本农田

规划强调节约土地，合理利用空间资源：城镇建设与耕地保护相结合，调整用地结构，走城镇和京滨工业园建设集中发展的道路，集约开发建设，提高土地利用的综合效益。依托京滨工业园的发展，实现镇域人口向镇区的集中，严格控制农民宅基地，保护基本农田。

（五）人与自然统筹发展原则——生态优先、发展生态友好型产业

大王古庄镇镇域北部是武清区规划防护林区域，规划以生态保护为重点，做好生态保持、保育。城镇产业要发展生态友好型产业，避免对大气污染和土地资源、水资源的过量耗费和污染。

四、规划编制主要依据

（一）《中华人民共和国城乡规划法》

（二）武清区城市总体规划（2008 年— 2020 年）

（三）武清区一区四园规划

（四）京滨工业园总体规划

（五）其他相关法规

五、规划范围

镇域规划范围为：大王古庄镇所辖镇域行政范围，面积总计 48.08 平方公里。

六、规划期限

近期：2009 年至 2015 年

远期：2015 年至 2020 年

远景：2020 年以后

七、规划重点

（一）明确城镇性质与发展目标

（二）合理确定城镇规模

（三）重构城乡空间总体布局

（四）合理安排城镇建设用地布局

（五）明确城镇重大基础设施布局

（六）构建城镇总体生态格局

第二节　现状概述及发展条件分析

一、现状概述

（一）乡镇概况

大王古庄镇位于天津市武清区西北部，海河水系中下游，北纬 39° 07′，东经 116° 46′。镇域东西宽 11.13 公里，南北长 11.25 公里，辖区面积 48.08 平方公里。

大王古庄镇位于京、津、冀交界处，北与北京市通州区接壤，西与河北省廊坊开发区相连，京津塘高速公路贯穿全境。镇区距武清新城 27 公里。

（二）自然概况

大王古庄镇地处华北冲积平原下端，地势平缓，自北、西、南向东南海河入海方向倾斜，海拔高度最高 13 米，最低 2.8 米。土壤的成土母质多为永定河和北运河的冲积物，土壤均为潮土，土层深厚，具有多宜性特点。

全镇地处华北平原区，属温带半湿润大陆性季风气候，四季分明。春季日照长，干旱、少雨、多风；夏季炎热，降雨集中；秋季昼暖夜凉，温差大；冬季寒冷，北风多，日照少，降水稀少。年平均气温为 11.6℃，1 月平均气温为 –5.1℃，7 月平均气温为 26.1℃。年平均降水量为 606 毫米。无霜期 212 天。

（三）历史沿革

2000 年前，为大王古庄乡，属天津市武清区，为区属 17 个镇，17 个乡之一。

2001 年年底，武清区变动为辖 6 个街道、19 个镇、5 个乡，大王古庄改为其中一个镇，管辖 17 个行政村。

（四）行政区划

大王古庄镇现有 17 个行政村。

包括大王古庄、小王古庄、聂营、陈各庄、大营、丁辛庄、距城堡、韩指挥营、枣林、北刘庄、聂辛庄、水活铺、利尚屯、董家庄、张家场、宋家场、前侯尚。

镇中心位于大王古庄。

二、人口

（一）人口状况

2008 年全镇总人口 24719 人，其中户籍总人口 21305 人，暂住人口 3414 人。户籍人口中农业人口 19966 人，占 93.49%，非农业人口 1339 人，占 6.51%。

（二）劳动力状况

2008 年第一产业从业人口 5986 人，第二产业从业人口 2734 人，第三产业从业人口 1931 人。

三、社会经济发展现状

（一）总体情况

大王古庄镇地处武清区西北，是京津塘新技术产业带中的重镇之一。

2007 年，武清各乡镇中的乡村工业总产值排名情况：大王古庄镇工业总产值为 46634 万元，排在 15 名。2008 年，完成地区生产总值约 4.04 亿元，三级税收 2800 万元，农民纯收入 9500 元。

（二）产业发展状况

全镇共有乡村工业企业 34 家，开成了新型材料、农产品加工、电子高新技术等三大类主导行业。截至 2007 年年底，从业人员 1454 人，实现产值 46634 万元。其中乡村规模工业企业 15 家，从业人员 1154 人，实现产值 40245 万元。

（三）产业园区相关情况

京滨工业园位于大王古庄镇南部。原为天津王古经济开发区，创办于 2001 年 10 月，2002 年 5 月启动建设，2006 年被国家五部委批准为省级开发区。2009 年被列为全市第一批 15 个重点工业园区之一。截至 2009 年 8 月底，园区投资总额 25 亿元；园区内行业龙头 10 家，入区企业 110 家，注册资金 13.2 亿元。

四、城镇现状及发展条件分析

（一）优势与机遇

1. 镇域区位优势明显

大王古庄镇位于京津城市发展轴上，位于天津境内距北京、廊坊最近的城镇（三省交界）。城镇发展重点面向北京，兼顾廊坊、天津。北与北京市通州区接壤，距北京市六环20公里，距中心区50公里；西与河北省廊坊市紧邻，与廊坊市开发区紧密相连。南距天津市中心区60公里，距天津新港105公里。

大王古庄镇境内交通便利，联系京津塘的过境交通多从镇域通过，各种信息流、产业流、物流等都有较大的优势，为镇区发展带来便利。

高速公路——境内有京津塘高速和京津高速二条高速公路，且在镇内均有出入口，距高速公路廊坊出入口处仅为1.5公里。

铁路——城际铁路线穿过大王古庄镇，其永乐站（待开通）离镇区仅有10公里。

公路——镇域内有崔大路和大王路两条主要过境交通。

机场——距首都国际机场65公里，距天津国际机场75公里。

2. 外部条件的变化为镇域发展提供了千载难逢的机遇

京津一体化进程的加快，会极大地促进天津城市经济与社会的发展。而在北京、天津两极发展的同时，也会对两极的中间区域带来重大的发展机遇。大王古庄镇位于环渤海经济区京津发展主轴线上，无疑会是这次千载难逢的发展机遇的受益者之一。

与此同时，紧邻的廊坊经济开发区，也为镇域经济的发展提供了一定的辐射和带动作用。

3. 京滨工业园产业优势明显，对镇域经济和社会全面发展有着十分重要的促进作用

京滨高科技工业园良好的发展条件，为北京及其他周边市场带来了新的吸引力，也是天津市、武清区大力支持的重点工业项目。

园区的进一步快速发展，必将成为镇域经济发展的强大动力，并会对全镇的社会经济和城镇建设的全面发展起到极大的促进作用。

促进镇域经济和第二、三产业的发展；

吸纳农民就业，推动镇域城市化进程；

带动镇区商业服务和文化教育等各项设施的完善和发展；

为镇区市政基础设施完善提供条件。

4. 武清“一区四园”产业布局总体格局，为镇域未来发展格局的转变带来难得的机遇

京滨工业园是天津市省级工业园，武清区“一区四园”产业格局的重要组成部分，作

为武清产业发展的副发动机，其发展前景极其广阔，也使得大王古庄镇未来积极融入武清城区总体格局成为可能。

如何利用这一条件，通过科学定位和规划，使大王古庄镇区通过合理转型，成为武清未来新兴高科技产业新区不可分割的组成部分，对于大王古庄镇未来的进一步发展有着十分重要的意义。

（二）劣势与挑战

1. 镇域被多条封闭的快速交通干道分割，镇域联系不便，用地零乱

京津高速、京津塘高速、京津高铁从镇域穿过，造成镇域用地被分割成多个部分，各部分联系不便，用地较为零乱，对镇域整体布局带来一定的影响。

2. 镇域发展不均衡，未形成完善的村镇体系和产业布局

镇域发展缓慢，村庄布局分散，职能不清，远未形成科学合理的村镇体系。镇区首位度低，公共设施缺乏，第三产业发展严重滞后，不能对镇域发展起到应有的带动作用。镇区功能布局也没能与园区形成相互促进的合理格局。东北部虽临近京津高速牛镇出口，但并未将此交通区位优势加以充分利用，区域发展极不均衡。

3. 城镇发展与基本农田保护之间的矛盾较为突出

镇域内，大多村庄用地指标都已被京滨工业园占用，可供城镇利用的建设用地指标极度缺乏。如何在最大限度地保证京滨工业园发展、保护基本农田的前提下，保证城镇建设发展的需要，是本次规划面临的严峻挑战。

第三节 城镇性质、发展目标与策略

一、城镇性质

规划确定大王古庄镇城镇性质为：

武清西北产业组团，打造以高新技术产业为主导，生态宜居、服务设施完善的现代产业新区。

城镇发展总体目标

依托京津冀“金三角”区域的区位优势，形成以新型高科技工业为主导的产业聚集区，并以此为依托，未来形成武清区域性产业新城。

（一）经济社会发展目标

以京滨工业园建设为中心，带动镇域社会经济全面发展。

1. 近期目标

2009—2015年，为近期建设阶段。依托京滨工业园的产业基地，通过村庄整合，启动镇区建设，完成镇区配套城镇基础设施、居住和公共服务设施，带动城镇经济的全面发展。

预测城镇年均GDP增长率继续为20%，在产业结构上，以现代制造业为主的第二产业依旧为主体，占GDP的50%左右，第三产业比重稳步提高，占GDP的35%左右。

2. 远期目标

2015—2020年，为本次规划的远期发展阶段。本阶段的城镇建设进入完善和成熟时期，村庄整合完成，镇区形成规模，投资环境进一步得到优化。尤其是产业基地企业产值产量不断提高，带动城镇配套居住、服务设施不断完善，城镇二、三产业迅速增长。预测年均GDP增长率保持15%的速度。在产业结构上，第二产业依旧为主体，二、三产业总量占GDP的95%左右。

（二）社会公共事业发展目标与策略

1. 城镇社会公共事业发展目标：

在保持城镇经济稳步、健康发展的同时，要积极推动迁村并点工作，努力形成镇园合一的整体布局；必须逐步形成和完善城镇公共设施的建设，切实提高城镇建设水平，形成公共服务设施完备、生活方便、环境良好、基础设施配套完善的、充满生机和活力的现代化城镇。

远景：随着京滨工业园的不断发展，大王古庄镇完成城市化过程，与工业园一起，形成武清重要的产业新城。

2. 城镇社会公共事业的发展策略：

通过产业发展和技术培训，积极引导失地农民就业，推动城镇化的科学发展；

构建城乡一体的公共设施服务网络；

建立布局合理、功能完善、技术先进、竞争有序、服务快捷高效的医疗卫生机构，高质量满足居民需求的医疗服务体系和公共卫生体系；

提高居民的身体素质，形成比较完善的全民健身体系；

完善社区功能，满足市民日益增长的物质、文化、生活需求，增强社会凝聚力，构建和谐共生社区；

关注弱势群体，缩小贫富差距，改善创业环境，推动社会均衡发展；

逐步完善社会福利事业管理体制和运行机制；

保护基本农田，发展新型生态农业，实现农民收入的可持续发展。

城镇社会公共事业的发展指标体系参照表

表 46

	指标名称	达标参考值
1	人均国内生产总值（GDP）	4 万元人民币
2	非农增加值占 GDP 的比重（%）	95% 左右
3	第三产业占 GDP 比重	35% 左右
4	教育经费占 GDP 的比重（预算内）（%）	6%
5	城镇人口占总人口比重（%）	100%
6	城镇实际失业率（%）	4%
7	人口自然增长率（元）	0.3‰
8	婴儿死亡率	0.1%
9	平均预期寿命（岁）	79
10	九年制义务教育普及率	100%
11	每万人口医生数（人）	50
12	恩格尔系数	30
13	城镇人均住房面积（平方米）	40
14	人均公共绿地面积（平方米 / 人）	10
15	每百户拥有电话（部）	100
16	每百户拥有电脑（台）	60
17	用水普及率（%）	100
18	道路铺装率（%）	100

三、资源与生态保护策略

充分利用镇域现有水系、沟渠、水塘，构建镇域生态总体格局；

采取措施保护镇域范围内的耕地，尤其是基本农田，形成镇域生态基质；

结合各主要道路绿化和京津塘高速公路防护绿带，形成城镇主要绿色生态廊道；

依托高压走廊布置防护绿带，形成绿廊；

沿凤河西支、次干渠建设滨水生态轴，做好景观、排洪、防污等内容；

在平原生态保持区内依托现状，适当建设节水型、节能型、节地型生态城镇综合服务组团；

城市要发展生态友好型产业，应采用生态工程方法，强调可持续发展，建设生态型产业园区。

第四节　区域协调与城乡一体化规划

一、人口和用地规模预测

（一）镇域人口规模预测

大王古庄镇依托区位交通优势、政策优势以及良好的自然人文环境，伴随着京滨工业园的资金、人力、物力的向心集聚与城镇建设的日趋完善，必将大规模吸引周边地区人口来此就业、居住，包括北京、天津、城区人口的转移以及周边区县和城镇人口的迁入。

规划对镇域、镇区人口规模及城镇化水平的预测，应充分考虑上述诸多因素，在多途径资料分析的基础上，尊重历史、尊重现状，根据近年来经济发展带来的城镇化趋势和要求，进行预测。

1. 人口概况

2008 年，全镇总人口 24719 人，其中户籍人口 21305 人，暂住人口 3414 人。户籍人口中农业人口 19966 人，占 93.49%，非农业人口 1339 人，占 6.51%。

2008 年，第一产业从业人口 5986 人，第二产业从业人口 2734 人，第三产业从业人口 1931 人。

2. 人口自然增长分析

大王古庄镇镇域现有常住人口 24719 人。从大王古庄镇的人口年龄结构分析，大王古庄镇在未来 5—10 年将有一个小的人口生育高峰期，但总量波动不会很明显。而从大王古

庄近年来的人口自然增长状况分析，其人口总体规模处于平稳期，并略有下降。受国家计划生育政策的有效控制，在规划期内，大王古庄镇常驻人口规模的自然增长将维持 0 增长的水平。

3. 人口机械增长分析

京滨工业园的启动和发展，是带动大王古庄镇实现农村地区产业结构调整和经济腾飞的重大举措，必将导致外来劳动力的大量聚集和本镇农业劳动力向非农业产业的转移，并对镇域内人口产生较大影响。因此，采用劳动力平衡法对人口进行预测。

根据京滨工业园规划，其用地规模近期 (2015 年) 为 9.6 平方公里，远期 (2030 年) 为 30 平方公里。根据园区现状情况及可发展空间，确定至本规划期末（2020 年）京滨工业园用地规模约为 14 平方公里左右。

按照地均产值 10 亿元 / 平方公里左右计算，工业区的总产值可达到 140 亿元左右。以每个劳动力年均创造产值 10 万元计算，则需要产业劳动力 14 万人，而除其中约 70% 为农业劳动力，不在本镇域内长期居住外，外来长期居住劳动力（包括产业工人和管理人员、技术人员）约占 30%。则长期居住劳动力约有 4.2 万人。考虑到劳动力素质因素的限制和农业生产、第三产业发展对劳动力的需求，大王古庄镇本身约有 0.5 万人左右可以转向从事工业生产。以带眷系数 1.5 计算。随着产业化的推进和城镇化水平的提高，农田的重组和规模化经营可吸引部分外来农业劳动力。外来劳动力人口规模大约 800 人。

本镇的居民将更多地从事商业、城镇管理、社区服务等第三产业，通常从事第三产业人员可占社会劳动力总量的 20%左右，约 8000 人的规模。其中，本地居民约有 3000 人，约有 5000 人为外来劳动力经营。

以带眷系数 1.5 计算，则工业园区带动人口增长总人口为（4.2−0.5+0.08+0.5）× 1.5 = 7.5 万人。

4. 小结

综上所述，大王古庄镇规划期末人口预测为：

规划期末（2020 年）大王古庄镇域人口为 2.2+7.5=9.7 万人。

（二）城镇用地规模预测

1. 预测方法与原则

考虑到全镇工业用地全部集中到京滨工业园统一安置的现实，以及京滨工业园服务于全区的特殊情况，镇域建设用地规模预测采取实事求是的原则进行预测。首先，按照非工业用地指标测算非工业用地规模，再综合工业园区用地规模进行综合测算，以此确定镇域建设总用地规模。

2、城镇用地预测

按照相关规范，城镇用地规模按照人均120平方米的用地标准进行测算。鉴于工业园区的特殊性质，镇域工业全部安置于工业园区内；非工业用地指标根据有关规范，按照人均100平方米计算，则需非工业用地为9.7平方公里。根据京滨工业园规划，规划期末工业及产业配套用地为7.5平方公里，则规划期末总用地规模约为17.2平方公里。

三、镇域空间发展总体格局

（一）镇域空间发展现状

大王古庄镇现有17个行政村。包括大王古庄、小王古庄、聂营、陈各庄、大营、丁辛庄、前侯尚、距城堡、韩指挥营、枣林、北刘庄、聂辛庄、水活铺、利尚屯、董家庄、张家场、宋家场。镇域村落在空间分布上呈现出明显的规律性：沿大王公路和王河公路两侧附近两条村落聚集带，镇南部工业区内集中。镇中心位于镇域西北部大王古村。

总体上看，大王古庄镇辖区内的村落分布比较分散，村庄规模较小，未形成明晰的城镇体系结构，各村庄分布零散，缺乏明确的产业特色和职能分工，镇区的规模和建设水平较低，首位度低。村庄建设依然大量沿用着北方农村宅院的建设方式，建设用地指标大大高于国家相关标准，村落用地亟待整合、集约化发展。

随着农民生活水平的提高，生产、生活方式开始转变，大部分剩余劳动力开始从农业生产中转移出来，从事工业、建筑业和运输、餐饮、商贸服务等其他产业，就业从农村向城市转移，镇域人口也向镇区不断集中。

2009年大王古庄镇域各村镇人口用地规模现状一览表

表47

村名	人口	现状建设用地面积	人均建设用地
	人	亩	平方米/人
大王古庄	2223	5408.1	243.3
宋家场	332	520.9	156.9
张家场	566	1102.3	194.7
董庄	373	816.8	219

续表 47

村名	人口	现状建设用地面积	人均建设用地
	人	亩	平方米 / 人
前侯尚	1946	3870.8	198.9
利尚屯	2420	5838.6	241.3
水活铺	1206	2723	225.8
聂辛庄	434	1081.1	249.1
大营	1480	2434.2	164.5
陈各庄	1069	2010.9	188.1
距城堡	877	1769.5	201.8
丁辛庄	1698	3398.3	200.1
聂营	1321	2908.1	220.1
韩指挥营	1548	3147.7	203.3
枣林	1253	2151.2	171.7
北刘庄	1329	3428.3	258
小王古庄	1230	3062.1	249
总计	21305	45671.9	214.4

（二）城镇空间发展策略

大王古庄镇应立足建设京津发展轴上重要产业节点，依据天津市和武清区总体规划对京津发展轴的发展定位与要求，与武清城区、河北廊坊以及周边产业园区和城镇在经济、社会、交通、基础设施、生态环境等方面协调发展，在区域经济整体发展前提下寻求新的发展机遇，特别是重点保证京滨工业园发展，解决城镇及周边地区人口就近就业的基础上，为武清城区远景发展控制好备用地，形成区域资源共享、共赢的发展局面。

鉴于以上分析，大王古庄镇城镇空间发展必须加强区域协调，突破传统乡镇规划的空间布局方式，打破镇域局限，将城镇的发展纳入到区域的广度中去研究，与周边功能区相互促进，实现区域协调发展。

1. 加强产业协作，实现区域产业一体化发展

大王古庄镇的产业以京滨工业园为基础，加强与武清其他产业区以及河北廊坊开发区产业发展的一体化合作发展，重点发展高新技术产业，吸纳北京天津河北现代制造产业和技术人才的集聚，解决城镇及周边城镇人口就业。

依托廊坊开发区，以京滨工业园为基础，着力发展现代工业，形成工业产业聚集区和总部基地；

以小王古庄为基础，安置镇域村民，以此为依托，沿大王路东侧向南发展，与城关镇区连成一体，形成区域综合生活服务区；

充分发挥靠近京津高速牛镇出口的优势，与高村驿站服务区和华牧组团开发建设相呼应，远景在王河公路以北建设面向京津的高档服务社区；

在京津塘高速以北，大王路西侧远景规划服务工业区的配套高新产业区；

京津塘高速以北，大王路以西为现代设施农业区，重点发展设施农业和生态旅游。

2. 集约用地，整合村庄，实现镇园用地一体化发展

依托京滨产业园，以小王古庄村为基础，整合镇域所有村庄，形成“单中心”镇域总体结构。

3. 强化外部联系，实现区域交通一体化发展

武清区把实施大通道建设、抢占京津城市发展主轴关键节点作为一项重大战略，抓住国家实施京津高速、京沪高速、京津城际等重大交通工程的机遇，谋划实施了“九横九纵”路网贯通工程，累计投入200亿元，其中区级投入50多亿元，建成了沟通京津、连接周边、开放便捷的现代化路网体系。大王古镇位于武清毗邻北京的西北门户，上述交通工程通过或者毗邻此地，因此要以“九横九纵”路网为依托，以京滨工业园和镇区为核心，组成高铁、轻轨、铁路、公路为主的立体综合交通网络，加强大王古庄镇与外部的联系和结合。

通过王河公路连接京津高速牛镇出口、通过爱民东道连接京津塘高速城关出口，连通北京市区、天津、武清；

通过王河公路、廊良公路连接廊坊和首都第二机场；

通过廊良公路连接城关镇区；

通过通王公路连接高村驿站服务区组团；

通过京滨大道连接廊坊开发区与通王公路。

4. 保护和利用现状自然条件，实现区域生态环境建设一体化发展

大王古庄镇域多为条件较好的基本农田，镇域西北部规划为武清生态防护林。规划应在区域范围内做好这些生态环境的恢复和保持，在生态建设中应优先基本农田的保护和林地、湿地的生态保育，与通州、河北共同保护好北京东南的区域生态环境。

5. 落实区域市政设施，实现区域重大基础设施一体化发展

落实跨区域重大市政基础设施建设，保障跨区域的高压输电走廊、高压输气管线、区域道路设施等重大基础设施的建设。

（三）镇域空间发展总体格局

远景 (2050) 形成“三轴、五区”总体格局，与廊坊开发区、高村、城关镇区连成一体，形成武清区域产业新区。总规划用地 57.67 平方公里，其中规划建设区用地 39.99 平方公里。

1. 三轴

大王路：为空间发展轴；

京滨大道：为产业发展主轴；

王河公路：为产业发展副轴。

2. 五区

工业区：依托廊坊开发区，以京滨工业园为基础，着力发展现代工业，形成工业产业聚集区和总部基地；

生活服务区：以小王古庄为基础，安置镇域村民，以此为依托，沿大王路东侧向南发展，与城关镇区连成一体，形成区域综合生活服务区；

示范农业区：京津塘高速以北，大王路以西为现代设施农业区，重点发展设施农业和生态旅游；

远景高档服务社区：充分发挥靠近京津高速牛镇出口的优势，与高村驿站服务区和华牧组团开发建设相呼应，远景在王河公路以北建设面向京津的高档服务社区；

远景高新产业区：在京津塘高速以北，大王路西侧远景规划服务工业区的配套高新产业区。

三、镇域镇村结构

针对村庄分布散乱、职能不清、建设用地指标紧张、镇区首位度过低等问题，规划采取“集约用地，镇园一体”的镇村发展模式，依托京滨产业园，以大王古庄和小王古庄村

为基础，整合镇域所有村庄，形成“单中心”镇域总体结构。

（一）镇区沿大王路向京津塘高速以南发展，强化镇区与京滨工业园联系。

以小王古庄村为基础，结合镇行政中心建设，建设与工业园相配套的商贸文化服务设施及休闲旅游设施，整合镇域南部村庄，形成镇区公共服务组团。

（二）依托原工业园区中心服务区与高档生活区，调整原规划西北部工业用地为生活居住用地，形成功能完善的现代化综合工业园区。

（三）严格控制农村自然村落的建设和发展，对现有的村庄采用“控制衰败”的策略，做到用地规模不扩大、数量大幅度减少，严格控制村庄内房屋的翻新，有机搬迁；对保留的重点村要严格控制宅基地规模，进行旧村改造，与城镇中心区统一考虑，完善必要的公共设施配套。

四、城镇产业发展规划

（一）城镇产业发展总体战略

规划确定大王古庄镇产业发展战略是：以京滨工业园为依托，以第二产业为支撑，整合提升第一、第三产业。

（二）产业发展定位

1. 京津发展重要节点——积极融入京津大产业格局

大王古庄镇位于东部发展带上，处于首都经济圈和京津现代制造业带的中心区位，距北京市区仅 25 公里。区位优势为大王古庄镇融入北京大产业格局打下了良好基础。大王古庄镇产业发展方向为：发挥区位优势，大力发展知识和技术密集型产业，培育低消耗、低投入、高产业关联度和高附加值的行业，重点发展高新技术产业、现代制造业等。

大王古庄镇是未来北京市建设劳动密集型现代制造业基地的理想区位，从发展趋势和潜力看，大王古庄镇有条件建设成为京津冀以新材料、石油化工、机械制造产业等为特色，生产、生活和生态协调发展，具有良好人居环境的现代化产业新区，成为北京、廊坊经济技术开发区的延伸区和协作配套区。这样将有利于首都经济圈和京津现代制造业带的建设，实现与京津现代制造业带北京和河北部分的顺利对接，并消除该制造业带天津部分现存的薄弱环节，从而真正发挥武清区在天津现代制造业带中的龙头作用。

2. 武清区的重要产业发展区——承担武清产业发展重任

京滨工业园是天津市省级工业园、武清区“一区四园”产业格局的重要组成部分，作为武清产业发展的副发动机，其发展前景极其广阔，也使得大王古庄镇未来积极融入武清城区总体格局成为可能。如何利用这一条件，通过科学定位和规划，使大王古庄镇区通过合理转型，而成为武清未来新兴高科技产业新区不可分割的组成部分，对于大王古庄镇未来的进一步发展有着十分重要的意义。

因此，大王古庄镇的发展应以京滨工业园为依托，以新材料和石油机械设备的研发和制造为主导产业，同时借助基本农田分布较广的优势，发展现代设施观光农业，稳定城镇及周边人口的就业，带动农民进城居住，推动村庄整合，为大王古庄镇未来融入武清城区总体格局打好基础。

3. 廊坊经济技术开发区的战略伙伴——合作与竞争并存

与大王古庄镇毗邻的河北省境内的廊坊经济技术开发区，是新城前往廊坊的便捷通道。目前以高科技、外向型项目为主导，现已形成机械电子、食品、轻纺、新型建材、生物制药5大支柱产业。大王古庄镇与廊坊开发区紧邻，在今后发展中，应打破行政区划限制，加强区域合作，但应避免被廊坊袭夺的可能。

（三）产业发展策略

1. 第一产业发展

在产业发展上，应突出农业规模化和集约化，利用高新技术嫁接和改造传统农业，成为新技术、新产品的研发和大范围推广的试验基地，满足京郊都市农业的目标要求，要体现生态性。

规划的第一产业区主要位于京津塘高速以东区域。

2. 第二产业发展

大王古庄镇第二产业主要是依托京滨工业园发展。

园区规划应按相同类型企业进行就近布局原则，随着园区开发的不断推进，今后应逐步提高入区企业的标准，优先引入高新技术项目和技术含量高的先进加工制造项目，限制技术设备落后、产品质量低劣、能耗高（特别是用水）、污染环境、大量消耗土地，以及国家已明令禁止的产品。在接受北京、天津可能转移的企业时，要在争取一、二类工业企业落户的同时，避免三类企业的落户。

3. 第三产业发展

第三产业发展以商贸业、旅游业和物流业为主。

商贸业

依托大王古庄镇传统集市，在城镇生活服务区形成传统商业餐饮集市贸易基地，发展为居住配套的商业服务设施和集贸市场。在产业片区重点发展与产业配套的写字楼及其他大型商务服务行业，形成工业园服务中心，并主动接受廊坊开发区的辐射。

旅游业

以设施农业、产业园区为基础，大力发展农业观光游、工业观光游等旅游项目。以城镇生活服务区为服务接待基地，辐射周围景点及旅游场所；依托小王古庄片区原砖厂南部水塘和林地，建设度假村，吸引北京、天津城区及外地旅游者。结合北部防护林带，利用凤河南支周边区域良好的自然环境发展农家乐等小型乡村旅游业，远景结合高档服务社区建设形成休闲度假基地。

物流业

远景考虑利用大王古庄镇交通区位优势，在镇域中部现代产业服务区内，沿大王路西侧建设物流区，使之成为货物进入北京的前哨站。配套发展相关仓储、汽车服务、货物转运贸易等相关产业。

五、镇域用地布局规划

在规划期末逐步扩大园区规模，完善生活配套，初步形成“三区联动”格局。规划城镇建设总用地规模为 17.25 公顷。

（一）产业区

位于镇区西部，大王路西侧，结合京滨工业园用地，安置工业及配套服务研发设施。区内以现代制造业为主，布局生态友好型产业，并配套适当居住、服务设施用地。

（二）镇区生活服务区

位于镇域东部，大王路东侧，在小王古村的基础上向南发展。重点发展绿色人居、商业金融、文体娱乐设施、社会服务设施等为城镇居民工作生活服务的产业和设施。

（三）示范农业区

位于镇域中部，大王路东侧，以发展农业产业园区和运动主题公园为主，形成镇域生态基质。

六、镇域交通系统规划

（一）镇域现状道路交通概况

镇域现状：对外交通主要是依托京津塘高速公路与中心城区、天津方向联系，通过通王公路联系武清新城和北京，通过大王路向北联系通州。并可利用北京丰富的路网系统通向全国各地。

1. 高速公路

京津塘高速公路：从镇域中部西北斜向穿过，向北联系亦庄、北京中心城区，向南联系天津、河北廊坊，大王古庄镇距高速公路廊坊出入口处仅为 1.5 公里，是规划中的城关出口。京津高速从镇域东部边缘穿过，并设有牛镇出入口。

2. 铁路

铁路——城际铁路线穿过大王古庄镇，其永乐店站离镇区仅有 10 公里。

3. 区域公路

现状镇域内有王河公路（京滨大道）和大王路两条主要过境交通。与此同时，镇域西部的廊坊东环、镇域南部的游廊良公路，均可为镇域提供方便的外部联系条件。

4. 镇域内部道路

镇域内部联系城镇组团、集镇和重点村的道路，除了依托区域快速路和镇域公路外，主要还有爱民东道、百合道、古达路、古旺路等。道路红线控制为 20 ~ 40 米，两侧各控制 10 ~ 30 米绿化带。

内部道路与区域对外交通道路一同构成镇域交通网络，道路交通十分便捷。

（二）交通发展目标与策略

1. 加强对外交通体系与中心城区和新城及其周边地区发展的协调性，提高交通通达性；

2. 梳理内部和对外交通系统，减少内外交通体系的冲突和矛盾，使内外交通系统综合运转；

3. 结合公共交通系统的发展，同步加强步行系统、自行车交通系统的综合协调发展，同时与生态旅游发展相协调。

（三）镇域道路交通规划

规划镇域形成“四横三纵”交通体系，并与廊坊开发区东环路连成一体，形成完善的交通体系。

1. 四横： 王河公路、京滨大道、爱民东道、廊良公路

2. 三纵：廊坊东环路、大王路、通王公路

规划在京津城际铁路东侧建设通王公路，强化与天津和北京的联系；

规划在镇区南部建设爱民东路，使之成为联系廊坊开发区与镇区的主要外部通道；

规划拓宽王河公路、大王公路，使之成为联系镇区和京津塘高速与京津高速入口的主要通道；

规划高标准建设广阳道（京滨大道），使之成联系镇区与廊坊开发区的主要内部通道。

七、镇域生态系统规划

（一）规划原则

1. 生态优先，以人为本的原则；

2. 生态建设、环境保护与经济建设、社会发展整体优化的原则；

3. 保护中发展，发展中保护的原则；

4. 坚持环境容量、生态承载力的有限极限原则；

5. 合理进行生态功能区划，优先保护重点区域、敏感区域的原则；

6. 坚持公众参与的原则。

（二）生态系统

大王古庄镇域生态系统由生态基质、绿色生态廊道和生态斑块组成。

生态基质：以设施农业用地为主，形成重点生态保持区。重点保护好区内的环境、基本农田和生态湿地、生态林地。城镇主要建设区依托京滨工业园集中建设，集约利用土地，减少对镇域生态环境的影响。

绿色生态廊道：依托京津塘高速公路和各规划道路绿带，形成网状生态廊道，按照武清区总体要求在西部形成生态防护林带，结合工业布局设置生产防护林带，组成多层次绿色生态廊道系统。

生态板块：结合镇域用地布局设置公共绿地、公园和组团绿地，通过生态廊道将区域生态板块联结成网，构成有机生态体系。

（三）环境基础设施建设

1. 水系统

地表水：结合发展地表水的涵养与生态改良，科学规划地表水的保护与利用。

加强地表水用水管理，杜绝非法使用河湖水源；

启动排污河流的水处理，改善水质，以达到农业和景观利用功能；

在流经建设区的流域，对河床、河滩进行生态化治理，建设沿河生态带，与市民休憩和旅游功能结合发展，鼓励采取部分自然岸线的方式；

恢复、保护和发展湿地。

地下水：科学规划地下水的利用，加强地下水用水管理。

降低地表径流，拦蓄保存雨水，补充地下水；

注意主要地下水分布区特别是地下水源地的地表植被改良，建立乔、灌、草组成的合理的人工林草植被，利用蓄水沉淀池、湿地、生物过滤、透水地面等措施与生态环境良性循环，利用回收中水和雨水就近灌溉城市绿地和湿地，形成循环净化。

水污染治理和控制

搬迁具有潜在严重污染威胁的企业，对新建工业企业要严格审批，做科学的污染影响预测；

建设雨污分流的排水体系，对生活污水进行回收处理，避免直接排放；

创建完善的地面径流的引导与净化系统，防止河湖污水污染地下水，有效监控地表水及地下水水质。

水循环与利用

鼓励建立市政中水系统，通过新建区域市政体系和建成区域的改造逐步实现双管给水，并配合生态社区的配套设施，大力开发中水再利用的途径，并配合相应市政设施。

增加和恢复湿地并加以科学设置：增加地表植被，提高地表透水率，科学利用透水地面减少地表径流；

建立蓄水沉淀池，收集屋顶雨水，增加屋顶绿化；

通过市政建设和其他工程作法控制污染源，清理可造成地表径流污染的垃圾。

2. 主要环境影响因素的有效隔离和改善

在京津塘高速公路两侧保障200米宽的隔离带，规划城市七环两侧保障100米宽的隔离带，降低铁路噪音对居民日常工作生活的影响。

严格管理车辆尾气排放和禁止车辆进入的区域，在社区内部通过自行车和人行道路的良好构建，最大程度上减少社区内部的机动车使用频率。在交通繁忙的道路两旁，应该利用写字楼、密闭式的运动场馆和购物商店等来有效隔离交通导致的污染。特殊地区采用铺设吸音结构路面、或者半地下道路设计，以及构建隔音屏设计。

加强污水处理厂、公厕、粪便处理站等有异味的必要基础设施的异味净化体系。污水处理厂与生活居住区保证300米宽的隔离带。

通过建筑物的高低配置和公共开敞空间的设计建立城镇通风走廊，形成生态环境宜人、居住生活条件优越的城镇生活区。

3. 城镇固体废弃物处理和处置

构建大王古庄镇完备的环境卫生设施和管理体系。在规划中预留好公厕、保洁设施和垃圾转清运设施的空间。建立完整的道路保洁体系。建立完整的生活垃圾和粪便清运和处理、处置体系，实施垃圾箱——密闭式垃圾清洁站——垃圾转运站——垃圾处理处置场的模式。

4. 城镇大气污染控制

近期要对现有燃煤锅炉进行改造，强制使用低硫煤，降低其对大气的污染；加强集中供热系统，关闭未经许可的燃煤锅炉；远期全部使用天然气作为供热能源，镇区内部全部实现集中供热。

以最大限度地减少交通需求和对汽车的依赖、最大限度地为公共交通提供客源为目标。

八、资源节约、保护与利用规划

（一）土地资源

贯彻落实“十分珍惜、合理利用土地和切实保护耕地”的基本国策，坚持“在保护中开发，在开发中保护”的总原则，妥善处理经济发展与资源环境保护、当前与长远、局部与全局的关系，转变土地利用方式，促进土地集约利用和优化配置，提高土地资源对区域经济社会可持续发展的保障能力，保障区域各项职能的充分发挥。土地利用坚持经济效益、社会效益、环境效益的统一，因地制宜，建立集约、高效的土地利用体系。

1. 合理确定城乡土地利用规模，优化土地利用的结构，提高土地利用效益。

按照土地级差地租的要求，合理确定不同环境条件、交通条件、设施条件的土地开发强度，提高基础设施的使用效率。

按照“布局集中、用地集约、产业集聚”和“村镇规模化、工业园区化、就业城市化”的原则，调整现有村庄的数量和布局，加大合并力度，重点向部分基础条件好，发展潜力大的村镇倾斜，促进土地资源集约利用，提高土地使用效率。

严格执行建设用地定额指标和土地集约利用评价指标体系，推行单位土地面积的投资强度、土地利用强度、投入产出率等指标控制制度，提高产业用地的集约利用水平。

严格保护涉及公共利益和具有特殊功能的重要土地资源，如耕地、林地、水域、水源地和自然保护区用地，通过对建设用地规模、布局、建设时序的控制，遏制低水平、重复建设以及盲目圈占土地。依法保障国家重点建设项目、基础设施用地和其他合理建设项目用地。

2. 强化基本农田保护，大力发展设施农业。

镇区外的乡村地区要在坚持保护基本农田的思路指导下，加快农业现代化、产业化进程。农业是国民经济发展的基础，为使大王古庄镇的耕地得到有效保护，必须贯彻《天津市基本农田保护条例》的有关规定，对于划定的基本农田不可随意占用。

（二）水资源

1. 水资源保护与开发

重视地下水饮用水源的保护工作，明确地下水水源保护区范围，严格控制地下水超采，多途径涵养地下水，有计划的进行地下水回灌。

加强水污染的综合治理，镇域内水体在确保排水、调蓄的前提下，充分发挥其生态景观功能，加强沿河污水截流管道的建设。

发展多水源供水的区域供水体系。

2. 节约用水

建设节水型农业、节水型工业、节水型社会，使大王古庄镇成为一个节水型城镇。

推广各类农业节水技术，提高农业用水利用率，采用渠道防渗技术、低压管道节水灌溉技术，采取积极措施使无节制的乡镇企业用水、畜禽养殖业和农家用水得到控制。

选择工业项目时选择耗水量小的工业项目，提高工业用水的重复利用率。

加强宣传教育，提高市民的节水意识，使全民都能意识到水资源的可贵和可持续发展的重要。

推广鼓励中水系统的应用，结合镇区建设，建设市政及建筑中水管网。做到优水优用，劣水劣用，将经处理后的污水作为城市稳定的再生水源，用于生活杂用、农灌、工业、城市市政、建筑施工、地下水回灌、补充河湖等。

贯彻实施节水器具的市场准入制度，新建公共建筑和民用建筑，应强制实行节水器具和设备；现有的建筑应采取措施加快节水器具和设备的更新改造。

（三）能源

1. 节约能源

要在全社会广泛开展节能工作，深入实施《中华人民共和国节约能源法》，贯彻“能源开发与节约并举，把节约放在首位”的方针，以提高能源利用效率为重点，以调整经济结构、转变增长方式、推进技术进步、推行清洁生产为主要途径，以完善政策法规和创新监管机制为保障，加大工业节能、建筑节能和交通节能力度，推广节能措施，加强节能管理，努力发展循环经济，缓解能源瓶颈制约，加快建设资源节约型社会。

（1）优化产业结构和产品结构，限制重耗能工业发展，充分利用工业系统的余热，降低生产耗能。

（2）积极发展城市公共交通，大力提倡使用替代石油的清洁能源，从总体上降低交通能耗。

（3）进一步提高居住建筑节能标准，制定并实施公共建筑和工业建筑节能标准。

（4）建立城市绿色照明系统，提倡使用太阳能等照明系统。

2. 能源利用

今后十几年农村将处于经济快速发展的时期，农村能源需求不断增加，对能源商品化的要求也越来越高。根据“因地制宜、多能互补、综合利用、讲求效益”的方针，积极解决农村能源供应问题。除努力增加电力、液化石油气、煤炭和汽、柴油供应外，要积极开发利用小水电、太阳能、地热能，推广应用沼气和节煤节柴灶。

应优先满足居民生活用气和公共设施天然气用气，鼓励以天然气替代工业、采暖用煤，适当发展小型冷、热、电联产装置和分布式电源。

因地制宜地发展新能源和可再生能源。积极发展新能源，推广热泵技术，推进浅层地热、风力发电、太阳能发电等能源新技术产业化进程；鼓励利用垃圾、污泥进行发电和制气。

九、区域基础设施保障

从安全运行管理和节约土地资源的角度出发，必须协调好市政走廊与城镇的功能布局，合理控制市政走廊用地，尽量避免对城镇居住环境的潜在不利影响。

规划尽可能将市政管道走廊结合主要交通走廊、河道、绿色隔离空间、城市规划建设区的边缘予以安排，形成基础设施综合走廊，尽量避免对城镇建设用地的分割。

新规划线路应充分利用现有管道走廊位置，尽量与现有走廊协调整合。

对规划已经确定的管道走廊，应对其沿线用地进行严格控制，同时对防护绿地建设提出响应要求，不允许安排永久性建筑以及高大深根植物。

第五节　镇区总体规划

一、总体用地功能布局

（一）规划结构：

规划镇区形成“两轴、两区、四组团”功能结构。

1. 两轴：

城镇发展轴——以现有大王路为镇区发展轴，作为贯穿整个镇域南北的主要轴线。

产业发展轴——以京滨大道为产业发展轴，作为联系整个镇区包括东西部生活区和产业区的主要轴线。沿线集中布置产业研发和园区产业配套服务设施。

2. 两区：

产业园区——依托廊坊开发区，以京滨工业园为基础，着力发展现代工业，形成工业产业聚集区和总部基地。

城镇生活服务区 ——以小王古庄为基础，安置镇域村民。以此为依托，沿大王路东侧向南发展，远景与城关镇区连成一体，形成区域综合生活服务区。此区是城镇综合服务中心，也承担着带动东部新区建设的重要功能。

3. 四组团：

工业园区：位于京津塘高速南部地区，依托京滨开发区，发展高科技工业产业。

总部基地：紧邻工业园区的西南部地区，为大中型国内外企业提供入驻，而且将以高档酒店、总部小公寓、技术转移中心等完善配套设施，形成一个总部聚集，集办公、研发、产业于一体的总部经济新区，与工业园区互利互补，共同构筑大王古庄镇大总部经济区。

产业服务区：紧邻工业园区的西北部地区，为京滨工业园工作人员配套居住以及生活配套区。

城镇生活服务区：是大王古庄镇的行政、商贸、文化、医疗、体育中心。用地主要以居住为主，布局服务镇域、服务居住组团的各类公共设施。规划依托小王古庄镇旧址集中安排原来村镇居民回迁住房，并规划村民生活配套服务设施。

二、城镇建设用地规划

镇区规划总用地依托京滨工业园和小王古庄村用地，向东、向南逐次发展，规划期末总用地为 17.25 平方公里。

（一）居住用地

城镇居住用地主要安排在城镇生活服务区及产业服务区。

现状住宅大多为农村低层居住建筑，用地较浪费，规划进行建设改造。规划坚持旧村改造和新区开发相结合的方式，结合新市镇建设，合理布局，改善环境，逐步搬迁镇域内各村庄，形成布局完整、设施齐全、环境优美、以多层住宅为主的城市型集中居住小区。

住宅建设应强调节能、节地的生态性住宅，在保障通风、采光、保温、隔热基础上，加大运用成熟的生态建筑技术力度。在居住用地布局上，体现小区或组团空间形式，注重绿化系统的引入。

新建住宅宜以 4 ~ 6 层为主，局部可以做小高层甚至高层。环境优美的地段考虑 2 ~ 3 层联排低层住宅为主，兼有 4 ~ 5 层多层住宅，形成富有特色的社区环境。

规划设置初级中学一处，位于大王路东侧，职教园区南部。规划在产业服务区和城镇生活服务区内分别设置小学各一处、幼托各两处。总用地共计 13.85 公顷。

镇区规划居住用地共计 296.72 公顷，占镇区规划区建设用地的 17.2%，人均居住用地 30.59 平方米。

（二）工业用地

工业用地主要集中在大王路西部，产业区内。规划京滨工业园为依托，整合优化工业用地，以大力发展高新技术产业，完善基础设施，形成规模效益。

镇区规划工业用地共计678.92公顷，占镇区规划区建设用地的39.36%，人均用地87.60平方米。

（三）公共服务设施用地

按照有关规范要求，结合京滨工业园实际情况，合理配置各项服务设施用地。规划公共服务设施用地为251.89公顷，占镇区规划区建设用地的14.6%，人均居住用地32.5平方米。

1. 用地结构

镇区公共服务设施布局结构为：“两带、二核心”。

“两带”

城镇服务设施带：位于城镇生活服务区中部，南北向布置文化娱乐和商业服务、市场等各项城镇服务设施。

产业综合服务设施带：位于京滨大道两侧，东西向布置科研、商业服务、写字楼，及酒店式公寓等各项产业配套服务设施。

“二核心”

城镇服务核心：位于镇生活片区中部，围绕砖厂坑塘形成中心绿地，周边布置镇行政中心和文化体育、职业教育、商贸服务、医疗卫生等设施，形成城镇生活服务核心区。

产业服务核心：位于镇区京滨大道西部，规划工业园管委会、大型研发及园区配套服务设施，形成为京滨工业园配套服务的产业综合服务核心区。

2. 用地布局

行政办公用地

包括镇行政中心和京滨工业园管委会及其他行政服务设施，其中镇行政中心位于大王路东侧，城镇生活服务区内，京滨工业园管委会位于京滨大道南侧，产业区内。

镇区行政办公用地总计15.8公顷。

商贸金融用地

产业园区沿京滨大道布置与产业配套的大型写字楼及其他大型产业配套设施，形成工业园服务中心，并主动接受廊坊开发区的辐射；在西北部产业服务区发展小型商贸服务设施用地。

城镇生活服务区在用地中部南北向集中布置商贸金融服务业用地，为城镇居民生活服务。与此同时，在其东南部发展旅游休闲服务设施，形成度假休闲旅游服务中心。

镇区商贸金融用地共计106.75公顷。

教育科研用地

大王路东侧，城镇生活服务区内，依托原中学用地，规划职业教育园一处。科研用地主要分布在工业园内，京滨大道两侧，以发展大型研发设施为主。在镇区内形成科研、教育、生产相结合的教育科研体系。

镇区教育科研用地共计 63.36 公顷。

医疗卫生用地

规划在产业服务区和城镇生活服务区内中部布置卫生院各一处。

镇区医疗卫生用地共计 8.98 公顷。

文化娱乐用地

规划在产业服务区和城镇生活服务区内中部分别规划大型文化娱乐设施各一处，分别服务于产业园区和城镇居民。

镇区文化娱乐用地共计 34.24 公顷。

市场用地

规划在产业服务区和城镇生活服务区中部分别布置市场用地一处，以发展小型农贸和小商品交易市场，方便周边居民为主。

镇区文化娱乐设施用地共计 13.01 公顷。

道路广场用地

镇区规划区内结合用地在商贸、文化等交通流量大的地方设置社会停车场，结合主要交通设置公交场站，在村镇服务区设城镇广场 2 处，规划加油站 3 处。

规划道路广场用地 259.35 公顷，占城镇建设用地的 15.04%，人均 32.74 平方米。

体育设施用地

规划在城镇生活服务区内设置大型体育设施用地一处，与周边行政中心、文化娱乐设施、职教中心共同形成城镇服务核心。

镇区体育设施用地合计 9.75 公顷。

绿地

规划沿主要道路两侧布置防护绿带；利用放射干道、起伏地形等结合示范农业区的农田、防护林布置楔形绿地；在产业服务核心、村镇服务区和配套生活社区布置均匀分布的块状绿地。点线面结合形成有机的绿地系统。

规划绿化用地共计 197.33 公顷，占城镇建设用地的 11.44%，人均 25.46 平方米；其中公共绿地 147.26 公顷，占城镇建设用地的 8.53%，人均 19 平方米。

市政设施用地

镇区规划区内规划热力厂、燃气调压站、变电站、给水厂、污水处理厂、消防队、电信邮局等市政基础设施，总用地 40.75 公顷，占城镇建设用地的 2.36%，人均 5.26 平方米。

三、镇区规划用地构成

镇区规划用地平衡表（2020 年）

表 48

用地代码		用地名称	主要指标		
			面积（公顷）	比例（%）	人均（平方米）
R		居住用地	296.72	17.2	30.59
其中	R2	二类居住用地	282.87	16.4	36.5
	R22	中小学用地	13.85	0.8	1.79
C		公共设施用地	251.89	14.6	32.5
其中	C1	行政办公用地	15.8	0.92	2.04
	C2	商业金融用地	106.75	6.19	13.77
	C3	文化娱乐用地	34.24	1.98	4.42
	C4	体育用地	9.75	0.57	1.26
	C5	医疗卫生用地	8.98	0.52	1.16
	C6	教育科研用地	63.36	3.67	8.18
	C26	市场	13.01	0.75	1.68
M		工业用地	678.92	39.36	87.6
S		道路广场用地	259.35	15.04	33.46
其中	S1	道路用地	253.7	14.71	32.74
	S2	广场用地	3.13	0.18	0.4
	S3	非机动车停车场用地	2.52	0.15	0.33
U		市政设施用地	40.75	2.36	5.26

续表 48

用地代码		用地名称	主要指标		
			面积（公顷）	比例（%）	人均（平方米）
G		绿地	197.33	11.44	25.46
其中	G11	公园	56.12	3.25	7.24
	G12	街头绿地	91.14	5.28	11.76
	G22	防护绿地	50.07	2.9	6.46
建设用地合计			1724.96	100	177.83

说明：规划（2020 年）人口 9.7 万人

四、城镇道路交通系统规划

（一）道路系统规划

规划镇区道路系统为纵横道路形成网格道路系统，为城镇提供方便、快捷的交通。

1. 规划道路

按照三级设置。

区域性主干道为两横一纵：

京滨大道、大王路、爱民道三条，形成镇区主干道体系。

道路红线宽为 36 米，双向 6 车道。

主干路：两横三纵

古达路、东辅路、百合路三条。

道路红线宽为 32 米，双向 6 车道。

次干路：七横五纵。

道路红线宽为 25 米，双向 4 车道。

支路：

形成网状支路系统。

道路红线宽为 15 米，双向 2 车道。

2. 加油站

规划在京津塘高速公路与大王路交口位置设置加油站一处。为进出镇区和高速路的车辆服务。

道路系统规划采取区域协调方式，打破镇域限制，与廊坊开发区路网相衔接，整合镇区周边道路系统，形成完整道路网络。

3. 对外交通设施

规划在京滨大道与大王路交叉口东北侧设置对外公交站场一处，主要连接廊坊与武清。

（二）公交场站

规划在产业园区、城镇生活服务区设置公交首末站各一处，并在产业园中部设置公交站场 1 处。

（三）停车系统

1. 形成以配建停车设施为主体、路外公共停车设施为必要补充、路侧停车设施为辅助调节手段的静态交通格局。

2. 新建居住区及各类公共建筑均按配建指标同步建设自用基本停车位。

3. 除严格按照规定配建停车位外，规划在爱民东道布置公共停车场 1 处，村镇服务区布置停车广场 3 处。

（四）步行交通

1. 实现步道和过街设施的无障碍化，保证交通弱势群体正常通行条件。建立和加强有效的步行系统维护、管理和监督机制。

2. 沿主次支道设置步行和自行车专用道，强化步行和非机动车交通的成网化。

3. 行人过街设施以平面形式为主，立体方式为辅，人行横道尽量加装灯控设施。立体过街设施逐步加装机械升降装置。路面较宽处的人行横道应安排安全岛。制定合理的步行系统指标，建议行人过街设施间隔不超过 350 米。

4. 提高步行的连续性、直达性、便捷性、安全性。通过市政设施的建设，通过与地块开发商的协调等措施完善步行设施，以及提高步行的吸引力。

（五）自行车交通

1. 提高自行车出行的安全性、舒适性、直达性，鼓励自行车出行作为公共交通出行的补充，作为中短途交通出行的模式。

2. 自行车道与土地使用规划密切结合。使自行车道与商业、服务业等城市公共服务设施直接连接。

3. 保证自行车道的宽度和路面平整度，处理好自行车与其他交通工具的交织关系，减少相互影响。机动车道和自行车道之间实行物理隔离，提供安全的自行车过街设施。

居住区和公共服务设施应为自行车提供足够和方便的停车设施。公共汽车站以及公共交通枢纽应根据需要就近设置充足的自行车停车场，为自行车驻车换乘（B+R 方式）提供良好和方便的条件。

4. 研究制定合理的公交车站与自行车道的平面关系，消除或降低公交车进出站对自行车交通的干扰。

五、绿地系统规划

绿地系统对于城镇生态环境的保护起着决定性的作用。因此，绿地系统设计遵循人与自然和谐共处的基本原则，充分做到尊重自然、保护自然、利用自然。规划中全方位拓展绿色文化理念，集中建设绿色标志性空间，通过人与绿的视觉互动，营造新城的环境和空间形象。

规划绿地系统充分利用镇域内原有水系和干渠纵横的优势条件，对镇域内的原有河流和干渠进行整理，形成由绿地公园、街头游园、沿街绿带、防护绿地构成的“点、线、面”相结合的绿地系统。

（一）绿地公园

结合东部砖场坑塘，规划生态休闲公园一处，用地面积约 5.4 公顷。围绕公园设置主要服务设施，形成镇区生态型服务核心区。

（二）组团中心绿地

在各组团形成中心绿地。镇区形成 4 个街头游园，均衡分布于镇区各分区内，每处面积约 2 公顷。

（三）沿街绿地

主干道和次干道设置 10~30 米宽度不等的沿街绿地，共同构成了镇区的沿街绿地系统。

（四）防护绿地

沿京津塘高速公路两侧规划 150 米宽的防护绿带。在镇域西部规划防护林带。

（五）大环境绿化

利用镇区周边设施农业用地形成大环境生态绿化基底。

六、景观系统规划

规划区内形成“两轴、四区、多节点”的景观结构。

（一）“两轴”

是指镇区内沿东西向主干道京滨大道和沿南北向主干道大王路形成的核心景观轴，这两轴都是联系镇区各组团的重要景观轴。

（二）“四区”

工业风貌区：在产业园区内，充分发挥产业特色，形成简洁明快富有活力的、展示现代产业风采的现代景观风貌区。

高档产业服务风貌区：产业服务区内，形成特色鲜明的现代产业风貌区。

城镇生态风貌区：充分利用原砖厂水塘的生态景观优势，围绕水塘，结合周边服务设施建设，形成以湿地水生态景观为主题的生态景观风貌区。

城镇宜居风貌区：结合居住社区建设，形成展示环境优美、宜居的城镇生活主题景观区。

（三）“多节点”

是指在镇区内形成的多处街头游园景观节点。

第六节　市政基础设施规划

坚持城镇发展以基础设施为先导的方针，市政基础设施建设适度超前、优先发展。到2020年，建成安全、高效的现代化市政基础设施体系，重视水资源供给、能源供应、信息通讯安全，为大王古庄镇各项事业发展提供支撑和保障。

以节水、节能及清洁城镇为目标，合理利用资源。

积极发挥基础设施的先导作用，保障城市结构布局的顺利实现，促进城镇功能的完善。

充分挖掘现有设施的潜力，逐步改造、完善基础设施系统，提高服务水平。

强化政府调控和监督能力，引入市场机制，提高市政设施的使用效率和经营水平。

一、供水工程规划

（一）供水现状

大王古庄镇供水设施较为完善，各村由镇区集中水厂联村供水。现状：镇水厂位于大王古庄村镇政府南侧，日供水量约600～700吨，水源井两眼，总计日供水能力2000吨。村庄自来水普及率为100%，聂营村、韩指挥营村、大营村供水管网自水厂已敷设至村内，其余各村均已联村集中供水。

京滨工业园区现有水厂一座，该水厂负担园区供水，供水能力2万吨/天。

（二）用水量估算

大王古庄镇总用水量采用人均综合用水量指标法进行预测。参照《城市给水工程规划规范》及现状用水量水平，2020年，大王古庄镇人均综合用水量指标为800升/人·日。

根据综合用水量指标和远期人口规模，预测2020年，大王古庄镇总用水量约为8万

吨 / 日。

（三）供水水源及设施规划

规划大王古庄镇供水水源为地下水。规划保留并扩建镇现状水厂，供水规模达到 2 万吨 / 日；保留工业区现状水厂，供水规模维持 2 万吨 / 日；扩建工业区在建新水厂，供水规模达到 4 万吨 / 日，预留用地 1.6 公顷；至规划期末，大王古庄镇总供水能达到 8 万吨 / 日。

在水源地单井或井群影响半径范围内，不得使用工业废水或生活污水灌溉和施用有持久性毒性或剧毒的农药，不得修建渗水厕所、渗水坑，不得堆放废渣或铺设污水渠道，并不得从事破坏深层土层的活动。饮用水生产区外围不小于 10 米范围内不得设置生活居住区和修建禽畜饲养场、渗水厕所、渗水坑，不得堆放垃圾、粪便、废渣或铺设污水渠道，应保持良好的卫生状况和绿化。

在水源地保护范围内，按照水源地保护相关规定，该地区的建设不得破坏深层土层，不得修建有毒有害化学品仓库，不得堆放垃圾粪便，保证厕所、污水管道等的防渗能力；位于地下水补给区内的建设用地需要采取必要的防护措施。

（四）供水管网规划

大王古庄镇地势较为平坦，整个规划区采用一个供水分区、多水源联合供水。

为提高供水可靠性，规划给水管网采用环状布置。管网自由水压按满足六层楼水压要求考虑，即为 28 米，供水管网最不利点水压满足 0.10Mpa 消防需求，市政管网水压不能满足要求的建筑，需自行设置加压泵站。给水管道每隔 120 米间距设置一个消火栓。

小区内管网的布置要结合小区内道路和建筑的分布布置，管径根据实际计算的用水量进行选择。为了提高供水的安全以及满足消防的要求，管网布置成环状与枝状结合的形式较为合理，小区供水尽可能做到双路进水，如果小区管网布置成枝状管网或只有一条进水管道，应设消防水池。小区的进水管应按照就近的原则从市政干管接入，穿越道路的供水管在进行道路施工时进行预埋。

二、排水工程规划

（一）排水现状

镇域地势西北高、东南低。凤河（西支）自西北向东南流经镇域北部。镇域内有四干渠、中排渠、城关中干渠等排水干渠。

各村雨水经道路边沟排放至四干渠、中排渠后向东南排至龙凤新河。各村污水自然散排。

京滨工业园区晋元道以北为雨污合流式排水，汛期经水闸排至四干渠。晋元道以南为雨污分流系统。部分道路已建雨水管线，雨水向东排放至四干渠。污水排至开发区污水处理厂集中处理，污水厂现状处理能力 1 万吨 / 日，处理标准为Ⅰ级 B，尾水排入四干渠。

（二）规划原则及目标

以满足城市建设的长远发展、以人为本和建设环境优美的新城区为原则，从保护大王古庄镇的生态环境出发，规划建设大王古庄镇的排水工程。

排水体制采用雨污分流制。将现有合流制管道或暗渠改为雨水管渠，并完善雨污水管道系统，遵循雨水就近排放原则；按照污水集中处理原则布置污水收集系统，加快建设污水集中处理设施建设。

至 2020 年，规划大王古庄镇污水集中处理率达到 100%。

（三）污水量预测

污水量根据城镇平均日综合用水量乘以污水排放系数确定。规划镇区污水综合排放系数取 0.8，日变化系数取 1.3，预计 2020 年大王古庄镇污水量约为 5 万吨 / 日。

（四）污水工程规划

规划保留现状工业区污水处理厂，处理规模维持 1 万吨 / 日，主要服务于现状工业区和产业服务区；在工业区南部、大王路西侧新建一座污水处理厂，处理规模 3 万吨 / 日，考虑污水再生回用，预留用地 7 公顷，主要服务于广阳道以南工业区；在镇生活区东南侧新建一座污水处理厂，处理规模 1 万吨 / 日，考虑污水再生回用，预留用地 3 公顷，主要服务于镇生活区；至规划期末，大王古庄镇总污水处理能力达到 5 万吨 / 日。新建两座污水处理厂均按Ⅰ级 B 排放标准进行建设。

污水干管和支管原则上沿城市道路敷设，尽可能利用现状地形，使污水管道坡降与地面坡降一致，以减少管道埋深，尽量不设或少设提升泵站。尽可能避免穿越河道、铁路、地下建筑物或其他障碍物，尽可能减少与其他地下管线交叉。工业企业生产废水必须达到《污水排入城市下水道水质标准》后方可排入城市下水道。

（五）雨水工程规划

规划大王古庄镇采用天津市暴雨强度公式：

$$q=\frac{3833.34(1+0.885\lg p)}{(t+17)^{0.85}}$$

式中：P—设计重现期，重点地区、城市主干道取 2 ~ 3 年，一般地区取 1 年；

t —设计降雨历时，$t=t_1+mt_2$；

t_1—地面集水时间，取 t_1=10min；

t_2—管渠内雨水流行时间（min）；

m—折减系数，明沟 =1.2，暗管暗沟 m=2；

雨水量计算公式为：

$$Q=\varphi \cdot q \cdot F \cdot \left(L/S \right)$$

式中：φ—径流系数，建筑区取 0.6 ～ 0.65，公共绿地取 0.2 ～ 0.3

F—管段服务面积（ha）

镇区主要排水出路为四干渠、中排渠。由于规划区地形坡度较小，雨水管渠应就近排入干渠或规划河道，结合用地布局，合理划分排水流域，确保排水体系经济、畅通。

四、再生水工程规划

（一）规划原则及目标

为缓解大王古庄镇水资源供应矛盾、有效保护地下水资源，再生水应作为重要的水资源开发利用。为此，要坚持将城市再生水纳入水资源统一调配，再生水回用系统要纳入城市基础设施统一规划建设。

以建设节水型社会为目标，实现水资源合理配置，提高水资源利用效率，规划至 2020 年，大王古庄镇再生水回用率达到 100%。

（二）再生水设施规划

规划结合三座污水处理厂，建设再生水厂，对污水厂尾水进行深度处理。各再生水厂规模按污水厂规模确定，总规模 5 万吨 / 日，其中两座为 1 万吨 / 日，一座 3 万吨 / 日。再生水优先回用于工业区及城市绿化、道路清扫、景观环境、消防等用水，多余水量排入四干渠，用于下游灌溉。再生水水质满足《城市污水再生利用》系列水质标准，当再生水用于多种用途且由同一管网系统输配时，出水水质应按各类回用用途中最高水质标准确定。

（三）再生水管网规划

再生水管网应根据再生水用户分布进行建设，主干线尽量靠近用水量大、用水集中的地区。根据规划用地布局，再生水管网采用环支结合布置。再生水管道沿线公园、街头绿地采用管道浇灌，其他绿地及道路广场采用洒水车喷洒浇灌，为方便洒水车及消防车就进取水，在主干管适当位置设置若干取水口。在城市景观水系起点设置再生水排入口，为景观水系补水，维护镇区优美的景观环境。

四、电力工程规划

（一）供电现状

镇域各村由大王古庄 110KV 变电站及高村镇变电站供电，村内设 10kV/220V 杆式变压器，电力线路均为架空形式供电。

大王古庄 110kV 变电站位于京滨工业园区，电源自河西务及高场站 220kV 变电站，现状容量 2×50MVA。该变电站承担京滨工业园区、镇域南部的村庄及城关镇供电负荷。电力线路多为架空形式。

（二）规划原则

坚持“经济实用、结构合理、科学先进、容量充裕、安全可靠、适当超前”的原则，优化电网结构，满足全社会及居民生活对用电的需求。

简化电压等级，减少变压层次。根据大王古庄镇电网现状，规划镇区电网采用 110/10/0.4kV 三级电压。合理确定变电容载比，参照《城市电力网规划设计导则》，110kV 变电容载比为 1.8 ~ 2.1。电网的建设应满足“N-1”供电安全准则。

（三）负荷预测

大王古庄镇电力负荷预测采用单位建设用地平均综合负荷密度法进行计算。根据《城市电力规划规范》及相关手册，参考其他类似地区情况，同时考虑大王古庄镇特点及生活水平的提高，预测大王古庄镇远期单位建设用地平均综合负荷密度取 1.4 万 kW/km2，则大王古庄镇 2020 年用电总负荷约达到 240MW。

（四）供电设施规划

根据远期负荷预测，规划扩建现状 110kV 大王古变电站，规模达到 3×50MVA。根据用地布局及电网优化，规划在工业区北部、现状锅炉房东侧新建一座 110kV 变电站，规模 3×50MVA，占地 0.5 公顷；在工业区南部、在建锅炉房东侧新建一座 110kV 变电站，规模 3×50MVA，占地 0.5 公顷。

规划中压配电采取 110kV 变电站— 10kV 开关站— 10kV 配电所配电方式。建设开关站是缓解城市高压变电站出线回路数多、出线困难的有效方法，可以增强配电网的运行灵活性，提高供电可靠性。开关站应尽量结合 10kV 配电所联体建设，每个开关站最大转供容量不超过 15MVA，建筑面积约 300 ~ 400 平方米。开关站的接线力求简化，一般采用单母线分段，按 2 回进线，6 ~ 10 回出线设置。开关站应按无人值班及逐步实现综合自动化的要求设计或留有发展余地。

根据实际情况，10kV 配电所可采用户内式独立建筑、结合其他建筑建设或箱式配电所等几种形式。公用配电所应根据负荷分布及用地规划深入负荷中心，并注意避开多尘、水雾或有腐蚀性气体场所。每个配电所应有各自明确的供电服务区域，具体定位结合本区域内用地布局综合考虑。配电所的数量、配置容量根据各单体建筑实际用电负荷，在建筑设计时具体考虑。配电所的配电变压器安装台数宜为两台，单台容量不宜超过1000KVA。

（五）电力线路规划

大王古110kV变电站高压进线斜穿规划区，对规划用地布局影响较大，规划改为沿京津塘高速公路西侧绿化隔离带及镇区规划道路统一设置。镇区内10kV线路及低压配电线路应尽量采用地下敷设方式，个别道路如工业区或景观要求不高的地方可采用架空敷设。

五、通信工程规划

（一）现状

大王古庄电信支局位于京滨工业园区，装机容量10万门。该电信局承担大王古庄镇电信负荷，镇域各村可拨打国内外市话及长途。有线电视基站在董村，目前有2个村尚未开通有线电视。

（二）规划原则及目标

统筹规划，合理配置网络资源，提高资源利用率，实现网络资源共享和网络的综合化、宽带化、智能化。

大力发展本地电话交换网、传输网、光纤接入网、宽带数据通信网、智能网，加快电信支撑网和电信服务网的建设。以发展话音业务和数据业务为主线，增强全网的综合通信能力，在通信业务类别上能满足各层次用户的需要，从而建成一个通信能力强、业务类别多、运行高效、安全可靠、质量优良的现代化通信网，以全面适应大王古庄镇国民经济信息化发展的需要。

营造邮政事业良好发展的社会环境，改变传统的产业结构，实施邮政可持续发展战略。以科学技术拓展邮政服务领域，向社会提供广泛、方便、周到的服务，逐步实现由传统邮政向现代邮政的转变。

（三）电话容量预测

固定电话需求量采用主线普及率法进行宏观预测，规划确定大王古庄镇远期固定电话主线普及率约为60线/百人，则2020年大王古庄镇固定电话用户总计约为5.7万线，按实际用户线约占交换机容量的80%计算，2020年大王古庄镇程控交换机总容量需求约为7.2万门。

（四）电信设施规划

局址的设置应向大容量、少局址、多接入及同址多局的方向发展。规划保留并完善现状电信局，现状装机容量能够满足大王古庄镇通讯需求，用户密集地区设置电信模块局。

统筹安排通信管线的地下空间位置，充分合理地利用地下空间资源，减少重复投资，按照统建共用的原则进行总体规划，提高通信管线综合利用水平。

规划电信电缆采用管道沿道路敷设。随着电信业务规模的不断扩大，通信管道的建设应与城市道路建设同步。为避免重复建设，应充分预留通信线路及管道，做到资源共享，以满足通信线路、有线电视及宽带互联网络等线路的需求。

（五）邮政设施规划

加大邮政局所建设投入，规划在镇区东西两大生活组团分别设置一座邮政局，邮政局结合公建考虑，不单独占地。为方便单位和居民用邮，邮政所服务半径控制在每处 0.7 公里左右，根据镇区用地规划布局，到 2020 年，大王古庄镇共需设置邮政所 4 ~ 6 处，不单独占地，每处建筑面积 200 平方米。

为方便居民社会文化生活的需要，在镇区主要道路、道路交叉口、居民区等处设置一定数量的报刊亭，邮亭及信筒，信筒服务半径为 500 米。

（六）有线电视工程规划

规划大王古庄镇有线电视入户率 100%。有线电视线路原则上与市话电缆同沟埋地敷设，各用户区采用干线传输系统连接，用户小区设电视电缆分配系统。

六、燃气工程规划

（一）现状

大王古庄镇各村生活燃料采用液化气罐供应。京滨工业园区燃气供应由河北廊坊市中压市政燃气管道供应，已建燃气主干管道沿路敷设，为 DN200mm 钢管。

（二）规划原则与目标

坚持科学发展观，积极采用新工艺、新设备、新技术、新材料，做到技术先进、经济合理、安全可靠。

因地制宜，合理利用天然气，建立适当超前的城市燃气供应系统。做到统一规划、分布实施、滚动发展、逐步完善。

规划至 2020 年，大王古庄镇天然气气化率达到 100%。

（三）气源选择

根据《天津市武清区城乡总体规划（2008 ~ 2020 年）》，大王古庄镇天然气由武清门站供应。

（四）用气量预测

至 2020 年，大王古庄镇规划人口 9.5 万人，规划管道燃气气化率达到 100%，居民用气指标取 2700 兆焦 / 人 · 年，公建用气量按居民用气量的 15% 计，未预见用气量按总用气量的 5% 计，规划区居民和公建天然气用气量计算如下。

表 49

用气类型	耗热指标	用气人口（万人）	平均日用气量（万立方米）	年用气量（万立方米）
居住	2700MJ/ 年・人	9.5	2.0	716
公建设施	生活用气的 15%	—	0.6	215
未预见	总用气的 5%	—	0.1	47
合计	—	—	2.7	978

根据以上计算，2020 年大王古庄镇居民和公建天然气总用气量约为 978 万立方米 / 年。月高峰系数取 1.2，日高峰系数取 1.15，时高峰系数取 3，则 2020 年大王古庄镇最高日用气量约为 3.7 万立方米 / 日，最高日最高时用气量约为 0.5 万立方米 / 时。

（五）燃气输配系统及设施规划

规划在复元道北侧、京津塘高速西侧新建一座天然气调压站。气源由武清门站供应，输气管道沿京津塘高速西侧铺设。

为充分利用天然气的压力能量，减少管线建设投资，规划镇区燃气输配管网采用中压一级制，即中压干管、中压支线直接到箱式区域调压站或楼栋调压箱，调压后供居民及公建用气。

中压管网以环状为主，环枝结合，确保可靠供气。中压干管在保证安全距离的前提下尽可能靠近用户，缩短支管长度；尽可能避开繁华商业街和交通繁忙路段，以保证安全、便于管理。

七、供热工程规划

（一）现状

大王古庄镇在京滨工业园区建有锅炉房一座。锅炉房容量 4×10 吨，主干管 2×D500mm，设计供回水温度为 95℃ ~ 70℃。

各村采用煤炭、柴薪、秸秆自行分散供暖，部分村民安装有太阳能热水器，供应生活热水。

（二）规划原则及目标

以节约能源、减少环境污染为原则，调整供热结构，积极推进集中供热方式，在现有条件的基础上，做到统一规划、合理布局、综合利用、注重效益、热源建设与管网建设配套进行。

（三）热负荷预测

根据大王古庄镇规划用地情况估算，总建筑面积约为 1400 万平方米，根据《城市热力网设计规范》建筑采暖热指标新节能标准进行估算，预测 2020 年大王古庄镇总热负荷约为 700MW。

（四）热源规划

规划扩建工业区现状锅炉房，供热能力达到 100 MW；扩建工业区在建锅炉房，供热能力达到 300 MW；在现状 110kV 变电站西侧新建一座锅炉房，供热能力达到 300 MW。

（五）管网规划

规划热力网采用闭式双管制高温热水管网，设计管网采用二级管网，一级管网供回水温度 130℃ ~ 70℃，二级管网供回水温度 95℃ ~ 65℃。管网敷设方式采用直埋式枝状布置，管网布置应力求管路短直，干管尽可能先通过热负荷中心和接引支管较多的区域，尽可能缩短管网的总长度和不利环路的长度。

八、环卫工程规划

（一）现状

大王古庄镇环卫站位于镇政府园内，现有环卫工人 65 人。大王古庄村东侧、镇域北端农田各有垃圾填埋场地一处，由环卫工人每天清运镇区及各村垃圾进行深埋处理。

（二）规划原则及目标

按照生活垃圾处理减量化、资源化、无害化的原则，建成城乡兼顾、布局合理、技术先进的现代化生活垃圾治理体系。不断加大生活垃圾处理设施投入和环境综合整治力度，提高垃圾处理率。

废物收集、运输、处置和综合利用达到文明、科学、先进的水平；生活垃圾清运实行分类、定时、定点收集，提高垃圾收运机械化、科学化水平，减少二次污染；建筑垃圾、特种垃圾实行统一管理，明确投放、收运和处置规范。

规划至 2020 年，大王古庄镇生活垃圾无害化处理率达到 100%。

（三）垃圾量预测

随着人们保护环境意识的逐渐增强以及垃圾分类收集率、回收利用率的提高，人均垃圾产生量将逐步减少并最终趋于稳定。

规划 2020 年，人均生活垃圾产生量 1.2 公斤 / 人 · 日，则预测大王古庄镇生活垃圾总量约为 114 吨 / 日。

（四）环卫设施规划

规划大王古庄镇生活垃圾由京滨工业园统一处理，镇内设一座垃圾转运站，转运能力 120 吨 / 日，占地 4000 平方米左右。

医疗垃圾禁止混入生活垃圾，由专业人员、专业车辆负责统一收集、集中储存、密闭运输，由已建医疗垃圾处理站统一实行无害化处理。

公共厕所一般按常住人口 2500 ~ 3000 人设置一座，主要街道按每隔 500 米设置一座，一般街道按每隔 750 ~ 1000 米设置一座，每座公厕建筑面积不少于 60 平方米，均采用水冲式。

第七节　综合防灾减灾规划

一、目标与总体防护要求

积极建设和完善城镇的公共安全体系，走综合防灾机制化的道路，做好危机管理工作，切实提高城镇应急能力，确保灾后迅速恢复重建的机制，以现代公共安全和危机管理的理念综合考虑城镇的公共安全。

二、综合防灾减灾体系建设

设置应急救灾指挥中心一处，可与行政中心合并建设，不单独占地。完善人防工程配套设施和防控防灾一体化指挥、管理系统，全面提升城市防控防灾能力，建立城市水、电、气、热、通信等生命线资源的战略储备和应急供给机制，保障生命线资源的可持续性。

三、防洪规划

城镇防洪设计标准为抵抗 20 年重现期的洪水。应配合防洪要求重点对凤河西支水系进行整理、疏通。规划凤河控制蓝线 80 米，两侧各留 30 米控制区。

四、防地震和地质灾害

（一）生命线工程抗震

坚持以防为主的原则，提高城镇的综合抗震能力，最大限度的减轻地震灾害的影响和损失，使大王古庄镇地区在遭到地震基本烈度为 8 度的地震时，仍能采取切实可行的措施，保障其要害系统的安全及人民生命财产的安全。

（二）建筑工程抗震

对于一般建筑物按 8 度设防，新建工程必须按国家颁布的《建筑物抗震设计规范》进行抗震设计和建设。

（三）避震疏散场所

规划利用建设用地内的公共绿地、广场、体育场、学校操场及外围田野等开阔空间作为避震疏散场地。疏散半径小于 1 公里，人均避震面积不小于 3 平方米，异地疏散半径小于 2 公里。

（四）避震疏散通道

利用城镇主要道路作为疏散通道，疏散通道应保证两侧建筑物倒塌后还有 7 米以上的双向行车通道。建筑物倒塌堆积宽度可按房高的 0.5 倍计算，并设置醒目的标志。

（五）防止次生灾害

规划区内的配气站、水厂等工程设施应严格按照有关规定进行建设和管理；供水管网、燃气管线等应采用对抗震有利的柔性接头，城区中压配电网尽可能埋地铺设，以免地震时发生爆炸和火灾等次生灾害。

五、消防规划

（一）原则和依据

原则：预防为主，防消结合。

依据：《城市消防规划建设管理规定》《建筑设计防火规范》和《城镇消防站布局与技术装备标准》等有关规定。

（二）规划布局

规划镇区内设置标准普通型消防站 2 处，每处占地约 2500 平方米。

城市消防站布局应符合接到报警后 5 分钟内消防队可以到达责任区边缘的要求。每个消防站责任区面积宜为 4 ～ 7 平方公里。

消防供水：以城镇自来水为主，消防管道与市政供水干管共用一套系统，城镇给水管网应保证在生产、生活用水达到最高时仍能供应消防水量，供水主次干管上按规范要求 120 米间距设置消防栓，安装消防栓的管道直径大于 100 毫米。

消防通道：城镇道路作为消防通道，大建筑之间也应按消防规划设置消防通道，消防道路应进出通畅，以利于消防车通行。

建筑布局：城市中生产、储存和装卸易燃易爆危险品的场所和其他一些火灾危险性较大的场所应设置在安全合理的位置，与周围的建筑或场所保持规定的防火间距。

六、人防规划

建设平战结合的人防工程，充分利用人防工程的有效资源，发挥抗震避难，防御衍生灾害，应对突发事件等多重功能。

完善人防工程配套设施和防控防灾一体化指挥、管理系统，全面提升城市防控防灾能力，形成结构合理、技术先进、稳定可靠、符合信息化战争条件下人民防空特点的控制与管理体系。

第八节 近期发展与建设

一、近期建设指导思想

根据城市现有基础，协调近期各类用地建设，既从现有基础和物质条件出发，又充分预见未来发展的可能，同时妥善处理好近、远期建设的衔接，为进一步实施城乡总体规划创造良好条件。

二、近期规划年限

2009～2015年

三、近期规划建设规模

人口规模：7万人左右。

城镇建设用地规模：约14.5平方公里。

四、镇域近期建设重点

（一）进一步深化京滨工业园建设，适时启动总部基地建设，加大招商引资力度，打造武清北部重要产业基地。

（二）配套道路、市政等基础设施建设，创造良好投资环境。

（三）按镇域规划的要求，严格控制村庄建设。对村庄自身的农房建设、翻新、改造进行严格管理。

（四）切实做好用地置换、安置村庄用地复垦工作，保障城镇建设用地的总量平衡。

（五）强化镇域生态农业、观光农业的建设，全面启动设施农业配套建设，发展特色经济。

五、镇区近期建设重点

（一）结合京滨工业园建设，启动相关村庄的迁并工作，在小王古庄集中建设新市镇社区，安置搬迁村庄居民；

（二）完善城镇生活服务区道路网络、基础设施配套，构筑总体发展框架；

（三）继续完善产业园区格局，提高服务水平和吸引力。

（四）完善城镇市政设施，结合小区建设修建锅炉房，结合道路建设铺设给水、电力、电信等管线。

（五）启动城镇各项公共设施的建设和改造，推动人口向镇区的集中。

第九节　实施政策机制和管理

本规划一经批准，由大王古庄镇人民政府统一组织实施，各级政府和相关部门必须统一思想，充分认识城镇规划的重要性，维护城市规划的严肃性、权威性，切实落实规划对城镇建设的指导和调控作用。

一、严格依照并执行《中华人民共和国城乡规划法》和《天津市城市规划条例》，经批准的《武清区大王古庄镇总体规划》是城市建设和管理的法定依据。

二、大力宣传贯彻武清区城乡总体规划，提高城镇居民的规划意识。

三、本规划批准后，应在规划指引下，尽快完成镇区控制性详细规划及其它相关专项规划的编制工作，为指导城镇建设提供具体的法定依据，保证城镇总体规划的落实与实施。

四、加快交通、市政等基础设施统筹规划和先行建设，形成高标准现代化基础设施体系支持，引导空间结构调整和发展。转变观念，加大对社会事业和公共服务设施的投入。制定优先政策，积极争取新的带动项目（包括大型公益性设施和能够优化产业结构的重大产业项目）落户园区，引导城市功能完善和产业升级；高标准做好镇区重点地区的城市设计，引导向武清北部产业新城转型。

五、完善土地储备流转机制，实现政府主导与市场运作相结合。对不同土地利用类型采取不同供地方式，如商业金融等经营性用地，均采取招标、拍卖、挂牌方式供地，而对教育、医疗、福利等公益事业用地可以采取较为宽松的出让方式。同时制定和出台相关政策鼓励利用旧城改造的存量建设用地，提升城镇土地的集约化利用程度和产出率。

六、在完善规划审批制度和规划公开的基础上，建立健全城市规划的监督检查制度。各级政府要积极发挥法律监督、行政监督、舆论监督和公众监督的作用，认真查处和纠正各种违反规划的行为，加大对违法建设行为的整治力度。发挥各级人民代表大会、政协、各基层社区组织以及社会团体、公众在城市规划实施全过程中的监督作用，通过多种形式建立起对城市规划实施进行社会监督的工作机制。

七、加强政府对城市发展宏观调控的作用，完善规划决策体制和制度，建立重大问题的政策研究机制和专家论证制度，以及重大建设项目公示与听证制度，提高决策的科学性。

第十一篇　能源

能源包括煤炭、燃油、燃气、电力、柴草、沼气、太阳能等。解放前，煤炭供应主要靠私人煤铺，用以维持简单的作坊生产，贫苦农民温饱尚解决不了，根本无钱买煤，只能用自产的柴草做饭兼取暖。解放后，县煤建公司在城关建立煤站，煤炭计划供应。20世纪90年代以后，煤炭市场放开，煤炭成为人民群众生产生活的重要能源。

二十世纪60年代初，大王古庄通电。电能作为动力，开始走进人民群众的生产生活，成为须臾不离的重要能源。

农业机械和机动车燃料供应，解放后的相当长的一段时间，要到县石油公司购买或加油，各用户单位自行储存。1990年以后，镇域内主要交通干线两侧建立加油站，满足了镇内及过往车辆的需要。

柴草历来为农村烧煮取暖的主要能源，80年代以后沼气开始走入农家。二十一世纪以来，太阳能在农村逐步得到普及。

第一章　煤炭　燃油

第一节　煤炭

一、经营体制

民国年间，境内农户用煤，去城关或东马圈私人煤铺购买。解放后，城关建立煤站，受县煤建公司领导，负责境内的煤炭供应。主要是非农业人口和机关单位的定量供应。80年代末期，煤炭市场放开，多种经营体制并存。2002年，武清区煤建公司改制，煤站职工与公司置换劳动关系，用经济补偿金入股共同组建“天津武清区明阳煤业有限公司”在大王古庄专销部，职工与新公司重新确立劳动关系。与自建和联营建立的其他“明阳煤业专销部”，实行“统一管理、统一配料、统一质量、统一标牌、统一价格”的“五统一”管理，连锁经营。销售公司自己注册的“明阳牌”蜂窝煤。此外，镇内有多家个体煤炭经销点，经营方式灵活，多进村穿巷，送货上门。

二、煤炭购进

解放前，煤炭由私营煤店和经销点自行购入，煤种主要有唐山煤矿的烟煤和京西煤矿的无烟煤。解放后，煤炭由国家计划调入，煤炭主要来自北京、山西、河北等地。1980年以后，随着市场放开和生产生活用煤的增加，县煤建公司、工业供销公司增加了计划外煤炭的购进，煤站和各经营点一时兴旺。1994年以后，煤炭市场放开，个体私营煤站纷纷成立，个体运输也逐渐增多。进入二十一世纪以来，明阳煤业公司的煤炭来源主要由国家每年煤炭定货会定货采购，与国有门头沟煤矿签定常年供货合同，铁路正式计划运输到达。煤炭市场放开后，境内各经营点多自行雇用汽车拉运，全镇各种类型的煤炭企业、个体户年加工、运输煤炭1万吨左右。

三、煤炭供应

解放后，工业用煤由上级煤建公司计划调拨，市场民用煤敞开供应。1961年，开始实行定量供应。1965年前，煤球为手工生产。1966年，开始生产机制煤球和102型手工蜂窝煤。70年代初，102型蜂窝煤实行机械生产。1980年，机制蜂窝煤改为120型。

煤炭实行定量供应后，非农业人口及机关单位的供应标准是：

（一）非农业居民用煤

1～3口之家每月75千克；4口人以上，每增加1人每月增供25千克；6口人以上为175千克。冬季每户增供取暖煤50千克。

（二）机关单位用煤

2～4人每月150千克，5～8人每月200千克，9～15人每月250千克，16～20人每月300千克，21～30人每月400千克，31～40人每月500千克，41～50人每月600千克，50人以上单位炊事和饮水煤分开供应，其中炊事用煤51～70人每千克粮供煤0.6千克，71～100人每千克粮供煤0.5千克，100人以上每千克粮供煤0.4千克。冬季取暖用煤，使用暖气单位按取暖面积每天每平方米供应0.25千克，使用炉火单位按每年每人60千克供应，医院和幼儿园按取暖面积每天每平方米0.3千克供应。

1994年以后，煤炭供应放开，单位和个人用煤均不限量。为在煤炭行业保持竞争优势，各煤炭经销单位和经销店改善服务质量，增强售后服务，实行质量跟踪全方位服务，出现问题及时给予解决，避免用户遭受经济损失。销售人员根据用户对煤炭购进、质量、时间的安排，及时快捷地向购煤单位提供优质服务，节假日、双休日也能保证送货。

进入二十一世纪以来，燃气在境内得到普及，机关单位和居民生活用煤逐年减少。2015年，为了减少环境污染和提高人民生活质量，国家以补贴形式提供冬季供暖灶具和无烟煤 4200 吨。

第二节　燃油

解放前，镇内车辆大多为人力车，燃油消耗甚微。镇内有几家杂货铺经营煤油，居民点灯照明所用燃油，由这些店铺供给。1949 年建立供销合作社分社后，生产资料门市部经营煤油、柴油、汽油。

1955 年至 1982 年，石油销售量逐年增大，供应按照“农、轻、重次序，统筹兼顾，全面安排”的原则经销。1983 年增加议价油销售，坚持以平价油为基础，以议价油为补的原则。

1990 年，县石油公司首次在境内建加油站。1993 年以后，在城王公路利尚屯村旁建中石油加油站 1 座。

第二章　供 电

第一节　电网建设

一、变电站

解放初期，大王古庄无电器动力，又无电力照明，工、农、副业生产靠手工操作。

1962 年，大王古庄通电，由城关变电站配送电。

2007 年，建大王古庄 110 千伏变电站，位于京滨工业园内，主变容量为 2X31.5 兆伏安。2 路电源均来自大孟庄 220 变电站，10 千伏出线侧为单母线分段接线，设计出线 14 回，已经出线 12 回，分别为天鸿 842、镇区 844、立邦 846、纬五 848、华彩一 852、古香 854、华彩二 857、京滨 862、蒙牛 863、管委会 864、枣林 866、聂营 868。至 2015 年，大王古庄站最大负荷为 26.12 兆瓦，负载率为 43.65%。其中，2 号主变最大负载率为 38.48%，3 号主变最大负载率为 48.82%。

二、供电线路

1962 年，大王古庄公社绝大多数村通电，初步解决了人民群众生产和生活用电。电力设施很简陋，电杆是杨、榆、柳、槐等杂木，电线用旧铝线和铁线代替。

1963 年，将全公社高压线路的旧木杆换成水泥杆，使输电线路畅通无阻，保证了电力供应。

2007 年，大王古庄变电站投入运行，10 千伏出线侧为单母线分段接线，出线 12 回。

1972 年前，供电线路使用铁制输电导线。1973 年以后，为安全供电，进行线路更新工程，铁制导线更换为钢芯线。

第二节　电力供应

1960 年供电 1200 千瓦时，其中工业用电 300 千瓦时，农业用电 600 千瓦时，照明用电 300 千瓦时。1985 年供电 1500 万千瓦时，其中工业用电 1100 万千瓦时，农业用电 150 万千瓦时，生活用电 250 万千瓦时。1984 年 12 月开始实行计划用电，用电单位按分配指标定量供应，供电中推选“避峰填谷，昼夜均衡、保证重点、兼顾一般”的供电方式。为了保证生产用电，工业企业自备小型发电机。1990 年以后，变电站第二次增容，境内供电基本满足要求，停电现象很少发生。2008 年购电量完成 2642 万千瓦时，完成售电量 2503 万千瓦时。2009 年完成购电量 2728 万千瓦时，2010 年完成售电量 2570 万千瓦时。2011 年，总用电 4300 万千瓦时，其中工业用电 3550 万千瓦时，农业用电 250 万千瓦时，生活用电 500 万千瓦时。

第三节　用电管理

一、安全用电

为确保安全用电，对各街村、各单位管电人员进行安全教育，定期考核，使管电人员严格遵守变电运行管理规程，严格遵守天津市劳动保护条例、惩罚条例。

1982 年，普及落实三级保护措施，全公社用电单位加装变压器保安器 126 台，户装保安器 4320 个。

2006 年，发放宣传资料 8000 万份。进行安全工器具测试 2 次，新增灭火器 16 个。全年查出设备缺陷 24 处，逐一落实整改，清除树障 300 余处，确保辖区内线路设备的安全运行。建立健全安全管理网络，全年开展以安全为主题的活动 28 次，进村进厂宣传 260 人次。

2008 年，开展“百日安全无事故劳动竞赛”活动。进行安全知识考试，举办各种安全培训 40 余次，合格率达 100%。建立健全安全体系，人人签订安全生产责任书，建立严格考核机制。全年开展以安全为主题的活动 8 次。配合企业、市场和小动力用户进行安全检查。全年共查出设备缺陷 23 处，逐一整改。清除树障 340 次。对 89 户依法进行用电检查，下发安全隐患整改通知书 42 份，并进行督促整改。

2010 年，建立健全安全管理体系。建立所长、安全员主抓，以班长管理为基础，台区负责到人的安全生产管理体系。制定安全生产责任制和考核细则，

人人签订安全生产责任书，建立严格的考核机制。开展以安全生产为主题的活动 6 次，通过服务进社区发放宣传单、对各村街用有线广播、公告栏等形式宣传用电常识，把安全工作做到实处。

坚持安全生产，至 2015 年连续多年未出现人员伤亡及重大责任事故。

二、电费收缴

（一）收缴方式

1981 年，电业管理部门下达电费通知至公社电管站，由电管站通过各村、单位电工对用户收费，然后汇总报电管站，电管站每月底汇总报县供电局。2006 年启动 MIS 系统，用户可直接到银行缴纳电费。

（二）收费标准

1979 年前，农业用电每千瓦时收费 0.06 元，工业用电每千瓦时 0.094 元，照明用电每千瓦时 0.17 元。

1980 年，按变压器的容量每千伏安加收 4 元，照明用电每千瓦时 0.145 元。

1995 年，农业用电每千瓦时 0.366 元，普通工业用电每千瓦时 0.479 元，大工业用电每千瓦时 0.397 元，生活用电每度 0.30 元。

1998 年，综合售电均价为每千瓦时 0.585 元。电费回收率 100%。

1999 年，综合售电均价为每千瓦时 0.595 元，电费回收率 100%，上缴结付率 100%。

2006 年以后，照明用电调整为每千瓦时 0.49 元，工业用电 0.8593 元，农业用电 0.53 元。

2010 年，综合售电均价为每千瓦时 0.595 元，电费回收率和上缴结付率均为 100%。

第三章 柴草 沼气 太阳能

第一节 柴草

柴草历来为农村烧煮取暖的主要能源。主要有作物秸秆、藤蔓、杂草、灌木、树枝、落叶、枯树干、农副产品，及木材加工的废弃料等。据统计，解放前，镇内居民每年燃柴草0.8万吨，到1990年燃柴草约1.4万吨。

解放后，由于畜牧业和副业的发展，部分秸秆、藤叶作为家畜饲料、建筑材料，及工艺品原料。1970年以后，推广秸秆还田，每年耗去大量柴草。1980年以后，又推广沼气，培育食用菌，柴草用途不断增加。据统计，1990年牲畜饲料耗柴草近万吨，其余柴草用作燃料和肥料。

为节省柴草，1960年以后开始推广节柴灶。节柴灶采用小灶膛，空气自流供氧，少柴勤添。由于燃烧充分，炊后余火少，热效率提高20%～24%，较旧式柴灶可节柴一半。至1990年全镇节柴灶1000多个。因节柴灶火弱，农忙季节家庭无辅助劳动力很少使用。

1990年以后，因煤和液化石油气的普及，柴草作为燃料的使用量大为减少。

第二节 沼气

1979年，镇内开始推广沼气。1983年试点。是年，建沼气池12个，均为混凝土结构，作为做饭及烧煮猪饲料的热源，有的也用于照明。单池为8～10立方米，每立方米容积日产气0.2立方米，可供5口之家做饭、照明。按使用6个月计算，可节电35千瓦时，节煤1.75吨。沼气副产品可作肥料用并改变环境卫生。1984年，镇内建沼气池90个。后来因损坏、失修、建房及液化石油气的使用，沼气已于1986年基本停用。2010年后推广新型沼气池，全镇建起近400个，部分农户安装并使用。

第三节 太阳能

1980 年以后，镇内始有利用太阳能者。1990 年，太阳能在镇内大量推广。居民使用最为普遍的是太阳能热水器。

太阳能成为居民夏季洗澡冲凉的主要能源。居民使用的太阳能热水器分为三种：一是有集热装置的太阳能热水器，为有关厂家生产；另一种由太阳能采光板和水箱组成，夏季水温可达 60 千瓦时，冬季水温达 30 千瓦时；第三种由玻璃真空集热管和热水管组成，此种太阳能热水器热效率高，夏季水温可达 80 千瓦时以上，冬季水温可达 40 千瓦时，采光板较优良的，夏季水温可达 80 千瓦时，冬季水温可达 40 千瓦时。二是热水袋。厂家生产的简易太阳能热水装具，为黑色塑料袋包装，只能在夏季使用，晒热后水温可达 40 千瓦时以上，一袋水可供两个人洗澡。三是热水箱。自行焊制的简易太阳能热水装具，为黑色或白色铁皮水箱，只能在夏季使用，黑色水箱夏季水温可达 50 千瓦时，白色水箱达 40 千瓦时。

除家庭用太阳能之外，个别村建有太阳能温室大棚，以塑料布密封，通过阳光照射，使棚内温度提升，促进蔬菜生长。冬季温度可达 6 ~ 10 千瓦时。另有个别村使用太阳能灯具用作村街夜间街道照明。

第十二篇　教育　科技

清朝光绪三十二年(1906),境内始有办学的记载。自此,私塾与学堂教育并存。解放后,人民政府把发展教育事业摆在重要地位,大兴办学之风,村村成立小学校、兴办幼儿园。在学校教育方面,体现优先发展方针。《中华人民共和国义务教育法》颁布以后,境内全面实施普及九年制义务教育工作。2005 年,投资上百万元用于改善办学条件,全镇中小学全部达到九年义务教育标准,比全国预计"普九"时间提前 3 年。2011 年,全镇又建成 1 所中学和 2 所中心小学,不仅全部是楼宇化,而且综合水平也达到现代化建设标准,总建筑面积达到 3 万多平方米。镇党委、镇政府重视科技事业的发展,建立各级科技组织,培训技术人员,引进先进技术,在农业技术推广上取得了长足进展。

第一章 教育

第一节　学校教育

一、私塾

私塾是旧时私人举办的学校,明清乃至中华民国时期境内均有私塾教育,根据办学情况可分两种类型:

(一)专馆

是乡绅富户聘请有一定名望的文人,专教自家子女的学馆。

(二)一般私塾

由文人自设学馆或由村民联合设馆,招收学童入馆读书,收取学费自行教读。此类私塾遍布各村。解放前境内有 40 多家。私塾的学制年限不定,富家子弟常年入学读书,学习期限一般 3 至 5 年,多者 10 年。贫者学短期私塾,读冬仨月,以读《百家姓》《三字经》为主,能识一般汉字,会打算盘。除家馆和专馆以外,一般办学条件简陋,校舍多利用庙宇、祠堂和村公所房,有的学童在私塾里就读,桌椅设备缺乏,多是学童自带桌椅。

塾师多是由读过私塾、文学造诣较深者担任,经济待遇不同,在专馆任教者待遇较高。而一般塾师政治地位不高,经济待遇较低,俗称"孩子王"。

私塾的教材有《三字经》《百家姓》《弟子规》《千字文》《六言杂字》等格律文。有的学童读《唐诗》和四书、五经等。习字和珠算为每日例课。学童有一定基础时还增设吟诗作对和笔算等。 私塾教学方法采用塾师口授领读，学童随读，当学童能自读时，要求学童反复朗读，直到能背诵为止，凡所学课程要求背诵通本。塾师对本文只做简单解释，多数为死记硬背。根据学童年龄、程度实行同窗分教，教学进度不统一。 教学方法简单，多为棍棒纪律，塾师终日手持藤棍儿、戒尺，对违纪或完不成学习任务者施加抽打。

二、学前教育

境内幼儿教育历代都以家庭教育为主，家长教幼儿一些民谣，造诣较高的家长给幼儿讲“孔融让梨”“司马光砸缸”等故事，进行礼仪教育。1956 年，境内实现了农业生产合作化，为使妇女参加农业生产，部分村开始组建托儿所。1958 年成立人民公社后，境内的村庄普遍组建起托儿所和幼儿园，条件简陋，没有文化知识传授，也没有合格的幼教老师，为管理型托幼组织。1961 年，国家出现暂时经济困难，全公社幼儿园所停办。

1973 年开始，各村又相继成立了幼儿园和育红班，生产队派有文化的妇女任教师。开设汉语拼音、识字和算术课，从此，幼儿教育从管理型向知识型迈进。1985 年村办幼儿园得到发展。17 个村有幼儿园 15 所，办园率 89%，学前一年儿童 528 人，入园幼儿 459 人，入园率为 90%，达到了天津市规定的幼教先进乡标准。

从 1985 年开始，境内各小学均成立了“学前班”，招收 6 周岁左右幼儿入学，学习 1 至 2 年即转入该校一年级就读。1989 年乡村办园率达到 100%，被县评为幼儿教育先进乡镇之一。

1998 年 9 月，境内建起第一所中心幼儿园，园址大王古庄镇利尚屯村，占地 2760 平方米，建筑面积 470 平方米。有大、中、小 3 个教学班，在园教师 7 人，招收幼儿 87 人。

1999 年，镇政府投资 11 万元对镇中心幼儿园后排教室进行翻建，教学班由原来的 3 个发展到 5 个，招收幼儿 100 余人，在园教师 8 人，入园率也有了很大的提高，分别为 90%、60%、30%。2002 年，经验收，中心幼儿园达到天津市颁标准。2004 年，镇政府投资 23 万元，翻建前排教室、活动室和幼儿厕所，铺设室外活动场地 1200 平方米，建筑面积提高到 720 平方米，共招收幼儿 130 余人。幼儿教师全部为国办教师，学历层次由原来的高中文化，提高到大专水平。

2008 年，镇政府优化办园条件，投入 50 多万元，购置大中型玩具，为每个班购置电视机、VCD、钢琴、多媒体投影仪、校园广播；更换幼儿桌椅、多种玩具柜、碗巾柜、图书柜，绿化美化校园，优化了育人环境。为解除家长的后顾之忧，幼儿园设立了幼儿小饭桌。

幼儿入园率跃升到100%。被命名为市级绿色幼儿园、武清区农村一级幼儿园，大王古庄镇连续3年被评为幼教先进单位。

镇中心幼儿园还充分利用每个空间和角落，创造富有教育意义的环境。每个班设置多个自选区，像娃娃家、小理发店、小超市、美T区、玩具区等，为孩子们提供了表现、创作、施展才华、模仿生活的机会，使孩子们在这些小空间里自由快乐地成长，为孩子一生的发展奠定良好的基础。成为天津市乡镇中心幼儿园游戏活动达标单位。

中心幼儿园实施“以人为本”的教育管理模式，从根本上调动教师工作的积极性、主动性和创造性，组织各种类型的培训活动。包括教材教法培训、玩教具制作培训、创设主题墙饰培训等。开展多种形式教科研活动，经常组织听课、评课、观摩课，促进教师业务水平的提高。到2012年，有50余篇论文、20余篇教案获得市、区级奖励，多节教育课获得市一、二等奖，有100多幅幼儿绘画获得国家和市级奖励。中心幼儿园建园后，每逢“六一”儿童节，邀请幼儿家长来园同孩子们欢度节日，同台演出。幼儿园定期组织教师进行家访，召开座谈会，倾听家长的心声，为家长排忧解难，受到家长的称赞。

2009年，境内利尚屯幼儿园开始招生。该园是一所民办幼儿园，面向社会招聘幼儿教师，幼儿入园100余人，有教职员工14人，经验收该园达到《天津市农村幼儿园办园基本标准》。

2012年，随着教育布局的调整和现代化学校的建设进程，全镇的幼教事业也纳入发展规划。全镇办起了一所高标准的中心幼儿园以及一所利尚屯小学附属幼儿园，招收4～6岁儿童，入园率达到100%。这两所幼儿园都可以为孩子提供食宿，中午有专职老师进行看护。

2014年4月，镇中心幼儿园还与中央教科组进行合作交流，成立了中国首个“少年儿童成长干预中心”，由中国第四代幼儿干预中心主任亲自带队参与干预活动。

教学内容：1984年始幼儿园使用统编教材，设语言、计算、常识、体育、美术、音乐游戏课程，教学从培养幼儿兴趣人手，初步进行“五爱”（爱祖国、爱人民、爱劳动、爱科学、爱护公共财务）教育。从1990年开始，试用天津市幼儿教育教研室编写的《幼儿品德教育》。同时贯彻健康教育、养成教育、情感教育、智慧教育并重方针，培养学生独立生活能力和良好的生活习惯，从德育、智育、体育几方面打基础。

三、小学教育

据清光绪七年（1881）《武清城乡总册》不完全统计，当时，大王古庄镇有学堂17所.光绪三十三年（1907），学堂相继改为小学。各村选举当时有过文化教育的私塾先生或者有一定文化的干部任校长，教师则由以前的进士举人担当，在该校上学的学生，后来有

6人去了天津武备学堂读书。1947年以后，随着土改运动的深入，广大贫苦农民政治上、经济上翻了身，农民子女入学人数猛增。1954年，境内有初级小学21所，完全小学4所，入学儿童1200人。

新中国成立后，党和政府重视小学教育事业的发展。为适应翻身农民送子女入学心切的要求，各村开始拆旧庙、改建学校，没收地主的庭院办学校。到1958年，境内有小学17所，其中完全小学5所，在校学生438人，初级小学12所，在校学生898人。1952年，学制改“四二”制为“五年一贯制”，1954年恢复“四二”制。

1960至1962年，受国民经济暂时困难影响，学生入学率和毕业率均有所下降，出现了低潮期。有中心小学3所，初级小学12所，教师56人。在“调整、巩固、充实、提高”八字方针的指引下，1963年后又得到恢复和发展。

1966年开始的“文化大革命”使学校陷入混乱，直到粉碎江青反革命集团，特别是中共十一届三中全会后，教育事业才又走上正轨。

1979年，贯彻《小学生守则》，制定了一系列稳定学校秩序的规章制度，全公社小学生的思想品德、组织纪律、学习成绩、身体素质都得到了显著提高。1983年学制改为六年。

1988年，贯彻实施《小学生日常行为规范》，对小学生普遍加强了德育工作，各中心学校配备德育主任，在教师中也广泛开展了评选“合格课”“优秀课”等活动，使小学生的思想品德进一步优化，学生知识得到进一步的增长。是年，贯彻《中华人民共和国义务教育法》。镇党委、镇政府明确办学思路，即统筹规划、重点突出、保证质量、分步实施、滚动发展、不断提高。继而明确了管理体制：实行“三级办学，两级管理”。实行“三长负责制”。工作开展以后，全镇通过各种媒体宣传《中华人民共和国义务教育法》，广大干部群众明白了什么是“义务教育”，知道了自己应尽的义务和应尽的责任，懂得依法治教的重要性，认识到办教育是“功在当代，利在千秋”的德政，懂得了“百年大计，教育为本”的道理。在提高认识的基础上，镇村两级组建了“普九”领导班子，排查危房，制定规划，迅速投入到危房改造、筹建新校舍上来。

1989年，利尚屯村投资10万元，在全镇率先建起新的学校，各村也纷纷改造危陋校舍，改善了办学条件。

1999年，镇政府投资8万元，翻新大王古庄小学的校舍45间。2002年，又完成了丁辛庄小学、大营小学以及距城堡小学等学校的合并工作，为新校舍购置彩色电视机8台、放像机10台、录音机26台、投影仪32台；为各学校添置几十种以上体育器材；添置了钢琴1架、电子琴4架。为图书室购买了大批图书，达到每个学生人均8本图书的标准。

添置桌凳280余套。装备了仪器室、实验室、阅览室，达到了市政府规定的小学“一无两有十配套”的要求，即校校无危房；班班有教室，学生人人有课桌凳；教室、办公室、操场、院墙、校门、厕所、卫生室、综合实验室、文体器材室、图书阅览室配套。

在“普九”教育过程中，各学校全面贯彻教育方针，实行校长负责下的岗位目标管理制度。在教学方面，落实教学计划，开齐课程，开足课时，以教学为中心，以改革为重点，狠抓“课堂教学”管理，规定了备课、讲课、作业批改、课后辅导的标准，并开展以“轻负担、高质量”为主攻方向的教研活动，提高了教学质量；在德育方面，全面落实德育《纲要》，健全德育机制，优化育人环境，狠抓“养成教育”，开展了形式多样、丰富多彩的系列化教育活动，收到显著效果；在文体工作方面，狠抓“两课两操三活动”，以全面提高学生身体素质为主攻方向，建立了阶梯式的田径、篮球、乒乓球运动队。全镇小学毕业率达到100%，合格率97.7%，体育达标率95%。

1994年，5所中心小学全部建成“花园式学校”，全镇17所小学全部达到义务教育标准，比全国预计“普九”时间提前6年。被评为全国义务教育先进乡镇。是年，教研活动也取得很好成绩，教师素质有了很大提高，169名小学任课教师学历都达到合格标准，教学组被评为市和县先进教学教研组，有9篇论文获县一等奖，2篇获市一等奖，1名青年教师获市级“教改能手”称号。

从1995年开始，镇政府落实市政府《关于巩固普及九年义务教育成果，进一步提高办学水平和教育质量》的意见，实施了“六优工程”，即优化教育思想、优化教育环境、优化招生制度、优化教学过程、优化评价体系、优化师资队伍。根据《天津市中小学普及九年义务教育后办学标准》，开始向校舍建设标准化、楼房化、校舍基地园林化、仪器没备现代化、教育教学科学化、师资队伍优良化、学校管理规范化进军。轰轰烈烈的小学布局调整、规范乡镇建设、示范校建设和深化教育改革、实施素质教育工作紧张而有序地开展起来。调整学校布局工作，下大力解决办学分散、规模偏小制约教育发展的突出问题。2004年改造陈旧校舍6080平方米，增加教育投入，全镇小学电教设备全部达标。

1998年全镇义务教育办学规范镇标准通过验收。通过布局调整，到2000年，全镇小学由1992年的17所减少到7所，教育资源得到优化，有效提高了办学水平，教育质量和办学效益显著提高。

进入二十一世纪以来，全镇教育改革不断深化。2004年，完成了大王古庄镇第二中心小学的建设，并完成了韩营小学、小王古小学等周边村落学校的撤并工作，建筑面积3789平方米。2005年，总投资500万元，完成大王古第二中心小学附属工程，建筑面积达2860平方米。

2010年，全市启动现代化办学，当时正处在京滨工业园的发展时期，镇党委、镇政府决定重新规划镇教育园区，投资3亿多元，在园区内建设一座现代化的教育园区，包含幼儿园、小学、中学。同时投资8000多万元，在利尚屯村建设第二中心小学，学校办学条件达到现代化建设标准。学校坚持依法执教，严谨治学，在“以人为本，以生为重，为每个学生、终生发展提供机会”办学理念下，着力构建“学校、家庭、社会”三结合，倡导“目标、方法、能力”三位一体的教学模式，加强教研教改，努力探索“自主、合作、探究、感悟”的学习方法，培养学生的创新和实践能力。创建学校的优美环境、优良秩序和优秀质量，受到社会和家长的称赞。教师中大学本科学历以上122人（含大本在学4人），大专及以下学历13人，占教师总数的90%，教师中有区级骨干教师36人，镇级26人，骨干教师占教师总数的39%。教师队伍结构合理，不论是学历、职称，还是骨干教师的指数，均达到或超过天津市规定的指标。根据区域特点和学校实际，该校确立“育人为本，全面发展”的办学理念，制定了“文明、守纪、开拓、进取”的校风，“敬业、奉献、求实、创新”的教风，“刻苦、好学、求真、奋进”的学风和“团结、诚实、勤奋、活泼”的校训。办学理念和“三风一训”构成了学校文化的核心内容。

在学校教育工作中，注重所有学科的教学改革，尤其是在艺术教育方面进行积极的研究和探索，把培养学生热爱美、欣赏美、发展美、创造美作为艺术教育的核心目标。为了达到教育目标，把提高教师业务水平作为提高教学质量的关键来抓，坚持课内与课外、普及与提高相结合。学校组织学生积极参加各类艺术竞赛活动，有21个学生的美术作品分别获国家和区级奖励，舞蹈两次获区级奖励，艺术教师多次获国家和区级优秀指导奖，音乐、美术教师的课被评为区级A级课，音乐教学设计获国家级优秀奖，4篇论文获市、区级奖。连续两年被评为武清区基础教育改革先进单位，4名教师被评为市、区级优秀教师，3名教师被评为区级师德先进个人，3名教师被评为区级基础课程改革先进教师，3名教师在课堂教学竞赛中荣获市、区级奖，有12篇论文分获国家、市、区级奖，以“健体、康乐、好学、求知”为校训，以“以人为本，共同发展”为办学理念。让学生更喜欢，让家长更满意，让教师更自信，让社会更认可，成为人文温馨的家园，绿色鲜活的花园，欢快阳光的乐园，自主合作的学园。近几年来，在政府的支持下，办学条件不断改善。2011年，从危旧的平房校址迁至明亮的教学楼新校区。优美的环境、现代化的教育设备设旋为学校师生提供了优越的工作和学习条件。

附：重点学校简介

大王古庄镇第一中心小学

坐落于韩指挥营东侧，京滨工业园居民楼前面的教育园区——济华园内。建于2011年5月，占地面积75亩，建筑面积10700平方米，共投入资金近亿元。该学校是由韩指挥营小学、丁辛庄小学、大王古庄中心小学合并而成。学校布局合理，环境优美，配有微机室、多媒体教室、电子备课室、图书室、阅览室、音乐教室、美术教室、科学教室等多功能室，拥有200米环形跑道、篮球场、足球场、羽毛球场等体育设施。该校是一所6年制集体办标准化中心小学，服务周边10个村。学校本着“为学生的健康成长服务，为学生的终身发展奠基”的办学理念．全面贯彻党的教育方针，深入实施素质教育，让每个学生都能够得到爱的滋润、知识的浇灌，在知识的海洋中和谐、自主、健康成长。

大王古庄镇第二中心小学

坐落于大王古庄镇利尚屯村，是新建学校，前身就是利尚屯中心小学。服务于前侯尚村、董庄村、张家场、宋家场、聂辛庄、水活铺6个村。学校布局合理，环境优美。配有微机室、多媒体教室、电子备课室、图书馆、阅览室、音乐教室、美术教室、科学教室等多功能教室，拥有200米环形跑道、足球场、篮球场、羽毛球场等体育设施。该校是一所6年制集体办标准化中心小学，服务于周边6个村，校本部由前侯尚小学，利尚屯小学合并后新建而成。该校自建校以来，校风端正，教育质量高。

四、中学教育

1962年建大王古庄初级中学，校址在今成王路与京津塘高速路桥交会处，占地50亩，建筑面积5240平方米，学制3年。“文化大革命”初期，中学停课，校领导、教师多被批斗，教学设施受到破坏。1968年复课后直到1978年才恢复招生。

1985年，镇政府在成王路与高速路交口交汇处建大王古庄镇初级中学，隶属乡教育办公室。该中学占地35亩，建筑面积5620平方米，皆为砖木结构平房。设12个教学班，在校学生670人，有教职员工56人。由于就读学生较多，于2004年又重新规划建成了新的初级中学，更名为大王古庄镇第一初级中学。

1986年，贯彻《中华人民共和国义务教育法》，中学教育得到进一步发展，全区乡镇行政区划调整后，利尚屯初级中学随后并入大王古庄镇初级中学，增加学生300名，教师24名。各中学进一步完善义务教育教学管理体系，促进了教育质量的提高。

加大教育改革和布局调整力度，自2007年建校以来，学校紧扣“建设优雅环境、创建和谐氛围、充实学校内涵、提升学校品位、推进素质教育”的理念，全力推进校园文化建设。依学校“三风一训”，在校园内创设了具有鲜明特色的主题文化长廊和主题教育板块，风格各异的年级文化、班级文化及随处可见的温馨提示语，潜移默化地熏陶学生品行的形成。

学校从实际出发，实行“扁平化”管理模式，调动团队的积极性和能动性。努力落实《中小学教师职业道德规范》，引导广大教师修身、正德，用自身行动坚守“用人格魅力教育学生”，努力落实《中学生日常行为规范》，引导全体学生思考、实践，把以爱国主义教育为核心的民族精神教育和以改革创新为核心的时代精神教育落到实处。

在高效课堂打造过程中，学校从现实课题研究入手，不仅充分发挥教师的潜能，而且在强调学校教师主动研究的同时，更重视专家引领。近年来，市、区级教研室的专家数十次来学校进行指导，为课堂教学把脉。同时，充分利用“视导”这一工作平台，借鉴兄弟学校的成功经验和做法，为学校课改引来“源头活水”。学校广大教师在课堂教学的设计理念上，正在由“教授型”向“感受型”转换，求得师生互利双赢；在课堂教学目标的设定上，正在由“收敛型”向“发散型”转换，求得师生均衡发展；在课堂教学方法的设置上，在由“传统型“向“灵动型”转换，求得师生协调互动。并用自身行动坚守“用学识魅力教养学生”。教育园区内有标准的环形跑道和体育器械，可以进行田径、球类、体操的运动和竞技。有先进的理化生物实验室、语音教室、微机室、电化教室，每个教室都装备了电视机、摄像机、实物投影仪等设备，为教师利用现代化教育技术提高课堂教学效率提供了必要条件。

学校始终坚持德智体美全面发展的教育方针，坚持把课堂教学作为素质教育的主阵地，以育人为中心，以“课堂教学素质化”为宗旨，秉承“团结勤奋，严谨求实”的校风、“教书育人，诲人不倦，因人施教，为人师表”的教风。学校发展态势良好，教育教学成绩逐年提高。

多年以来，大王古庄镇初级中学一直坚持“以人为本，为学生终身发展奠基”的办学理念，倡导“文明和谐，务实创新”的校风、“敬业爱生，教书育人”的教风、“勤奋乐学，善思明理”的学风。学校在“诚信崇德，勤学求真”校训指导下，追求一流的育人环境、一流的师资队伍、一流的学校管理、一流的教育质量，形成学校的教育特色。学校建成了走廊文化教育区，教室、办公室、学习实践室文化区，操场、活动场文化区，形成显形教育与隐形教育并重。学校倡导有效教学，提高课堂质量，各学科教学中，教师从学科特点出发，注重学生素质培养和学习习惯的养成教育，重点抓好平时训练和反馈。语文、数学、英语、物理、化学等学科组，多个课题通过市区级鉴定或已取得阶段性成果。学校教科研工作在“走出去、请进来”的同时，建立以课堂为核心的培训平台，从基础抓起，从细节落实做起，让每一个教师的专业水平都得到了大幅提升。毕业生巩固率、合格率一直位居全区前列。

五、教师

（一）师资发展

民国时期，师资来源主要是社会闲散知识分子，多未受过专业训练，流动性强，称为自由职业者。1919 年，县内始建“教育讲习所”，短期轮训教师。1934 年，县简易乡村师范学校为境内培训了部分教师。解放后，由河北杨村师范学校、河北廊坊师范和武清师范学校毕业生中分配一部分师资。20 世纪 60 年代又选用一批社会知识青年作为民办教师补充教师队伍。70 年代末，天津师范大学、天津师范专科学校和武清师范学校每年都有毕业生补充教师队伍。2011 年全镇中小学教职员工由解放初期的 65 人，发展到 411 人。解放初期教师以初等文化居多。2015 年，在岗小学教师全部达到中师以上文化程度，中学教师中大学专科以上学历达到 100%。

（二）师资培训

1. 学历进修

20 世纪 50 年代初至 60 年代初，本着“缺什么补什么，教什么学什么”的原则，境内小学教师系统地进修文化知识，县函授师范学院定期辅导。80 年代，要求教师学历达标（小学达到中师学历，初中达到大专学历，高中达到大本学历），组织教师分别参加卫星电视中师、天津广播电视大学、天津教育学院有关科系的进修。1994 年大王古庄镇教师进修取得中师学历者 64 人，取得大专学历者 12 人，取得大本学历者 1 人。

2. 在职进修

组织有职称的教师进行再学习，拓宽加深知识面，解决知识老化、观念更新等问题。1990 年，完成了中学一级教师的继续教育。1992 至 1994 年完成了小学一、二年级和中学二、三年级教师的继续教育。1994 年至 1995 年，完成小学高级和中学高级的继续教育。

3. 教材过关

组织中小学教师系统学习教材，继续“教材过关”考试，分期分批验收。合格者发给证书。至 1988 年，全镇中小学教师 100% 取得合格证书。

4. 民办教师培训

1972 年，公办小学改为队办以后，始从社队招收一批“民办教师”。1978 年始，采取短期培训、在职进修、脱职深造等方法以提高“民办教师”的文化素质和教学水平。1979 至 1987 年，通过考试等考核办法，有 75 名民办教师转为公办教师。

（三）教师待遇

1940 年小学教师每人每月工资最高 20 元，一般 15 元，最低 10 元。1949 年小学教师每人每月领小米 90 斤，后增至 110 斤。1950 年评薪后，小学教师“按分定资”，月工资高级教师最高 29 元，一般 26 元，最低 23 元。初级教师最高 26 元，最低 20 元，职工 18 元。

1956 年工资制度改革以后，小学教师月工资一般为 38 元，中学教师 43.5 元。1979 年国办教师人均工资为 49.7 元，1988 年教师人均月工资 89.09 元。1989 年教师普调一级工资，1990 年教师一般又提升一级工资。是年底，教师人均工资已近 110 元，加上福利费等，人均月收入 165 元。

2010 年，全面落实农村义务教育经费保障机制，不断提高教师待遇。全面落实了义务教育阶段教师绩效工资制度，中小学教师工资有大幅度提高。解放后，教师享受公费医疗、抚恤金、丧葬费、退休金等待遇。并不断提高发放标准。1979 至 1990 年，按政策将教师的农业家属转为非农业。

解放前，教师地位低下，备受歧视，有“家有五斗粮，不当孩子王”之说。解放后，老师地位提高。中共十一届三中全会以后，教师越来越受到重视。截至 2008 年，全镇教师队伍中有 5 人当选区级、镇级党代表、人大代表，1 名教师为政协委员。

六、管理

解放初，乡设文教助理 1 名，学校设“校务委员会”，由 5 人组成，主任 1 名，履行校长职责。1951 年恢复校长制。

1958 年，公社设立文教组，设总校长 1 人，事务员 1 人，后增主任 1 人。并设教育委员会，教育助理 1 人。各村均设教育委员（兼职）。60 年代初，学校设教育工会，“文化大革命”期间停止活动。

1980 年，公社文教组更名为教育办公室，下设教学、总务、业教组。1984 年增设幼儿教育组。1989 年增设德育组。1983 年恢复教育工会。1995 年镇教育办公室设总校长 1 人，成校校长 1 人，教务主任 2 人，总务主任 1 人，德育主任 1 人，工会、常务人事干部 1 人，幼儿教育干部 1 人。

1992 年 4 月，建立教职工代表大会（简称教代会），代表任期 4 年。教代会是学校实行民主管理的基本形式，工会是设在教代会的工作机构，负责教代会的日常工作，每年召开两次代表大会。

教代会职权：听取校长的工作报告，审议讨论学校的办学方针、发展规划、教育教学管理制度及改革方案；审议通过学校的岗位目标责任、教师职工道德规范要求，奖惩办法及其重要规章制度；评议、监督学校领导干部并提出奖惩及任免的建议。

第二节　成人教育

一、农民教育

（一）业余初等教育

日伪时期，（1937—1945 年）境内有新民会县指导部举办的青年训练所、妇女识字班、新民问事处等业余教育场所。一些家庭妇女到识字班上课，教材有语文、算数，统一课本。

解放后，于 1953 年在各村开展“扫盲”运动，村村队队办“夜校”。是年，全乡办夜校 17 处，参加“扫盲”的农民 1200 人，专职教师 26 人，义务教师 42 人。夜校以学习语文、算数为主，时间一般在晚上。农民学习热情很高，出现了不少夫妻同学、婆媳共读、姑嫂互教的动人事迹。对老年多病和有特殊困难不能出门参加学习的人，则分别采取夫教妻、子教父、送学上门等方法帮助农民群众学习文化。翌年，农村业余学校改为民校。1955 年，乡里成立扫盲办公室，设扫盲专职干部和教师，组织农民参加扫盲运动，参加学习的农民达 1500 余人，至 1958 年，共扫除青壮文盲 300 余人。1963 年，扫盲工作出现高潮，村队办起红专学校，开展包教包学和识字竞赛活动，对扫除文盲起到了推动作用。是年，共扫除文盲 900 多人。

“文化大革命”期间，农民业余教育受到冲击，民校停办。由于学校秩序混乱，加之“读书无用论”的影响，青少年中又出现一批新文盲。1978 年，扫盲工作得到重视，1979 年，公社加强领导，配备业余教员。各大队以农民业校为阵地，根据文盲的实际情况，因人因村制宜，多种形式办学，对家庭负担小的集中学习，对家务负担重的组织联户班，对确有困难不能参加集体学习的送学上门。各学校还严格堵住产生新文盲的漏洞，学校将 15 周岁以下的少年包下来。小学、中学还开办了小学业余识字班、中学业余补习班和农技班。还采取学校包少年，团支部包青年，民兵连、妇联会包壮年的措施，收到了显著效果。1982 年扫除文盲 310 人，1988 年又扫除文盲 340 人，1990 年再扫除文盲 90 人。1990 年，实现了无盲乡镇。为提高脱盲人员的文化水平，镇成人文化教育学校对他们实施再教育，让他们一边学文化，一边学技术，提高自身素质。

进入二十一世纪以来，镇党委、镇政府为了提高全镇广大青年教师的素质以及全镇学生的健康发展，投资 2000 余万元和北京师范大学建立了基础教育联合办学的公益项目，此项目合作时间长达 6 年。

第二章 科 技

第一节 科技组织

1958年，公社成立科协组织，各村、公社修配厂建科协分会22个，生产大队、车间班组建技术研究小组80个。是年，科协会员发展到100多人。

“文化大革命”初期，公社科技组织瘫痪。1972年建立公社革命委员科技组，聘请3名技术人员，各大队建立科技小组，公社建立农业科技示范基地和林业实验场，各村建农业实验场，生产队组织了由生产队长、老贫农和知识青年参加的三结合的农科小组，形成了从公社到生产队的三级科技网。

1984年成立乡科技协会，并建立农民专业技术研究会，会员共20人。17个村成立科普小组，成员80多人。1985年乡五站(农机、农技、水利、兽医、林业)共有专业技术员30多人，为各村培养专业技术人员90多人。1988年，以乡村为骨干的两级科普网进一步得到加强，全乡共有专业农民研究会14个，其中乡级的7个，村级或跨村级的7个。做到了组织、人员、活动三落实。

1991年，乡政府增设了科技副乡长，主管科技推广工作。到1994年，全乡建立起林果、农业技术、节水工程、经营管理、肉鸡生产5个研究会和计划生育、瓜菜生产、植物保护、农电管理4个协会。另外建立起2个村级研究会、2个村级协会，分别为聂营村瓜菜生产研究会、利尚屯村瓜菜生产研究会，聂营村果树生产者协会、大王古庄肉鸡生产者协会。到1997年，建立起由乡长、副书记、农经委主任、企经委主任、科技副乡长组成的科技领导小组，成立由乡科协、农科站、林果站、水管站、多种经营服务站、肉鸡生产服务站、企业管理办、农业办、农校和工、青、妇、武等各部门及专业分管负责人参加的科普工作委员会。坚持每月一次科技专题例会，乡主管领导参加主持，互通情况，提出问题，商定措施，明确责任、任务和时限。由于加强了对科技工作的领导，乡党委、乡政府已成为全乡科技工作的指挥中心，并完成了过去行政手段指挥向科技指挥的转轨。到2000年，成立起5个专业协会。包括林果协会，会员1000人；肉鸡协会，会员450人；蔬菜协会，会员160人；计划生育协会，会员140人；工业新技术引进应用小组24人。形成了乡有总会、村有分会，协会联系千家万户的格局，发挥了日益明显的作用。

近年来，协会广泛吸纳会员，科协、科普工作出现了崭新局面。

第二节　科普活动

1975年起，公社每年随农事季节举办科技培训班，利用科技周和科技日活动，组织科技咨询服务下乡，请农业局农业技术推广站农艺师和本公社农业技术员给生产队以上干部和大队农业技术员讲小麦、玉米、蔬菜等作物栽培。公社还不定期向各大队印发科技材料，指导农事活动，公社农业技术员还深入田间地头，指导农业生产。

1991年，为使“科学技术是第一生产力”这一思想深入人心，提高广大干部群众的科技意识和科技素质，抓住各种有利时机，广泛开展宣传工作。一是利用广播，进行各类科技讲座38次，发放科技资料20300份，发布病虫防治预报8次，下村入户到田间进行技术指导650户次，接待来访120人次。二是利用一年一度的科技周进行宣传。做到村村有活动，有安排，既有声势又扎扎实实。在原有7块科技展牌的基础上又新增展牌20块，选用图片152幅，涉及到28个科技内容，真人真事，实景实物，很受群众欢迎。年内，举办各种长训班7个，培训544人；短训班28期，培训1927人次。培训了干部，培训了专业户，使他们学到了科学技术并应用到实践中去。

2000年，抓全民科技素质的提高，主要手段是科技大培训。一是专家讲课、指导。聘请资深专家常来乡里讲课，现场指导。有山东栖霞县林果专家、本区畜牧水产局的农艺师技术员等，传授的苹果管理技术等被全乡大多数果农所掌握。二是办培训班。科技培训班坚持常年办，乡村两级协会每年农闲季节以农校为基地举办基础知识长期班，农忙时期举办应急技术短期班，重要生产环节举办现场培训班。培训中既有专家讲课又有录相教学，也有现场示范。全年举办各类培训班80期左右，培训7000多人次。三是录相教学。乡投资1.3万元，购进2台录相机，2台电视机及果、菜、鸡生产技术的录相带等，分片下村放录相，年内全乡17个村科技录相教学近200场次。四是发明白纸和技术书籍。乡科协和各专业协会一年向群众发放各类技术明白纸近2万份，各类科技书籍500余册。五是典型引路。培养树立了露地菜生产、大棚菜生产、老果园改造、新果园管理、肉鸡生产等村、户典型20多个，用典型引路推广技术。六是互帮互学。以党建开展的“党群众共富小组”活动为契机，干部、党员与群众接对子，技术骨干与一般群众相结合，在同行业中开展科技互帮互学活动，互助小组达到240个。

近年来，科普活动无论在农村还是方兴未艾的京滨工业园，都更深入广泛地开展，科学技术的普及和推广给全镇经济发展注入了活力。

第三节　科技引进

二十世纪六十年代，大搞群众性的科学试验，各村普遍建立了实验场，推广间作套种，搞杂交种繁育。

1976年，在县有关部门的帮助下，公社农科站组织技术员和师生对重点大队土壤的养分、盐分等项目进行普查和速测，建立地块档案，绘制养分、盐分、有机质、速效磷及土壤类型分布图，为进一步搞好科学种田提供了依据。

1980年，全公社初步实现了良种布局区域化，并加强植物保护工作，严格控制病虫害，认真贯彻“预防为主，综合防治”的八字方针，在肥料上大力推广沼气利用，逐步扩大秸秆还田面积，积极发展绿肥。1985年，推广“三肥坐底”、田苗按叶龄施肥和后期“三防”等新技术，使小麦生产迈出一大步。

1986年推广了地膜覆盖技术，进行蔬菜和棉花地膜覆盖实验，蔬菜产量翻了一番，皮棉单产突破100公斤。翌年，地膜覆盖技术在全乡得到普及和推广。

1991年引进推广小麦优良品种“津麦2号”和“津411号”，推广了“大马鞍”栽培法、白粉病防治和小麦防倒技术。是年，在实践肉牛工程中，推广了氨化饲料喂牛和玉米赤霉醇快速育肥增重技术。引进乳猪料“551”，在全乡推广，缩短了母猪的繁殖期，引进育肥猪精，使肥猪增重快、出栏快。

1995年，为发展高效农业，在科技引进上大做文章，小麦统一为“京东八号”，夏玉米为“掖单”系列，棉花为基因抗虫棉，蔬菜品种更新为中外优良品种，如黄瓜为津春五号，白菜为津绿系列，大白萝卜、小红萝卜、青蒿菜为日本优种。

1998年，抓好工业技术引进、研究和应用，推动全乡企业上规模、上水平，产品上档次，整体增效益。着手工业企业的骨干厂、重点行业、典型项目的技术引进、技术改造工作，以加快企业的发展。境内的骨干企业锅炉制造厂，是国家主管部门批准的低压锅炉生产厂家。近几年紧紧围绕节能、高效、环保目标，引进技术，研发了6吨以下的无压热水锅炉产品、1–20吨承压锅炉、1–20吨无压锅炉、1–4吨工业汽锅炉、1–10吨燃油锅炉等新产品。产品达到系列化、标准化、优质化。又如乡染料化工厂，与科研院所协作攻克技术难题，使产品达到德国拜尔公司标准，成为国内第二家生产这个标准的厂家。

进入二十一世纪以来，科技引进逐年增多，农业上引进各种先进农业机械设施，用于农业服务。各村的麦田实现机耕、机播、机收，用于玉米的收获、剥皮、脱粒和秸秆粉碎的农业机械也被广泛应用，提高了工效，减轻了劳动强度，全镇基本实现了农业机械化。

近年来，科技引进重点在项目上。至 2015 年，京滨工业园新引进科技型企业 110 家，科技小巨人企业 7 家，高新技术企业 6 家。新增北汽海纳川、北京内燃机等重点实体项目 7 个，引入柯斯元防伪技术研发基地、风电集团等多家区域核算注册项目。项目建设全力提速。

第十三篇　文 化

大王古庄镇的文化事业有一定基础，解放初。民间花会就有小车会、高跷会、少林会、叉会等，村办剧团有小王古庄、枣林、陈各庄的评剧团，大营的京剧、河北梆子剧团。除了在“文化大革命”期间停止活动外，每年都在春节和一些重要节日组团为群众演出。

地方党和政府十分重视文化宣传工作。1968 年成立公社广播站，1971 年成立公社电影放映队，1980 年 10 月建立公社文化站，文化宣传工作逐步纳入正轨。1990 年以后，随着小康村建设的深入，文化事业呈现前所未有的生机。到 2015 年，全镇有文化室、图书室、农家书屋 17 个，自 1988 年县举办春节文化活动、消夏晚会以来，不少花会、演出队、艺术团、文艺骨干积极参加，丰富和活跃了城乡群众的文化生活，涌现出企业文化、村街文化、校园文化、机关文化、家庭文化等先进文化活动典型。

进入二十一世纪以来，为推进大王古庄镇文化事业的繁荣发展，满足人民群众日益增长的精神文化生活需要，大王古庄镇持续加大文化基础设施投入，积极组织开展丰富多彩的文艺活动，为群众生活营造良好的文化氛围。一是加大基础设施投入。新修建了电子阅览室，安装了 11 台电脑和 1 台投影仪。为 17 村的农家书屋新增各类图书 3500 册，完成前侯尚村文化站的提升改造工程，解决农民“读书难、看书难、买书难”的问题，激发农民学习文化的兴趣。二是注重文化队伍的建设，培养文化带头人。分布在各村的广场舞队、京剧团、评剧团、小车会等各类文化队伍共有 26 支，参与者 800 多人，是文化活动的积极分子。定期召开学习交流会议，提高带头人和文化团体的整体水平。三是积极组织开展丰富多彩的文艺活动。大王古庄镇经常组织“戏曲大赛”“花会表演”“广场舞大赛”“颂京滨大赛”等活动，而且积极参加区里组织的各种文化活动，取得了良好的成绩，带动了人民群众积极参与到文化活动中来。四是加大宣传、加强引导、加快更新。大力宣传党的惠民政策，充分挖掘传统节日的文化内涵，通过广播、镇刊、悬挂标语、发放宣传单等形式，积极引导社会舆论，弘扬传统文化，创建文明和谐社会。

2015 年，大王古庄镇成立群众团体联合会，镇党委政府群众团体联合会对下辖的 27 个艺术团体进行资金扶持，鼓励创作新作品，季度开展优秀作品展示活动，把党的政策、当前形势、优秀典型以群众喜闻乐见的形式传播出去，以聚集正能量，再创地区发展新辉煌。

在联合会的引领下全镇组织开展了丰富多彩、积极向上的文娱活动，有花会演出、广场舞比赛、戏曲展演、大篷车演出等。文艺带头人积极参与，基层群众热烈欢迎。各村的村干部和领队都是联合会成员，在镇京滨艺术团及文化站的带领下，不断加强民间艺术团体规范指导，成为全社会正能量的重要引领。演出走进田间地头，和谐村镇文化环境。在村口广场，在老年活动中心，在建设还迁楼工地，民间艺术团体的演出真正把田间地头当舞台，让基层群众做贵宾，激情洋溢、丰富多样的演出不仅为群众带来了一道道视听的盛宴，而且为村镇文化环境的提升做出了不可小视的贡献。

第一章　群众文化

第一节　机构设施

一、电影放映队

1971年，公社建立电影放映队，队址设在公社机关，有2名放映员。8.75mm放映机2部，在境内流动放映，年放映250余场，保证每村每月放映一场电影。

1978年中共十一届三中全会以后，境内村办电影放映事业发展很快。一些富裕村庄先后购置电影放映机，免费为村民放映，农民每周能看上2场电影。进入20世纪90年代，电视机普及到户，影视节目逐年增多，村办放映组停止放映。而民办电影放映队填补了空白。镇内出现个人出资购买电影放映机，到各村巡回放映。进入二十一世纪，区文化局为每个乡镇配备电影放映员，巡回为各村群众放映电影。

二、文化站

1980年，公社建立文化站，站址设在公社院内，房屋3间，有图书室和阅览室，开展小型多样的文化活动。1989年9月，乡投资10余万元新建文化站。新文化站建房7间，建筑面积122.5平方米，建有固定宣传橱窗，图书室、阅览室、办公室、排练室等。是年，购置二胡、笙、电子琴等乐器。工作人员2名，站内图书达到1200多册，添置音响设备、照像设施。有图书借阅、书法展览、文艺节目排练等活动。

1985年，乡党委宣传委员主管文化工作。是年，建“文化活动领导小组”，党委副书记任组长，宣传委员、副乡长任副组长，文化站长、团委书记、妇联主任、广播站长为小组成员。每逢节日文化活动领导小组提前召开会议，安排部署文化活动。

1988年，文化站增加报刊发行工作，负责境内《天津日报》《天津农民报》等10余种报刊的征订和发行工作。

1993 年后，文化站增设了录像厅，形成了较为完备的文化活动中心。1995 年以来，多次被评为市级、区级文化先进单位。

2000 年以来，文化站加大了抓文化工作的力度，组织和协调各部门开展文化活动，每年夏季，组织文艺骨干排练节目，积极参加县消夏晚会演出，均获得优秀组织奖和表演奖。2011 年组织了“喜迎建党 90 周年，红色歌曲大家唱”文艺演出，向建党 90 周年献上一份厚礼。

三、农村文化室

1951 年，在区文化站领导下，文化生活开始活跃起来。村村成立俱乐部，刚刚翻身得解放的农民参加以俱乐部为中心的文化活动，热情空前高涨。各村文艺骨干利用村公所组织起小剧团，较为活跃的有小王古庄、枣林、陈各庄的评剧团、大营的京剧团、河北梆子剧团，配合当时贯彻《中华人民共和国婚姻法》工作，排出了评剧《刘巧儿》《小女婿》等。

1963 至 1964 年，境内文化生活出现崭新局面。有半数以上村庄建立了俱乐部，由团支部组织团员青年读报纸、唱红歌、排节目。当时，多数村的俱乐部设在学校，学校教师积极参与，提高了文化生活的质量。

“文化大革命”初期，境内群众文化活动一度空前活跃。尽管只有 8 个样板戏可看，但以唱红歌、跳“忠字舞”为代表的活动掀起热潮。村村建有文化室，成立毛泽东思想文艺宣传队，排练小节目，公社还经常组织会演。到 1970 年，群众文化热降温，文艺宣传队解散。

随着社会主义新农村建设步伐的加快，全镇村街文化室得到普及。2009 年以后，市和区文化部门连续 3 年向基层发放锣鼓、乐器等文化用品，使文化室的设施更加完备，促进了各项文化活动的开展。

家庭文化生活丰富多彩。有的村逢年过节请来剧团、艺术团，有的户老人祝寿、新生儿满月也请民间艺人助兴。寻常百姓不满足观赏专业文艺团体的节目，自娱自乐意识越来越强，买乐器、购光盘在家庭演唱的越来越多。近年来，农村文化进家庭的氛围逐渐浓厚，建农家书屋的户呈上升趋势。全镇文化户达 300 多个。

四、农家书屋

进入二十一世纪以来，大王古庄镇积极落实各项惠民工程，为群众办好事办实事，“农家书屋”建设工程就是其中之一。镇党委高度重视、精心选点。截至 2010 年，全镇 17 个行政村全都建起了“农家书屋”，总面积近 500 平方米。每个“农家书屋”都配备政治、经济管理、文学、社会学等六大类图书1500余册，报刊杂志30余种。“农家书屋”管理规范，有统一的《天津市农家书屋借阅制度》《天津市农家书屋岗位责任制度》《天津市农家书屋读者须知》等相关制度，各村也根据不同情况，制定相应借阅和管理措施，并设专人负责管理，对所有书籍、报刊进行登记，详细记录借阅情况。农民群众不出村就能看到实用的图书和报刊，从而较好地解决了“买书难、借书难、看书难”的问题，取得了良好的社会效益，发挥了文化在新农村建设中的积极作用。

第二节　民间艺术

一、音乐、舞蹈

解放前民间演唱多无组织，主要是自娱自乐。1963年农村俱乐部兴起和1967年后出现的群众性的业余演唱热潮为声乐发展开了好头，公社曾多次组织文艺会演。1984年以后，乡文化站组织文艺演唱队到各村演出，并多次参加武清县举办的文艺演出活动，演出节目多次被评为优秀节目。

进入二十一世纪以来，镇内各学校贯彻《学校艺术教育规程》，在“校园艺术节”文艺节目展演比赛中，各学校选送的歌舞和美术作品多项获奖。

2011年以后，镇内各学校全面实施中小学课堂文体工程“2+1”项目，与学校体育活动相结合，与音美课堂相结合，与校园艺术节相结合，使每个学生都能掌握至少两项体育特长和一项艺术特长，让学生都能接受良好艺术教育，为学生展现才华搭建平台。随着生活水平的提高，群众参与文化活动的愿望也越来越高。

民间音乐以器乐为主，分布很广。多数村均有爱好者，主要乐器是管子、唢呐、笛、笙、云锣、鼓、钹等，群众称吹打乐。解放前，民间音乐不被重视，称艺人为“吹鼓手”，其演出的乐曲主要有大炮台、小炮台、小跳神、喜相逢、四上板、醉太平、八仙庆寿等，曲牌多来源于戏曲和古代词赋。

2013年7月29日，由镇主办、利尚屯村协办的“舞动激情 共筑和谐梦”消夏广场舞比赛拉开帷幕。此次比赛采取各村推荐报名、抽签决定比赛顺序、区文化局舞蹈老师现场打分的形式进行。参加比赛的共11支队伍，都是精神饱满、妆容整齐。大家精心排练，摩拳擦掌，全都拿出最拿手的曲目参赛。比赛现场精彩不断，韩营村“老少青快乐健身乐”舞蹈队中，70多岁的奶奶和17岁的孙子同台表演，让观众们耳目一新。大家用舞步表达着发自内心的美好心情和对家乡的热爱，不时赢得现场观众的阵阵掌声。最后，利尚屯村舞蹈队的“开门红”以出色的表演喜得桂冠，韩指挥营舞蹈队“泉水叮咚响”获得第二名，大王古庄舞蹈队“火火的姑娘”获得第三名。

2014年1月1日，前侯尚老年活动中心落成。前侯尚老年活动中心由小广场、大舞台和十余间活动室组成，是集群众娱乐、休闲、健身、科教为一体的综合性文化活动场所。天津海川建筑工程公司投资100余万元兴建。董事长王宗贵是土生土长的侯尚人，他致富不忘回报村民，和村两委一道将村中废弃坑塘填平，建了这座活动中心，不仅美化了村庄环境，更是为前侯尚老百姓提供了一处自娱自乐的文化大舞台。正值元旦佳节，镇村领导干部为中心落成剪彩，同村民们一起观看了精彩的文艺节目。

2015年6月22日下午，“走基层·镇街行·心连心”大型巡回文艺演出活动在前侯尚村老年活动中心成功举办。活动本着为基层群众全心全意服务的宗旨，以百姓为主角，在百姓家门口搭台唱戏搞联欢，用丰富多彩的艺术形式，讲述平凡人不平凡的故事，发掘身边的草根明星，展现百姓风采，着力打造百姓自己的梦想舞台，搭建党群鱼水关系的连心桥，共同营造共建美丽王古的和谐氛围。

演出以老百姓喜闻乐见的节目出现，由前侯尚村的广场舞开场，从始至终秉承精美、主旋律高扬、格调清新的特点，贯穿独唱、快板儿、河北梆子、民族舞、诗朗诵等各具特色的内容，中间还穿插观众互动环节，将演出现场氛围推向了高潮。

此次“走基层·镇街行·心连心”镇街巡回文艺演出营造了群众关注、百姓支持、全民参与的浓厚氛围，拉近了文艺与群众间的距离，突出了百姓的群众性、参与性、表演性、观赏性、互动性，为大王古庄镇的文化建设进一步夯实了强有力的基础。

二、戏剧

境内戏剧历史悠久，解放前有小戏班活动。有的艺人为糊口搭班唱戏，利用冬闲余暇教戏排戏，逢年过节或是在庙会上演唱，有时还到外地演出。

解放后，刚翻身的农民渴求文化生活的愿望非常强烈，境内民间剧团应运而生。1952年，小王古庄评剧团为配合《中华人民共和国婚姻法》的宣传，排演《刘巧儿》《小女婿》等剧目。几年间，剧团能演10多部戏，春节期间连演十几天不重复。后来，剧团还被邀请去外村演出。1963年有关部门禁演古装戏，他们就排《夺印》《红灯记》《奇袭白虎团》等现代戏。“文化大革命”初期，剧团还排演了京剧《红灯记》《沙家浜》，后该剧团停演。

2000年以后，随着文化建设的加强，境内兴起弘扬评剧艺术的热潮。爱唱评剧的人越来越多，家庭办评剧清唱成为时尚，参加电台、电视台评剧擂台赛也展现了戏迷的风采。

附：小王古庄评剧团

小王古庄评剧团有着近百年的历史，有着几代人的辛酸苦辣。90 多年前，小王古庄村的林先生到廊坊卖盆，路遇一个唱评剧的艺人，林先生喜爱评剧，就把这个评剧艺人接到小王古庄，从那以后评剧艺人在小王古庄教徒授艺，才有了小王古庄剧团。到后来人们才知道，这位评剧艺人就是中国评剧史上西路评剧创始人高良田，艺名高兰芬，是评剧创始人成兆才的结拜弟兄。在北京天桥唱戏，遭人暗算，嗓子坏了，才流落到此。打那以后小王古庄剧团开始红火起来，农闲冬仨月就到附近农村演唱，随着剧团的壮大，演员水平的提高小剧团唱到了北京天桥、天津等地，和当时有名的艺人同台演出，深得观众朋友的好评。此时优秀的演员有林长春、周默清、王玉山、大弦徐永明等人。这些演员们又各自带了自己的徒弟，涉及到的村庄有枣林、韩村、常刘庄等。上演剧目几十场，有老少《刘公案》《大十万金》《夜宿花亭》《绣鞋记》《茶瓶记》《小姑贤》等脍炙人口的剧目。

剧团再度红火起来，整个正月都到各村去演出，那场面比现在明星开演唱会还热闹。1981 年，代表武清县业余评剧团参加天津市在宝坻县举办的会演，小王古庄评剧团的《卷席筒》获得一等奖。

近年来，随着人们对传统文化回归的重视，镇党委、镇政府对剧团大力支持，为剧团购置了音响设备、服装、锣鼓。王古小剧团再度红火起来。

三、花会

境内民间花会历史悠久，解放前主要有小车会、高跷会、少林会、地秧歌等会种，演出时间多在春节、元宵节和各期庙会。解放后，县城和乡镇经常在正月举办各类花会调演。民间还盛行请会、义务演出。

“文化大革命”期间，民间花会被视为“四旧”遭禁 10 年，1978 年开始恢复。1979 年全公社 4 道花会在域内流动演出，深受群众欢迎。

近年来，具有花会性质的广场舞被越来越多的农村大妈所喜爱，成为晚间乡村文化活动的一大特色。农村花会活跃了人们的文化生活，也使这一民间艺术得以继承和发展。

各村花会简介

高跷会

大王古庄、张家场的高跷会有北京高跷的传承。该档会鼓点密，节奏快。演员表演火爆，以舞蹈为主。集体表演队形变化分“串花篱笆”“跑八字”“仙人搭桥”“群蝶争艳”“老龙摆尾”“燕子戏水”“五谷丰登”“游龙戏凤”“秦王点兵”等。演员时而翩翩起舞鱼贯而进，时而跑成一圈，向外如莲花翻卷，向内似缩手观音。能表演大背剑、小背剑、挫鱼儿、单腿搭桥、跳八仙桌、倒立、劈叉、蝎子爬、跳庙台、叠罗汉、搭牌楼、驮象等难度较大的动作。他们表演的大头陀慓悍勇猛，樵夫、老坐子朴实憨厚，渔翁、青竿诙谐风趣，公子、白竿爱慕含蓄，衙役、小寡妇挑逗调情，咧子、刘二姐洒脱放荡，傻子、傻子妈引人发笑，把人性的自然美演得淋漓尽致。

小车会

北刘庄小车会是以小车为主要道具的表演形式，车用竹、木、秫秸和布扎成架，四周围上布，画上车轮，将车背在表演者的肩上和系在腰间。车上设一双假腿盘于前，周围饰以彩绸、花朵等物。演员形如坐车，实际在地上行走，代替车轮。后面一老汉推车。前面一小丫环拉车。在欢快的锣鼓声中，演员主要表现推（车）、拉（车）、扭（帮车）、坐（车）的细腻、夸张的动作。高潮时是上桥、下桥，小车掉到沟里的表演动作，扣人心弦，引人发笑。

少林会

少林会是解放前村里人由尚武习俗发展起来的组织。该会没有故事情节，主要表演拳术和器械。参加的人数不限，少则二三十人，多则五六十人。老少皆宜，男女不限。有七八十岁的老人，也有六七岁的娃娃。在热烈的鼓乐声中，表演单练、对练、团体练，刀、枪、剑、戟、斧、钺、钩、叉、三节棍、九节鞭等十八般兵刃均在表演之列。演员中，有的是祖孙三代同登场，有的是父子同上阵，还有兄弟对打的。风格、动作朴实，招式多变，真是鞭抽一条线，刀舞不透风。表演拳术者秀如猫，形如龙，动如闪，声如雷，扣人心弦。

大秧歌

解放后，境内地秧歌受陕北大秧歌、东北大秧歌的影响，有了明显的改变。一是参与的人多了，男女老少皆可，一般二三十人，多至六七十人；二是秧歌会表演动作简化，大摇大摆，锣鼓点简单火爆，铿锵激越；三是只化淡妆，服装可彩可素，适宜平民百姓参加；四是突破了传统庙会的清规戒律，凡在喜庆的日子皆可以演出。近年来，各村村民出于自娱自乐、保健的要求，自发地组织大秧歌队，早晚在广场活动，使秧歌这一古老的文艺民俗演变成群众性的文化娱乐活动。

第二章　新闻

第一节　广播

一、广播事业

解放初期，境内没有新闻机构和设施。1958 至 1963 年，公社团委负责广播工作。当时，全公社都没通电，各村团员青年站在房上用铁皮卷成的广播筒做宣传。1962 年，境内开始通电。1970 年在公社机关始建有线广播，房屋 2 间，从下乡知识青年中选拔 2 名广播员，配备 1 名线务员，称广播放大站。有 1 台“206”电唱机，1 台天津产扩大机。建站初期用电话线接收县广播站的节目。1973 年添置 1 台电子管录音机，1 台 250 瓦扩音机。1969 年在全公社推广了小喇叭入户。1974 年至 1978 年，在搞好转播上级台站和自办节目的同时，为配合全公社农田基本建设大会战，举办了《战地广播》。1991 年，广播员转为国家事业编干部。由于新闻事业的飞速发展和电视机的普及，广播站于 1996 年停播。

二、广播节目

1970 年建公社广播站以后，除按时转播县广播站节目外，每周还自办四套节目，每套节目半小时。主要内容是围绕中共中心工作报导动态消息、社会新闻、好人好事等，推动了各项工作的开展。1975 年，农田建设大会战工地上的《战地广播》报导了工地新闻、工程进度，宣传了好典型、好经验、好人好事，起到了鼓舞人、教育人、促进施工的作用；中共十一届三中全会以后，广播节目的内容更加务实，报导改革开放后出现的新情况、新经验、新变化，宣传先富带后富、共同致富的典范，加大了物质文明、精神文明建设传播的力度。广播站自办节目的主要栏目有《本乡新闻》《科技讲座》《新星闪闪》《百姓心声》《为您服务》《文化空间》等。

1990 年以后调整部分节目，早晨转播上级台站节目，中午自办节目。自办节目中同时与县台联办《在家乡的土地上》和《今日乡村》两个栏目。

第二节　通 信

广播站建立以后，公社设2名通讯报导员，负责对外宣传，所辖17人大队，各设1名通讯员，撰写本村的先进事迹和模范人物，公社广播站除了及时播发外，还负责向上级台站投稿。

二十世纪九十年代广播站停办后，对内对外的宣传通信由乡党委责成有关科室负责，2015年全年共录制新闻专题26条，送市电视台新闻专题2条，所报信息在区委《近日要闻》上刊登13篇，在《天津日报》及有关报刊刊登新闻及照片6条，在《武清资讯》刊登新闻及照片21条。

第三节　内 刊

一、战地简报

1974年，公社组织农田基本建设大会战，17个大队的干部社员都到一个工地劳动。为加快工程进度，会战指挥部办《战地简报》，发至每个大队。该内刊办4年，1978年停办。

二、镇情通报

2005年创刊，镇党委主办，以统一思想、鼓舞斗志为方向，宣传党的方针政策，报道发生在镇内的先进事迹和模范人物，从8月份开始，由每月一期改为每月两期，至2009年8月，共编印《镇情通报》73期。《镇情通报》在凝聚人心、促进区域发展上发挥了积极的作用。

三、京滨腾讯

2009年8月创刊，为四开报纸型，每期四版，每月一期，彩色印刷，每期印数8000份，免费发送到全镇每户农民家中。《京滨腾讯》是在《镇情通报》基础上的改版和提升，是镇党委主办的联系广大群众的重要平台。秉承《镇情通报》办刊宗旨，以统一思想、凝聚人心、鼓舞斗志为方向，以团结奋进、创新发展为主题，为区域发展营造积极向上的浓郁氛围。至2015年，已出版76期，深受群众好评。

第三章　民谣　传说

第一节　民 谣

一、抗日歌谣

（一）八路好

想八路

盼八路，

八路来了家里住。

又打仗，

又干活，

汗水流成河。

（二）活埋小日本

小日本，

真缺德，

先杀人，

后放火，

害得百姓没处躲。

八路军快点来，

把小日本当地就活埋。

（三）汉奸坏

大汉奸，

真叫坏，

吃的中国饭，

不拉中国屎，

专为小日本干坏事。

老百姓，

恨透了你，

恨不得把你碾成米，

碾成米来去喂鸡，

喂得鸡来下大蛋，

盼着小日本早完蛋。

二、儿歌

（一）小板凳儿三条腿

小板凳儿三条腿，我给奶奶嗑瓜子儿。

奶奶嫌我脏，我给奶奶擀面汤。

奶奶嫌我没搁油，我给奶奶磕俩头。

（二）小耗子上灯台

小耗子儿，上灯台儿，

偷油喝，下不来，

吱吱吱吱儿叫奶奶。

奶奶不理，大肚子痞，

劈两半儿，挂门扇儿，

门扇高，买把刀，

刀不快，切韭菜，

韭菜青，买个弓，

弓没弦，买只船，

船没底，买个笔，

笔没头，买个牛，

牛没鞍，买个鞭，

骑个大马上西山。

西山路，扯白布，

白布稀，买只鸡，

鸡不打鸣儿，买个虫儿，

虫儿咬手，买个狗，

狗不会看家，

杀巴杀巴过腊八。

（三）小顽童

小枣树，叶儿青，旁边来了个小顽童。

小顽童，把枣儿偷，蜜蜂蜇着手指头儿。

又是肿来又是疼，谁让你嘴馋去逞能。

（四）小大姐儿

小大姐儿，刚十七，过了几年二十一，

找个女婿刚十岁，比他整整大十一。

两口儿井台去抬水，一头高来一头低。

小女婿发坏使了个绊，把大姐摔了一身泥。

大姐儿起来发了怒，又是拳打又是脚踢。

来了个老汉拾粪的，上前忙把话儿来提：

要管孩子你家里管，别在外头立规矩。

这位老汉你哪知道，我们本来是夫妻。

（五）哄小孩儿

狼来啦，虎来啦，老和尚背着鼓来啦。

往哪儿藏，往庙藏，一藏藏个小二郎。

二郎二郎你看家，我到南堤采梅花。

一朵梅花没采了，拾个元宝往家跑。

你说好不好。

（六）小姐儿俩

小大姐，小二姐，你拉风箱我打铁。

挣了钱往腰里掖，拿回家去孝敬爹。

你给爹爹打瓶酒，我给爹爹买双鞋。

哄得爹爹哈哈笑，不让爹爹把嘴噘。

（七）板凳儿歪

板凳歪，菊花开，开几朵，开三朵。

爹一朵，娘一朵，留下一朵晒蔫梗。

一晒晒得四角方，骑着大马上西庄。

大马拴在杨树上，小马拴在树桩上。

鞍子搁在墙头上，鞭子挂在庙门上。

庙门儿对庙门儿，王家娶个小俊人。

粉嘴巴儿红嘴唇，婆婆都夸爱死个人儿。

（八）好乖乖

乖乖乖乖快睡吧，西北大风刮响了。

狼抱柴，虎烧火，小猫儿上炕贴饽饽。

贴多大？贴斗大，不够老猫一口的。

（九）点牛眼

点呀点，点牛眼。牛眼花，买菜瓜。

菜瓜苦，买盐卤。盐卤咸，买只船。

船没底，买支笔。笔没头，买头牛。

牛没甲，买匹马。马没鞍，骑着骆驼上西山。

西山有个老皮猴，专咬小孩手指头。

（十）拉大锯

拉大锯，扯大锯，姥姥家门口唱大戏。

接闺女，叫女婿，小外孙儿也要去。

先搭棚，后挂彩，牛肉包子往里摆。

牛肉片儿，好大块儿，鸡蛋打卤过水面儿。

（十一）小公鸡

小公鸡，跳篱笆，

一跳跳到二姨家，

二姨家吃什么饭？

小米干饭炒蛤蟆。

吃饱了，干啥去？

小子吃饱打柴去，

老头吃饱了摸鱼去，

摸什么鱼？摸嘎鱼，

嘎鱼扎手了，

提拉着破鞋家走了。

（十二）小媳妇

小媳妇儿

纳鞋底儿，

鞋底纳歪了，

让婆婆给拆了。

（十三）大喜鹊尾巴长

大喜鹊，尾巴长，

娶了媳妇忘了娘，

给娘一个凉萝卜，

给媳妇一个热麻糖。

（十四）小米谷黄又黄

小米谷黄又黄，

爸爸赶驴送公粮，

爸爸是个翻身汉，

赶着毛驴喜洋洋，

早把公粮送前方，

支援部队打胜仗。

（十五）小老小老儿

小老小老儿，

上树摘枣儿，

掉了花鞋，

露了小脚儿，

小脚流脓，

流到聂营

聂营修路，

修到距城铺。

（十六）就怕爹爹娶后娘

小白菜，叶叶黄，

小孩三岁就没娘。

跟着爹爹挺好过，

就怕爹爹娶后娘。

后娘带一小兄弟，

吃喝穿戴比我强。

他吃稠的我喝汤，

拿起筷子泪汪汪。

亲娘想我刮黑风，

我想亲娘在梦中，

河里开花河里落，

我想亲娘谁知道？

二、生活歌

（一）春节到

春节到，真热闹，彩旗舞，红灯照。

穿新衣，戴新帽，唱大戏，跳高跷。

又放花，又放炮，米面鱼肉都买到。

节日过得真红火，大人小孩哈哈笑。

（二）盼过年

新年到，好热闹，闺女要花儿小子要炮。

老头儿要个破毡帽，老婆子要个裹脚条。

（三）水患谣

旧社会，小河堤儿，五方六月水进村儿。

高粱不扬花儿，谷子钻鲇鱼籽儿。

家家老少面对水儿，啪嗒啪嗒掉眼泪儿。

（四）老娘怨

半夜里，真稀奇，媳妇对他哭啼啼。

低三下四问怎样？她说要吃大鸭梨。

你要吃梨别着急，现在我就去赶集。

三九天，冻裂皮，老娘病得没人理。

和他要碗面汤喝，他就瞪眼发脾气。

哼，老东西，谁有工夫侍候你！

（五）小米饭黄又黄

小米饭，黄又黄，爹爹赶驴送公粮。
爹爹是个庄稼汉，军队吃饱打胜仗。

（六）农家乐

粮满仓，鱼满塘，钱满柜，衣满箱。
多储蓄，卖余粮。娶新娘，盖新房。
都说党的政策强。

三、时政歌

（一）神助拳

义和团，神助拳，只因鬼子闹中原。
大伙同心把拳练，练得铜头铁臂肩。
般般武艺都学会，要除奸种绝不难。

（二）红灯照

红灯照，提红灯，姑娘个个一身红。
提刀拿枪冲上阵，杀得洋人影无踪。

（三）杀赃官

龙河水，往东流，赃官是咱死对头。
拿起枪，备好马，杀他一个也不留。
大师兄，砍洋头，二师兄，杀官兽。
杀了洋鬼和赃官，咱们百姓有盼头。

（四）逞英雄

义和团，起山东，不到仨月遍地红。
大人小孩拿刀枪，各地团民逞英雄。

（五）还我河山

还我河山还我权，刀山火海爷敢钻。
哪怕皇上服了外，不杀洋人心不甘。

（六）反洋灭清

男练义和拳，女练红灯照。
砍了电线杆，扒了火车道。
烧了毛子楼，灭了鬼子教。

杀了洋鬼子，再跟大清闹。

（七）显神威

义和团，红灯照，坛口祭刀显神威。

锣鼓敲得震天响，吓得鬼子胆魄飞。

（八）当八路

八路好，八路强，八路军打仗为老乡。

鬼子侵略八年整，八路为咱打虎狼。

人人都夸八路好，好汉争把八路当。

（九）打鬼子

飞机飞得高，鬼子要挨刀。

飞机飞得矮，鬼子要挨宰。

四、喜歌

（一）盖房喜歌

这块宝地圣人留，周公动土鲁班修。

伯温看的风水地，主家盖的万年楼。

小小瓦刀七寸长，老君炉里加过钢。

加钢不为别的事，为给主家盖新房。

盖完南房盖北房，雕梁画柱多漂亮。

南房盖的阁楼府，北房盖的祖先堂。

东房盖的金银库，西房盖的万年仓。

金银库里有财宝，万年仓里有余粮。

（二）上梁喜歌

脚登云梯步步高，手攀花枝摘仙桃。

要问徒儿哪里去，我上金梁走一遭。

眼望高高一条龙，摇头摆尾往上行。

行到空中定了位，单等主人来挂红。

挂红挂在九龙头，年年五谷大丰收。

挂红挂在九龙尾，为官爱民清如水。

正念喜，抬头观，来了福禄寿三仙。

增福仙，增寿仙，还有刘海撒金钱。

金钱撒在宝梁上，富贵荣华万万年。

（三）结婚喜歌

点喜炮，放喜鞭，喜糖喜酒加喜烟。

远近亲友来相贺，新郎新娘真美满。

龙凤呈祥多般配，好像鸳鸯并蒂莲。

正对喜，喜无边，喜临门，拜三元。

喜见红梅生贵子，祝贺东家子孙富贵荣华万万年。

（四）丧事喜歌

龙戏三江水，虎登万重山。

上打一把白罗伞，下罩一口紫金棺。

灵前摆着三桌供，吃一看二眼观三。

都是山珍与海味，仙桃果品样样全。

泉水滔滔通山涧，涧水汪汪绕山边。

善人坐着五彩轿，走过青山会阴山。

金桥银桥都走过，对面来了摆渡船。

船帮船底檀香木，珍珠玛瑙玉栏杆。

四大金钢来掌舵，二十八宿把棹搬。

头回摆过康百万，二回摆过沈万三。

三回不把别人摆，专摆善人上西天。

上方七仙来接驾，善人驾返瑶池万万年。

第二节　传说

一、韩指挥营村名的传说

大王古庄镇韩指挥营村为何没有韩姓人家，一直成谜。

据传，早在宋辽代时期，本地不但有韩姓，而且还出了个不起的人物——韩延徽，官至辽代南府宰相。少时，韩延徽只是本地有名的骑马放箭高手。他的骑射本领似乎与生俱来，十几岁上，就能马上放箭百发百中。辽会同年间，辽太宗耶律德光为囚禁有犯宫禁的妃嫔，在武清皇后店建“省抑宫”时，听说附近有个骑射高手，很想见识见识小伙子的技艺，于是在太子务凤凰台举办了一场比武大赛。当时小伙子箭射马惊野雀，博得喝彩声一片，被太宗召入京城，作为一名教官训练侍卫皇宫的御林军。

后来，以天津为界与辽对峙的宋军开始北进，一路攻城略地，辽军节节败退，汉沟失守、杨村失守、武清县城失守。面对连连败局，京城里的众大臣急得无计可施。正在一筹莫展之际，辽太宗想到从武清召来的那位教官，于是命他随从一位将领率军迎敌。在与宋军的激战中，韩延徽一展英才，马上勇猛拼杀，左冲右突，如入无人之境。那场战斗，辽军不但夺回了失地，而且将一败涂地的宋军追杀到河北省的涿县境地。大胜归来，辽太宗破格将来自武清的韩姓教官提拔为指挥。指挥为当时的军事编制，起自后唐。《五代会要》载："后唐长兴三年（932年），左右羽林，置四十指挥，每十指挥为一军。"宋辽沿用其制，以指挥为军事编制单位，每指挥约为500人左右。为了防备宋军的偷袭，韩指挥将他所辖的500名士兵分别驻扎在附近的几个营垒，于是便出现了大营、聂营、东张营、西张营等军营和东马圈、南马坊等几处牧马场所。韩指挥所在的村庄被称做韩指挥营。

由于治理有方，地方稳定，韩延徽的官职一再提升，他受命赴契丹，被耶律阿保机留为谋士，于是举家搬迁。他建议耶律阿保机发展农业，以稳定民心，并协助阿保机立制度、建城郭，更为之谋划军事，展示卓越的管理才能，后升任辽代南府宰相。韩延徽死后，叶落归根，墓穴被安葬在家乡的土地上。所以直到现在，韩指挥营村没有韩姓，只是村边的土地上，有片韩家坟，还略有遗迹。

二、王古庄村名由来

据传，王古庄村名的由来，与大清皇帝乾隆爷的私访有关。

这年秋天，乾隆帝从河西务下船登岸沿路西行，到村落里微服私访，体察民情。他打扮成道士模样，头挽发髻，身穿道袍，手持拂尘。走了一个村又一个村。便来到了武清县西北部的一带村庄。

他刚进一个村，忽然下起雨来，他躲进一家门楼避雨。屋里的老太太见他冻得直哆嗦，忙跑出来让他进屋暖和暖和。乾隆爷很受感动，心想这是个行善的人家。屋里一个十五六岁姑娘在炕上纺线，纺车嗡嗡地响，像唱歌。乾隆爷坐在暖烘烘炕头不知不觉睡着了，直到傍晌午这家老头儿卖豆腐回来，才把他吵醒。乾隆赶忙起身谢了老太太，就往外走。老头子说："都晌午了，吃了饭再走吧。"乾隆爷也不客气，就答应了。老头叫女儿去后院树上摘些榆钱，让老伴给老道士蒸榆钱饽饽。乾隆爷吃得很香，吃完饭就去赶路了。不想没走一袋烟的工夫就被村里一个放羊的小孩搀回来了。小孩说老道摔倒在村口的碾砣旁，叫醒他后，他让我送到你家来的。

老两口没说什么就把老道让进屋，帮他擦道袍上的泥水，老伯伯摸摸老道的头有些发烧，就骑上小毛驴去给请医生，医生诊断受了风寒，开两剂草药。姑娘蹲在灶前煎药，又用羹匙一口一口地喂。乾隆爷又一次被感动了。

在一家人的细心照料下，乾隆爷第二天就好了。临了他提出与老伯伯结下金兰之好，老伯伯叫女儿拜见干爹。乾隆送给老伯伯一块白绫子，上面盖着一方红印，说往后遇到什么难事进京城找他，他住的是最高的门楼，最大的院子，他是最大的官儿。只要让把守大门的人一看这块白绫子就成了。老两口和女儿都很欢喜。

过些日子，老伯伯家真的遇到了一件难事。已经订好亲的姑娘，忽然接到婆家来信，女婿当上了县令，觉得门不当户不对，提出要退婚。老伯伯一家觉得窝囊、委屈，不肯退。姑娘也要寻死觅活。老伯伯托人去说和，男方提出苛刻条件：若要成亲，彩礼得四大金、八大银、五彩衣、十缎锦。还得有顶戴花翎的大官送亲。这可急坏了老伯伯一家，姑娘提出到京城找干爹去，老爹爹一想也只能这样办了。

父女俩进京城后就打听最高的门楼，最大的院子，最高的官儿，到第三天才找到。好么，原来找到皇上陛下，那块白绫子上的红印，敢情是皇上的龙印。父女俩向皇上诉说苦衷，乾隆爷哈哈一笑道："那还不好办，到时候告诉我一声就全有了。"

日月更迭，婚期眼瞅着到了。这日，乾隆爷依旧一身素装，骑一头大马送亲来了。他吩咐马童送上嫁妆，只几件简单梳洗用具：一块方镜、一把梳子、一个脸盆、一只肥皂盒。然后，没了。男方家人正要露出鄙夷之色，忽然发现这些陪嫁都是纯金做成，这才没敢小瞧，将送亲人领入客房。只是身为知县的新郎官仍眉头紧锁，责难道："事先说好送亲人里要有官府中当差的。我这里前来祝贺的不少是州县大人，你们那边却连个穿官服的都没有，这让我的脸往哪儿搁？"

新娘道："你小瞧别人可以，小瞧我干爹可不行。新郎官说：他有什么了不起的，不就有几个小钱吗，能买出个什么官来？"

一句话若恼了马童，愤然道："什么官，说出来能把你吓死。他是咱们的乾隆爷！"

"乾隆爷"三字，如同晴空一声霹雳，不但知县心抖手颤，前来贺喜的州县官吏全如腿脚抽去大筋，"咕咚"跪倒一片，一个个山呼万岁万万岁！

再说那个花了五十石棒子捐的知县，听女方成了皇姑，吓破了胆，接着就得了一场大病，没过几个月就死了。皇姑为遵守妇道，也未敢再嫁，心里憋闷，一来二去也得病死了。村里人都为皇姑惋惜，将村名改叫皇姑庄。不知又过了多少年，有人提出，皇上也不在了，姑娘原本姓王，就叫王姑庄吧。又不知过了多久，人们认为这个村庄很古老，改叫王古庄吧，就这样叫到了今天。

三、傻小子与青蛙

宋场老人讲，从前，村里有个傻小子，养了一群羊。这天，他把一头小羊拉到集上卖了，得到七个亮闪闪的银元。他非常高兴，在回家的路一遍遍地数着口袋里面的银元，生怕会少一枚。当他来到一片池塘边上的时候，听到池塘里面的青蛙正在“咕呱咕呱”地叫，好像是在说“八个八个”。傻小子感到奇怪，就把自的银元拿出来又仔细数了一遍，依旧是七个，一个不多一个不少。

“你们凭什么说我口袋里面的银元是八个呢？”傻小子纳闷地问青蛙，“我都已经数了好几遍了，明明是七个啊。”

青蛙并没有回答傻小子的问题，仍旧“咕呱咕呱”地叫个不停。

“你们真是一群倔强的青蛙。”傻小子叹了口气，继续说，“那么我就当着你们的面再数一遍吧。”

这一次，傻小子可真是仔仔细细地在青蛙面前把口袋里面的银元掏出来，把银元从左手里面一枚一枚地放到右手里面，七个没错。然后他又把右手里面的银元一枚一枚地放到左手里面，还是七个。傻小子十分肯定地说：“可怜的小青蛙们，你们是错的。我口袋里面的银元的的确确是七个。”

青蛙才不去管傻小子是怎么数的银元，它们还是大声着“咕呱咕呱”一点也不理会傻小子说的话。

这回傻小子可真生气了。他从口袋里面把所有的银元都掏出来，一把全扔到池塘里面去了。

“明明是七个，可是你们全都说八个。难道我还不会数数吗？你们要是不相信我的话，自己去数这些银元吧！”他生气地对池塘里面的青蛙叫嚷着，一直站在池塘边上，等着青蛙数清楚到底有几枚之后再把银元还给自己。可是一直到今天，青蛙也没有数清楚傻小子口袋里面的银元是几枚。因为青蛙的叫声依旧是“咕呱咕呱”，多少年来一直也没有改变。

只有那个傻小子还在池塘边上，等着青蛙告诉他银元到底是七个还是八个。

四、白河巧埋鬼子

大清朝的时候，中国闹八国联军，紧跟着又闹起了义和团。

那时候张家场村的小庙西边，住着一户姓白的人家。家里就三口人，老两口子和一个儿子。儿子叫白河，是个走街串巷卖糖葫芦的小贩。

一天头半晌，白河刚把货车推出村口，就见打远处跑来几个洋鬼子。洋鬼子见车上有那么多红红亮亮的小灯笼串儿，觉得挺新鲜，于是就是一窝蜂似地围了过去。眨眼间就把一车糖葫芦抢了个精光。这事要搁在别人身上，也就忍了。白河不成，他是个脾气暴躁的人，外号人称“火爆王”。

“好小子！”白河急了，“你们敢抢我的买卖！”他抡起铁锤般的拳头朝一个家伙的脑袋上很很地砸了下去。

“哎哟，奴才，你敢打洋姥爷。”那家伙疼得抱着脑袋在地上打滚儿，血也从鼻孔、嘴角流了出来。

那伙洋鬼子一见自己人挨了打，就像疯狗似地把白河河围住了，一阵拳打脚踢把白河打得鼻青脸肿，躺在地上老半天没起来。

转眼半个多月过去了。这天白河正在家里做糖葫芦，准备明天早上推到集市去卖。谁知，他刚把糖熬好，就见门外进来七八个洋鬼子，其中一个家伙说：“喂，有个义和团的人跑到这边来，你看见没有？”

白河一见来了洋鬼子怒火就上来了，这会儿，他真恨不得把他们个个都撕巴了。但又一想不成，别说打不过洋人，就是打得过，又有什么好处呢？他们回去跟神甫或教董一说不是更麻烦吗？可不教训教训这群牲畜，又出不了这口气。对，有了。白河心里一亮，我何不想个计策治治他们。

“喂，问你呢，听到了没有？”洋鬼子问。

“哦，听到了，听到了。”白河笑着说，“刚才是有个义和团的人跑这儿来了，我把他藏起来了。”

“什么，你把他藏起来了？”

“对呀。”

“好哇，看来你也是义和团的人了，来呀，把他捆起来！”

“别误会，别误会。”白河连连摆手，“我可不知他是义和团人，他只是说来避难的，一会儿就走，我才答应把他藏起来。”

“那你说，把他藏哪了？"

“就藏在柴禾垛下面了。”白河指着院里的那垛柴禾说，“下面有眼枯井，井的南侧有条长洞，是我每年放菜用的。”

“哦，”洋鬼子点了点头，“扒！”

几个洋鬼子七手八脚地把柴禾垛扒开了，柴禾垛下面果然有眼枯井，足有两丈来深。

“井这么深我们怎么下去？”

“这不是有梯子吗？”白河说着扛过梯子，慢慢地放到了井里，“洋大人可要小心呀，听说那个人可厉害了。”

“哈哈……”洋鬼子一阵狂笑，“再厉害我们也不怕的，他赤手空拳，能打得过我们的洋枪吗？”

“下！”为首的家家伙朝那几个人一挥手，于是，几个洋鬼子一个接一个地地下到了井里。

白河见他们都下去了，又都钻进了洞里，就将身上的小破褂儿往地上一扔，猫腰将梯子抽了上来，又抱了几捆柴禾扔到枯井里，紧跟着拿起铁锹，一锹紧似一锹地往井里扔土。

“呀——”洋鬼子在洞里狂叫着，“你为什么骗我们？”

白河解气地说：“这叫报仇雪恨，让你们也见识见识中国人的厉害。”

不一会儿，枯井填死了，白河报了仇。

五、婆婆的饭盆

从前，这里有户人家，新娶了一个媳妇，这新过门的媳妇，不但人长得好，而且待人接物，彬彬有礼，说话办事大大方方。新媳妇对这个家也十分满意。因为这个家人口少，生话富裕，公爹和自己的丈夫都在外面经商，家中只有她们婆媳俩。再说婆婆吧，干起活来炕上地下样样行，说起话来总是一套套的，有条有理。有时晚上婆媳俩坐在油灯下，一边做着针线话一边拉家常活，有说有笑，娘俩也很合得来。尤其当婆婆说到做媳妇规矩时更是滔滔不绝，条条是道，什么“多少年大道走成河，多少年媳妇熬成婆啦”，什么“老猫房上睡，一辈传一辈啦”“只要咱娘俩好，将来你的儿女对你也错不了啦……”听起来有滋有味。

只是有件事，新媳妇心里总是犯嘀咕。每次吃完饭以后，婆婆总是把锅巴铲得很净，然后放在一个小盆里，端着到东跨院里去。有时锅里没剩下东西，就把剩下饽饽剩菜倒进那个小盆里，舀上两碗水端出去，有几回新媳妇抢着要去，婆婆总是说：“你们年青人爱干净，这些脏活不用你们干。”一再嘱咐她不要到东跨院去。婆婆越这样说，媳妇心里越纳闷，这到底是怎么回事呢？恨不得一时看个究竟。

这天早晨，来个青年人接婆婆，说姥姥病得厉害，叫婆婆马上去。婆婆一听脸色也变了。婆婆走后，媳妇自己吃完了饭，习惯地把锅巴仍然铲在婆婆天天用的那个小盆里，但是当她端起这个小盆时，心里又嘀咕起来了，有心把饭盆送东跨院去，又怕违背婆婆的心意，惹婆婆生气。有心不送吧，又怕婆婆十天八天的不回来，把人饿死，自己担当不起。想来想去，为了解决心里这个闷葫芦，还是大着胆子端着木盆走进东跨院。

东跨院有一间一人多高的小土房，倒扣着门，不到二尺见方小窗户，连一片窗纸也没有。屋里到底关着什么呢？她边走边想着。等她把倒扣门推开，走进屋里一看，不觉啊地一声喊了出来，原来里面有个蓬头垢面的老太太。只见她围着一条飞了花的破棉被，绻缩在坑角里，炕上铺着半尺厚的沙土，这沙土原来是干的，日久天长，连屎带尿的混在一起，都变成了半湿不干的土块。那老人一听有人进来，慢慢睁开了那一双浑浊无神的眼睛，仔细地看着来人。等到饭盆放到她眼前，赶快把饭盆接过去，狼吞虎咽地吃了。吃完了又绻缩在炕角里。问她什么，她一句也不回，甚至连眼皮都不抬。

这老太太是谁呢？为什么这样对待她呢？媳妇猜不透，不过从此每当吃饭时，她总要先把热腾腾的饭菜送给老人吃，然后自己再吃饭。这样过了两天，在一次送饭的时候，老人突然说了话，从她的言谈话语中，媳妇才知道，这老人原来是她的奶奶婆。

据老人说，起初媳妇婆婆对老人还不错，后来年龄越来越大，对她也就越来越不好。尤其是三年前，当她的两条腿不能走路时，简直就不拿她当人看。为了这事，老人曾和自己的儿子说过几次，但每说一次，对她的冷酷又增加几分，这样一来，老太太就不再说了。新媳妇结婚的前三天，又把她关到这间小黑屋里，过着猪狗不如的生活。老太太说这番话的时候，新媳妇眼泪始终也没干，自己心里琢磨，这事应该怎么办好呢？

这天，婆婆高高兴兴地回来了，因为姥姥只是受了点风，没几天工夫就好了。

新媳妇仍和婆婆在家时一样，吃完了饭，还是把锅巴铲在饭盆里。当婆婆一不留神，她故意把这个小盆往地上摔碎，然后蹲在地上，一边哭着，一边一块一块地往一起对。婆婆见这个情景，马上走过来劝慰地说："别哭了，也别对了，一个小盆，能值几个钱？等明天再买个新的。"

新媳妇擦眼泪说："那可不行，您拿盆，天天喂奶奶，等以后您老了，我拿什么喂您呢？您不是经常跟我说，老猫房上睡，一辈传一辈吗？我就是锔也得把它锔好，这个传家宝怎能随便没有了呢？"

婆婆听了这话，像半空中响个霹雷，只觉得脑袋嗡嗡响，也不知道怎样回答好。半晌，才含羞带愧地对媳妇说："不是怕你们嫌脏吗，因为这个缘故，我才这样办的。"新媳妇说我不嫌脏，我把奶奶接过来做伴。婆婆哪好意思。

就这样婆媳俩你争我抢，最终把老太太送进婆婆屋，新媳妇里外侍候，从此一家三代过着有说有笑，互敬互帮，愉快幸福的生活。

第十四篇　体育　卫生

解放前，境内体育处于自发状态，民间有习拳强身的传统体育活动。学校开设体育课，有田径、游戏及少数球类等项目，但不被视为重要学科。解放后，体育运动得到发展。机关、学校、工厂做工间操、课间操，中小学每年举行运动会，各村设健身场所，文化站届时组织小型多样的棋类等体育活动。进入二十一世纪以来，伴随经济社会的发展，学校体育、成人体育蓬勃兴起，各项活动丰富多彩。

历史上，辖区内卫生事业落后，个别大村有民间闲散的非职业性医生（俗称大夫），医疗设备简陋，药材缺乏。新中国成立以后，境内医疗卫生事业迅速发展。医疗防疫设施不断增加，医务人员的业务技术水平不断提高。

第一章　体育

第一节　体育活动

一、学校体育

旧时，乡间私塾不问体育。民国时期，仅部分小学有体育活动，设有拍皮球、踢毽子、滚铁环、跳绳等游戏课，但体育课不被重视，不作为学生升留级的考核标准。

新中国成立后，学生体育受到学校重视，各中小学每周都设两节体育课，每天坚持早操、课间操和下午一节课外体育活动。完小以上配有体育教研组和专职教师，体育课项目有田径、垫上运动、徒手操、单双杠、篮球、乒乓球等，体育训练和竞赛活动基本形成制度。1966 年体育课被军训和劳动所代替，1976 年恢复正常。1980 年贯彻国家教育部和国家体委联合颁发的《中小学生体育暂行规定》，1985 年推行“10 ~ 14”计划，即着重抓好 10 至 14 年龄段少年儿童业余体育训练。

1988 年学校体育实行教学与训练体制、竞赛体制改革，实行按分龄组小全能比赛，等额达标参赛的方法，落实了“两课、两操、两活动”制度，以保证学生每天 1 小时的体育活动时间。体育课也在准备活动中加入艺术体操，充分利用音响设备进行韵律活动。是年，中小学落实《国家体育锻炼标准》，辖区内中小学全部达标。

1990年以后，中、小学生学习负担日渐繁重，部分体育课时被文化课占用，但课间操和每年一次的体育运动会仍按时举行。

1993年，中小学实施新的九年义务教育课程计划，特别是保证体育的“两课两操三个活动”的时间和质量，重点抓好达标校建设，中学大课间活动以开展广播操、校操、素质操为主要内容。

2006年，结合中小学体育、艺术教育实际，在全镇全面落实“体育艺术2+1”项目，镇政府成立领导小组和课题研究小组，制定《大王古庄镇关于开展“体育艺术2+1”项目的设施方案》，提出“一个口号，四个结合”的指导意见，一个口号是“每天锻炼一小时，健康工作50年，幸福生活一辈子”，四个结合是“要与新课改相结合、与课外文体工程结合、与大课间活动结合、与学生体质健康标准结合”。各中小学校分别制定项目设施、方案及细则，保障了人员、时间、场地三落实，全镇各学校选项率、认定率、合格率均为100%。

2010年，镇内各学校深入开展奥林匹克知识宣传活动，完善优秀体育人才培养训练网络，确保境内竞技体育成绩的领先地位。

近年来，学校重视体育在促进学生发展过程的重要作用，从课时安排、设施、资金等多方面保障体育课、阳光体育运动、运动队训练比赛、学校传统体育项目的训练和体育艺术2+1活动的正常有序开展。保证学生每天在校体育活动1小时。师生身体强健、充满活力，有效带动了学校其他方面的良性发展。

二、农民体育

解放前，境内农民体育活动处于自发状态，民间有习拳强身的传统武术，多在农闲时进行活动。平时民间有攀杠子、举砘子、摔跤、掰腕子、放风筝等小型分散的体育健身活动。

新中国成立后，党和人民政府为了增强人民体质，把发展体育运动作为一项重要任务，建立体育机构，加强对体育工作的领导。20世纪50年代，群众性体育活动掀起高潮，篮球、乒乓球、象棋等项目得到普及。

“文化大革命”开始后，群众体育活动受到影响，后来逐步得到恢复和发展，运动项目和活动场地不断增加。农民利用农闲时间进行小型多样的体育活动。

1984年开始，每年9月26日至10月2日为“天津市群众体育节”，文化站届时组织小型多样、丰富多彩的球类、棋类等体育活动。妇联部门组织妇女参加“三八健康杯”体育竞赛，项目有跳绳、踢健、双手拍球、举重物、仰卧起坐、抛沙袋等。每逢春节，组织球类、棋类等运动项目比赛。

2000年以后，特别是近年来，随着社会主义新农村建设的深入开展，全镇各村普遍建立了健身场所，购置了健身器材和棋类用品，供群众自由开展体育活动。大王古庄、利尚屯等村的中老年自发地组织起以健身为宗旨的广场舞。每天清晨和傍晚，活跃在健身场所。

三、职工体育

解放后，职工（包括机关干部）体育由工会、共青团、妇联、文化站等组织。特别是春节前夕，组织篮球、乒乓球、中国象棋等各类比赛活动。

20世纪90年代以后，机关、企、事业单位普遍设立了篮球场、乒乓球室，成立了体育组织，建立了“工间操制度”，工会定期组织比赛活动。

近年来，境内体育活动开创了新局面。企、事业单位职工的体育活动，除坚持做操锻炼外，还普及了篮球、乒乓球运动，京滨工业园区不少企业建立了篮球队、足球队、乒乓球队等体育运动组织。

第二节　体育场地 设施

新中国成立初，境内部分学校开设建立小型田径、球类场地，但都比较简陋。1958年以后，各学校购置了篮球、乒乓球、单杠、双杠，并建立了篮球场、田径场地。20世纪80年代，乡政府要求各村街、单位注重体育设施建设。1983年扩建文化站时，设有乒乓球室、棋类室，同时，建乒乓球训练室一处。机关、企业、事业单位的文化活动室都配齐了乒乓球、羽毛球、棋类等体育器材.1995年，随着社会主义新农村建设的深入进行，各村都建立了健身活动场所，安装健身器材。

近年来，镇内中小学加快了现代化建设，体育场地和设施达到新的标准。建设了高标准的体育场馆，独立的篮球馆全部按照国际水准建设，室外有标准的运动操场、高标准的塑胶跑道、足球场铺设进口的草坪，看台有现代化的遮阳棚、室外篮球场、网球场、羽毛球场等。

第二章　卫　生

第一节　防疫

一、防疫接种

1951年，根据政务院发出的关于《种痘暂行办法》通知精神，对各村儿童实行免费接种牛痘，预防天花，夏季进行霍乱、伤寒疫苗注射。1952年，开展鼠疫四联疫苗接种。1954年天花、鼠疫、伤寒已经绝迹。为了保护婴幼儿的健康，从1961年起对1周内婴儿进行卡介苗划痕。1967年起，对7岁以内儿童发放预防小儿麻痹症的口服1型、2型两种“脊髓灰质炎疫苗”（又称小儿麻痹糖丸）。从1961年到1983年，对婴幼儿进行乙型脑炎疫苗注射和白、百、破（白喉、百日咳、破伤风）三联注射。

从1990年开始，在全镇学龄前儿童中，接种卡介苗、脊髓灰质炎、麻疹、乙脑、流脑、乙肝等疫苗。从1999年开始为了控制流行性感冒的蔓延，在全镇范围内注射流行性流感疫苗。2000年以后，预防接种工作纳入规范化轨道，实行微机化管理。2011年，全镇1627名学龄前儿童按时进行接种。通过预防接种，有效的防治了各种传染病的发生，减少了发病人数。

二、传染病、地方病防治

（一）传染病防治

解放前，镇内常见的流行性传染病有天花、霍乱、痢疾、伤寒、麻疹、乙脑、流感、百日咳、肝炎、脑膜炎等。新中国成立以后，卫生院对常见的流行性传染病，积极采取防治措施，控制其发展，特别是对危害大、传染快的急性传染病一经发现，则采取集中力量，疫区封锁，病家隔离，严格消毒等方法，迅速予以扑灭。随着防疫工作的开展，到20世纪60年代境内天花绝迹，霍乱消灭，以后，疟疾、脊髓灰质炎等相继得到控制。2011年，镇医院、社区卫生服务站按照相关法律法规要求，建立健全传染病和突发公共卫生事件报告管理制度，配备专（兼）职人员负责传染病疫情及公共卫生报告管理工作，定期对工作人员进行相关知识和技能培训。

抗击“非典”。2003年4月，面对突如其来发生的“非典”疫情，镇党委、镇政府成立防治“非典型肺炎”工作指挥部，全天候密切关注事态的发展，迅速建起防控体系，组建了综合协调、医疗救治、疫情防控和后勤保障队伍。有组织地开展防“非典”培训，购置医疗救治设备器械、消毒器械和防护用品，成立消毒、疫点应急处理专业队伍，对出入公共场所的车辆进行消毒，对各个公路站口、主要公路连接口过往车辆和人员进行检疫。由于全镇干部群众上下联动，严防死守，有力地阻断了疫情的传播途径，全镇没有一例“非典”病患发生。

防控禽流感。2005年11月，我国周边几个国家和地区相继爆发了禽流感。11月10日镇政府召开了专题会议，分析疫情形势，就加强防疫、普查、监督、检查做出具体要求和安排，确保全镇动物疫情的稳定。11月12日，由镇长带队，兽医站人员密切配合，对全镇的规模养殖户、养殖户、屠宰场点、交易市场进行普查消毒工作。全镇发放、张贴防控禽流感明白纸及挂图，并利用广播、板报、发放宣传材料等形式，向群众宣传防治知识。

在防控禽流感过程中，镇村两级加强强制免疫工作，坚决做到“镇不漏村、村不漏户、户不漏针”。重点加强对养殖集中、流动频繁、野禽和候鸟活动频繁、水禽混养等区域，以及种禽和规模化养禽场的免疫。

（二）地方病防治

境内地方病主要有氟骨症。病源均为人们常期饮用含氟量高的水所致。患氟病的人牙齿泛黄，关节疼痛、四肢无力，重者关节硬化、瘫痪卧床，甚至生命为殆。根据国家饮用水标准测定，大王古庄镇属含氟量较高的乡镇。2003年，区卫生防疫站对全镇34眼饮水井进行水质检验普查，其中有4眼含氟量高于3.0毫克/升以上。

2008年，根据市政府批准的《武清区农村饮水安全及管网改造工程规划方案》，镇政府紧紧抓住国家加大水利投资的历史机遇，投资973万元，在大王古庄村建集中供水站1座，对17个村的管网进行改造，解决了17个村街、3453户、19504人饮用水问题，实现了全镇统一供水。有力地防治了地方性氟中毒，减少了氟骨症和氟斑牙的发生。

第二节　爱国卫生运动

新中国成立初期，区（乡）政府贯彻“预防为主”的方针，响应毛泽东主席提出的“动员起来，讲究卫生，提高健康水平”的号召，发动群众捕鼠、灭蚊蝇，清扫室内外，订立爱国卫生公约，在全乡开展了轰轰烈烈的爱国卫生运动。1955年，开展了以“除四害”为中心的爱国卫生运动，消灭了大量蚊蝇和老鼠。“文化大革命”中爱国卫生运动受到影响。1979 年以后，特别是进入二十一世纪以来，通过开展爱国卫生运动，乡村的环境卫生有了很大改善，新农村建设出现了可喜的局面。

一、环境卫生

2003 年以来，镇政府加大了环境整治力度，除发动群众在重大节日前大搞卫生外，每年还在春、夏、秋、冬四季按不同季节开展突击活动。并组织一支镇区清洁队伍，设置垃圾箱 61 个，每天清扫街道，保持街道清洁，使镇区内主要街道和集贸市场实现了无垃圾、无粪便、无渣土、无积雪。镇直部门对本单位容貌卫生进行了管理和整治，发动各单位整理残垣断壁，清理堆物堆料，栽种花草树木，整修门脸，提高机关、学校的室内外环境和食堂、厕所的卫生水平。2010 年，在镇政府的大力支持下，投资 97 万元对大王古庄镇卫生院业务用房和院落进行翻盖整改，使就诊环境得到了大大的改善。

二、消灭鼠犬蚊蝇

1958 年，全公社发起“除四害、讲卫生”运动，发动各村捉麻雀、捕老鼠、修厕所、挖蝇蛹、清除垃圾，各村普修了街道。1987 年以来，全乡多次开展灭鼠战役，采取工具与药物相结合的办法开展灭鼠活动。同时也曾多次开展灭犬活动，对少数准养的家犬进行了免疫处理。

第三节　保健

一、妇幼保健

新中国成立前，境内没有妇幼保健机构，许多妇女死于产后出血、产褥热，大批婴儿死于百日咳、麻疹、肺炎等症。

新中国成立后，党和政府重视妇女保健，区（乡）妇联和卫生部门结合，在全区（乡）宣传新法接生、新育儿法、产前产后营养法等妇幼卫生知识，对旧接生婆进行改造，培训新法接生员，发放接生器械，推广新法接生，严格执行临产和产前消毒制度，开展围产期保健工作，不断提高新法接生率和住院接生率，保母婴、保健康。

1956 年，区卫生院保健人员组织妇幼健康检查，开展孕妇产前检查，新法接生率有了很大提高，妇幼死亡率进一步降低。1958 年，各村还普遍成立了托儿所、幼儿园，培养了一批保健员和保育员。1959 年，根据中共八届三中全会精神，进一步加强了妇女保健工作，推行妇女经期、孕期、哺乳期保护。由于当时劳动强度大，营养不良，全镇妇女多患子宫下垂、经血不调等症，公社卫生院在上级党和政府的领导下，及时采取治疗措施，同时加强劳动保护，增加营养，使患者解除疼痛。2012 年，大王古庄卫生院和社区卫生服务站认真做好孕妇产期的系列服务和保健工作。加强计划生育技术指导，定期体检筛查危害妇女身心健康的常见妇科疾病，做到早发现，早治疗。是年，对 1700 名 35 ~ 60 岁非孕期已婚适龄妇女进行了疾病普查。

二、学生保健

新中国成立以来，镇内学校重视学校卫生，不断对师生加强卫生常识教育，培养学生良好的卫生习惯，改善学校环境，矫治学生常见疾病。1981 年至 1983 年，由卫生、教育等部门组成联合检查组对在校学生的身体发育状况进行普查。1990 年，对学生的身高、体重、坐高等发育情况进行了测量。在此基础上，对学校中患有近视或蛔虫的学生进行了治疗，对所有学生采取了综合防护措施。

近年来，境内学校认真贯彻《学生体质健康标准》测试工作，加强学校卫生工作的规范管理，落实预防学生常见病、传染病的措施，防止传染病的流行和食物中毒事件的发生。为保证健康教育课的落实，提高课堂教学质量，学校在全镇中小学教师中开展了优秀健康课、健康教育论文评选活动。

第四节　卫生组织

一、医疗单位

（一）诊所

新中国成立后，镇县行医者大都并入国营或集体医疗单位。中共十一届三中全会后，随着各项事业的深入改革，近年镇建立了 3 家药店。

（二）大王古庄镇卫生院

1951 年，在大王古庄村中心建立大王古庄卫生所，1958 年，改为大王古庄乡卫生院。1974 年，迁至大王古庄村南侧公社对面建大王古庄乡卫生院。2001 年，改为大王古庄镇卫生院。占地面积 5838 平方米，有病房 11 间，设病床 10 张。

1986 年有医务人员 12 人，其中专业技术人员 10 人。有内、外、妇、儿、中医 5 个门诊，日门诊量 58 人次。

2002 年，投资 49 万元，新建 600 平方米门诊综合楼。2003 年，有职工 12 人。其中专业技术人员 9 人，包括医师及以上职称 5 人，会计员 1 人，护师 1 人，药剂士 2 人，普工3人。日门诊量53人次。

2007年，大王古庄镇卫生院拥有了X光机、心电图机、B超机等大中型医疗设备。2013年，添置了全自动生化仪设备。2014年，卫生局给配备了CR机。

2008年，大王古庄卫生院组建了卫生社区服务中心，基本实现由过去以单纯的医疗服务为主向基本医疗和公共卫生服务双重职能的转轨转型。2011年，农村社区卫生服务网络得到进一步巩固和加强，选强配齐专业管理人员，完成60岁及以上老年人健康筛查，确诊高血压、糖尿病、精神病、残疾人数，并对上述人员实行专案管理，采取集中和入户的形式，由医务人员定期随访。是年，建立健康档案1万多份，并实行微机管理。

大王古庄建卫生院之初，仅设置中、西医门诊室和药房，以后不断发展。到2013年底，设有内科、外科、妇科、药房、注射室、化验室、B超室、放射科、门诊手术室、抢救室、公共卫生科、国医堂。大王古庄镇卫生院不但能治常见病、多发病，且能诊治、抢救疑难病、危重病、中毒休克等，还能做放射科照相，并有血、尿、常规化验手段。2013年，设有13间病房，20张床位，有医护人员9人，医政人员2人，工勤人员1人。

(三)村街医疗点、社区卫生服务站

1965年，为贯彻毛主席“把医疗卫生工作的重点放到农村去”的指示，国家抽调医务人员培训农村“赤脚医生”，也称“半农半医”。境内农村生产大队始办合作医疗站，到1973年，全公社发展到21个，占大队总数的100%。培养“赤脚”医生27人，培养接生员4人。经过调整、巩固，到1982年合作医疗站减少到18个，有26人经过考核获得乡村医生证书。1981年大队医疗站改称大队卫生所，由获得乡村医生证书的个体医生行医。1983年，村级卫生所改称医疗点。到2006年，全镇推行合作医疗制度，共建社区卫生服务站14个，在岗乡医36人，卫校及本科、专科毕业学生12人。在医院帮助下，大部分社区卫生服务站可以诊治常见病、多发病，一小部分社区卫生服务站可以处理小伤轻病，开展卫生防疫工作。2012年，镇政府继续加强卫生服务站建设。

二、医疗制度

(一)公费医疗

1952年8月，国家机关工作人员实行公费医疗制度，规定在指定医疗机构就医，医药费报销，医疗费平均每人每月1元。医疗证全省通用，1953年改为全县通用。1984年1月至3月改为实报实销，4月份起实行医疗费包干制，每人每月45元，发给个人40元，单位留机动5元；退休干部每人每年60元，发给个人50元，单位留机动10元；离休干部每人每年80元，发给个人65元，单位留机动15元，用于平日小病治疗费用。一旦病重入院治疗，仍实报实销。企业职工（全民或集体）的医疗费实行实报实销。1989 年起，改为在职工人每人每年 100 元，退休工人每年 120 元，离休和二级以上残废军人 150 元，直接发给个人 60%，其余为单位机动款，用于解决超支人员和危重病人的医疗费用，超过部分由财政负担。1990 年改为每个职工包干基数 24 元，按工龄每年 3 元作为医疗包干费，年初发给个人，在包干费两倍内报销 50%，两倍外至 800 元之间，在职人员按财政 63%，单位 7%，个人 30% 分别负担，800 元以上财政负担 90%，单位 10%。

1980 年以后，县内企业和单位开始实行自发控制医疗费用的探索，有的实行医疗费用与个人利益适当挂钩的办法，有的试行医疗费用定额管理，还有的试行大病或住院医疗费用社会统筹和退休人员医疗费用社会统筹。2001 年 11 月以后，逐步在全区推行医疗保险制度。机关、事业单位实行基本医疗保险，企业内部全市统筹。

（二）合作医疗

1969 年，在农村建立卫生室的基础上实行合作医疗制度，实行大队、生产队和社员个人三级投资，享受合作医疗者每人年缴基金 1 元，就诊时可享受半费医疗。1970 年合作医疗实行联办，由公社出一部分资金，1980 年全公社实行合作医疗的大队 21 个，有“赤脚医生”27 人，领取合格证 27 人。1983 年合作医疗自行解体，村卫生室由个人承包，医疗费由合作负担。

2006 年，推行新型农村合作医疗制度，参合者每人每年交基金 30 元，其中 5 元为合作医疗公积金，25 元为自己使用的药费基金，制合作医疗卡，看病时刷卡消费，全镇分 17 个新型合作医疗点看病，配制 POS 机、电脑，全区联网，药价统一，患者按患病情况，享受住院总额的一定比例报销，报销封顶 2 万元，解决了农民患大病而无钱治疗的问题。2007 年，继续推行新型合作医疗制度，参合率达到 97% 以上。

境内新型农村合作医疗制度执行到 2009 年年底。2010 年 1 月 1 日以后，纳入天津市城乡居民基本医疗保险社会统筹。

（三）医疗保险

1991 年，武清区开始对机关事业单位的公费医疗制度进行改革，2001 年，开始在全区建立城镇职工基本医疗保险制度。2004 年以后，在全区范围内连续建立公务员医疗补助、新农合、城镇居民医疗保险和城乡居民基本医疗保险制度。各种医疗保险制度的确立和完善，解决了人民群众病有所医的问题，对于保证劳动者和人民群众的身心健康，推动社会文明进步，起到了积极作用。

1. 城镇职工医疗保险

2001 年，城镇职工医疗保险开始实行。根据国家规定，城镇职工医疗保险实行基本医疗保险基金统一筹集、统一使用和统一管理。

筹资比例：用人单位按照职工个人缴费基数之和的 9%，缴纳基本医疗保险费，在职职工按本人上季度月平均工资的 2%，缴纳 + 基本医疗保险费，建立基本医疗保险基金。缴费的最高限额和最低限额分别是本市职工上半年度平均工资的 300% 和 60%。

统筹资金和个人账户的建立及支付的范围是：用人单位按 9% 缴纳医疗保险基金中的 30% 和个人按 2% 缴纳的医疗保险基金一并划入个人账户，用于支付参保人员在定点医疗机构门（急）诊，社区服务站就医和定点药店购药，起付线下费用以及住院医疗费个人负担部分的费用。个人账户的存储额按照活期存款利率计息，基本金和利息归个人所有，可以结转使用，可以继承和转让。参保人员住院费用和门诊特殊病种医疗费用。根据医疗机构级别不同，设立在一个年度内第一次住院的起付标准为一级医院 800 元，二级医院 1100 元，三级医院 1700 元，门诊特殊病 1300 元，家庭病房 660 元，第二次住院的起付标准为一级医院 270 元，二级医院 350 元，三级医院 500 元。2001 年 11 月统筹基金最高支付限额为 4.4 万元，2009 年 1 月提高至 5.5 万元。2010 年 1 月提高至 15 万元。起付标准以上至 5.5 万元以下的医疗费用，职工报销 85%，退休人员报销 90%；5.5 万元以上至 15 万元以下的职工和退休人员报销 80%。从 2011 年 1 月 1 日起，附加意外伤害保险。参保人员因突发的、外来的、非本人意愿的意外事故和自然灾害造成非疾病伤害、伤残或者死亡的，纳入意外伤害附加保险保障范围。意外伤害附加保险费的筹资标准为每人每年 15 元 。继续附赠最高达 5 万元的意外伤害保险给付待遇。

实行门（急）诊大额医疗费补助办法：用人单位在缴纳医疗保险基金 9% 的基础上再按职工个人缴费基数之和的 1%；市财政补贴 1%，用于大额门（急）诊费用补助。参保人员年度内门（急）诊 800 元至 5500 元之间的职工和退休人员的报销比例 2010 年统一为：三级医院报销 55%，二级医院报销 65%，一级医院报销 75%。为提高职工和退休人员的医疗保障水平，减轻个人的负担，实行大额医疗救助办法，即在缴纳基本医疗保险基金的基础上，2009 年年底参保人员职工缴费 200 元，退休人员 300 元，用于基本医疗保险最高支付限额 15 万元以上至 30 万元统筹基金。职工和退休职工报销比例为 80%。

2. 城镇居民医疗保险

2007 年，境内城镇居民医疗保险开始实施。学生、儿童每人每年统筹标准 100 元（含意外伤害附加险），其中个人缴费 60 元，政府补贴 40 元。重度残疾、享受低保待遇和特困学生、儿童，本人不缴费，政府全额补助。自 2013 年 9 月 1 日起学生儿童筹资标准由每人每年 470 元提高到 580 元，其中个人缴费标准由每人每年 50 元提高到每人每年 60 元，政府补助标准由每人每年 420 元提高到每人每年 520 元。自 2014 年 9 月 1 日起，学生儿童筹资标准由每人每年 280 元提高到 740 元，其中个人缴费标准由每人每年 60 元提高到每人每年 70 元，政府补助标准由每人每年 520 元提高到每人每年 670 元。

成年居民每人每年筹资标准 560 元。其中个人缴费 330 元，政府补助 230 元。70 岁以上的老年人个人缴费 120 元，政府补助 440 元。重度残疾人，享受低保待遇人员、特困家庭人员和低收入家庭 60 周岁以上的老年人，个人不缴费，政府全额补助。自 2013 年 9 月 1 日起，成年居民各档次筹资标准由每人每年 490 元、720 元、1020 元分别提高到 600 元、830 元和 1130 元，其中个人缴费标准由每人每年 70 元、300 元和 600 元分别调整为 80 元、310 元和 610 元，政府补助标准由每人每年 420 元提高到每人每年 520 元。自 2014 年 9 月 1 日起，成年居民各档次筹资标准由每人每年 600 元、830 元、1130 元分别提高到 760 元、990 元和 1290 元，其中个人缴费标准由每人每年 80 元、310 元和 610 元分别调整为 90 元、320 元和 620 元，政府补助标准由每人每年 520 元提高到每人每年 670 元。

学生、儿童在一个年度内，发生报销范围 18 万元以下的住院医疗费用，三级医院用于起付标准为 500 元，报销比例为 55%；二级医院起付标准为 300 元，报销比例为 60%；一级医院不设起付标准，报销比例为 65%。学生、儿童因意外伤害发生的费用，按相应的规定标准报销。

城镇居民，自 2014 年起在一个年度内，发生符合报销范围 18 万元以下的住院医疗费用，报销门槛统一调整至 500 元，三级医院报销比例为 50%；二级医院报销比例为 60%；一级医院报销比例为 70%。门诊特殊病起付标准为 500 元，报销比例按照住院待遇。自 2015 年 1 月 1 日起，将居民医疗保险门诊就医范围由一级医院和社区卫生服务机构，扩大到开展公立医院改革的二级医院，并按照一级医院就医报销标准执行。

2009 年年底，境内新型农村合作医疗停止。2010 年以后，纳入天津市城乡居民基本医疗保险统筹，居民参险热情空前高涨。区下达本镇任务指标为 19504 人，境内居民共参保 18957 人，完成参保比例 97.19%，使这项惠民工程切实落实到实处。

3. 公务员医疗待遇

2004 年 1 月，武清区国家公务员医疗补助实行区级统筹。医疗待遇包括：门诊医疗费用及部分住院医疗费用个人负担部分，职工按每人每年工龄 10 元，最高不超过 300 元的标准；退休人员 70 岁以下（不含 70 岁）按每人每年 350 元的标准发放给个人，门诊医疗费包干办法。住院医疗费用包括：住院医疗费用在基本医疗保险起付标准以上 1 万元以下由个人负担部分，由参保人员自己支付；

住院医疗费用在 1 万元以上 2 万元以下应由个人负担部分，在职人员补助 20%、退休人员补助 25%；

住院医疗费用在 2 万元以上 3 万元以下应由个人负担部分，在职人员补助 30%、退休人员补助 35%；

住院医疗费用在 3 万元以上 4.4 万元以下应由个人负担部分，在职人员补助 40%、退休人员补助 45%；

住院医疗费用在 4.4 万元以上 10 万元以下应由个人负担部分，在职人员补助 85%、退休人员补助 90%；

住院医疗费用在 10 万元以上 15 万元以下应由个人负担部分，在职人员补助 90%、退休人员补助 95%；

2009 年年底，武清区国家公务员医疗补助办法停止实施。从 2010 年开始，公务员医疗由中国人民健康保险股份有限公司天津市分公司承办。

第十五篇　党政　群团

解放后，大王古庄建立民主政权，党的中心工作由长期领导武装斗争、夺取政权，转移到以巩固政权、加强生产建设、恢复国民经济为中心上来。

为适应社会主义改造、社会主义建设以及四个现代化建设和改革开放的需要，在各个历史阶段不断强化党的组织建设、宣传教育、纪检监察等党建工作，增强党的凝聚力和战斗力，为加快大王古庄的发展提供坚强的保障，镇人大组织建立后，依法行使职权，在健全社会主义法制方面发挥了重要作用。历届镇人民政府不断完善和加强基层政权建设，围绕经济建设抓改革、促发展，全镇经济建设、社会事业全面发展，人民生活显著提高，社会秩序持续稳定。镇政协组织积极参政议政，为促进全镇经济建设和发展建言献策。工会、共青团、妇联、农会、工商联等群众团体围绕党的中心工作，在不同领域以创新精神开展有特色、见成效的工作。

第一章 中国共产党

第一节 组织机构

一、组织沿革

1949年5月，武清县划15个区，大王古庄隶属北旺区十区，设中共十区委员会。

1958年2月，武清县撤区并乡，全县划33个乡，大王古庄建乡，改设中共武清县大王古庄乡委员会。1958年8月，实行人民公社化，武清县成立10个公社1个农场，大王古庄隶属武清县城关红旗人民公社。1961年6月，体制改革，成立大王古庄人民公社，建中共大王古庄人民公社委员会。1966年“文化大革命”开始，党委受冲击而瘫痪。1968年3月，建立武清县大王古庄人民公社革命委员会，实行党、政、军“一元化”领导。后公社革委会内设核心小组，代行党委职责。1971年9月，恢复并重建中共武清县大王古庄人民公社委员会。1983年政社分设，中共大王古庄人民公社委员会改为中共大王古庄乡委员会。2000年，武清撤县建区后，更名为中共天津市武清区大王古庄乡委员会。2001年10月，大王古庄撤乡建镇，更名为中共天津市武清区大王古庄镇委员会。

二、机构设置

1949年5月，十区区委配备民兵、妇联、共青团、秘书等专职干部。

1956年，十区区委下设党委办公室、妇联会、武装部等，办公室设秘书1名。1958年2月，乡党委下设党委办公室、武装部、共青团、妇联会。

“文化大革命”期间，革命委员会下设政治处、办公室、武装部、共青团、妇联会、文教组、专案组、民政办公室、生产办公室、县驻大王古庄公社斗批改指挥部。1983年，恢复乡党委办公室，设秘书1名。

1989年，乡党群口机构及人员设置：武装部2名、妇联1名、团委1名、党委办公室4名。

1996年，实施机构改革，工会、妇联、共青团、文化站归入党委办公室管理，党委办设主任、副主任各一名。党委办公室负责档案管理、分发文件、收发报刊、承担文印、上报信息、调研，及处理日常工作；按月检查各科室工作落实情况；书写工作要点和年度工作总结；准备会务和汇报材料；协助党委抓基层班子及党建工作；配合领导抓好各项中心工作。

2006年，镇党群口设党委办公室、武装部、团委、工会、妇联、文化站等。

2015年，镇党委下设办公室，并负责武装部、工会、共青团、妇联、文化站等工作。

第二节　历届党的代表大会

一、武清撤县建区前

（注：大王古庄党代会第一届和第三届未召开）

第二届党代会

1971年7月8日至9日举行。大会应到代表77名，实到68名。会议听取了杨学鹏代表公社整建党领导小组作的工作报告。通过了公社党委委员选举办法，选举了中共大王古庄公社第二届委员会。常委会由9人组成，杨学鹏任党委书记，芦庆文、张宜和任党委副书记，韩殿洪、杜殿臣、王德宝、魏炳瑞、王淑华、艾元成任党委委员。通过了“继续掀起活学活用毛泽东思想群众运动新高潮的决议”和“关于把农业学大寨的群众运动推向新高潮的决议”。

第四届党代会

1979年6月1日至2日举行。大会应到代表62名，实到代表61名。会议听取并讨论通过了董怀忠向大会作的“为加速实现四个现代化而努力奋斗”的报告。选举产生了中共大王古庄公社第四届委员会。常委会由7人组成，董怀忠任党委书记，刘宗泽任党委副书记，刘宝祥、孙守仁、黄清、韩智慧任党委委员。

第五届党代会

1987年11月20日至21日举行。大会应到代表77名，实到72名。会议听取并审议通过了董秉琪代表中共大王古庄乡第四届委员会作的“认真贯彻执行党的十三大精神，努力建设文明富裕的新大王古庄”的工作报告。选举产生了中共大王古庄乡第五届委员会。常委会由9人组成，董秉琪任党委书记，丁绍山、宋永旺任党委副书记，高福泉、刘文庆、崔洪田、崔云瑞、徐凌珍、王德平任党委委员。

第六届党代会

1991年1月2日至3日举行。会议听取并审议通过了董秉琪代表中共大王古庄乡第五届委员会所作的“坚持党的基本路线，为推进大王古庄的两个文明建设而努力奋斗”的工作报告。选举产生了中共大王古庄乡第六届委员会。委员会由9人组成，董秉琪任党委书记，丁绍山、宋永旺任党委副书记。

第七届党代会

1994年3月29日至30日举行。大会应到代表72名，实到代表67名。会议听取并审议通过了王平代表中共大王古庄乡第六届委员会所作的“抓住机遇、深化改革、扩大开放、促进发展、保持稳定，把大王古庄乡现代化建设事业继续推向前进”的工作报告。选举产生了中共大王古庄乡第七届委员会。委员会由9人组成，王平任党委书记，王景成、宋永旺任党委副书记。

第八届党代会

1997年4月9日召开，当日闭幕。大会应到代表70名，实到代表68名。会议听取并审议乡党委书记王平代表上届党委所作的工作报告。选举产生中共大王古庄乡第八届委员会。王平任党委书记，王景成、沈书堂任副书记。

参加武清县党代会代表

第三届：1985年12月

董秉琪　徐国良　徐凌珍　高福泉　肖玉明　李素珍　蔡永俊

第四届：1989年12月

董秉琪　宋永旺　郑友墩　师万清　顾起荣　呼志清

第五届：1992年12月

丁绍山　宋永旺　刘亚明　师万清　李素珍

第六届：1997 年 12 月

王景成　王贺福　张连惠　李素珍　李景树　张友平

二、武清撤县建区后

大王古庄镇第一次党代会（撤乡建镇后）

中共武清区大王古庄镇第一次代表大会于 2002 年 1 月 30 日召开，当日闭幕。大会应到代表 96 名，实到代表 92 名。会议听取和审议镇党委书记尤天成代表上届党委所作题为“抓住机遇 加快发展 奋力开创全镇两个文明建设新局面”的工作报告；选举产生中共武清区大王古庄镇第一届委员会和纪律检查委员会。尤天成任党委书记，唐万强、肖斯刚任副书记。

第二次党代会

中共武清区大王古庄镇第二次代表大会于 2006 年召开，大会应到代表 98 名，实到代表 94 名。会议听取和审议镇党委书记邢广民代表上届党委所作工作报告；选举产生中共武清区大王古庄镇第二届委员会和纪律检查委员会。邢广民任书记，胡朝阳、沈淑玲任副书记。

第三次党代会

中共武清区大王古庄镇第三次代表大会于 2011 年 6 月 28 日召开，来自全镇 28 个党支部的 105 名代表参加会议。大会审议并通过了郭新华代表镇党委所作的工作报告和王克千代表镇纪委作的工作报告。两个报告回顾了过去五年的工作，提出了未来五年的发展思路和工作目标。大会选举产生了中共大王古庄镇第三届委员会和纪律检查委员会。郭新华任书记，尹国华、王克千、陈广安任副书记。王克千当选镇纪委书记。

参加武清区党代会代表

第一次：2000 年 10 月

张文泉　尤天成　张连惠　王树庚　李景树　李素珍

第二次：2001 年 12 月

尤天成　武　刚　董荣海　李景树　李素珍

第三次：2006 年 12 月

邢广民　肖斯刚

第四次：2011 年 12 月

王克千　王维祥　尹国华　许会仿　安学纪　张殿清　郭新华　贾庆中

第三节　党务工作

一、组织建设

20 世纪 50 年代发展党员重点是农村贫下中农中的积极分子，有 3 至 6 个月的候补期。60 年代后期至 70 年代，发展党员取消预备期。

中国共产党十一届三中全会以后，按照新党章要求，发展党员重点是中、青年知识分子和各行业的生产、工作骨干。并有领导有计划地进行，成熟一个发展一个，预备期 1 年。

1989 年，进一步强化党的组织建设，镇党委坚持每半年对基层党支部成员评议 1 次，定期培训支部委员。结合党员目标管理半年初评，举办后进党员转化学习班，落实帮教措施，做好转化工作。是年，发展党员 13 名，

发展党员工作执行“坚持标准，保证质量，改善结构，慎重发展”的方针，突出“三个重点”：生产一线骨干，35 岁以下的青年、妇女，各类优秀人才。做到“三个倾斜”：向长期未发展党员的村倾斜，向党员队伍老化、支部班子后继乏人的村倾斜，向党的力量薄弱的企业倾斜。

建立发展党员预审制度、公示制度、“公推”党外优秀青年制度、督察制度和责任追究制度等，强化党组织的责任意识，质量意识。

2003 年是村级组织换届年。村级党组织换届实行“二推一选”办法，重点把握制定方案、班子标准、党员群众推荐、组织考察、酝酿推荐候选人，及党员大会选举等关键环节。4 月初至 4 月底，搞好试点村的换届选举。各村选出新的党支部后，填写制式《关于党支部换届选举结果的报告》，上报镇党委。

2004 年，镇党委加强基层组织建设，重点解决了 5 个村党支部存在的问题，调整了 3 个瘫痪班子。是年，年度增加党员 45 名。

2005 年，开展“三级联创”活动，全镇村级党组织基本实现“五个好”的目标要求。在已完成 6 个村和 1 个站所的创建工作基础上，按照“三级联创”的标准要求逐条衡量，重点加强薄弱环节，进一步健全完善各项制度，该上墙的上墙。对需要整修的办公场所进行了整修，确保完成创建任务。一是狠抓了相对后进村党支部主要成员的思想转化工作，首先对各村的班子进行了全面分析，查找不足和存在的问题，针对查找出的问题，通过多次下乡和村干部进行座谈，制定切实可行的解决方法。二是继续实行“一抓三选”，加强村级后备干部队伍建设。全镇共有村级后备干部 88 名，并在政治上给待遇，进一步压担子，

加快了后备干部成长，解决了村级干部后继乏人的问颗。

加强村级班子建设。一是及时调整和补充了不健全的两委班子。如丁辛庄村，原村党支部书记病故后，镇党委及时帮助该村通过选举的形式选出了新的支部书记，调整后的班子工作积极性、主动性很高，使村里的各项工作很快打开了局面。二是坚持经常下乡和基层干部谈心，走访群众，了解基层干部和群众的思想动态，为党委决策提供依据。

做好发展党员工作，全镇已实现连续9年没有三年以上未发展党员的村，年内发展新党员29名。

2006年，加强非公企业的党组织建设，在非公有制企业中建立支部，扩大党的工作覆盖面。是年，完成村级党组织换届选举工作。完成6个村街的活动场所(1个市级，4个区级)建设。

2007年，深入开展农村基层组织领导班子及成员年度民主评议工作，强化对公选村支部书记工作的宣传报道。坚持组织发展与教育管理并重，做好党员发展工作和入党积极分子教育工作。加强规模以上非公企业党组织组建工作。

2008年，继续加强村级组织活动场所和党员服务中心（站）建设工作，新建、翻建村级活动场所12个，大修12个，为17个村配齐办公设备。改进农村基层党组织“党日”活动的方式、内容，党员参会率平均达到75%以上。重要节日期间，镇党委采取多种形式，慰问生活困难党员和老党员，形成关心爱护困难党员和老党员的长效机制。“5·12”四川汶川地震后，全体党员踊跃自愿缴纳“特殊党费”，展现“一方有难，八方支援”的良好精神风貌。是年，全镇确定入党积极分子28名，发展新党员21名，预备党员转正20名。

2009年，把加大整改落实力度作为学习实践科学发展观的出发点和落脚点。镇党委率先垂范，从内强素质、外树形象入手，努力提升大王古庄形象。投资改善办公环境，对镇政府和经济区管委会室内外进行了重新装修，更新了办公设备，提升了政府对外形象。同时，把机关干部作风建设作为突破口，通过发放征求意见表、机关干部提合理化意见等多种形式，健全完善了学习制度、形象管理、值班制度、包村责任制等项制度，形成用制度管人的良性运行机制，奋力开创全镇各项工作新局面。枣林村通过深入查摆问题，从加大为群众服务力度入手，狠抓五项工作落实，让学习实践科学发展观带来的成效惠及到广大群众。

2012年，以村级组织换届选举为契机，为村街选强配齐干部。按照区委“三体联动”的要求，本着“先易后难”的原则，精心组织、严格程序、扎实推进，高标准推进村级组织换届选举工作。换届前，深入村街调查摸底，掌握第一手材料，为换届选举的有效实施打好基础；换届选举过程中，严把程序关，严格依法依规开展工作，细化方案，严格步骤明确责任，把党员和群众信任的“双高双强”人员选进村级干部队伍，对于重点村、问题村采取“一村一策”的方式，有针对性地制定方案，在确保稳定的基础上，平稳有序推进换届选举。换届后及时组织相关培训，推行村级主要干部任期承诺制，要求村里支部书记、村主任与镇党委签订任期承诺书，增强了干部的责任感和自律意识。严格发展党员程序、标准及结构比例，全年发展党员 19 名。

2014 年，推进基层组织建设。针对教育实践活动中查摆出的党员带动力不强、党组织战斗力不强等问题着重列入整改清单，实行台账式推进。一是落实基层党建量化考核机制。每年年初专门责成党口将基层党建工作年度任务量化分解，层层签订责任书，把“软任务”转变成“硬指标”。二是开展基层党组织办实事活动。在“四清一绿”行动中，引导基层党组织为民办实事，投入整治资金 1000 余万元，进行村庄硬化、美化、绿化，让群众直观感受到基层党组织发挥的作用。在群众路线教育活动中，开展党员干部帮扶困难群众活动，募集捐款 170 余万元，成立“爱心基金”，分三期发放 30 余万元，让困难群众感受到党的关怀。三是强化基础保障。每年按时发放离任村干部生活补助及村干部工资性补贴 100 余万元。村党组织书记、村委会主任平均年报酬 2 万余元。年内投入资金 100 余万元对前侯尚、宋家场、水活铺组织活动场所进行新建和改扩建，17 个村活动场所面积都达到 90 平方米以上，全部配齐远程教育终端，开通了党员信息平台，服务党员群众的载体平台进一步健全完善。

从严治党，解决党建突出问题。一是强化干部队伍建设。制定实施村级干部管理规定，积极推行村级重大事务“六步决策法”，开展“七簿一册”大检查和“阳光村务”活动。实施镇村“一体化”管理，涉及村级事务及重大事项，镇村层层把关，从“源头”督导。建立形势任务报告会制度，分批带领全镇党员干部 1000 余人到撤村建居小区和城区参观学习，感受发展成果，提升党员干部素质。二是加强园区非公企业党建。扩大组织有效覆盖，企业独立建支 16 家，党员 205 人。专门建立了非公企业党员服务站，向各企业派驻党建指导员。2015 年，成立大王古庄镇党建工作领导小组，党委书记总体抓，分管副书记、园区分管副总、组织委员直接抓，每月听取党建工作专题汇报，研究解决重点问题。班子成员强化“一岗双责”，每人联系 1 ~ 2 个村和园区企业，担任党建指导员，指导村企开展“谋发展、保稳定、强党建”等主题活动 300 余次。三是跟踪督办。专设督察室，对班子成员履行党建工作责任进行监督。全年发布《督查专报》92 期，及时通报工作进度、工作效果，未落实项目由负责人向党委作出说明并上报改进方案，确保工作落实。

抓住重点，不断提高基层党组织战斗力。一是抓任务落实。按照《大王古庄镇基层党建量化考核目标》，年初将党建任务量化分解，年终听取党支部书记述职并组织评议，评议结果在《京滨腾讯》公示，对排名落后单位进行警示谈话，给基层党组织加压力增动力。二是抓载体活动。开展党员干部“爱心基金”关爱行动，为因病因灾致贫的15个家庭救助30余万元；建成前侯尚、北刘庄2个幸福大院，农村老人享受到悉心服务，感受到党的关怀。在“四清一绿”行动中，投入资金1500余万元，在村党组织带领下进行村庄硬化、美化、亮化、绿化，让群众直观感受到支部的先锋作用。三是抓班子建设。换届中严格依法操作，妥善解决北刘庄、韩营村隐患问题，选优配强15个村级组织，圆满完成换届任务。同时狠抓距城堡等3个后进村整顿，成立专项工作组解决历史遗留问题。目前各项事务步入正轨，实现了村内和谐稳定。四是抓组织覆盖。加强园区非公企业党建。专门建立非公企业党员服务站指导推动工作，今年新发展企业党员5名，新建支部4家。打造蒙牛、大禹、静达保光3个非公企业党建示范点，蒙牛公司荣获市级非公党建先进单位称号。

二、党员教育

1956年，十区区委根据县委《关于转社结合整党建党工作的指示》，对农村基层党组织和党员普遍整顿，为农业合作化的发展奠定思想和组织基础。至5月中旬，乡、村干部、农业社长和一般党员分4期参加轮训。主要学习《关于农村合作化问题》《农村支部党课教材》和《农业发展纲要》，全体党员提高思想觉悟，明确方向，坚定了走社会主义道路的信心和决心。

1958年，对党员主要进行党的总路线教育和《中共中央关于在农村建立人民公社问题的决议》文件精神的教育。

20世纪60年代至70年代，公社党委执行“三会一课”制度（每月一次支部党员大会、支部委员会、党小组会，上一期党课）。主要是对党员进行雷锋先进事迹的学习教育；学习中央文件，开展马列主义、毛泽东思想的学习教育；进行阶级斗争教育、无产阶级专政理论教育、反帝反修教育等。

中共十一届三中全会后，在全公社党员中开展学习、理解、宣传中共中央“关于农业实行生产责任制”的精神；学习新党章，进行党风、党纪教育；坚持四项基本原则和彻底否定“文化大革命”的教育。

1985年11月中旬至1986年3月上旬，按照县委统一部署，乡机关、乡办企业进行整党。随后转入村级单位整党，分两批进行，至1987年1月10日，全乡整党结束。

1986年，为提高基层党支部的战斗力，提高支委的思想觉悟和工作能力，全乡举办4次支委培训班。第一次是在三月一日，利用一天时间，学习中央一号文件，全乡17个农村支部，48个委员全部参加了培训。通过学习中央一号文件，全体支委对农村第二步改革的重要性、迫切性有了进一步的认识，对贯彻执行党的农村政策、推动农村改革起了重要的作用。第二次是在三月底，利用一天时间办班，学习市纪委三次会议精神，实行全党抓党风，落实抓党风岗位责任制，使支委普遍增强了端正党风的自觉性。第三次是在四月下旬，利用一天时间办班，主要培训支委如何开展“讲理想、比贡献”活动，全乡28个支部70多名支委参加了培训。支委们学习了中共武清县委〔1986〕21号文件，对于在全乡范围内扎扎实实地开展“讲比”活动打下了良好的基础。有3个支部召开了“讲比”活动现场会，有7个支部召开了报告会，让有理想的人讲理想，让有贡献的人讲贡献。第四次是在十月十九日至二十三日，利用5天时间对农村支部51名委员进行整党培训，把全体支委对整党的思想认识统一到中央整党决定精神上来，找准本支部及个人存在的突出的几个问题，制定出整党的各项规章制度，为整党积极做好各项准备工作。

1989年，开展迎“七一”党员义务奉献活动。开展民主评议党员工作，党委书记任领导小组组长，组委、宣委、纪检委为小组成员，下设办公室，抽调机关干部深入到各村、镇直等单位。在评议中，党委成员分片进行指导。评议工作分学习动员阶段、自我总结阶段、民主评议阶段、组织考察阶段、表彰和组织处理6步进行。民主评议党员，评出了干劲，促进了党支部的调整。是年，还结合反对资产阶级自由化教育，开展了党的基本路线教育、党的基本知识和马列主义、毛泽东思想教育。

1990年7月31日至11月底，乡党委组织“坚持社会主义方向，当好人民公仆大教育大讨论”活动，乡机关党员干部、村党支部成员、村委会成员、村农工商公司正副经理、村妇联主任、村团支部书记、村治保主任、村民兵连长、乡办企业厂长、乡直各单位支部成员以上干部参加此项活动。

1991年3月6日至6月14日，全乡开展社会主义思想教育，工作组深入村街，对党员进行信念、宗旨和党的基本知识教育，对群众进行社会主义优越性教育、建设有中国特色社会主义理论教育。1992年，乡党委组织开展评选文明村和文明企业工作，以评选促工作，开展思想教育。1993年3月至5月底，全镇党员开展学习党章活动，除利用党日必学外，每半月组织党员干部学习1天，或开展一次有意义的活动。1994年、1995年，先后组织学习中共十四届一至五中全会精神，广泛开展发挥“三个作用”大讨论，开展党群共富小组活动。1997年，开展“入党图什么，在党干什么”大讨论活动。村街党群共富小组活动更加深入。

2000年3月至6月，乡领导班子和领导干部集中进行“三讲”教育。2001年2月至8月，在乡机关开展“三个代表”重要思想教育活动.8月至2002年5月,在农村和镇直单位开展“三个代表”重要思想学习教育活动。

2004年，坚持每季对村街干部进行一次培训，培训工作分学习动员、自我总结、民主评议、激励先进鞭策后进4个阶段进行。在基层干部中开展争当群众满意的好干部活动。在加强党员教育管理方面，各村积极探索党员发挥先锋模范作用的有效途径，推行“五组编制”（经济组、议政组、调解组、帮扶组、治安组）做法，给党员搭建活动舞台。

2005年，按照区委的统一部署，结合本镇的实际情况，自2月份开始，在镇机关和部分镇直单位党支部集中开展了第一批保持共产党员先进性教育活动，到6月底结束。又于7月至10月底在教育办和卫生院两个支部开展了第二批先进性教育活动。两批先进性教育活动圆满完成了学习动员、分析评议、整改提高3个阶段的各项规定动作。通过先进性教育活动，党员的素质有了明显提高，党员意识和纪律观念明显增强，学习理论的自觉性明显提高。在活动中广大党员干部进一步明确了不同岗位党员先进性的具体要求，认真查找自身存在的问题和不足，从而明确了今后的努力方向，进行了认真的整改。同时党的组织建设得到了加强，促进了各项工作的开展，取得了较好的成效。

2006年，完成全镇村级组织换届工作，为跨越发展提供了有力支撑和坚实的组织保障。进一步完善、落实“三会一课”和党日活动制度，以“五组编制”做法，搭建无职党员活动平台，夯实和谐发展的组织基础。7月11日，区委发出《关于抓好领导班子学习贯彻区委二届十次全体（扩大）会议精神的通知》，镇党委认真组织开展建设新农村、建设服务型武清、学习义乌经验的“两建一学”专题研讨，将“两建一学”落到实处。

2007年，镇街村和涉农部门、站所开展“三级联创”活动，坚持落实责任、强化督导、健全机制。同时注重将创建活动与农村经济社会发展紧密结合，“三级联创”活动取得了实实在在的效果。

2008年，做好党员远程教育站点建设前期准备工作，全镇有17个村完成终端站点的安装任务。

2009年，结合开展科学发展观学习实践活动，强化对新一届村级干部的教育与培训。一是深入进行谈心谈话。此次村级组织换届，新任村党组织书记5人，新任村主任7人。为使新任村干部尽快进入角色、找准自己的位置、发挥自身作用、高标推谋划本村工作，镇党委利用一天时间，由镇主要领导亲自对各村新书记和新主任进行谈话，而且把老书记、新村主任和新书记、老村主任叫到一起当面谈话，交任务、压担子、鼓干劲，激励他们更多的为群众办实事、好事，真正做到为官一任，造福一方，不辜负广大群众的重托。二是开展集中培训。为全面提高镇村干部综合素质，提高广大干部依法依规开展工作的意识，镇聘请区纪委和农村干部领导，利用半天时间，对镇村干部共计80余人进行了集中培训，重点讲解如何协调处理好村两委关系、民主决策法、村级土地财务管理及土地承包合同等，为增强广大干部在工作中“讲法、讲理、讲策略”的能力奠定良好基础。三是组织外出参观。组织镇村干部到白古屯乡的东马房村、大黄堡乡的后蒲棒等村，学习先进经验，聆听创业过程，拓宽思路，开扩视野，查找差距，树立向先进学习的信心和决心，激发工作热情。

2010年，为全面提高村干部的整体素质和工作能力，有效规范村级组织工作，镇党委邀请区委党校老师对17个村支部书记、村主任、副书记、包村领导、包村干部进行培训。党校老师围绕开发开放的形势、新农村建设、京滨工业园建设，从想事、干事、干成事、不出事四个方面进行了深入浅出的讲解。通过学习培训，广大村干部充分认识到自身担负的职责和使命，深化了对当前农村形势和任务的理解，坚定了发展的决心，纷纷表示要把培训当成一个新的起点，不断增强服务意识和发展意识，努力推进社会主义新农村建设。

围绕“建、管、学、用”，深化农村党员干部现代远程教育工作，实行党办人员分片指导，包村干部、村街远程教育管理员学习负责制。是年5月中旬，镇党建工作领导小组对各村村务公开、民主管理、远程教育、党日活动开展、农家书屋建设等工作进行检查，及时纠正存在的问题和不足，规范村级各项工作，推动和促进全镇工作稳步开展。

2013年，深入学习实践科学发展观，深入开展“学讲话、比贡献、创佳绩”主题实践活动和领导干部“下基层、办实事、解难题、交朋友”活动，以基层党组织建设为重点，扎实开展强基创先工程，进一步增强党组织的凝聚力和战斗力。加强党员的教育管理，抓好党员远程教育系统的管理和使用，村街每月组织党员干部集中收看规定节目至少4次；党办每月印发学习内容和收看情况记录表，增强学习的针对性和实效性。修订村级干部考核管理办法，加强村级干部管理和问题村的治理工作。全镇党员教育高效、扎实开展，且不断创新，整体工作步入了新的水平。

2015年，加强教育管理，锤炼基层干部党员队伍。一是落实党支部书记述职评议、村干部管理等制度，强化问责惩戒，规范农村干部行为。二是实施“素质提升”工程，以“强化党性、解放思想”为重点全面制定培训计划，通过讲党课、形势报告、外出学习、谈心谈话等形式加强村“两委”成员、党员干部和村民代表三支队伍的教育培训，为地方发展提供思想保障。三是继续深化“三严三实”专题教育，继续推进反腐机制建设，开展各级党员干部新《准则》、新《条例》学习研讨，坚持用制度管人管事。严厉查处各类违纪违法案件，增强党员干部廉洁自律意识。

三、宣传工作

解放初期，配合形势。宣传贯彻《中华人民共和国婚姻法》。1950 年，开展“抗美援朝，保家卫国”的宣传。1951 年 3 月，镇压反革命运动开始。发动农会、学校、机关，利用会议和广播形式，宣传《中华人民共和国惩治反革命条例》。1953 年冬，宣传党在过渡时期总路线及粮食统购统销政策。

1979 年，开展“实践是检验真理的唯一标准”的大讨论，公社党委以会代训，为各村和社直单位培训骨干，并以支部为单位开展大讨论。1981 年 8 月，学习宣传《关于建国以来若干历史问题的决议》，公社党委成员，机关干部和村支部书记参加县委党校组织的培训。1982 年 2 月，以搞好卫生为突破口，综合治理“脏、乱、差”，开展“讲文明，讲礼貌、讲卫生，讲秩序，讲道德；心灵美、语言美、行为美、环境美”“五讲四美”活动。1983 年 3 月，再次组织“文明礼貌月”活动，以共产主义思想宣传教育为核心，开展“五讲四美、三热爱”（爱党、爱社会主义、爱祖国）和创“优质服务、优良环境、优良秩序”的“三优”活动，开展创建文明村、文明企业活动。1979 年至 1985 年，宣传重点是农村经济体制改革，每年组织机关干部深入村街，向群众宣传有关改革的中央文件，宣传联产承包责任制和社会主义商品经济有关方针政策，及时了解群众的思想动态，结合实际做好思想工作。

1986 年 2 月，组织机关干部深入各村，宣传中央 1 号文件精神。同时，在党员干部中进行理想、道德、纪律教育，开展“讲理想、比贡献”活动。是年 10 月，学习宣传贯彻《中共中央关于社会主义精神文明建设指导方针的决议》，各村街支部书记参加县委党校举办的培训班。1987 年 2 月，开展“深化改革，迈向小康”大讨论。是年 12 月，在全乡掀起学习宣传“十三大”精神高潮。1988 年，围绕经济工作，开展“两看、三比、经济大合唱”活动。1989 年，学习宣传重点是中共十三届四中、五中全会精神，乡党委、政府领导参加县委党校举办的学习班。1990 年，加强思想政治建设工作，开展学雷锋活动。7 月，在全镇各村街开展“爱党、爱国、爱集体、爱岗、爱邻、爱同志”和评选“遵纪守法户和文明户”的“六爱两评”活动。

1991 年 1 月，学习宣传中国共产党十三届七中全会文件。10 月，学习宣传党的 70 年历史和党建理论。12 月，学习宣传《中共中央关于进一步加强农业和农村工作的决定》。1992 年 4 月，学习宣传邓小平视察南方重要谈话，明确方向，推动本镇改革开放步伐。1993 年至 1994 年，学习宣传邓小平关于建设有中国特色的社会主义理论，用特色理论武装全镇党员干部。1995 年，开展学习宣传孔繁森先进事迹活动。还开展了忠心献给祖国、爱心献给社会、关心献给他人、孝心献给父母、信心留给自己的“五心”活动。1996 年，全镇继续深入开展“六爱两评”活动。同时，开展以“六杯”“三日”（“六杯”即公仆杯、文明杯、环境杯、敬业杯、新风杯、成才杯；“三日”即机关干部周末读书日、科技传播日、青年志愿者义务奉献日）为载体的系列精神文明创建活动。1998 年，乡举办“学习贯彻党的十五大精神”知识竞赛。4 月，开展评选优秀党课讲稿和优秀组织单位活动。

2000 年，党员干部理论学习与“三讲”教育、学习“三个代表”重要思想紧密结合。开展争创“十星级文明户”活动。开展“抓调整、上水平”大讨论。对广大干部群众进行“致富思源、富而思进”教育，并在干部群众中开展了“爱家乡、做贡献”读书读报用刊征文等活动。以揭批邪教“法轮功”为重点，以知识竞赛和图片展览等形式，开展“崇尚科学反对迷信”教育。

2005 年，充分发挥宣传阵地的作用，通过电视台、报刊、信息、网络等多种形式，宣传王古，展现王古优势，树立王古形象，为经济发展服务。下大力抓了《镇情通报》的编辑和发行工作，从 8 月份开始，每月办两期。利用镇党校，开展了对党员干部、入党积极分子的培训，开展了认识党员标准、坚持党员标准的学习教育活动。全年共录制新闻专题 26 条，报送市电视台新闻专题 2 条，所报信息在区委《近日要闻》上刊登 13 篇，在《天津日报》及有关报刊刊登新闻及照片 6 条，在《武清资讯》刊登新闻及照片 21 条，编印《镇情通报》9 期。

2006 年，全镇各村、站所、学校等均明确一名班子成员抓宣传思想工作，确保宣传思想工作在各个层面有人抓、有人管，阵地建设和载体功能得到加强。2007 年，镇党委狠抓“学习型机关”创建活动，推动理论学习深入开展。开展“同在一方热土、共建美好家园”活动，在凝聚民心民力、提升人文环境上取得新突破。扎实开展“建设服务型武清大讨论”和创建服务型单位活动，进一步增强服务自觉性，优化了服务环境。镇及下属单位广泛开展创建“服务型单位”活动，突出抓好学习讨论、边查边改、制定并落实文明服务规范 3 个重点环节工作。

2008 年，为建设新武清营造良好的服务环境，镇党委组织干部群众联系思想和工作实际，边学习边讨论，使“服务他人就是发展自己”的理念深入人心。出台延时服务、跟踪服务、上门服务和预约服务等便民利民服务举措，受到群众好评。各单位针对行业不同特点，从科室、基层站所做起，制定爱岗敬业、仪表端庄、文明用语等文明服务规范，并采取向社会公开承诺，制定并落实文明服务规范检查考核办法。在科室、基层站所开展争创“服务型科室”“服务示范岗”活动，在干部职工中开展争做“文明服务标兵”活动，营造人人参与创建的浓厚氛围。2009年，镇党委组织开展了文明村镇创建活动。

2011年，致力提升宣传质量，把创先争优活动作为“推动社会发展，促进社会和谐，服务人民群众”的有效途径，创新活动载体，不断丰富活动内容，扎实开展文明村镇创建。举办党史知识竞赛、召开纪念建党90周年表彰大会，深入开展建党庆祝活动；开展红色歌曲大家唱，精心安排、组织春节期间、暑夏期间的花会、戏曲、演唱等文化活动，注重活跃群众的业余生活；完成村文化室文化器材的配发；密切干群关系，组织“下基层、办实事、解难题、交朋友”活动，开展“满意在武清”特色服务品牌创建活动。积极参与区“回顾党的光辉历程，讴歌武清发展成就”和“新武清、新愿景、新征程”主题征文活动，上报稿件8篇。

2013年，多渠道对外宣传，加强与电视台、报纸等媒体沟通，全年在市电视台播出新闻5条，区电视台播出新闻50余条；《近日要闻》刊登信息31条；《天津日报》《武清资讯》等刊登新闻30篇。充分发挥《京滨腾讯》载体作用，加强对内宣传，扩大发行范围，全年共印发12期。

2015年，发挥艺术团体联合会、京滨艺术团、“春蕾”乡贤联合会等政策宣传载体作用，及时向群众宣传党的政策，用先进思想文化占据农村阵地，对群众关心的重点难点问题做好答疑解惑，及时纠偏扶正群众中的落后思想和不良舆论。

四、纪检监察

1979年8月17日，中共武清县纪律检查委员会筹备组成立后，公社党委建立党的纪律检查小组。1980年下半年，公社党委设1名专职纪律检查干部，负责日常纪检工作。1983年2月，乡党委配备专职纪检干部一名，并任乡党委委员。

1980年，大王古庄公社党委贯彻《关于党内政治生活的若干准则》，自上而下组织全体党员学习，纠正不正之风，抓好端正党风教育。1984年5月，进行整党，按照县委制定的《农村若干问题的十条政策界限》和《乡镇企业若干问题的十条政策界限》，对全乡党组织和党员纪律进行全面整顿。1987年，集中时间在全乡党员中开展党章、准则的再学习、再教育。

1988年始，乡党委抓教育，建制度，在全乡范围内推行对外公开办事制度，公开办事结果，加强群众监督的“两公开一监督”制度，从群众意见最大，最关心的“热点”问题入手，从最容易产生腐败的部位抓起。向群众公开财务收支、计划生育二胎审批、宅基地审批、农用紧缺物资分配、优抚款救济款使用等，纠正和解决各种不廉不洁问题。1989 年，贯彻落实县纪委《关于保持党政机关廉洁的暂行规定》，开展反腐倡廉工作。剖析现实案例，敲响警钟，召开现场会、廉政报告会，宣传清廉从政。各村党支部确定 1 名党员为党风信息员，乡党委定期组织信息员学习、培训，反馈信息。

1990 年，积极推行“村务公开、民主管理”工作，重点抓好村民自治规范运行。1991 年，制定《关于建立党员代表议事会和群众代表议事会制度的意见》，乡监察工作改由纪检委员兼管。乡党委举办党训班，统一讲课辅导，重点学习中纪委的 4 个党纪规定；党委召开民主生活会，开展批评与自我批评，并将结果向党员公布。1992 年，在党员中开展党的优良传统作风教育活动，狠抓农村制度建设。

1993 年 9 月 6 日，县委召开乡镇局领导干部会议后，乡党委立即召开党委扩大会，对照廉洁自律有关规定，自查班子和个人存在的问题，主要有吃喝问题，审批不严，招待标准超标问题；领导干部领取不合理的建私房配套费、机关干部借用公款问题；不合理收费集资问题；政府机关建的经济实体存在管理不严、账目混乱，未与政府脱钩问题；领导干部下基层调研不够，缺乏创新精神。针对存在问题，制定并落实整改措施：压缩招待费开支，待客费标准明确为 6 元、8 元、10 元 3 个等级。是年，清查、清理全乡领导干部购买股票、接受礼金、在经济实体中兼职等问题，并纠正存在的问题，反腐倡廉取得阶段性成果。

1994 年，对小汽车配备、领导干部家事大操大办、拖欠公款等方面的问题纠正处理，并狠抓了无偿占用调用企业资金充作单位小金库、乱发奖金及向企业索要赞助款等不正之风。1995 年，重点加强法规制度建设，进一步规范党员干部的从政行为。1996 年，积极稳妥地开展清理干部住房、清理预算外资金工作。结合评选首届“十佳”公仆，广泛开展形式多样的党风廉政教育。1997 年，乡分别建立纪律检查委员会和政府监管室，制定关于实行村务、政务公开的 3 项规定，狠抓制止奢侈浪费 8 项规定的落实。1998 年，推行党风廉政建设责任制，落实住宅公务电话、移动电话管理的《暂行办法》，制定预算外资金实行“收支两条线”办法，严格执行县《关于实行厂务公开、民主管理制度的规定》。1999 年，在“三讲”教育中深入推进领导干部廉政自律，通过实行政府采购制度、取消和规范收费项目、整顿规范建设市场等措施，加大源头治本力度。2000 年，深入开展警示教育；专项治理“吃、拿、卡、要、报”不正之风；健全实行“既评最佳、又评最差”的民主评议行风制度；全面推行村民代表会议制度。

2001年，实施基层纪检监察干部轮训制度，在党校集中培训的基础上，乡纪检干部每年到区纪委实践锻炼一个月。贯彻落实《关于加强对乡镇局级以上领导干部“八小时之外”监督的规定》《关于党员领导干部办理婚丧喜庆事宜的规定》等制度，严格执行“四大纪律八项要求”和“五不许”等廉洁自律规定，提高干部廉洁从政、遵纪守法和接受监督的自觉性。开好镇党员领导干部专题民主生活会，领导干部从围绕落实先进性教育活动整改措施、学习贯彻党章、树立社会主义荣辱观、廉洁从政4个方面，深入开展自查自纠，民主生活会质量大幅提高。是年，全乡开展行风评议活动。2004年，反腐倡廉工作紧贴经济建设中心，服务发展第一要务，拓宽投诉举报渠道，开通举报电话，设立投诉举报信箱。

2005年，按照全区统一安排，一是强化了阵地建设，全镇17个村都建起了高标准的铝合金室外公开栏。二是健全了村级组织，完成了户代表推选工作，户主担任户代表的达97.5%。三是完善制度，搞好培训，先后健全完善了《村务公开民主管理》《村民代表会议示范章程》《村务监督小组规则》等共14项制度并以以会代训的形式对村干部进行了培训，使村务公开民主管理工作逐步实现了规范运行，有效推进了村民自治，即村务公开制度的落实，保障了农民群众知情权；民主决策程序的规范，保障了农民参与权；完善监督制约机制，保障了农民监督权。在全区的村务公开民主管理工作的联合检查中，村务公开“三延伸”的做法得到了区委的肯定，聂营村村务公开的做法以《情况简报》专刊的形式进行了刊登。四是以召开村主要干部座谈会的形式，以会代训，搞好村务公开民主管理规范化制度的培训，增强了干部适应民主形势转变观念，实现由“为民做主”向“由民做主”工作方式的转变。

2006年，强化对农村财务及集体资产的管理。一是在上年实行农村会计委托代理工作的基础上，又进一步规范镇村两级财务管理制度，规范财务管理内容，严格执行“两笔一章一把关一公开”的财务管理程序，认真搞好审计监督严格把关，严格控制财务管理工作中的各种漏洞。二是对村集体资产进行了清理，全面摸清了村集体资产的基本情况，完善了资产管理制度，建主了村集体资产台账，防止集体资产的流失和不良债务的增加，努力实现集体资产的保值增值。三是对村级债权债务情况进行了调查，及时掌握村级债权债务增减变化，积极探索化解村级债务的办法，以促进农村经济发展，增强村集体经济实力，保持农村社会稳定。

2007年，抓好各项制度的落实，促进镇村两级干部工作作风的转变。一是抓好机关干部联系户制度的落实，每月组织机关干部对联系户活动情况进行一次汇报，通过此项活动的开展，使机关干部真正做好下情上达工作，帮助群众解决实际问题。二是抓好维护稳定工作制度的落实，认真坚持每月一次的副书记例会制度，落实副书记作为矛盾网络排查站长的职责，搞好矛盾的排查分析。三是抓好村干部“说事日”制度和轮流坐班制度的落实。抓好村集体经济合同的管理。认真做好镇、村两级合同归档工作。抓好财务制度的落实，严格“两笔一章一把关”制度，严格财务审计，对各村干部任期内经济情况进行全面审计，摸清底数。

2009 年，坚持用典型案件开展警示教育，特别是加强对镇直机关重点部门、重点岗位工作人员的教育。制定下发规范职务行为“十个不准”的规定，结合干部提拔、轮岗工作进行廉政谈话，引导干部正确履行职责。党员干部自律意识、自控能力明显增强，严格遵守“五不许”等廉洁自律规定，正确使用手中的权力，做到有权为民服务，用权不谋私利。按照中央《关于建立健全教育、制度、监督并重的惩治和预防腐败体系实施纲要》的要求，结合业务工作特别是易发不廉洁问题的岗位和环节，制定相关制度，使党风廉政建设有了制度保证和抓手。积极开展效能监察，督促工作人员在行政审批、事务办理、执法监察中依法行政，严格执法，遵守程序；对群众的求决问题和行政效能投诉举报及时督办，限时办理群众的投诉、信访事宜。坚持从源头预防腐败，在涉及“钱、权、人”方面，超前防范。

2010 年，集中开展以践行八个方面良好风气为主要内容的“弘扬新风正气，正确行使权力”主题教育活动，抓住提高认识、查摆问题、落实整改、建立长效机制等关键环节，有计划、有步骤地组织实施。同时，采取多种形式，广泛开展党纪条规、社会主义荣辱观、廉洁自律教育，加强廉政文化建设，宣传树立廉政勤政、作风优良的先进典型，以《一名“落马”干部细数腐败“七笔账”》为素材开展警示教育，促进村镇领导干部规范用权、廉洁从政。

2012 年，开展“讲党性、重品行、作表率”主题教育活动；观看以国内重大典型案例及一些领导干部腐败案件为素材的专题教育片《忏悔录》，开展警示教育；扩大教育覆盖面，增强针对性和有效性；推进以“六进”为主要载体的廉政文化创建活动，营造良好社会氛围；把教育和管理相结合，认真解决领导干部廉洁自律方面存在的问题。组织村镇干部观看“勤政、廉政优秀干部先进事迹报告会”纪录片。组织观看反腐倡廉电教光盘。组织学习《中共中央纪委关于严格禁止利用职务上的便利谋取不正当利益的若干规定》，筑牢干部廉洁从政防线。

2013年，强化制度建设，着力构建全镇惩防体系。一是建立健全各项制度。对全镇反腐倡廉制度进行认真疏理重新修订，共完善和建立各项制度12个。形成3个机制，即拒腐防变教育机制、权力运行监督机制、纠风治乱长效机制。二是严格制度的执行与督察。加强对制度执行情况的监督检查，推动各项制度规范执行。加强对村级重大事项决策的指导把关，规范“六簿一册”的使用和管理，加强村务公开监督检查力度。严格镇村换届纪律，严格执行镇、村干部任期审计和离任审计制度。三是强化责任落实。实行“一岗双责”，坚持把贯彻落实党风廉政建设责任制作为加强党风廉政建设和反腐败工作的“龙头”工程。签订党风廉政建设责任书，健全重大项目监管制度。制定目标、明确责任、严格考核、责任追究，建立了党委书记负总责、分管领导具体负责，上下配合，齐抓共管的责任体系。

2014年，进一步推进党风政风建设。围绕全镇发展重点、群众关注热点，加强监督检查，为全镇发展创造良好环境。一是促进作风转变。在基层站所和镇机关深入开展“政风行风评议”活动，有效地促进了行风转变，提升了基层站所的服务能力和水平。二是抓好党务、政务、村务三公开。落实公开要求，规范公开内容，在形式上不断创新，逐步由结果公开向过程公开转变。三是做好行政监察。特别是在新农村建设和京滨工业园建设上落实保廉措施。

2015年，强化信访举报，进一步加大惩治工作力度。镇纪委高度重视信访工作。一是推行信访目标管理制度。围绕信访目标管理要求，建立了镇、村纪检信访信息网。建立完善了党政领导信访接待日制度。畅通信访举报渠道，设立举报箱、公开举报电话。二是加大案件查处力度。根据查办案件的内容，及时与有关党员干部进行廉政谈话、诫勉谈话，做到惩处与教育相结合，起到了查办一案、教育一片的良好效果。采取多种形式切实加强自身建设，全面提升素质。一是健全队伍。在全镇17个村街设立了纪检信息员，做到纪检监察工作网络健全，不留死角。二是加强学习。为适应不断发展的形势需要，组织相关人员进行不同形式的业务培训，不断提高政治、业务水平。三是开展活动，把提高政治理论素养、提升执法执纪水平作为重点，提高村镇干部执法执纪水平。

第四节　党委书记名表

表 50

组织名称	职　务	姓　名	任职时间
中共武清县大王古庄人民公社委员会	书　记	边德春	1961 年 6 月—1966 年 5 月
	代书记	梁洁清	1964 年 12 月—1965 年 2 月
	代书记	唐延忠	1965 年 2 月—1966 年 12 月
	副书记	梁洁清	1961 年 6 月—1964 年 3 月
		韩永忠	1966 年 3 月—1966 年 5 月
		芦庆文	1966 年 3 月—1966 年 5 月
恢复公社党委至 1976 年 10 月粉碎江青反革命集团时期中共武清县大王古庄人民公社委员会	书　记	杨学鹏	1966 年 12 月—1974 年 4 月
		董怀忠	1974 年 4 月—1976 年 10 月
	副书记	张宜和	1971 年 9 月—1974 年 11 月
		卢庆文	1971 年 9 月—1974 年 8 月
		吴汉发	1975 年 7 月—1976 年 10 月
		孙守仁	1976 年 4 月—1976 年 10 月
		董炳琪	1976 年 9 月—1976 年 10 月
社会主义现代化建设新时期（1976 年 10 月—1987 年 10 月）中共武清县大王古庄人民公社委员会	书　记	董怀忠	1976 年 10 月—1981 年 10 月
		董炳琪	1981 年 10 月—1992 年 5 月
	副书记	吴汉发	1971 年 9 月—1973 年 10 月
		孙守仁	1971 年 9 月—1973 年 10 月
		董炳琪	1973 年 10 月—1976 年 10 月

续表 50

组织名称	职 务	姓 名	任职时间
	副书记	刘宗泽	1979 年 4 月—1981 年 9 月
		黄 清	1981 年 3 月—1984 年 2 月
		刘宝祥	1982 年 10 月—1983 年 7 月
		丁绍山	1983 年 7 月—1992 年 4 月
		孙守仁	1983 年 7 月—1984 年 1 月
		赵德义	1984 年 4 月—1985 年 1 月
		徐国梁	1985 年 1 月—1987 年 10 月
	书记	丁绍山	1992 年 4 月—1994 年 2 月
		王 平	1994 年 2 月—1997 年 4 月
		王景成	1997 年 4 月—1999 年 4 月
		尤天成	1999 年 4 月—2003 年 10 月
		唐万强	2003 年 10 月—2005 年 10 月
		邢广民	2005 年 10 月—2008 年 10 月
		郭新华	2008 年 10 月—2015 年 11 月
		张大国	2015 年 11 月—
	副书记	王景成	1992 年 4 月—1997 年 4 月
		宋永旺	1987 年 11 月—1994 年 12 月
		王贺福	1992 年 8 月—1999 年 4 月
		王德新	1994 年 12 月—1997 年 4 月
		董荣海	1996 年 12 月—2003 年 10 月
		张连惠	1997 年 4 月—2001 年 8 月

续表 50

组织名称	职　务	姓　名	任职时间
		田玉林	—1997 年 4 月
		沈书堂	1997 年 4 月—1997 年 8 月
		王树庚	1999 年 4 月—2001 年 10 月
		肖庆东	1997 年 8 月—1999 年 10 月
		武　刚	2001 年 10 月— 2003 年 10 月
		郭金龙	2003 年 10 月— 2005 年 10 月
		张学文	2003 年 10 月—2006 年 10 月
		陈广安	2005 年 11 月— 2012 年 7 月
		肖斯刚	2006 年 10 月— 2008 年 11 月
		沈书玲	2008 年 11 月—2009 年 10 月
		王克千	2009 年 10 月—2012 年 7 月
		李爱军	2012 年 7 月—2013 年 9 月
		郭金勇	2013 年 9 月—
		韩志军	2013 年 9 月—
		夏振峰	2013 年 9 月—2015 年 12 月

第二章　人民代表大会

第一节　历届人代会

一、武清撤县建区前

（注：大王古庄未开一、二届人代会。）

第三届人民代表大会第一次会议，1966 年 8 月 3 日至 4 日召开。大会代表 105 名，实出席 95 名。会议听取审议了上届人民代表大会所作的工作报告和选举工作报告，通过了公社1966年至1970年农业发展规划，制定了当前和今后的工作任务，选举了公社人民委员会、监察委员会和人民陪审员。选举产生了公社人民委员会（公社管委会）：卢庆文任社长，田益友任副社长，选举韩殿洪任监察委员会主任。

第四届人民代表大会第一次会议，1979年12月16日召开，当日闭幕。应出席代表58名，实到代表50名。会议听取、审议计论并通过了刘宗泽所做的《政府工作报告》。会议决定由公社革命委员会改称公社管委会。大会选举刘宗泽任管委会主任，刘宝祥、孙秀亭任管委会副主任。

第五届人民代表大会第一次会议，1983年11月23日召开。大会代表66名，实到代表52名，会议听取、审议并通过了丁绍山所做的《政府工作报告》，沙继平所作的代表资格审查报告，选举产生了大王古庄乡人民委员会。丁绍山任乡长，韩智慧、贾秀礼任副乡长。

第六届人民代表大会第一次会议，1987年2月15日至16日召开。大会代表46名，实到代表40名。会议听取审议并通过了丁绍山所作的的《政府工作报告》和刘文庆所做的《关于1986年财务收支执行情况和1987年财务收支安排情况的报告》。选举了乡长、副乡长，通过了乡政府的《关于对户联和个体企业征收社会福利基金》的议案。大会选举丁绍山任乡长，刘文庆、贾秀礼任副乡长。

第七届人民代表大会第一次会议，1990年2月14日至15日召开，大会代表46名，实到40名。会议听取审议并通过了丁绍山所做的《政府工作报告》和贾秀礼所做的《关于1989年财务收支执行情况和1990年财务收支安排情况的报告人大工作报告》。选举丁绍山任乡长，刘文庆、贾秀礼任副乡长。

第八届人民代表大会第一次会议，1993年1月15日至16日召开，大会代表48名，实到42名。会议听取审议并通过了王景成所做的《政府工作报告》。会议认为，全乡1992年营业生产发展较快，1993年的各项经济指标也是可行的。会议号召全乡人民在邓小平同志南巡讲话精神的指引下，遵循党的十四大会议精神，团结一致，为完成1993年的计划而努力奋斗。会议选举王景成任乡长，刘文庆、贾秀礼任副乡长。

第9届人民代表大会第一次会议，1996年1月18日至19日召开，大会代表52名，实到46名。会议听取审议并通过了王景成所做的《政府工作报告》。选举王景成任乡长，崔洪田、董荣海、王久山任副乡长。

县人大代表：

第八届（1984年4月—1987年2月）

丁绍山　呼志清　张生良　房德奎　李素珍　武士奇　魏玉兰　刘连章　刘继辉

第九届（1987 年 2 月—1990 年 2 月）

丁绍山　黄自华　范树贵　郭启华　李素珍　房德奎　谢淑珍　武俊生

第十届（1990 年 2 月—1993 年 2 月）

丁绍山　任瑞平　徐桂兰　郭启华　李素珍　房德奎　柳加录　武俊生

第十一届（1992 年 3 月—1998 年 2 月）

王景成　宋玉岭　马振芹　郭启华　李素珍　房德奎　柳加录　武俊生

第十二届（1998 年 2 月—2000 年 10 月）

王景成　张秀山　马振芹　李书香　王建国　房德奎　李士山

二、武清撤县建区后

天津市武清区大王古庄镇第一届人民代表大会第一次会议于 2002 年 1 月 13 日召开。应出席代表 74 名，实到代表 66 名。会议听取、讨论并通过了镇长唐万强做的《政府工作报告》，选举产生了镇人大主席、副主席，镇人民政府镇长、副镇长和科技副镇长。

天津市武清区大王古庄镇第二届人民代表大会第一次会议于 2006 年 11 月 28 日召开，应出席代表 73 名，实到代表 69 名。会议听取、讨论并通过了镇长胡朝阳做的《政府工作报告》，选举产生了镇人大主席、副主席，镇人民政府镇长、副镇长。

天津市武清区大王古庄镇第三届人民代表大会第一次会议于 2011 年 11 月 26 日召开，应出席代表 74 名，实到代表 66 名。会议听取、讨论并通过了镇长尹国华做的《政府工作报告》，选举产生了镇人大主席、副主席，镇人民政府镇长、副镇长。

武清区人大代表

第一次（2000 年 10 月—2001 年 10 月）

尤天成　张秀山　马振芹　李书香　王建国　房德奎　李士山

第二次（2001 年 10 月—2006 年 10 月）

邢广民　房德奎　李甫敬　张俊萍　王建国　李士山

第三次（2006 年 10 月—2011 年 10 月）

郭新华　房德奎　李甫敬　张俊萍　王建国　李士山

第四次（2011 年 10 月—）

郭新华　房德奎　李甫敬　张俊萍　王建国　李士山

第二节　人大工作

1982年，县、公社人大代表视察大王古庄两个文明建设情况。

1994年，乡人大代表对本乡食品卫生法律、法规的贯彻执行情况进行视察。1996年2月，开展《中华人民共和国食品卫生法》《中华人民共和国环境保护法》的执法检查。3月，乡人大主席参加县举办的乡镇人大主席培训班。1997年，乡人大领导参加县人大组织召开的人大代表工作交流会。

1999年1月至2002年1月，乡人大围绕中心、突出重点，认真开展监督工作，努力促进全乡两个文明建设。听取审议政府各部门的工作汇报，开展视察和调查研究，共组织视察活动5次。把农业提留积累和财政预算执行情况作为工作监督的重点，加强对这两项工作的检查监督。把深化部门执法责任制作为法律监督的重要方面，经常听取部门情况汇报，并深入下去了解情况，加强具体指导，促进依法治乡工作开展。认真组织开展“人民选我当代表，我当代表为人民”为代表行使职权创造条件。

2002年，认真做好人大信访工作，接待群众来信来访23件次，并认真调查处理，做到件件有着落。是年，精心组织，周密安排，圆满完成区级人大代表的换届选举工作。2002年至2006年，镇人大注意围绕与经济社会发展和人民群众生活密切相关的法律法规开展监督检查，听取镇政府关于《中华人民共和国种子法》《中华人民共和国劳动法》《天津市人口与计划生育条例》贯彻执行情况的报告，并对落实情况进行视察，提出意见和建议。认真审议了镇政府关于实施“四五”普法工作情况，并要求镇政府进行加强宪法和其他法律知识的宣传普及。对镇政府历年财政预算执行情况提出具体建议意见。人大代表提出建议和意见共38件，镇人大及时转交镇政府，并妥善办理。定期组织区镇人大代表开展视察、检查及调研活动。把加强学习放在自身建设的首位，对全镇的区、镇人大代表集中培训9次，不断提高人大代表的素质。

2006年至2015年的10年中，镇人大紧密结合实际，制订工作计划、评议政府工作、组织代表视察、督促议案办理、依法实施监督。一是围绕中心，突出重点，开展监督，推进依法治镇进程。注重强化监督职能的基础工作，在每次人大会议期间既听取代表汇报，又深入基层了解有关法律、法规的执行情况；不仅向执法部门了解，还向涉及到的有关当事人和群众了解，掌握第一手资料，抓住重点，发现问题，提出建议，把问题解决好。做到胸中有数，逐步提高审议和评议的质量。组织代表听取和监督政府对教育工作、道路建设、学校教学楼建设、村环境卫生整治等实事工程办理情况的通报；听取镇政府关于财政预算执行情况的报告，提出具体建议和意见，对促进计划和预算任务的完成、落实镇二届人大会议决议起到了积极的推动作用。2010 年，共组织人大代表视察、检查 4 次。二是加强联系，了解社情民意。进一步健全各项工作制度，完善代表分组分片责任制，完善代表联系选民制度，了解群众所思所想，把接收到的意见和建议，以及群众要求解决的问题及时向有关部门反映，促进政府工作的顺利开展。采取以会代训的办法，把培训和组织代表开展小组活动结合起来，从代表各自的职责范围、工作特点出发，充分运用各种直接或间接的方法，组织代表学习法律法规、人大基本理论知识、党的方针政策、《廉政准则》和现代科技知识。全方位提高代表履行职责的水平和能力，增强代表的责任感、使命感，把监督落到实处。5 年中，代表共提出建议和意见 22 件，镇人大及时转交镇政府办理，各承办单位把办理意见建议作为密切同代表和人民群众联系、加强和改进工作的大事，做了大量深入、细致的工作。三是进一步密切与代表的联系，努力为代表履行职责创造条件。5 年中，镇人大主席团注重工作创新，开辟议政、督政新渠道，开展与代表的谈心活动，听取意见，及时地把代表意见反馈给政府，使人大活动更富有成效。四是加强镇人大自身建设，提高整体工作水平。坚持以“学习、教育、调查研究”为抓手，深入学习中共十七届五中全会精神，以“保持共产党员先进性教育”为契机，提高工作效能，不断增强做好人大工作的责任感和使命感，形成了求真务实、开拓创新、勤政高效、清正廉洁的战斗集体。

第三章　人民政府

第一节　历代政权

中华民国初期，袭清末村里制。1930 年 6 月，全县改设 8 个自治区，大王古庄属第一区，区下辖村。区设区长 1 人，助理员、区丁各 1 至数人。翌年，改村里制为乡制，百户以上的村为乡，不满百户的村合编 1 乡（称联乡）；百户以上的街市为镇，不满者编入乡。全县编为 351 个乡，16 个镇，仍由 8 个区分管。乡、镇为基层行政机关，设乡镇长1人、副乡镇长1至数人；乡镇居民5户为1邻，5邻为1闾，分设邻、闾长各1人。乡镇设监察委员若干人，均由公民推选，呈县委任。1934年5月， 全县8个区并为4个区。是年12月，将区公所裁撤，改设自治指导员4人，办理一切自治事宜，乡镇、邻、闾编制依旧。1936年，改闾邻乡制为邻里乡制，5户为1邻，10邻为1里，10里为1乡。全县共编109个乡。

1937年“七七事变”后，仍行区、乡自治。1939年5月，始行保甲制，区下所辖乡（镇）下设保，保下为甲。1940年3月，县公署推行乡制，千户为1乡。全县编68个乡、690个保、6480个甲。乡为基层政权机关。时大王古庄仍属武清县第一区，一直延续至民主政权建立。

第二节　人民政权

一、沿革

1945年，境内始建工农民主政权，区公所为游击性质。各村建立村公所，置村长。

1946年6月，各村彻底废除保甲制度，实行民主选举，建立村政委员会和村干形式的村级政权组织。1949年3月，路南武清县与路北武清县合并，组建武清县政府，县辖14个区，大王古庄属北旺十区，区辖村。村公所设村长、农会主任、妇联主任、财粮员和民兵队长。区、村皆为基层政权。 1949年10月，县辖15个区，大王古庄属北旺二区。

1950年8月，全县划10个区，大王古庄属北旺二区（北刘庄村属城关一区）。1952年7月，县辖13个区，大王古庄属北旺十区。区公所设区长、副区长。1953年，区下设乡，为区、乡、村三级政权。 全县划140个区辖乡，大王古庄建4个小乡，即韩指挥营乡、前侯尚乡、大王古庄乡、丁辛庄乡。1958年年初，全县开始撤区并乡，取消区级政权。建立大王古庄乡人民委员会，经人民代表大会选举产生乡人民委员会，由委员中产生正、副乡长。村委会是乡政府的辅助机构，为一级政权。

1958年8月，撤乡建人民公社，公社设管理委员会，为“政社合一”的政权组织，大王古庄属城关红旗人民公社。公社下设管理区，原大王古庄分为两个管区，即韩指挥营管区和大王古庄管区。“管区”下设生产大队，生产大队下辖生产队。社队既是行政组织，又是经济组织。1961年6月，体制改革，建大王古庄人民公社，经选举产生公社管理委员会，设正、副社长。

1966年，“文化大革命”开始后，公社机关受到严重冲击。1968年3月2日，大王古庄人民公社革命委员会建立，实施“一元化”领导。公社革委会设主任、副主任，由县革委会直接任命，各生产大队成立革命领导小组。1971 年 9 月，恢复并重建大王古庄人民公社管理委员会。

1978 年 8 月，始行党政分设，人民公社党委书记和革委会主任由 2 人分别担任。1979 年 10 月，革委会改为“政企合一”的管理委员会。1983 年，进行体制改革。是年 7 月，大王古庄人民公社改为大王古庄乡人民政府，设乡长、副乡长。保留人民公社，负责经济工作，公社下设几个专业公司分管农田水利、社队企业等。乡下行政村设村民委员会，村委会为村民自治机构。

2001 年 10 月，大王古庄撤乡建镇，改为武清县大王古庄镇人民政府。设镇长 1 名，副镇长多名。

2015 年，大王古庄镇人民政府辖 17 个村民委员会。

二、机构设置

1946 年 3 月，区公所设民政、财粮、实业、教育和公安助理。同时，各村建立村政委员会，设村长、民政、财粮、治安、武装等委员，有了村级政权组织雏形。

1948 年 7 月，民主政权全部恢复后，区公所内配备了民兵、妇联、共青团、秘书等干部。村公所设村长、农会主任、妇联主任、财粮员和民兵队长。

1952 年，区政府下设秘书室（秘书 1 名）、生产（主任 1 名）、民政（助理 1 名）、财粮（所长 1 名）、司法（公安特派员、法庭庭长、检察员各 1 名）等工作机构。1954 年，司法从政府分出。1958 年 2 月，撤区建乡，乡政府机构设置承前。1965 年，增设农代会。

1968 年，大王古庄人民公社革命委员会下设政治处、办公室、武装部、共青团、妇联会、文教组、专案组、民政办公室、生产办公室、县驻大王古庄公社斗批改指挥部。1969 年，增设“一批三查”办公室、知青安置办公室。

1983 年，乡政府下设政府办公室、财政办公室、企业办公室（工业公司）、农业办公室（农业公司）、多种经营办公室（多种经营公司）、民政办公室、农房办公室、文化站、计划生育办公室、司法办公室。

1988 年，乡政府下设政府办公室（秘书 1 人、统计 1 人）、计划生育办公室（主任 1 人，工作人员 3 人）、财政所（所长 1 人、会计 3 人）、司法室（助理 1 人、协助员 1 人）、民政办公室（助理 1 人、协助员 1 人）、土地管理站（站长 1 人、房管员 1 人）、农科站（农技员 4 人、林业员 1 人）、农经管理站（站长 1 人、经管员 1 人）、文化站（站长 1 人）。

经委设主任 1 人、副主任 2 人，科室人员 6 人。

1998 年，乡镇机构改革，大王古庄乡政府下设政府办、农业办、财政所、综治办、城管办、企管办、计生办等机构。其他机构归口办公。

2006 年，镇政府内设职能科室有政府办公室、城建管理办公室、社会治安综合治理委员会办公室、农业办公室、计划生育办公室、财政办公室、企业管理办公室、经管站、物业办、信访办公室、民政办等。

2008 年 6 月 13 日，镇政府内设职能科室及其职责：

政府办公室　负责以镇政府名义召开的各种会议的组织工作及议定事项的督办；负责文件收发管理和印章管理、机关后勤、安全保卫工作；负责老龄委、民政、残联、统计、民族、侨务等项工作；负责协调机关各办公室工作。

城建管理办公室　负责村镇建设、规划与管理工作；认真贯彻执行国家和上级有关村镇建设的方针、政策和法律、法规；编制土地利用规划和年度土地利用计划，检查、监督本行政区域内土地利用情况；会同有关部门调处村镇建设方面的纠纷案件；负责村容村貌及环境保护、环境卫生管理；负责乡村公路管理工作。

社会治安综合治理委员会办公室　依照上级社会治安综合治理工作指示精神，拟定工作计划、阶段性工作方案，提交社会治安综合治理委员会讨论决定，并负责组织实施；掌握、分析辖区内的治安形势和社会治安综合治理工作动态，及时向上级反馈信息，提出建议；负责法治宣传教育工作；负责两劳解教人员的接茬帮教工作；负责人民调解工作；充分发挥法律服务职能；推动、指导村民委员会和辖区内企业、事业单位开展社会治安综合治理工作；组织、协调各有关部门和事业单位共同解决辖区内突出的治安问题，开展调查研究，总结推广典型经验，办理奖惩事项；办理上级交办的社会治安综合治理和司法行政的其他工作事宜。

农业办公室　负责农业发展相关规划、建设的组织落实，推动农业产业化和现代化发展；负责管理农科站、经管站、林业站、水利站、畜牧兽医水产站、农机站等涉农站，作好农业技术推广，组织协调好农业系列化服务等项工作。

计划生育办公室　负责全镇的计划生育工作；编制全镇人口发展中长期规划和年度计划；负责督促检查人口与计划生育目标管理责任制的落实，协调有关部门对人口与计划生育工作实行综合治理；负责计划生育统计、宣传、专业教育和计划生育干部培训、技术服务工作；负责计划内二胎的申报工作；负责接待和调查处理有关计划生育的来信来访；承办镇党委、政府和区计生委交办的其他有关计生工作。

财政办公室　负责贯彻执行国家的财政法规，遵守财政纪律；负责编制本镇的年初预算和年终决算；负责会计账薄及科目设置、各类会计报表等项工作；负责预算收入和支出管理工作，协调税务部门，抓好工商税收；控制支出标准、用途和范围；负责支农和其他专项资金的管理工作，做到专款专用；负责各项周转金的管理和回收工作；管理预算外资金和其他自由资金；负责国有资产管理工作。

企业管理办公室　负责贯彻执行党和国家的各项方针、政策、法律、法规，制定本镇企业和第三产业的发展规划，随时掌握情况，加强指导、监督和服务；帮助企业考察项目，统计各项经济指标，宣传经济发展信息；定期审计企业财务，指导企业合理利用资金；负责企业人才的培训和引进工作；负责与金融、工商、税务等部门的协调工作，会同劳动、环保、技监、司法等部门对企业安全生产、环境保护、劳动合同的签订与执行进行监控与指导；大力推广高新技术，推动企业深化改革和技术创新；培育本镇涉农龙头企业，推进农业产业化；负责集体资产的管理；加强对本镇个体私人经济组织的管理、指导和服务；负责协调有关部门指导、培育和发展各类商品交易市场。

经管站　负责指导村级会计核算工作；对村级财务实行月重点审计、季度综合审计、年终全面审计；监督村级严格执行“大王古庄镇农村财务管理制度”，确保财务公开内容的完整性和真实性；抓好村级会计的后续教育培训；指导村级做好土地延包及流转工作；负责农民负担的监督、管理，做好农业税的预决算工作。

信访办公室　受理、交办、转送信访人提出的信访事项；承办上级和本级人民政府交由处理的信访事项；协调处理重要信访事项；督促检查信访事项的处理；研究、分析信访情况，开展调查研究，及时向本级人民政府提出完善政策和改进工作的建议；对本级人民政府其他工作部门的信访工作进行指导。

2015 年，镇政府设置政府办公室、统计办、信访办、村镇办、经管站、计生办、财政所、农业办、劳动保障服务中心、城管巡查中队、综治办、市场办、重点办、企业服务中心、司法所、协税办、水利站、教育办、成校等办事机构。

第三节　乡镇长名表

表 51

机关名称	职务	姓名	任职时间	备注
大王古庄人民公社管理委员会	社长	梁洁清	1961 年 6 月—1964 年 10 月	
		尹祥杰	1964 年 10 月—1965 年 2 月	
		刘宗泽	1965 年 2 月—1966 年 3 月	
		卢庆文	1966 年 3 月—1968 年 2 月	
	副社长	彭德瑞	1961 年 6 月—1966 年 8 月	
		李友和	1961 年 6 月—1962 年 7 月	
		王庆山	1963 年 4 月—1968 年 2 月	
		田益友	1966 年 7 月—1968 年 2 月	
大王古庄人民公社革命委员会	主任	杨学鹏	1968 年 2 月—1974 年 4 月	
		董怀忠	1974 年 4 月—1979 年 8 月	
		刘宗泽	1979 年 8 月—1979 年 10 月	
	副主任	张宜和	1968 年 2 月—1974 年 4 月	
		卢庆文	1968 年 2 月—1976 年 8 月	
		韩殿洪	1971 年 8 月—1976 年 10 月	
		杜殿臣	1971 年 10 月—1973 年 10 月	
		马宝田	1973 年 10–1977 年 10 月	
		李凤岐	1974 年 6 月—1977 年 6 月	
		高 庸	1974 年 11–1978 年 12 月	
		吴汉发	1975 年 7 月—1979 年 5 月	

续表 51

机关名称	职务	姓名	任职时间	备注
		黄 清	1976 年 10 月—1979 年 6 月	
		孙守仁	1976 年 8 月—1979 年 6 月	
		刘宗泽	1976 年 8 月 -1979 年 8 月	
		韩智慧	1976 年 9 月—1979 年 6 月	
		董炳琪	1976 年 9 月—1979 年 6 月	
		刘宝祥	1978 年 12 月—1979 年 10 月	
		孙秀庭	1979 年 7 月—1979 年 10 月	
大王古庄人民公社管理委员会	主任	刘宗泽	1979 年 10 月—1982 年 9 月	
		刘宝祥	1982 年 9 月—1983 年 7 月	
	副主任	刘宝祥	1979 年 10 月—1982 年 9 月	
		孙秀庭	1979 年 10 月—1983 年 7 月	
大王古庄乡人民政府	乡 长	丁绍山	1983 年 7 月—1992 年 4 月	
		王景成	1992 年 4 月—1997 年 4 月	
		张连惠	1997 年 4 月—2000 年 10 月	
		唐万强	2000 年 10 月—2001 年 10 月	
	副乡长	韩智慧	1983 年 7 月 -1985 年 3 月	
		贾秀礼	1983 年 7 月—1995 年 6 月	
		沙万和	1984 年 8 月—1984 年 9 月	
		刘文庆	1985 年 1 月—1994 年 13 月	
		高福全	1986 年 4 月—1986 年 11 月	
		董荣海	1994 年 12 月—1996 年 12 月	
		王久山	1995 年 10 月—1999 年 10 月	

续表 51

机关名称	职务	姓名	任职时间	备注
		袁兴博	1995 年 10 月—2004 年 10 月	
		白金勇	1999 年 10 月—2008 年 11 月	
		崔洪田	—1998 年 7 月	
		高振德	—2001 年 10 月	
大王古庄镇人民政府	镇长	唐万强	2001 年 10 月—2003 年 10 月	
		邢广民	2003 年 10 月—2005 年 10 月	
		胡朝阳	2005 年 10 月—2008 年 10 月	
		尹国华	2008 年 10 月—2012 年 7 月	
		王克千	2012 年 7 月—2013 年 9 月	
		郭金勇	2013 年 10 月—	
	副镇长	张振刚	2001 年 10 月—2005 年 10 月	
		杨 合	2005 年 10 月—2011 年 4 月	
		张 军	2011 年 4 月—	
		高永山	2013 年 9 月—	
		董秀国	2013 年 9 月—	
		张兴国	2013 年 3 月—	

第四章　人民政协

第一节　机构设置

解放后，大王古庄区（公社、乡、镇）未设专职政协组织，政协委员直接参政议政，为两个文明建设献计献策。

1987年2月，始设政协武清县委员会大王古庄乡联络组，联络组设组长、副组长各1名，党务副书记兼任组长。

2015年，韩志军任联络组组长。

第二节　主要工作

组织委员撰写提案，是政协工作参政议政的重要举措。改革开放以来，乡政协委员提案内容主要涉及加强农业基础地位、搞好土地延期承包、推动企业改革、搞好小城镇建设、加强基层班子建设等内容，具有较强的针对性，为乡领导民主决策提供了有价值的参考意见；积极探索民主监督的新形式，反映群众关注的热点问题，收集民情民意信息，以座谈会形式对执法部门进行监督；热心社会公益事业，支教、助残、捐款，搜集文史资料，加强两个文明建设；开展海内外联谊工作，介绍本乡良好的投资环境。

进入二十一世纪以来，政协联络组围绕经济社会建设中心开展工作。认真贯彻落实区政协换届工作会议精神，做好本镇政协委员的提名推荐考察工作。贴紧中心，围绕全镇改革发展稳定的重大问题，积极建言献策；认真收集群众意见，深入调研，书写提案，提出意见和建议；联络组开展区域性协商，为加快地区发展和保持稳定起到积极作用。开展有关检查和行风评议活动，监督法律法规的实施和各项服务措施的落实；不断提高政协队伍建设水平，开展评选优秀委员、先进联络组、优秀提案活动。

2006年，开展建设学习型政协活动，新委员参加学习培训，镇全体政协委员参加区政协举办的《认真践行八荣八耻，做合格政协委员》报告会和政协委员知识测验。

2008年，镇政协联络组团结带领全体政协委员，按照“少而精、干实事、求实效”的工作思路，把促进科学发展作为履行政协职能的第一要务，积极发挥政协委员的主体作用，为推动全镇科学发展、和谐发展、率先发展做出积极贡献。为搞好环境建设建言献策，为环境建设排忧解难，企业界委员积极主动做好本单位的环境整治工作，召开职工大会，要求每位员工在环境建设中模范带头，并做好亲属工作。

2010 年，联络组以“进企业、进社区、进乡村”活动为载体，利用政协委员岗位特点，深入企业、社区和村街，办实事、搞服务、解难题。

2012 年，全体政协委员践行科学发展观，为加快京滨工业园的建设和发展，主动深入实际调查研究，积极建言献策，提出有价值的意见和建议。

2013 年，组织委员认真学习中共十八大精神和习近平总书记在天津考察时的重要讲话精神，深刻准确地领会其精神实质。组织委员开展解放思想大讨论活动，以镇党委提出的“解放思想，干事创业”为主题，以委员所办实业为重点开展解放思想大讨论活动。效果明显。

2014 年，镇政协联络组团结带领全体政协委员，按照“少而精、干实事、求实效”的工作思路，把“践行党的群众路线”作为履行政协职能的第一要务，积极发挥政协委员的主体作用，为推动全镇科学发展、和谐发展、率先发展做出积极贡献。

2015 年，贴紧中心，围绕全镇改革发展稳定的重大问题，积极建言献策，认真收集群众意见，深入调研，书写提案，提出意见和建议。联络组开展区域性协商，为加快地区发展和保持稳定起到积极作用。

武清区政协委员名录

2007 年当选武清区第三届政协委员 6 名

姓名	职务
杜茂珍	绿园苗圃公司经理
王俊芳	博思特有限公司总经理
刘国旗	鑫金亨立塑粉有限公司总经理
李景树	信用社主任
王立海	砖厂厂长
夏海波	静达保光汽车零部件有限公司总经理

2011 年当选武清区第四届政协委员 8 名

姓名	职务
杜茂珍	天津学宁花木园艺场总经理
王俊芳	天津博思特石油天然气设备有限公司总经理

刘国旗　　天津亨利有限公司总经理
夏海波　　天津绿达保光汽车零部件有限公司总经理
滕景军　　天津景军工业园有限公司总经理
王立海　　大王古庄镇砖瓦厂厂长
李文新　　天津市豪威特管道设备有限公司董事长
王　冲　　天津大禹公司董事长

第五章　社会团体

第一节　农会 贫协

一、农会

解放前，路北武清县建立时，在解放区建立农民联合会，以贫雇农为主体，组织、发动农民群众开展反奸清算、减租减息和土地改革运动。

1949 年，基层农民联合会改为农民协会。通过民主选举选出农民协会主席、副主席（大村 3 人，小村 2 人）。农民协会会员中贫雇农占 2/3，中农占 1/3，妇女会员占 1/ 3。90% 左右村民参加农民协会。组成乡村广泛的反封建统一战线。在解放后的土地改革运动中，农民协会发挥了关键性的作用。1951 年 10 月 24 日，县委《关于进行土地改革与结束土地改革工作的指示（草案）》中明确指出：“土地改革是一场系统的、激烈的斗争，农民协会是土地改革队伍的主要组成形式和执行机关。”县土地改革工作组到村后，在广泛深入宣传土地改革政策的同时，成立农民协会。农民协会掌管村中重大事情，协助政府组织领导农民开展减租减息、动员参军参战、参加互助合作、发展农业生产。实现农业合作化后，农民协会工作逐步由农业社的社员代表大会接替。

二、贫协

1964年10月，在重新组织阶级队伍的口号下，召开武清县第一次贫农、下中农代表大会，公社书记、社长、贫协主席及社教工作队员等人列席会议。会后，大王古庄公社召开贫下中农代表大会，各村均建立贫下中农协会组织。“文化大革命”开始后，贫协组织瘫痪，后被“农代会”取代。1973 年 2 月，恢复贫下中农协会组织。1982 年，贫下中农协会组织撤销。

第二节 工会

1950年11月29日，县总工会正式成立，“文化大革命”中，工会改为“工代会”。1973年，公社成立工会联合会，由党务副书记任主席，企业办主任任副主席。1997年始，行政机关、事业单位均建立工会组织。2011年5月，镇工会设专职主席（副处职）1名。

1953年10月1日，《中华人民共和国工会章程》颁布后，工会联合会进一步建立和完善了集体领导、定期选举、宣传教育、各种会议等工会内部制度，提高了工会组织的领导能力。

1984年后，农村大量劳动力逐步由农民变成企业职工，乡工会的责任越来越大，工作越来越多。组织各行业开展劳动竞赛；对乡镇企业中存在的职工安全、健康的隐患提出整改意见；重视为职工建小浴池、小理发室、托幼园等；基层工会主席代表职工与厂长签订以发展生产、改善生活为主要内容的共保合同，帮助厂长落实承包合同，组织职工完成承包任务；积极配合党的中心工作，在维护职工权益等方面做出贡献。

1993年，开始在乡办企业组建工会。乡、企工会两级组织紧紧围绕改革、发展、稳定大局的总体思路，推动依靠职工群众办好企业，维护职工合法权益，实施“送温暖工程”，为职工群众办实事、好事。

2003年，最大限度地把广大职工覆盖在工会组织之下，实现了建会企业、发展会员、外来工入会3个方面的新突破。基层企事业劳动争议调解委员会，调处劳动争议，维护了职工的合法权益以及企事业内部与社会的稳定。

2004年，镇、企两级工会把企业的难点，作为工会工作的着力点和落脚点，搞好以“百万职工技术创新活动”为重点的“十五”立功竞赛活动。

2006年，镇工会按照区总工会“全力抓基层，全会增活力，全面上水平”的要求，抓住以蓝色证书为载体的职工素质工程和以职工创新活动为重点的“十一五”立功竞赛活动。共完成各类实用、新型技术培训800余人次；开展各类劳动竞赛、技术比武活动。

2007年，以困难职工帮扶中心为龙头，完善困难职工帮扶体系，建立、完善党政工领导包保责任制、困难职工动态管理制度和信息反馈制度，实施“两节”定期救助、平时重点救助、社会共同救助、造血自救等4项措施，解决困难职工的实际生活困难。引导全镇职工立足岗位，积极开展技术革新、技术攻关、技术改造、节能减排等活动，参加劳动竞赛，建立学习型班组，一线职工参加各类专业技术培训，职工素质明显提高。

2010年，镇工会在镇党委和区总工会的领导下，围绕经济建设中心，拓宽新思路、开辟新领域、采取新举措、追求新成效的总体要求，各项工作实现了新突破和新发展。一是抓好职工素质工程建设。制定全镇职工素质工程方案并召开动员大会。在企业内部建立创新小组，年内完成创新项目12个。二是加大职工培训工作力度。组织各类实用、新型技术培训4次，培训600余人次。培训中注重培训的科技含量，使广大干部、职工的整体素质得到普遍提高。三是深化“创建学习型班组、争做知识型职工”活动。四是开展好“六进班组”活动。通过举办工人比武竞赛活动，涌现出一大批技术能手和技术尖子。2011年5月27日，镇总工会召开第三次代表大会，来自全镇45个基层工会的48名代表出席会议。新一届委员会由7人组成。同时还选举产生了经费审查委员会、女职工委员会和劳动争议调解委员会。

通过“和谐企业”“职工之家”“工人先锋号”“四个十”等载体，进一步推动工会规范化建设。

2013年，京滨工业园被评为市级和谐园区。

2015年，蒙牛乳业（天津）有限公司企业负责人孙敬宇被评为天津市劳动模范。豪威特管道设备有限公司等企业，按照标准创建了职工之家，静达保光（天津）有限公司等2家企业申报了劳模创新工作室等工作。独立建会企业都完成了工资集体协商，工资集体协商率100%，同时，和谐企业申报9家。截至2015年年底，共建立工会之家13家，培育工会“亮点”企业10余家，和谐企业申报73家。按照“哪里有职工，哪里就要建立工会组织”的工作要求，以京滨工业园内企业为重点领域，以规模以上企业为重点单位，以农民工和外来务工人员为重点对象，有的放矢地开展组建和会员发展工作，努力做到了工会组织全覆盖。全镇共有实地经营企业235家，绝大部分在京滨工业园内。截至2015年年底，单独建立工会组织79家，其余不足25人企业全部涵盖在小企业联合会内。工会会员达到6000余人，工会组建率和职工入会率均达到100%。

第三节　共青团

一、机构

1949年3月，建立武清县青年委员会.是年6月，建立中国新民主主义青年团武清县工作委员会。1953年4月，召开中国新民主主义青年团武清县第一次代表大会，选举产生中国新民主主义青年团武清县委员会，境内各村均成立起团组织。

1957年7月，中国新民主主义青年团武清县委员会更名为中国共产主义青年团武清县委员会。“文化大革命”中，团组织瘫痪。1973年恢复。1986年，全乡17个农村基层团组织，共有团员1100人，青年4905人，17个团支部书记中，年龄最大的42岁，35～40岁的10人，35岁以下的6人。基于年龄老化的特点，开始对基层团组织进行整顿。本着干部队伍要“革命化、年轻化、知识化、专业化”的原则，将那些德才兼备的青年选拔到领导岗位上来，对7名年龄偏高的团支书进行了调整。调整后的农村团支书，平均年龄由36.2岁下降到25.3岁，由原来最大的42岁调整为最大的34岁，最小的19岁。

1997年8月，团乡委换届。是年，参加共青团武清县第十三次代表大会。2000年，撤县设区后，更名为中国共产主义青年团武清区大王古庄镇委员会。

二、工作

解放后，在抗美援朝、镇压反革命、“三反”“五反”等运动以及工农业生产、生产救灾、兴修水利、治河防汛、物资交流、贯彻《中华人民共和国婚姻法》、三大改造、贯彻和执行总路线、完成第一个五年计划、扫除文盲等重要工作中，发挥了党的助手的作用，团员青年的政治思想觉悟得到提高，团组织在青年中的影响不断扩大。与此同时，共青团组织得到快速发展。

上世纪80年代开始，公社团委在全乡范围内开展创建青少年活动阵地，创办“青年之家”活动。青少年活动阵地的建立，丰富、活跃青少年的业余文化生活，促进青少年的健康成长，促进社会风气的转变，增强团组织的战斗力和吸引力，调动广大青年学“四化”、干“四化”的积极性和少年儿童学习的积极性，在维护安定团结、建设社会主义精神文明、实现国民经济调整任务中发挥了积极作用。利用“青年之家”，举办各类技术训练班和技术讲座，为青年成才起到架桥铺路的作用；经常对青年进行形势政策教育、艰苦奋斗教育和道德风尚教育；根据青年的思想实际有针对性搞一些书评、影评、读书报告会、故事会、学雷锋树新风报告会等有益活动，寓教育于活动中。乡、村两级团组织从实际出发，因人因时因地制宜，坚持农闲大搞、农忙小搞、大忙不搞的原则，坚持健康、有益、业余、小型、多样、节约的原则，力求为青年开展喜闻乐见、丰富多彩的文体活动，增强了团组织的吸引力和在青年中的威信，培养锻炼了团干部，团员青年精神面貌发生了积极变化。

1985年，在青少年中广泛深入地开展“争当新长征突击手（队）”“五讲四美”“学雷锋树新风”等活动，青年在“四化”建设中起到了生力军和突击队的作用。

1983年，县下达黄沙河清淤任务，乡团委书记包一个片9个村的民工工作，团干部在中心工作中经受了锻炼。11月，乡党委进一步整顿和充实基层团组织，解决农村团支部书记的政治和经济待遇问题。1984年，在全乡开展“讲理想、比贡献”活动，成立了“农村青年实用技术培训中心”。

1989年，充分发挥青年在生产中的生力军和突击队作用，结合本乡3000亩新老果园、1700亩蔬菜基地和700亩鱼池的现实，主抓了果树、蔬菜和淡水鱼的养殖，在聂营、距城铺、陈各庄、丁辛庄、前侯尚、大营、水活铺、大王古庄村团支部成立了林果小组，在张家场、董家庄、宋家场等村成立蔬菜小组。乡团委与乡文化站、农科站共同举办了科技小报，宣传科技知识，鼓励表彰奋发向上的团员青年，全年印发15000份。

1992年，广泛开展“培养农村青年星火带头人”活动和农村青年实用技术培训活动。1994年，开展“希望工程1（家）+1”助学活动。1998年6月开始，开展“学雷锋青年志愿者义务劳动日”“一助一”长期结对服务、青年志愿者爱心行动等活动。

进入二十一世纪以来，动员团结带领青年，认清形势，明确使命，以昂扬的斗志和拼搏进取的精神，在把武清建设成为京津之间最具实力和竞争力地区的实践中建功立业。团镇委开展“青年文明号”创建活动，推行以发放服务承诺卡、确定特色服务项目为主的“八个一”创建模式，深入开展精品工程创建、文明号助万家、信用建设示范行动等主题活动，把文明号的优质服务由岗位向社会延伸，广大团员青年牢固树立起人人都是投资环境的意识。

组织全镇青年志愿者开展“青春建功新农村”青年志愿者阳光行动。镇、街村广泛开展“青年文明示范村”“青年文明示范户”“农村文明好青年”创建和评选活动。组织学校举办“知荣辱、树新风、争做世纪风范好少年”主题队会评比，组织以“继承革命传统，建设文明社区”和“永远跟党走，建设新家园”为主题的座谈会，提高广大青少年思想素质。举行“为了明天——预防青少年违法犯罪”青年志愿者集中宣传活动。深入开展“关爱困难群众，共度和谐新年”为主题的扶贫助困活动，动员共青团、少先队、青年文明号集体、青年企业家及社会爱心人士掀起“爱心助学”高潮，与贫困学生结成“一助一”帮扶对子。

2006年，开展“传承五四精神，立志报效家乡”“继承革命传统、建设锦绣家园”等主题鲜明的教育实践活动，加强对青少年的道德引领。

2008年，镇、村组织成立青年义务清整队，带动广大群众共同维护洁净优美环境。广大团员青年在拆、改、建和绿化、美化工程中，踊跃承担急难险重任务，发挥排头兵作用。5月12日四川汶川大地震发生后，镇团委宣传发动团员青年和群众，组织爱心捐款。

2009年，在新中国成立60周年和建团90周年之际，深入开展“祖国在我心中”“弘扬五四精神，奉献火热青春”主题活动。“3·5”学雷锋日期间，全镇青少年深入开展“青春促发展，爱心筑和谐”志愿服务，开展卫生清整及其他便民服务活动。以“绿化新城，扮美家园”为主题，组织青年志愿者开展义务植树。是年，利用村级组织换届契机，选强配齐村级团干部。

2010年，镇团委广泛开展“青春与武清同行”主题教育，开展“情系灾区，心手相牵”募捐活动，为玉树地震灾区、南方干旱灾区捐款。落实团区委下发的《关于推进非公企业团建工作的安排意见》，推动非公团建工作。采取党建带团建、园区团建带动企业团建等模式，推动团建工作。

2012年，加强青少年思想道德建设，提高共青团员素质。一是引导团员青年牢固树立和认真落实科学发展观，以科学发展观武装团员青年，使其树立正确的理想信念和政治立场，全年开展两次科学发展观集中教育讲座。二是引导团员青年在经济社会的建设中建功立业，培育青年创业带头人，鼓励和带领青年为经济建设贡献力量。三是加强青少年法制教育，青少年如同早上八九点钟的太阳，充满了希望，引导他们走上正确的人生之路是基层团组织不能推卸的责任。镇团委专门请法院干部对青少年进行定期的法制教育，取得了不错的效果。

2013年，把青年发展的紧迫需求作为团委工作的重点。镇党委、镇政府高度重视青年工作，一是积极承担青年事务，努力保障青年就学、就业、维权等各项事务的利益。二是促进青年就业创业。加大观念引导、技能培训、创业扶持、就业援助，加强社会合作，树立和宣传青年创业实践基地，另外保障外出务工青年的利益，为外出务工青年建立档案，详细记录其基本情况。三是维护青少年合法权益，预防青少年犯罪。每个村都建立青年工作联系人，做好法制宣传教育工作，切实为进城务工青年、残疾青年办实事、做好事、解难事。是年，天津京滨工业园区团工委被共青团天津市委员会授予天津共青团青农系统2013年度“三区联建”工作优秀团工委荣誉称号。镇团委书记张立荣被共青团天津市委员会授予天津市共青团“三区联建工作”优秀团干部荣誉称号。

2014年，进一步提升青年服务新农村意识。组织团员青年志愿服务活动，负责协助村委会举办老人欢乐节的各项工作，参加活动的团员青年60多人，负责拍摄、派发物品、接待、维持秩序等各项工作。既让团员青年感受到村内的欢乐气氛，又增强了他们对村的归属感，更让青年们充分感受到了作为志愿者（义工）的快乐。

深化“学雷锋”活动，打造青年“为民服务”形象。举办村志愿者（义工）服务站“为您服务集市”活动，组织20多名团员和志愿者走进村中为广大群众提供街道清扫、擦玻璃等服务。青年热情周到的服务，得到群众的一致好评。是年，镇行政服务中心荣获“2014年度武清区新长征突击队”荣誉称号，天津京滨工业园区刘庚荣获“2014年度武清区新长征突击手”荣誉称号。

2015年，集中开展青少年基本道德规范主题教育实践活动。联系镇派出所教导员到学校开展思想道德教育报告会。如6月份在镇教育办公室组织下，在镇中心小学阶梯教室开展“巩固教育成果，开展思想道德团日活动”为主题的报告会。镇团委还在“五一”“七一”等重大节日开展爱心晚会、义务清洁、入户探访等各类主题团队服务活动，对青少年进行了民族精神教育、爱国主义教育、公民道德教育。镇团委依靠镇文化站和基层农家书屋举办读书活动，丰富青少年业余生活。通过读好书、读有用的书来引导青少年的思想成长和树立健康的生活观念，推进青年思想文化建设。及时更新书籍来满足青少年日益增长的需求。

联合镇工会和妇联，组织青少年深入开展“三打两建”宣传活动，“三下乡”社会实践活动，青年文明号评比活动，绿色上网活动等社会实践活动。学校通过出黑板报、“手拉手”活动、学雷锋活动等形式组织学生自觉践行思想道德教育活动。企业通过“三打两建”宣传、职业技能比拼，以实际行动服务各企业生产，宣传思想道德建设。政府行政服务中心通过“万号带万金”、争创青年文明号等方式整顿服务窗口的风纪，树立一批优秀模范典型，不断提升业务水平。镇团委在活动期间，积极联系媒体，集中对辖区的一些好人好事进行报道宣传。

镇团委主要是抓好两块阵地。一是抓好以中小学校为主的青少年宣传教育阵地建设，对学校团队辅导员进行统一布置思想道德建设工作任务，要求各学校及时报送相关活动信息，镇团委通过《京滨腾讯》将优秀活动进行报道。二是抓好以镇文化站为中心的青少年文化活动阵地建设。不断完善基层青年文化建设。通过引进娱乐教育服务、读书日服务等进服务中心，吸引各基层青少年、各青年志愿者到镇文化站参加或举办各类积极向上的交换活动，扎实做好青年思想道德阵地的建设工作。是年，镇团委荣获武清区“2015年度共青团工作先进单位”荣誉称号，镇机关团支部荣获武清区“五四红旗”团支部荣誉称号，镇行政服务中心荣获“武清区新长征突击队”荣誉称号，镇团委书记张立荣被评为“武清区优秀团干部”“武清区新长征突击手”。

第四节　妇联

解放初期，采取多种方式组织妇女学习文化知识和生产技术；建立托儿所，解决妇女参加生产劳动的后顾之忧；贯彻《中华人民共和国婚姻法》，鼓励和帮助妇女反对买卖和包办婚姻；普及妇女卫生知识，降低婴儿的死亡率，保护妇女儿童的合法权益。特别是在贯彻《中华人民共和国兵役法》工作中，各级妇联组织主动向广大妇女宣传《中华人民共和国兵役法》的方针、政策，提高妇女的思想觉悟和爱国热情，涌现许多送夫、送子参军的感人事迹，妇女的政治、经济地位明显提高。二十世纪五十年代初，组织长期（常年性）和短期（季节性）两种托儿所。短期托儿所是农忙季节，子女小无人看管的妇女户与子女已大的妇女户，帮工换工；长期托儿所是妇女互相帮工的一种组织。广大妇女积极参加农业合作社，众多妇女骨干主动做好家庭成员工作，有力地推动了合作化运动的发展。

中共十一届三中全会后，发展托幼组织，培训幼儿教师和辅导员，基本达到村村有幼儿园。1979 年，公社妇联组织开展热爱祖国、热爱社会主义、热爱集体、遵守纪律好；勤劳致富、努力工作、认真学习、完成任务好；计划生育、教育子女、勤俭持家好；移风易俗、文明礼貌、清洁卫生好；尊老爱幼、家庭民主和谐、邻里团结互助好的“五好”家庭创建活动，形成社会风尚，评选出县级、市级和全国“五好”家庭，有力推动了全公社的社会主义精神文明建设。1980 年，社、村妇女组织紧密围绕党的中心工作，发动妇女积极投入各种形式的生产责任制，大胆承包各项生产任务，发动和组织妇女搞好多种经营和家庭副业。

1983 年年底，开展以维护妇女儿童合法权益为主要内容的法制宣传月活动。1984 年始，每年参加县妇联举办的“三八健康杯”体育活动通讯赛和幼儿母子运动会。1986 年，为了维护妇女儿童合法权益，乡妇联建立信访组织。1988 年，乡建立妇女法律顾问点。1989 年 4 月，建立“双学双比”领导小组，组织妇女开展“双学双比”活动。4 月底，配合农科站利用广播等形式，向广大群众宣传小麦科学管理的知识讲座。5 月初，讲授棉花种植原理。6 月初，讲授夏播方式，收到良好效果。全乡普遍开展起科学种植、科学管理，年终比科学成果活动。全乡 6 个养鸡大户，2 个养猪大户，蔬菜、林果、西瓜、芦笋等 49 个专业户普遍开展了提高科学种植、科学养殖，为天津市做贡献大活动。全乡妇女整半劳动力，都不同程度地投入到“双学双比”中，做出了贡献。

1991 年，在全乡妇女中，学习宣传中共十三届七中全会精神，围绕“双基、五爱、四自、四有”和法制教育，突出妇女特点，重点抓好“四自”和伦理道德教育，使全乡精神文明明显改观。

1995 年，在广大妇女中，开展学雷锋做好事活动，发动妇女为烈军属、五保户、困难户扫房、拆洗被褥、赠送物品、集资捐献、到敬老院慰问，共做好事 56 件。继续深入、扎实开展“双学双比”活动，把“双学双比”活动纳入科技兴农战略，带领全镇妇女推广农业新技术、新品种。

2003年，镇妇联以“三个代表”重要思想为指导，围绕镇党委、镇政府中心工作，宣传、引导、组织全镇妇女，振奋精神，为把武清建设成为京津之间最具实力和竞争力地区做好本职工作。

2005年，通过开展科技讲座、科技赶集，印发科技宣传品等形式，广泛宣传新技术对农村妇女致富的主要作用，提高农村妇女对科技知识在增收致富中的重要作用的认识。是年5月18日，在武清区第十九届科技周活动期间，镇妇联汇同镇农办、镇法制办、镇团委、镇民政、镇派出所等十个部门，精心组织，以“珍惜资源，建设节约型社会”为主题，在利尚屯村开展了大型政策宣讲和技术咨询活动，并组织农业科技传播团，开展科技咨询和技术指导工作，使广大妇女学到知识、受到教育。

2006年，紧紧围绕路网建设这个中心，在妇女中广泛开展“我为路网作贡献”系列活动，营造人人支持路网工程、人人为路网工程做贡献的浓郁氛围。镇妇联以“谋和谐、促发展、做贡献”为主题，以宣传、服务为重点，富有创造性地开展妇女工作。村街建立妇女“谈心会”制度，推选妇女代表，围绕村务公开、民主管理、路网建设等热点难点问题召开妇女“谈心会”，提出合理化建议，解决实际问题，为全镇经济和社会各项事业的发展做出贡献。年内，还开展文明家庭标兵评选活动和“阳光工程”爱心助学活动，镇、村街妇女干部参加了区妇联举办的培训班。

2008年，开展“巾帼示范村”创评活动，培养有文化、懂技术、会管理的新型女农民。7月，镇妇联主席和部分村街妇代会主任、女企业家、女能手参加区妇联举办的岗位培训班。10月，全镇村级妇代会主任参加区妇联轮训班。

2010年，依托各类教育培训资源，强化培训功能，带动全年培训任务的完成。一是积极融入“351”培训工程，采取与镇农办联合办班的方法，组织妇女积极参加“351”培训，参训妇女达80%以上。二是充分发挥妇女学校、农业技术推广站等载体作用，推广实用、实效技术培训，提高农村妇女增收致富能力。三是积极兴办科技知识咨询，示范基地指导、科技讲座、解难答疑等活动，在专家与基地、科技人员与女能手之间结成科技帮扶对子。四是根据镇内生猪、肉鸡、林果三大主导产业和群众需求，确定培训重点，年内共开设三期重点培训，参训人数达150余人。

2012年，开展家庭思想道德教育，创建和谐家庭。组织“儿女共叙养育情”“妯娌共叙姐妹情”“夫妻共叙连理情”“兄弟共叙手足情”“邻里共叙互助情”五线谱活动。春节前夕，镇妇联按照区妇联开展“关爱贫困母亲，真情构建和谐”扶贫帮困送温暖的安排部署，组织部分村街妇联主任到敬老院慰问孤寡老人，帮助服务人员打扫卫生等；大王古庄、利尚屯村妇联与党支部一起深入到本村特困户家中问寒问暖，给每户送去慰问金。

2015年，通过发放《中华人民共和国妇女儿童权益保护法》《中华人民共和国新婚姻法》《中华人民共和国继承法》《中华人民共和国母婴保健法》《中华人民共和国劳动法》等相关法律法规材料，提供咨询，进一步提高广大妇女自我维权意识，为维护广大妇女的合法权益创造良好社会氛围。提高法律意识和法律素质，引导广大人民群众通过合理合法的方式表达利益诉求，解决矛盾纠纷；加强未成年人活动阵地的建设，发展健康向上的少儿传媒和文化产品，帮助解决影响身心健康的突出问题，优化成长环境。通过设置宣传栏和公益性广告，进一步弘扬女性“自尊、自信、自立、自强”的精神，弘扬两性协调发展的先进性别文化，引导妇女儿童身心健康成长，逐步形成良好的男女平等、两性和谐的法治环境和社会氛围。关心广大妇女的生活状况，特别是生活困难的单亲母亲，在节日时为她们送去部分生活用品，尽量帮助她们解决生活上的困难。春节期间，镇妇联走访单亲母亲，并送去慰问品，帮助她们圆满地度过了春节。关心广大妇女的生命健康，长期接收“女性安康保险投保工作”，耐心为她们解答保险知识。积极推动“千村美院”建设，结合全区开展的“四清一绿”活动和大王古庄镇 “美丽京滨”建设，组织村内女主人到示范户参观学习，提高大家的参与意识和热情。不断关注并发现女企业家能手，镇内有女企业家能手3名，涉及苗木种植、农产品销售等领域，企业年产值均达到200万元以上，而且带动很大一批女性就业。积极参与“平安家庭”和文明户评选活动，鼓励广大妇女干部和家庭积极参加评选，帮助广大妇女树立廉洁奉公，尊老爱幼，文明和谐的先进典型，通过先进事迹感染妇女。组织志愿服务活动，为“美丽京滨”建设添砖加瓦。

附一：近年来镇妇联所获荣誉

区级荣誉

2009、2010年连续两年“双学双比”活动先进集体

2010年度“和谐家庭”创建活动优秀组织单位

2001—2010年度武清区实施妇女儿童两规先进集体

2010—2011年城乡妇女岗位建功先进集体

武清区2012年度“巾帼文明岗”

武清区2011—2012年度“三八红旗集体”

2010—2013年连续四年“阳光工程”爱心助学活动先进单位

市级荣誉

2010 年天津市妇联基层组织建设示范单位

2011 年天津市妇联系统先进集体

2011—2012 年度天津市“三八红旗集体”

2012 年天津市“三八红旗集体”

2013 年天津市农村妇女岗位建功先进集体

第五节　“春蕾”乡贤联合会

2014 年 12 月，大王古庄镇组建成立 “春蕾”乡贤联合会。

该组织成员由本镇威望高、影响力大并自愿为大王古庄镇建设做贡献的人员组成，包括区政协委员、区人大代表、企业负责人、法律工作者、在任村党支部书记和老干部、老党员等。这些人群众基础好，社会威望高，关心国家大事，支持政府工作，在老百姓心中说话有一定分量，工作得心应手。他们依据“春蕾”乡贤联合会章程，履行政策宣传、服务群众、调处矛盾的三大职责。他们既是政府决策的拥护者，也是群众利益的维护者，用自己的热情和力量为本地区的和谐稳定发挥作用。

“春蕾”乡贤联合会工作列入大王古庄镇 2015 年重点工程，自成立起，“春蕾”乡贤联合会已提出以服务群众为目的的合理化建议 6 条，成功调解涉法涉诉案件 4 件，拆迁财产纠纷 6 件，村内矛盾纠纷 16 件。在维护社会稳定及经济建设发展中发挥了重要作用。

第十六篇　政　务

解放后，在拥军优抚、社会福利、救济救灾、婚姻登记，劳动就业、社会保障等方面工作均取得成绩。民政优抚标准不断提高，救灾救济能力大幅增强；京滨工业园的建立和发展，使劳动就业取得突破性进展，各项保障制度、措施为人民群众带来很多实惠。

第一章　民 政

第一节　拥军优属

一、拥军

1948 年，境内民兵参加县组织的远征担架团，随军超越平谷、顺义、怀柔一线之敌向延庆、怀来方向前进，转战康庄、南口、张家口，冒着枪林弹雨抢救伤员。并且尽力做到“走稳、抬稳、放稳”，保证伤员不受冻、不挨饿，精心护理，及时转运。担架团不仅担负战场抢救伤员的任务，而且还协同解放军执行看押俘虏、看管仓库等任务。1949 年 1 月 8 日，随军转战千里，历时 1 个多月。民兵胜利返回后，又立即投入到天津战役的支前活动中。

1949 年，在解放天津的战役中，各村响应号召，组织大车运送粮食。设立 3 队 1 站（即担架队、运输队、民兵队和供应站），负责就地筹集粮、菜、柴、草，供应驻军急需。各村妇女突击赶做军鞋、军袜送到部队。

抗美援朝期间，境内乡、村动员一切人力、物力、财力展开空前轰轰烈烈的爱国支前运动。烈属、军属和荣军得到代耕和帮助，生产生活困难得到妥善解决，形成人人尊敬烈军属、荣军的社会风气。9 月，把扩军工作作为中心任务之一，热血青年踊跃报名参军，赴朝鲜参战。

解放以后，拥军举措多种多样。适龄青年踊跃报名应征入伍，“一人当兵，全家光荣”蔚然成风；各村组织群众敲锣打鼓为本村烈军属门前挂光荣牌；每年在建军节、新年、春节等重要节日期间，乡镇、村领导采取召开座谈会、茶话会、联欢会等形式开展拥军优属活动；乡镇领导组成慰问组深入到优抚对象家中登门拜访慰问，送上节日礼品和慰问金；发动共青团员、民兵、中小学生等为烈军属做好事。

中共十一届三中全会以后，农村实行生产责任制，优待现金和粮食逐步代替了优待劳动日。1982年，对义务兵家属实行普遍优待。1986年以后，实行统筹优待，战士从入伍起，每年增发优待金50元。1990年，年优待金调整为600元。2000年以后，优待金逐年提高。2008年，新兵优抚政策调整，本年12月1日起入伍的新兵，优抚金由原来每年4500元增加到每年7500元。2011年，义务兵优待金标准由每人每年8355元提高到每人每年2万元，退役义务兵自谋职业一次性经济补贴标准由2.4万元提高到3.5万元。2013年，为13名义务兵家属发放优待金19.5万元。2015年，为2014年度为13名义务兵家属发放优待金24.5万元。

二、优抚

解放后，在分配实物、子女入学、招工、贷粮贷款、治病等方面优待军烈属，帮助无劳动力或缺乏劳动力的军属代耕代种。互助组、农业合作化时，以代耕形式优待烈军属。1956年开始，优待烈军属形式由代耕土地改为优待劳动日，一般采取春评、夏查、秋兑现制度。这种形式实行至1982年年底结束。同时，在分工分业、分配自留地等方面照顾优抚对象。生活不能自理的安排进入光荣院或固定专人帮助料理日常生活。在“三夏”“三秋”时节，组织义务帮工队，为优抚对象搞好服务。

农村实施联产承包责任制后，优待现金和粮食代替了优待劳动日。对优抚对象实行优先分配房基地、入副业厂、买化肥等。

2009年，开始实施复转军人统一由民政局组织技术、技能培训，培训费由区财政担负（每人一门技能，培训费每人1000元）。非农业城镇义务兵退役后发放一次性经济补助2.4万元。另外，退役士兵在从事经商等活动中给予政策优惠。

进入二十一世纪以来，及时发放优抚对象各项补贴补助，进一步规范登记和领取手续，做到不漏发、错发一项；完成未享受待遇退役军人的调查摸底和填表报批工作；全面普查全镇55周岁以上退役军人情况，逐人建立了个人信息档案；为60周岁以上退役军人填报了享受补贴审批表，并及时将补助金发放到位；耐心做好参战、参试军人的思想工作，尽力帮助他们解决实际困难，稳定他们的心态。

2012年，对全镇150多名55周岁以上退役军人进行了全面普查，逐人建立个人信息档案。至2014年，已有141名60周岁以上退役军人填报了享受补贴审批表，并及时将补助金发放到位。2015年新增10名60周岁以上退役军人。

第二节　救济

解放以来，对灾民、难民、无业游民、人多劳力少困难户和无依无靠的孤、老、残、幼等，帮助解决吃、穿、住、医，保障基本生活。

改革开放以后，乡（镇）政府每年拿出资金，解决困难户、孤老户取暖、吃、穿、住等生活问题，并在春节前后进行慰问。冬令期间发放米、面，保障了基本生产和生活。

1990 年，扶贫工作以发放扶贫款、帮助贫困户子女到乡办企业上班等多种形式进行。

进入二十一世纪以后，主要以发放扶贫款为主，解决贫困户的生活、就医等方面困难。扶贫款来源于向上级申请、镇政府自筹、社会集资等。镇党委、镇政府对弱势群体包括低收入家庭、无依无靠的孤寡老人、丧失劳动能力的病人、残疾人，按照国家政策给予低保、五保和临时性三种救助。

2004 年 7 月 1 日，城镇居民最低生活保障标准由原来的 241 元调整为 265 元。

2005 年 1 月 1 日起，农村最低生活保障金分担由区、镇、村（街）按 4 ：3 ：3 的比例，调整为区、镇 5 ：5。是年 10 月 1 日起，农业低保标准提高为每人每年 1200 元。镇出台了救助相关制度，贫困户、低保户救助工作得到较好落实。

2006 年，扎实开展低保工作，落实低保资金。开展慈善助学活动，先后收到机关单位、企业的捐款，救助困难学生。2007 年，对高中贫困生实行“两免一补”。

2010 年，完善救助机制和保障体系建设，加强困难群体帮扶，提高困难群体救助水平。积极为困难群众申领国家救助，为低保困难群众住房需要大修和翻建的，争取国家补贴大修翻建。

2011 年，做好农村低保户、五保户调查、审批和管理工作。逐户调查核实全镇低保边缘户（村里上报的困难户）、低保户和五保户，为生活特别困难且符合低保条件的农户及时办理了低保；进一步规范低保、五保审批程序，严格执行由村民代表会议审议、报批并全程公示制度，做到应保尽保；系统完成低保、五保户造册建档，实施动态管理。

2012 年，做好残疾人养老保险缴费宣传工作，为 34 名残疾人申报残疾人居家托养服务，为 25 名行动不便的残疾人发放轮椅、拐杖、盲杖等，组织 20 名残疾人免费体检，为 28 名残疾特困家庭的在学子女办理助学金，为 132 名残疾人办理残疾人燃油补贴。

2013 年，为 52 户特殊困难家庭发放救助金额 43820 元。

2014 年，对全镇低保户和五保户进行了逐户调查核实。共核销低保 48 户，注销五保

28户，同时为24户生活困难且符合低保条件的办理了低保，5户符合条件的办理了五保。为80户特殊困难家庭发放救助金额56900元。

2015年，认真贯彻落实“应保尽保、不漏一人”精神。年内新办低保16户，为全镇166低保户免费上了医疗保险，发放丧葬补助费311400元，动用爱心基金4万余元救助了5户困难家庭，协调天津爱尔眼科医院在全镇开展巡诊活动，下发1153624.8元落实各项优抚政策。

第三节　社会福利

一、敬老院

敬老院占地面积近6000平方米，建筑面积700平方米，至2015年收养老人12名，每人有一间独立的休息室并配备一台电视机，冬季集中供暖，每人每月50元零用钱。政府另外聘请4名管理人员，负责照顾老人们的日常生活。每年的重阳节及春节都为老人们组织一次文艺演出及花会表演，以丰富老人们的业余生活。政府为敬老院年均投入30万元以上。

2015年，镇政府投资116余万元，在北刘庄、前侯尚村建立老年日间照料服务中心。该中心设12个功能室，可为符合条件的低保、五保、特殊优抚对象提供休闲娱乐、日间照料、居家托养、残疾人康复等服务。

二、五保与老年人福利

中共十一届三中全会后，全镇对五保户实行保吃、保穿、保住、保医、保葬（孤儿保教），生活有人照料，后事妥善安排。1981年，五保户每人每月供粮食40斤，零用钱5元。1982年，对全公社五保户进行调查和登记，发放“五保证”。随着集体经济发展，大部分村五保户零花钱标准提高到每人每月8元。

1986年，每月零用钱标准提高到每人每月10元。1988年，提高五保户生活费用标准，零用钱由原来的5～10元增至10～15元，口粮由原来的粗细各半改为全是细粮。

2004年，以农村税费改革为契机，五保供养实现两个转变：五保供养资金由镇统筹、村街集体经济组织“三提五统”转为区财政转移支付；五保供养的责任主体转为镇政府。2005年，镇建立、健全五保对象医疗、基金管理制度。

2007年，五保供养经费由区、乡两级财政负担转变为市、区、乡三级财政共同负担，保障标准每人每年4000元，分散供养保障标准每人每年2500元。

2010 年，及时为 65 周岁以上老年人办理免费乘车卡，为 55 周岁至 80 周岁老人办理了老年人意外伤害保险。

2015 年新办理五保 4 户，为 83 户五保户上了人身意外伤害保险，发放临时救助及大病救助 42260 元。

第四节　婚姻登记

1952 年，实施《中华人民共和国婚姻法》。1953 年，区（乡）政府秘书负责婚姻登记工作。男女双方须由各自所在的村街或工作单位开具证明。1955 年 6 月，按内务部公布的《婚姻登记办法》进行婚姻登记。

1958 年，开始晚婚节育教育。是年 4 月，实现人民公社化后，公社办公室负责婚姻登记。

1965 年始，提倡晚婚晚育、优生优育，提倡男 25 岁、女 23 岁以上结婚登记。70 年代中期，规定男女双方年龄合计必须达到 50 岁，方可准予登记。结婚证书为纸制单页 8 开，男女各一份。

1981 年 11 月，国家民政部颁布修订的《中华人民共和国婚姻登记法》，婚姻登记工作按新办法办理，每月集中 3 天办理婚姻登记。

1985 年，婚姻登记改由乡民政办公室负责，并设婚姻登记员。婚姻登记员需经县民政部门业务培训和专业考核后，取得婚姻登记员证书。婚姻登记严格依法行政。

1991 年 4 月，镇婚姻登记开始进行计算机输机处理，协议离婚由县民政局婚姻管理科负责。1992 年，完成 1981 年至 1990 年婚姻档案清理工作。1995 年，始行婚前预测、婚前检查工作。

1996 年以后，婚姻登记改由县民政局负责，乡政府民政办公室负责开具介绍信。

第五节　殡葬管理

解放前及解放后一段时间，境内殡葬一直延续旧俗，使用棺材、设置灵棚、实行土葬。

1958 年，大搞农田水利基本建设，引导、教育群众平坟改田。1972 年，县建火化场，域内各村殡葬逐步由土葬改成火化。

1981 年 10 月 5 日，县发布《关于推行火葬，移风易俗办丧事》报告，公社、村将移风易俗办丧事内容写入“乡规民约”。

1986 年，全乡推广大孟庄乡、河西务镇索庄村殡葬改革经验。1987 年，乡殡葬管理人员持证履行殡葬管理工作，部分村推行火化。1988 年，推广索庄村建立骨灰公墓的经验。1991 年，镇建立“殡葬工作领导小组”，各村建“红白理事会组织”，乡长与主管县长、乡与村街签订火化率承包指标合同，严格推行火化制度，火化率逐年提高。

1993 年，全县推广后巷乡丧事简办，树文明健康的殡葬新风经验。1996 年 4 月，签订第三轮县、乡、街村殡葬管理责任书，始行公益性墓地或骨灰堂。

2007 年，开展平坟还田工作，处理违法土葬，有效遏制了土葬习俗的回潮。2010 年，全镇火化率已达到 100%。

2011 年以后，加强殡葬服务项目的管理，提倡文明殡葬新风，扫除封建迷信活动。深入细致地做殡葬改革的宣传工作。

第二章　劳动　人事

第一节　劳动就业

解放前，境内工业、商业、饮食业、服务业多为个体经营或合伙经营。

解放后，实行计划经济，镇内所需职工，提前做出计划，报县政府主管部门招录，然后派遣至乡属各个部门、行业。时有全民固定工、全民合同工、集体固定工、集体合同工以及临时工。农村村民到外面做工，须由村开具证明，有时还需到公社（乡）换信或加盖公章。

1974 年始，境内供销社、粮店等相关部门、行业陆续安排下乡知青就业。

改革开放以后，乡镇企业发展迅速，企业实行自主招工，签订劳动合同，并到主管部门备案。固定工仍由县各主管行业或部门管理，后全部推行合同制，实行劳动者自主择业、市场调节就业和政府促进就业方针。相继安排退休退职职工子女顶替、复员退伍军人与部队转业干部家属安置、社会待业人员再就业、下岗职工再就业等。

1986 年以后，乡逐年安排一些农转非职工。随着改革的深入发展，农村富余劳动力大量转移到工业和服务业，就业人数大量增加，就业、再就业工作难度加大。乡内国有或集体企业用工制度由原来的固定工制转变为合同制，用劳动合同来规范企业用工和劳动者行为。此后，当地农民和外来务工人员逐年增多。

2005年，就业服务体系进一步完善，就业网络初步形成，促进了就业需求的有效对接。2006年加强对“4050”人员及经济区占地、镇区平改人员开展就业推介，创造就业机会。注重解决困难群体再就业，开发公益性岗位，安置失业人员。落实再就业优惠政策，为自谋职业、自主创业的失业人员办理小额贷款。加强与区劳动力市场联系，实现信息畅通，为农村劳动力就业服务。2008年，坚持以镇区服务业、社区岗位、公益性岗位为主，做好就业岗位开发工作，重点解决农村富余劳动力、新生劳动力和就业困难群体的就业问题。按照“做好大培训、促进大就业、实现大发展”的思路，对新建企业所需人员开展培训，完善岗位开发、就业帮扶机制，有效推进农村新增劳动力、就业困难群体保障性就业。

2010年，镇劳动保障服务中心对全镇劳动力资源进行全面统计，全镇有劳动力29205人，其中本镇就业20580人，镇以外就业4170人，灵活就业4156人，剩余劳动力299人。是年，深入落实《关于初高中毕业生就业服务工作意见》，促进有求职愿望的毕业生创业、就业。实现年新增就业1200人。

2010，搭建交流平台，镇劳动保障服务中心把就业指标层层分解落实到各个企业，中心随时与辖区内的企业保持联系，第一时间掌握劳动用工的缺口，并及时组织专场招聘会，有时企业急需员工，中心就立即与区劳动力市场联系。中心动态统计全镇劳动力人员的基本情况，及时更新全镇劳动人员信息网。随时为全镇未就业和求职人员进行登记，建立台账登记个人信息，为镇招商企业储备充足人力资源。及时对新生劳动力人数进行统计。根据辖区内企业空岗需求，实现对接。贯彻落实国家下达的各项再就业优惠政策，为“4050”人员办理了社会保险补贴；开发公益性就业岗位，安置公益性岗位人员；重点关注“零就业家庭”就业问题，对新出现的“零就业家庭”及时帮助找工作；广开就业渠道，开发适合于大龄困难群体人员就业的公益性岗位并安置其就业。镇劳动保障中心随时掌握企业需要的人才信息，并根据企业所需进行专项培训。2014年，举办大型招聘会3场，新增就业1000余人。

2015年，完善岗位开发、就业帮扶机制，有效推进农村新增劳动力、就业困难群体就业。完成各类技能培训4000余人次，举办大型招聘会3场，为60家企业招工3000余人。

第二节　人事管理

解放初期，所有干部全部由县委管理。一般干部的管理、录用、调配、考核、任免等项工作，由县政府人事科（1955 年 4 月并入县人委办公室）管理，区（乡）领导干部仍由县委组织部管理。

1958 年，实现人民公社化以后，公社机关内部干部的调配、考核，由公社领导负责。

“文化大革命”期间，公社的一般干部和领导干部统归县革命委员会政治部管理。1974 年恢复前制。

1983 年，干部管理工作实施“简政放权”，将原属县委管理的部分干部管理权下放到乡镇委局。

1984 年以后，乡镇领导干部由区（县）委任免，乡科级及以下干部的任用由党委按程序决定，科级干部任免需报区（县）政府人事局备案。乡人事具体工作由党委办公室负责办理。

1996 年机构改革，公务员、事业干部职工由县人事局负责，事业职工档案由乡镇政府管理。

第三节　工资

解放前，乡内没有统一工资制度，店铺、作坊、货栈的学徒，为期 3 年，掌柜的管吃管住，无工资或工资极少。学徒期满，工资由业主、店主议定，工资微薄。

解放以后，国家工作人员实行供给制。1955 年 7 月起，实行货币工资制。县为三类工资区。1979 年 11 月，武清由三类工资区调到四类工资区。是年恢复奖金制度。1983 年，由四类工资区调到六类工资区。其间企业职工、行政事业干部分批上调工资。1977 — 1990 年干部职工平均月增加工资 4.85 元。

随着国民经济快速发展，干部、职工工资不断提高，到 2000 年，干部、老师、职工月工资达到 2000 元左右，企业人员工资随企业效益好坏上下浮动，平均每月 1500 元。2010 年，干部（公务员）月工资达到 4000 元左右，企业职工工资达 3000 元左右。至 2015 年，机关行政事业单位人员工资平均 5000 元左右，企业职工平均 4000 元左右。

第四节　退休

按照 1958 年国务院公布《关于工人、职员退休处理的暂行规定》：男工人、职员年满 60 周岁、连续工龄 5 年，一般工龄满 20 年的；女工人年满 50 周岁、女职员满 55 周岁，连续工龄满 5 年，一般工龄满 15 年的；有损身体健康工种的工人、职员，男满 55 周岁、女满 45 周岁，连续工龄又符合第一条的；男年满 50 周岁女年满 45 周岁的工人、职员，医生证明不能继续工作的；专职从事革命工作 20 年的工作人员，身体不能继续工作自愿退休；符合条件之一者，应办理退休手续。

三年“经济困难”时期，根据国家“调整、巩固、充实、提高”和“精简职工压缩非农业人口”的指示精神，境内企事业单位职工部分退休或下放。

“文化大革命”期间，退休中断。1978 年 6 月，国务院颁布《关于安置老、弱、病、残干部的暂行办法》规定：男年满 60 周岁，女年满 55 周岁，参加革命工作满 10 年的；男年满 55 周岁，女年满 45 周岁，参加革命工作满 10 年的；经医院证明完全丧失工作能力的；因工致残经医院证明丧失工作能力的；符合上述条件之一者，可以办理退休。

1978 年国务院颁布《关于工人退休、退职的暂行办法》规定：男年满 60 周岁，女年满 50 周岁，连续工龄 10 年的；从事井下、高空、高温、特别繁重体力劳动或者其他有害身体健康的工作，男年满 55 周岁，女年满 45 周岁，连续工龄满 10 年的；男年满 50 周岁，女年满 45 周岁，连续工龄满 10 年，或因工致残由医院证明并经劳动鉴定委员会确认，完全丧失劳动能力的；符合条件应办理退休。

退休人员工资：工作年满 35 年以上的，按级别、职务工资两项之和 88%计发，满 30 年不满 35 年的按两项之和 82% 计发，满 20 年不满 30 年的按两项之和的 75%计发，满 10 年不满 20 年的按两项之和的 60%计发，不满 10 年的按 40%计发。离休人员工资：自解放以来，凡离休人员工资均按在职时的工资 100%计算发放。

第三章　信访　档案

第一节　信访

一、机构

解放后，大王古庄镇（区、乡、公社）未设置信访机构，信访事项由政府办公室负责接待、办理。1990 年，镇成立信访小组，各村设 1 名信息员。1998 年，信访工作不断规范，镇信访工作由综治办负责，安排专职工作人员。

二、工作简述

2003年，根据区委综治委关于实行依法信访的决定，《关于加强矛盾纠纷排查调处工作的安排意见》，镇政府进一步规范了党政一把手负总责，领导责任片，干部责任村的矛盾纠纷排查调处制度，定期发放排查表，实行半月一排查，每月一上报，包村干部和领导都要亲笔签字的调处结果报告制度，对不按规定排查调处，不及时解决出现的问题，发生了严重危害社会稳定事件的追究包村领导和包村干部的责任。对重大问题重大事件及时报告，归口办理，由主要领导全程负责一抓到底。对村级治保调解组织制定了化解矛盾不过夜，一般纠纷不出村的工作目标和重大矛盾纠纷提前预报制度。

为适应党委政府锐意改革，加快经济发展的需要，我们确定了围绕中心抓稳定，抓好稳定促发展的重点调处方针。

按照区政府的批示，借助廊坊开发区的区位优势，镇在与廊坊开发区接壤的地区建设了3.4平方公里经济开发区。征地问题直接涉及到农户的切身利益，如拆迁、林果、菜地、地上附着物赔偿问题，应该说蕴涵着大量矛盾纠纷。通过深入细致的搞好调研，做好群众的思想政治工作，讲大局、谈发展，妥善化解了大量矛盾纠纷，稳定了群众情绪，同时也依靠政策，运用法律的，行政的等多种灵活手段，适时、适度调处了多起重大矛盾纠纷。当年经济开发区征地1607亩没有发生一起单独或群体越级上访事件，积极配合了党委的重点工作，维护了稳定，保障了经济区的正常运转。

2004年，根据区委、区政府的安排部署，首先理顺畅通了群众信访渠道。各村都建立了依法信访领导小组，并确立了两名信访接待员，负责接待调处和上报本村出现的信访纠纷。通过召开各种会议，逐户散发依法信访的有关规定，并在利尚屯集市上进行了依法信访的广泛宣传和为群众提供法律咨询服务。应该说，实行依法信访已是家喻户晓、深入人心。

在领导措施上，全体班子成员实行了具体分工责任片、机关干部都有责任村的包村联系户制度。每位领导分不同类型联系10户，包村干部联系20户，把工作点前移，变上访为下访，每月拿出不少于三分之一的工作时间，下村入户搞调查研究，达到认人认门认地头，宣传党的政策，贯彻上级指示，倾听群众呼声，及时协调解决村级组织出现的各种问题。解决不了的报镇信访接待室人员，详细做好记录，按照分级负责，归口办理的原则，由主管领导批办归口或党委研究，责成专门领导督办协调解决。对村级组织规定了化解矛盾不过夜、一般纠纷不出村的工作目标和重大矛盾纠纷及时预警报告制度。当年，综治办工作人员下村入户及接待上门求助解决调处如赡养、生产经营、邻里关系、家庭不睦等各类民间矛盾纠纷十几件，为群众解答法律疑问、提供咨询服务20余人次。

2005 年、2006 年深入开展民间矛盾纠纷排查调处活动，坚持做好依法信访工作。

坚持把搞好民间矛盾纠纷排查调处活动与依法信访工作有机结合，党委政府领导认真坚持每月 15 日的领导干部信访接待日，综治办坚持每半月协调组织各村开展一次矛盾纠纷排查调处活动。在此基础上，为进一步扩大基层民主，提高为群众解难题、办实事的效率，促进安定团结。继续坚持了每月五日的“村民说事日”。这天，村级两委班子成员全部集体在村委会办公，由党支部书记、村委会主任亲自出面接待来说事的村民，倾听群众的批评、建议和呼声，调处化解各类矛盾纠纷，解决群众关心的热点难点问题。今年以来，全镇 17 个村共接待群众 130 余人次，收集群众反映问题 70 余条，化解调处矛盾纠纷 60 余件，为群众解决生产生活中实际困难 20 余件，有效的消除和化解了农村多种不稳定因素，促进了辖区经济事业的发展。

2007 年，大王古庄镇党委政府按照社会主义法制理念的要求，从服务构建和谐社会、维护稳定大局出发，建立和实施大调解的格局，把行政调解、司法调解、人民调解相结合，相互信息沟通，协调配合，使矛盾纠纷排查调处工作取得了较好成效。一、党委政府加强领导、定期研究和部署矛盾纠纷排查调处工作。二、将人民调解与治安调解相结合，建立警民联调工作机制。三、将人民调解与司法调解相结合，建立与法院衔接的工作机制。四、将人民调解工作和信访工作相结合，建立调解、信访协调配合工作机制。五、充分发挥村级调解组织维护农村稳定第一道防线作用。六、加强对村级调解干部的管理和培训，提高法律法规素质和排查调处能力。

2008 年，镇党委认真部署“奥运”期间信访工作，扎实推进平安王古建设，强化依法信访，加强矛盾排查调处，及时化解矛盾。

2009 年，大王古庄镇党委、政府于年初组织机关全体包村领导、包村干部深入基层村、户，广泛调研，认真分析在加速社会主义新农村建设，加强环境整治和拓展京滨工业园区开发建设的新形势下，可能出现的新问题、新矛盾，重新修订了大王古庄镇矛盾纠纷排查调处工作制度，建立了镇、村两级密切协调的矛盾纠纷排查调处长效机制，并坚持领导带头，真抓实办。主要做法是：一、专门会议推动，提高镇、村干部对开展好平安建设、维护辖区稳定重要性的认识。二、密切镇村联系，村村设立维稳信息员，保持纠纷信息和排查调处工作渠道畅通。三、规范排调内容，明确排调原则，加强相关人员学习培训，使排调人员有章可循，在实践中易于操作。四、敏感时期，非常手段，环环相扣，层层负起责任。由于健全了规范可行的矛盾纠纷排调长效机制，领导带头真抓实办，一年来，全镇共调处化解各类矛盾纠纷 300 余件。其中，村级自行化解 230 余件，镇村联合调处 60 余件，责成专门领导限期督办解决 8 件，有效地维护了全镇稳定大局。在京滨工业园区拓展工程中，做到了兼顾国家、集体、村民三者利益，依法征地，和谐征地，妥善处理各类矛盾纠纷。无上访案件，无群体性事件，无排查不及时、解决不妥当使矛盾激化、民转诉讼或刑事案件，维护了辖区稳定，促进了开发建设的发展。

2011 年，深入基层，服务百姓，创建综治信访巡查组。落实镇党委、镇政府“离开办公室、到基层、多了解、多调研”的工作精神，在广泛听取群众意见的基础上，成立了镇综治信访巡查组。一是建立综治信息网络。巡查组深入各村开展巡查工作，与治保会、调委会及部分村民代表进行座谈，了解各村综治信访服务站工作情况、村民关心的热点问题、易引发矛盾的难点问题，全面掌握基层维稳工作现状。同时，各治保会、调委会形成定期台账汇报制度。巡查组与京滨工业园管委会联合完成园区企业综治维稳工作的监督、指导、培训工作。二是在京滨工业园二期征地过程中，巡查组全程进驻征地村街，宣传政策，解答村民的疑问，第一时间掌握村内的不稳定因素，为征地工作的顺利进行铺平道路。在此期间接受村民法律咨询 15 件，解决征地纠纷 7 件，真正做到小事不出村、大事不出镇，把矛盾解决在萌芽状态。

2012 年，根据区综治委的统一部署，镇综合信访服务中心一年来在接待群众来访、化解矛盾纠纷中起到主导作用。主任由党务副书记担任，副主任由纪检委员担任，成员由综治办、派出所、司法所、信访办、劳动保障服务中心、城建办、执法队、民政办、团委、妇联、企经委各部门负责人组成。配齐办公设施，各项制度上墙，悬挂配置了标识牌。综治信访服务中心制定了具体工作职责，明确了工作制度，规范了档案管理，10 月 11 日中央督导组到镇中心调研，听取了信访工作汇报，督导组对镇信访工作取得的成绩给予充分肯定，指出全镇信访工作制度健全完善，措施落实到位，人员素质较高，工作扎实有效，望今后继续加大工作力度，全面做好信访稳定工作，确保地区稳定和谐。镇综治信访服务中心进行了人员调整和补充，队伍更加年轻化。一年来，服务中心完成了对基层服务站的业务培训 4 次，接待群众来访 120 人次，解答咨询 20 件，解决求助 8 件，调解纠纷 26 件。

2013 年，随着社会化经济发展，城镇建设不断推进，信访事件不断增加，征地、拆迁补偿问题尤为突出。2013 年，全镇信访总量 137 批 930 人，提出问题 97 件，化解矛盾纠纷 96 件，化解率 99%。党委政府高度重视，多次研判排查信访发生的原因，经多次论证制定了《大王古庄镇安全稳定实施办法》，不断完善矛盾周排查机制，书记办公会解决信访问题机制、信访联席会议制度等工作。

2014 年为贯彻落实中共十八大和十八届四中全会精神，深入开展党的群众路线教育实践活动，按照区委区政府提出的“三个三”化解矛盾工作实施意见，镇整合其中“三个参与”工作体系，发挥社会各界精英优势，进一步密切干群关系，畅通民意、化解矛盾，搭建起政府与群众之间的民心桥，于2014年12月组建成立了“春蕾”乡贤联合会。

2015年，中央信访督导组、市信访工作会议相继在镇召开。大王古庄镇面临示范镇建设和京滨工业园健康发展的重要任务，为维护社会稳定、促进发展建设，镇针对预警研判机制不健全、基层基础工作薄弱等问题，研究实施了维稳工作机制，通过抓好“三个引领”、实现“三个加强”、构筑“三道防线”，力争把矛盾纠纷控制在源头，化解在基层，解决在萌芽状态。是年1～6月份镇信访总量同比下降93%，未发生进京非正常访。

1. 抓好“三个引领”。一是强化思想教育，引领全镇上下解放思想、统一思想。在党员干部群众中继续开展解放思想大行动，带领广大干部群众走出去，开阔眼界，亲身感受周边建设和发展成果，在潜移默化中转变思想观念。二是成立京滨群众艺术团体联合会。指导各村的艺术团体发挥正能量、畅想主旋律，引领广大村民崇尚文明，开展丰富多彩的业余文化，营造和谐共处的文化氛围。三是组织开展“我为京滨发展做贡献”先进事迹报告会。在各部门、各条战线选树为地方发展做出杰出贡献的建设者献身说法，并大张旗鼓进行表彰，弘扬正能量、树立新榜样，引领广大群众积极投入到地方发展建设中，为稳控信访形势起到积极的促进作用。

2. 抓好“三个加强”。一是加强队伍的管理。基层稳定关键在人、关键在干部，2015年是基层组织换届年，坚持党委领导、严格程序、依法运作，高标准完成村级组织换届，选出作风正、能力强、群众认可的村级班子。同时加强新任村两委成员和村民代表的教育培训，建设坚强有力的、干事创业的村级组织。二是加强基层组织运转程序的管理。继续强化实施村级干部管理规定，积极推行村级重大事务“六步决策法”，开展“七簿一册”大检查和“阳光村务”活动。加大基层基础保障力度。借鉴蓟县“百村楼宇”经验，规划镇总部经济核算中心，17个村每村一个单元，房屋免租金，税收镇留成全部返村，确保村级经费充足，多为百姓干实事。三是加强制度管理。认真落实《建立健全党建工作“三级联述联评联考”制度》，全面加强基层组织建设。落实中央八项规定和农廉规定，强化用制度管人管事。

3. 构筑“三道防线”。一是构筑超前化解防线。落实《大王古庄镇信访维稳工作实施办法》，发挥各村稳定小组的作用，完善奖惩机制，落实通报批评、黄牌警告、一票否决等工作手段，对多次发生问题的村干部及稳定小组成员追究责任并给予处罚。落实矛盾纠纷周排查机制。积极推进政法干警弹性挂职重点村党支部副书记工作，协调派出所选派岗位业务精、基层工作经验丰富的民警到村内挂职副书记，协助村干部抓好稳定工作。信访办综合运用司法调解、人民调解、行政调解、邻里调和等手段提高初信一次性办结率。成立“春蕾”乡贤联合会，发挥乡贤联系广泛、群众威望高、受尊重的优势，架起政府与群众之间的民心桥，畅通民意、化解矛盾。三是构筑协同作战的防线。完善信访联席会制度，加强部门之间的沟通协作，继续坚持书记会定期听稳定工作的制度，分析问题，解决问题，指导做好全镇的信访稳定工作。

第二节　档案

一、档案内容

大王古庄镇全宗档案形成日期为1959年至2015年，共有案卷985卷。其中文书永久卷420卷，长期卷353卷、短期卷212卷。主要内容包括党代会、贫代会、人代会、团委、妇联等会议期间形成的文件材料，批准入党、预备党员转正、延长预备期、党员处分、恢复党组织生活的决定、批示，各大队建立党支部、革委会的批示，有关耕地、农机具、运输、大牲畜、家禽、人口、劳力等情况统计表，耕地面积、农作物产量、农业现代化、农田水利建设等统计情况，土地承包协议书，土地征用、房室评估。

二、立卷归档分类

（一）综合类：

1. 党代会、人代会、会议记录。2. 各种综合、专业性会议文件（三级干部会议）。3. 综合性工作总结报告。4. 各项政治运动、领导讲话。

（二）组织、人事类：

1. 体制、区划、机构、更名、迁移、印章、社章、人员精减。2. 干部任免、组织处理。3. 监察工作、其它。4. 组织建设、整党建党。

（三）宣传类

1. 学习、党史。2. 宣传、指导、广播、纪念日。3. 其他。

（四）文教、卫生、科技类：

1. 文艺、电影。2. 上山下乡。3. 招生、教育、扫盲。4. 体育。5. 卫生、医疗、药材。6. 计划生育。7、科技、计量、气象、地震。

（五）外事、统战、侨务、民族类：

1. 外事。2. 统战、社会主义改造。3. 侨务、外汇、归侨侨眷。4. 民族、宗教。5. 政协、工商联、民建。

（六）司法、保卫、军事类：

1. 镇反、管制、逮捕、法办。2. 遣返、疏散、人口外流。3. 户口、出国政审。4. 保卫、民警、消防。5. 刑事、民事。6. 征兵、武装、民兵。7. 人防。

（七）群众工作类：

1. 工会、贫协、青年团、妇女工作。

（八）民政类：

1. 民主建设、普选。2. 优抚。3. 退伍转复军人安置。4. 救济、救灾、恤养、收容、火化。5. 移民、回乡、村史。6. 房产证。7. 婚姻。

（九）工业交通类：

1. 企业管理、8 项主要经济技术指标。2. 劳动竞赛、技术革新。3. 增产节约、合理利用、清仓查库、挖潜。4. 交通运输。5. 邮电、通信。

（十）基建、房管类：

1. 城乡规划、基建、征地、拆迁。2. 房管。3. 环境保护。

（十一）农、林、水、渔类：

1. 农业各种政策、指示等文件。2. 农村政策、经营管理、收益分配、土地。3. 农业生产、科学种田、农田基本建设、肥料、种子、自然灾害。4. 多种经营、副业。5. 畜牧、饲养。6. 蔬菜、果业。7. 绿化、护林、林业资源、林木确权。8. 水利建设、抗旱防汛、水测、水库、灌溉。9. 渔业生产、渔业协定、水产资源保护、养殖。

（十二）财粮贸类：

1. 财政、税务、金融。2. 粮油征购销、储运。3. 商业、供销。4. 外贸。5. 市场管理、投机倒把。

（十三）劳动工资类：

1. 工资、调级、转正定级、干部、职工待遇。2. 退职、退休、离休、知青。

3. 招工、招干、录用、“以工代干”、工转干。4. 安全劳保、福利。

（十四）计划统计类：

1. 党员、干部统计。2. 国民经济计划、统计。3. 各种专业计划、统计。4. 财会预决算。5. 物价。6. 物资分配。

（十五、）秘书行政类：

1. 机要、保密。2. 文书处理、档案。3. 信访。4. 办公、例会制度及其他类。

第十七篇　政情要略

革命战争时期，境内革命志士、爱国青年为争取自由解放同敌人进行英勇顽强的革命斗争，有的献出了宝贵的生命。

社会主义改造时期，在各级党组织的领导下，开展了抗美援朝、“三反”“五反”、镇压反革命等运动；组织农民群众走互助合作道路，完成了对农业、手工业和资本主义工商业的社会主义改造；加强对共产党员的教育，整顿党组织，基层党组织进一步发展壮大。各项社会事业得到快速发展。

社会主义建设时期，建立互助组、初级社、高级社、人民公社，进行整风、“反右”，实施农业生产“大跃进”、大炼钢铁、大办工业，开展“四清”运动等。经历探索中的失误及纠“左”过程的曲折，实现国民经济的调整和发展。

“文化大革命”时期，各级党组织和干部群众经历“文化大革命”的10年内乱。领导干部被揪斗或靠边站，全社会陷入无政府状态。后又相继开展“一批三查”“斗批改”“一打三反”、“批林批孔”等政治运动。社、队党政机构恢复建立后，领导人民群众顶住各种压力，抵制江青反革命集团的干扰破坏，开展农副业生产，兴修水利，大搞农田基本建设，进一步改善农业生产条件。

改革开放时期，全面拨乱反正，实现工作中心转移，落实党的各项政策；改革开放全面展开，进行农村经济体制改革和实行家庭联产承包责任制，快速发展外向型经济与乡镇企业；端正党风与从严治党，加强党的建设和民主法制建设；以各种不同形式加大精神文明建设力度，促进社会各项事业全方位发展。

社会主义新农村建设时期，全镇步入改革开放和现代化建设新阶段，社会建设与经济发展跨进新时期；加快大开发、大开放，大力发展园区经济；精心落实惠民政策，着力改善民生和促进和谐发展；党建工作稳步推进，学习和实践科学发展观取得显著效果。

第一章 解放战争时期

第一节 反奸清算 减租增资

1946年，开展反奸清算、减租增资工作。对罪大恶极的汉奸分子依照政府法令逮捕，并到其民愤极大的地区当众宣判，震慑敌人，振奋人心；对只在经济上有贪污，民愤较小的伪乡保长人员，主要从经济上清算。减租增资的具体做法是：地主雇佣一个男长工一年应付的报酬按一般农民生活水平，以能养活一至一个半人为标准；对于地主出租的土地不论何种租赁形式，一律减低原租额的25%，交租部分不超过主要产品产量的37.5%；同时废除高利贷。

几个月的反奸清算、减租增资的群众运动，从经济上清算出大批粮食、财物和土地，雇工们的工资增加了，贫苦农民得到了土地和财物，实现了二五减租，土地负担更加合理。在政治上，广大贫困农民的阶级觉悟迅速提高，工会、农民会、青联会、妇联会和民兵等群众组织很快建立起来，并相应建立和改造一些村的村政权，人民群众成为掌权执政的主人。

第二节 土地改革

1946年7月20日，中共武清县委作出“在部分地区进行土改”的决定，并于月底向各区印发中共中央的《五四指示》，各村以黑板报、广播台、张贴标语等方式进行宣传。工作队在村干部的协助下，分头入户做贫苦群众的思想工作，寻找并培养积极分子，积极分子又各自去发现更多的积极分子，为召开群众斗争大会做好准备。工作队还把村里的地主召集在一起开会，或采取个别谈话方式，讲形势、讲政策，动员地主献田出粮。

运动中，群众对少数顽固地主分子采取斗争方式。8月27日，县委对土地改革工作总结后，各村举办了土改积极分子短训班，进一步掌握土改的政策、方法。工作队员利用晚上时间走家串户与群众谈心，了解情况。查出一些中小地主献出的地不仅数量少而且土地质量差，并藏有大量浮财，人均占有土地仍高于贫雇农。于是，适时组织群众召开斗争大会。与此同时，补偿中农损失，安定群众生产生活。区内尚未进行土改的村，发动群众搞好土改。至 1947 年年底，境内土地改革和土地复查运动基本结束。

第二章　社会主义改造时期

第一节　抗美援朝

1950 年 6 月，美帝国主义侵略朝鲜战争爆发。境内人民在各条战线上努力生产，踊跃捐献，积极参加志愿军，以实际行动支持或参加抗美援朝运动。10 月，响应中国人民抗美援朝总会号召，掀起了轰轰烈烈的“抗美援朝、保家卫国”运动。12 月，为了增加在抗美援朝运动中的物资供应，发动群众，尤其是发动妇女儿童参加生产劳动，实现村中无闲人，单位与单位之间、人与人之间普遍开展了生产竞赛运动。

1951 年 5 月 1 日，根据中国人民抗美援朝总会通告，全区各乡、村组织群众举行游行示威，声讨美帝国主义的侵朝罪行。同时，户户人人捐献购买飞机、大炮款。6 月 1 日始，区属机关、学校、企业及所有村庄普遍签订《爱国公约》。烈属、军属和荣军得到代耕和帮助，生产生活困难得到妥善解决，形成人人尊敬烈军属、荣军的社会风气。9 月，开展扩军工作，区成立了扩军委员会，广大青年踊跃报名参军，响应党的号召赴朝参战。

第二节　“三反”“五反”

一、“三反”运动

1951 年 12 月，境内“三反”（反对贪污、反对浪费、反对官僚主义）运动开始。翌年 2 月 1 日至 23 日为运动的第一次打“虎”战役，即揭发、清查、斗争贪污千万元（旧人民币）以上的“老虎”。至 4 月底，共开展 4 次战役。5 月，转入查账、追赃、定案处理阶段。6 月底，开始组织建设阶段，全面整顿、改选党支部，订立规章制度。7 月中旬，“三反”运动结束。1952 年年底至 1953 年 4 月，新“三反”（反对官僚主义、反对强迫命令、反对违法乱纪）在全区展开，区、乡及各村揭发、检举干部存在的问题，召开批斗大会，并予以组织处理。此后，违法乱纪现象和强迫命令作风大为减少。

二、“五反”运动。

在开展“三反”运动的同时，1952 年 1 月始，在境内工商界中开展“五反”（反行贿、反偷税、反盗骗国家财产、反偷工减料、反盗窃国家经济情报）斗争，于 9 月结束。私营工商界中的工人、店员经反复、耐心教育，思想觉悟提高，去掉各种顾虑，划清阶级界限，大胆揭发并查清资本家偷税漏税等不法行为。对有严重违法行为的资本家给予应有制裁。

第三节　镇压反革命

1951 年 3 月 3 日至 4 月 20 日，按天津地委规定的统一行动时间，境内开展镇压反革命运动。区、村干部和民兵集中进行两次“大逮捕”，抓获重大反革命分子，破获敌特隐蔽组织，严惩反动道首，并分别在有关村召开镇压反革命分子公判大会，处决罪大恶极的反革命分子。为更好维护社会治安，成立了区治保委员会，各乡、村街也相继建立了治保会。至 1953 年，镇压反革命运动暂告一段落。

1955 年 1 月中旬至 12 月，境内再次开展镇压反革命运动。

第四节　统购统销

1953 年 11 月中旬，开始实行粮食、油料、棉布统购统销和棉花的统购政策，国营部门掌握工农产品货源，加强农副产品收购，基本上掌握各个批发环节。如棉布全部由公司进货。区、乡干部参加县召开的三级干部会议后，组织宣传队伍，向群众广泛宣传。百姓积极把余粮卖给国家，涌现一大批售粮模范。1955 年，区、乡、村继续贯彻统购统销政策，加强产品的加工订货和农产品采购，计划经济政策更加严格。

第五节　互助合作

1950 年，按照中共中央指示，坚持“自愿互助、积极稳步前进”的原则，境内农民开始建立互助组，实行互助合作，各村建立短期或长期两种农业互助组。其规模少则三五户，多则十来户，实行互相帮助或换工。至 1952 年 5 月，参加互助组的农户约占总农户的 50%。

1952 年，开始试办初级农业生产合作社。1953 年冬至 1954 年春，区派建社骨干到县参加培训。此后，初级合作社建设加快。1954 年 3 月，县召开互助合作代表会议，介绍、总结办初级农业生产合作社的经验和教训。会后，县抽调干部到区帮助整顿三、四类社，不够标准的合作社又转回互助组。整社工作于当年 5 月 1 日结束。随着初级社优越性的显现，农民的思想开始转变，入社农户越来越多。1955 年冬季，合作化运动掀起高潮，大批互助组转为初级社，大批单干户直接建社或入社。到 1956 年 1 月，境内加入初级社农户已占总农户的 86%。

第六节　三大改造

一、对农业的社会主义改造

初级社建立不久，在基础尚不牢靠的情况下，1956 年 1 月上旬，就开始小社并大社，即由初级社匆忙转为高级农业生产合作社。到 1956 年底，境内加入高级社的农户已占总农户的 99.7%。至此，对农业的社会主义改造任务完成。

高级社与初级社相比，生产资料从私有制变为集体所有制，生产关系实现了变革。1957 年 6、7 月，境内出现了“拉牛退社”现象。

二、对手工业的社会主义改造

1954 年，大力宣传党在过渡时期的总路线和贯彻对手工业的改造政策，个体手工业者思想觉悟提高，积极要求组织起来，走互助合作道路，成立了手工业生产社（组）。1955 年年初，对手工业社（组）进行整顿后，生产效率进一步提高，手工业社的优越性也较明显，要求加入者越来越多。7 月，县手工业生产联社首届社员代表大会后，开始对农村副业和农业兼营商品性生产的手工业进行社会主义改造，发展手工业生产小组和生产供销社（组），分别建立季节性强的生产社（组）和农村流动修配小组。

1956 年 3 月，个体工商业基本实现了合作化，并大部分进入高级化，全部纳入国家计划经济的轨道。

三、对资本主义工商业的社会主义改造

1955 年 5 月始，境内对私营商业进行社会主义改造，改造形式主要有：公私合营，定股定息，人员开工资；挂上公私合营牌子，仍经销、代销，不清产核资；不实行公私合营，继续经销、代销；小商、小贩组织合作商店或合作小组；流动小贩和零星摊贩可登记挂名。

在改造中掌握“先收编后改造”的工作方法。至1956年年底，此项工作基本结束。

资本主义工商业改造后，由私人所有制变为社会主义集体或全民所有制。

第三章　社会主义建设时期

第一节　整风反右

1957年5月，机关、团体、文卫系统等部门组织党员学习《中共中央关于整风运动的指示》，为整风做好思想准备。6月始，在党内进行以正确处理人民内部矛盾为主题，反官僚主义、反宗派主义、反主观主义的整风运动，开展大鸣大放、横扫“三风”“五气”、批评与反省。县领导机关和乡党委、基层组织为全县第二批开展整风、反右单位。

反右派斗争从1957年11月开始，到1958年4月结束。反右派斗争犯了严重扩大化的错误，把许多善意批评视为右派进攻，一大批人被错划为右派分子。

第二节　人民公社化

1958年9月5日始，在“大跃进”的形势下，全县只用6天时间，就将37个乡（镇）1048个农业生产合作社合并为11个政社合一的人民公社。人民公社为基层政权组织，公社下辖管理区（公社派出机构）。时大王古庄属城关红旗人民公社。人民公社初期，盲目追求“一大二公”、大刮“共产风”、实施“大协作”；劳动组织军事化，实行大兵团作战方法；劳动力统一由公社调动，在地里干活搭窝棚，居住集中化，吃饭食堂化。经济上实行公社、大队两级核算制，生产队不再单独核算；在分配办法上采取半供给制、半工资制。半工资制就是实行工资加奖励办法，按劳动评级，定期预支、年终决算。半供给制就是大办公共食堂（基本上1个生产队建立1个食堂），实行口粮全免费供应。这种“大锅饭”只维持两三个月，后改为定量供应。

1959年11月，在党内开展“反击右倾机会主义”斗争和整风运动。1960年12月20日至翌年1月15日，县四级干部会议后，公社、大队全面开展检查人民公社存在的共产风、瞎指挥风、命令风、特殊风、浮夸风“五风”错误，重点解决贫富队拉平、实行平均分配和公社对生产队的某些财产无代价上调、把生产队以至社员的某些财产无偿收归公社所有的“一平二调”问题。

第三节　“四清”运动

1965 年 10 月至 1966 年 9 月，全公社开展了社会主义教育运动（1965 年年初“二十三条”公布后称“四清”运动），先后经历“小四清”“四清”阶段。

整个“四清”运动，分为三段五步进行。

一是准备阶段。从 1965 年 10 月 5 日工作队进村到 11 月初，大体用一个月时间。主要工作是向干部群众亮旗帜、表决心，安排生产、生活，解决群众迫切需要解决的问题，把生产推向高潮。访贫问苦，扎根串连，发现和培养积极分子。组织干部和群众学习毛主席著作，宣讲“二十三条”，大讲开展四清革命运动的伟大意义。进行阶级发动和思想发动，动员干部和群众积极投入到运动中来。建立四清班子，进行封账、查账。深入了解情况，摸清底数。建立社队贫协组织，发展贫协会员，把阶级队伍组建起来。

二是四清阶段。是整个运动的关键性阶段，也是斗争最为紧张的阶段。这个阶段分为两步，第一步是以清经济为主的全面四清，从 11 月初到 1966 年 1 月初，用了两个月时间。主要是以解决干部经济不清为主，结合清政治、清组织、清思想。首先召开全公社万人大会，广泛发动群众，组织群众背对背、面对面揭发干部的四不清问题。组织干部在不同场合（如大、中、小会，党内、党外）洗手洗澡放包袱。召开公社三干会和贫代会，通过正面教育和示范检查，亮宽严典型，并通过小组规劝、个别恳谈、解放干部现身说法等帮助干部忆苦思变，提高自觉革命。通过全面四清，全社最后落实定案清出贪污盗窃、投机倒把、多吃多占 105411 元，粮食 114830 斤。第二步是以清政治为主的全面四清。主要工作是内外结合，围攻重点；示范检查，典型带动；抓住活靶，重点批判；斗争少数，教育多数；总结上纲，解决人生观、世界观；政治排队，全部审查；贯彻三定三允许。

三是建设阶段。从 4 月中旬至 6 月下旬。分两步，第一步是组织建设，第二步是生产建设。主要工作是对党团员系统教育；对群众宣传教育；全面鉴定；整顿党团组织；组成新的领导核心，提拔新生力量；民主建立各种制度；运动促生产，实现机关革命化；总结检查，全面验收。

1966 年 8 月，各大队对本村四类分子进行评议。四类分子原待遇是“监督”的，经评议可改为“正式社员”或“非正式社员”；原待遇是“社员”的，经评议可改为“正式社员”。大队将评审材料上报中共武清县大王古庄四清工作分团党委研究，经县团批准后，由分团批复到大队，大队向群众公布。

农村社会主义教育运动，对解决干部作风、促进农业生产、提高经营管理水平等方面起到了一定作用，但存在把各种问题都当作阶级斗争或是阶级斗争在党内的反映，混淆了两类不同性质的矛盾。

第四章 “文化大革命”时期

第一节 破旧立新

1966 年 5 月，中共中央发出“五一六通知”，公社干部去县集中学习。7 月初，境内各大队社员开始批判文艺界“三家村”。1966 年 8 月，社直单位和各大队群众采取坐“土飞机”“戴高帽”“游街”等形式，批斗地、富、反、坏、右分子和“当权派”，并相继成立名目众多的造反组织。随后，“红卫兵”、“造反派”开展破“四旧”、立“四新”。在破“四旧”过程中，毁掉文物古迹，查抄群众家中的古董、瓷器、字画书籍、粮票、布票及金银首饰等。一批新的村名、队名、校名、街道名陆续出现。大破“四旧”风暴过后，“造反”组织又形成对立的两派，有的家庭也出现“两派”，以“大字报”、广播等形式互相揭发、指责、辩论、攻击。社直机关被冲击，领导干部被揪斗，权利被剥夺，党政组织陷于瘫痪。

第二节 “造反”夺权

1967 年 3 月，在上海“一月风暴”的影响下，公社、社直单位及多数生产大队的党政机关被“造反派”夺权，领导干部“靠边站”，“造反派”继续对各级领导干部进行批斗。对立“造反派”组织之间又展开反复的夺权斗争，并不时发生小规模武斗。“造反派”组织各行其是，并出现一些打、砸、抢现象，全公社陷于混乱、无序局面。

第三节　成立革命委员会

1968年1月，武清县革命委员会发出《关于建立各级革命委员会和革命领导小组的几点意见》。4月初，大王古庄公社革命委员会成立，实行党、政、军“一元化”领导，各生产大队也相继建立革命委员会，生产队普遍建立革命领导小组。

第四节　“一批三查”运动

1968年3月26日始，全县开展“一批三查（继续深入开展革命大批判；查“中国式赫鲁晓夫”在武清代理人的幕后活动，查混进内部的叛徒、特务和现行反革命分子、坏分子，查没有改造好的地富反坏右分子）。公社主要领导干部到八孔闸党校参加县革命委员会举办的领导干部“学习班”，各个单位也举办各种形式的学习班。学习班采用各种体罚、殴打等“群众专政”手段，进行逼、供、信，领导干部遭受虐待和迫害。

第五节　知识青年上山下乡

1968年12月，城镇青年学生上山下乡形成高潮。1969年上半年，公社设知青办，各大队亦安排专人负责知青工作，各生产队妥善安置知青的生活、劳动，加强管理和教育。全公社共接收、安置下乡、回乡、插队和投亲的知识青年近100名。下乡知青经受了锻炼，为当地的建设贡献出自己的力量。

第六节　“斗、批、改”运动

1969年5月下旬，毛泽东思想宣传队（亦称斗批改工作队）进驻境内各生产大队、生产队，全面开展“斗、批、改”运动，公社革委会建立领导运动的办事机构。同时，进行清队和整党工作。11月初，开始第二次“斗、批、改”运动，又重新开展清理阶级队伍、整党建党及政治建队等。此次“斗、批、改”运动全县分三批进行。在清理阶级队伍时，极左思潮泛滥，对“问题”无限上纲，大搞“逼、供、信”，造成许多冤假错案。

第七节 “一打三反”运动

1970 年 2 月，开展“一打三反”（打击反革命破坏活动，反贪污浪费、投机倒把、铺张浪费）运动。打击反革命活动亦是前一阶段清理阶级队伍的延续。揭发出贪污、盗窃款项和粮食、粮票、布票、油票等。查出投机倒把分子，缴获其所得款项。各村街利用高音喇叭广泛宣传，制造声势。

第八节 “批林整风”与“批林批孔”

1971 年 11 月 2 日，公社传达林彪叛逃事件及其反党罪行的 5 个文件，然后以大队为单位，采取先党内后党外的方法传达到群众，发动群众声讨、批判林彪反革命集团的罪行。1972 年 11 月底，公社党委开始进行批林整风。公社召开党委扩大会议，学习“十大”文件，制定具体学习措施，把“批林整风”运动引向深入。

1974 年 1 月，江青反革命集团提出开展所谓“批林批孔”运动，公社、生产队培训理论骨干，采取试点先行、以点带面和利用多种形式开展批判活动。是年 7 月，公社党委召开“批林批孔”经验交流会，推广小靳庄“经验”，批判《三字经》、“克己复礼”，开展“评法批儒”。江青反革命集团借“批林批孔”将矛头指向周恩来总理，激起人民群众的不满，在基层人民群众中“批林批孔”运动并未开展起来。整个运动到 1974 年底基本结束。

第九节 “批邓、反击右倾翻案风”

1975 年年底至 1976 年上半年，社队干部多次参加县委召开的会议，学习、传达中央文件精神，组织干部群众开展所谓“批邓、反击右倾翻案风”运动。由于运动既违背事理，又违背人心，多数干部群众感到厌烦，无心参与，所以此次运动雷声大、搞形式，在基层群众中未开展起来。

第十节 粉碎江青反革命集团

1976 年 1 月 8 日，国务院总理周恩来逝世，社直单位和各村自发举行各种悼念活动。

7月6日，群众深切悼念朱德委员长逝世。9月9日，毛泽东主席逝世。公社、大队和各单位分别举行悼念活动，人民沉浸在巨大的悲痛之中。

1976年10月6日，粉碎江青反革命集团。公社组织干部、职工举行游行，热烈庆祝粉碎江青反革命集团的伟大胜利。至此，长达10年的“文化大革命”运动宣告结束。

第五章　改革开放时期

第一节　贯彻中共十一届三中全会精神

粉碎江青反革命集团后，经过两年徘徊，1978年12月18日至22日，中共十一届三中全会召开。公社干部分两批参加县委举办的中层干部学习班，部分大队干部也分批参加基层干部学习班，学习十一届三中全会文件。同时，组织人员参加人民公社经营管理讲座，学习《中共中央关于加快农业发展若干问题的决定（草案）》与《农村人民公社工作条例（试行草案）》。后来，公社党委又采取学习班、培训班或以会代训等多种形式，培训基层干部，使全会精神家喻户晓，深入人心，为建立健全生产责任制奠定了良好的思想基础。

第二节　平反冤假错案

中共十一届三中全会以后，公社党委落实政策、平反冤假错案。全错的全纠，部分错的部分纠；开除公职的恢复公职；为非正常死亡党员、干部、群众做出结论。至1979年12月，全公社复查了“文化大革命”期间受到审查的农村基层党员、干部和群众654名。其中，82人恢复名誉，152人改变处分，45人恢复党籍并安排适当工作。清退了在“文化大革命”中查抄的物资、现款、粮食、粮票、布票、黄金、白银、银元、各种首饰及房等。

在平反冤假错案中，还解决了历次运动中遗留下的历史问题。正确处理了工商业户房屋遗留问题，复查农村党员干部申诉案件，纠正历次运动中由贫下中农升为中农、上中农升为富农，以及土改中错划为地主富农成分问题。

第三节　错划“右派分子”改正

1978 年 4 月，对全公社内 1957 年以后被定为“右派分子”的进行全面复查，按政策规定分期分批给予改正，并做适当安排，重新安置、录用或按退职退休办理。对定为反党反社会主义分子的人全部给予改正。

第四节　为地富分子摘帽及其子女改变成分

1979 年 1 月始，依据中央指示，公社对境内多年一贯遵守政府法令、老实劳动、不做坏事的“四类分子”，一律摘掉地主分子、富农分子、反革命分子、坏分子帽子。“摘帽”工作历经发动群众、摸清底数、群众评议、组织审批等阶段，到年底基本结束。同时，地富家庭出身的成年子女均定为社员成分，地富子女的子女改为社员出身。

第五节　实行农业生产责任制

1980 年 1 月，境内开始摸索、试行、建立、健全多种形式的农业生产责任制，各村实行的生产责任制形式不尽相同，主要形式有联产到组、责任到劳、专业承包联产计酬、定额管理小段包工、双田制、包产到户、包干到户。1981 年，适逢大旱之年，全社粮食总产比 1980 年增长近 10%。1983 年年底，全乡各村全部实行了生产责任制。到 1984 年，境内所有村的农业生产责任制形式均为包干到户。

1984 年 12 月始，全公社进一步完善土地承包合同和联产承包责任制。签订正式土地承包书面合同；林业、养殖业、社队企业、水产养殖、农机使用、农田水利各业都开始逐步实行联产承包责任制；土地承包期延长到 15 年以上；及时采取 5 项措施，解决土地撂荒问题；动员群众治理荒地荒水，搞好开发性生产承包。

1990年开始，深化农村经济体制改革，加强土地承包管理，各业承包合同使用统一文本，由镇经营管理站负责。1998 年至 1999 年年底，进行农村土地延长承包期 30 年工作。在此期间，取消了“双田制”，一律改为按人口平均承包，签订土地承包合同，发放经营权证书。

在实行农业生产责任制过程中，农村土地承包出现一些新情况，农户之间自发进行土地流转，没有书面合同，造成土地纠纷不断增多，解决也较困难，成为农村不稳定的因素

之一。2000 年，开始研究、实施土地的流转办法及运作程序。2009 年，镇开始筹建土地流转服务中心。

2010 年年初，遵照中央一号文件关于“加强土地承包经营权流转管理和服务，健全流转市场，在依法自愿有偿流转的基础上发展多种形式的适度规模经营”指示精神，大王古庄镇土地流转服务中心成立。镇成立土地流转工作领导小组，组建土地流转法律政策指导组。各村均成立土地流转服务站，聘请村助理会计为农村土地流转信息员，负责土地流转信息的上传下达和政策的宣传工作。服务中心制定并实施管理服务职能、服务指南、流转审批流程、承包合同签订流程、家庭承包和土地微调流程、集体承包合同管理办法、工作人员和村信息员职责分工等相关制度。

第六节　体制改革

1983 年 4 月始，大王古庄公社进行社队体制改革，把人民公社政社合一的体制改成党、政、社分立，大队体制暂且不动。建立乡党委、乡人民政府和乡人民公社管理委员会。1984 年 4 月，把乡人民公社机构改为“乡农工商联合公司”。1986 年 7 月，对生产队撤销后的财产、资金进行清理、处理。

第七节　全面整党

1985 年 11 月中旬至 1986 年 3 月上旬，乡机关、乡办企业开始整党。随即村级单位分两批整党，至 1987 年 1 月 10 日结束，全乡近 700 名党员参加了整党。全面整党重点解决党内思想、作风、组织不纯问题。每批整党开始时，抽调县、乡干部担任联络员，协助基层党组织开展整党工作。整党工作分为学习、对照检查、组织处理和党员登记三个阶段进行。

学习阶段，用两个半月时间，312 个小时。主要学习“整党决定”“党章”“准则”、《邓小平在全国科技工作会议上的讲话》《陈云同志在全国端正党风工作经验交流会上的讲话》《中共中央（1984）27 号文件》等有关文件。在学习文件的基础上，联系实际，深入开展讨论，认清此次整党的意义、基本方针、基本政策、基本方法，认清整党的必要性和紧迫性，把全体党员的思想统一到“整党决定”上来。

对照检查阶段，用三周 96 个小时。在这一阶段，抓好三个环节。一是做好对照检查的准备工作，在搞好学习阶段总结验收的同时，进一步学习有关整党文件，提高认识，端正态度，采取多种形式，广泛开展谈心活动，征求意见，找准存在的主要问题。二是认真搞好领导班子集体和个人的对照检查，认真开展批评和自我批评。三是认真总结集体和个人的经验教训，针对存在的问题，反复学习有关文件，在进一步提高觉悟的基础上，制定和完善开创新局面的措施。对照检查的步骤为先领导班子集体、后领导干部个人、再党员群众。

组织处理和党员登记阶段，用两周6个小时。在这一阶段，做好三项工作。一是对必须给予党的处分的党员做出处理，二是总结整党以来的收获，三是严肃认真地进行党员登记。在整党的同时，发展一批新党员。这次全面整党工作，在一定程度上解决了党组织和党员在思想、作风、纪律、组织等方面存在的问题。

在整党期间，开展了核查“三种人”（造反起家的人；打砸抢分子；策划、组织、指挥武斗，造成严重后果的人）工作。在核查中，认真调查，仔细核实，严格执行政策并履行审批程序。

第八节　开展“六爱两评”活动

1990年3月始，全乡各村广泛开展以“爱党、爱国、爱集体、爱岗、爱邻、爱同志”为主题的教育，以评选“遵纪守法户”和“文明户”为主要方式的“六爱两评”活动。“文明户”标准高于“遵纪守法户”。各村广泛动员，采取高音广播、入户发放书面材料、书写墙体大字标语等形式，宣传、发动，及时表彰好人好事。年底评出的“两户”，门前挂上印有“遵纪守法户”或“文明户”的制式光荣牌，予以彰显、鼓励。翌年，不合格的户要摘掉光荣牌。

第六章　社会主义新农村建设时期

第一节　社会主义思想教育

1990年年底，县委发出《关于今冬明春在农村广泛开展社会主义思想教育的通知》，大王古庄乡为第一批开展“社教”的16个乡镇之一。1991年3月6日，县派工作队进驻全乡各村。工作队员住在村里，入户吃饭，与村民一起劳动，利用晚上时间，组织宣讲、学习、讨论。社教工作任务是：深入开展社会主义思想教育，提高广大干部群众的社会主义思想觉悟，搞好以党支部为核心的农村基层班子建设；帮助农村发展生产，解决群众生产生活中存在的困难和问题。同时，另派“清财”工作队，进行以“三清两建”（清账、清款、清财产和物资，健全账目、建立制度）为主要内容的清理农村财物工作，健全农村财务管理体制，解决了一些群众关心的热点问题。6 月 14 日，全乡社教工作结束。

第二节　清理基金会

乡农村合作基金会于 1993 年 3 月创建后，在筹集、投放资金以及加强全乡建设、农民致富等方面充分发挥了作用。后来，在运作中出现一些问题。

1999 年 10 月至 12 月，全乡开展清理、整顿农村合作基金会工作。乡成立以党委书记任组长的清理整顿领导小组，并抽调得力人员组成专门班子。清理工作按照组织发动、清产核资、分类处理、首期兑付等阶段进行。10 月 26 日县动员培训会后，县工作队到乡协助、指导清理工作，严格按县委、县政府相关文件办事，做到工作有章可循、有条不紊。清收各项借（欠）款，补办、完善借款手续，少数担保、信誉放款也全部规范为合法的资产抵押放款。清产核资后，县、乡政府共注资金，使资债相等，然后全部资金归并到信用联社，群众入股存款转为信用联社的储蓄存款，并于 12 月 15 日实现首期兑付。此项工作理顺了农村金融体制，防范和化解了金融风险。

第三节　“三讲”教育

2000 年 3 月 14 日至 5 月 16 日，乡领导班子和领导干部集中开展以“讲学习、讲政治、讲正气”为主要内容的“三讲”教育。按照思想发动、学习提高；自我剖析、听取意见；交流思想、开展批评；认真整改、巩固成果 4 个阶段进行。县派巡视组到乡检查、指导、协助工作。在“三讲”教育过程中，大家坚持走群众路线，诚心诚意地征求各方面意见，切切实实接受群众的监督和帮助。为了搞好剖析，先后召开座谈会 12 次，107 人参加，分别征求了各村、乡直单位负责人、机关干部职工和离退休老同志的意见。大家把群众的意见视为宝贵的财富，逐条对照，认真研究，充分吸纳，使自己查摆问题更准确了、剖析问题更深刻了。在剖析材料基本形成后，召开了有 66 名干部群众参加的民主评议会，进一步听取大家的意见。针对大家的意见，剖析材料几易其稿，补充修改近百处之多。生活会后，又及时将生活会的情况向大家做了通报，进一步征求意见。充分吸收了群众意见的整改方案制定出来后，再次召开了座谈会，听取大家的意见。

针对查摆出来的党性党风方面的突出问题，乡党委在广泛听取各方面意见的基础上，坚持高标准，认真制定了整改方案，内容做到了明确具体、切实可行，具有较强的针对性和可操作性，并把成果用制度的形式巩固起来。以备今后更好地坚持下去。领导干部个人也针对存在的问题，制定了整改的具体措施，明确了今后的努力方向。

为巩固和扩大“三讲”教育成果，2000 年 10 月，在乡领导班子和领导干部中开展了“三讲”教育“回头看”活动，按照自看自查、通报整改、听取意见 3 个步骤，认真总结集中进行“三讲”教育以来取得的成效及存在的问题和差距，进一步完善、落实整改措施。“三讲”教育结束后，在“三讲”中形成的个人材料，按规定全部予以销毁。

第四节　“三个代表”重要思想教育

2001 年 2 月至 8 月，首先在镇机关开展“三个代表”重要思想学习教育活动；2001 年 8 月至 2002 年 5 月中旬，在村级组织和镇直基层单位开展学习教育活动。学习教育的主要做法：加强领导，明确责任；扎实学习，深化认识；对照检查，找准问题；制定整改措施，坚持边学边改。

为确保学习教育活动的扎实开展，镇党委主要领导对此项活动亲自抓，负总责。党委书记对此项活动亲自安排部署，亲自到基层调查了解此项活动开展情况，多次召开专题党委会研究活动中存在的实际问题，同时定期听取主管领导关于此项活动开展情况的工作汇报。如对聂辛庄村屠宰小区建设、距城堡蛋鸡养殖小区建设、前侯尚生猪养殖小区建设，都利用晚上时间找农户、养殖户座谈立项并实施。对群众提出的销售难及贷款难题一一解决。镇党委还将此项活动开展情况列为对基层干部考核的一项重要内容，作为考核基层干部原则性强不强的一条重要标准，从而调动了基层主要干部的工作积极性，确保此项活动的顺利进行。同时有效增强了各级干部开展此项活动的责任感、紧迫感。在此项活动的开展过程中，无论哪个环节，哪个步骤，镇党委都坚持把搞好对各级干部的思想动员放在首要位置，消除各级干部的思想顾虑，使大家都能轻装上阵，达到了踏实学习、深入检查、诚心整改的预期效果。

走群众路线，增加活动透明度。各村在学教活动中都坚持吸收党员和村民代表一同参加，其中参与活动的党员有560名，村民代表1500名，对镇村班子和干部整改进展及时征求群众意见和建议，增加了此项活动透明度，使活动置于群众监督下，进一步督促干部把“三个代表”学教活动落到实处。

强化督察。镇派检查指导组成员对所联系单位的每个环节都亲自进行指导到位，严格把关，确保了活动质量。如陈各庄、利尚屯村等村干部在活动中注意形式与内容的统一，做到学习有笔记、体会有心得、整改有措施，而且量化到阵地上有考核。使整个活动扎扎实实开展。

坚持边整边改。对活动中查摆的问题，边整边改，使群众从中感到了干部的变化，受到鼓舞，真正实现了干部受教育、群众得实惠的要求。聂营干部在查找到小康村创建工作有差距、群众有意见后，加大力度，多方筹措资金10万元，新打了机井，给群众接上了自来水，解决了几代人吃苦水的难题。还有前侯尚干部接受群众意见，改造村内道路等，使群众得到实惠。

搞好复查，确保学教活动成效。为确保各级班子和干部整改措施的落实，镇党委组织各级班子和干部，认真自查和回访，以发放征求意见表和召开座谈会等形式，对各级班子和干部整改的效果进行满意度测评. 在此基础上镇党委抽调6人组成复查小组，进村入户进行复查，并对村级整改情况进行了分析排查，及时帮助协调各村抓好整改措施落实，如张家场、宋家场、董家庄是相连的三个村，穿村路维修问题，是这几个村整改内容之一。镇党委协调三个村同时施工，一同招标，镇党委派专人负责工程质量，从而确保了整改措施的顺利落实。

第五节　防治“非典”

2003年4月22日，区确诊首例输入型“非典”患者，防治“非典”疫情形势严峻。镇成立以主要领导为组长的防控“非典”领导小组，设立工作指挥部，全天候密切关注事态发展。落实三级防疫网络和疫情报告网络，实行党政领导包片，机关干部包村街、企业、单位，加强监督指导，层层落实责任制。建立群防群控组织，每天监测体温。镇卫生院设立发热门诊，医护人员昼夜在岗。各系统、各部门加大资金投入，购置消毒用具、消毒液，印发宣传资料。全民动手，大搞环境卫生整治，清除脏乱死角。在此期间，镇党委坚持一手抓“非典”防治，一手抓经济发展。至6月初，取得抗击“非典”和经济发展的双胜利。

第六节 保持共产党员先进性教育

2005年12月，镇、村街开始进行保持共产党员先进性教育活动，活动分为学习动员、分析评议、整改提高3个阶段。主要是找准和解决党员队伍和党组织存在的突出问题，强化党组织的战斗堡垒作用和党员的先锋模范作用。同时，把先进性教育与区、镇的重点工程建设紧密结合起来，用加快高水平发展的实际成果来衡量和检验先进性教育活动的成效。全镇各级党组织，紧紧抓住学习实践“三个代表”重要思想这条主线，保持共产党员先进性这个主题，明确提高党的执政能力这个着眼点，不断增强整改提高阶段各项工作的政治责任感和紧迫感。各单位坚持以理论学习为先导，紧密结合党员的思想实际和整改提高阶段的工作要求，切实把思想和行动统一到党委的部署上来。

通过学习，各级党组织和广大党员干部坚定了进一步切实搞好先进性教育活动信心和决心，针对前一段查找出来的问题，把群众意见最大、最不满意的事情，群众最希望办、当前能够办好的事情作为整改重点，着力解决好党员和机关各级党组织存在的突出问题，明确整改方向，整改措施和整改方案，树立起谦虚谨慎地听取群众意见、真心诚意地帮助基层群众解决问题的群众观点。机关党支部、派出所党支部等单位在深入搞好思想发动的基础上，举办了学习《公务员管理条例》培训班，开展了争创群众满意公务员、群众满意干警活动，进一步转变机关干部的工作作风。同时认真召开机关专题组织生活会，对照个人整改措施，继续查找差距和不足，不断推动整改，提高阶段工作深入扎实开展。

2006年3月，全镇保持共产党先进性教育活动结束。

第七节 学习实践科学发展观

2009年3月至8月，镇、村、中小学校开展学习实践科学发展观活动。学习实践科学发展观活动分为学习调研、分析检查、整改落实3个阶段6个环节。在学习调研阶段，组织集中学习，查找出影响和制约本单位科学发展的突出问题，深入基层调研，完成调研报告，形成促进本单位发展的共识。在分析检查阶段，认真研讨、审查、评判每个单位的分析检查报告。在整改落实阶段，研究制定具体措施并严格落实；废、改、立规章制度，健全完善新的机制制度；解决制约科学发展的突出问题，为基层、企业、群众办实事。全镇1500名中共党员参加此项活动，镇党委先后组织3次全镇干部大会，党委中心组坚持每周五下午集中学习，帮助村和企业解决实际问题26个。学习实践科学发展观活动达到了党员干部受教育、科学发展上水平、人民群众得实惠的目标。

2011 年，以深化选人用人机制改革和提高领导能力为重点，继续学习实践科学发展观，加强各级领导班子和干部队伍建设。落实党风廉政建设责任制，加强党风廉政建设和反腐败斗争。围绕提高窗口单位服务水平，深入推进政风、行风建设。镇党委坚持总揽全局、协调各方关系，积极支持人大、政府依法履行职能，充分发挥工、青、妇等群团组织优势，全镇上下和谐前进、科学发展，形成强大合力。

第八节　深入开展党的群众路线教育实践活动

按照区委统一安排，大王古庄镇党的群众路线教育实践活动从 2014 年 2 月开始。教育实践活动以处级领导班子和党员领导干部为重点，组织引导全体党员参加，全员参与、全面覆盖、不留死角。活动不分段、不转段，着力抓好学习教育、听取意见，查摆问题、开展批评，整改落实、建章立制 3 个环节。

（一）学习教育、听取意见。重点是搞好宣传发动和思想教育，深入开展调查研究，广泛听取干部群众意见。

2 月底召开动员大会，传达中央、市委和区委部署要求，紧密联系实际，对开展党的群众路线教育实践活动做出具体部署。会议由党委书记主持并做动员讲话。会议结束后，在参会人员范围内对领导班子及党员领导干部进行民主评议。村、企业等其他基层党组织采取适当形式搞好思想动员。对于外出务工党员、行动不便党员，利用网络、电话、短信、微信、入户走访、上门宣讲等形式，做好思想发动。

采取集中学习与个人自学相结合、请人辅导与外出学习相结合等方式，制定有针对性的学习计划，突出学习重点。抓好中央、市委和区委规定的必读篇目的学习，组织党员干部扎实开展“六项”专题教育。针对自身工作实际，围绕区域经济发展、提升群众工作能力、转变工作作风等方面，通过组织开展自学、专题讲座、举办报告会、外出考察等，有的放矢抓好学习。统筹抓好基层站所的学习教育。围绕“懂规矩、守纪律”主题，以集中培训、组织外出学习、组建宣讲团等形式，积极抓好村“两委”干部和普通党员的学习教育。基层站所围绕提升业务水平、改善服务态度、简化办事程序进行学习培训，全面提高区域内党员干部队伍的整体素质和服务水平。合理利用时间，统筹安排，领导班子中心组理论学习每周不少于 1 次，集中学习和讨论时间不少于 7 天，党员干部每天自学不少于 1 小时，把学习教育贯穿教育实践活动始终。

在深入学习教育的基础上，按照全区教育实践活动《实施方案》确定的五个专题，党员领导干部带头开展马克思主义群众观点和党的群众路线学习讨论，强化宗旨意识、拓宽发展思路、站稳群众立场，进一步明确贯彻落实党的群众路线的具体标准和要求。通过座谈交流、撰写心得、开展征文、演讲比赛等多种方式，丰富讨论形式，深化对党的群众路线的认识，党员领导干部撰写心得体会不少于3篇。

把“背对背”与“面对面”、“个别听”与“集体谈”、“走进群众听”与“组织群众评”结合起来，以“下基层、办实事、解难题、交朋友”为载体，采取发放征求意见函、召开座谈会、设立征求意见箱、个别访谈、设立热线电话等形式，广泛征求各阶层、各行业、各领域人员的意见建议。重点查找服务发展、维护稳定、为民服务和基层基础工作等方面存在的问题和不足。对收集的意见建议，做到即知即改，从身边事、从群众最关注的问题改起来，让群众从活动一开始就见到成效。

（二）查摆问题、开展批评。重点围绕为民务实清廉要求，认真查摆“四风”方面的突出问题，进行党性分析和自我剖析，开展批评和自我批评。

深入开展“三对照三看三查摆”活动，采取群众提、自己找、上级点、互相帮、集体议等方式，注重从关系群众切身利益的问题中查找“四风”问题。特别注重查找在公务配车、用房，公务消费等方面；在发展意识、创新举措、工作落实、担当精神等方面；在联系和服务基层群众、调查研究、为民办实事等方面存在的问题。

召开查摆“四风”问题专题会议，结合思想和工作实际，逐项查找“四风”具体表现。同时，围绕加强作风建设、强化发展意识、维护地区稳定开展对照检查，进行党性分析和自我剖析，明确努力方向和整改措施。党委主要负责人主持起草领导班子的对照检查材料，并采取适当形式在机关干部、基层村街、辖区企业等范围内征求意见。班子成员和一般党员干部自己动手撰写对照检查材料，由分管领导审阅把关。

按照“四心五必谈”的要求，普遍开展谈心谈话民主生活会，坦诚交流沟通思想，推心置腹交换意见。积极健康地开展批评和自我批评，认真查找存在的差距和问题，提出改进措施和努力方向。

（三）整改落实、建章立制。重点是制定和落实整改方案、着力解决突出问题、努力形成贯彻党的群众路线的长效机制。

针对前期查摆出的问题，制定整改方案，建立工作台账，逐项量化细化，明确完成时限和责任人，并纳入全年重点督办工程。突出整改效果，方案与地区经济社会发展各项指标挂钩，与落实区委、区政府各项工作任务挂钩，与加强基层基础工作、维护和谐稳定挂钩。

整改方案接受群众监督，通过多种形式，向群众作出整改承诺，及时公布整改情况，接受党员群众评价和监督。

在落实好区委提出的集中整治的“十个方面”的突出问题和正风肃纪专项工作要求的基础上，开展“严纪律、正作风、作表率”集中行动，以“准”“狠”“韧”的劲头，重点解决一批群众反映最强烈和损害群众利益最突出的问题。重点解决理想信念动摇、工作不积极主动、不维护班子团结等问题；慵懒涣散、不作为、慢作为、乱作为，对上级交办的任务找各种原因顶着不办、对群众要办的事情找各种理由拖着不办等问题；作风漂浮，与群众联系不紧密，不敢担当，不会做、不愿做群众工作等问题；整治讲排场、比阔气，滥建楼堂馆所、超标配置办公用房、公务用车，超标接待、公款变相旅游等问题；超职数配备干部、超编制进人，编外聘用、借用人员问题，集中清理“吃空饷”问题；工程建设、项目招投标、土地招拍挂“暗箱操作”问题。针对上述问题，各单位认真制定专项整治方案，层层落实责任，下猛药、出重拳，集中力量啃硬骨头，一项一项整治，一个一个突破，务求取得实效。

第三环节工作基本完成后，组织开展“回头看”。适时召开教育实践活动总结大会。总结大会结束时，围绕解决问题、改进作风等内容，对领导班子及成员开展教育实践活动情况进行民主评议。确保教育实践活动取得让群众满意的效果。集中教育实践活动告一段落后，继续抓好整改措施的落实，巩固扩大活动成果。

第十八篇　法 治

民主革命时期，境内公安部门和工作人员不怕牺牲、英勇战斗，为保护人民利益，夺取和巩固民主政权，发挥了极其重要的作用。在社会主义革命和建设中，公安派出所全体干警，深入基层，加强宣传，致力维护境内社会治安、打击各种犯罪、抓好消防安全工作。大王古庄法庭践行“为大局服务，为人民司法”，主动为经济建设服务，依法审判辖区内的民事和经济等案件。镇司法所下大力开展法制宣传、法律服务、民事调解等项工作，采取有效举措向群众普及各种法律常识，营造人人知法、懂法、守法的良好氛围，提高了全镇群众的法制水平。随着改革开放的深入发展，公安派出所、人民法庭、司法行政部门不畏艰辛、严格执法，全力维护社会稳定，为境内和谐稳定和经济快速发展起到了保驾护航的重要作用。

第一章 公安

第一节 机构 设施

1949 年 1 月建立村政权，各村设村公所。公安员是村公所成员，负责社会治安保卫工作（1965 年 4 月粗线四清时，各村公安员改称治安主任），受武清县北旺区公所领导。

1953 年 7 月，辖区建 4 个乡，乡设公安员 1 人，负责公安工作。韩指挥营乡和前侯尚乡受武清县第九区（城关）领导，丁辛庄乡和大王古庄乡受武清区第十区（北旺）领导。

1958 年 2 月，武清县撤区并乡，建大王古庄乡，乡设公安员 1 人，负责公安工作，受城关工委领导。9 月人民公社化，原大王古庄乡划分为韩指挥营、大王古庄两个管区。管区设公安员 1 人，受红旗人民公社（城关）领导。

1959 年 4 月，体制改革，原两个管区合并为大王古庄管区。管区设公安员 1 人，负责公安工作。

1961 年 6 月，体制改革，建大王古庄人民公社，辖 17 个自然村。武清县公安局下派公安特派员，负责公社公安工作。

1983 年 1 月，武清县公安局筹建派出所，所址在原公社修配厂文化站处，办公用房用原平房 11 间。2 月 24 日，大王古庄派出所正式成立并挂牌办公，同时撤销公安特派员。派出所干警 3 人，其中所领导 1 人。1983 年 10 月招聘辅警 4 人，协助派出所工作。

1987 年 3 月，所干警增至 4 人，民警出警用自行车。1989 年 3 月，所干警增至 5 人，民警出警由上级配备的挎斗摩托车 1 辆。1993 年 6 月，派出所在原址翻建，共建正房 10 建，厢房 10 间。1995 年 11 月，大王古庄乡政府为派出所配备北京 213 汽车 1 辆，用于警务。1996 年 12 月，所干警增至 7 人，有上级配备的桑塔纳轿车 1 辆。1998 年 7 月，派出所有电脑两台，实现常住人口微机管理和前台办公。

2004 年 7 月，大王古庄派出所乔迁新址，所址位于京滨工业园内，占地 3876 平方米，主楼三层，建筑面积 1028 平方米，平房 7 间，建筑面积 179 平方米，总投资 120 万元。派出所规范化、正规化、标准化建设达标并通过验收。2005 年，完成派出所外观标识工作。

2005 年 10 月，由武清区委组织部发文：派出所所长任所在乡镇（街道）乡镇长（街道主任）助理，参加乡镇（街道）党委（工委）扩大会议。相应经济待遇由所在乡镇（街道）解决。这是有史以来派出所所长地位第一次提升。

2006 年在加强“三基”建设中，投资 4.5 万元完成基础设施改造。其中新购置 7 台微机、7 张电脑桌、8 个 U 盘、5 个手台，达到了每人手一台微机、一个手台、一个数字证书的标准。

2008 年，派出所新增警车、无线手台、计算机和单警装备。公安分局、派出所、治保会三级安全防范网络更加健全。

2009 年，为落实分局关于进一步加强基层所队内部规范化建设实施意见，大王古庄派出所斥资 10 万元进行办公环境的硬件建设和安装监控设备。

2011 年，由镇政府斥资 100 余万元，用于派出所执法正规化场所建设。由镇政府斥资 500 万元用于京滨工业园区监控 工程建设。2012 年，大王古庄派出所被天津市公安局表彰为“天津市优秀公安基层单位”。2014 年 4 月，大王古庄派出所被公安部命名为公安部“210 工程示范单位”（武清独家）。

2015 年 1 月，派出所干警 12 人，其中所领导 3 人。还有辅警协警 16 人，有警车 5 辆，公务用车 2 辆，治安巡逻车 5 辆、警用电动车 6 辆。所内办公区、办案区、生活区设置规范，设备齐全。

第二节　治安工作

1949 年 11 月，公安部门开始取缔会道门，在群众中开展宣传教育工作，提高群众的政治觉悟，动员受害道徒控诉道首罪行，揭发会道门组织的内幕，启发中、小道首坦白登记、自首悔过。先后组织几次统一行动，抓捕坚持反动立场的道首。

1951 年 2 月，组织境内各村开展镇压反革命运动，到 1953 年年初结束。为了维护社会治安，加强对反革命分子的管制，各村普遍建立群众性的治安保卫委员会，设主任和委员。6 月各村建立治保会。治保组织在维护社会治安、执行镇反指示、巩固镇反成果方面做了大量工作。

1954 年 4 月，开展打击刑事犯罪斗争。抓获犯罪分子，管制道首，登记一般道首，社会治安进一步好转。

1955 年 7 月，开展内部肃反运动。8 月，开展社会镇反运动，保卫了社会主义革命的顺利进行。

1956 年，规划地主、富农和反革命分子加入农业生产合作社，公安人员和治保会组织群众，依据地主、富农和反革命分子表现，评定为正式社员或候补社员。表现不好的陆续接受改造。

1957 年 11 月大王古庄乡（小乡，辖 4 个村）乡长张志诚被人用刀杀死，乡村公安员组织村民配合县公安局破案，凶手薛志义当天被抓获，后被处以极刑。

1958 年实行人民公社化，各村治保会除管制“地、富、反、坏”外还担负起保卫、护秋、一般治安处理等大量工作任务，把社会治安的绝大部分问题解决在基层。1958 年至 1980 年，这是辖区各村治保会组织最健全、人员最齐备、任务最具体、工作最实效、社会最安全、群众最满意的 23 年。

1961 年 6 月到 1983 年 2 月，武清县公安局先后对大王古庄公社配备公安特派员 6 人。他们坚决执行上级的工作部署，依靠各村治保会，积极工作，维护大王古庄公社的社会治安秩序，狠狠打击了境内的违法犯罪活动。共破获重大案件 45 起，刑事打处人犯 28 人。其中杀人案件破获 5 起，打处 4 人（1961 年 10 月北刘庄孙洪起杀人。

1970 年 6 月枣林村王文良用杀猪刀杀死其母、其子并杀伤其妻后自杀。

1975 年 1 月丁希前投毒杀人未遂，1980 年 7 月前侯尚村马友申用土坯头将张福庆砸死。

1982 年 8 月丁辛庄村丁继恒手持菜刀砍伤 4 人后外逃）；流氓案件破获 5 起，打处 5 人；强奸案件破获 8 起，打处 7 人；诈骗案件破获 1 起，打处 1 人；盗窃案件 25 起，打处 9 人；反革命案件破获 2 起，打处 2 人。此外还破获一般案件 270 多起。

1983 年 8 月至 1985 年年底，大王古庄派出所开展严厉打击刑事犯罪和经济犯罪活动，按照上级公安机关的部署，依靠各村治保会，发动治安积极分子和广大人民群众配合公安工作。活动中，破获了韩指挥营村一流氓、盗窃、抢劫团伙，刑事打处6人；破获了大营村一盗割光铝线团伙，刑事打处3人。通过“严打”斗争，共刑事打处14人，治安处罚9人，教育青少年28人。

1984年7月23日，董家庄村发生凶杀案，该村村民陈文斌被人用三齿斫死并移尸干渠涵洞中。派出所配合县局深入工作，18小时后破案，杀人者系该村村民刘文超，为报复杀人。

1985年10月10日发生重大凶杀案，韩指挥营村民徐福亭用自制手枪先后杀死4人（不含射杀武警1人）致伤1人。在6天搜捕中，派出所、乡政府、各村治保会及广大人民群众积极配合武警搜捕，终于致徐福亭无路可逃，于16日被武警在国营苗圃树丛中击毙。

1986年4月，大王古庄派出所开展反盗窃斗争和“除六害”清理社会丑恶现象的专项斗争，贯彻《中华人民共和国治安管理处罚条例》，加强社会治安综合治理。活动中，有2名盗窃人到所投案自首，免于处罚。共处理盗窃、流氓、嫖娼、赌博的人员10人。1986年6月12日，在乡砖瓦厂公路上，水活铺村村民葛继忠因劳动纠纷用菜刀将韩指挥营村民赵玉清砍死，凶手被派出所抓获。10月完成了第一代居民身份证的登记、制证、发放使用工作。11月17个村全部实现了户院联防，落实了群防群治组织，把各项安全防范措施落实到了千家万户。

1987年5月22日，小王古庄村民蒋淑清被人砍死，聂营村村民施荣领被人砍成重伤。派出所与县局密切配合，确认凶手系蒋之女婿、施之连襟姬景亮，在搜捕中发现姬在乡砖瓦厂附近地里已服毒身亡。全年刑事打处人犯6人。其中强奸1人，盗窃4人，伤害1人。为配合乡政府搞好第四次全国人口普查做准备，派出所进行户口整顿。

1988年，大王古庄派出所破获了外地人张振福等4人盗窃摩托车、外地人张洪刚等5人盗割光铝线并销赃、距城堡村王某某等5人盗割光铝线3个犯罪团伙。全年刑事打处21人。

1989年3月，乡政府召开反盗窃斗争会议，大王古庄派出所对防范光铝线、变压器等农电设施被盗做出工作部署。春夏之交，北京发生政治风波，派出所干警昼夜上岗执勤，盘查可疑人员。各村组成护村队，开展巡逻、值勤检查，维护了辖区社会政治的稳定，辖区参加北京动乱人数为零。

1990年3月，大王古庄派出所破获了北刘庄村王某等6人拦路抢劫犯罪团伙。5月，破获了刘某某等3人盗窃北刘庄村缝纫厂变压器的犯罪团伙和韩指挥营村蒙面强奸案件。6月1日武清县公安局在大王古庄乡召开了公开逮捕大会，近2000名干部群众参加了会议。

1991年大王古庄派出所本着“为经济保驾护航”的思路，转变观念，变管理为服务，简化办事手续，方便群众。开展了“反盗窃”“打流窜”专项斗争，破获了大王古庄村孙某某等4人盗窃大王古庄采购站棉花的犯罪团伙，将流窜到北刘庄强奸妇女的耿学亮抓获，还将入室盗窃的魏某某等人抓获。

1992年，大王古庄派出所严厉打击各类违法犯罪活动，共刑事打处10人，其中投毒杀人（未遂）2人，强奸1人，抢劫2人，盗窃3人，伤害2人。治安处罚12人（治安拘留）其中：盗窃6人，扰乱社会秩序3人，寻衅滋事2人，故意损财1人。年内有2名刑事犯罪者未被打处，即4月9日韩指挥营村村民郭瑞芝（62岁）因强奸呆傻少妇而畏罪服毒身亡，11月29日大王古庄村民魏振会（20岁）伙同他人拦路持刀抢劫时被汽车撞死。7月11日夜大营村李振玉纠集同村人郭宝青、杜宝旺携带铁管等凶器到韩指挥营村将郭立强杀死。杜宝旺被抓获（在县局收审2个月）。李振玉、郭宝青外逃（李于1995年12月15日被抓获归案，被判死刑，缓期二年执行。郭于2004年12月21日被抓获归案，后被判有期徒刑5年）。7月29日，丁辛庄村南口一农用变压器被盗，此类案件在辖区为首发，从此拉开了防范农用野外变压器被盗斗争的大幕。

1993年至1996年，大王古庄派出所深入、扎实、持久开展了“大力整治社会治安秩序，严厉打击各类违法犯罪活动”的专项斗争。先后破获了丁辛庄村丁某某等3人入室盗窃、丁辛庄张某某等3人持枪蒙面拦路抢劫、韩指挥营村徐某某3人盗窃等3个犯罪团伙。4年中共刑事打处37人。治安处罚469人，其中赌博110人，无证驾驶152人，盗窃33人，扰乱公共秩序13人，殴打他人32人，寻衅滋事11人，卖淫嫖娼4人。通过四年专项斗争，大王古庄乡的社会治安秩序有了明显的好转。在此期间发生两起杀人案：1993年6月7日，水活铺村民王荣和因家务事与其妻高书敏口角、撕打中，用砖头将其妻砸死；1995年2月3日水活铺民张友因婚恋被安徽人李洪明用刀扎伤致死，李被村民香书玲等5人当场抓获并交给派出所。

1997年5月大王古庄派出所根据上级指示，更换新式常住人口登记表和启用新的户口薄。加强暂住人口管理和出租车管理工作，受到分局通报表扬。加强所容所貌整治，年终在分局评选中夺得“环境杯”。年内刑事打处人犯9人，其中抢劫1人，强奸2人，盗窃6人。治安处罚8人，其中治安拘留7人。

1998年2月20日，大王古庄派出所与刑侦第一、第七大队密切配合，仅用了14小时就成功破获了一起杀人案，陈各庄村的高俊清因姘情谋害结发之妻的被抓获。3月18日派出所查获私藏枪支案，当天收缴小口径手枪4支、单管猎枪6支、子弹29发。后经二个月收缴，年内共收缴各类枪支（不含仿真玩具枪）37支，子弹59发，缉枪工作成绩显著，极大地消除了治安隐患，但缉枪任务仍很艰巨。

4月13日丁辛庄西21空农用光铝线被盗割，经济损失18000元，防范农用设备被盗形势仍然严峻。

2000年，大王古庄派出所继续做好反对邪教，维护社会稳定工作，对7名顽固分子分别予以劳动教养、治安拘留处罚。开展“扫黄打非”专项斗争，挖出大王古庄村殷某某等7人传播倒卖淫秽光盘的团伙。在“打拐”专项斗争中，赴辽宁将被拐骗的距城堡村妇女邵某某安全解救。5月，为进行第五次全国人国普查做准备，派出所进行户口整顿。12月，因居民身份证号码升至18位，派出所更改户口常表和户口簿。七一表彰，所长刘建兴被表彰为区级“优秀共产党员”。

2001年，结合“打黑除恶”专项斗争，将横行乡里、被称为“火神爷”的负案逃犯魏某某抓获归案；破获了2000年发生的两起强奸案，5名案犯被抓捕。破获拦路抢劫案1起，利尚屯村赵某某等3人被抓获。7月22日，接110指令，迅速出警将杀人后逃回家中服毒欲自尽的张家场村蒋文海抓获。“禁赌”工作中，对赌博的32人予以治安处罚。“七一”表彰，所长刘建兴被表彰为区级“优秀共产党员”。2001年农用柴三车被盗案件和农用变电器被盗案件多发。

2002年“非典”时期，大王古庄派出所干警自4月20日至7月11日上岗值勤，负责3个“卡口”，对出入辖区人员、车辆进行检查，83天共出动警力498人次，为“非典”疫情零传入做出了奉献。6月4日，格雷斯儿童村举行有外国使馆和多家媒体参加的奠基仪式，派出所的安保工作受到好评。11月，派出所干警全员上岗，履职尽责，圆满完成了中共十六大保卫任务。

2003年着力加强安全防范工作，坚持常年巡逻堵卡；推进重点单位和要害部位的技防工程建设，加强重点人口、暂住人口、外来人口的管理，全年实现了保险柜被撬盗为“零”、农用机动车被盗为“零”、光铝线和变压器被盗为“零”。坚持严打整治不放松，全年共刑事打处9人，治安处罚32人。收缴火枪21支，半自动步枪子弹20发，管制刀具50把，清查违法生产易爆物品的生产点一处。收缴淫秽光盘等267张。年内还完成保险柜防盗抢专项治理工作，辖区有3个单位财会室保险柜新安装了“三铁一器”，有3个单位撤销了财会室保险柜。民警郭长河因提线破案成绩卓著，被武清分局表彰为夏季治安“百日行动”提线破案标兵，并荣立三等功1次。大王古庄派出所被天津市公安局表彰为“二00三年度治安先进集体”。“七一”表彰，所长刘建兴被表彰为区级“优秀共产党员”。

2004年大王古庄派出所全力维护社会政治稳定，加大国保基础工作调查，搜集各类情报信息 136 条，提情预警。新建“线人”，延伸触角。深入排查、化解不安定因素 4 起，避免了群体性事件的发生。深入开展严打整治斗争，先后开展了“百日破案会战统一行动”“命案侦破专项行动”“打击侵财犯罪专项斗争”“打击涉车违法犯罪专项行动”“破案追逃活动”等，破获杀人积案 2 起，抓捕 2 人；破获一盗窃境内变压器 6 台的犯罪团伙，安徽涡阳人宋崇真、宋崇军二人被当场抓获，宋崇标逃跑后经追逃被抓获。在境内将在白古屯飞车抢包后逃窜的 2 名犯罪嫌疑人擒住。年内科技网建设投入 8.8 万元，安装野外高压线自动报警器15台和野外变压器报警器14台等。11月民防网建成，建立17个村级护村队，人员 83 名。还成立了大王古庄开发区保安队，负责企业、单位的内保。年内收缴枪支 2 支，清理“黑网吧”5 家。大王古庄派出所被天津市公安局表彰为“二○○四年治安先进集体”。“七一”表彰，所长刘建兴被区委表彰为“优秀共产党员”，大王古庄派出所党支部被镇党委评为“先进党支部”。6 月 21 日早晨，发现利尚屯村张国兰（女，41 岁）被人杀死在村南自家瓜铺内，经分局和市局近 3 个月工作仍未破案。

2005 年 1 月起，制发第二代居民身份证在大王古庄派出所内启动，年内共制换第二代居民身份证 15012 人，完成总任务 85%，在全分局位居前列。深入开展严厉打击“两抢一盗”专项活动，破案 16 起，打处人犯 13 人，其中网逃 6 人。2005 年度大王古庄派出所获市局表彰的“无责任信访单位”、分局表彰的“巡控工作先进单位”。教导员郭长河被分局命名为首届“五大典型”中的“爱民助民先进典型”，民警丁会齐被分局命名为首届“十佳能手”中的“提供破案线索最佳能手”，还被市局户政评为“提线破案优秀社区民警”并荣立个人三等功。“七一”表彰，所长任伯祥被区委表彰为“优秀共产党员”，大王古庄派出所党支部被镇党委表彰为“先进党支部”。

2006 年大王古庄派出所为创建“平安王古”，维护好“金三角”地区的安全与稳定，严密防范和严厉打击各类刑事犯罪，采取区域联动、巡逻堵卡、护村护厂、警力下沉等措施，落实严防严打，全年刑事发案 25 起，破案 28 起，刑事打处 23 人（其中网逃 7 人，移交外埠警方 8 人）。破案打处中破案盗割电缆线案件 3 起，打掉团伙 2 个，打处 7 人。2006 年度大王古庄派出所获市局集体嘉奖，在分局绩效考评中被评为“一级单位”（首次获得）。民警陈建昭被分局命名为第二届“十佳能手”中的“提情破线最佳能手”。任伯祥、吴建军、陈建昭获市局嘉奖。

2007 年大王古庄派出所按照上级部署，开展“0701”统一行动，开展打击“两抢一盗”犯罪、“三禁一打”和“追逃”等专项行动，取得明显战果。年内大王古庄派出所获市局嘉奖，在分局绩效考评中被评为“先进单位”（连续第二次）。还被分局表彰为“三基”工程建设信息调研工作先进单位。民警陈建昭被市局评为“优秀社区和驻村民警”，记个人三等功一次，还被分局授予“巡逻防控先进个人称号”。民警丁会齐被分局授予“学法用法十佳青年民警”称号，同时获市局个人嘉奖一次。“七一”表彰，大王古庄派出所党支部和民警吴建军被分局分别表彰为“先进党支部”和“优秀共产党员”。

2008 年，大王古庄派出所紧紧围绕上级工作部署，以科学发展观为思想指导，密切结合本所和辖区实际，紧贴公安业务，创新工作求实效。在北京奥运安保工作中，推出“依托五支队伍全面推进社会维稳工作”的做法，即民警主力军控“面”，安保协管队伍卡“点”，志愿者抓“线”，群防队控“基层”，反恐预备队“处突”，形成了一条较为完整的社会治安防控链。2008 年度大王古庄派出所在分局绩效考评中被评为“优秀单位”（第三次获得）。民警吴建军记个人三等功一次，还被分局表彰为追逃工作先进个人。所长任伯祥和民警李寿江、吴建军、石兰彪、陈建昭、杨宇、王宏亮、冯明文、张钧分别被市局记嘉奖一次。“七一”表彰，所长任伯祥、民警吴建军被分局分别授予“优秀党支部书记”和“优秀共产党员”荣誉称号。

2009 年，大王古庄派出所深入工作，全力维稳。根据辖区地处京津廊三市临界交汇之处的地域特点，深入开展创建“平安边界“活动，实行“安内攘外”策略，采取巡逻堵卡措施，遏制外埠人员窜入辖区进行违法犯罪活动。年内大王古庄派出所被区委、区政委表彰为“行风建设优秀基层站所”，获市局集体嘉奖一次，在分局绩效考评中被评为“优秀达标单位”（连续第 4 次）。所长魏健荣立三等功一次，民警张钧记市局个人嘉奖一次。“七一”表彰大王古庄派出所党支部和民警李寿江被分局分别授予“先进党支部”和“优秀共产党员”荣誉称号。

2010 年大王古庄派出所统筹谋划，科学发展。主要完成的工作有：一月份投资 5.4 万元建立了报警联动服务系统，工业园区重点企业配齐红外线报警器 21 台、对讲机 15 部、报警器探头 63 个并与派出所联网，做到日常点名、值班检查、应急报警、紧急联动和快速处理“五统一”。与镇政府协调，建立了一支京滨工业园专职巡逻队，成员 8 人。扩招保安 20 人，总数超过 120 人。为辅警配备用于巡逻用的电动自行车 6 辆。对京滨工业园 34 支施工队伍，实行派出所、企业厂家、施工单位、居住村和出租房屋户 4 级管理。坚持“严打”，共破获各类刑事案件 91 起，打处人犯 46 名（其中网逃 12 人）。年内大王古庄派出所因工作成绩突出，记集体三等功一次。在分局绩效考评中被评为一级单位（连续第五次），被区委、区政府分别评为“社会治安综合治理先进集体”“行风建设优秀基层站所”。所长魏健被市局评为“天津市模范公安基层领导干部”，并记个人三等功一次。民警杨宇、王宏亮分别获市局嘉奖一次。民警张钧获得分局授予的“严打整治专项行动创安标兵”荣誉称号。

2011年，大王古庄派出所征得党委、政府的立项并斥资100万元的大力支持，大动作、高标准加强派出所执法规范化场所建设，历经75天，于10月15日在全分局内率先完成。此后，大王古庄派出所斥资1200万元在京滨工业园区安装监控系统。这项工程的完成，实现了对整个园区的全时空、无盲区覆盖。2011年度大王古庄派出所被市局评为“天津市公安局基层执法示范单位”。因工作成绩突出，大王古庄派出所记集体嘉奖一次。大王古庄派出所在分局绩效考评中被评为“一级单位”（连续第6次获得），还被分局授予“严打整治专项行动先进集体”荣誉称号。民警冯明文记个人三等功一次。民警张钧在“清网行动”中获市局个人嘉奖一次。“七一”表彰，大王古庄派出所党支部和民警冯明文被分局分别授予“先进党支部”和“优秀共产党员”称号。

2012年，大王古庄派出所以维护辖区稳定为己任，维稳创安能力实现新提升。在全国“两会”、武清首届马拉松赛事、村两委换届选举、中共十八大等期间，对重点管控人员无一失控漏管，确保辖区未发生一起越级访和进京非访。在2012年分局组织的正规化建设联查中，大王古庄派出所获全分局第一。因成绩突出，大王古庄派出所荣立集体二等功一次；被市局评为“天津市公安基层单位”；在分局绩效考评中被评为“一级单位”（连续第七次），被区委、区政府分别评为“社会管理综合治理先进集体”和“行风建设优秀基层站所”。所长董宝利被分局授予2012年度“五大典型”中的“勤政廉政典型”称号，并记个人三等功一次。民警张钧获市局个人嘉奖一次，还被分局表彰为“十八大安保工作先进个人”，并在表彰大会上发言。民警杨宇被分局授予“打击黄赌毒专项行动先进个人”。民警冯明文获市局个人嘉奖一次，还被表彰为“武清区2012年度流动人口服务管理工作先进个人”。“七一”表彰，大王古庄派出所和民警冯明文被分局分别授予“先进党支部”和“优秀共产党员”荣誉称号。

2013年3月28日，京滨工业园消防支队正式挂牌并启动运行工作。5月15日，大王古庄派出所成功处置一起甘肃回族人员集体阻碍京滨工业园阿里巴巴华北运营公司工地施工事件。6月25日，分局表彰2012年度分局亮点工作获奖项目，大王古庄派出所的“京滨工业园三位一体式防控系统”获三等奖。6月26日，距城堡村因干群矛盾引发的村民多次聚集先后到镇、区、市三级政府集体上访事件基本平息。7月25日《武清公安简报》（23期）刊载《大王古庄派出所采取“三化”管理模式，提高流动人口管理水平》。12月4日，大王古庄公安检查站因撤站，该站民警3人调入大王古庄派出所，全所警力达到13人。

大王古庄派出所结合全国“两会”、武清国际马拉松赛事、东亚运动会、中共十八届三中全会等重要安保任务，在辖区开展了矛盾纠纷大排查工作，共排查、化解各类矛盾纠纷 12 起，对重点人 120 人（其中尖子人员 18 人）进行了移控，辖区未有大事发生，维护了辖区稳定。年内，大王古庄派出所记集体嘉奖一次，在分局绩效考核中被评为“一级单位（连续第 8 次），被区委、区政府评为“社会管理综合治理先进集体”。副教导员李宝峰记个人三等功一次。民警冯明文被区委、区政府评为“社会管理综合治理先进个人”。民警张钧、陈宏亮分别记市局个人嘉奖一次。民警樊爽被分局表彰为“严防严打”百日行动先进个人。“七一”表彰，大王古庄派出所和民警杨宇分别被分局授予“先进党支部”和“优秀共产党员”荣誉称号。

2014 年，按照上级部署，大王古庄派出所从 2 月 20 日至 9 月底深入开展了党的群众路线教育实践活动。

严厉打击各类违法犯罪，全面净化治安环境，年内始终将严厉打击各类违法犯罪作为工作中的重中之重，共破获各类刑事案件 14 起，打处人犯 17 人，2014 年 5 月 15 日，公安部《关于公布“五十百千”示范单位名单的通报》中大王古庄派出所为“210 工程示范单位”（武清区独家）。2014 年度大王古庄派出所在分局绩效考核中被评为“一级单位”（连续第 9 次），被区委、区政府评为“社会管理综合治理先进集体”。所长金志辉记个人三等功一次，民警陈宏亮、石兰彪分别记市局嘉奖一次。“七一”表彰，所长金志辉和民警陈宏亮被分局分别授予“优秀党支部书记”和“优秀共产党员”荣誉称号。2014 年辖区电信诈骗案件多发，开展长期的经常性防范电信诈骗宣传活动被列入大王古庄派出所今后一个时期的一项工作任务。4 月 16 日夜京滨工业园内天津胜奇隆科技电子有限公司等 4 家企业公司的财会室保险柜被撬盗，盗走现金 9000 元和一台笔记本电脑。作案机动化、智能化，科技化水平之高，为派出所做好企业内保工作又出了新课题。

2015 年大王古庄派出所在上级的正确领导下，以打造“平安辖区、维护稳定、服务发展”为主线，全力做好各项公安保卫工作，整体工作实现了“五个新”。即：以维护辖区稳定为己任，维护社会稳定能力得到了新提升；紧贴辖区治安特点，打击违法犯罪力度实现新突破；紧贴园区发展需求，服务发展职能作用取得了新成效；始终坚持严管厚爱，队伍建设工作迈上新台阶；正规化建设呈现出新亮点。大王古庄派出所在分局 2015 年度绩效考核中名列第四，被分局表彰为“夏季破案会战先进集体”。全年办理暂住人口 4000 余人，蓝印户口 41 户 103 人，蓝转常 98 户 280 人，出生 224 人，死亡 190 人，迁出 25 人，移住他所 16 人，迁入 396 人，市内移入 96 人，所内移居 322 人。

第三节　消防工作

解放后，辖区内无消防组织和设施，遇有火情，以人喊、敲盆相告。1959 年，各村供电后，人们发现火情，立即到大队部用高音喇叭播报，号召群众参与救火。灭火工具多为水桶、水盆、铁锨、三齿等。1965 年，大王古庄公社制定夏收安全保卫方案，麦场防火是重要内容。在公社干部、公安特派员的监督、检查下，17 个村 95 个生产队（后减少到 74 个）的麦场上都备有铁锨、水桶、湿麻袋等灭火工具，还备有沙土、水源等。从此形成了制度，一直到 80 年代初实行生产责任制，全公社麦场无火灾发生。

1974 年 1 月 6 日，公社领导及相关方面负责人参加在杨恒庄召开的防火现场会后，给社直单位、仓库增设了消防器具和义务消防人员。

1981 年 5 月 17 日，公社领导参加县公安局召开的防火工作会议后，立即部署防火措施，进一步落实各单位仓库、厂房增设消防器具和义务消防人员，进行安全生产和消防工作大检查。

1985 年，配置乡镇企业专职防火检查员，同时建立义务消防队。

1987 年，贯彻三级防火制度。大王古庄乡政府设防火安全员，较大企业建立义务消防队，落实防火安全责任制，减少了火灾事故的发生。

1989 年，贯彻“以防为主，消防结合”的方针，加强义务消防队建设，采取多种方式进行业务培训，提高作战能力。同时，开展经常性的自查、联查、抽查活动。

1996 年大王古庄派出所协助武警消防部门，广泛开展“走千家万户，送消防安全”活动，进行消防检查，查找、纠正消防隐患。

2004 年 7 月 30 日晚 20 时，利尚屯村任凤田经营的宏发化工厂经营部发生火灾。烧毁厂棚三间华丽汽车 1 部，狄海侠等 4 人被烧伤。这是大王古庄镇几十年来发生的第一起重大火灾事故。8 月 2 日至 3 日，大王古庄派出所会同镇政府、开发区管委会对辖区从事生产和经营的场所进行了一次安全大检查。共检查单位和企业 17 家，对 7 家存在安全隐患的单位和企业下达了限期整改通知书。

2005 年，以派出所为依托的三级消防管理机制进一步加强。

2013 年 3 月 28 日，京滨工业园消防中队正式挂牌并启动运行工作。

2013 年 5 月 22 日，大王古庄派出所会同京滨工业园管委会，组织园区重点消防安全单位，开展了消防安全演练活动。

2014年5月31日，天津静达合成材料有限公司仓库因电焊引发火灾，公司仓库被烧毁。京滨工业园的消防中队和武清区公安消防支队第一时间赶到火灾现场，有效控火，很快将火灭掉。

第二章 审判

第一节 民事审判

解放后，民事案件审理贯彻“依靠群众、调查研究、就地解决、调解为主”的16字方针，审理案件主要是调解和判决。民事案件中，主要有婚姻、赡养、房屋等各类案件，其中婚姻案件最多。1952年，县法院进行司法改革，对“坐堂问案”的衙门作风进行整顿，1954年审判制度正规化，实行公开审判、巡回审判、陪审和代理等制度。严格遵守审级和管辖权限，办案实行会议制，院长、副院长审核把关，以保审判案件的质量。20世纪50年代中期，婚姻纠纷案件大大减少。“文化大革命”期间，婚姻案件较少。

在民事案件审理中，既依法审判，又重视社会效果，坚持从化解矛盾、维护安定团结的大局出发，耐心细致地进行思想疏导，以理服人、以情感人、以法警人，促成当事人之间的和解。使胜诉者赢得堂堂正正，败诉者输得明明白白。1998年，进行审判方式改革，朝着“诉辩式”庭审方式发展，审判人员积极探索，大胆尝试。

在审理农村基金会案件以及其他一些房屋贷款案件中，及时提出司法建议，堵塞漏洞，对规范金融秩序、化解金融风险发挥了重要作用。法庭着眼于辖区婚姻案件特点，所审结的案件，无一矛盾激化，达到了促进家庭和睦、维护社会稳定的目的。

进入二十一世纪以来，在审理的民事案件中，婚姻家庭、债务纠纷、交通事故、相邻关系、人身损害赔偿案件占有较大比例。对农村多发性的赡养案件，做到优先审理、审判和执行。法庭工作人员在深入田间、地头，通过法律宣传解决了多起纠纷。年度法庭民事案件调解结案率达到75%以上。

2005年，在民事审判中，妥善审理婚姻家庭案件，注重保护妇女、老人和未成年人的合法权益。处理离婚案件注重向无过错方倾斜。对不尽赡养义务的被告，加大思想说服教育，注重亲情感化，及时化解家庭矛盾；处理相邻关系纠纷，注重思想疏导，尽可能化解矛盾，不酿成新的纠纷；加大对交通事故损害赔偿、劳动争议案件的审理和执行力度，使受害方及时得到赔偿，依法保护劳动者的合法权益。

在民事审判中，认真审理小额贷款、买卖、加工承揽、破产案件，支持金融部门防范和化解金融风险，促进市场经济健康发展；加强对涉农承包、土地补偿金分配和土地使用权流转案件的审理，维护农业生产秩序，化解干群矛盾，推进新农村建设进程；妥善处理集团诉讼案件，及时消除不稳定因素。

2008 年，民事审判工作中，采取灵活多样调解方式化解矛盾，努力实现案结事了，法庭稳妥审理各类案件，完善机制建设，规范内部管理，狠抓干警素质建设，为经济发展和社会和谐稳定提供法律服务和司法保障。法庭受理各类民事案件 201 件，审结 198 件，法庭全年调解率为 80.1%。

近年来，在各类民事案件审理工作中，稳妥处理离婚、抚养、赡养、继承等婚姻家庭民事纠纷案件，维护妇女、儿童、老人的合法权益；及时审理各类合同纠纷案件，有效防范和化解金融风险，维护交易安全；注重审理侵权纠纷案件，保护国家、集体、个人的合法权益不受侵害，制裁违法侵权行为；妥善处理“三农”案件，依法保障新农村建设，保护农民合法权益。贯彻“调解优先、调判结合”的民事审判原则，创新调解工作新举措，促进了社会和谐。

第二节　经济审判

1982 年以前，经济案件由刑事审判庭审理。各类经济纠纷案件主要有购销合同、建筑工程承包合同、加工承包合同、货物运输合同、财产租赁合同、借款合同、财产保险合同、科技协作合同、农村承包合同、企业内部承包合同等。

1991 年至 2000 年，以审理各类经济合同案件为主。同时，农村土地承包纠纷案件逐年上升。

进入二十一世纪以来，开展多种形式的法制宣传，增强群众的法制观念；法庭领导及办案人员主动向镇党委、镇政府领导汇报法庭服务大局的重要性，争取领导支持；主动向人大代表、政协委员及有关部门通报较大案件的审判、执行情况，自觉接受监督；主动邀请人大代表、政协委员和执法执纪监督员旁听审判，监督审判，检验司法能力，提出意见和建议；主动与有关部门进行协调和业务交流，形成合力，提高司法效果。

2010年，建立调解定期履行案件当事人档案制度，及时督促当事人履行调解协议；建立奖励制度；设立专人负责制度。积极参与社会管理创新，搭建涉法联调工作平台。建立以镇政府综治办、司法所、信访办为主体的涉法联调工作平台，并制定了平台的办事流程。以这个平台为载体加强同辖区各村街干部，人民调解员的联系，充分发挥各村干部、人民调解员在调解各村街民事纠纷中的积极作用。诉前化解邻里矛盾、土地纠纷及村民上访等。

2011年至2015年，积极践行“为大局服务，为人民司法”工作主题，深入推进“社会矛盾化解，社会管理创新，公正廉洁执法”三项重点工作。在辖区重点工程、招商引资、企业服务等方面，积极参与，主动配合，当好领导参谋。法庭落实四项信访接待制度，及时解决群众反映的突出问题。制定了首问负责制的接待模式和“七不得”的规定，即对来访群众由最先被询问的法官负责接待，被询问的法官不得以来访者所求见的法官不在为由拒绝接待，不得答应和接受来访者的请客、送礼，不得有冷、硬、横、推等不文明举止，不得推诿扯皮，切实做到了“事事有回音，件件有着落”。确立“文明、诚信”的司法作风，做到公正，公开，透明，高效。对个别案件，如赡养案件老人行动不便的，法官就安排到当事人家中去，调解开庭解决纠纷。注重管理建设，健全法庭的各项管理制度，保证各项审判工作扎实有序开展。做到了干警无违纪、案件无差错、服务上水平。

第三章　司　法

第一节　组织机构

解放后，区（乡、公社）未建司法组织，由秘书或公安特派员负责接待、调解民事纠纷。村街发生的民事纠纷问题，由治保主任调解。

1979年，公社设置司法助理员，加强人民调解工作，并按照“组织、工作、制度、报酬”四落实的原则，逐步在各村和50人以上的工厂、学校、商店、医院等企事业单位建立了调解委员会。

1985年，以司法助理员为骨干，吸收具有一定法律知识水平的机关干部，建立乡法律服务所。

1990 年，按照居住区域推行“十户一调解员”制度，形成三级调解网络。

1999 年，开通“148”法律服务专线电话，为人民群众提供义务法律咨询。

2000 年 8 月，“148”改用“9148”全国统一专用号。2002 年，镇建立司法所，设司法助理员。

2004 年，进一步加强镇司法所规范化建设，解决“管人与管事脱节，人员专职不专用”等问题，司法所在组织结构、人员配置、队伍素质、内部管理，以及基础设施建设等方面有显著加强与提高。

2010 年，组织开展“执业大培训、岗位大练兵”考核活动，镇司法助理员的业务知识、执业能力及法律服务执业技能得到提升。

2011 年，司法所荣获“武清区行风建设优秀基层站所”荣誉称号。

第二节　法制宣传

1980 年至 1984 年，配合法律、法规的颁布实施和社会治安的综合治理，利用板报、广播、印刷宣传资料等方式开展宣传活动。1985 年 8 月 21 日，县人大常委会批准了以《中华人民共和国宪法》《中华人民共和国刑法》《中华人民共和国刑事诉讼法》《中华人民共和国民法通则》《中华人民共和国民事诉讼法》《中华人民共和国婚姻法》《中华人民共和国继承法》《中华人民共和国民族区域自治法》《中华人民共和国兵役法》《中华人民共和国经济合同法》和《中华人民共和国治安管理处罚条例》为基本内容的第一个《五年普法规划》，并组成 16 人的普法讲师团到各乡进行普法宣传。大王古庄乡聘请讲师团培训普法宣传员 28 名，随后到企业、学校和全乡 17 个村进行普法宣传，使广大群众接受一次生动的普法教育。

1991 年，开始实施以《中华人民共和国宪法》为核心，以专业法为重点的第二个《五年普法规划》。乡设 2 名普法辅导员，基层单位设 3 ~ 5 名宣传员，到机关、企事业单位、中小学校讲授专业法律知识。

“三五”普法期间，乡成立由 1 名主要领导为组长的领导小组，村、企业等都建立、健全普法组织。1998 年，普法领导小组更名为普法依法治理领导小组，经济主管部门也加大了对企业管理人员法律知识培训力度，采取宣传咨询、专业知识竞赛等形式向群众广泛宣传专业法律知识。中、小学全部开设法制课，做到教师、教材、教案、课时四落实。同时，对外来务工人员法制教育形成制度化。

2001年至2005年，全镇完成第四个五年普法规划和依法治区规划任务。2004年，按照“四五”普法目标，以学习《中华人民共和国合同法》《中华人民共和国土地承包法》《中华人民共和国村民委员会组织法》《中华人民共和国信访条例》等法律法规为主要内容，开展宣传教育活动。

2006年，完善三级普法网络，充实调整“五五”普法领导小组和宣讲队伍成员。宣讲队伍人数比“四五”普法期间增加近1倍，为村、学校、企业、单位、社区讲法。

2008年，开展“法律六进”活动，突发事件应对法宣传教育全面展开，青少年法制宣传教育工作方式方法有了新改变，农民法制宣传教育工作进一步加强。加强镇街司法所规范化建设，基层调解组织更加稳固，矛盾纠纷排查见实效。采取集中宣讲、送法上门、现场服务等形式，为农民提供便捷实用的法制宣传和服务。开展以“依法行政依法治理”为主题，以提高公民法制意识，增强法制观念，争做守法护法合格公民为目的的普法宣传活动。镇城建办、司法所、综治办、计生办、城管办、妇联、派出所、法庭、信访办联合进行普法宣传和咨询服务，拓展了普法宣传空间，创造了浓厚的普法宣传氛围。

2010年，推进“法律进农村(社区)”，展示“五五”普法成果。广泛开展普法宣传、知识培训，为全镇营造维稳的良好氛围。

2013年，司法所为辖区70余名安置帮教和社区矫正人员上法制教育课。法制课上，讲师们以案说法，讲解了民法的部分法律知识并深刻分析了导致犯罪的因素，给安置帮教和社区矫正人员提出忠告，并希望他们能改过自新，做有益于社会的人。

2015年，协助参与京滨工业园区《中华人民共和国安全生产法》知识竞赛活动，旨在推进安全生产社会宣传，营造企业“关注安全、关爱生命”浓厚氛围。园区20家企业代表共计80余人参加。竞赛内容涉及生产经营单位的安全生产保障、从业人员的安全生产权利义务、安全生产的监督管理、安全事故的应急处置及法律责任等方面。通过竞赛的方式，司法所将普法工作常态化、优质化、知识化，以群众喜闻乐见的形式扩大《中华人民共和国安全生产法》知识的宣传范围，提高企业的安全生产意识。

第三节 民事调解

20世纪80年代初，乡里配备司法助理员，加强了对人民调解工作的领导，并按照组织、工作、制度、报酬四落实的原则，逐步在各村和50人以上的工厂、学校、商店、医院等企事业单位建立调解委员会。1990年，又按居住区域推行“十户一个调解员”制度，形成了三级调解网络。

2000年以后，镇调解组织坚持“抓早、抓小、抓苗头”的工作方法，调解各类民间纠纷，把矛盾化解在基层，防止群体性上访和民间矛盾转化为刑事案件。2005年，司法所调处多起土地承包、计划生育、统筹提留、征地拆迁、下岗就业等重点疑难案件。

2006年，在民事案件多发村建立 “民事调解室”，使大量纠纷化解在诉前。加强对调解员的指导和培训，变被动调处为主动预防，做到预防与化解纠纷相结合，促进了社会和谐。

2010年，健全完善各村调解组织，深入部分村进行综合性调研，巩固和强化农村、园区调委会的建设。加强矛盾纠纷排查，对排查出的纠纷妥善予以处置。

2015年，司法所采取“三提四个一”措施，进一步加强辖区人民调解组织能力建设，强化人民调解员法律素养和调解水平，进一步提升矛盾纠纷排查化解能力，不断推进人民调解工作上水平、上台阶。

提升沟通协调能力。注重加强与各相关部门的沟通联系，密切配合，互通信息，赢得所在单位领导的重视和支持，共同做好矛盾纠纷疏导化解工作，形成化解矛盾纠纷的合力。

提升预警能力。按照“调防结合、预防为主”的调解工作思路，把矛盾纠纷调处工作的关口前移，变事后调解为事前防范，进一步加强矛盾纠纷预警机制建设，提高潜在矛盾纠纷的预警能力。建立横到边、纵到底、多渠道、多层次的矛盾纠纷预警信息网络，做到早预防、早发现、早疏导、早处理，把问题解决在萌芽状态。

提升依法调解能力。强化法律法规学习，依法开展调解工作，从重情理调解向依法调解转变，树立法制权威。调解员不仅是群众工作者、社会工作者，还要成为一名法律工作者。在调解过程中，既要入情入理，更要依法依规，引导当事人在法律范围内主张诉求，维护自身的合法权益。

司法所在矛盾纠纷调处工作中，通过争取镇党委政府领导重视与支持，采取“四个一”，即一个问题、一名领导、一套方案、一抓到底的工作办法，落实具体包案领导、包案责任人，明确调处具体方案、落实具体办案人员、规定调处解决时限，确保每一起重大疑难纠纷都有专人抓、专人管，全程负责，一包到底，为全镇营造了一个良好的社会环境，维护了辖区社会的和谐稳定。

第十九篇　国 防

宋辽时期，辖区内的大营、聂营、韩指挥营曾为军屯营盘。在抗日战争和解放战争中，境内人民自发组织起来，开展游击战、阵地战，反扫荡、拔据点，为夺取革命胜利做出了杰出贡献。

镇（区、乡、公社）人民武装部在义务兵征集、民兵工作、组织民兵预备役人员参加社会主义现代化建设和全民国防教育等方面取得显著成效。兵役工作逐步走上依法服兵役的轨道。民兵队伍经过整改、训练，整体素质进一步提高，提高了适应现代化军事斗争需要和应对突发事件能力。

第一章　地方武装

第一节　联庄会 保卫团

一、联庄会

民国初期，富裕村庄及县境边沿村庄自行结合，组成联庄会，保护村庄的安全，会长由当地富豪充任。武器以火药枪（火枪）为主，长矛、刀具、木棍为辅。辖区内有大王古庄联庄会、利尚屯联庄会等。

二、保卫团

1933年，武清奉命成立了县保卫团，团下设3个大队，每个队辖2个分队，共计314人。人员招募考取，枪械、饷项由全县8个区分摊。训练后，分配到各区驻防。大王古庄属一区，大队驻防在城关。

第二节　武工队 区小队

一、武工队

1945年1月，香武宝联合县组成以宏声为队长的武清武工队。宏声带领武工队员进入武清开辟根据地。后又以宝坻境内庞家湾为根据地，每到一村，武工队便深入农户家中，宣传抗日救国道理，物色培养骨干，建立堡垒户，组织并发动群众，侦察敌情和争取日伪乡保长为武工队工作。武工队先后配合冀热辽军区第 18 军分区部队，袭击伪军据点。到 1945 年 8 月，香武宝联合县武清武工队已在伪军据点周围开辟了近百个村庄。武工队发展壮大，并建立了 3 个区小队。

二、区小队

区小队为民主政府地方武装。1946 年 7 月，一区组建了区小队，区委书记兼任政委，区长兼任区小队长，属县支队领导。这支地方武装力量，配合军分区主力部队、县支队（县大队）开辟根据地、保卫土改成果、保护人民生命财产安全，与敌人作战，也为野战军、冀东军区主力部队补充兵员。辖区内的大王古庄、利尚屯等村庄，均有青年成为区小队队员。

第二章 兵役

第一节 兵役制度

一、募兵制

明代，募兵制成为重要的集兵方式。明永乐后，后军督都府添设武清卫。卫所军士的来源，大概可分为从征、归附、谪发和垛集四种。垛集军是卫所军最大来源。“明初垛集令行，民出一丁为军，卫所无缺伍，且有羡丁。三丁以上，垛正军一，别有贴户，正军死，贴户丁补。至是，令正军、贴户更代，贴户单丁者免，当军家捐其一丁徭。”平民只要被佥发充军，世代子孙便都入军籍。

清代是由古代兵役形态向近代兵役形态转变的时代，募兵制自清中叶起渐居主要地位，并在清末发生重大变化：借鉴西方征兵制和募兵制，参用古代募兵制和征兵制的长处，呈现出重法规保证、重按格精选及重分别类型等新特点。这种新式募兵制因清廷的腐朽及清王朝的灭亡而未得完善。

清朝的八旗兵。八旗兵为世兵制，在 16 岁以上的八旗男性中挑选，“余丁”和不满 16 岁的“幼丁”，可挑补为养育兵，即预备兵。清代的绿营兵为招募制。绿营兵初无定额，至康熙二十五年（1686）有较稳定的兵额。

北洋军阀政府初期，仍沿袭清末流行的募兵制。征集时，由县知事分饬城镇乡董事每年据户籍册调查，适宜征兵年龄者造为壮丁名册，再将城镇乡所造壮丁名册汇齐，送交团区征兵署。城镇乡董事将检查抽签日期及征兵署设立之处所，通告于所管区域，以便应征者按日到署，听候检查。在团区征兵所内检查身体，团区征兵长于检查身体后，所有应行征集及延期或免征免役诸人员，分类编为征兵名册、征集延期名册、征集免除名册及兵役免除名册，以备稽核。身体检查毕，再将合格壮丁酌量体格、身体、艺能、职业区分兵种，以便分配各团营。但合格人员若多于现役兵定额，则依抽签法决定之。当签者服充现役，其余则服补充兵役及国民兵役。

二、征募制

1933 年 6 月国民党政府公布实施《兵役法》，规定：中华民国男子，依法皆有服兵役之义务。男子自年满 18 岁起服役，至届满 45 岁之年 12 月 31 日除役。征募方法：境内各保将所属各甲编成签号，按该保应征兵额，会同全体甲长共同抽出某甲签者，即以该甲征兵 1 名。各甲先在本甲内壮丁公布（缓免役也同时列出），3 日后即将各壮丁编为签号，聘同该甲公正人士 4 人，当时验明签号无误，由 1 名小学生在众壮丁签内抽出 1 签，即为中签，另抽 2 签为预备签，立即通知该中签壮丁于某日入营，并公布之。如有逃亡情事，即请其户主负责缴人，否则，依逃避兵役惩罚。如中签之壮丁经体格检不合格，不能服兵役时，则以预备签依先后次序补充。在抽壮丁签号时，先行通知各壮丁亲临监视。被抽征的壮丁如其家庭生活困难，给以安家费，由会同抽签的各甲公正人士证明，送由该区兵役分会决定。应征新兵填写保证书、志愿书。区公所负责考查新兵来历、身世。新兵检查合格后，具备各种名簿、表册，由区公所办理齐全。

后来，改为依人丁、地亩数摊派兵额，以抽签确定应征，未应征者皆纳钱粮付应征者。富家子弟中签者常出钱粮雇穷人代其服役，代富当兵的穷人近者来自本村、本乡，远者异省。有的迫于家境饥寒，屡替他人应征。他们惯于今日入伍，他日逃返，待下次征兵时又替充他人。时地、兵痞更惯于此道。雇人当兵的价码依当地贫富程度而有别，有的仅 1 石玉米，有的数 10 石玉米。虽官方也称招募考取，实则是买兵盛行，更甚者，有的乡保长借征兵之机，大刮民财，使贫民大饥。

三、志愿兵制

在革命战争时期和新中国成立初期，中国共产党领导的人民军队，一直实行志愿兵役制。

在民主革命时期，主要依靠政治动员和政治教育，激发广大工农群众、革命知识分子、起义士兵和其他爱国分子的政治热情，自觉自愿地参加人民军队。抗日战争和解放战争时期，解放区采取动员群众自愿参军的办法，补充人民军队兵员。

解放初，仍实行志愿兵役制。在1951年和1953年的两次扩军工作中，境内各村党支部积极行动，利用黑板报、广播台、幻灯、街头短剧、大鼓、快板、诗歌等群众喜闻乐见的宣传形式，结合当时时事，开展回忆，控诉日、美在华罪行和国民党的残酷暴行，激发群众参军热情；贯彻群众路线，依靠积极分子，吸收各阶层人士，开好各种形式的讨论会，形成群众性的参军热潮；动员优秀的符合参军条件的县、区、村干部带头参军。同时，下力量做好拥军优属工作。

四、义务兵制

义务兵役制，亦称征兵制，是国家规定公民在一定年龄内必须承担一定期限军事任务的制度。1955年第一届全国人民代表大会第二次会议，审议通过《中华人民共和国兵役法》。1956年1月，为了搞好首次试征工作，乡总支召开扩大会议，召开群众会、社员会、妇女会应征公民家长会和各种小型座谈会，为登记工作打好基础。至1977年，均实行义务兵役制。

1978年3月9日，实行义务兵与志愿兵相结合的兵役制度。1984年，实施新《中华人民共和国兵役法》，确定以义务兵役制为主体的义务兵与志愿兵相结合的兵役制度。

2007年，针对一些适龄青年参军热情不高现象，在进行政策法规宣传的基础上，研究制定具体有效措施，大幅度提高优抚标准，严格落实责任制，解决企业入伍青年后顾之忧。由镇政府当红娘，与辖区内各企业主达成协议，要求企业内适龄青年带工资入伍，并签定用人合同，退伍后继续在该企业工作。这些措施的制定，极大调动了适龄青年的参军热情，为圆满完成年度征兵任务奠定了坚实基础。

五、义务兵与志愿兵制

1978年，第五届全国人民代表大会常务委员会第一次会议，批准国务院《关于兵役制问题的决定》，规定从1978年起，改为义务兵与志愿兵结合的兵役制度。义务兵服役为三年，超过三年为超期服役。部分转为志愿兵。志愿兵一般需超期服役两年后，经营、连基层申报，团司令部审核，师司令部批准。志愿兵服役年满兵龄13年方可退役。

六、义务兵和士官制

1996年后，新的兵役法颁布实施，规定实行义务兵与士官相结合的兵役制度。义务兵服役期限为两年，超过服役期限后留队的转为士官。士官共分八级，均为技术兵种或特等兵、特长兵。到2006年，士官待遇提高，一级士官月工资由原来的600元提高到1200多元。一般技术兵至三级士官即退役，特殊兵种可至六级，八级士官极少。士官服役满兵龄20年，可享受退休待遇。

第二节　征兵工作

解放后大王古庄镇（公社、乡）人民武装部是全镇兵役工作的基层责任组织，具体负责辖区内兵役登记和兵员征集的宣传发动、目测摸底、组织体检、政治审查等工作。

一、兵役登记

兵役登记的主要工作。一是认真调查研究。根据派出所提供的适龄青年自然情况，深入到适龄青年所在村和单位，摸准摸透适龄青年的思想基础、现实表现、病史情况，以及家庭情况。二是组织兵役登记。参加登记的适龄青年持本人居民身份证、户口簿、毕业证和照片，在规定时限内，到指定登记站登记。本人外出，由家长代登。镇武装部根据登记和初审结果，对登记人员服兵役的情况提出意见，报区兵役机关审批。三是层层把关，择优选定待征对象。坚持村委会、镇、区三级把关，择优选定预征对象。对预征对象进行“四个核对”。即与学校和所在单位核对、与镇村核对、与本人核对、与家长核对，并有重点地进行考察和审核。最终按征集任务数的 1 ∶ 3 比例确定待征对象，在居住地张榜公布，接受群众监督。

同时，对已登记人员认真进行核对，防止出现错登、漏登和重复登记，保证兵役登记制度真正落到实处。复查无误后，发给适龄公民“兵役登记证”。适龄青年办理招工、招干、升学、经商、建房、迁移户口、申请使用土地等手续，必须出示“兵役登记证”，否则不予办理。

二、征兵简况

1955 年 11 月 1 日至 1956 年 2 月，开始实施《中华人民共和国兵役法》后的第一次征兵，时大王古庄为第五区。此次征集的方针是“按照兵役法的规定，逐步在群众中建立起正规的征集制度，通过深入的兵役法教育和爱国主义教育，在群众提高认识自觉守法的基础上进行征集”，以达到“既要完成任务，又团结了群众”的目的。征集对象是 1954 年 7 月 1 日至 1955 年 6 月 30 日期间内年满 18、19、20 岁的男性公民。征集前，按照《中华人民共和国兵役法》的规定，进行了应征公民的兵役登记。全区自觉登记的适龄公民占应征公民总数的 80% 以上。

1958 年，贯彻在基干民兵组织中征集兵员的原则，根据天津市“既要缩短征兵时间，减轻地方干部的负担，还要保证新兵的质量”的指示，对征兵工作进行了改进。大王古庄公社将征兵的宣传内容，列入对民兵进行经常性政治教育的内容，使征兵准备工作变为常年化的工作，对圆满完成征兵任务，起到了推动作用。

1967 年，因“文化大革命”农村征兵停止。1969 年和 1970 年，每年春季征兵 1 次，冬季征兵 1 次。一年征兵最多的是 1969 年，分春、冬两季征集。

实行义务兵役制后，征兵对象和条件每年不尽相同，具体规定由国务院、中央军委在当年的征兵命令中明确。1966 年，主要以征集农村青年为主，及少量非农业学生、工人。1968 年后上山下乡知识青年和城镇初、高中毕业生占有一定的比例。

1980 年 10 月，年度征兵工作结束。

1989 年，在征兵工作中，党委重视，专题研究征兵工作，成立由乡长挂帅的领导小组，严把质量关，确保万无一失；先后两次召开村主任、民兵连长、治保主任参加的征兵工作会议，狠抓宣传教育和组织、措施落实工作；把征兵工作列入乡、村两级干部定包奖。加强对青年的法制教育，提高依法服兵役的自觉性；严格把关，搞好政审，确保兵员质量。

2000 年，在廉洁征兵工作上加大力度，选派政治素质好、思想作风正、纪律观念强的人员参加征兵工作。自觉用国防部征兵办公室下发的《廉洁征兵若干规定》约束自己的言行。乡武装部实施征兵工作“五公开”：征兵政策公开；征集范围、条件、任务数公开；体检结果公开；预定新兵名单公开；兵员去向公开。“五不准”：不准借征兵之便收受贿赂、不准接受征集对象吃请、不准向征集对象许愿、不准借征兵之便以权谋私、不准为人情亲情降低标准。这一做法受到社会各界和广大群众欢迎。

2003 年，在征兵工作中，深入到村，入户找适龄青年及家长做思想工作，发放宣传材料 600 多份，达到了每个适龄青年人手一份，增长其热爱和支持国防建设及积极履行兵役义务的自觉性，保质保量完成征兵任务。

2010 年，利用标语、广播等形式，大力宣传《中华人民共和国兵役法》《中华人民共和国国防法》和《天津市征兵工作若干规定》，深入到每个村细致地做好兵役登记工作，摸清适龄青年的数量、文化程度和分布情况。兵役登记从 8 月 10 日开始，到 8 月 20 日结束。11 月 2 日组织第一次预征适龄青年上站体检。

2015 年，严格把关，圆满完成兵役登记和征兵工作。

第三章 民兵

第一节 组织

解放初，为维护社会治安，巩固人民政权，民兵组织不断扩大，并统称“民兵队”。1951年5月，全区村村建立基干民兵队，大村编20～30名，小村编10余名。当时，发展民兵强调贯彻阶级路线，在农村发展雇农、贫农，适量吸收中农。实行普遍民兵制时期，规定被斗争的地主、富农的子弟和有历史问题的人不能参加民兵组织。从社会主义改造完成到“文化大革命”结束的时期内，民兵的政治条件主要是贯彻“重视成分，又不唯成分论，重在表现”的政策，但执行过程中，仍将成分看得过重。

1957年，撤区并乡以后，民兵的组织体制相对固定下来，以行政村或以农业社为单位编为民兵中队或分队，以生产小组编为民兵小队或小组。1958年，实行“全民皆兵，大办民兵师”的方针，生产大队、生产队分别编为营、连。

1966年“文化大革命”开始后，民兵组织处于瘫痪状态。

1969年，民兵组织实行了武装基干民兵、基干民兵、普通民兵3种编制。基干民兵人员从18至26岁的男性基干民兵和30岁以下的退伍军人中选拔。1973年，民兵组织调整，县、公社恢复民兵师、团。1978年，召开全国民兵工作会议，对新形势下的民兵建设提出了一系列要求。

1981年，随着全党工作重点的转移，从四个方面调整民兵组织：缩小了组建民兵的范围，规定机关、学校、科研单位平时一般不建立民兵组织；压缩参加民兵的年龄，规定男性公民参加民兵的年龄，由原来规定年满16～45岁，改为18～35岁，其中基干民兵的年龄为年满18～28岁；简化民兵组织层次，由原来的普通民兵、基干民兵和武装基干民兵3种组织，改为普通民兵和基干民兵两种组织，女性只编基干民兵；取消公社编民兵团的规定，公社编基干营，村建民兵连。

1986年，把民兵和预备役的服役年龄一致起来，参加民兵的年龄是18至35周岁，民兵的编组和预备役的分类相结合，基干民兵为第一类预备役，普通民兵为第二类预备役。

2001 年，围绕城市防空作战和平时执行应急任务需要，进一步调整布局，改进编组方法。全镇基干民兵 280 人，编成 3 个连，9 个排，28 个班。编入通讯连 10 人，空军勤务 7 人，12.7 高炮连 19 人，37 高炮连 11 人。

2007 年，对基干民兵队伍进行了调整，以便于集中和管理。按任免程序、任免民兵排长、班长，做好民兵的出入队工作。2011 年，成立了整组工作领导小组，镇党委书记任组长，武装部长、宣传委员任副组长。整组工作中，进一步调整组织规模，整合力量体系，优化布局结构，规范建设标准，改进编组方法，重点抓好应急分队、担架护理分队、工兵分队和消防分队的编组和建设。

2015 年，镇民兵总数 1818 人，其中普通民兵 1680 人、基干民兵 138 人。

第二节　军事训练

一、民兵训练

1958 年，毛主席提出“大办民兵师”的号召后，随着武器配备的增加，民兵组织的扩大，训练趋于统一、正规，由单一的步兵扩大到侦察兵、通信兵、防化兵、卫生兵、炮兵、装甲兵等多兵种的训练。农村一般以大队自训为主，主要是步兵训练，劳武结合，即把武器带到田头进行训练，有时也在晚间训练。冬闲训练时间较多。

1969 年，公社武装部人员参加县组织的训练后，训练班、排长及基干民兵，时间为半个月。公社民兵军事训练增加“三防三打”（打坦克、打飞机、打空降和防原子武器、防空袭、防化学武器）内容。1970 年以后，公社民兵军事训练在步兵训练的基础上增加了专业技术分队的训练。

1977 年以后，民兵训练正式纳入统一规划，作为年度任务来完成。训练的组织改为以民兵连、排建制为单位组织训练。

1980 年以后，民兵训练时间由 4 年 1 个周期缩短为 2 年。即对武装基干民兵按每件武器装备训练 1 个人或 1 套人，实施分批轮训，两年训练一批。以后每隔 1 ～ 2 年组织 3 ～ 5 天的复训。民兵训练的组织也由原民兵建制连，改为公社为单位，训练由公社人武部组织实施。

1985 年以后，乡内民兵干部和民兵训练的时间每年不超过 20 天，训练的组织逐步由乡集训转到由县训练基地轮训。改为基地训练后，一是训练组织机构和训练点由多变少，可节省训练开支，减轻地方经济负担；二是训练人员集中，时间和教员有保证，便于组织教学，训练质量明显提高；三是基地设施齐全，学习和食宿方便，有利于组织各种训练保障；四是基地近似学校，实行军事化管理，增强了受训者的组织纪律观念，培养优良作风。

1999年以后，加强民兵应急分队建设，在原有训练科目的基础上，增加了应急分队训练科目。每年训练一次，每次15天，由乡人武部选派民兵，县人民武装部统一训练。

2006年，探索民兵分片训练模式，采取镇武装部自训、区武装部机关帮训的方法。锻炼专武干部的组训能力，提高了民兵队伍的素质。

在组训过程中严格按照《民兵军事训练教学大纲》的内容和要求，坚持依法施训，按纲施训，确保训练人员、内容、时间和质量的四落实。坚持训前、训后点名，保证参训率。训练中严格要求，组织严密、规范，标准高；加强管理、确保安全；选强配齐教员和骨干是关键；政治教育形式多样，军事训练身先士卒。镇武装部始终坚持跟班训练，细致认真做好工作，保证了训练的质量和效果。在完成政治教育计划的同时，教唱“团结就是力量”“打靶归来”“民兵之歌”等革命歌曲，以训练前、训练后和训练间隙拉歌等形式，使参训人员热情高涨，达到了鼓舞士气、提高民兵队伍的战斗力和凝聚力的目的。

近年来，镇武装部每年都组织一定数量的基干民兵参加区人武部组织的专业训练，民兵训练形成经常化活动。

二、干部训练

乡镇人武部新任专职武装干部参加天津市警备区的训练，通常每年举办1期，每期1个月左右。乡镇专武干部的复训参加县人武部的训练。基干民兵连、排长训练，主要由县人武部和乡（公社）、镇人武部负责分期分批轮训。

新任专职武装干部和民兵连排长完成总参谋部规定的训练大纲时间240小时。其中基干民兵连、排长按大纲规定参加训练的时间为80小时，参加专业民兵分队训练时间为160小时。军事、政治训练时间比例为9∶1。

根据民兵所担负的作战任务和民兵军政素质状况采取不同方法、安排不同内容、提出不同要求进行。技术训练方面主要是熟悉所配发的武器、装备的性能和用途，熟练掌握射击、投弹和爆破的技术要求。经过训练，使用1～2种武器进行1～2次应用射击，投1～2枚手榴弹实弹。战术训练重点学会步兵连攻防战斗中组织指挥的程序和方法，选训相应的战斗勤务科目。

第三节 民兵活动

一、远征担架团随军支前

1948年11月2日，辽沈战役结束后，为了迎接东北野战军进关作战，解放平津，各县迅速组建随军，听候调遣。经过20多天的紧张工作，由一、二、四、五、七区民兵组成武清远征担架团。团下设3个营、9个连，8个人一副担架，共1500人。辖区内300余人参加远征担架团。

远征担架团组成后，于1948年11月25日，奉命到北口哨村集合准备出发。出发前，县长向全团指战员作了动员报告。当晚出发时，北口哨村小学师生列队欢送。担架团于11月25日夜起程，26日早8时，行至宝坻县城南石桥附近，遭敌机扫射，因团部指挥得当，及时隐蔽，无一伤亡。敌机飞去后，担架团就进到石桥附近几个村休息。总结躲避敌机侦察扫射的经验教训。当日晚又出发，11月27日早晨到达蓟县上仓以东小漫河，与丰润、玉田远征担架团会合。11月28日，冀东15地委书记胡继宗赶到小漫河，集中武清、丰润、玉田远征担架团开大会，讲辽沈战役已经胜利结束，平津战役即将开始等形势，宣布武清、丰润、玉田三个担架团随先遣入关的东北野战军第41军（原东北野战军第4纵队）远征，分配担架团随41军123师行动。当晚从小漫河出发，11月29日，到达蓟县城东五百户秦河。12月1日，41军123师派人来团接洽，担架团代号改称“八大队”。从此，担架团随军听从部队指挥。12月3日，41军123师政治部主任来到担架团驻地，给全团人员开大会，又让文工团给演出了历史剧《闯王进京》。12月4日，学习讨论进城纪律；12月5日担架团奉命进驻蓟县黄崖关（团部驻蓟县下营村）待命。12月5日，41军奉毛主席电令与48军（原东北野战军第11纵队）从蓟县、平谷向怀来铁路沿线疾进，阻止北平之敌西援。担架团随吴克华指挥的41军越过平谷、顺义、怀柔，向延庆、怀来疾进。12月9日拂晓，经过4昼夜急行军，41军和48军到达怀来、康庄、八达岭附近，向敌之16军发起进攻，担架团进驻延庆城北支援前线作战，运送伤员。至12月12日，东北野战军先遣入关的41、48军歼灭敌16军军部及其所属22师、109师和104军军部及其所属250师全部、269师大部，并将正在调往平绥线企图救援被围在新保安之敌的62军3个师、94军4个师拦截在北平近邻，有力地支援了华北野战军围歼新保安之敌35军。12月13日，担架团又随军攻打南口，支援前线作战。12月18日担架团随41军123师沿长城线向张家口疾进。12月21日，经过4昼夜急行军赶至张家口东南沙岭子附近。12月23日拂晓，担架团参加了41军123师攻打张家口战斗支前活动，并缴获了200余支步枪。部队攻打张家口后，将一部分俘虏交给担架团看管。12月24日，担架团随军进驻张家口市，转入执行看守仓库的任务。

1949年1月2日，41军123师奉命随全军乘火车开往北平西部执行包围北平的任务。担架团随后乘另一列火车至宣化，将伤员交宣化临时医院后，继续东进至昌平转到北平西香山。担架团在香山驻了两天，41军123师政治部主任到担架团驻地，召开营以上干部会议，总结工作，代表部队首长感谢武清担架团对军队的支援。会后发给每人30元边币，给了团长兼政委王树谦、副政委张剑秋和董林每人一匹马，还明确告诉武清担架团负责人，担架团从战场上缴获的700余支步枪，赠送给担架团带回地方使用。至此，武清担架团结束随军远征的战斗活动，奉命返回武清。

二、维护社会治安

解放初，辖区各村民兵围绕和配合土改、抗美援朝、“三反”等中心工作，开展多种形式的活动，保卫新生政权和维护社会治安。

1958年，全公社民兵以民兵团名义参加生产建设。1969年，民兵大力参加人防工事的建造活动和全民防空演习。1976年7月28日，唐山大地震发生后，各村民兵连协同村“治保会”组织民兵进行夜间巡逻，以维护社会治安。

2003年年初，在防治“非典”战役中，镇人武部组织民兵把守路口，巡逻检查，防止疫情扩散。

2008年，9月1日至9月15日，为扎实做好“奥运”安保工作，随时掌握应付突发事件和抢险救灾等任务的主动权，根据稳控工作会议精神，成立值勤值班分队，担负“奥运”期间应对突发事件的收拢、集结。

进入二十一世纪以来，境内民兵在维护社治安、保障人民生命财产安全方面均做出突出贡献。

三、参加“两个文明”建设

20世纪50年代大办民兵师，全公社民兵以战斗兵团或民兵团的名义参加大规模农业生产建设。1979年后，民兵参加社会主义精神文明和物质文明建设，各村建立“青年民兵之家”，开展多种形式的活动。1982年，公社组织民兵参加“引滦入津”工程建设，承担土方任务，保障工程质量。

1988年，乡武装部探讨新时期的民兵工作，配合中心任务，组织广大青年民兵大搞农田基本建设。1995年至2000年连续6年，全乡民兵开展“三夏”扶贫帮困活动，帮助烈军属、革命伤残军人、困难户收割小麦、秋收秋种、施肥、浇地、维修农机具。

2002年，镇人武部组织民兵投入植树造林、绿化美化环境活动。

2005年6月，针对当年汛期早、雨量大的实际，镇人武部安排民兵抢险队员，备足防汛所需的木料、石块、编织袋等。

2007年，充分发挥民兵在防汛工作中的作用，镇武装部以各村基干民兵为主，组织抢险队、预备队、应急分队。

2015年，镇设民兵防汛抢险连队，每个连下辖3个排，每排编制民兵30 ~ 50名不等。同时设预备队、突击队。随时做好突击抢险的准备。

第二十篇　人　物

在为建立新中国的解放战争中，特别是在社会主义革命建设、改革开放发展进程中，全镇干部群众在各级党政组织的领导下发扬光荣传统，抢抓机遇、团结奋进、艰苦奋斗、锐意创新，各行各业人才辈出，涌现出众多令人称道的革命烈士、行业领军人物、文化名人、党政领导干部、先进模范工作者，以及许多为祖国、家乡建设发展默默作出奉献的普通百姓群众。

本篇《人物传》，遵照“生不立传”原则，以卒年为序，为已故的有重要影响的人物立传；列《烈士英名》表，以悼为国捐躯的先烈英名；置《人物录》，以生年为序，记述在世的党政军处（团）级及以上干部、市级及以上劳动模范、副高职称及以上人员和其他有较大贡献者的主要事迹；其余人物入《人物表》，予以彰显、存史。

第一章 烈士

第一节 烈士传记

李国中 （1972—2003）男，武清区大王古庄镇北刘庄村人。1981年9月—1993年7月先后在本区大王古庄乡、城关镇读小学、中学。1995年7月毕业于民政部长沙民政学校。1995年9月参加公安工作，在武清县公安局交警大队任外勤民警。2001年5月加入中国共产党，二级警司警衔。

李国中自参加公安工作以来，始终以一名人民警察的标准严格要求自己。他以“站三尺岗台，保一方平安”为己任，无论酷暑严寒，他都始终坚持上岗指挥，并力求做到动作规范标准，誉为“雍阳第一岗”；他时刻牢记人民警察的神圣职责，与战友们一起排除各种险情20余次，抓获多名违法犯罪嫌疑人；他热情服务群众，努力为群众办好事、办实事，尽管家里上有老、下有小，生活并不富裕，但当群众遇到困难时，他都主动伸出援助之手扶危济困，被群众亲切地称为“好人”；他为人正派，执法不枉法，有权不谋利，规规矩矩做事，老老实实做人。从1998年开始，他经常头痛、恶心、呕吐，依然带病坚持上岗，直到2001年4月30日病倒在岗台上。术后的一年多来，他同病魔作着顽强的斗争，病情稍一稳定就坚持上岗工作。为了不给单位找麻烦，在平时的复查和治疗中，他背着队领导和同志们乘公共汽车去市里诊治。然而，终因病情恶化，医治无效，于2003年3月7日凌晨3时不幸病逝，年仅31岁。

李国中一生虽然短暂，但是他用短暂的生命谱写了对党、对人民、对公安事业的无限忠诚。由于业绩突出、群众爱戴，曾荣立个人一等功一次，被天津市公安局、天津日报集团联合评为2001年度“民警之星”，被市公安局、市总工会、团市委分别评为“天津市人民满意优秀公安民警”“十五”立功先进个人和天津市“新长征突击手”天津市“青年卫士”。2002年被评为“全国优秀公安民警”“天津市劳动模范”。

张铁民 （1969—2008）男，武清区大王古庄镇丁辛庄人，1997年参加公安工作，2008年任公安武清分局汉沽港派出所所长。参加公安工作11年，张铁民始终战斗在公安保卫工作第一线。他扎根基层、兢兢业业、尽职尽责。任汉沽港派出所所长后，张铁民在本职岗位上取得了突出成绩，赢得了辖区群众的好评。2008年，占地6000多亩、投资200多亿元的天津市重点工程“自行车王国”落户汉沽港，保障工程建设顺利进行的任务异常艰巨。上任不久的张铁民带领民警迎难而上，提前介入，多次为当地政府部门提供有效的预警信息，确保了工程建设顺利进行。

2008年，奥运安保工作开展后，张铁民以派出所为家，带领全所民警忘我地投入到各项工作之中。他组织建立了奥运安保专勤队，严格落实重点单位的安全措施，大力强化辖区社会面控制，实现了奥运会期间不发生重大刑事和治安案件的工作目标。

因长期超负荷工作，张铁民患了高血压等疾病。特别是进入奥运安保攻坚阶段，他连日奔波、很少休息，导致下肢脬肿，但始终坚守岗位。8月初，为化解一起不稳定苗头，张铁民连续10天深入辖区进行宣传和劝导。此后，在同事们的强烈劝说下他才返回家中休息。2008年8月23日晚因突发心脏病，经抢救无效，不幸去世，年仅39岁。

天津市公安局为张铁民追记个人一等功。

第二节 烈士英名表

表 52

姓名	性别	住址	出生时间	牺牲时间	牺牲地点	职务	备注
罗 廷	男	大王古庄乡利尚屯村	1910年	1945年9月	北京市官庄	战士	
房文清	男	大王古庄乡利尚屯	1914年	1946年4月	北京市西红门	战士	
李 清	男	大王古庄乡大营村	1921年	1949年	新保安	战士	
刘振华	男	大王古庄乡张家场村	1926年	1951年	朝鲜	副班长	
张志成	男	大王古庄乡大王古庄村	1915年	1958年	大王古庄乡政府	乡长	被敌杀害
屈元福	男	大王古庄乡距城堡村	1949年	1970年8月	1357仓库	战士	因公牺牲

第二章　名人录

第一节　在外工作的乡贤名人

（以姓氏笔画为序）

丁至云：天津市京剧团副团长、国家一级演员、著名京剧表演艺术家。丁辛庄村人。

门玉华：历任武清区委宣传部科长、上马台镇党委副书记、梅厂镇党委副书记、武清区文广局副局长，书法家、全国书协会员。利尚屯村人。

王凤彬：曾任武清县委办公室主任。利尚屯人。

王凤华：历任农业银行武清支行副行长、天津分行信贷部总经理。利尚屯村人。

王　杰：河北省廊坊市评剧团团长、著名评剧表演艺术家。小王古庄村人。

王立俊：历任武清区委组织部科长、区环保局副局长。聂营村人。

孙志杰：历任武清区公安局上马台派出所所长、经侦支队队长、武清区信访办主任、主任。利尚屯村人。

刘廷善：任河北省北戴河疗养院副院长。北刘庄村人。

张　连：曾任天津市广播电视局郊县处处长，水活铺村人。（已故）

李士昌：江苏省连云港市公安局宣传处处长。利尚屯村人。

李世文：河北文联党组书记、副主席。大王古庄镇利尚屯人。

李宝华：历任天津市公安局武清区分局派出所所长、公安武清分局巡特警支队队长（正处级）。利尚屯村人。

李文怀：历任武清县政府科长、豆张庄乡乡长、梅厂镇镇长，已故。小王古庄村人。

李俊富：历任武清区技术监督局副局长、市场和质量监督管理局副局长。枣林村人。

武刚：历任下朱庄街道办主任、陈嘴镇党委书记、武清区农业局局长。武清区种植中心主任。大营村人。

庞树先：历任河北省廊坊市安次区万庄乡党委书记，安次区农业局副局长。韩指挥营村人。

荣培清：武清区棉麻公司经理。韩指挥营村人。

荣会清：武清县农业局副局长。韩指挥营村人。

荣进清：历任徐官屯乡长、双树乡党委书记、上马台镇党委书记、武清区农机局副局长。韩指挥营村人。

赵凤刚：历任青海西宁市城西区区委常委、武装部政委（正团级）、农行天津市分行河西支行行长。陈各庄人。

赵凤兵：历任青海省西宁市大通县武装部副部长、文广局文化产业科科长，陈各庄村人。

高广田：天津市发改委副主任。小王古庄村人。

商维新：历任武清区市政工程所所长、武清区市政工程公司总经理，正高级工程师。利尚屯村人。

黄士先：武清职专校长。韩指挥营村人。

葛云明：历任武清区政府办科长、黄花店镇镇长、武清区档案局局长。韩指挥营村人。

薛英俊：上海市电视台电视剧导演、国家一级导演。大王古庄村人。

第二节　获得全国荣誉称号先进人物

杜茂珍简介：1961 年 1 月出生，汉族，群众，初中文化，大王古庄镇大营村人。巾帼苗木示范基地总经理，镇苗木协会会长，区政协委员。

获得荣誉称号：2006 年 2 月 24 日，被全国妇联、中宣部、教育部、国家林业局等 19 个部门联合授予第四届“全国十大绿化女状元”称号和“全国农村妇女双学双比竞赛活动女能手”荣誉称号。

3 月，杜茂珍被全国妇联授予“全国三八红旗手”荣誉称号。她的苗木基地也被全国妇联命名为“三八”苗木示范基地。

同年，被科技部授予“全国星火科技二传手”荣誉称号。其经营的苗木基地也被天津市科委命名为市级“科普示范基地”。

主要事迹：杜茂珍，曾经是武清区大王古庄镇大营村一个普通农家女，但她眼界开阔、善于思考、敢干敢闯，凭着对植绿、环保的大爱之情，永不服输的精神，经过几年的拼搏创业，闯出了一条适合本地盐碱沙化土质特点的农业致富之路——发展苗木花卉生产，把沙窝窝变成了“香饽饽”，成为引领全镇苗木业发展的带头人。同时促进了本地区林业发展，使全镇苗木发展到 7000 亩，林木覆盖率达到 28.2%，苗木产业已成为该镇三大支柱产业之一。

一、艰苦创业。杜茂珍先后养过猪，养过鸡，卖过菜。丈夫开车搞个体，小日子过得富富裕裕。她自己虽然富了，但看到周围的妇女姐妹由于受主观因素制约，生活没有什么起色，她心里有一种说不出的滋味。于是她暗下决心，一定要凭自己的智慧闯出一条新的致富之路，为乡亲们带个好头。

大王古庄镇位于京津廊三市搭界之处，是个典型的农业乡，赖以生存的土地土质极薄，且盐碱沙化。土地经营方面除果品外，大多以粮食作物为主，生产效益极低。她经过反复思考，认定了一个理，那就是：种地是农民的本业，在土地上做文章是一条农民致富的路。她开始了多方询问、查找资料，选定了发展苗木生产。一开始，先在自家承包田内种植了150棵国槐，嫁接成“龙爪槐”。由于不懂技术，当年嫁接的150棵龙爪槐，夏天一刮风下雨头就给刮下来了，直接损失达2000余元，望着自己付出的辛勤汗水付之东流，急得一只眼睛差点失明。但好强的她并没有被这点挫折吓倒，而是从失败中查找原因，认真总结经验教训，一方面购买了苗木方面的专业书籍进行学习钻研，另一面积极参加县乡有关单位组织的“双学双比”活动，参加各类培训，向有关技术人员请教，并先后到北京、廊坊苗木花卉示范基地参观学习，反反复复几次嫁接后终于获得成功。1997年苗木出圃时，仅半亩地就收入一万多元。尝到了甜头，劲头更足了。为了学习苗木栽培与嫁接技术，她订阅了《苗木与花卉》《花卉报》等科技读物。自己文化不高，有些字意弄不懂，就查字典，有些技术弄不通的就请教镇里和周围地区的技术人员，边学边实践。当年，在3亩承包田里种了2亩草皮和1亩沙兰杨，收入2万多元。通过几年的实践摸索出一条适合本地盐碱沙化土质特点的新的致富路。1999年，她大胆投资10余万元建起了占地40亩的苗木花卉栽培基地，开始了小有规模的创业历程。一分耕耘，一分收获，目前基地面积已经发展到1210亩，品种达80余个，同时承揽各种绿化工程，年获纯利润40余万元。为帮助周围群众共同致富，她把自己的基地作为试验场，当场示范，传授栽培管理与嫁接等技术。针对群众在发展苗木生产上最担心的销路问题，她大胆承诺负责包销，使群众打消疑虑，纷纷发展苗木种植业，有效带动了全镇苗木业生产的发展，全镇苗木面积发展到7000亩，成为全镇经济发展的一个新的增长点。同时，大王古庄镇的生态环境得到了根本性的改变，现在的大营村，村庄周围和地里满眼都是绿色，当年的“沙窝窝”变成了环境幽美、生活富裕、姑娘们都争着嫁的“香饽饽”了。

二、寻求发展。随着品牌效应的不断扩大，好多较远乡镇实力雄厚的知名人士都慕名而来，让她帮助组建基地，使她萌生了“协会基地”的想法，筹建每一块基地她都要亲自去考察地质，根据个人情况，为她们量身制作苗圃发展计划，资金雄厚的安排高档大规格的，底薄的就种一些实惠的、当年能卖、成本低的苗子。如徐官屯基地，实力较强，且厂房外闲置地200余亩，她就帮她发展了十几个高档品种，包括10万棵秋树、大规格法桐6000棵、3000多棵国槐，以及一个10余个品种的丁香园。黄花店基地，属于盐碱地，她就帮她们选择抗碱树、栾树、白蜡等十几个品种，规模达120亩。目前在镇外组建百亩以上基地十余个，1000余亩。

为进一步加强基地的辐射带动作用，杜茂珍于2003年11月组建了苗木专业协会，入会会员达80户，现已发展到180户。协会会员定期开展活动，互相学习交流经验，组织外出参观考察，使大家开阔了眼界，促进了花卉苗木业的发展。为了吸引妇女入会，制定了会员优惠政策，并且在苗木行情低落的情况下，她积极为会员跑销路，宁可自己的苗子压着不卖，也要先帮会员销苗，每年帮会员销苗10余万棵。

三、热心扶贫。杜茂珍富了没有忘记那些困难姐妹，她优先招收困难姐妹在她家务工。在她家长期务工的困难姐妹共有8名，这8人当中有6人是外地娘家，家里状况都不好，她从没有把这些人当作打工的，待她们如家人，从生活上、精神上多方面关心感化她们，让她们不但在生活上富有而且精神上富有。多年来，她还坚持义务为村民培育花卉幼苗，村民都抢着装扮自己的家园。近年来，在该村形成了一股绿色“攀比”风，户户比洁净整齐、比节约环保、比香味扑鼻。杜茂珍全家现有四口人，人人坚持从家庭生活中的小事做起，注重环保。生活细节方面自觉做到科学使用每盆水、合理利用每度电、自觉使用无磷洗涤剂等。全家人以良好的生活习惯对保护环境做出了应有的贡献，营造了绿色生活的良好家庭氛围。她还一直热心公益事业，帮助困难群众，资助贫困儿童就学，捐资本村剧团，义务为镇政府美化环境，受到了社会各界的广泛好评，累计捐资助教达5万余元。

附录一：

老董来到大王古庄

“老董噢，你们早该把他拿报上表扬表扬！”

“他给咱贫下中农办的好事儿，多啦，三天两宿也说不完！”

“是把挑家过日子的好手哇！”

在武清县大王古庄公社，一听说我们想总结党委书记董怀忠的材料，人们都这样回答我们。兴许，晓得我们是打县里来的，都扫听：

“都哄哄说，县里要把咱老董调走哩，有这事不？”

“唉呀，可别走哇！他来这几年，刚露点眉目透点亮！”

……

老董到大王古庄不过三年多，为啥群众跟他扯骨头连筋似的这么亲？

呼　　声

大王古庄，在武清县从老祖宗年代就穷得远近闻名。盐碱、风沙、旱涝，在这片土地上行凶作恶，不知给人们带来了多少艰难、忧患！解放后，贫下中农翻身做了主人，广大农村面貌发生了深刻变化。可是大王古庄呢？全县三十多个公社，大王古庄年年落在后头。广大贫下中农多么希望变一变啊！

一九七四年，正是毛主席发出“农业学大寨”伟大号召的第十个年头。县委派董怀忠到这里当书记。

老董到了大王古庄，一没召开大会，二不发表讲演，撂下铺盖卷，一头扎到群众里去了。

还在县里，老董就曾听说过，大王古庄公社有三个村，十多年来一直吃粮靠国家，花钱靠贷款，成了“穷爷”。老董情急心切，先奔这三个村。

麦收刚过。一天，老董走到大营村头，见一老汉顶着烈日，满头大汗地推着小车往公社奔，一问，才知道是去供销社卖了鸡蛋到粮站买粮食的。老董心里一惊：“你们大队不是七月一号才分新粮吗？今天才刚四号啊！”老汉长长叹了一口气：“唉，这亏心粮咱也不愿吃啊！看别的社队光景一天比一天好，对国家贡献一年比一年大，可咱这儿呢，庄稼人伸着胳膊张着嘴，向国家要粮食吃，咱心里有愧呀！”

老董走进一户老贫农低矮的家门。这户老贫农一家五口，还住在土改时分的两间小土房里，四角旮旯，空空荡荡。五口人四个劳力，还常年亏粮亏款。

老董的心，像注了铅一样重：在这种村，这种队，社会主义的优越性还没能充分体现出来呀。

穷村穷队，人虽穷，心似火。老董每到一处，贫下中农大人小孩都围着他，向他诉说满腔的希望。他们多么盼望那些和贫下中农一条心、对贫下中农有感情的干部，像当年斗地主、闹翻身那样，来领着大伙学大寨，改变落后，赶走贫穷！聂营大队一个八十岁的老大爷，攥着老董的手，眼含热泪，殷殷相嘱：“董同志，快到咱村给来来呀！”

回 声

群众要革命、要翻身的呼声，像浪涛在老董心头翻滚。

那几年，江青反革命集团帽子满天飞，棍子到处打，一些干部前怕狼，后怕虎，思想比较混乱。有的对群众的生产、生活不够关心，成天浮在机关，工作深入不下去，甚至在清谈和闲聊中打发日子。

这情景，使老董深感痛心。但是，他没有直接去批评、责难谁，只是把对自己严格的要求，又紧了几扣。

每天清晨四点多钟，老董就第一个走出公社的院子。白天，办公室一把锁头看家。晚上，家家掌灯了，他才拖着疲倦的身影归来。不长时间，他就走遍了全公社十七个大队七十四个生产队，访问了数以百计的干部、群众，掌握了大量的第一手资料，听到了许多极其宝贵的建议。一幅彻底改造大王古庄的宏伟蓝图在他脑子里形成了。他把自己的想法拿到群众中去。这个新来的书记创业的志气和热情，大干的气魄和胆略，务实的作风和精神，感染着许多人。他走到哪里，哪里就鼓起勇气，增强信心。

公社西南片有六个大队，地处一个风沙带之中。多少辈了，风沙就像一条凶猛的恶龙，吞噬庄稼，卷走树木，撞坏房屋，毁坏土地，留下了几千亩草毛不长的沙荒。一到春秋，几个风口黄沙飞舞，遮天蔽日。老董决心亲自查清这条恶龙的行踪，越是这种日子，越往风口闯。他经常迎着呼啸的风沙，步行几十里，有时一直追到邻近的安次、通县境内老远的地方。一次一次的侦察，终于摸清了风沙走向、风口面积及活动规律，找到了治理办法。一个植树造林、锁风固沙的行动计划制订出来了。

老董日复一日地滚在群众之中。只见他披一身露水，踏两脚寒霜，挂一身泥土，顶满天星斗，一年到头一股劲。这一切，干部们全都看在眼里。开始是新鲜，继而是赞叹，再后就都醒悟过来了。

在一次党委会议上，老董道出了久压心底的话：“我们都是共产党的干部，拿着国家的工资，吃着人民的粮食，肚里饱了，身上暖了。可是，就在我们公社，还有好多贫下中农，这么些年生活没多大改善。作为这儿的领导，我们对这种情况看不见，或者看见了不积极想办法，那就是失职，就会失去群众，失去人心。我们要真正在群众中扎下根来，看看广大群众在想什么，希望我们做些什么。”

党委成员听了老董说的，看了老董做的，心里热乎乎的。他们纷纷扛起铺盖卷，到后进队去蹲点，到群众中调查研究、解决问题去了。

迎着第一次全国农业学大寨会议的东风，迎着华国锋同志“全党动员，大办农业，为普及大寨县而奋斗”的战斗号令，公社党委亮出了学大寨的旗帜，拿出了把大王古庄建成大寨社的规划。

老董和一名副书记来到了全社盐碱最重的小王古庄大队。这儿地处公社南大门，过去，人们编了顺口溜说：春天白茫茫，夏季水汪汪，一年四季淋硝忙。一个小村，三窑六厂，五、六十辆瓦盆车常年在外叫卖。土地越荒越重。村头三百多亩地被挖得坑坑洼洼，圈圈套套，成了一片废弃地。

老董他们一进村，一方面大张旗鼓地宣传全国农业学大寨会议精神，大讲大寨人大批资本主义、大干社会主义的基本经验，一方面痛下决心，揭露矛盾，捅马蜂窝，发动群众烧起一把猛火，烧修正主义，烧资本主义，烧歪风邪气。一把火，群众也烧出了火眼金睛，看清了资本主义的道是一条肥几家、坑百户的死胡同，选出了真心实意学大寨、拼死拼活干社会主义的带头人。从此，人心向农，劳力归队，车马归田。全村男女老少呼啦啦杀上了工地：改造落后地，治好南半天，先从村头三百亩地下手！

临动工，公社党委在这片地头召开全公社万人大会。正是“三九”天，西北风呜呜地卷着地上的白霜，直朝人们脸上抽，往脖领子里钻。老董那洪亮的声音迎风震耳：“向盐碱宣战，向沙荒要粮，咱大王古庄办大寨社，就打这儿迈步！”

话落铁锹响。老董每天和社员一样，早起四点半，下午黑了算，晚上拉灯搞夜战。就这么一气干了二十二天，把村头荒了多年的地整治得平平展展，排碱沟横平竖直，斗支渠成龙配套。春天三百亩地全种上了高粱。

第二年秋天，没经改造的地块见不着苗。小王古庄村头那片地上，红艳艳的高粱织成一片锦绣。收完过磅，亩产四百多斤，一季飞过《纲要》。收获的日子里，公社再次在这里召开万人大会。老董亲自总结介绍小王古庄的经验，热情洋溢地指出：“小王古庄的方向，就是咱全社的方向，小王古庄过来的道，就是咱全社要奔的道！‘三害’不可怕，可怕的是人没志气；困难不可怕，可怕的是资本主义在集体经济里头下蛆！”

老董的话，像一股清泉渗入人们心头。庄稼人的脾气：耳听为虚，眼见为实，眼睁着过去兔子不拉屎的地方，长出了好庄稼，拿下了十几万斤粮食，谁不眼热？谁不动心？

头上的汗珠子砸脚面，手上的老茧套新茧，干部、群众摽在一起，披星戴月又是一年，大王古庄终于换了一身新衣裳。盐碱、风沙、旱涝再不能像过去那样为所欲为了。“非”字渠，“川”字路，初展轮廓。三百多眼机井喷银吐玉，滋润着几万亩土地。盐碱地上，盖上了绿色的绒毯。沙荒滩上，苹果树伸出了手臂。一九七六年，全社粮食产量一跃超了《纲要》，创造了历史最高水平，平均单产由过去的老下游，蹦到全县第三名。多年的缺粮社变成了余粮社。

大王古庄，到底翻身啦！

心 声

去年雨季到得早。七月下旬，天像掉了底儿似的，大雨直往地上倒。大王古庄公社几天工夫降雨量达四百多毫米。雨，下得让人好揪心啊！老董眼珠子瞪圆了，眼眉也竖起来了：地里庄稼怎么样？群众的住房怎么样？各队的猪场、牲口棚怎么样？干部、社员的思想情绪又怎么样？

老董带着干部们连夜下去了。枣林大队党支部正召开紧急会议，布置检查灾情，老董就来了电话：“你们村东北的大洼积水最重，得赶紧排！”刘庄被大雨冲垮了一百多间住房，老董赶到村，嘱咐干部：立即组织社员，互相调剂，先把住房困难的社员安顿好；小王古庄倒了几十间猪圈和牲口棚，老董建议大队：给社员解决点笆和条子，盖点简易棚，一定把牲畜保护好；聂辛庄洪水进了街，老董告诉干部：“在西头筑道坝，把水挡住！”水活堡大队是个新支书，上任头一年就遇到灾，老董赶到那，鼓励他：在困难面前要发动群众，千方百计把水排出去，能保一亩保一亩，能救一棵救一棵……

记不得什么时候吃过一顿饭，也记不得什么时候在哪里打过一会儿盹，哪里雨水大，他就在哪里，哪里灾情重，他就在哪里。连续几天在雨里滚，饥饿，疲劳，雨淋，水泡，把这个铁一样的汉子磨倒了。傍晚，他拖着湿漉漉的身子回到公社。人们从他踉踉跄跄的脚步，苍白的面色，知道他病了，立即请来医生，给打针吃药。“这回你该睡个囫囵觉了吧！”同志们心疼极了。第二天清早，炊事员特地做了一碗热面汤，让他发发汗，端到门口，又停住了：门上挂着锁，人又没影儿啦！

群众的利益，群众的疾苦，占满了他的心。老董到大王古庄三年多，很少歇假。他的家离公社也就二十多里地，多咱有事都是晚上开完会，深更半夜地家去看看，第二天早起又赶回来。别人问他怎么不多呆两天，他总说：家里没什么事。一次，老董外出开会。家里捎信让他回去一趟。一个在家主持工作的党委委员就到他家去看了看。原来，老董爱人长期有病，父亲上了年纪，孩子们也都还小，家在穷队，劳力少，经济上挺困难。他爱人为人刚强，知道老董身上担子重，有困难自个儿咬牙承担，有一回，她病倒在炕上输液抢救，邻居们都说，快把孩子他爸找回来，她不让：“别叫他，他爸说啦，我这里再作难，只有四口，他那个家有两万人，是个大家呀！”

这位党委委员回来，把情况如实向党委作了汇报。大家听了，都很感动。老董平日廉洁奉公，不谋私利，艰苦朴素，关心群众的事，一件一件，如在眼前：

地震后，老董率领干部、群众抗震救灾。白天，他挨村安抚伤号，检查住房，慰问群众，夜间，他走东串西，提醒干部严密注意震情预报。家里几次捎信探听他的消息，他没理会。孩子来看他，也没见到人。周围的同志都替他着急了。直到第五天，在同志们一再催促之下，他才抽中午歇晌工夫回了趟家。一进院，见爱人带着三个孩子坐在院子里。老董问：“怎么样？”他爱人回答：“人倒没事，房子坏了。”“房子坏了以后再说，人没事就好。我也没事，你们也甭惦着。眼下公社里正忙，我也呆不住。”说完，硬连屋门也没进，走了。

近几年，公社常有招工、选调、上学的任务，一些亲戚朋友不断来找，托他“走后门”。老董在这些问题上一向是“六亲不认”。他弟弟高中毕业回乡，几次要他在外边给找个工作，老董告诉他：“你就老老实实在家种地，不要想七想八。”后来，他弟弟又要求把户口从安次县迁到大王古庄，老董有些生气：“就你这思想，还去我那公社？不配！”

因为老董经常不回家，村里人就和董嫂子说笑话：你们两口子是不和是咋着？

董嫂把这句笑话告诉了老董，嗔怒地来了一句：“有谁像你这个样子的！”

老董微微一笑：“共产党的干部就是这个样子的！”

公社党委成员们议论老董：“公而忘私，公而忘私，说说容易，他可是真正做到了。”

并非尾声

说话又到了八月初。公社院子里积满了水，蛤蟆爬在办公室门口叫。天空依然阴沉，浓云奔逐，雨，还在接连不断地下着。

“二位呀，今儿个咱一块堆儿边看看边聊聊不好吗？”一天早饭后，老董主动邀请我们了。

“太好啦。”我们跟老董一式打扮，身上披件雨衣，裤脚挽到大腿根，光脚丫子上了路。

说真的，这种时候，有啥好看的？到处沟满壕平。纵穿南北的四干渠，浩浩的洪水从南向北倒涌；横贯东西的大寨渠敞开了胸膛，混浊的泥水打着滚，翻着花，闯过闸涵，向东直泻……

“亏你们去年抢修了这条渠，要不，这几万亩庄稼还不都泡了汤？”我想引起老董的话头。

老董似乎没听见，一声不吭，径直把我们领到东大洼。这是全公社最大的一个洼，六七个大队的地联成一片。老董“啪叽啪叽”走进一块白薯地，从顶膝盖深的泥水里摸起一块白薯，递到我们鼻子跟前。哟，都味儿了！这一大片白薯算糟践了。老董还往前走。这里，地头被冲出一个大豁子，一片正吐花线的棒子被冲得七倒八歪，躺了一地。

“看见了吧？地里的庄稼，社员的心哪！”老董双眉紧锁，语调深沉：“能怨天吗？还得怨咱自个工作没做好哇！”

“也好，灾害暴露了矛盾，也帮助我们发动了群众。华主席号召今冬明春要大搞一下农田基本建设，这回，干部、群众全认识了。今年秋后，咱及早动工，来它个地、渠、路、林、桥、涵、闸综合治理。过三年，你们再来，准保比这阵有看头！”

我们的心口热了。好老董啊，怪不得群众跟你把心贴得那么紧了，你记着大王古庄的昨天，看着大王古庄的今天，还惦着大王古庄的明天！

稿子写完，接到老董一个长途电话，告诉两条消息：第一，一九七七年减产了，只保住了八成年景；第二，全公社四千名农田基本建设大军上了工地，开辟了四个战场。公社党委的指挥所都定在前沿阵地——斗争第一线。

这就是说，老董和他那心心相印的两万名干部、群众，既没有数过去的脚印，陶醉于昨日的胜利，也没有被灾害压垮，向困难低头屈服。他们正在向新的目标挺进！

那么，让我们等待他们新的捷报吧！

（短评）

这个书记当得有味道

大王古庄公社党委书记董怀忠，到这个公社不过三年多，就在贫下中农里扎下了根子，并且很快把那里的群众发动、组织起来，经过苦战，初步改变了落后面貌，得到了广大群众的信任和拥护。好，这个书记当得有味道！当书记，当领导，就是要当成这个样子！

董怀忠这个书记为啥能当得有味道呢？

他对群众有深厚的阶级感情，真正和群众脉搏相通。群众的呼声，群众的议论，群众的疾苦，群众的情绪，他听在耳里，看在眼里，印在心里，不解决，就吃不下饭，睡不稳觉。他有苦干实干的作风。不说空话，不说大话，言必信，行必果。重担子，我来挑，困难事，我来干，艰苦地方，我先上。不怕出汗，不怕掉膘，脚踏实地，身先士卒。他有廉洁奉公的精神。不搞特权，不谋私利，群众讨嫌的事，一概不干，身居要职，两袖清风。

一个领导干部有了这几条，说话就有人听，办事就有人帮，还有什么工作做不好？有什么难关攻不下？有什么落后变不了？

我们现在有那么一些干部，受了江青反革命集团的腐蚀毒害，高高在上，做官当老爷，和群众感情疏远了。他们对群众的呼声，群众的痛痒，视而不见，听而不闻，无动于衷；相反，对自个的私事，却斤斤计较。有的甚至不惜利用职权，谋私利，搞特殊，捞油水。这种人想大干怕流汗，想革命怕拼命，说大话，说空话，让群众挽起袖子，自个儿还没解开扣子，让群众甩开膀子，自个儿还没扑下身子。在他那个地区，那个部门，那个单位，干了那么多年，就是没起色，就是变不了，还是过去那个老样子。当这样的干部，实在没味道！

现在，江青反革命集团打倒了，华主席提出抓纲治国的战略决策一年了。人心思治。群众要革命，要大干，要快上，你当领导的怎么办？你那个书记当得怎么样，有味道没有？啥时候才能有点味道呢？

我们希望各条战线的领导干部都能对照董怀忠，认真地想一想，作出让党和人民满意的回答来！

（通讯员　刘俊生　记者　张宏遵）

载于　1978年1月14日《天津日报》

附录二：

京剧表演艺术家丁至云

自京剧形成以来，天津的演员队伍有一个传统特点——诸如刘赶三、孙菊仙、周春奎、李宗义、童芷苓、丁至云、齐啸云等众多成就卓著的一代代名家，全不是科班出身的梨园子弟，而是从票界涌现出来的佼佼者。自1956年天津京剧团建立，便担任头牌旦角主演兼任副团长职务的丁至云，也是先在票界大红大紫，做了专业演员后，成为享誉南北的著名京剧表演艺术家。

得益于京剧票友比赛

丁至云，原名学秋，别名学芳，出生于1919年，原籍武清大王古庄丁辛庄，世居天津。她自幼爱好京剧，尤其痴迷梅派艺术。但由于父母受旧礼教的影响，阻拦女儿学戏。十几岁的丁至云，找各种借口偷偷跑出去学艺，几年间竟然学会了几出开蒙戏，随后加入了天津渔阳国剧社，在名票王云卿、王庾生、金碧艳等人辅导下，经常票演于京津各地。1938年，她为深造梅派艺术，经人介绍，有幸向王瑶卿、王庾生（梅兰芳的琴师）请益，多次与金少山、谭富英、杨宝森、李多奎等名伶和王庾生、包丹庭、从鸿逵、朱作舟等名票合作演出。20岁即成为享誉京、津、沪等地的名票。

丁至云成名，得益于一次城际间票友大赛。近年来，各种规模的京剧票友大赛经常举办，群众已然司空见惯。而在解放前，类似的活动在各地却很少见，偶尔举办一次，留给人们的印象自然十分深刻。那是1942年夏末，由北平广播学会会长周大文发起，联合国戏剧协会的部分成员，举办过一次范围比较广泛的票友清唱比赛。比赛分老生、青衣两组，北平、天津、唐山、保定等地的名票争相报名。开始时先行分组预赛，从为数众多的参赛者中选出生、旦两组前10名，然后再从中选出每组的前3名。应邀担任裁判的谭小培、时慧宝、雷喜福、王瑶卿、尚小云、荀慧生、徐兰沅等京剧名家与周大文等经办人议定，每位选手各唱三段。前两段为选手必唱的同一选段，西皮、二黄各一段。老生组为《武家坡》里的西皮导板“一马离了西凉界”和《二堂舍子》里的二黄快三眼“昔日里有一个孤竹君”，青衣组为《武家坡》里的西皮导板“多蒙邻居对我言”和《二堂舍子》里的二黄导板接回龙转慢板“忽听得二娇儿一声请”。唱完两段后，第三段则由参赛者自选。

决赛那天，按规定参赛者自带琴师一名。在电台直播间演唱时只报选手临时抓的序号，以号代名。裁判们坐在各自家中的收音机旁，由经办单位派来的人员陪同收听选手清唱，对参赛者的嗓音、韵味和板眼即时打分。全部听完后将写有打分情况的报表交陪听人员带回，经办者们汇总几位裁判的打分，按选手得分多少排出名次。结果老生组第一名由唐山开滦矿务局职工马雄获得，第二名是北京的女票友黄某，第三名是天津的女票友谢宗葵。青衣组第一名是赵学芳，人们都很陌生，直到颁奖时才得知，原来赵学芳就是22岁的天津女票友丁至云。她对这次参赛没有把握，报名时用了个别名，未料却获得了青衣组的头一名，奖品是一块银盾和若干现金。颁奖那天，北平广播学会在长安戏院组织获奖演员联演。前边一出《武家坡》，由老生组第二名黄女士与青衣组第二名张岚合演。后边一出《二堂舍子》，本该由青衣组第一名丁至云与老生组第一名马雄合演，马雄因为自己不擅彩扮演唱而借故推辞，刘彦昌改由老生组第三名谢宗葵出演。丁至云由此在平、津的一代有了更大名气。这次票友比赛成为她日后拜梅兰芳为师的有效资本。

梅花诗屋论画传艺

1948年，丁至云赴上海拜梅兰芳为师，梅先生在梅花诗屋亲自为她说戏。同时还得到王少卿、魏莲芳的指点。丁至云后来所演《玉堂春》《凤还巢》《太真外传》《西施》《奇双会》《生死恨》《宇宙锋》《四郎探母》《贵妃醉酒》《红鬃烈马》《霸王别姬》《宝莲灯》等剧目，彼时均经过梅先生加工。

梅花诗屋是当年梅先生在上海寓所里的斋名。抗日战争期间，梅先生出于爱国热忱，蓄须明志，息影舞台，常在诗屋里挥毫作画。二十世纪40年代丁至云初进梅花诗屋向梅先生问艺时，见到诗屋四壁布满花卉、翎毛、佛像、仕女之类画稿，其中有一幅梅先生精心绘制的《美女簪花图》，看上去格外清丽、隽秀，但画面上的美女却没有画眼睛。丁女士不详缘由，便向乃师请教。梅先生告诉她，眼为心之苗。绘画如同登台演戏，眼睛所表达的情感，有时是语言难于替代的。所以，在没有把握准情绪的时候，需要花费心血去构思。晋朝大画家顾恺之对画眼睛的态度就极为审慎，每画成一幅美女图，常有数年不点眼睛的情况。

当年梅先生在梅花诗屋向丁女士授业时，常结合绘画艺术对她进行启蒙教育。譬如，用齐白石老人关于绘画应在似与不似之间，“太似则媚俗，不似则为欺世”的经验之谈，启发女弟子演戏要讲究含蓄美，做到戏外有戏，戏外生情。他说，演《贵妃醉酒》，若在台上把杨玉环精神的空虚、心里的苦闷宣泄无遗，观众就会感到索然无味。梅先生从绘画艺术中引申出的精辟见解，蕴含着各种艺术之间互相借鉴、互为补充的道理。

丁至云说，梅兰芳先生之所以能够成为博大精深的京剧大师，同他在戏外所下的功夫有直接关系。他在研究了古画《散花图》之后，被画面上那风带飘逸、体态轻盈的天女形象激发出强烈的创作欲望，随后编演了古装新戏《天女散花》；他从顾恺之的《洛神赋图》获得灵感后，创造出翩若惊鸿、宛如游龙的洛神形象；又从《寒灯课子图》的意境中，揣摩出《生死恨·夜诉》里韩玉娘的人物情绪。其他如《奔月》《葬花》等剧，从化妆、服饰到身段、亮相，无一不从绘画中获得启示。

历经坎坷不气馁

1956年天津市京剧团成立后，丁至云成为与杨宝森合作配戏的头牌青衣。她嗓音宽亮，唱出腔来圆润糯甜。她的念白，抑扬顿挫句读分明，韵味醇厚。她主演的《凤还巢》《宇宙锋》《玉堂春》《生死恨》《贵妃醉酒》《西施》《穆桂英挂帅》等剧目，台风凝重大方，表演细腻传神，深得广大观众好评。1962年梅兰芳逝世一周年之际，天津市举办梅派剧目专场演出，姜妙香老前辈亲自到天津，与丁至云合演了《奇双会》、《玉堂春》等梅派名剧。

正当丁至云在舞台上大展才华的时候，1966年那场政治风暴剥夺了她演戏的权利。1978年落实政策，她才重返剧团。在人生道路上历经坎坷的丁至云没有一句怨言，没向组织提出任何条件。她唯一的愿望是立即投入演出。领导满足了她的要求。

人们知道，戏曲演员的功夫“一天不练就回了，三天不练就没了”。丁至云一扔就是十几年，功底再硬也难免生疏。然而，丁至云重登舞台，扮相、嗓音、做派居然不减当年，观众在台下聆听她那珠圆玉润、清丽委婉的嗓音，欣赏她那凝重大方、细腻传神的形态表演的时候，无论如何也难以相信这是位将届古稀之年的老人在演出。不难想象，她是用汗水和心血做代价换来的。

丁至云登台演出，不是为名为利。她想的是，传统剧目被禁锢多年，现在人民群众急切要看。可老演员有的已然作古，有的病老体衰，青年演员会戏有限，一时尚能挑班，自己还能演能唱，理应肩负起重任。一来可以丰富群众文化生活，二来可以为青年演员作示范。出于这种动机，她拚命地工作，从不知疲倦。在大城市她演，中小城市巡回她演，农村土台她也演，只要剧团安排她演，她二话不说，让演什么演什么，不计任何条件。那几年，哪一年她演出场次也不少于六七十场。

“文化大革命”以前，丁至云是天津市有限的几位文艺三级演员之一，享受高知待遇。“文化大革命”后她是天津市政协委员、天津文联委员、剧协天津分会理事。可她从来不摆架子，敬老爱幼，平易近人，而且急公好义，顾全大局。同行老少敬她艺德兼备，对她无不折服。平日排戏或是赴外地演出，大伙都想对她给予照顾，可是她说什么也不肯接受。剧团外出，她不坐软席，总是跟大家一样坐硬座；她不住宾馆，跟大家一道住在剧场后台。她认为这样做同志关系更亲密。一次在营口演出，散戏后，观众在剧场外面等候看望她，可就不见她出来，一打听才知道，她没有住宾馆，而是住在剧场后面一间没有桌子椅子，用块黑布遮挡着窗户的木工房里，消息传出，当地群众大为感动。

丁至云严于律己，体现在言行之中。这是她在剧团为人称道的一个重要原因。有一回，剧团即将外出，偏偏丁至云在行前生了病，她本可以因此不去。可她这根台柱子若不同去，剧团的业务演出肯定大受影响。团里领导征求她本人意见，她说：“去！”为了在外地有人照顾她生活，女儿刘莉随团同往。丁至云有言在先，拒绝剧团一切补助。结果，外出几十天，她没有接受剧团一分钱，连女儿的车票、食宿费等所有开支，全部由丁至云自己掏腰包。

1987 年，经李瑞环老市长倡议，天津市表演艺术咨询委员会建立，丁至云成为终身委员。从那以后，她主动肩负起向青年演员传授技艺的责任。凡愿意跟她学戏者，不管是哪个剧团的，来者不拒，想学哪出教哪出，想学哪段教哪段，一点架子都没有。

酸甜苦辣的三度婚姻

丁至云 17 岁时，爹妈做主将她许配给一位比她年长 31 岁的律师做续弦，虽然经济条件较一般人家优越，丈夫也对她百依百顺，但丈夫比她爹的年纪还大，彼此没有共同语言，在一起生活的十几年，精神上毫无幸福可言。新中国建立后，丁至云作了职业演员，成了公众人物，她的丈夫毕竟是受过高等教育的知识分子，自觉在一些方面与丁至云不够般配，经慎重考虑后双方协议离婚。婚姻上获得了自由的丁至云，感念丈夫曾经不惜重金支持她拜师学艺和四处票戏的恩情，离婚后像对待自己老人一样，在生活方面尽心给予照顾，供他养老，直到逝世。

又14年后，45岁的丁至云重新组建了家庭。她不图名利地位，只求年貌相当在一起过日子的伴侣。岂料，再婚后只过了8个月的舒心日子，她便被骤然而来的“文化大革命”风暴冲落到万丈深渊。丁至云成为人民专政的对象。在那令人心悸的阵势下，她新婚未久的丈夫怕受政治牵连，匆匆离她而去，刚刚建起的家，刹那间变得一无所有。她这位全国知名的高级演员，被赶到一个街道小厂看自行车，每月工资从650元跌到32元，只够每天喝棒子面粥的开销，出门没有坐车钱，上下班全靠步行来去。一晃就是14年。

1982年，时已63岁的丁至云，第三次步入婚姻殿堂。这一次是经亲友撮合，她与全国著名的话剧导演梅阡喜结良缘。婚后两个人一起泼墨绘画，一起谈戏论艺，一起读书养花，彼此志趣相投，两个人相敬如宾，这一对经历过风风雨雨的老人，尽情地体验着黄昏恋的惬意，饱经沧桑的丁至云对这突如其来的幸福格外珍惜。

可惜好景不长，1989年丁至云突然感觉腰疼难忍，家人送她到医院检查，查出她患的是癌症。全家人哭作一团，但对丁至云严守秘密，只说得的是一般疾病。丁至云强忍病痛坚持服药治疗，奈何天不假人，她身上的病情迅速恶化，终成不治。同年5月21日在医院逝世，终年70岁。

众口一词赞前贤

2009年5月22日晚，天津有关部门在中国大戏院举办“纪念著名京剧表演艺术家丁至云诞辰90周年京剧演唱会”。梅葆玖、赵慧秋、马少良、赵鸣华、康万生、杨乃彭、孟广禄、张学敏、裘云、马小曼等京剧名家齐聚津门，演唱会还由王长君现场为丁至云的早年演出录音作配像表演，赵慧秋则以84岁高龄献上自拉自唱的《春秋配》，以此纪念自己的舞台姐妹丁至云。人们说，纪念丁老太太演唱会，不给一分钱也得参加，那可是梨园界难得的大好人呀!

是啊，当年在天津京剧团每提及丁至云，同志们定会异口同声地说：“丁老师这人太仁义了。”在大量的事实面前，他们选择不出更恰当的褒词。他们能滔滔不绝地向来访者讲述一连串有关丁至云的事迹。

有一年剧团在大连演出。一天夜里，丁至云得了急性肠炎，在医院打针、输液，折腾到天亮才朦胧入睡。可是当天还有她的全部《宇宙锋》演出，戏票早已售光。丁至云明白，如果换人、改戏，每张票要退两角钱，这不仅给剧场增添麻烦，而且对不起远道赶来看她演出的知音。于是，她恳求团长无论如何不能改戏码。团长担心她的身体，她却坚决地说：

"你放心，我行。"结果，她硬挺着把这场戏圆满地演了下来。散戏后，她就累倒在床上。团里同志看着她那疲惫不堪的样子，又心疼又钦佩。

又有一次，剧团在石家庄地区演出。头一天，夜场由丁至云主演全部《玉堂春》，次日上午的《四郎探母》，原定由青年演员主演。凑巧，这位演员嗓子失音，登不了台。当地要求由丁至云替演。按剧团计划，每个点儿演六天，丁至云演四场，如果再让她顶替青年演员，她这么大年纪受得了吗！剧团领导很为难。丁至云得知了情况，爽快地说："行，我顶。"她这一夜只睡了几个小时的觉，早早起床化妆。当观众看到台上的铁镜公主是丁至云的时候，顿时报以热烈的掌声。

那些年剧团在外地演出，有时当地要求丁至云加演，每场单独补贴她一百元，她也只演戏，不收钱。她说："大家同台演戏，离了谁也演不成，为什么单独给我加钱？"

在东北演出，一天两场戏，演员们体力消耗很大。当地伙食费较贵，年轻人上有老下有小，舍不得多花钱，吃喝很节省。丁至云心里疼得慌，她拿出二百元钱，给每人买了一只烧鸡。不久换了台口，她再次拿了二百多元，给每人买了两盒罐头。人们表示，再不好好演戏，对不起丁老师这番心意。

戏曲界时兴拜师收徒。丁至云虽然不收弟子，可是不管是谁，只要找她求学问艺，她总是来者不拒，教学中恨不得把自己所知所会倾囊而授。几年来，经她指教过的后学，她已记不清有多少位，有的甚至连名字也叫不上来。学艺者每次登门，她都拿出好烟好茶招待。人们说她是"搭米的厨师"。可是，谁若是带着礼物到她家来学艺，她可不答应。有一次，剧团里的一位青年演员破例给她送去一兜橘子，她真的动了气。她找到团长说："年轻人干什么都爱比着来，这个头儿一开，往后可就收不住了。"这兜橘子她到底也没收。她收到的是大家对她的信任。

（李汉东　整理）

寄语与祝福

20世纪五六十年代，我在大王古庄工作八年有余。与这里的人们度过了新中国成立以来最艰苦困难的时期，但至今难忘。如今，我已年届九十，仍在惦念大王古庄的父老乡亲们。在《大王古庄镇志》出版之际，我由衷地祝福大王古庄镇经济发展、人民幸福安康！

——边德春

边德春简介：1927年5月出生于梅厂镇。历任大王古庄乡长、乡党委书记、武清县市场管委会主任、县工商局副局长（正处级）等职务。

曾经在大王古庄工作生活的经历，令我终生难忘。我为今天大王古庄巨大的发展变化感到骄傲自豪，并送上我对全镇未来发展最美好的祝福！

——杨学鹏

杨学鹏简介：1932年1月生于武清区河北屯镇杨家街村。历任蓟县团委秘书、刘家顶公社社长、大王古庄乡党委书记、农行武清支行副行长、行长等职务。

大王古庄是我的第二个故乡，这里的人勤劳、友善、能干、智慧。在大王古庄工作期间，我与这里的干部群众感情深厚，留下了深刻的记忆。看到近年来大王古庄人在区委、区政府和镇党委、镇政府的领导下取得的可喜成绩，更感到高兴。祝福父老乡亲日子越过越好，祝愿全镇经济社会发展更快、更好！

——董怀忠

董怀忠简介：1938 年 7 月生于河北廊坊。历任武清县邮电局副局长、农业银行武清支行副行长、县委组织部副部长、大王古庄乡党委书记、武清县水利局局长、县工商局局长。

盛世修志，值此《大王古庄镇志》出版之际，祝愿大王古庄镇乘势而上，为新农村、新武清建设作出新的贡献，书写出不愧于时代发展的新篇章！

——董炳琪

董炳琪简介：1945 年 4 月生于武清区东马圈镇小南旺村。历任武清县东马圈公社小南旺村党支部书记、东马圈乡政府助理员、大王古庄乡党委书记、武清县体委主任、武清区体育局局长等职。

昨天的大王古庄给我留下了美好的记忆，今天的大王古庄看了令我高兴受鼓舞，明天的大王古庄相信会更加美好！

——丁绍山

丁绍山简介：1945 年 12 月生于武清区东马圈镇董标垡村。历任大孟庄公社干部、大孟庄公社党委副书记、河西务公社管委会主任、大王古庄乡乡长、党委书记、县经委副主任等职。

非常怀念在大王古庄乡工作的三年，非常珍惜在那片土地洒下的汗水和收获。近些年来，大王古庄镇发生了翻天覆地的变化，令人高兴和欣慰。祝大王古庄镇在京津冀一体化大发展的机遇下，取得更加辉煌的成就！祝那里的人民早日进入小康社会！

——王 平

王平简介：1954 年出生，辽宁省铁岭市人。历任武清县工业局财务科长、办公室主任、武清县经济委员会副主任、大王古庄乡党委书记、后巷乡党委书记、武清县总工会副主席等职。

今天的大王古庄镇经济发展、社会安定和谐、人民生活富裕。曾经在这里工作过8年的我，由衷地为大王古庄镇的发展变化感到骄傲自豪。祝今后的大王古庄镇发展更快更好！祝这里的人民生活家家幸福美满！

——王景成

王景成简介：1947年10月出生于武清。历任解放军某部连长、上马台乡武装部部长、曹子里乡乡长、县棉织厂厂长、大王古庄乡乡长、党委书记，武清化肥厂党委书记、厂长等职。

以史为鉴，推动未来。希望大王古庄镇的干部群众在今后的发展中，百尺竿头，更进一步。为建设好美丽家乡大王古庄、建设好美丽新武清作出新的更大的贡献。对此，我充满期待，为你们助力、加油！

——尤天成

尤天成简介：1965年8月生于武清。历任县供销社职工，县政府办事员、科长、副主任，大王古庄乡党委书记、大王古庄镇党委书记，武清区环保局党组书记、局长，武清区建委党委书记、主任，武清区副区长，天津市投资促进办公室副主任、党组副书记，天津港保税区空港经济区工委书记。

辉煌的事业属于抢抓机遇、勇于拼搏、甘于奉献的人们。希望大王古庄人在前行的道路上，继续乘风破浪、激流勇进，用辛勤和汗水书写出属于自己的更加辉煌美好的明天！

——唐万强

唐万强简介：历任武清县委科长、副处级译电员，徐官屯乡党委副书记，双树乡党委副书记、乡长，大王古庄镇镇长、党委书记，大良镇党委书记、汽车零部件产业园工委书记、管委会主任，武清区环保局党组书记、局长等职。

在改革开放的年代，在京津冀协同发展的机遇面前，勤劳朴实、富于创新的大王古庄镇人充分利用自己的区位优势，赢得了经济发展、环境优美、生活富裕的好形势。这片热土让我留恋，这方父老乡亲让我永远怀念。大王古庄镇：我为你点赞、为你祝福！

——邢广民

邢广民简介：历任王庆坨镇中学教师，王庆坨镇党办主任，武清区委组织部科长、副处级组织员，大王古庄镇镇长、党委书记，武清区政府办公室副主任，武清区规划局党组书记、局长等职。

善谋勇担，创新有为，当好京津冀协同发展排头兵。

——郭新华

郭新华同志简介： 1966年12月出生。历任中共武清区委办公室副主任，区委保密委员会办公室主任、区保密局局长、大王古庄镇党委书记、天津京滨工业园总经理、中共武清开发区工委书记、武清开发区管委会主任。现任中共武清区委常委、办公室主任。

大王古庄镇能有今天发展的大好形势，得益于党和国家改革开放的好政策，得益于京津冀协同发展的机遇，得益于区委、区政府的正确领导，得益于良好的区位优势，得益于社会各界的关注与支持，得益于历届乡镇党委、政府带领全镇干部群众长期不懈的拼搏奉献。面对大王古庄镇今天的大好形势，我始终充满感激。对于未来，我更加充满信心与力量，愿与这里的干部群众一起，为大王古庄镇的建设发展、为实现全区建成“京津卫星城、美丽新武清”的宏伟目标，作出不愧于时代发展、不愧于父老乡亲期待的新贡献！

——张大国

张大国简介： 历任武清区政府办公室科长、副主任，汉沽港镇镇长、党委书记，大王古庄镇党委书记等职。

编 后 记

经过一年多的努力，以记录天津市武清区大王古庄镇历史沿革、经济社会发展状况为主要内容的专著——《大王古庄镇志》，终于面世出版了。

2014年5月，时任镇党委书记、现任武清区委常委、办公室主任的郭新华找到政协武清区文史委副主任、原区委宣传部副部长兼《天津日报·武清资讯》主编的高元勃，做了这样的表述："眼下，国家振兴、武清发展，大王古庄镇在区委、区政府的领导下、社会各界的关注支持下，加上王古庄人的多年努力，形势挺好，经过镇党委、政府集体研究，想请人修编镇志。不为别的，记录历史、弘扬正能量、推动王古庄更好更快发展。"按照这一意愿要求，一个由原区文化馆长王毅、原区志办主任杨振关、原区委宣传部副部长高元勃3位老同志组成的镇志编修写作班子很快成立，并草拟编修方案。由镇党委、镇政府及各有关部门负责同志参加的镇志编委会也相继成立。

2015年6月初，在镇小会议室召开了第一次镇志编委会会议。会议在进一步明确编修镇志意义的基础上，通过了编修组制定的镇志编修工作方案及镇志主体框架，决定用一年左右的时间，完成《大王古庄镇志》的修编工作。会后，对有关参与编写、资料提供人员进行了业务培训。

镇志的编纂人员分工明确、责任到人，且有密切协作。王毅同志负责志书概述、大事记及第一至五篇的撰写，高元勃同志负责志书六至九篇的撰写，杨振关同志负责全书的统筹及第十至二十篇的撰写。镇志的编写过程，是编纂人员对区域历史深刻的追寻与探究，也是充满深情与激情投入的挖掘与积累。走进大王古庄镇，无论是历史悠久的村落发展史迹，还是新中国成立以来不同时期历届党委、政府带领干部群众，大力加强基础农业建设、发展乡镇企业的创业经历，特别是改革开放以来建立全市乡镇一流的京滨工业园区辉煌业绩，发生在那里的可歌可泣模范人物的事迹，以及时代赋予这方热土的伟大精神，都让我们这些编修人员无时不刻地感动着，为镇志的撰写、编辑工作增添了巨大的精神动力。

一部志书的产生是集体智慧的结晶，总会有地区决策者对修编时机的把握，各级领导及有关部门的关注与支持，专业人员、资料搜集人员与社会各界人士的广泛参与。在整个镇志史料搜集、撰写文稿、编辑整理过程中，得到了广泛的关注与支持。镇党委、镇政府主要领导全力支持，党委书记赵大国同志在百忙之中多次过问，并作出具体指示。镇内各有关部门村委会及干部群众，在史料搜集、文稿整理等方面通力配合，保证了修志工作的顺利有序进行。区委组织部、老干部局、人力社保局、区档案局、区粮食局、区供销社、保险公司，及有关部门，都给予了大力支持。特别是，曾经在本镇担任过党委书记、现任天津港保税区、空港经济区工委书记的尤天成，在百忙中，认真审看稿件并欣然为志书作序。正是在多方面的鼎力关注与支持下，志书蓝本在2016年6月完成，全书共20余篇，文稿总文字量达77万。详实记录了大王古庄镇有史以来，重点是从1949年新中国建立后至2015年年底，区域内的历史沿革、经济社会发展的状况。经领导及有关部门审核修改后，于2017年3月正式出版。值此《大王古庄镇志》出版之际，我们对所有关注支持《大王古庄镇志》修编工作的各级领导、各界人士，一并深表谢意。

由于本志书记载的年代久远、史料较多，加之我们编修水平有限，难免有些纰漏、不妥之处，敬请谅解。

编　者

2017年3月